第二部

陈冠任 著

GUOSHANG

国民党正面战场
抗战纪实（Ⅱ）

团结出版社

图书在版编目（CIP）数据

国殇：国民党正面战场抗战纪实　第二部 / 陈冠任著．—北京：团结出版社，2010.1（2024.2 重印）

ISBN 978-7-80214-942-7

Ⅰ．①国… Ⅱ．①陈… Ⅲ．国民党军－抗日战争时期战役战斗－史料 Ⅳ．E296.93

中国版本图书馆 CIP 数据核字（2009）第 220344 号

出　版：团结出版社

（北京市东城区东皇城根南街 84 号　邮编：100006）

电　话：（010）65228880　65244790（出版社）

（010）65238766　85113874　65133603（发行部）

（010）65133603（邮购）

网　址：http://www.tjpress.com

E-mail：65244790@163.com（出版社）

tjcbsfxb@163.com（发行部邮购）

经　销：全国新华书店

印　装：三河市东方印刷有限公司

开　本：170mm×240mm　16 开

印　张：35.25

字　数：539 千字

版　次：2010 年 1 月　第 1 版

印　次：2024 年 2 月　第 18 次印刷

书　号：978-7-80214-942-7

定　价：88.00 元

（版权所属，盗版必究）

目录
CONTENTS

第一章 战火在随枣地区蔓延

武汉失守后,日军疯狂进犯川东要冲 / 1
李宗仁的口袋阵因汤恩伯的"不从"而黄了 / 6
坚守随枣,鬼子被打得像猴子一样怪叫 / 10
击退了鬼子的一次次进攻,突然阵地上毒气弥漫 / 12
参战最迟溃退最早的预备团差点误了大事 / 15

第二章 南昌会战:败局在延续

薛岳把对日作战的重担一肩撂给了罗卓英 / 20
吴城激战:团长死活不要援军 / 21
第32军打出了战绩,第49军和第79军当了逃兵 / 28
薛岳私心丢了南昌 / 35
上官云相阵前杀人 / 38
老实军长陈安宝阵亡,事后也没好好厚葬 / 42

第三章 "天炉战法"打出湘北大捷

薛岳得意一时的"天炉战法" /46
血染斗篷山、草鞋岭：第 52 军两个营全部壮烈牺牲 /48
第 70 军出马：在第二防线阻击了 3 天 /51
撤退路上设伏，第 195 师为"天炉战法"添大彩 /59
湘北大捷，高级将领论功行赏，每个连队杀了一头猪，打了一次牙祭 /64

第四章 小营长逞威冬季大攻势

李宗仁要打冬季攻势 /70
攻守观头山：栾升堂营 470 人歼敌 1000 人 /71
小营长栾升堂再次发威大歼敌 /76

第五章 桂南会战：广西后院失火

"焦土抗战"计划差点毁了北海城 /81
钦县和防城轻易让日军上了岸 /86
南宁守军没放一枪一弹就跑路了 /89
黎行恕丢了高峰隘，抖抖颤颤地说："请副总司令处分吧！" /91
巢威三次抗命，击毙敌酋渡边大佐 /94

第六章 会攻南宁：昆仑关作证

白崇禧要在昆仑关"关门打狗" /103
血战昆仑关：以 3 倍的伤亡夺下雄关 /105
第 31 军"围歼"日军：一万多人马只俘虏了日军一人 /110
泗合坳：四天四夜大血战 /115
三路会攻南宁的计划被怕死将领玩砸了锅 /127

第七章 伤亡惨重的宜昌反攻

又是一战而溃 /134
国民党军的狼性：吃不下鬼子吃百姓 /138
张自忠用闪电战痛击进犯襄樊日军 /140
第189师左冲右突，固守襄樊 /143
敌众我寡，临危不惧，张自忠将军血洒疆场 /146
襄阳失而复得，师长被蒋介石撸了 /150
李宗仁和统帅部恍然大悟：日军的目标不是襄樊 /155
陈诚一日就丢了宜昌 /158
第一次反攻宜昌，伤亡惨重 /162
日军想以战绩向汪精卫"贺喜"，战局却砸锅了 /171

第八章　上高斗法：醉将敌血写诗章 / 177

小参谋的建议起了大作用　/ 177
分析会破解日军"迷惑图"　/ 179
上高城外的搏杀：敌我双方伤亡惨重　/ 183
日军从闪电式进犯，到闪电式溃逃　/ 187

第九章　再战长沙：中央军不如杂牌军 / 193

大云山激战，第58军击退日军进攻　/ 193
新墙河，柏辉章师拼到不足千人，死死顶住两万余日军的攻击　/ 195
长官部不纳"忠言"，日军两天就打到了长沙　/ 199
第10军和第37军参战，军部与各师各团都失去了联系　/ 205
王牌第74军出战，遭遇罕见大败　/ 209
日军不战而退，蒋介石处决将领又按阵亡抚恤　/ 213

第十章　第三次长沙会战：誓死与长沙共存亡 / 220

宋美龄感言："中国没有降将军，只有断头将军。"　/ 220
待罪的李玉堂和他的第10军要破釜沉舟了　/ 223
预备师越战越勇，竟然挑起了守长沙城的大梁　/ 227
到处是日军遗弃的尸体和死马　/ 234
日军在仓皇退出长沙的路上陷入了重围　/ 238
长沙大捷，迎来中外记者络绎不绝的"战地采访"　/ 241

第十一章　第一次远征缅甸：10万大军只剩下4万残兵

英军拒绝中国军队进入缅甸　/245
不起眼的"草鞋兵"让英军刮目相看　/250
东瓜保卫战：戴安澜师长带头立遗书　/252
决战在即，"轴心"突然受命撤退　/260
英军后退导致战局突然恶化　/263
史迪威、罗卓英执意发起曼德勒会战，大败而归　/266
戴安澜牺牲在回国的路上，官兵抬着遗体走　/273
孙立人抗命西进，到达印度令英军惊讶不已　/275
撤退中损失的人数，比作战伤亡的大得多　/279
史迪威要训练中国军队去雪耻　/281

第十二章　鄂西会战：狗熊与英雄并存

陈诚再次反攻宜昌，还是竹篮打水一场空　/285
柳林激战：小营长成了大英雄　/288
洞庭湖北岸的残酷激战，让英雄变成了狗熊　/292
日军掉进"口袋"，胡琏成了"中国的崔可夫"　/296

第十三章 缅北凯旋：驻印军大反攻

史迪威反攻缅甸：英军讨价还价，只想捡便宜　/306
"李家寨"坚守50多日，20倍于我军的日军一筹莫展　/311
攻击孟关：高傲的史迪威很像一位慈祥的大叔　/317
攻克孟拱，史迪威不禁高呼："中国军人万岁！"　/320

第十四章 虎贲常德

常德会战尚未开始，就有两位师长战死疆场　/326
阻击战：王牌军第74军担纲　/331
血战30天，第57师8000多人只逃出83人　/336
第10军三天遭遇战，丢了两个师　/341
第58军驰援，日军退出常德　/346

第十五章　四战长沙：参谋长被薛岳架空

人心隔肚皮：大战前上下不和　/349
薛岳开溜，岳麓山指挥所谁也不服谁　/356
第 4 军守长沙，转眼之间城区成了孤岛　/360
长沙城眼看不保，想去守岳麓山却来不及了　/366
"四连胜"成泡影，第 4 军军长被枪决　/373

第十六章　衡阳保卫战：血染的 47 天

方先觉军长带辱上阵，要求部下以一命换敌两命　/382
第一次总攻：三炮把日军第 68 师团指挥系统炸瘫了　/388
血拼张家山：葛师长"赤膊大战"　/392
日军疯狂发动第二波总攻：第一线阵地上尸积如山　/397
内外夹击，蒋介石的救援大计成了泡影　/402
傻兵傻战，让战友和鬼子都惊傻了　/405
戴罪小连长火线升任营长　/409
日军发起更疯狂的第三次总攻，第 10 军弹尽粮绝　/417
方先觉没守住衡阳，面对全军被缴械的命运痛哭失声　/421
玉七亭坡地上，第 79 军军长身中数弹　/426
蒋介石盛宴招待从敌营逃回的降将　/433

第十七章　桂柳会战：白崇禧又丢了桂林

白崇禧信誓旦旦："死守"广西三个月没问题　/442
仗还未打，长官部的"神机妙算"让人心都散了　/446
桂林保卫战还未开始，城防司令首先考虑的是"突围"方案　/454
陈牧农怕死又糊涂　/458
桂林城的大戏怎么唱下去？　/461
"老黄忠"挖空心思"突围"，阚师长悲壮以身殉城　/464
守城官员纷纷逃出桂林，"独脚黑官"自杀殉国　/469
张发奎也丢了柳州，援军陈素农被撤职　/474
桂林失守，蒋介石"问责"草草收场　/478

第十八章　滇缅大反攻：南北大夹击

滇西：第20集团军迅速完成对腾冲城的战役包围　/ 482
缅北：驻印军出其不意，兵锋直指密支那城　/ 485
密支那和腾冲城被攻克：缅北局面为之一新　/ 487
松山攻坚战：6吨炸药把山顶都炸掉了　/ 494
久攻不克，第88师智取龙陵　/ 501
两支部队胜利大会师　/ 505

第十九章　湘西会战："煮熟的鸭子飞跑了"

江口战役：小连长立大功　/ 512
新化：老连长和老学兵联手作战　/ 519
茶山坳歼灭战让美军联络官连跷大拇指　/ 524
湘西会战，王牌师长保家卫国显神勇　/ 527
雪峰山包围战，何应钦蹊跷开口子的真相　/ 533

第二十章　胜利大受降：何应钦竟然向降将鞠躬

芷江受降：日军不服气，国军相当客气　/ 537
芷江受降现场，萧毅肃命令今井武夫呈出降书　/ 541
奇怪的受降协议：国民党与日方联手对付共产党　/ 544
受降仪式上：胜利者的腰比战败者的腰弯得更厉害　/ 546

第一章 战火在随枣地区蔓延

武汉失守后,日军疯狂进犯川东要冲

1938年10月,武汉撤退后,中国军队主力都退往了西南山区,抗战进入了最艰难的阶段。但是,日军获得武汉之后,也没占到多大的便宜,反而因为深入中国内地,战区扩大,补给线延长,兵力不敷分配,大有陷入泥淖拔腿不及之势,无力再对中国军队发起全面进攻,只有对各战区不时进行一些间歇性战斗,每次作战时间也不超过一个月。表面强大的"皇军"已像走了半天路的老人,势穷力竭,再走下去,就要摔倒在地上了。

中国和日本的反侵略和侵略战争进入了一个拉锯和相持阶段。

11月初,第五战区司令长官李宗仁偕长官部退到了湖北枣阳。第11集团军总司令李品仙已先抵达,等候李宗仁一起会商防务。李品仙是桂系大将,作战很有"广西狼兵"的特点,战法奇特,犀利噬人。在武汉会战中,他也陷入了敌围之中,下辖的桂军第84军在应城一带突然像豺狼一样发作,疯狂往外冲杀,一举撕破鬼子的包围圈,呼啸着冲突而出。然后,他们与从左翼撤退得最早的老杂牌刘汝明率领的第68军同时到达随县。李宗仁到达枣阳后,令两军在随县布防,准备迎战来袭日军。

日军占领武汉

第五战区司令长官李宗仁

因为按军令部关于武汉失守后的新规划，第五战区的辖防地包括白沙市至巴东一段长江的江防，北面包括豫西的舞阳、方城、南阳、镇平、内乡数县，东向则包括敌后的大别山和皖北、皖西、鄂东各县。李宗仁决定将长官部暂设于较为中心地带的樊城，以便于指挥。

他率领长官部到达樊城后，对在武汉保卫战中打残了的10余万部队进行整顿，重新部署，准备向武汉反攻。因为第五战区的战略任务是死守桐柏山、大洪山两据点，以随时向武汉外围出击；同时得与平汉路东大别山区的桂系大将廖磊统率的第21集团军相呼应，威胁平汉路交通，以进行机动战和游击战。日军华中派遣军司令官山田乙三深知李宗仁手下两军战略的重心所在，视桐柏山、大洪山两据点为眼中钉。当李宗仁对其残部的整编工作才告完竣，他就不顾手头兵力捉襟见肘，指令日军第3师团师团长山胁正隆派遣约7000人马分别由襄花路及应山通往随县公路气势汹汹地进犯了。

日军主力抵马坪后，先头部队推进到达淅河，在蒋家河右岸、淅河塔儿湾和高城前方之线展开，向中国军队阵地窥伺。李宗仁立即将第一线阵地及纵深配备进行部署，第一线分为两个守备地区，以第84军第174师为左翼地区守备队，占领左起蒋家河右岸的河滨经竹林铺、混山一线；以第84军第189师为右翼地区守备队，与左翼地区第174师相衔接，经万家店、七里岗跨过襄花公路和渭水，至随县右前方高地一线；以第84军第173师为总预备队，在襄花公路（厉山后）唐县镇整训，以随时调用，军部及直属队则驻于厉山及其附近地区。

中国军队阵地部署尚未完成，山胁正隆就迫不及待地发动了袭击。日军对着右翼地区我军第189师阵地七里岗（距随县城约7华里）及襄花公路两侧猛扑，并以飞机和大口径榴弹炮向阵地和后方轰击。山胁正隆以为中国军队刚刚大败，士气低落，战斗力必然薄弱，企图以少数兵力，依恃优良武器把中国军队一举击溃，继而进占襄樊。却没料到一开战，中国军队经过李宗仁的整编充实，并非他想象的那样，而是士气旺盛着呢。结果，鬼子连续好几个昼夜猛打猛攻，都被击退。

山胁正隆进占襄樊的计划泡汤了，不得不与中国军队对峙起来，进行拉锯战。

日军大小鬼子原以为对峙几天，又进攻一两次，中国军队就会土崩瓦解，谁知越对峙，对方的阵地工事越发巩固。中国军队不但能阻拦住他们的猛攻，甚至还搞起了游击战，进行夜袭、骚扰，每次中国军队发起袭击，日军或多或少要死伤一些人马。

这样，中国军队奠定了固守随县的基础，山田乙三暂时也无足够兵力"扫荡"第五战区了，只好偃旗息鼓，保持对峙之状。

1938年末，李宗仁等人在樊城从容地过了年，因为没受到日军的骚扰，将士们反而对战局渐渐生起了希望，抗敌的决心再起。

孰知正当日军陷入泥淖、攻势日弱之时，国民党高层却是一派悲观论调，到处是"打不赢了啦"、"再战再败啦"的"背时话"，甚至有人不顾民族大义背地里开始进行投降活动。12月18日，国民党副总裁、国民政府国防最高会议副主席汪精卫突然秘密离开重庆飞往云南，再从昆明急匆匆地转往越南河内，行动之诡秘，速度之快，令人惊讶。

然而，他一到河内，就对外发表反对抗战、诬蔑抗战将士的《致蒋总裁暨国民党中央执监委声明》，亦即所谓"艳电"，响应日本首相近卫文麿的"善邻友好，共同防共，经济提携"对华政策声明，主张中止抗战，对日求和。"艳电"于31日在香港见报。

汪精卫身为"党国"要员，投靠日本，消息传出后，全国震惊！蒋介石气得在日记中写道："不料精卫之糊涂卑劣乃至于此，诚无可救药矣。党国不幸，竟有此类寡廉鲜耻之徒，无论任何之以诚心义胆，而终不能邀其一顾，此诚奸伪之尤者也。"

汪精卫叛国也让第

汪精卫

五战区司令长官李宗仁吃了一惊。

其实，他早就领教过汪精卫反对抗战的嘴脸。去年10月，他去南京并且专程拜访汪精卫请教抗日大计，哪想到这汪副总裁除了一副领袖的傲气外，竟然对抗战毫无计策。谈起抗战，刚才还神采飞扬的他就耷拉着脑袋，一副悲观气馁的样子，甚至他还一再反问李宗仁："你看这个仗能够打下去吗？"边说边摇头。

虽然丢了上海，南京也眼看保不住了，李宗仁说："汪先生，不打又能咋办？不是我们要打，是小日本逼着我们打呀，我们不打，难道就等着亡国吗？"

这朴实的话道出了不少人的心理，汪精卫也不再多言了。

这样的"领袖"，手下还跟随着一大帮子高官亲信，他们对抗战也是"领袖"咋看，自己也咋看，"领袖"说啥，自己也说啥，"领袖"对抗战没有信心，他们更没信心。既然对抗战丧失信心，干脆就抱团儿释解压力，竟然搞起了一个"低调俱乐部"。当前方抗战最紧张、后方民气最沸腾的时候，这批部长、党魁们，聚集在一起，喝着进口的洋红酒，满怀惆怅地唱着"抗战必亡"的"低调"，在大后方吃喝玩乐，大有活一天是一天的势头，并且到处大讲"背时话"，泄人们的抗战之气。

武汉一失守，东北、华东、华北和华中主要地区全部沦陷于日军之手，这些人更是从悲观中走到了绝望。眼看日军气势汹汹，铁蹄践踏，他们不是去奋起抗争，反而跟着汪精卫索性不顾一切，干脆掉头投敌，当起了为人不齿的汉奸来。汪精卫身为"党国第二领袖"，竟然公开投敌，立即遭至海内外同胞交相挞伐，国民党中央在重庆召开临时常委会，宣布开除汪精卫党籍并撤销一切职务。从此，汪精卫带着一伙喽啰死心塌地走向了为日本人效劳的不归路。

武汉虽然失守，"大领袖"汪精卫虽然投了敌，但多数国人却更加坚定了抗战的决心，甚至有人豪迈地挥笔明志：

"万里长城十亿兵，国耻岂待儿孙平。

愿提十万虎狼旅，跃马扬刀入东京。"

第五战区不少人对汪精卫投敌纷纷议论，然而，与汉奸们的失节行径相反，敌忾同仇之心更切，官兵士气未受丝毫影响。作为台儿庄战役挫敌锐气的重要将领，李宗仁公开宣称："第五战区对日军防御，要随时准备进行反攻。"

这时，在第五战区的对敌前线，其战争态势是严峻的，中国军队自桐柏山南麓的高城镇向南至随县西排列着第173、第174和第189师三个师，占领阵地向东警戒，归第84军军长覃连芳统辖；第39军在随县南的洛阳店西至吴家店之间占领阵地，向南警戒，归军长刘和鼎统辖。日军在武汉和信阳驻有重兵，京山、钟祥间有日军，还有伪军刘桂堂部，三个据点对中国军队形成钳形夹制之势。

3月上旬，钟祥方面之敌派出一个联队并配属炮兵，循汉水的左岸北窜，企图进扰襄樊，攻击第五战区长官部所在地。覃连芳军长下令第173师凌云上团前去堵击，凌团在途中与鬼子遭遇，谁知被鬼子击溃，溃兵四散而逃。

第84军军长覃连芳是桂系的一员战将，眼看手下被鬼子撵着跑，有心歼灭这股日军来振奋人心，且为自己捞些声誉，于是又命令张光玮的第174师和第173师的粟廷勋第517旅，出击随县以北和广水间的日军零星据点，凌压西的第189师在原阵地警戒。

第173师第519旅旅长梁津闻讯，也要求参战，说："上次我被鬼子撵得差点殉国了，这次我也要去打鬼子，报了仇恨！"

覃军长说："那你就带两个团去随县西的板凳岗，见着鬼子就揍吧。"

梁旅长率刘栋平团和李剑光团开赴随县西后，率参谋及卫兵去板凳岗西南20里外侦察地形，路上遇到当地的游击队。他们告诉梁旅长说："鬼子一联队长被我们设伏，放倒了。"

"是吗？"梁旅长半疑半信。

"可不是，鬼子联队长被我们击毙在丰乐河附近，另外还击毙200多鬼子呢！鬼子现在已窜回钟祥了。"

梁津说："那你们带我去看看。"

他们一去，果真看到许多战利品，有日军联队长的家属照片和家信，日皇颁给他的香烟，蓝色的硬纸盒上面印着"御赐"两个金字；还有日本国的镍币和钞票，鬼子佩戴的视为护命神的小木偶及军毡、背囊、马鞍和军用地图等。参观后，他们赠给梁旅长两张地图和木偶、镍币等做纪念品。

企图窜扰襄樊的日军联队长被游击队击毙了，败兵逃回了钟祥。梁旅长说："鬼子走了，我们只好返回厉山了。"

谁知他们途经安居镇宿营时，汉奸竟然把他们行动的情况报告鬼子了。翌日拂晓，12架敌机轰炸安居镇，梁部已于半夜开拔，没有伤亡。鬼子只是炸毁了不少的民房，居民死伤200余人。

梁旅回到厉山后，又奉命率刘栋平团到万家店的东江家湾附近占领阵地，掩护出击随县和广水的第174师和第173师第517旅。他们占领阵地后，第174师从前线全部撤回，可等了大半天，梁旅长说："咋不见粟廷勋这个旅

转回来呢?"

这时,上尉副官温一匡跑过来说:"鬼子追击部队追来了,前锋离旅部指挥所仅700米!"

话音未落,鬼子的机关枪弹就射到围墙上,门前鱼塘也落有炮弹。火线上的士兵以护送受伤者为名,纷纷退了下来。梁旅长马上对温副官说:"你快去将护送伤员的士兵集合送往前线。"

可战斗打响后,梁旅长与团长刘栋平的电话也断了,前线似乎已不能支持了,他立即下令上尉参谋吕桂章率警卫旅部的军士队增援上去,阵地终于稳定下来了。

午后,老天爷下起了细雨,出现大雾,日军不敢轻率迫近,但情况仍十分紧急。梁旅长打电话给师长钟毅:"我请求我旅所属的杨剑亭团前来增援。"

"这怎么行呢?杨团是军长视作股肱的部队,要警卫军部,不能轻易调用。"钟师长说,"我另派粟旅的李振雄团(欠一营)前来增援吧。"

李团增援到达后,团部设在梁旅左侧相距约2里之地,这时梁津才知道原在他右侧的刘栋平团部早已转移到自己的后方去了。

黄昏时,战况沉寂下来了。

忽然,梁旅长接到副师长兼第517旅旅长粟廷勋电话,说他已率部由高城方面转回。

晚上8时,师部命令梁津率部转回万家店西面蒋家河右岸占领阵地,梁旅长的报仇之战也就这样偃旗息鼓了,第173师出击几乎无功而返。

张光玮的第174师也和他们一样。

第84军出击一场,战果不大,军长覃连芳也不甚满意。

然而,第五战区地处日军进攻川东要冲,担负着掩护国民党中枢所在地重庆的门户和待机反攻武汉的两大任务,已成为了华中战场的主要战区,无论是李宗仁,还是覃连芳,抑或是一个团一个连,只要稍微一动,就要触及武汉方面日军的神经,使得他们坐卧不安。

李宗仁的口袋阵因汤恩伯的"不从"而黄了

1939年4月初旬,一场大战在悄悄地酝酿着。

第五战区当面的日军突然开始频繁地调动,秘密向前线增运兵力,在公路上用大卡车运兵运弹药。空车回去时，用大布篷掩盖着，以欺骗中国军队。山田乙三和第11军军长冈村宁次两人经过缜密计划与充分补给之后，决定"扫荡"第五战区主力，以巩固其武汉外围。

但他们的行动计划早被中国军队一一侦知，李宗仁和第五战区也悄悄地进行迎敌准备。

4月中旬，山田乙三集结华中派遣军第11军的精锐第3、第13、第15、第16等师团和第4骑兵旅团，约10万人，携轻、重炮200余门，战车100辆，循襄花（襄阳至花园）及京钟（京山至钟祥）两条公路准备西犯。山田乙三的计划是，第一步目标是"扫荡"大洪山、桐柏山两据点内的中国军队，以占领随县、枣阳；第二步目标是占领襄阳、樊城与南阳。日军如完成此两项目标，则武汉可以安如磐石，而中国军队对平汉路的威胁也可解除。

针对日军的种种行动，李宗仁决定死守桐柏山、大洪山两据点，以与敌长期周旋。他判断日军这次西犯，主力必沿襄花公路西进，做中央突破，直捣襄、樊；为此，他以主力第84军和第68军守正面随、枣一线，以张自忠第33集团军担任大洪山的南麓、京钟公路和襄河两岸的防务，以孙连仲第2集团军和孙震第22集团军守桐柏山北麓南阳、唐河至桐柏一线，长江沿岸和襄河以西防务，则由江防司令郭忏所部两个军担任。

这次对垒，山田乙三是进攻，李宗仁是防御。进攻的好处是可以随时随地进攻，只要突然，对方就可能猝不及防，一打开缺口，主力就可以呼啸而上。防御最大的难点就是难以把握敌军的进攻重点，在敌军进攻的重点之处铸就铜墙铁壁，让他们撞个头破血流。李宗仁部署既定，铜墙不就正好堵在山田乙三的钢刃上吗？

这一天，第五战区长官部情报科收到谍报人员何益之发自上海的密电，参谋长徐祖贻兴冲冲地说："长官的预料一丝儿不差。"

原来，何益之的密电详述了日军此次"扫荡"第五战区的战略及兵力分配，与李宗仁所料的完全一致。

第2集团军司令官孙连仲也在战区长官部，他惊讶地问道："李长官何以有如此打入鬼子心脏的谍报员？"

李宗仁哈哈大笑："这是我本人亲自发展的敌后情报员。"

何益之原为日方的译员，化名夏文运。几年前，李宗仁亲自发展他为中国军队情报员。抗战爆发后，何益之以为日军统帅部工作作掩护，并以个人多年培植的友谊，与反对侵华的日本少壮军人和知鹰二等联络，和知将军向

李宗仁（右一）与将领研究战略

他提供最重要的军事机密情报。何益之在日籍友人私寓内设一秘密电台，专门与第五战区情报科通信。他的情报迅速而又准确，这样的谍报人员可以说在国民党军队内是独一无二的。正因为有这样一位潜伏在日军心脏里的特工人员，李宗仁出任第五战区司令长官后，对日军进攻徐州，突入皖西、豫南以及围攻武汉的战略及兵力分布，无不了若指掌，且之后应验也完全符合。每当第五战区将这些情报转呈中央时，军统的大老板戴笠尚一无所知。军令部迭次嘉奖第五战区情报科，可就不知他们哪来这么大的能耐。但在武汉会战后不久，和知将军因反对侵华而被日军参谋总部调职，他又介绍一人与何益之合作，继续供给情报。

对于何益之，李宗仁没有告诉孙连仲太多的情况，只是说："我的这位情报员，冒着生命危险，收集鬼子高层绝密情报，完全是出于一颗爱国之心，国民政府和我没给他任何官职，也不提供一分钱经费。"

孙连仲也由衷地说："历史会记住他们的。"

随后，李宗仁又将何益之的情报转报重庆。

之后，他和副司令长官李品仙、参谋长徐祖贻关在屋子里，嘀咕了一个下午，决定既然已经准确掌握了日军主力的部署，干脆就在他们前进的襄花公路四周布置大陷阱，来一个诱敌深入的歼灭战。然后，对兵力再进行部署，其中，张自忠右翼兵团担任沔阳、宜城间汉水西岸与大洪山西麓阵地守备任务，要点置于汉宜公路方面，兵团下辖江防军（第26、第75、第94军，要塞守备总队、第128师）、第29集团军（总司令王瓒绪，辖第44、第67军），第33集团军（第59、第77、第55军）；李品仙左翼兵团担任大洪山外翼，经随县城至信阳外围间守备任务，重点置于襄花公路方面，兵团下辖第11集团军（第39、第84军）、第22集团军（总司令孙震，辖第41、第45、第

68军）；廖磊大别山游击兵团，以大别山为根据地，向鄂中及皖中一带游击，并以有力部队，相机攻击武胜关以南地区，以策应主力方面作战，兵团下辖第21集团军（第7、第48军）以及豫鄂皖边区各游击部队。

这是一个十几万兵力的吃人口袋阵，大战将起了。

重庆方面也为李宗仁的口袋阵而振奋，军令部特调汤恩伯第31集团军的第13军5个师前来增援。

鉴于情况逐渐紧张，第五战区一面下令第一线守备部队加强工事，严加戒备，并令大别山游击兵团加紧袭扰、牵制日军兵力运转；一面催促汤恩伯第31集团军所部赶快由湖南北开。

汤恩伯在台儿庄大战时自恃是嫡系，为了保存实力大耍滑头，与李宗仁闹翻；在徐州撤离后，他就被调往江南，脱离了李宗仁的指挥。谁知这次北调，他又要归于李宗仁麾下，因其本性难改，他的心里又打起了小九九。当第31集团军到达湖北沙市时，他急忙乘轮船赶去重庆，向蒋介石请示机宜。他人走了，部队却很快就到达了襄、樊一带，李宗仁于是命令他们迅速开往桐柏山的南麓，以桐柏山为倚托，在侧面监视敌人，待其他部队正面将敌主力吸入随枣地区后，汤部主力第13、第85军以迅雷不及掩耳之势自桐柏山冲出，一举截断襄花公路，会同正面第五战区部队将日军围而歼之。

李宗仁将汤恩伯中央军开往桐柏山，就是要埋伏一支最终包扎口袋袋口的奇兵。因为他判断日军这次进攻一定是以骑兵与机械化部队为主，意在速战速决；且不知中国军队在侧面桐柏山上匿有重兵，必然以主力沿公路西进，而坠入李宗仁事先设置的袋形包围圈之内。汤恩伯中央军装备好，战斗力强，在关键时刻能发挥最关键的作用，只要他们扎住了口袋袋口，日军在不利的地形下不死也得脱层皮。

李宗仁部署才妥，前线就已经开始接火了。

在大炮声中，汤恩伯才姗姗从重庆返抵前方，前来樊城拜见战区司令长官李宗仁。李宗仁便将自己所得的情报及歼敌部署，一一说给他听。谁知没待李宗仁说完，汤恩伯便大发脾气说："不行，不行，你不能胡来，拿我的部队做牺牲！"

"咋是胡来呢！"李宗仁耐心地向他解释说，"你以桐柏山为后方，有什么危险？"

可没等他说完，汤恩伯便牛性大发，竟不听命令，拂袖而去。

因为这些年的吵吵闹闹，李宗仁和蒋介石两人一直貌合神离。此刻，李

宗仁虽是战区司令,有着上次在台儿庄的教训,知道拿这位嫡系大将没办法,就是硬逼着他去做他不愿意做的事情,到时也镇不住他,不如另做打算。这时第五战区的序列部队有6个集团军,另加5个军,但各军的素质和作战能力相差很大,其中仅江防军和第31、第11、第21集团军较为完整,在口袋阵中需要承担艰巨的正面作战任务;其余的,如第33集团军的第55军、第68军,第22、29集团军,或因作战损失整补不足,或因装备、训练窳劣,大都实力很弱;并且各部都是轻装,缺乏重武器,战区直辖炮兵在武汉撤退时就已损失殆尽。汤恩伯不愿去扎袋口,李宗仁就没兵力去承担这个艰巨的任务,考虑再三,他不得不决定放弃口袋阵。

于是,第五战区不得不在樊城紧急召开军事会议,对战局重新进行部署。

在会议上,李宗仁宣布原来的兵力部署不作改变(因为要改变也来不及了),战役目标改为"采取攻势防御,适时在随县、枣阳中间地区采取攻势,击破敌军进攻",也就是说,这次作战,李宗仁把"围而歼之"的口袋阵计划缩小为只以打破日军进攻为目标的防御战了。

在会议上,他没有说明改变作战目标的原因,也没有丝毫指责汤恩伯的一语一言,除了大将们对于战区长官部突然改变作战计划感到意外和不理解外,会议开得很和谐,一天就宣告结束了。

会后,众人参加完大会餐,就匆匆赶往了前线。

坚守随枣,鬼子被打得像猴子一样怪叫

1939年5月1日,当面日军发动了全线猛攻,随枣会战之幕遂启。鄂中汉水沿岸、大洪山外翼至随县城南北一线,两军完全进入激战状态,随县城及其南北两侧也遭到日军猛攻。

然而,当战幕拉开后,日军对中国军队阵地突然由全面总攻改为重点攻击李宗仁桂系子弟兵——李品仙左翼兵团第11集团军防守的襄花公路正面,并且好像长了眼睛似的只选择第84军防守的襄花公路单边猛打。在激战中,第84军阵线薄弱环节——驻守在竹林店、混山一带的第174师,因左翼无友军和险要地形依托,受到日军全力攻击。但右翼第189师却没有什么大的情况,日军只是派了一些兵力做佯攻的牵制。鬼子这一招够狠毒的——挑准了李宗仁的桂系第11集团军不说,而且还选中了桂系的嫡系第84军,且是第84军

防守最薄弱的左翼第 174 师阵地。

不过,第 174 师也不是好欺负的。桂军一贯顽强好战,有"广西狼兵"之称。这次面对强敌,官兵顽强抵抗,和鬼子敢打敢拼。每一据点都战至被敌机及炮火轰炸到无法立足时,他们才转移到第二线阵地继续抗击,并且始终在日军攻击点纵深只有一公里地区内与鬼子进行决斗。

鬼子见左翼不行,就改为攻打中央——第 173 师阵地。

早在大战前,第 173 师第 519 旅旅长梁津就与日军第 3 师团在蒋家河干上了。战斗一打响,日军就猛攻第 519 旅阵地。该地区是由随县经塔儿湾直达厉山、唐县镇以至枣阳和襄樊的捷径,塔儿湾在第 519 旅阵地前的烽火山麓,假若这里被突破,日军北向可以席卷整个第 173 师阵地,南向可以截断第 174 师和第 189 师两师的后路,并包围第 11 集团军的另一个军——刘和鼎第 39 军,因此,这一阵地的得失关系全线安危。战斗打响后,成为全线争夺最为激烈的地方。

日军飞机先是 6 架为步兵助威,接着增至 12 架,集中炮火不断轰击,但是,他们就是迈不上塔儿湾的守军阵地,中国军队就像打不死、炸不烂的天兵天将一样坚守在阵地上。

开战到第三日,在黎明时分,对面日军的阵地后方忽然冉冉升起一只艇形的氢气球。第 519 旅官兵们很是奇怪:这玩意儿是做什么的?谁知天破晓后,气球里的鬼子开始挥舞着小旗帜,小旗挥向哪儿,大炮的炮弹就向着哪里飞来。中国军队的官兵们这才明白,原来气球是鬼子升到半空观察我军阵地,为炮兵指示目标用的。可是它高高地飞在天上,别说用枪,就是大炮也够不着,官兵们还真拿它没有办法。

日军数十门大炮按照气球的指示对第 519 旅阵地连续射击,长达整整两个多小时,炮弹落在阵地上,自右而左,又自左而右,循环不停,像扫地一样地来回扫射。大炮一停,大队步兵以密集队形哇哇大叫着向第 519 旅阵地蜂拥而来。他们以为守兵没死也被大炮炸伤,或者被吓跑了,岂知当他们接近阵地 400 米时,散兵坑和各掩体内的轻机枪突然交织射击,冲上来的鬼子纷纷被子弹打中,一瞬间就死伤累累,逃出性命的为数寥寥。

这是咋回事呢?难道第 519 旅官兵有《封神榜》中土行孙那样的遁地术,或者有隐身术?其实不是,窍门还是出在鬼子的气球上。

第 519 旅的官兵眼看机枪、炮弹打不着鬼子的大气球,立即趁着炮弹的硝烟,搬出早已经准备好的假掩体、假指挥部,人则钻进了"蛤蟆洞"。鬼子站在气球中,对中国军队阵地看得清楚,但硝烟散尽时,俯视下看,全被

日军第11军司令官冈村宁次

伪装工事所吸引，一发发炮弹打在那些假掩体、假指挥部上了。最为关键的是第519旅在散兵坑的坑底挖了一斜洞，称之曰"蛤蟆洞"，大炮一响，他们便一个个钻进"蛤蟆洞"，伏在"洞"中任凭大炮轰炸，安全无碍；大炮一停，他们就出洞狙击。

鬼子没料到聪明反被聪明误，竟然还吃了气球这新发明的亏。

少数鬼子逃回去后，大炮接着轰，两小时后，密集的大队步兵又猛冲过来，接着又上演开始的一幕。钻出蛤蟆洞的第519旅官兵用各种火器交织射击，打得鬼子们像猴子发疯了似的一跳一跃，怪叫着逃去了。

如此的战斗，持续了整整5日之久。日军每日消耗炮弹超过6000发，几天下来，总数在4万发以上。日军家当大，也消耗得起，但人却消耗不起，在短短几天内，在炮击之后发起冲击的日军步兵伤亡累计在4000人以上。照这样的速度打下去，他们就是炮弹再多，也没人打下去了。第11军司令官冈村宁次大发雷霆，因为第3师团损失太大，就地将师团长山胁正隆撤职。

但我军第519旅也付出了巨大的牺牲，梁津旅长的主力刘栋平团到最后只剩一营兵了。作战最勇敢的，是该团第1营营长黄玖辉，他自备两箱手榴弹，控制着两挺重机枪，扼守在通往塔儿湾的要道上，到了最后，他一个人阻击400多日军的猛攻，脚被炮弹破片击断了，仍坚持不退，官兵大受感动，个个以他为榜样，固守着战斗的岗位，直至牺牲为止。

就这样，第519旅牢牢地控制着中央阵地的咽喉。

击退了鬼子的一次次进攻，突然阵地上毒气弥漫

日军的进攻，先是从中国军队防御阵地的左翼发起的，遭到惨败后，改攻阵地中央，还是伤亡累累而败归，于是又改攻阵地右翼，但还是打不过

去，最后又转向中央阵地的梁津第519旅与粟廷勋第517旅两旅阵地的衔接之处。

结果，这次他们抓住空当，突破了一个缺口，并且还冲进了200余米，守军伤亡颇多。梁津打电话给粟廷勋："老粟，派出预备队一起来夹击！"

"好啊！一边一个锉子锉！"

两个旅同时派出预备队上，官兵像一群凶神恶煞般杀上去，200余鬼子当场被击毙，其他鬼子见势不妙，尖叫着退了下去。

这已经是第五日中午了，梁旅长见兵员日益减少，打电话给钟毅师长，要求他派杨剑亭团前来增援，钟师长重申了当初杨团不能轻易调用的原因，说："你如果硬是要，只能直接向军长请求。"

于是梁津把电话直接打到了覃连芳军长那里，要调自己的王牌团。覃军长说："杨团也不在我这里，已派去增援凌压西第189师，那里通公路的正面，鬼子机械化部队一袭来，很危险，预先给他增援了。他们现在距你阵地右侧约60里，一时调也来不及了，我就近派川军李岳嵩团暂归你指挥吧。"

"好啊！什么时候到？"梁津已到了"有奶就是娘"的地步了，哪还会挑挑选选，听军长说有兵派来，高兴极了。

"午后即可到达。"

但直到下午4时，李岳嵩才派少校团附携官兵花名册和武器册到达了梁旅指挥所报到。梁旅长一看花名册和武器册，呀，这个团只有两个营，武器都是成都兵工厂造的老套筒子，没轻机关枪，也没迫击炮，仅有4挺马克沁式重机关枪，问道："有多少手榴弹？"

"不多，也少得可怜。"

梁旅长说："我的刘团已苦战了五昼夜，正希望贵部暂来接替，让他们喘口气。可阵地正面太宽，恐怕你两个营不够分，你部又没轻机枪和迫击炮，刘团所构筑的工事不适合你部应用，怎么办？"

但该团附回答说："请旅长放心，我们这一团原是完整的一个师，参加山西、河北、山东、江苏各战场作战后，剩下来的人马缩编成一个团，现在打得只剩下两个营了，但是官兵都沉着勇敢，不怕死，阵地不合我们应用，我们可以修改嘛。"

好有气魄的小子，梁旅长不敢小瞧他们了，也放心了，于是问道："你们现在还要补充什么？"

"嗨，就这老套筒——七九步枪的子弹和手榴弹。"

战士们斗志高昂，顽强地抵挡着鬼子的重兵

梁津立即打电话往上报告："军长，李岳嵩援兵已到，请发七九步枪弹药10万发和手榴弹200箱。"

"这没有问题。"覃军长答应了，"我派骑兵送来。"

5时许，李岳嵩团长率领全团到达了，梁津说："部队暂在后面村落隐蔽休息，先派营附、连长或连附到前线来，分配各连防守的地段。"

黄昏后，双方交代接防后，刘团退到后面村庄休息了。

次日天破晓后，日军炮兵又继续射击，李团官兵果然打得很英勇，4挺机枪，两挺被击毁，另两挺发生故障不能用了。日军步兵以疏散队形前进，徒步涉过蒋家河，又发疯似的蜂拥冲来了。李团沉着迎敌，先以步枪射击，后投手榴弹，接着肉搏。但鬼子太多了，仍冲进了阵地内数百米的纵深地带，像猴子一样乱杀乱冲。眼看情况十分危急，梁津立即拿起电话："刘栋平，你团赶快上前线来增援。"

刘栋平说："白天容易被鬼子的大气球望见，行动不便呀。"

"现在川军正在与鬼子肉搏，鬼子不敢用炮，你赶快用疏散的队形赶过来！"

正午12时，刘栋平率团增援后，合力将鬼子击退，又恢复了原来的阵地。

这一次日军被打退后，又开始打炮了，但爆炸声没以往的响亮。下午4时左右，旅部炊事兵送来晚饭，谁知官兵吃了就呕，刘旅长说："炊事兵是不是用桐油炒菜？"

他正准备派副官前去查问时，卫士跑进来说："报告旅长，毒瓦斯，毒瓦斯！大家都流眼泪了。"

这时梁津也呕吐，开始流泪了，马上命令卫士："将我的防毒面具取来。"可已来不及了，在呕吐流泪之后，他只觉得鼻孔及胃腔内火辣辣的，痛如火烧。尽管阵地上毒气弥漫，官兵还是不敢离开阵地，仍然坚守在阵地上面。

黄昏时分，日军大炮停止了射击，梁津突然想起在军校上课时教官说过毒瓦斯比空气重，马上下令说："大家快离开低凹地方，到高处去，用浸湿的面巾，涂上肥皂蒙面，可以抵御毒气。"

因为中毒比较严重，官兵还是很虚弱。

次日天明后，鬼子的炮击较稀，步兵也不见冲过来。这时东风微吹，日军在东，我军在西，鬼子又利用风向将毒瓦斯向中国军队这边喷射过来了。毒气弥漫中国军队阵地，晕倒的官兵很多，经过迅速抬离阵地后才苏醒过来，一苏醒，又重上火线。

官兵已经抗击日军7天7夜了，斗志仍然高昂，像推不倒、砸不烂的铜墙铁壁顽强地挡着鬼子的重兵。

谁知当晚8时许，梁旅长忽然接到覃军长电话，说："枣阳已被敌人攻占了，集团军李总司令已到唐县镇来了，吩咐前线官兵不要后退，只能向北转入河南境内。我命令你担任掩护，保障张光玮和凌压西两部的撤退。"

梁津说："刘栋平团苦战7日，缩编不满一营，川军李岳嵩团参战两日，连长都已阵亡，缩编只剩下两个连，我们兵力单薄，怎么能掩护得起两师部队的撤退？"

覃军长说："好吧，我另派白勉初团接你的防，担任收容。你交代防务后，转回厉山，经唐县镇退入河南。"

仗还在打着，怎么突然要撤退了呢？

参战最迟溃退最早的预备团差点误了大事

原来，是参战最迟的第173师惹的祸。

攻打襄花公路的日军第13师团被撤换了师团长后，就像疯狗挨了狠棍打一样完全发了狂，久攻正面不下，突然转向公路北侧迂回而去，结果，当头又遭到张自忠右翼兵团第33集团军的阻击。这样，双方主力在随县城西北一带胶着，另一战斗却逐渐向北延伸到了桐柏山的南麓地区。

于是，日军以第106师团主力向汉水沿岸攻击，并在钟祥及汉宜公路正面佯作强渡，牵制张自忠右翼兵团兵力，另以第6师团一部配合骑兵第4旅团由钟祥北进，猛攻大洪山西麓的汉水东岸地区，结果长寿店及附近的守军阵地被鬼子突破，守备沙东的第59军一部被迫退守汉水西岸，且一部北退，

日军跟踪向北突进。

李宗仁见汉水东岸门户洞开，急派左翼兵团的第41军由襄阳驰赴宜城以东布防，但是，他们再次遭到日军突击。5月8日，北进日军的前锋骑兵第4旅团进抵襄花公路双沟镇，距离樊城约60华里，一把切断了李品仙左翼兵团与李宗仁长官部的联络，并且直接威胁长官部的安全，李品仙立即命令第84军去救援长官部。

覃军长派张光玮率第174师前去击退日军骑兵第4旅团，打通与长官部的道路。第174师与鬼子交战后，因为攻击点地段狭窄，人多无法展开，反而被日军火力伤亡不少人马，并在激战中出现危情，覃连芳军长又急调第189师一个团及军总预备队第173师两个团去增援。

这第173师的两个团自从守备随县以来一直在后方整训，从没到过第一线。在第174师战况最紧张、死伤累累时，第173师两个团仓皇加入战斗，也伤亡极大。这时右翼的第189师虽知自己正面之敌是佯攻，除派一个团增援第174师外，始终没进行有力出击，因此也没能起到牵制敌人、支援邻区作战的作用。

眼看战况不妙，参战最迟的第173师两个团没打一阵子，就最先溃退下来了。

本来第174师官兵眼见第189师坐观自己"送死"，他们却无动于衷，作战情绪也不高，战斗意志更不强，结果，第173师一溃退，马上也溃退，于是溃兵四散，引起全线败退。

第五战区长官部驻地——樊城与日军相距咫尺，无兵可调，无险可守，而左翼兵团处于敌军前后夹击地位。李宗仁于是决定调整部署，电令左翼兵团以桐柏山为左翼依托，变换成向南阵地拒止敌人。

当晚，李品仙左翼兵团下辖的第11集团军和第22集团军开始转移，张自忠右翼兵团第39、第45两军退入大洪山地区。

可是，主力在向北转移途中又遭到日军追击，并受双沟镇日军威胁，部队又是一片混乱，正面终于也出现了大溃退。覃军长阻止不住溃兵，只好派兵进行掩护，免得鬼子追击遭到更大损失。

这时梁津才接到掩护撤退的命令。

当夜12时，白勉初率团到达了，梁津立即率旅部及刘栋平团残兵，向厉山转进。

此时第173师的两个团和第174师的三个团都已从战场上溃败下来，相当狼狈，与第189师三个师，分成三路转进。

各师的团、营在途中又被日军击散，全成了小分队分数路退却，只有第173师撤退最早的两个团，沿襄花公路经唐县镇、枣阳、双沟直退至张家湾、樊城，沿途均未与敌接触，才安然退走。

第174师原定也由公路向樊城转进，但退至唐县镇时，被追击来之敌的坦克袭击，被迫折向关山店、三合店、唐河县、南阳，然后折回老河口，到达樊城。该师通过三合店时，日军已先期到达，发生遭遇战，战况颇为激烈，师部副官处处长何伟豪都被鬼子俘去了。

在混乱之中，军部与3个师长失去了联系。覃连芳军长退到河南刘博士店后，还见不着手下第174师和第189师的一官一兵到来，迟迟不肯再走了。梁津建议说："军长预先指定行进的目的地，先行前去，由我们第173师负责掩护和收容吧！"

他没有做声。

第173师钟毅师长也走过来劝说："军长，你先走吧！"

覃连芳忽然声色俱厉地说："你走你的，我不走。"

这吓了钟毅一跳，令他尴尬不堪。

覃军长的态度如此，梁津于是与师部分别在附近找宿营地驻下了。

这第189师见死不救，终于害人也害己。在撤退时，正面的日军并没有追击，他们本来可以安然转移，谁知在转移途中，副师长兼第566旅旅长李宝琏却起了歪心，竟然打起了投敌当汉奸的歪主意，悄悄地派人与汉奸接洽，并连夜制作了投降用的"鬼子旗"。可他办事不周，要投降的消息泄露出去了，全旅官兵都非常愤慨，说："打死也不投降，去当骂爹娘的伪军崽！"

旅部几位小参谋咕噜一商量，联合两位团长谢振东、周天柱，悄悄派兵，突然将顶头上司李宝琏扣留起来，气得李宝琏大喊："反了反了，你们反了，我要枪毙你们！"

"你等着我们枪毙你吧！狗叛徒！"

可是参谋们终究是秀才掌兵，因为看守不严，这李宝琏半夜借口上厕所，竟然假装掉进茅坑里，然后去水塘里冲洗，乘机逃脱，只身带着一面自制的伪军旗投了鬼子。随后，第566旅在两位团长谢振东、周天柱的率领下，绕道至樊城归队。

而第189师师部和第567旅到达襄花公路时与鬼子遭遇，不能依照军部指定的路线转进，遂转向桐柏山，出唐河、社旗、方城，再转博望、南阳、邓县、老河口回樊城集中。

5月10日，日军进抵唐河东南一带后就停止北进了。

这次第84军出事导致全军出现危机，就在他们溃退之时，远在重庆的统帅部突然拿出了气魄和决断，命令第2集团军孙连仲所部立即上阵。李宗仁马上令第33集团军总司令张自忠率部进出汉水东岸地区，留置大洪山的第39军进出襄花公路，分别截击、截断日军与后方的联络，并在鬼子回窜时对他们进行侧击，但都没收到什么大的效果。

5月13日以后，唐河、枣阳附近的日军分路撤退，先后经由襄花公路及汉水东岸退回平汉铁路沿线和鄂中地区。日军加强了对中国军队两翼的攻击，南面以精锐骑兵从钟祥沿襄河北窜，攻入枣阳；北路则自信阳西进，陷桐柏、店河，并且准备与南路会师枣阳，对桐柏、大洪两山区内的中国军队进行大包围。

眼看又出现当初徐州会战之后的危局，李宗仁终于要"重拳出击"了。

他认为导致这场大溃退的原因，主要是出在蒋介石的嫡系大将汤恩伯身上。因为第84军等部队在随县激战半个多月，经过大小20多次战斗，守住了正面，而正是汤恩伯不接受自己从桐柏山侧面出击命令，致使中国军队没能将鬼子包围，让自己事先的大包围圈计划落了空不说，而且日军在向襄花公路正面突击时，其掩护右侧的少数部队曾与汤部接触，汤恩伯立即率领全军迅速北撤，退往豫西舞阳一带，这又直接导致正面中国军队因无友军侧面接应，无法与日军长期消耗下去，遂失随县。正是汤恩伯一心保存实力，不配合友军，才导致整个战局急转直下。李宗仁于是严令汤恩伯会同孙连仲自豫西南下，向唐河一带出击。

这汤恩伯虽是嫡系可以通天，但还是明白"县官不如现管"的道理，畏怕李宗仁一旦以战区司令长官的身份借战场纪律将他阵前斩首示众，再向老蒋来个先斩后奏，他老汤的小命不就完蛋了吗？因此，再也不敢怠慢

李宗仁部向枣阳发起总反攻

了，立即催动大军疾进，于是与孙连仲两军对日军形成左右夹击。

14日，汤恩伯和孙连仲克复新野、唐河，终于与包围圈内的第五战区友军相呼应了。

这恰好达成了李宗仁所孜孜以求的战略效果，他立即下令全军于15日发起总反攻。

总攻一起，双方激战3日3夜。18日，日军抵抗不住，开始了总退却，中国军队克复枣阳，并乘势追击。之后，鬼子死守随县，中国军队因无重武器无法攻坚拿下来，结果，与日军胶着在随、枣一线，又渐渐进入了对峙着的休战状态。

随枣战役起于日军进攻，终于日军撤退，战斗十五六日。虽然第五战区主力所受打击较大，而进攻之敌也负重创而归。5月20日，除随县城被日军占据未克外，第五战区各部队相继恢复了原来阵线，又回到了随枣战役以前的敌我态势。

日军在随枣地区损失了好几千人马，受创之后，短期内无力再犯，前线中国军队也获得了一个喘息机会，重庆的军委会于是将第五、第六战区作战地域略做调整。

因为李宗仁第五战区辖地最广，不仅有敌后的大别山地区，而且鲁南、苏北也属第五战区。但自武汉失守，第六战区司令长官陈诚事实上没有坐镇前方指挥作战，军委会于是将第五战区辖区进行分割，另成立第九战区，任命薛岳为第九战区司令长官。另将宜昌以下的江防从第五战区划出，改归陈诚第六战区指挥。

第五战区重心北移，襄樊已不是中心。1939年秋，李宗仁将第五战区司令长官部迁往湖北光化县的老河口。

第二章　南昌会战：败局在延续

薛岳把对日作战的重担一肩摺给了罗卓英

第九战区从第五战区分裂出来后，第九战区司令长官由陈诚兼任。

1939年1月底，第1兵团总司令薛岳代理第九战区司令长官，副司令长官为罗卓英、杨森、王陵基，参谋长为吴逸志。司令长官名义上还是陈诚遥领，实则一切由薛岳负责。第九战区名义上受在桂林的军委会委员长西南行营白崇禧主任指导，但薛、白的关系并不和睦。在北伐时，白崇禧曾在上海撤过薛岳第1师师长的职，于是薛岳投靠了陈诚，成为陈系的将领，与陈诚的政敌——白崇禧和何应钦一直唱反调。薛岳和第九战区虽然属于白崇禧指导，实际上只受蒋介石和陈诚的指挥。何应钦以参谋总长或军政部长名义、白崇禧以军训部长或行营主任名义，发给薛岳的电报或公文，不合薛岳的心意时，他就批上"不理"、"胡说"。

第九战区代司令长官薛岳

白崇禧拿薛岳这样一位反将一点办法都没有，只好听之任之，对第九战区的大事小事不管不问。薛岳听命于蒋介石，对署名"蒋中正"的电报或公文，不合他的心意的，他也敢于力争，或批上"存"、"待办"，置之高阁。

第九战区除指挥第19、1、20、27、30集团军外，还有吴奇伟军团和战区直辖第74军，近百万人马，由这样一位将领统管，它能对抗所面对的日军重兵吗？

1939年2月初，日军在第九战区的兵力有6个师团，在赣北的九江、德安、武宁和鄂南的阳新、大冶方面有日军第101、106、116三个师团，重点是守备德安方面的修河北岸；

在鄂南咸宁、通山、通城、崇阳、蒲圻和湘北、临湘、岳阳方面也有三个师团，番号为第6、9、27师团，他们的守备重点是岳阳、新墙河北岸地区，也就是说，第九战区担负着保卫和阻止日军向南——湖南、向东——江西进攻的重任。

日军在1938年进攻武汉时，就有攻占南昌的企图。后来，由于其第106师团在万家岭遭到惨败，此一计划被迫放弃。占领武汉后，日军华中派遣军又着手准备侵犯南昌，企图切断中国军队浙江、安徽、江西经浙赣铁路至大后方的交通运输，占领南昌机场，以缩短向中国南方进行空中打击的距离。

一方要进攻南昌，一方就要保卫。

薛岳保卫南昌的部署是，以战区下辖的罗卓英第19集团军固守鄱阳湖西岸吴城经永修（涂家埠）和由永修向西沿修河两岸至武宁的阵地，与日军进行决战；以吴伟奇军坚守南昌，以战区下辖的王陵基第30集团军从修河中游的武宁攻击日军南侧，支援南昌作战。

罗卓英为第九战区前敌总司令兼第19集团军总司令，被称为"陈诚的影子"，是陈诚的老参谋长和密友。第19集团军副总司令为刘膺古，参谋长为罗为雄，指挥的部队有刘多荃第49军、宋肯堂第32军、李觉第70军、夏楚中第79军，还有赣北游击司令杨遇春部。薛岳这一安排，把对日作战的重任一肩摆给了罗卓英。

1939年2月上旬，日军向修河北岸增加兵力，有发动进攻的迹象。罗卓英认为修河南岸兵力薄弱，要把第79军调向修河赣江所形成的那个三角地区。参谋处长狄醒宇和副处长赵子立知道后，立即找到薛岳说："如果第19集团军把第79军放进原南浔铁路以东去，就破坏了我们整个的作战计划，南浔线的作战将不堪想象，必须制止它。"

薛岳说："第79军是归他（指罗卓英）指挥的，我们不必干涉。"

随后，罗卓英令第32军担任南浔路两侧至鄱阳湖沿岸防务，第79军担负南浔路西至潦水的防务。长官部参谋处建议以浏阳方面的第1集团军两个军及修水方面的第30集团军一个军向奉新方面急进，以备战时急需，但薛岳仅同意让卢汉的第1集团军开往奉新，参加南昌会战。

就这样，南昌大战开始了。

吴城激战：团长死活不要援军

1939年3月中旬，日军村井支队和部分海军在星子县准备进攻江西的吴城。

吴城素有"小南昌"之称,三面环水。县城的北面是赣江和修河交会处,而后向北流往星子县;东侧是鄱阳湖,西侧是蚌湖。修河由西南方向的涂家埠流向吴城,距吴城三四公里。赣江由南昌往北流来吴城,贯穿其东侧南北地区。吴城东北尖端直伸到赣江和修河交会点,岸边是望湖亭,岸下是水路码头。小小的吴城北通长江,南达南昌,西至涂家埠以西,东到鄱阳湖以东,四通八达,是夺取南昌必争的前沿要地。

这时,早有预谋的日军第101师团在修河北岸,第106师团在虬津东西之线,第6师团在武宁、箬溪,第116师团在鄱阳湖东岸,完成了渡过修河的准备工作,准备从安义、奉新,拊南昌之背,迂回包抄,歼灭第九战区野战军于赣江左岸。因此,吴城抗敌,成为保卫南昌的重要一战。

守住吴城的重任落在了宋肯堂第32军身上。

1938年秋,第32军三个师在德安、万家岭、麒麟峰、瑞武公路要道口的王家铺覆血山等地区与日军激战后,撤到南昌的南、北、西附近地区休整补充。当时防守修河的部队有第79军、第49军和第70军,统归罗卓英指挥。第79军防守吴城、涂家埠至五谷岭地段,第49军防守五谷岭至张公渡地段,第70军防守张公渡以西地段。鉴于日军行将进攻南昌,罗卓英令第79军、第49军、第70军依次西移,缩小正面,加强修河防务,第32军接替吴城、涂家埠至狗子岭地段防御任务。

3月13日,罗卓英率第32军军长宋肯堂等人亲自来到吴城视察。罗卓英一行人在吴城走了一圈,见虬津、张公渡地区是低山地,又是突出部,便于敌人进攻作战,罗卓英说:"长官部判断日军主攻方向可能指向虬津、张公渡方面,而后向安义、奉新、生米街纵深迂回。鄱阳湖水上战力薄弱,且系第三和第九战区两战区的接合部,间隙巨大,敌很可能同时以陆战队攻我吴城,从水上进逼南昌,形成两翼包围,第32军应该指派一强有力的团队坚守吴城。"

宋肯堂当场指定第141师第721团于13日晚20时以前到达吴城接防。

随后,罗、宋两人到涂家埠一带视察。在永修(涂家埠),他们决定第141师接替吴城至邓家村(不含)之间防御阵地,第139师接替邓家村、涂家埠至铁路公路大桥西侧南津村(不含)之间防御阵地,并在修河北岸支流杨柳津河一带占领前沿阵地,第142师接替南津村(含)至狗子岭(含)之间防御阵地。罗卓英并指示:"各师在防御阵地前方的横龙咀、咀上淦、雷公桥、班山湖、竹垄咀派出警戒部队。"

宋肯堂军长判断当面之敌攻击方向有两个，一是铁路公路大桥两侧即涂家埠西端地区，二是吴城。同时考虑到吴城至狗子岭间防御阵地正面过宽，且河流沟渠纵横不便支援，决定各师各以有力一部，沿修河直接配置；并各抽调一个加强团，分别控置于赤岸山、南山农场、横港蔡家，作为军预备队，预期使用于吴城、永修（涂家埠）两地区。

各师师长接受任务后，即命令部队进占防御阵地。

当日晚上22时，第721团到达吴城。

14日拂晓，张尊光团长率领营连干部侦察地形、部署兵力，与此同时，其他各团也先后到达目的地，侦察地形，占领阵地，构筑工事。

随后连续两日，敌机对吴城和永修（涂家埠）进行侦察，并对守军进行射击和轰炸。在吴城以北的水面上也出现不少日军的小艇四处侦察。在永修（涂家埠）以北的中国军队阵前，也有一些日军的小队侦察部队进行搜索，并且不时向中国军队警戒部队发起进攻，打上几枪。警戒部队见势不妙，先后撤退到主阵地。

17日，军部派第142师炮兵营第1连来吴城配属第721团作战。张尊光团长和庞馥庭连长在吴城南侧高地一起选定三处阵地，对望湖亭方面水上敌舰艇进行机动射击，拦击敌人登陆。

这一日，日军第101师团开始攻击第32军第139师的前沿阵地，均被击退。夜间，前沿阵地的守军撤回了主阵地。

驻守南昌的中国军队官兵在城墙上查看敌情

　　第二日,日军第101师团兵分两路,向第32军阵地发起了进攻,凌晨时分,日机轮番向吴城、涂家埠侦察、扫射和投弹。上午9时,日军村井支队在吴城中国军队的阵地前,拉开了阵势,一字排开15艘登陆艇一起向中国军队逼近,炮兵立即发炮进行拦阻。同时,第一线守兵在敌炮击前沿阵地时,为了减少伤亡,躲进了掩体之内,等鬼子进至三四百米时跃入射击位置,进行战斗。战斗就这样正式打响了。

　　激战至中午,日军毫无进展,下午逐步撤退。

　　入夜,第一线守兵争分夺秒加强工事,准备迎接次日的战斗。

　　这一日,涂家埠桥头阵地也受到攻击,日军第101师团主力两次派部队进行侦察和攻击,均被守军击退。

　　19日早晨,战况就颇不平静。9时前后,望湖亭被敌炮击毁,日军见望湖亭被炮火击毁,便集中火力来打开这个缺口。11时许,日军5艘登陆艇在炮兵及两翼轻、重火器掩护下,强行登陆,第721团第2营第5连何连长率部奋起反扑。中午时分,战斗陷于胶着状态。张尊光团长由预备队抽调一个连,归第2营营长指挥,严令该营不惜一切牺牲,必须在下午4时前收复原阵地。随即,炮兵连、迫击炮连进行射击,切断日军的增援部队。阵地前沿的守军猛烈射击,吸引当面之敌,以减轻第5连正面压力。激战至下午3时,日军只占领着一小块滩头阵地,再没进展了。他们如果坚持到夜间,中国军队一反击,就有被歼的危险。鬼子们很狡猾,很快就开始抢在天黑前行动。3架飞机全部出战,炮兵"轰——轰——轰——"地打开了,水面上的所有船只拼命强攻,一时战斗激烈空前。但才过一个小时,这种疯狂便结束了,鬼子砸向中国军队阵地的大炮转而掩护着登陆的小队仓皇逃向江心而去。

　　战斗平静了,张尊光团长来到了第5连阵地。官兵们正在修复工事,在太阳余辉的映照下,依稀可辨敌兵留下的斑斑血迹,他问道:"何连长呢?"

　　"他左臂负伤,坚持不下火线,营长把他安排在营指挥所休息。"

　　张尊光赶去看望何连长,嘱咐他安心休养,并将他的事迹上报请奖。

　　随后,营长和副营长决定由中尉排长孙士俊暂代连长职务,并且副营长留连协助指挥。两人连夜调整部署,把重机枪变换了阵地位置,团预备队配属的一个连也进入了第二线。

　　炮声送走了黑夜,迎来了新一日的黎明。

　　天一亮,日军继续循着昨日的航线又开始了进攻。他们对着第5连猛攻,所有的直射火器均集中到第5连阵地;另一部分兵力对着第4连正面打,使中国军队左右不能相顾。酣战至11时，鬼子强行揳入了第5连阵地，乘敌立足未稳，第5连少尉排长王福成带着他的这个排进行强力反击。六七名鬼子见状，躲在死角准备向他们"奇袭"，还没起身，就被王排长发现，端着轻机枪转身就向他们扫去。这一扫动作太快了，又出其不意，"哒哒哒"飞来的子弹吓得敌兵晕头转向，慌了手脚。

这王福成是山东人，是位地道的彪形大汉，平时练兵并不太多，可大炮一响，他的劲头就来了。他常端着一挺捷克式轻机枪，喜欢跪射，有时兴起，便站着打它几梭子，当敌人还莫名其妙时，他早已转移了。他自己说："我的特点是'静如处女，动如脱兔'。"在战斗中，他有两个诀窍，一是突然，二是飘忽。他的拿手好戏，是打"交手仗"，"身大力不亏"，"一对三"也不在乎，手榴弹投出后，就拼刺刀，在格斗时常常和敌人扭作一团。在混战中，他抓着一个日本少佐军医厮打起来，两个鬼子冲上来把那个军医拖走。这时跟着王排长冲上来的士兵一齐喊"杀"，又是手榴弹，又是大刀，硬是把鬼子从正面打回去了。

20日，日军发起了全线猛攻。

下午3时，第1营阵地在第3连防守地区被突破，并节节向纵深发展。在这紧急关头，张尊光急调预备队的一个连归第1营营长指挥，首先稳住阵脚。这时阵地上呈现出犬牙交错的局面，一些官兵进行阵地战，一部分转入了巷战，但通信联络没中断，指挥系统也没发生困难。炮兵连连长李厚德身旁被撂下一个炸弹，炸起来的泥土把他埋入地下，幸好正是漏斗孔的安全范围，死角救了他的生命。

当晚，张尊光与各营计议，副团长提出了几条具体措施：（1）压缩敌人占领地区，一间房子一间房子地进逼；（2）在能见度许可时，轻重机枪就开始封锁射击；（3）手榴弹的投掷，应注意实效，巷战时，这是件威力强大的兵器；（4）预备队的任务是以全力保持我阵地的完整，制止敌人分割；（5）加强巷战工事，一间房，一堵墙，要用生命去保卫；（6）炮兵连、迫击炮连备足弹药，准备凌晨对敌火力急袭，具体时间，另下命令。

午夜时，宋肯堂军长得知这边战斗已白热化，深恐张尊光独力难支，打电话给张尊光说："我指派王团来吴城，支援战斗……"

话还没说完，张尊光就拒绝了，说："军长，吴城镇区不大，我现有战斗兵力近千人，进入巷战之后，鬼子的炮火及空军势必受限制，双方战力差不多。我们投入太多的兵力，人多地狭，也展不开。"

"你们阵地……"

张尊光说:"我团阵地虽一部分被突破,但我有信心收复。目前士气高昂,我们誓与日军周旋到底,不要援兵啦!"

宋军长不说话了,只是告诉他说:"在涂家埠、狗子岭当面之敌今日也企图强渡修河,被第139师和第142师防御部队坚决抗击,激战终日,仍是隔修河对峙,无一尺一寸的进展。"

"我们一定夺回阵地!"张尊光表了态。

21日,日军继续对吴城、涂家埠、狗子岭展开猛烈进攻,中国军队各部队坚决阻击,但日军却从艾城、青山、虬津、张公渡等地强渡过了修河,正向以南高地攻击,第142师左翼受到严重威胁。宋肯堂军长命令军预备队两个团在第142师左侧后黄婆井、下村梁家一线占领防御阵地,掩护军左翼侧背,保证修河正面防守部队继续抗击敌人。因此,吴城当面的日军也拿出了决战的态势,天一破晓,36艘登陆艇就开始了全面突击。上午8时,日军炮火指向了第721团团指挥所,并有一个小队突然出现在团指挥所左侧,张尊光团长下令:"特务排反击,团指挥所向预备指挥所转移。"

城内的街道和房屋内,敌我犬牙交错,短兵相接,白刃格斗,互相胶着,谁都进展困难,难胜对方半分,这时宋军长派来的预备队第723团一个营来到了。

原来昨晚张尊光拒绝了军长的援兵后,宋肯堂还是不放心,还是令第723团前去支援吴城作战。拂晓时分,该团到达了丁家山,王团长与张尊光通电话,告诉他自己已到了丁家山。张尊光只好接受了,随后,两人商定将第723团第2营配属给张尊光指挥,反攻已侵入吴城之敌,其余部队在丁家山待机并掩护张团右侧后和左侧后。上午10时,在最危急的时刻,王团宋福庭营长率领全营来到了第721团指挥所报到,张尊光立即决定以刘营接替团预备队宋营的任务,并将刘营的第6连配属给宋营,说:"由宋营长统一指挥反攻吴城镇内之敌。"

经过数小时的激烈战斗,于黄昏前,日军终于吃不消了,仓皇乘舰逃去。

张尊光立即以宋营担任主要防地正面,重新调整部署,连夜构筑加强工事,组织火网,沟通联络,准备翌日迎击来犯之敌。

22日上午8时,日军对吴城、永修(涂家埠)修河南岸防御阵地开始了猛烈的攻击,但大部分鬼子被阻击在阵地前,小部分鬼子突入了阵地内,无论怎么打，怎么攻，也没丝毫进展。吴城当面之敌，在空军和炮兵轰炸支援下，以40艘舰艇载着陆战队倾巢来犯，与吴城守军展开了激战，主攻方向就是望湖亭东西一线的宋营防御阵地。

这时，由于敌机、大炮反复轰炸和炮击，防御工事大部分被摧毁，守军炮兵连也受到强大炮火的压制，该连机动地变换了阵地。当鬼子跳下舰艇从正面实行登陆时，炮兵对他们进行射击，前沿步兵也拼死而战。

但是，激战4个小时后，日军还是登陆成功，中国军队官兵与鬼子展开白刃格斗。鬼子虽然伤亡严重，但仍从几

第19集团军总司令罗卓英

处地方突进了守军阵内的居民点，宋营官兵拼命阻击和反击，形成逐屋争夺的拉锯战。战线犬牙交错，情况极为复杂混乱，但是日军的进攻已被堵住了。城内的激战持续到黄昏。入夜后，中国军队各部加强工事，补充弹药，准备夜袭夺回原阵地。

同一天，第139师、第142师当面之敌也发起了猛烈的进攻，被中国军队击退，未能渡越修河。

当日夜间，宋军长突然接到第19集团军总司令罗卓英的命令："第32军已完成阻击敌人的任务，着即撤出现阵地，向南昌转移。"

宋肯堂立即命令各师各团，即刻撤出现阵地，向南昌转移。

第32军撤至南昌后，奉命继续向抚州转移，之后调往赣西宜春、分宜地区整补。修河作战结束后，重庆军委会传令嘉奖作战有功部队。电文如下：

> 第32军长宋肯堂、第141师师长唐永良，涂家埠、吴城之役，均能英勇击敌，完成任务，着即传令嘉奖。该师团长张尊光守备吴城作战得力，记功一次，授华胄荣誉奖章一枚。犒赏全体官兵一千元。该军第142师师长傅立平守备涂家埠、狗子岭阵地，作战努力，达成拒敌南犯任务，记功一次。

第32军打出了战绩,第49军和第79军当了逃兵

罗卓英为什么下令第32军撤离阵地呢?因为第49军和第79军在修河失守了。

第49军是战前罗卓英从安徽的黄山战场调过来的。

第49军的底子是东北军,只有两个师,一直没归罗卓英指挥过,这次竟然充作了集团军的机动兵团。而机动兵团是需要有很强战斗力的,罗总司令却将战斗力强的亲信部队抽调下来,让第49军顶上,并且是防守修河阵地,负责五谷岭至张公渡地段。

这对于整个战局来说,私心坏大事,是走了一招错棋。

第49军军长刘多荃受领任务后,立即决定以第105师守备阵地,以预备第9师控置安义,军部驻靖安,预备第9师是新拨归该军的。第105师则是第49军的基本部队,刘多荃曾是该师的第一任师长,全师为两旅四团制,即第313旅旅长康景濂,辖第625团(团长王中民)、第626团(团长张翰西);第315旅旅长卢广伟,辖第629团(团长于泽霖)、第630团(团长于址源)。因在马当外围的香黄山战场与日军作战多次,该师伤亡严重,屡次补充新兵,又没机会整训过,战斗力较差。部队到达防地后,师长王铁汉赶紧利用守备机会,加紧整训部队,下令每旅只展开一个团,担任阵地守备,以一个团控置在阵地后方整训。

第105师守备阵地,右起修河南岸的五谷岭(含)沿河,经虬津等地,左至张公渡以西的某处,阵地的右翼是第79军第76师,左翼是第70军。王铁汉以第315旅为右地区队;第315旅展开629团,阵地右起五谷岭(含)沿河向西至虬津以西某点(不含),以第630团控置在后方为预备队;以第313旅为左地区队,该旅展开第625团,控置第626团,阵地右接第315旅第629团,沿河向西至张公渡以西某处,左与第79军部队衔接。

第105师沿修河阵地是原守备部队第4军做好的,接替防务后,王铁汉忙于整训,顾此失彼,只是稍微加强和增添了些工事,预备阵地没构筑工事。如此简单的防御和工事其实就是摆了个挨打的阵势,就连他手下的营长们都说:"敌人不攻,算是侥幸;敌人一攻,沿河阵地炮火一轰,轻易就摧毁,敌人就可长驱直入,败局就已定了。"

但是,他们说归说,议论归议论,上级没有命令,自己也懒得动手,大官小官们懈怠地静候鬼子的来临。

其中，第315旅第629团一接防，双方就打起来了，东北军的那些士兵们因老家被鬼子强占，父兄流亡，见着鬼子就眼红，于是隔河射击，鬼子也进行还击，一打就没了休止，双方对射了一个月才停止下来，前线也沉寂了。

其实，这种寂静正是大战的前奏。

此时罗卓英已把第19集团军的防御重点摆在右翼涂家埠一带，机动兵团置于涂家埠以南，守备队是第79军，向左是第49军，再左是第70军。各军采取沿河直接配备，后面控制较大的预备队。他天天到各军视察，下基层。他来到第105师时，团长以上官佐都去迎接，听他讲话，可团长们都希望罗长官视察后能在防御阵地的主要方面加强兵力和设置多层的防御。然而，这个参谋长出身的罗长官只是走马观花，耍耍嘴皮子，真正的军事防御阵地却并没细看，也没真正深入士兵中去，只是与军长、师长交流几句就走了，团长们只能坐在会场的台子下面见见他的面，听听他的报告，与他说话一不够格，二没机会。结果，第105师所守的沿河阵地直到日军进攻时几乎大半年的时间，都是保持原状，只是沿着修河南岸稀稀薄薄摆了些兵力。

罗卓英的守法很特别，前沿阵地兵力少，后方预备队多得惊人，从集团军一直到旅都采用这个方针：尽量多地配置预备队。按防御的性质，本是专守防御的，而他们所采取的措施，则又是相互矛盾的机动防御。一旦敌人发起进攻，守备阵地兵力不足，就不能挫败敌人的攻势，而一旦被突破，所控制的庞大预备队赶上去，行动快的来得及，行动慢的就来不及了。这样的防御，就是守不住，援不及，摆的是挨打的架势，预备好逃跑的姿势。罗卓英给陈诚当参谋长，自己临阵却弄糊涂了。可他情况不明决心大，心中无数点子还颇多，除了忙着到各军师去视察外，还举办短期集训班，对团级以上军官进行培训，一是教育大家认识保卫南昌的重大意义，二是贯彻自己的机动防御方针，花架子搞得呼呼响。

但是，他唯一的困惑就是对鬼子的进攻方向摸不准。在日军进攻修河之前，集团军总部对敌人的重点指向始终判断不出来，今天说这儿，明天又猜测可能在那儿，举棋不定，把控制的部队东调西调，一直到南昌被日军占领，这些师还没能参战，却被总部的调动折腾得疲惫不堪。

修河对岸的日军准备进攻了，但从罗卓英第19集团军到王铁汉第105师司令部都没采取什么具体措施，只是把情况层层传达到团，指示继续加强工事，严密防守，仍是保持原状，没做出新的调整部署。团长、营长们只好听从命令，但内心却是十五个吊桶七上八下的，没任何胜敌的把握。

第629团团长于泽霖在赴南昌受训前，由第630团接替该团的防务。第630团团长于址源在接防时忧心忡忡地握住于泽霖的手说："老于，这个阵地你守了快半年啦，没有出事。我这团一来，就不同啦，眼看鬼子就要攻击，一攻是非垮不可。"

老于则暗暗庆幸自己换下防来了，事不关己，哪管人家瓦上霜？只是安慰他说："不要紧，不要紧的。"

"这个阵地首当其冲，你我都是于家人，你说能不要紧吗？"于址源几乎要哭了。

是啊，两人都姓于，于泽霖这才说了句实心话："我虽然换下防来，但位置距你不算远，敌人一攻击，我很快就开上来了。"

可这于址源还是说："不行啊，你瞧着吧。"

国民党军战士坚守在前沿阵地

于泽霖也没办法，他没有罗卓英那套说服人的口才，悻悻地走了。可当他从南昌受训回到团部后的第五天，3月21日晚七八点钟，日军的猛烈炮击就开始了，第105师的阵地由前沿到纵深，均为炮火所笼罩。日军用上这么多的炮兵，而中国军队的炮兵却力量微弱，怎么也压制不住。于泽霖说："糟糕，鬼子使用炮数在六七十门以上。"

日军的炮弹中还有不少的喷嚏性毒气弹，约一小时后，日军就开始进攻了。

这时于泽霖接到师长王铁汉的电话说："和第630团电话不通，令你派军官去该团联络。"

于泽霖急忙派出联络副官，副官一去，马上就回来了，报告说："俺到同安寺，团部空无一人，前沿阵地上，只有稀疏的枪声，五谷岭、铁门坎高地上电筒发光，找不到第630团的人。"

接着，于泽霖又得到报告，第630团已撤到本团的后方去了，阵地已失守。于泽霖立即把情况报告给师长。王铁汉一听急得直跺脚，又无可奈何，只好说："你做好准备，候令行动。"

然而，直到午夜11时左右，王大师长才来电话，命令说："目前情况，敌军已经部分渡河，我沿河阵地失守，右翼第76师阵地一部失守，左翼第70军联络不上，情况不明。本师第315旅电话中断，师部决心反击敌人，夺回五谷岭一带沿河阵地。你团负责夺取五谷岭阵地，夺取后坚守待援。右翼与第76师某团协同，左翼与第313旅第625团联系，同时进击。"

于泽霖问道："什么时候开始反击？"

"行动时间为午夜12时。"

这沿河阵地是怎么失守的呢？原来昨日于址源这个团突然遭到敌炮集中而疯狂的轰击。可是，面对修河，他们虽遭到炮击却没看见敌人的一个影子。于址源吓蒙了，哆嗦着说："拿着武器不能自卫反击，唯有干等挨打了！"连鬼子都见不着，自什么卫？因为战前没有准备防御工事，大炮一响，第630团困守阵地只有束手挨打了，而鬼子的大炮和飞机不停地炮击和轰炸，官兵们眼前的阵地不断被摧毁，通信设备也不时被破坏，本来士气就低落，对守这样没什么准备的阵地就更没信心了。鬼子炮击一开始，团长于址源心里急躁，而又是一本糊涂账，口里不停地咕噜着"死守到什么时间"，"挨打到什么程度"，"牺牲换得什么代价"，"下一步应该怎么办"？可这一系列问题都是无解。因为一则师长、旅长没交代，就是罗卓英总司令战前的训话、培训班也没谈及；二则在接防之后，他这个大团长也从没考虑过。一切没有准备，情况又是这么的糟糕，于址源被飞机大炮吓昏了头脑，心里又乱又糊涂，越乱就越没信心，越没信心就越糊涂，见势不妙，他竟然借口"瓦斯中毒"，干脆放弃指挥，当起了逃命的"跑跑"，去向不明了。

这样，守军更加涣散了，没等敌人渡河，已溃散大半。到了第二天下午，日军渡河进击时，该团就等于不抵抗放弃了阵地。师长王铁汉接到于泽霖的报告，先是半信半疑，慢腾腾地确认是事实，却获知第630团还在抵抗。他手中无预备兵力，不敢从左翼第313旅抽调兵力，只好督促第315旅旅长卢广伟速以预备队第629团增援,争取延续固守阵地时间。而卢旅长只是顾虑敌空军阻碍部队活动,又不明前方的情况,"切盼"第630团能坚持到晚,以便以第629团趁黑增援接防。他把这主意报告上去,王铁汉也糊里糊涂地批准了。

殊不知这时第630团官兵早跑得没人影儿了,只有几个胆大且不怕死的悍兵在单枪匹马地与鬼子零星较量。王铁汉和卢广伟的滞后处理本来就来不及了,实际行动又更落后,阵地失守自然是难免了。当获知第629团的增援接防不得不变成阵地反攻了时,王铁汉勃然大怒地问:"于址源呢?这于址源呢?"

"原来这于址源根本没抵抗,任凭敌人渡河,他就跑了!"卢广伟气愤地说。

王铁汉觉得事情太严重了,这边撂下电话,那边立即又摇起了电话,亲自对于泽霖下达了午夜12时的反攻命令,最后,王铁汉严厉地说:"完不成任务,军法从事。"

这于泽霖接受命令后也是直摇头,边摇头边无奈地说:"明知是无济于事的,但不敢不做,明知不可为而为之啊!"一面转令各营长,一面打电话给第76师某团长,规定了联络信号,左翼第625团无法联络,只好作了罢。

在给各营长电话命令中,于泽霖把师长"完不成任务,军法从事"的话,加重语气传达,然后,他率领第629团按时前进。

这时夜色漆黑,又下着雨,在搜索前进中,并未遭受敌人射击。然后,他们在旅长卢广伟的指挥下,两个营猛扑五谷岭。这块阵地,他们守备了大半年,哪个地方就是有个小坑都熟悉,轻车熟路,经过一番激烈的争夺,他们终于把五谷岭上的日军给击退了。卢广伟急忙用电话向师部报告:"已占五谷岭。"

众人这才高兴,谁知他们占领了阵地,左右翼的友军却均无声息,于泽霖立即脱口而出:"肯定他们是没有按命令行动!"

旅长卢广伟说:"第629团又孤军作战了。"

"幸好是在暗夜,否则,全团牺牲一定很大,也不可能将五谷岭阵地夺回。"于泽霖更是没信心打"背时讲"了。

天一亮,日军果然发起了反攻,于泽霖在两翼也发现了敌人,马上对旅长说:"阵地抵抗不住了。"

日军为什么能从右翼第79军的防地迂回过来呢?原来当敌人炮击右翼

中国军队战士击退日军的进攻

守军第 79 军第 76 师与第 105 师接合部时，第 76 师就放弃了与第 315 旅并列的第一线阵地，退守第二线主阵地。当第 630 团阵地一陷落，他们便不等日军进攻又向后退避三尺了。旅长卢广伟只知道第 630 团失去阵地关系重大，引以为耻，但不知整个战局已由此而急转直下了，以为只要夺回既失阵地就行了，因此抱着不顾一切、誓死夺回的决心督队反攻。殊不知第 630 团一点突破，全线皆溃，第 49 军左翼的一部——第 105 师第 313 旅康景濂旅立即向西退到了第 70 军的背后；右翼也向南溃退，后面的第 79 军第 76 师被迫向乐化、梅岭地区撤退。第 70 军正面虽无激烈战斗，但张公渡以东阵地，全被日军突破，该军亦向安义西北山地撤退。当日日军向安义、奉新追击，第 49 军已丧失抵抗能力，日军迅速占领了安义、奉新，这就是哄传一时的"罗卓英连失三城——永修、安义、奉新"！日军分路进犯，装甲车驰骋于公路上，与溃兵夺路，修河的各路大军不得不后撤，已经是一片混乱。还蒙在鼓里的卢广伟眼见功败垂成，两个团都要垮了，顿足搥胸，死活不下战场，左右一急，立即把他硬拖了下去。

他一走，团长于泽霖立即下令撤退，结果，在由五谷岭向南撤退中，伤亡很大。全团急急退到谦田江家后，于泽霖立即打电话向王铁汉师长报告。刚说了几句，鬼子已追到了跟前，轻机枪已由村外的山冈上射向团部，他只

得抛下电话，令团直属队和各营一起向南撤退到山冈，以部分兵力阻击鬼子，全团逐步退到师预备阵地——凤凰山之线进行防御。战斗到此，暂告稳定。

于泽霖向王师长报告了撤离经过，王铁汉指示："你团守住凤凰山阵地，待预备第9师到达后，将阵地交该师。你团行动，另有命令。"

"什么行动？"

"本师第313旅，自敌人开始进攻不久就与师部失去了联络，你旅第630团更不知到哪里去了，仅仅收容到一个营，由中校团附赵本初领着。"

"预备第9师现在哪里？"

"刚刚归还建制，在哪儿了，我也不知道。"

原来，鬼子开始进攻的第二天早晨，刘多荃军长才抽调远在后方的军预备队——预备第9师一个团（第25团团长万绍成）开至滩溪附近集结待命。这个团到了前方却还是在后方大大咧咧的样子，不注意隐蔽，敌机立即飞来空袭，结果被炸得人仰马翻，还没作战，士气已挫。当到达军部附近，没来得及使用，第315旅阵地已经失守，当晚他们便随军部转移至滩溪，而后又归还建制。这一折腾，除徒劳兵力、伤了人马外，于事无补。当晚，这个师还没到，于泽霖已经率领全团和师兵站及弹药堆积所准备撤退了。

这时守军已临近"山雨欲来风满楼"的总崩溃前夜了。突然，蒋介石的命令到了！命令的要点是：第49军负责反攻，收复已失阵地，否则，拿该军长是问。这下促使军长刘多荃拿出决心使用预备第9师了，他把任务下达给该师张言传师长。大部队行动非常迟缓，于泽霖等到第二日下午二时，他们终于到了。他们接替凤凰山阵地后，鬼子并未进攻。

次日晚，刘军长下令："沿公路南撤，第105师在先头，预备第9师在后。"

此时第105师师长王铁汉已是大穷酸汉了，偌大的一个师只剩下个师部、于泽霖第629团及第630团一个残破营。当他们行至滩溪附近时，接到军部命令：军长又决定在滩溪之线构筑工事，阻击敌人。第105师守备公路以东高地一线，预备第9师守备公路（含）以西滩溪高地一线。人马不够了，怎么办？王铁汉便命令于泽霖："你团担任守备，第630团残余之营归你指挥。"

"多少人马？"

"共4个营的兵力。"

一个师只剩下了4个残缺的营，于泽霖大吃一惊。在受领任务后，也顾不得那么多了，立即召集各营长和第630团中校团附赵本初，侦察阵地，分配任务。他回到团部，各营还没把阵地侦察完，就已发现了敌人，立即仓促应战，工事没来得及构筑，官兵们只好一面战斗，一面挖些简单的卧姿掩体。

在坦克的炮火掩护下，日军发起了进攻，相持不过一小时，鬼子好几辆坦克便沿着公路冲进了阵地，把第105师（实即第629团）和预备第9师切为两段，于泽霖与师部从此失去联系。于是，各部又开始了拼命逃跑。

在混乱之中，军部和预备第9师、第105师师部在公路以西，立即向南退去，于泽霖与旅长卢广伟领着第629团被隔在公路以东。第630团的残部已逃散，他们于是避开公路向东南方向撤退，结果又陷于敌人大包围之中。

经过三天行军，他们才到达万家埠一带，遇到第19集团军的机动部队，一问，他们回答说："嘿，我们并没参战，也陷于敌人包围之中，正设法越过公路，向南撤退呢！"

于泽霖率部几天东转西转，还是在鬼子的包围圈里。他认为不早日突过公路去，后果不堪设想，于是召集干部开会。经过激烈的讨论，众人决定越过公路，向西南撤退，寻找师部。

经过侦察，公路上只不过是敌装甲车和小部队行动而已，于泽霖说："选定地段，利用夜暗过去。"

当夜，他们趁日军巡逻的间隙，很快地越过了公路，之后又经过几天的行军，遇到师部派出的联络军官，于泽霖把全团带到高安以南师部所在地，归还了建制。

薛岳私心丢了南昌

修河战役，是南昌会战中关键性的一战。一昼夜之间，罗卓英就连失三城——永修、安义、奉新。之后，日军大队人马以装甲车为前驱，直取南昌城。

日军突破修河南岸阵地后，罗卓英就已令第4军在南昌附近东岸布防。日军由奉新经大城向东继续突进，当晚，先头部队就到了生米街。这时，罗卓英已在上高，闻讯后，立即打电话给薛岳，说要放弃南昌城。

薛岳竟然当场就答应了，并且找来参谋处正副处长狄醒宇和赵子立说："你们起草撤退命令吧。"

狄醒宇和赵子立两人马上反对说："没有必要！"

"咋个没必要，罗卓英都已经要走人啦！"薛岳说。

赵子立说："鄱阳湖并无情况，吴奇伟军团守赣江东岸，有可能支持三四天，第79军还有战斗力，让他们以梅岭、西山为根据地，向南侧击敌人。卢汉的第1集团军援军已到了路上，日军由一条道窜到生米街，孤军深入，还是让第1集团军第58军、第60军两个军，第30集团军一个军，连同第70军，共4个军，限他们4日后向安义、大城攻击。令第49军在高安、上高间收容整理，为预备队，这样完全有可能转败为胜。"

薛岳很是犹豫，没做声，可想了一阵子，到了最后，他还是说："放弃南昌吧。"

尽管他口气很坚决，狄醒宇还是说："请长官还是再考虑一下吧。"

薛岳不耐烦了，"你们回去吧，这个电稿，我自己起草。"

日军大队人马进犯南昌

薛岳为什么对罗卓英这般迁就，为什么要迅速放弃南昌呢？原来这其中夹杂着太多的私人感情。一是因为罗卓英是陈诚的铁哥儿们，薛岳原是倾向共产党的，"清党"时被白崇禧撸了个一干二净；后来他又拥汪反蒋，反蒋失败后再次"净"了身。他之所以能东山再起，两次都是因为找了陈诚，陈诚又找蒋介石说了好话，说薛岳会打仗，是难得的将才，才由反蒋者变为拥蒋者，因此，薛岳对罗卓英特别迁就。二是因为第4军既是张发奎的嫡系，又是薛岳的嫡系。这第4军是粤系子弟兵，好像是他们的儿子，两个爸爸都爱如至宝，因此薛岳怎么肯把它放在南昌冒此风险呢！为此，他的参谋长吴逸志曾不止一次地向赵子立介绍薛岳与罗卓英以及薛和第4军的关系，并且说："我们要特别照顾到这一点，什么事都不要等长官（指薛岳）亲自开口。"

薛岳要放弃南昌了，他的手稿以电报发出后，才交到参谋处。手稿令第19集团军退守梁公渡、松湖、高邮市、祥符观、故县之线，其中特别指示第79军应由乐化地区向西突围。这样，仅几天的时间，第九战区就丢掉了江西的省会——南昌。

3月27日，南昌失陷后，第19集团军以吴奇伟军团守备梁公渡至高邮市对岸锦江南岸之线,以第70军、第79军守备高邮市、祥符观、故县之线,以第49军在上高附近收容整理。至此,战局暂告稳定。

南昌丢了,全国震动。第79军与第49军自知罪责难逃,互相推诿修河失守的责任,第49军刘多荃说:"日军是首先由第79军王凌云第76师正面突过来,包围本军右翼的。"

第79军军长夏楚中说:"日军是首先由第49军正面突过来,包围本军左翼的。"

争执发生后,罗卓英并没认真追究,但是蒋介石获知南昌迅速陷落后,大发脾气,罗卓英不追究,军委会却一层层追究责任,最后开始处分责任人了。

在修河战役中,第49军第105师损失十分严重,以兵员论,伤亡数字有两个团之多;以武器论,全师损失也不少,单以第629团来说,算是武器损失较少的,竟丢失马克沁重机枪3挺,八二迫击炮两门,三七平射炮一门,捷克式轻机枪30余挺,捷克式步枪200余支,各种器材、弹药的损失更多。第105师在上海战役中曾受到严重的损失,而这一次损失比上次更大。于是,第49军中将军长刘多荃连降两级,中将副军长高鹏云、少将参谋长秦靖宇撤职,调为附员;第105师中将师长王铁汉撤职留任,戴罪图功;该师部队则取消旅的编制,由师直辖3个步兵团,团的番号改为第313团(原第625团)、第314团(原第626团)、第315团(原第629团),原第630团取消。旅、团长也进行调整,原第313旅少将旅长康景濂、第315旅少将旅长卢广伟调为第19集团军总部附员,原第313旅团长王中民撤职,调为附员,原第315旅第630团团长于址源临阵潜逃,下令通缉(他最后逃到昆明,改名换姓做生意了,通缉变成了走过场)。第313团团长以中校团附魏恩铭升充,第314团团长以原第626团团长张翰西充任,第315团团长由原第629团团长于泽霖充任。

将官进行了整顿,但全师的士兵和下级军官,不是伤亡了,就是逃散了,师长、团长手下都没几个兵了。这是个重大问题。王铁汉硬着头皮请准战区由吉安和长沙两处各拨给一个新兵团,然后派于泽霖去接兵。

于泽霖临行前,王铁汉拉着他的手,叮嘱又叮嘱说:"这次接兵任务很重要,关系着师的能否存在,一定要带个满员的团回来!"

好在于泽霖能力还算强,总算完成了任务,第105师兵员又告充足了。兵有了,另一问题也来了,因为武器损失数目太大了,新兵十几个人合着还没一支枪,王铁汉跑去找军长。刘多荃不敢报请重庆军委会补充,说:"我连降两级,你是戴罪图功。怕的是,因为人员损失既多,而武器器材损失的数目又惊人,一个命令,把番号取消了。"

两人一合计,只有打掉牙齿和血吞了,谁也不敢向上面要武器和装备了,可是官兵不能空手赤拳去和强悍的鬼子拼杀呀!正在烦恼之际,刘多荃原任第105师师长时,家底全是由东北带来的,突然他想起当初曾将一批武器和弹药器材存储在吉安附近的赣江船队中,一问,手下说:"因怕敌机轰炸,租用几十条大船,停泊在该处。"

"快,快!拿出来给军直属部队和第105师使用。"

这样,王铁汉手下的那些兵才有了一些张作霖时代的"烧火棍",几个人合着用,以后再去从敌兵手里夺武器。

上官云相阵前杀人

薛岳、罗卓英丢失了南昌,受到舆论的抨击,蒋介石大发雷霆,说:"南昌失守,严重影响到西南战局。"当场就令他们反攻。但是,放弃易,收复难,第九战区明知道不可能,但还是命令罗卓英进行反攻。

谁知反攻还没开始,蒋介石又一道命令来了,严饬第九战区将副司令长官兼第19集团军总司令罗卓英撤职查办。

罗卓英还没走人,4月17日,重庆军委会又下达了一道命令:反攻南昌。蒋介石下令给第九、第三两个战区,并令第九战区饬罗卓英戴罪立功,率部并指挥顾祝同第三战区在赣江东岸的部分兵力,收复南昌城。

按照蒋介石的这个命令,第九战区是主攻,第三战区是助攻。

罗卓英指挥所部全力反攻南昌,兵分几路,一路由第三战区第32集团军总司令上官云相指挥陈

第32集团军总司令上官云相

安宝第29军，沿赣江西岸北进，直攻南昌；第九战区第49军预备第9师进入西山区，收容流散该地区的三四千官兵，以西山为据点，对虬岭、生米街、牛行之敌进攻，截断和破坏西山周围日军的交通和通信设备。另一路由第1集团军代总司令高荫槐指挥，以第58、第60两军向靖安、安义、奉新地区之敌进攻，并以一部进入南浔线、乐化地区，截断日军的后方联络。第三路由俞济时指挥第九战区直辖军第74军东渡赣江，进攻南昌东面地区之敌。

4月22日，第19集团军由石头冈、高邮市发起进攻，第74军第51师于26日收复高安。

第32集团军上官云相指挥赣江以东的作战，以第29军第79师任主攻，沿向塘向北进攻。这上官云相是个老兵油子，从北洋军阀时期就开始当兵，是一步一步打上来的将领，他作战有其独特作风，即最爱突出个人。他指挥自己的部队，当情况有利时，就拼命地打，如1930年蒋冯阎大战时，他就很给蒋介石卖力；当情况不利时，最会逃脱，脱身如泥鳅，如"一·二八"事变时第19路军在上海抗日，他也受命参加上海作战，于途中徘徊不进。他指挥别人的部队作战时，光想立功，不管情况如何，都要求人家拼命地打，胜了，功则归自己，败了，过则归他人。对这样的兵油子，只有蒋介石引以为密友，其他将军都惟恐避之不及，抗战开始后，几乎没一个战区愿意要他，最后蒋介石把他交给了吃喝嫖赌抽五毒俱全的顾祝同，在他的第三战区统率第32集团军。

这次顾祝同令他指挥第29军去反攻，谁知一出发，他就与该军第79师师长段朗如大吵了一架。

第79师刚由进贤经梁家渡过旴江到达莲塘以南地区，师长段朗如侦得莲塘地区仅有一个鬼子联队，心想自己一个师还拿不下鬼子的一个联队？想夺取反攻的头功，于是越级跑去面见集团军总司令上官云相，并且建议说："莲塘地区现在敌军兵力不大，只有一个联队，我们可以乘他不备，先把它攻下来。"

谁知这上官总司令最不喜欢部下多嘴，一听他来指挥自己，马上黑着脸说："统率部队有整个计划，等着吧，有你打的仗。"

这让段朗如碰壁而归，心里老大的不高兴。

在进攻开始前，第29军军长陈安宝转达上官总司令的命令说："第九战区已突破敌军第一线阵地，切断了南浔线，正攻击牛行、乐化。本军有攻击莲塘、南昌协助第九战区作战任务。令第79师、第26师向当面之敌攻击，攻击重点在右翼，经莲塘向南昌攻击。"

这时莲塘的日军已增加到了一个旅团。第79师是进攻的重点师，段朗如认为现在不仅攻不下南昌，就连莲塘也攻不下，又越级打电话向上官云相报告："莲塘敌军发现我有进攻企图，已增加到一个旅团以上，就兵力、敌我武器及工事强度来说，我军没有完成任务的可能。"

上官云相平时就架子很大，脾气也很大，见段朗如还是不知趣，对这样的好事之徒很是恼火，喝道："按照命令坚决进攻！"

段师长认为这样打仗是明知不可为而要硬去为，接着又说："进攻是要进攻，但仗不是这样打法！"

上官云相立时就问："段师长！你说什么？！完不成任务，我就让你负责！"然后"哐当"一下就撂电话了。

段朗如受了上官的斥责后，很是气愤，当即召集手下的团长开会。他一进会场，手中拿一本记事簿就向桌子上一摔，将敌我情况和所受任务讲了一下，接着就说："大家都是本师的老干部了，现在处境像这个样子，大家想想，怎样才能既完成任务，又可保持本师的生存？"

平时嬉皮笑脸的众将此刻却面面相觑，一言不发，段朗如点将了："王永树，你说呢？"

第235团团长王永树是第79师有名的智多星，号称"小诸葛亮"，他见自己被点将，于是眯着眼说："我看有一办法，就是不知行得行不得？"

"你不说，怎知道行得行不得？"段朗如说。

"组织一个突击队，钻隙到南昌市区，进行袭击和放火，并发出电报说本师已到达南昌城。"

段师长眼前一亮说："这个办法好！"

这弄虚作假、欺骗上峰的事情如何做得？正在气头上的他哪里还管这些了，把歪主意竟然当成了锦囊妙计。众将也个个不想去"送死"，明明知道不妥，也选择做哑巴。可段朗如转眼一想："谁带这个突击队去呢？"

各团长还是不吭声。这时王永树又说："突击队就由各团各派一部分组成，突击队长，可由本团中校团附徐进之担任。师长可找徐进之来，当面鼓励他一下。"

段朗如当即就派人把徐进之找来，交代任务，并且说："你只要能完成这个任务，我就一定让你当团长。"

"好哩！"徐进之接受了这个任务。

段师长又亲笔写了一份报告陈安宝、上官云相、顾祝同的电报稿，电报稿上说："本师已攻至南昌，正扫荡焚烧中。"并交代徐说："你一到南昌，就让电台把这个电报发出。"说罢,将电报稿交给了徐进之。

徐进之回去准备了。

其他团长也如释重负地回到自己的部队去了。

谁知这"小诸葛亮"王永树推荐的人选却大有问题,徐进之是黄埔四期生,好赌好嫖,做事马虎,不善逢迎,上级对他不满,周围同僚也和他合不来,因此一直爬不上去。结果,他虽是个黄埔四期生,却还比不上一个陆军大学的毕业生,仍屈居中校团附之职,"进之进之",他在仕途上的"进"却总像逆水行舟般,不仅难"进",反而不时还有"退"的危险,军中一有人员精简、职位压缩时,他就头脑笋筐大,生怕自己被"退"下去。因此,这些年他心中早就对团长、师长大为不满。王永树就是抓住他想升官却一直升不上这一点,叫他去送死。可这徐进之并不傻,面受段朗如的这个任务后,他回到营房想了想,气愤地说:"好啊!升官找不到老子,送命倒找老子了!老子去告你们。"

结果,第79师各团把参加突击队的人员都带到师部集合了,师参谋长冯宗毅却找不到徐进之了。

最后,盯江东岸的步哨说:"看见徐团附向东去了。"

冯宗毅得知徐进之东去后,感觉事情不妙,马上打电话给段朗如,建议他说:"这人不好惹啊!你要做紧急处置呀!"

"他啥啦?"段朗如还正为自己的妙计而庆幸呢。

"人跑了,可能是去上面告你的黑状了!"

"那怎么办,对他如何处置?"

"请师座马上展开部队向莲塘攻击,并上报徐进之临阵脱逃。"

谁知这段朗如平时也是浑浑噩噩的,小事糊涂,大事也糊涂,平时带兵打仗全靠开诸葛亮会来进行指挥,此刻对于这样可能危及自己性命的大事却认识不到它的严重性,撂下电话,被别的事情一耽搁,竟然忘了去追查徐进之这事儿了。

这徐进之急匆匆地跑到了第29军军部,马上向军长陈安宝报告此事。陈军长虽然觉得不妥,但对部下护犊子之心还是有的,想按下此事,再以作战不力为由,将段朗如免职了事。但军参谋长徐志勖却不同意他息事宁人,说:"大敌当前,他段朗如畏死不前,还要花招来戏弄我们,此风不可长,此事不可姑息!"

其实,陈军长这事后处置的决定,并没姑息之意。可这徐参谋长在徐进

之的嘟囔下，决心不放过段朗如，又打电话向上官云相报告此事。

这时上官大司令正为第19集团军的部队已攻到牛行、乐化，而他的部队还没有任何攻击行动，眼看就要受蒋介石的申斥而烦恼，突然听说段朗如干出这种荒唐事情来，又想起这段朗如对自己出言不逊，说仗不是这样打法，心里怒火上蹿，立即决定杀段朗如，以推卸自己挥军不前的责任。可转眼一想，这段朗如在阵前带有一个师，去抓捕他，弄不好逼着他率部投了日军，事情就更大了。上官云相办事情却不像段朗如那般"不老练"、"不稳重"，告诉手下说："只能诱捕。"

第二日，段朗如在前方接到左翼预备第10师的电话，说上官总司令在预备第10师师部召集各师长开会，要求他前去参加军事会议。结果，段朗如一到预备第10师师部，就被几个宪兵当场抓捕了。

其实，这军事会议只是上官云相仿照当年蒋介石杀韩复榘而设的一个计策。他并没有去预备第10师，更谈不上开什么军事会议了。段朗如被捕后，即被解往江西上饶第三战区军法执行监部。

自开战以来，临阵逃脱、阵前耍鬼的将领，并不是少数，就是修河战役于址源阵前开溜，造成全军溃败这么大的后果，也只是走了就走了，无人去追究。这段朗如也没造成什么恶劣后果，蒋介石、顾祝同并没有一定要杀他之意。在段朗如被抓捕后，各方面营救他的人也很多。第九战区司令长官司令部参谋处长狄醒宇与他是黄埔四期同班同学，又在第79师同过事，感情很好，多方设法营救他。但上官云相力主杀他，最后眼看保派势力不弱，他于是威胁说："如果不杀段朗如，我就不抗日了。"

虽然上官云相打仗不咋的，在当年"追剿"红军时蒋介石委他以重任，他却让红军在手下从贵阳跑脱；现在抗日了，他又被派在最关键的地方，胜仗没有，内部窝里斗却经常闹出事端；并且他因为贪财，多次受上级"凉拌"，但自诩"明察秋毫"的蒋介石却一直把他当将才用。此刻，他见上官要撂挑子了，立即缩头，大笔一挥"着枪毙，以正军法"。

就这样，段朗如被枪毙了。

老实军长陈安宝阵亡，事后也没好好厚葬

上官云相逮捕了第79师师长段朗如后，立即下令第29军军长陈安宝兼

任第79师师长,照他原来的命令进攻莲塘、南昌,并且说:"一定要完成任务。"

为什么上官这么逼呢?

因为5月1日蒋介石已经下了死命令:"5月5日一定要攻下南昌。"

上官云相之所以对于陈安宝敢于强令,这与陈安宝的性格不无关系。

陈安宝别名陈善夫,浙江省黄岩县人,保定军校第三期毕业,历充浙江保安团排连营长、第6师营团旅长、第79师师长等职。他虽然已经48岁了,但在国民党军将领中算是比较老实的,一不会耍滑头,二不会玩花样,对上级服从,对下级宽厚,作战很沉着,但遇到紧急情况不太能临机应变,独断专行。

上官云相拿他老实人好欺负,而陈安宅却不计较他令自己大军长去兼师长(因为完全可以由副师长提任,或者从军部派员担任),也不在意他对自己"一定要完成任务"的强硬口气,5月2日接到命令后,立即由军部赶去盱江以西的第79师师部。

还没到师部,路经丘津时,他见到了该师的工兵营营长兼通信连长任献廷,叹息说:"你们师里怎么搞的!"

原来,他发现该师连师部电话都没有架通,他一面叫任献廷派一个通信排带10公里长的被复线跟他走,一面简单地吃了点东西,就又去前方了。

陈安宝到达前方后,5月4日开始,指挥第26师、预备第5师、第79师一起向莲塘地区的日军发起攻击,目标直指南昌。

盱江、赣江间的日军是由炮兵、战车、飞机加强的,约4个联队的兵力,又有坚固的工事。第三战区在盱江、赣江间的部队只有3个师9个团,按兵力、战斗力的对比,完全处于劣势。以9个团对日军4个加强联队的防御都嫌弱,何况是进攻呢?因此,这陈安宝几乎是去硬攻莲塘、南昌,根本就不可能有胜算。第79师是重点进攻师,在展开前进中,受到日军空炮的轰击,伤亡很大。官兵在陈军长的指挥下好不容易攻打到了日军阵地前,再攻到了机场、火车站。

第29军军长陈安宝

但对面敌人是日军强悍的第 101 师团,他们有飞机、坦克、大炮支援,第 79 师受到日军炽盛步炮火力的巨大杀伤,结果,进,又进不去;退呢,谁也不敢下命令后撤。

5 月 6 日,日军一反攻,部队就全线溃退下来。

部队一溃退,陈安宝也阻止不住,不得不跟着溃兵跑,结果被子弹击中,负了重伤,一爬起来,部队都已经跑散了,身边只有 4 个卫士,一瞬间又被打死两个。陈安宝很胖,两个卫士架不动他,眼看着日军赶上来了,两个卫士见势不妙,也撒腿跑了。鬼子把陈安宝杀害后,将他的头割下,带到南昌去了。

日军撤回据点后,第 79 师才在一块稻田里,将军长的无头尸体找到。

在第 79 师向莲塘进攻时,第 26 师在上官云相、陈安宝严厉的命令下也不能不进攻。但进攻,他们并不像第 79 师那样认真,只是前进一下,停止一下,不敢一往直前地"硬碰"。结果,第 79 师一溃退,军长阵亡了,鬼子一攻,第 26 师也乱起来了,在混战中,师长刘雨卿左腿负伤,第 29 军参谋长徐志勖率残兵向中洲尾、市汉街突围。

刘雨卿躺在担架上,被抬到了丘津,一见脱离了危险地区,立即挣扎着爬起来,给上官云相打电话说:"日军全线反攻,战斗激烈,部队伤亡过半,右翼第 79 师溃下来,陈军长阵亡,我负了伤,请示今后部队的行动。"

上官云相说:"将师长职务交副师长代理,你去后方养伤,让第 29 军撤下来。"

随后,他又下令第 29 军到云山寺去整理。

这次反攻南昌,担任主攻南昌任务的第 32 集团军没有完成任务,部队反而遭到很大损失,而罗卓英那边也进展不大。5 月 9 日,重庆军事委员会分别电令第三、第九战区,南昌作战即行停止。于是,南昌会战由进攻开始,到撤下来,还不足一个星期,至此结束。其他部队,如第 74 军、第 49 军则撤回宜丰、上高方面。

陈安宝是抗日战争中中国军队阵亡的三个最高级将领之一。一是第 9 军军长郝梦龄,在山西忻口战役中亲赴第一线督战阵亡;一是陈安宝,在进攻南昌失利溃退中阵亡;三是不久以后的第 33 集团军总司令张自忠,在湖北宜城县部队溃败时个人至死不退而阵亡。国民政府给张自忠、郝梦龄国葬,而没有给予陈安宝国葬。

为什么呢?人死了,上官云相、顾祝同仍然欺负老实人,并没有为陈安宝说好话。事后许多人愤愤不平，国民政府才追赠陈安宝为陆军上将，明令褒扬，这是后话。

南昌战役结束后，第九战区没开过检讨会，薛岳也很沉默，不谈这一战役的得失。但狄醒宇和赵子立却总是嘀咕这件事，认为罗卓英是既不明敌情，又不熟地形，和日军采取硬对硬的办法，玩过头了。

第三章 "天炉战法"打出湘北大捷

薛岳得意一时的"天炉战法"

1938年10月,日军占领武汉后,锋芒同时直接指向湖南。但因为武汉会战消耗了日军巨大的力量,只好与中国军队在赣北、鄂南、湘北形成对峙。在赣北,日军占领了南昌,达成了目的,而鄂南、湘北这一面却迟迟没有进展。但经过近一年准备,1939年9月欧洲大战爆发,日本阿部内阁叫嚣:"以战争彻底解决'中国事变'的时机已到了!"下令第11军司令官冈村宁次屯驻湖北咸宁,指挥日军第3、第6、第13、第33、第101和第106等6个师团主力和长江舰队的海军陆战队一个联队,合计约18万人,于9月14日,从赣北、鄂南、湘北三个方面同时发动进攻,以求在"一个星期内占领长沙"。

于是,抗日主战场南推到了湖南。

8月下旬,第九战区就发现日军有准备进攻的迹象,铁道运输频繁,车站附近断绝交通,不许中国人接近,战地通信单位大量增加,并且各地的日军四处拉民夫、捉挑夫。但是,第九战区并没有出现大的惊慌。

薛岳在年初出任战区代总司令官时,就开始准备与日军的决战计划,他的计划精髓是"后退决战"和"争取外线",亦称"争取外翼"。按照他本人的话说是,只有先去后退,"争取外线",才能包围敌人、击破敌人,而不为敌人所包围、所击破,因此变被动为主动,变劣势为优势,就可以与敌军进行决战,围而歼灭之。为什么要"后退决战"呢?他解释说:"因为要是在对峙线上(如新墙河)决战,则决战的时间、决战的地点、决战时的兵力对比,皆由敌决定,故敌主动而我被动,敌优势而我劣势,至后退一定距离(如至长沙附近)再决战,则决战的时间、决战的地点、决战时的兵力对比,皆可由我决定,故我主动而敌被动,我优势而敌劣势。能做到这两个的就好些,做不到,就糟些。"

也就是说,这次敌我两军在湖南的大战,他准备从防御线先被动地退却到湖南境内，再主动地进行两军决战了。

薛岳决战的大方针有了，必须把它外化为具体可行的操作方案才行，这个任务自然由第九战区长官部负责拟订。

其实，薛岳在年初上任战区代司令长官时就已经下令开始拟定作战计划。但是，起草班子效率不高，由于起草工作缓慢，耽误了时间；在将要脱稿时，发生南昌战役，战役结束后，情况变化了，又得重新拟定。经过几个月的重新工作，方案出炉了。

具体的"后退决战"方案为，第九战区诱敌深入后，以进行决战为目的，敌进攻时，以一部兵力由第一线开始逐次抵抗，随时保持我军于外线，俟敌进入我预定决战地区时，以全力开始总反攻，包围敌军而歼灭之。其中，湘北为主战场，赣北、鄂南为支战场，先是防御，在决战时进行压缩。为此，兵力的部署是：

（1）在赣北方面，进犯高安、靖安、武宁地区的为日军第101、106师团。高安、奉新、靖安以西地区有我军第19集团军罗卓英所部第49、第32军，划归其指挥的有第1集团军第58军和第60军，还有康景濂游击纵队，武宁以西地区为第30集团军王陵基指挥的第72军和第78军。

（2）鄂南方面，进犯通山、通城地区的为日军第33师团。在通山以南地区的我军为湘鄂赣边区樊崧甫的鄂湘边区挺进军和李玉堂第8军，在通城以南地区为杨森第27集团军所部第20军。

（3）湘北方面，进犯岳阳、临湘地区的为日军第6师团，会战前由其他战场调来的部队还有第3、第13师团主力和炮兵、工兵、战车、汽艇等部队。

薛岳（中）同将领一起研究作战方案

该地区的中国军队为关麟征第15集团军指挥的第52、37军和王剪波游击队，会战开始后增加第70军、第4军和第73军。

其中，湘北为主战场，北起新墙河南北两岸，亘通城以南、九岭、平江以东，至幕阜山西麓为第一道防线，汨罗江两岸为第二道防线，长沙附近的捞刀河两岸为第三道防线，并各构筑既设阵地。方式是采取逐线抵抗，逐线消耗敌人有生力量，将疲惫之敌诱至捞刀河两岸地区后，正面利用既设阵地坚决顶住，适时以控置在长沙南、北、东三角地区的5个军，将敌包围压迫于湘江东岸和捞刀河两岸地区而歼灭之。

这样的作战方式，即以纵队防御，将敌诱至最后防线，再包围一举歼灭，以空间换取时间，拖疲敌人，最后全歼，也就是"退敌决战"和"争取外线"方针的具体运用。对此，薛岳得意地称之为"天炉战法"，意思是这个战法就像太上老君的炼丹天炉，把鬼子引诱进入里面，四下包围，进行死打；日军的各兵种、装备优势都无法发挥，战场主动权操之在我军，鬼子就像被关在烧红的炉子里任凭我们去"炼"。

为了把日军关在这"天炉"里，薛岳准备了超过对方一倍多的兵力，准备层层消耗敌军，然后围而攻之。这个"天炉战法"获得了战区高级将领们的一致称赞，并且有人还乐呵呵地说："这天炉战法，我们看上去完全属于被动挨打的态势，其实暗藏玄机。"

薛岳的这个战法在强大的鬼子面前真的可行吗？其中有几个问题必须解决：（1）必须把鬼子引诱进入"天炉"，而不被发现；（2）"天炉"要真的能把鬼子关住；（3）必须使鬼子的各兵种、装备优势失效，才能将他们全部"烧死"。薛岳这位新时代的"太上老君"能做到这些，"炼"好这一炉"丹"吗？

一切有待时间去验证。

当日军开始行动时，薛岳也开始了调兵，进行"天炉战法"大布阵。各路大军纷纷向着指定的地点和阵地奔进，一场罕见的大战来临了。

血染斗篷山、草鞋岭：第52军两个营全部壮烈牺牲

9月14日，日军沿粤汉铁路、湘鄂公路、长岳古道由北向南二路并进，发起了直取长沙的战斗。

新墙河防线是薛岳"天炉战法"的第一道防线,由关麟征第15集团军主力驻守。

自1938年10月武汉沦陷后,关麟征率领第52军由武汉外围转移到湘北,奉命在岳阳南新墙河南岸建立御敌防线。年底,关麟征由第52军军长升任第15集团军代总司令,负责指挥湘北战场,下辖3个军,即第37军(军长陈沛)、第52军(军长张耀明)和第79军(军长夏楚中)。

湘北防线,第79军为右翼,第52军为左翼,第37军除罗奇第95师在洞庭湖与湘江连接处营田担任江防外,其余为机动部队,集结在汨罗江沿岸。

9月18日拂晓,集结在岳阳方面的日军第6、第13两师团,各以一个大队附炮兵一部,分向第52军赵公武第2师和覃异之第195师的警戒阵地金龙山、斗篷山、雷公山、小乔岭、铜鼓山等地进行炮击。两个小时后,步兵开始进犯,会战打响了。

第2师据守荣家湾阵地,其斗篷山阵地比较突出,成为抵御南下日军的最前沿阵地。

日军拿出了老战法,先在战场上空升起两个红色气球,照例一个鬼子站在气球上,炮兵只要看到那个鬼子的旗帜摆动,接着就是雨点般的炮弹打去。斗篷山被炮弹炸得天摇地动,阵地几乎被夷为平地,工事全被轰毁,小小的山头像被犁过了一样。守在这里的,是第2师8团3营,营长叫胡春华。

炮火一停,官兵们从尘土中爬出来,以尸体做掩体,向冲过来的日军射击。因为最前沿的斗篷山一失,后面阵地就危险,第3营打得天昏地暗,相持到19日拂晓,日军还是越不过这一铁墙般的阵地。久攻不下,鬼子们便拿出了

日军炮击我军阵地

毒招，施放毒气。官兵们突然闻到一股股呛人的气味，没有防毒面具，立即用毛巾浸水堵住鼻子和嘴，但不少人还是被毒气熏倒。敌机又来扫射，不少中毒的官兵倒在了敌机的子弹下。因为不少人中毒了，没被炸死的，也失去了战斗力，终于阵地被突破，鬼子冲上阵地。黄昏前，阵地陷入敌手，伤兵被他们惨无人道地一一刺死。

第3营除7个负重伤的先后退出阵地外，其余的官兵500多人全部与阵地共存亡，无一生还。只有7人因为身负重伤，才提前退出战斗而得以存活，他们是营长胡春华、连长付保山、7连1排长毛金中、一位伙夫和三个重伤员。

因为前沿阵地丢失，日军大举上岸，并逐渐扩展开来。

9月19日，新墙河北岸的守军按照"天炉战法"的预案全部撤回南岸。狡猾的日军为隐蔽进犯企图，攻占前沿据点后，表面上却毫无动作，甚至一点继续南犯的征候都没有，好像占领这河岸就已经相当满足了。守军见状，也只是一般地警戒。

谁知第二日早晨，日军突然集中大部炮兵火力轰击第195师据守的杨林街北岸比家山前进据点。在比家山防御线上，雷公山、草鞋岭一带又是最前沿阵地。

日军在猛攻第2师据守的荣家湾阵地时，也猛袭了第195师的杨林街北岸比家山前沿据点，战况十分激烈，杨林街也受到炮击，但杨林街以东的第566旅阵地却只受到零星炮击，北岸也只有少数日军进行火力侦察。

因为这个地区处于幕阜山脉，地形复杂，不利于大部队及陆空联合行动。第195师师长覃异之与参谋长韩梅村、参谋处主任尹先甲共同分析当面敌情。覃异之根据前线情况判断，认为杨林街正面之敌只是一个加强联队，不超过一个旅团。韩参谋长建议说："我们可不可以把杨林街以东的阵地留一个营监视，把第566旅主力集结起来，向敌侧背出击，打出去。"

尹先甲则主张说："该旅留一个团防守原阵地，以防万一，由旅长率领一个团及师补充团做出击部队。"

覃异之支持韩梅村的方案说："当面的敌情已基本明了，最大限度地集结兵力，既有利于防守，又有利于出击，打出去！"

在第195师调兵时，日军也在增兵，拿下了第2师的斗篷山阵地后，他们增兵至一个联队，转而猛攻第195师阵地了。覃异之把这个旅调过来，正好增援了正面作战。

这时史思华营即第195师1131团3营镇守在比家山前沿阵地，当日军奈

50

良支队在雷公山、草鞋岭对岸强渡时，史思华率领全营勇敢地迎战鬼子一个旅团，并且打退了鬼子一次又一次进攻。战况十分激烈，守该阵地的部队伤亡甚大。这时日军纷纷从第2师阵地突过来，围攻第195师，师主力边战边退，也撤回了南岸，而史思华营仍然坚守在突出的比家山阵地上。

激战至22日黄昏，第3营已经伤亡过半，覃异之决定拂晓前放弃该据点，利用夜幕掩护撤回南岸，他用电话命令史思华："如无法支持，不得已时可向东靠。"

史营长回答说："军人没有不得已的时候。"决心坚守不退。

"主力已经撤回南岸啦！"

"主力走了，我们也不退走。"

史思华营长并不了解薛岳的"天炉战法"，以为一定要坚守每一寸阵地，随后，他仍指挥所部与敌军激战。第3营全体官兵在他的带领下，重创敌军，但终因寡不敌众，官兵全部战死，鲜血染红了草鞋岭。

当晚，新墙河北岸的警戒阵地全部被日军突破。

第52军原在北岸担任机动的张汉初第25师也撤回新墙河南傅家桥地区，为军预备队；新墙河北岸战斗于是结束，战役开始进入"天炉战法"的第二步——汨罗江两岸的防御战。

新墙河防线的战斗，是第一次长沙会战的第一步，后来被许多描写中国抗战历史的文献资料记载，也常被研究二战史的文章提及，有如欧洲的马其诺防线。

第70军出马：在第二防线阻击了3天

在新墙河战斗打响后，担任总预备队的战区直辖军——第70军军长李觉于9月18日接到薛岳的急电：第70军立即出发，限9月20日赶到浯口集结待命。

李觉一见这个命令，就来火了。在此之前，薛岳从没有令第70军做备战准备。虽然在湘北战事打响后，他已规定各师备足粮弹及救护医药，每个士兵带足三天口粮，准备参战；但这时各师在长沙的各驻地分散达二三十华里，集结需要好几个钟头，如何"立即出发"？因此，李军长认为这命令很不切实际，便按照自己的既定方案，下令说："各师在午后3时左右分地段集结完毕，4时开始行动。"

从军部所在地普迹至浯口约120华里，沿线公路、古大道均已被彻底破坏，大部队夜间行动很困难，白天又有敌机袭扰，但各师集结后，立即兼程急进。

中国军队战士兼程急进

120里路程，第70军整整走了4天，22日午后3时左右，第19师到达浯口附近，第107师先头团也已到达，余部正跟续急进中。

突然，第15集团军代总司令关麟征来电话了，他对李军长说："新墙河防线危急，第37军军长陈沛除留罗奇师守备营田外，主力已向新墙河增援。薛总司令急令第70军务必星夜接替第37军所遗营田（不含）以东汨罗江南岸亘新市街（含）之线守备任务。"

军情似火，李觉当即决定由第19师以第55团、第56团接替营田（不含）至归义（不含）一线守备，第57团为军预备队；第107师担任归义（含）至新市街（含）一线守备，师部在归义东南的董家坡附近。军部则率第19师师部及第57团在牌楼铺附近指挥。但从浯口至归义、营田还有四五十里，各部必须继续星夜兼程前去接防。

但是，李军长这个救火的命令下达后，传达到各师时已是大半夜了。入夜，第19师在驻地已清晰可闻汨罗江下游的枪炮声，晚12时，突然接到军部命令：迅速西开，以一部支援在营田的第37军第95师的战斗。唐伯寅师长立即下令：

"全师按第55、第56、第57团顺序，赶赴指定地区，罗文浪第3营作为先头团的前卫。"

罗文浪第3营是全师尖刀营，他们一接到命令，立即出发，沿途经大娘桥、小娘桥、三姐桥等地，于23日拂晓行抵白水车站。该处距火线尚有数十华里，已是一片混乱，乡公所无人负责。几经周折，罗文浪请到两名向导继续前进。当天上午到达余家冲附近，团部及第2、3两营因行军疲劳，在午餐后才先后抵达。全团立即准备接替第95师东塘冲东西之线防务，团长黄聚杰命令罗文浪："你率第3营先接替第一线阵地，尔后再行调整。"

罗文浪立即喊道："各连疏散，向东塘以南山地集结。"

各连行动时，他自己带着卫兵亲去东塘小高地第95师师部，了解情况，商谈接防事宜。

下午2时许，他在东塘冲左侧一座掩体内见到了第37军第95师师长罗奇。罗师长介绍敌我情况说："鬼子是22日以橡皮艇载兵由洞庭湖向营田进攻的，艇上炮火及飞机配合轰击，阵地野战工事大部被毁，守军伤亡甚大，营长阵亡，营田于今晨陷落敌手。我师第一线守军已撤至营田以南、东塘冲以北一线，设防阻敌前进，另派补充团占领东塘冲一带高地作为第二线阵地，这个团是刚征来的新兵，毫无战斗力，只能担任警戒。正好接关代总司令电话指示，东塘冲二线防务即交你部接替。"

他边说边在军用地图上指明位置，还要作战参谋到掩体外遥指起讫地区。官大一级压死人，罗营长在师长面前也没多问，还了解了一下当面日军作战特点及友军情况后，就回了自己的营部。

然后，他和副营长带着号兵和传令兵去阵地察看地形。

当他们行至东塘山后一田垅时，突然好几架敌机低飞而来，进行侦察扫射，他们只好伏在田坳下暂时隐蔽。十几分钟后，突然听见东塘高地枪声骤起，敌机低空盘旋投弹，罗奇刚才说起的第95师那个补充团守兵纷纷后撤，"不好，鬼子已突破东塘冲阵地了！"眼看情况紧急，罗文浪立即派传令兵回营速带部队前来支援，同时叫号兵："吹第3营跑步前进号令。"

第3营是全军的尖刀营，也是战斗力最强悍的部队，在10分钟之内，各连就跑步赶到了。罗文浪当即与副营长兵分两路，向进占东塘高地之敌发起反攻。

这时日军一个中队正尾随溃兵狂叫着进行追击，企图突入守军的纵深阵地，没料到突然一支部队迎面冲了出来，两军还没相遇，对方就先声夺人，

手榴弹像下雨般掉下,机枪子弹也"嗖嗖嗖"好像长了眼睛似的撂倒鬼子一大片。罗文浪他们这一集中反击,鬼子的攻势一时顿挫,立即后退,并且这一退便撤到了山北开始出发的那个村庄里了。

此刻第95师补充团已全部溃退到了高地以南,原阵地上空无一兵一卒,无防可接,罗文浪便喊道:"第8、9两连守备阵地,第7连为预备队,设防固守!"

部队部署完毕,天已黄昏,罗文浪将战斗经过向团部报告,随后,黄聚杰团长率领第55团接替了第95师全部防务,第95师则由阵地翼侧撤到后方去了。第55团以占领东塘高地东西一线的第3营为左翼,第2营在右,占领佘家冲口,以第1营为预备队,全团准备迎击敌军的夜袭与拂晓进攻。

罗文浪巡视阵地一周后,因连日行军、作战疲倦极了,晚上9时就倒地睡觉了。谁知才过一小时,就被枪声惊醒,他呼的一下爬了起来往外冲去,出门时,见营指挥所与预备队住房已遭到东塘高地机枪扫射,弹雨纷飞,可又听不到、看不见守军的还击,"不好,阵地已被突破了!"他立即和副营长率营预备队驰援。

他们赶到半山腰,碰见第8连中尉排长荣某带着溃兵后撤而来,荣排长说:"敌军乘夜暗偷袭连部,连长易醉桃中弹阵亡。"

"阵地呢?"

"我们进行肉搏战,被鬼子刺死十多个人,高地陷于敌手。"

黄聚杰团长得悉东塘高地失陷,说了声"不好,夜都没过就丢了阵地,这还了得?"感到责任重大,亲率第1营赶来,准备反攻。团长刚到,师长唐伯寅就来电话了,严厉地呵斥说:"没打仗就丢了阵地,限令拂晓前恢复阵地,否则军法从事。"

罗文浪这位尖刀营长见自己一觉就丢了高地,很是觉得不快,响鼓遭到重锤,他立即对黄团长说:"鬼子占领高地后并未继进,估计兵力不多,我不要团预备队,亲率第7连4个班向东塘高地突击。"

"能拿下吗?"黄团长有些不放心地说。

"拿不下,我就不回来啦!"

罗文浪放出了硬话后就带第7连出发了。

这时东塘高地以南山腹,第8连上士班长谭天荣收集了被冲散的20余名守兵,还潜伏在那里以待援军。当罗文浪营长亲自带队突击时,谭天荣第一个瞧见,首先率兵冲上山头,一口气就猛投了几十颗手榴弹,"冲啊!"

罗文浪一喊,突击队乘势冲锋猛扑,一举将日军驱逐到北麓山下的村庄,拂晓前阵地完全恢复。

东塘冲是军用地图上一个小小的弹丸之地,位置却非常重要,它既是我军守备的要点,也是日军前进必经的主要通道。一个昼夜之间,敌我反复争夺,阵地两易其手,好在罗文浪收复了它,才没导致严重的后果。谁知第3营恢复东塘阵地后,团部转报师部,不知为何传到长沙城,报社竟发出"第19师一举收复营田"的"号外捷讯",湖南省政府的一班子人马立即组织人员敲锣打鼓,大肆庆祝,事后却发现消息是假的,不少人议论纷纷说:"前方将士辛辛苦苦地流血打仗,后方官员连个消息都弄不准!"兼任省政府主席的薛岳获知后,狠狠地把为头的某处处长叫去骂了一顿,最后拍着桌子说:"'天炉战法'要是派你们去执行,非砸锅不可!"

好心办了坏事,处长的头耷拉到了地上。

23日零时开始,第70军各部逐次到达指定地带,承担了保卫汨罗江第二道河防的重任。

当日中午,新墙河守军全线撤退,午后日军前锋抵达东塘、归义之线,与第19师和第107师部分守军发生前哨战斗。

24日拂晓,日军对汨罗江防线发起了全面猛攻。

第19师当面之敌派出飞机投弹扫射,用炮火猛烈轰击,然后,步兵在飞机、大炮的掩护下,向左翼第55团第2营发起了突击。该营防守的佘家冲之线,前后地形开阔,无险可凭,临时构筑的工事多被摧毁,守军早已伤亡累累。激战至正午,阵地被日军从中央突破了,第2营6连一部分退入第3营阵地,但狡猾的日军并不向两翼包抄,而是沿着突破口直往纵深阵地揳入,

日军前锋抵达东塘、归义之线

插到团直属部队与团预备队之间,并且将他们进行分割。在混乱中,第55团黄团长率直属部队靠拢第3营,无线电台与第1营向师部方向退去,日军当即以密集部队尾追退兵,向牌楼铺的师部所在地突进。第19师师部与军部在一起,师特务连立即冲上去进行阻拦,接着,师工兵营也抢着长枪和铁锹上了阵,第1营退无可退了,只好转身与师属工兵营、特务连一起与鬼子展开激战。

但师指挥所没有构筑工事,遭到鬼子的突袭,还是出现了动摇。唐师长立即命令第57团调来一个营向敌军侧击,这才将鬼子的凶锋暂时刹住。

在日军攻入第55团阵地的同时,师右翼第56团也被鬼子突破,双方陷入混战之中,尤其是第56团第3营战斗激烈,伤亡很大,但经过一阵肉搏战,午后形成相持局面。

此时汨罗江以北的友军已全部向东南撤退,日军主力开始集中力量猛攻归义第107师的阵地。

归义位于汨罗江南岸中段,扼粤汉铁路与长岳古大道要冲,为敌我必争的一个战略点。这个要点先是由第107师第320团负责防守,23日下午6时,该阵地被日军强攻突破,致使归义陷落于敌手,该团仓皇后撤。随即,该师第319团团长周岩源接到一个命令:立即撤出现阵地,转进至归义后侧某地接受新任务。周团长立即收拢部队,连夜撤到指定地点。天明时,他又接到命令:拨第2营为师预备队,主力进占归义东南端外围高地,掩护第321团反攻归义。24日上午10时,第319团进到归义东南端高地,占领阵地,然后构筑工事,完成了掩护反攻的准备工作。

担任反攻主力的是该师第321团,团长叫李标。

下午1时,反攻战斗打响。攻击一开始,李团长就像犯傻了似的,一举投入两个营的兵力,把队伍摆成几路,大叫大喊地向归义城一窝蜂似的猛扑冲锋。日军设防不稳固,兵力也不多,最初他们一冲,尚能迫使鬼子后撤,夺取了一些外围警戒阵地。但鬼子毕竟训练有素,加上武器装备好,转入纵深街市巷战后,便组成严密火网,充分发挥他们的优势,李团长的攻势完全受挫。此后,他用预备队发动了几次突击,既没重点,又缺乏配合,不仅战斗毫无进展,而且还弄得伤亡累累。

当局者迷,旁观者却清。在后面高地担任掩护的第319团官兵目睹第321团这种硬拼死打的战法,认为他们再折腾下去要吃大亏,于是两次派人去请李团长来第319团共商对策。这是要求人家大团长主动到自己团里来拜师，可这年头谁戴了顶乌纱帽做了官不嚣张至极呢？李标自然不愿意屈身就教，要么战事太紧张，要么自己这双脚太金贵，只派了个团附邓某前来，并且还要求第319团派一个营归他指挥作战。

第319团周团长见这李团长打仗没本事，派头十足，当了败军之将还这么傲气，哪愿意去做"冤大头"给他垫背？说："这人架子大，我们偏不去理睬。"于是一个"我们只奉有以火力支援掩护的任务，要派部队出战，得有师部的命令"的客气话便拒绝了他的调兵要求。

调援军受阻，这李标团长也来气了，不要性命地再次带着手下去硬拼，终于负伤退出火线，接着全团官兵也跟着一齐垮了下来。幸好，鬼子也犯了晕了，并没派部队出击猛追，在第319团的火力掩护下，第321团撤离阵地才没遭受更大损失。

第321团反攻归义受挫撤出后，已是近黄昏了。第319团仍在原掩护阵地据守候命。晚7时许，师部派人送来了军部的紧急命令，周团长拆阅后，脸上出现惊慌之色，随即把命令交给代理副团长邹继衍："老邹，你看。"

老邹接过来一看，咋舌了，竟然是军长李觉的直接手令，主要内容是："（1）本军奉战区命令，决定于25日零时起，全部从现阵地撤退，续向株洲、醴陵转进。（2）着第107师第319团为全军后卫团，当前应严密监视正面一线日军，掩护全军安全后撤；25日拂晓后开始由现地南撤，并应节节阻击来追之敌，到25日下午6时解除后卫任务，尔后迅速摆脱敌人转进至醴北关王庙一带归建……"

这是咋回事了，怎么就突然全军撤退？难怪周团长脸色大变呢！

原来下午日军沿铁路南下白水，第19师和军部所在地牌楼铺再次受到鬼子的强攻。而第107师竟然擅自全部后撤，致使第19师第55、第56两团留置在敌后，与军、师部都断掉了联系。第107师一退，日军大部漫进，第19师师长唐伯寅只好指挥第57团及军、师直属部队一边阻击敌人，一边掩护军部向神鼎山以东转移。激战至晚上，李觉接到薛岳总司令的电令："第70军应迅速脱离敌人，撤至株洲以南，从渌口、关王庙亘醴陵之线沿渌江南岸设防守备。"薛岳要实施"天炉战法"的第三步了——主力撤退到捞刀河防线阻敌。

此时第107师在归义和新市街等地的部队均已撤出战场，向南转进了，该师只有第319团还在原阵地傻傻地待命，李觉闻讯后，立即写了手令派人送去，并且说："马上派人分赴第55、第56团传达撤退命令。"

这就是军长亲自下撤退手令的来由。

邹继衍看完手令后,并没像周团长那样惊慌失措,虽然弄不清为什么全军突然大撤,但想了想说:"我们作为后卫团,要与敌保持接触达一昼夜之久,情况也并不可怕。"

"全军都后退了,咋情况还不可怕呢?"周团长被这几年打一仗就败退几百里的事情吓破了胆子。

"你看,我们掩护任务无疑十分艰巨。不过根据以往经验,鬼子夜间一般不会出动作战的,所以我们今夜掩护全军安全撤退,尚有把握。只是我估计明日可能会有一场血战,那就必须认真考虑对付。"

周团长随即摆出军用地图,和他研究当面敌情及撤退路线,最后两人决定逐渐撤到归义以南40余华里的沙塘基去,因为那里有一片陡峭的丘陵,且还可以依托后面白鹤洞大山打阻击。他们电话报请师部后得到准许,并且师部还将原拨为师预备队的第2营归还建制。于是,他们连夜开往沙塘基占领阵地,准备接应团的主力南撤。

25日零时,全军主力开始后撤。凌晨2时,第319团撤回监视部队,所部按次速向沙塘基转进,边打边退,进行阻击。27日下午7时,全团到达醴陵归还师的建制。

李军长的3份撤退手令,只送达了两份,第19师第56团也接到了,但支持到25日黄昏后才经白水、汨罗、麻林桥等地退抵株洲归建。但第55团团部及罗文浪第3营没接到撤退命令,也不敢擅离,仍在原阵地防守待命。

日军在突破佘家冲防线后继续深入推进,25日上午,东塘阵地因偏居左翼,显得平静,但已成了孤立的一个敌后阵地,鬼子们没来得及把他们拿下,主力就急急地往南大举推进了。当晚,罗文浪建议黄聚杰团长放弃现阵地向右靠拢友军。

黄聚杰说:"我接到的命令是死守,没有命令怎么后退逃跑?"

"好像友军已经全撤离走了!"罗文浪说,"要不我去搜索看看?"

黄聚杰答应了。

晚上8时许,罗文浪率领第3营在阵地上的官兵沿佘家冲方向搜索前进。突然,他听见远处有断断续续的枪声,疾行约20华里,到达了一村庄,发现空坪上有大洋马及辎重车,显然已被鬼子占据了,当即向之袭击。

日军猝不及防,仓皇奔窜。邻村的鬼子听见枪声,也向第55团猛烈还击,一时信号弹、曳光弹划破天空。因为是深夜,敌我均不了解情况,只是互射,都没敢靠近。战斗约一小时，罗文浪不见右翼有什么动静，估计友军已撤，即令各营迅速甩脱敌人，于拂晓前集结所部返回东塘阵地，又在当地隐蔽潜伏滞留了整个白天。

入夜，黄聚杰找罗文浪共商对策，经过反复研究分析，两人一致

遭到国民党军袭击的日军仓皇逃窜

断定，国军已经全部后撤，敌军约一个师团完全占领了汨罗江河防并继续推进，他们成了陷在敌后的孤立小部队，随时有被围歼的危险，于是当即决定乘夜突围。

之后，他们在军用地图上选定沿湘鄂铁路西侧的岳长古大道南撤，找了两个向导带路，沿途避开正面，寻找空隙，搜索前进，结果，他们终于在27日拂晓前，经敌丛中突出重围。

29日，第55团到达株洲以南，归还师建制。

这时日军已于26日渡过了汨罗江，薛岳"天炉战法"在汨罗江的第二道防御战宣告完全结束了。

撤退路上设伏，第195师为"天炉战法"添大彩

日军占领汨罗后，认为国军不会再有什么战斗力，遂冒进长沙，连陷平江、永安市，29日进至捞刀河。

在向后大步后撤的过程中，第52军第195师官兵沿途看见成千上万的老百姓，携儿带女，弃家逃难，状极凄惨，个个攥紧拳头，很想再和鬼子大战一场。

他们是从新墙河最后撤退的，退到汨罗江南岸时竟然停止下来，准备继续抵抗，但关麟征集团军总部已撤退到了长沙，他们用无线电台联络，军部复电说："我军没有防守汨罗江南岸的任务，第195师南撤到金井。"

这样,他们又不得不退到了金井、福临铺一带。

但是,参谋长韩梅村打一仗之心并没有放弃。27日下午,他对师长覃异之说:"师长,南犯之敌不过数千人,绝不会深入;我们不可后退过远,要与敌保持接触。如果我们与第73军第77师于福临铺、桥头驿、金井间设伏,日军进入我设伏区,必定要受到重大杀伤。"

覃异之也是一员战将,在新墙河第195师就打得很猛,立即说:"好啊!我看这些鬼子就是欠揍,打他一把,好主意!"

他们立即向军部请示,部队进入宿营地不久,张耀明军长来电话了:"敌人已进到了汨罗江,正在与我掩护部队激战中。第195师立即以最快的速度开往福临铺占领阵地,师长即带必要人员速来福临铺当面接受指示。"

覃异之把以上情况告知参谋长,并通知各部队,立刻准备出发,然后,率两位旅长及参谋处主任先去福临铺军部。部队则由参谋长韩梅村率领,按第566旅、师部直属部队、补充团、第565旅之次序,以多纵队的疏开队形,迅速向福临铺前进。

覃异之到达福临铺时,发现这里已是十室十空。总司令部已经转移,军部已开始后撤,张耀明和军参谋长杨学房正在等候他们。一进门,张军长就指着地图向他们说明情况,并下达了作战命令,他说:"现在营田登陆之敌正与第95师激战中,湘阴方面的第70军正派部队增援营田,以迟滞敌人向湘江方面前进,第2师正向汨罗江以南转移,我集团军决心在长沙市以北地区与敌决战。第4军(军长欧震)归我集团军指挥。关总司令的作战部署是第4军、第37军及第25师在长沙东北郊占领出击阵地,准备把敌人压迫于湘江而歼灭之,湘江方面有第70军等。"

"我们的任务呢?"

"第195师的任务是,在福临铺至上杉市(距长沙城30华里)之间迟滞敌人3天,以掩护我主力部队完成作战部署,而后则在敌之侧背,配合主力歼灭进犯之敌。"

最后,张耀明悄悄地告诉覃异之说:"这次决战,是我们关总司令亲自向委座争取的,我们必须打好打胜!"

这次战况一直是按照薛岳的"天炉战法"进行的,怎么突然变成第15集团军代总司令关麟征争取的呢?这倒不是张耀明为老长官吹牛贴金,还真是确有其事。

原来战斗一步一步进行下来,日军夺取长沙的目的已经明显,一切几乎都在薛岳"天炉战法"预案之中。谁知在战况最紧张的时候，重庆军委会却来电报了，且是蒋介石亲自拟稿的，老蒋告知薛岳，在适当时机可以放弃长沙。战争的一切都在预料之中，一切的进展都与预案相吻合，几乎堪称"完美"，谁知蒋介石却要放弃长沙，这把薛岳气了个半死，当即坚决地拒绝："绝对不行。"

这边"绝对不行"，那边"绝对要执行命令"，军委会一夜之间9次电令薛岳退出长沙。薛岳坚决反对，死不相让，最终迫使军委会同意他在长沙附近决战的主张。及至25日，老蒋才电令薛岳："准备以6个师兵力，位置长沙附近，并亲自指挥，乘敌突入长沙之际，侧击而歼灭之。"薛岳得令后，立即布置兵力，在长沙附近撒开一张大网，只待敌军进入而歼灭，收获"天炉战法"的奇效。

薛岳的长官部原计划在长沙以南与敌决战，理由是引敌更深入，按照薛岳的"后退决战"理论，"退"得越彻底，"劣势"越能转化为"优势"。为此，战斗开始后，第九战区长官部就搬到了远离长沙的耒阳城，这是长沙以南决战的指挥位置。谁知第15集团军代总司令关麟征却发现了其中的漏洞，善战的他赞同薛岳的"天炉战法"，但不同意在长沙以南决战，而主张在长沙以北决战，说："在长沙以南打，我们要负放弃长沙之名，在长沙以北打，则有保卫长沙之名，同样牺牲，当然在长沙以北决战才合算。"

薛岳的"天炉战法"已定在长沙之南决战，哪会答应这"不退彻底"的做法？"黄埔老大"关麟征也是认准了的事九条牛拉不回头的犟将，最后，直接通天，向蒋介石建议在长沙以北决战。蒋介石说："毁了长沙城，老百姓又会骂我蒋中正！"于是批准了关麟征的建议。

决战地点的争论以关麟征取胜而告一段落，他和手下亲信非常得意。第52军是关麟征的基干嫡系，因此长沙北的决战，第52军是一定要参加的，而覃异之和韩梅村的"于福临铺、桥头驿、金井间设伏"的建议与关麟征的思想不谋而合，因此他们的建议不仅立即获准了，而且还被命令承担实施任务。

根据张耀明军长的指示，覃异之立即带着两位旅长及参谋视察福临铺的地形并选择防御阵地。

福临铺周围地形是起伏不大的波状地，无险要地点，覃异之便决定以村落防御为主，因时间紧迫，便依靠村落及附近高地挖工事。决定既定，参谋长韩梅村率领部队也急急赶到了。

覃异之和他商量后，确定防御部署如下：第566旅附搜索连，以福临铺

为核心构成第一道防线，补充团在福星庙与福临铺之间构成第二道防线，第565旅为预备队，集结于福星庙附近（在福临铺南约10华里），师部驻福星庙。

28日下午2时许，各部队均已进入阵地。

黄昏时分，日军侦察部队与第195师搜索连在阵地前方发生激战，搜索连连长金雄阵亡。日军亦遭伏击、侧击，伤亡甚大。

29日上午，日军对中国军队阵地猛烈炮击，敌机对福临铺侦察、轰炸，步兵在飞机及炮火掩护下向第195师的阵地进行猛烈攻击，大有一战取胜的气势，第195师也是强悍的部队，越打越猛，于是战况越来越激烈。但是，日军的枪炮很厉害，第195师在福临铺外围的两个村庄、一个高地，先后被日军攻占，几处阵地形成犬牙交错状态，到黄昏时候，全师已伤亡300多人。

覃异之与韩参谋长研究战况，认为：（1）福临铺地形易攻难守，且无死守任务；（2）如继续在原地抵抗，在敌之飞机及优势炮兵的压力下，第566旅可能支持不住，明天被迫白天撤退，势必遭到更大伤亡，这于完成滞敌3天的任务不利；（3）上杉市地形好，紧靠幕阜山脉，全力防守，再打两天不成问题。于是决定当夜撤出福临铺，退守上杉市。

主意一定，覃师长亲自下令第565旅（附补充团）即刻开往上杉市占领阵地，第566旅即向上杉市转进，在某村集结，作为师预备队，韩参谋长率领师部移至上杉市东南某村庄。

9月30日上午，日军骑兵在第195师阵地前与第195师搜索连再次发生战斗，覃异之下令主阵地用炮火支援，鬼子没敢再前进。接着，日军侦察机在上杉市上空盘旋，下午飞来轰炸机进行轰炸，鬼子先头部队也接近阵地前沿，进行火力侦察。覃异之判断说："敌人将于10月1日大举进攻！"

韩梅村当即拟稿命令："各部队加强防御工事，坚决守住上杉市。"然后，派人下发下去。

当夜张耀明、关麟征先后和覃异之通电话，关总司令责问覃异之："为什么不在福临铺多顶一天？"

覃异之告诉他当时的情况及退守上杉市的理由，关麟征喝道："你在上杉市至少顶住两天。"说完便撂电话了。

随后，在覃异之阵地后方的第15集团军第37军第60师师长梁仲江派旅长黄保德也来第195师了解情况，覃异之说："嘻，总司令骂归骂，看来集团军主力正准备迎接大决战哩。"

10月1日上午，敌机照常来轰炸，步兵除零星炮击外，却没有第195师原先预料的进攻迹象,下午也只有几架侦察机在上空盘旋,转了转,又飞走了。韩参谋长见状说:"敌军的动向值得研究啊!"

覃异之说:"派侦察兵深入敌后去摸摸情况。"

这一摸,"情况"却大出他们的意料之外,所有情报都证明日军正在撤退,飞机轰炸只是打掩护而已。覃异之马上报告张军长,并下令正面搜索部队跟踪而去。

原来日军第13师团及第3师团一部进至福临铺与桥头驿一带,掉入了第52军第195师和第73军第77师的伏击圈,遭到侧击与突击后,死伤甚众。而其鄂南方面的第33师团被阻于献钟、嘉义,不能按计划与湘北日军会师,后方交通补给线遭到中国军队樊崧甫纵队破坏。冈村宁次眼看就要掉进薛岳的"天炉"里了,10月1日果断地取消进攻策略,下令悄悄北撤。

第15集团军接到第52军转来第195师的报告后,关麟征获知日军撤退,大腿一拍:"湘北会战成了!"一边报告薛岳,一边令第73军突进阻止日军后撤。

中日交战以来,中国军队除了在台儿庄打败过日军后,还从没正式打退过日军大部队,重庆军委会获悉日军撤退,马上报告蒋介石,蒋介石也欣喜若狂,马上宣布薛岳由第九战区代司令长官改任正式长官,关麟征也取消"代"字,为第15集团军总司令。两人正式扶正,这时薛岳43岁,关麟征则年方34岁,成为同级指挥官中最年轻的将军。后方忙于为前方大将领升官,而在最前方的中、小将领则正在率部追击猛进。

第195师搜索部队已到达了汨罗江沿岸,军部命令正式下来了,张耀明令第195师正面搜索,跟踪追击。覃异之立即下令:"两旅并列前进,第565旅为左纵队,沿粤汉铁路搜索前进;第566旅为右纵队,沿福临铺、新市大道

薛岳指挥的大军不分昼夜,疾进追敌

搜索前进,师部及直属部队补充团在右纵队后跟进。"于是,每个旅派出两个营,分为两个搜索支队,在各纵队前列并搜索前进。

由于第195师始终与敌保持接触,现在日军撤退就成了追击敌人的先头部队。当夜,全师开始追击前进。官兵一听说是追击日军,人心振奋,士气高昂,呼啦啦地甩着膀子撒腿疾进。

4日,薛岳电令各军:"(1)各挺进部队即向敌后方联络线竭力袭击,破坏交通,阻其增援,并妨害其退却。(2)湘北正面各部队以现态势立即向当面之敌猛烈追击,务必于岳阳、崇阳以南地区捕捉之。(3)敌如在新墙河右岸原阵地顽抗时,则我保持重点于右翼,向洞庭湖、岳阳方面压迫歼火之。(4)各追击部队对敌收容队可派一部监视扫荡之,主力行超越追击。"

但是,鬼子也是拼命地撒腿跑,我军追击,也只是瘸子追小偷,越喊越远了。行动最快的第79军飞兵至平江长寿街,拦截住从鄂南窜过来的那股敌军,重创敌奈良支队和第33师团。

进攻长沙的湘北日军则跑回了新墙河北岸,10月6日,第195师重新占领了新墙河原第52军的对峙阵地,第二日,覃师长派一个加强营渡过新墙河,一直搜索到敌据点的外围,并监视鬼子的行动。追击行动到此结束。不过,官兵沿途捡到不少鬼子逃跑时丢弃的电话线及一些罐头盒之类的玩意儿,只是岳阳县民兵从树林里搜出一名日军下士伤兵,没有抓到其他俘虏。

随后,第195师奉命暂守新墙河阵地,等待第4军前来接防。

可是,第4军却远在不知哪里呢!军长欧震打电话问覃师长:"195师的位置在什么地方?"

覃异之把全师的布防(驻地)情况详细告诉他,以解除他的疑虑。五六天以后,第4军才来接防。

10月8日,中国军队全部恢复了新墙河战前原有阵地。10日,北渡新墙河,袭击日军岳阳外围桃林、西塘等据点。至此,第一次长沙会战胜利结束。

湘北大捷,高级将领论功行赏,
每个连队杀了一头猪,打了一次牙祭

在日军撤退时,一天晚上,长官部参谋处副处长赵子立好梦正浓的时候,被薛岳派人叫醒了。他耷拉着脑袋见到薛岳时,薛岳黑着脸说:"走!去接

白崇禧去。"

"白崇禧来啦？"赵子立说。

"丢他妈呆咳！敌人进攻时，他不来，敌人退却时，他来了。我们几夜没有睡好觉了，刚睡好，他来找麻烦。"

当日军渡过新墙河后，第九战区参谋长吴逸志就率领长官部去了耒阳，薛岳带着赵子立及少数幕僚人员在长沙组成一个指挥所。日军渡过汨罗江后，长官部指挥所撤到了株洲渌口以南一个小车站附近的小学内。

现在他们去火车站接从大后方桂林来的白崇禧。

薛、赵到了车站，白崇禧的专车早到车站了。薛岳和赵子立上了专车后，和白崇禧寒暄了几句，就说："这次作战，兵力不够用，我能力也不成，所以仗打不好，这个责任我负不了，请主任来亲自指挥吧！"

这话说得白崇禧甚是难堪，一个劲儿用手摩挲他的光脑袋，还是随从王泽民圆了场，他称赞薛岳这次作战指挥卓越，并说："困难已经过去了，还需要解决什么问题，健公（白崇禧）一定和中央商议解决。"

坐了一会儿，薛岳不等白的专车走，就告辞，同赵子立一齐下车回去了。白崇禧讨了个没趣，就调转车头回桂林去了。

薛岳为啥这样对白长官呢？除了一直以来两人的那些疙疙瘩瘩外，还另有原因。原来，一看胜利在望，白崇禧就在桂林使劲地发表"关于湘北作战的谈话"，桂林的报纸连篇累牍地在第一版刊以大标题报道。薛岳也不是傻子，见着这些夸夸其谈的大话空话，生怕白的谈话遮了他的功，因此，这次毫不客气地给白来了个难堪，算是不做声的警告。

这次大会战，其实并非人们想象的"大捷"。薛岳苦心布置的"天炉战法"只能说是成功了一半。成功的是，他把鬼子引到了长沙城边（日军的目的就是要占领长沙，可能不"引"，也会到达）；不成功的是，冈村宁次并没有入薛岳的套儿，到捞刀河北岸，看了看长沙城就撤退了，没进入薛岳预设好的"天炉"去。长沙会战的结局，是双方互有伤亡。在整个战役中，中国军队所占的地形，都比日军高些，因此日军火力虽强，伤亡也不少，但中国军队也没击破任何一支日军部队，日军呢，也没击破中国军队任何一支部队。但是，战后薛岳对外宣扬说："日军分三路进攻长沙，我诱敌深入，于长沙附近予以痛击，敌伤亡惨重，向北溃逃。"好大喜功的大后方重庆则报纸、广播大肆宣扬"长沙大捷"。在重庆媒体的鼓吹之下，战后，第九战区向外宣布：此次会战歼灭日军42190人。

会战结束后抓到的日军残敌

但是,后来日本防卫厅战史室统计:日军此役死伤为3550人。

尽管如此,这次长沙会战是中国军队在日军侵华以来第一次将进攻的日军实实在在地打退,并且跑回了原地,可以说日军的战役计划完全失败了,因此对日军士气打击不小,同时,长沙会战也极大地鼓舞了全国人民对于抗战的信心。

中国军队恢复阵地后,各地民众奔走相告,节衣缩食慷慨解囊,仅慰问三军将士的医疗创伤捐款就达34万元大洋。香港《大公报》发自上海的报道《孤岛的国庆》称:"自从租界当局限定悬旗的日子以后,孤岛上已经四五个月不见国旗了。正当湘北大捷声中,青天白日旗又满街飞舞,激动每一个人的热情,吐出一口窒悬已久的长气。"蒋介石也给薛岳发来了贺捷电报,其中掩饰不住喜庆气息:"此次湘北大捷,全国振奋,诚是为最后胜利之佐证,而对于人民信念、国际视听,关系尤钜。骏烈丰功,良深嘉庆。"

人民满意,高层高兴,第九战区更是喜气洋洋,乐哈哈了。

会战一结束,参谋长吴逸志忙着让人挑灯夜战赶编了一出现代京剧——《新战长沙》,然后加紧排练。在戏剧中,薛岳头戴帅盔,身穿帅甲,前有马童,后有大纛,纛上大大地写了一个"薛"字,两厢的龙套打着"精忠报国"的旗子(这4字是薛岳平时标榜的口号),俨然以"岳武穆"自居。吴逸志则头戴"纶巾",手持"羽扇",身着"八卦衣",俨然以"诸葛亮"自居。当大戏演出时,立即遭到外界的讥讽和内部的反对。战区秘书长王光海看了这出戏的一半,就生气不看了。

以后,薛岳、吴逸志二人互相推诿,薛岳说:"这都是吴参谋长搞的。"

吴逸志说:"这是得到长官同意的呀!"

由于宣传长沙大捷,搞得苏、美、英、法各国的新闻记者纷纷前来访问长沙。参谋长吴逸志、秘书长王光海都为这大戏生气,拒不接见,记者们只好往参谋处拥去,处长狄醒宇事先得讯溜了,结果众人"抓"住了反应较为迟钝的副处长赵子立。

这些外国记者是由重庆军令部第二厅处长纽先铭和一些中国记者陪同前来的,赵子立只好说:"今日实在太忙,没准备。"

"再忙也不能把我们撂下不管!"老记们一直以"无冕之王"自居,纠缠住赵子立不放。

赵子立没办法,只好答应:"第二日详细汇报,容我稍微准备一下。"

第二天,当赵子立报告会战经过的时候,室内挂起了大幅的会战经过要图、日军伤亡数统计表。他参照重庆、桂林、长沙已发表的有关长沙会战的新闻,凑合起来说了一套。说完了,外国记者要看俘虏。赵子立对他们说:"没有。"

他们说:"你们打了这样大的胜仗,怎么没有俘虏?"

有的说:"既然打了这样大的胜仗,没有多的俘虏,怎么连少的也没有?"

赵子立无言以对,又说了个"没有",于是惹得哄堂大笑,结果赵子立本人被搞得面红耳赤,十分尴尬。

这边折腾还没完,谁知在重庆的蒋介石也趁热闹赶来了,在湖南南岳召开了第二次南岳军事会议。在大会上,他侃侃而谈,总结了不少包括湘北大捷在内的"军事作战经验",然后,10月29日发表训词道:"我们今后的战略运用和官兵心理,一定要彻底转变过来,要开始反守为攻,转静为动,积极采取攻势。"

会战结束后,长沙各界爱国人士组织慰问团,到湘北慰问抗战有功的战士,关麟征在总部设宴招待。宴会上,著名词作家田汉给关麟征写了一副对联:"千杯不醉,一战成功。"

这次第15集团军的战绩几乎是第52军取得的,而第195师在前后期都是战绩最佳的。第195师的战绩得到了集团军总部和战区长官部的电令嘉奖。国民党中央通讯社随第195师的记者胡定芬、彭河清发电报捷,还吟诗歌颂,在一首七律中有"洞庭水覆倭奴焰,幕阜山扬汉将旌"之句。关麟征论功行赏,下令撤销了不久前对韩梅村的处分,恢复了他的少将军衔。

韩梅村是怎么受的处分呢?这也与关总司令有关。

武汉沦陷后,第52军撤退到新墙河东南后,敌我相持大半年,没有战事。1939年5月中旬,军长张耀明突然令第195师第565旅派出一个团,袭击临湘南面忠坊村日军一个加强中队的据点,并且指令该旅旅长刘平亲自指挥。

师参谋长韩梅村与师长梁恺也来到了忠坊西南高地观察,并与军部和刘平旅指挥所架通了电话。当天早上6时,刘旅长集中两个团迫击炮开始炮击,发射了近两百发炮弹,然后下令步兵突击。但日军修筑起来的防守阵地并没被炮火彻底破坏,鬼子仍顽强抵抗,进攻的这个团反而伤亡惨重,突不进去。韩梅村于是向梁师长建议说:"我们要求军部增援山炮4门,每门配弹百发,定能摧毁敌军坚固防御工事。"

但张耀明军长说:"炮兵离前线太远,又要用马驮,我同意补发迫击炮弹。"

"迫击炮弹,该旅还有好几百颗,但不起作用。"

但是,张军长不知为什么没有回答他,就撂电话了。

下午1时,他们又发现临湘方面有500左右的鬼子向忠坊急进,韩梅村又向梁恺师长建议:"由我亲率一个团阻击由临湘来援忠坊之敌。"

梁师长做不了主,让一个师参谋长带兵上前线,说:"你去请示军长吧"

结果去请示军长,张耀明还是不同意,并下令攻忠坊的第565旅撤退。

这一仗该旅伤亡近300人,折兵损将,又劳而无功,这引起了读书出身的韩梅村的深思。

7月下旬,军部令韩梅村率一个团袭击羊楼司南面詹家桥的敌军据点。韩梅村认为这样去硬打不是办法,他给梁恺师长写了一封信,大意是说,袭击敌军坚固据点,必须配山炮、野炮,否则只能以一部围困据点之敌,以主力打击敌之援兵,战术上叫"围点打援",并以前次刘旅攻忠坊,伤亡近300人为例,说明强攻不是好办法。并且还说,我们在湘北待的时间很长了,而战地群众至今未发动组织起来,这是我们政工人员失职。梁恺师长看信后觉得说得有道理,打电话给韩梅村说:"我同意你的意见,但为权力所限,解决不了,我为你把信转交给军部吧。"

谁知他兴冲冲地把这信转送军部时,刚好关麟征代总司令在军部和张耀明商议人事安排问题。关麟征看了这封信后,大骂梁恺:"无能,遇事听参谋长的摆布!"怒气之下,他下令撤销梁恺的职,并降韩梅村一级,调任上校师参谋长,处分的罪名是"怯敌"。

韩梅村和梁恺受处分后,没几天,军部派覃异之来第195师当师长了。结果,他们合作时,覃师长还是对这个参谋长言听计从,两人打了好几个大胜仗。但是,韩梅村至今还背着"怯敌"和降级的处分呢。

这次长沙大捷了,第195师功劳不小,关麟征不仅撤销了对韩梅村的处分,还对他说:"你练兵打仗都不错,希望你好好地干,要有功不骄,有过则改,以后有机会还是要你带兵的。"

长沙大捷的宣传声势一浪高过一浪，全是高层将领们在报刊上亮相、谈话，到后方做报告，进行巡回演讲，而下级军官和士兵呢，只是每个连杀了一头猪，打了一次牙祭。

俗话说"杀敌一千，自伤八百"，第 195 师战功最大，也牺牲最大，眼看功劳全落到了高级将领们头上，目睹士兵们浴血牺牲的覃异之师长良心不安，在自己立功受赏之后，举行了"第 195 师阵亡将士追悼大会"，他亲自写了一副挽联："比家山千秋不朽，福临铺一战成功。"

后来，有关部门花费巨资拍摄了《湘北大捷》的电影片，覃异之师长和韩梅村是影片中的主角。

第四章 小营长逞威冬季大攻势

李宗仁要打冬季攻势

同在抗战前线,第九战区的长沙会战一炮打响,而老大哥第五战区在5月份的随枣战役中打了一仗还把随县丢了,一直没有收回来,这让李宗仁很是不爽。而蒋介石呢,虽然远在大后方重庆,却明察秋毫,在长沙会战后,大会小会一讲话谈到抗日战场的问题时都忍不住要提一两句第五战区,指责李宗仁"抗日不力"。

李宗仁身为第五战区司令长官,又是桂系"第一领袖",性格较为宽容,但嫉恶如仇,这些年与日军作战,他从不含糊,抗战比蒋介石都坚决得多。

为了回应蒋介石借口抗日打击异己对自己"抗日不力"的指责,在1939年10月,蒋介石发起冬季攻势之时,李宗仁决定第五战区第11、29集团军和第33集团军对襄河东岸之敌发起一次大规模的攻势,主要目标指向钟祥。其中,张自忠的第33集团军先攻钟祥以北的洋梓,许绍宗的第29集团军先攻钟祥东北的汪家河和黄家集,李品仙的第11集团军为预备队。

在冬季攻势前,李宗仁令第29集团军于10月下旬以一个加强团东渡襄河,深入敌后破坏汉(口)宜(昌)公路和京(山)钟(祥)公路的桥梁,以及日军的通信设施,并相机袭击日军,限两周完成,以便开展冬季攻势。第44军军长廖震令属下的第149师第447旅第893团和第445旅的一个营,以及总司令部的一个机关枪连,前往执行。

10月21日,第893团团长李秋率部从钟祥以南的南兴集附近渡过襄河,深入京山和皂市地区,然后,沿着公路前进,炸毁汉宜公路上的大官桥和京钟公路上的孙桥、官桥(东桥),破坏日军在汉宜公路、京钟公路上的专用电话线,并袭击钟祥的东兴和京山的北关。

11月上旬,基本上完成任务后,他接到军长廖震电:"上令冬季攻势,延期1月。令你在敌后继续执行原任务,待命返回。"并说:"本集团军将开进大洪山。"谁知这个电报被日军第 13 师团窃获,日军立花联队和川畈骑兵大队以及京山、钟祥一带的伪军,立即向第 893 团进行所谓"讨伐",企图在冬季攻势前,先歼灭之。

对日军的这个"讨伐"计划,中国军队并不知情,李团长更是被蒙在鼓里。在战斗开始的第一天,在这一带活动的新四军游击支队突然派人通知他。

后来在这次战斗中,从缴获日军的文件里得到证明,此事完全属实。

李秋率领的四个营和一个重机枪连,在汉宜公路与京钟公路之间,与日军的立花联队和川畈骑兵大队战斗 7 天后,被困于京山以西、钟祥以东的虎爪山和聊曲山。军长廖震电令突围撤回,李秋乘夜以一部向北突围,到达大洪山,主力向南突围,回到襄河西岸。接着随集团军开到大洪山。

这时李宗仁已经下达了冬季攻势的命令,之后,张自忠令第 59 军和第 38 师进驻龚家畈一带集结待命,李品仙令第 84 军的第 173 师和 174 师进驻高坡一带,监视洋梓镇日军动态。张自忠总部及直属部队进驻张家集,其第 77 军第 132 师王长海部进驻张家集以东地区,负责确保总部左翼的安全,监视随县日军的行动,第 59 军黄维纲第 38 师确保总部右翼的安全。

各部到达指定地区以后,决定 12 月上旬开始攻击。

攻守观头山:栾升堂营 470 人歼敌 1000 人

在冬季攻势中,张自忠决定第 33 集团军先攻下罗家陡坡、万水寨两个日军据点,然后向黄家集日军第 13 师团师团部攻击,而后进击董桥,切断钟祥、洋梓镇两地日军的退路,把第 13 师团歼灭在董桥附近,达到目的后继续向京山、汉口挺进。其中,攻打罗家陡坡、万水寨两个据点,以第 38 师为主攻。

第 38 师师长黄维纲接到作战命令后,召集全师排以上干部进行动员,宣布由张文海第 112 团主攻罗家陡坡,进行夜袭,限拂晓前拿下敌阵地,并向黄家集推进;杨干三第 113 团佯攻万水寨,牵制该地敌军,掩护主攻部队左翼的安全;以第 114 团第 3 营攻击黄家集至洋梓公路上的敌联络据点——观头山阵地,阻挠日军黄家集、洋梓之间的交通,掩护主攻部队右翼的安全。

这时栾升堂刚接任第 114 团第 3 营营长,没想到就被师长点了将。他平时虎头虎脑的,打仗却很有办法,手下平时见着他,调皮的兵就学着戏文里那样大喊一声:"升堂——"这栾升堂也不生气。他为什么起这样一个名字呢?

这名字是他的父母起的。父母本是希望儿子将来当官去光宗耀祖,起了这么个名字,希望他至少当个可以喊"升堂"的县令。可这年头没后台、没背景,哪有什么官可当？没门路了,他投了军,几年下来竟然混上个营长,好歹了了父母的一桩心愿。

这次,栾升堂在师长那里当面接受攻击观头山任务后,决定打好这一仗,一则自己立功,二则给团长樊仑山撑撑脸面。

在从师部回来的路上,他就盘算好了,以第7连为攻击队,攻击观头山鬼子的连据点,第8连派一个加强排阻挡通往黄家集方面之敌,第9连派一个排防范洋梓增援之敌；营部则随同第7连前进。每连挑选5名勇敢机智的老兵,与营部传令兵组成指挥班。

到达营部后,他就召开连长会,在会上,宣布说:"这次攻击观头山是夜袭,夜间联络以传送命令为主,信号枪联络为辅。"说罢,他觉得声音不够洪亮,把嗓门提得更高了些:"这次作战,我营参战官兵计470多人,一定要全力以赴,不拿下鬼子据点,不准下来！"

但要拿下这个鬼子据点并非易事,观头山是日军一个连据点,筑有两道战壕、一道铁丝网和一道鹿砦,此外还有机枪掩体。当夜10时左右,栾升堂带着第7连及临时组成的破坏组走在前头。部队经过夜战训练,全营行进中完全没一点儿声响。破坏组先破坏了鹿砦,打开了攻击阵地的缺口,但在破坏铁丝网时,撞响了鬼子设置的警铃,被鬼子发觉了。栾升堂当即下令:"第7连冲上去,以猛烈的火力射攻敌人。"

第7连一开火,后面的几个连也赶了上来。全营把观头山团团围住,以炽盛的火力对着鬼子营房射击。这些鬼子在大冬天的还脱了衣服睡觉,听到枪声,有的来不及穿上衣,有的顾不得穿裤子,披上毛毯就跑入阵地,双方展开激战。

全营士气很旺盛,前面的士兵倒下了,后面的马上冲上

战士们顽强地阻击日军

去。冬天的午夜寒气袭人，鬼子半赤身披着大衣、毛毯作战，浑身冻麻了。经过一个多小时的激战，他们支撑不住了，夺路奔逃，双方发生了肉搏战。这肉搏战，第3营官兵倒占了不少的便宜，鬼子身材矮小，拼刺刀手总比我军战士短了一截，因此吃尽了苦头。

攻山战是夜间11时半打响的，到了次日凌晨1点多钟，战斗全部结束。

鬼子弃尸40多具，受伤20多人，第3营拿下了观头山。但全营也伤亡士兵70多人，第7连连长王茂生受重伤，中尉叶排长阵亡，少尉排长王宝玉和机枪连中尉排长张培德等受伤。少尉排长吴凤阁表现突出，受伤不退，栾升堂当场令他代行连长职务。

占领观头山以后，他们没有休息，立即整修工事，防备敌人反扑。

第二天上午8时许，日军步、炮联合部队约2000人，附有榴弹炮4门，在3架飞机的掩护下向观头山发动了反攻。日军先以炮火和飞机轰炸阵地，约半小时后，步兵才发起攻击。栾升堂与鬼子打过好几仗了，早已摸清了鬼子的规律。在敌炮兵轰炸时，他和官兵们躲在反斜面阵地上修好的工事内，减少伤亡，只派少数监视哨监视鬼子步兵。鬼子步兵发起攻击了，等他们接近到阵地前六七百米时，官兵迅速进入阵地；等他们接近阵地前400米以内时，轻重机枪、迫击炮一齐猛烈射击；等到他们接近到200米以内时，步枪也开始射击。因为第3营是居高临下，以逸待劳，日军第一次攻击很快就被打退了。栾升堂命令："各连留下监视哨，其余迅速撤至反斜面阵地，准备再战。"

果然不久日军的大炮又开始轰击了，飞机也在上空助战。这一次日军轰炸和炮击了约40分钟，步兵又第二次冲上来。第3营修补好的工事被鬼子的大炮和飞机炸弹炸毁不少，但当鬼子冲上来时，官兵利用弹坑做掩体，发挥交叉火力，尽力打杀鬼子。

经过两个多小时激战，敌兵又被打退了。

下午2时许，日军又发动了第三次攻击。

这一次攻击，鬼子的劲头不如前两次了。第3营官兵则乘战胜余威越战越勇，下午4时许，又把鬼子打得狼狈地退了回去。第9连连长吴士杰阵亡，栾升堂下令由该连中尉排长谷在德代行连长之职。

打退敌人以后，栾升堂令第9连在观头山左翼高山上占领阵地，说："你们在那里构筑工事，加强防守，准备再战。"

"我们呢？"第7连代理连长吴凤阁问。

"还是在原地作战,不过一定要守住!"栾升堂说,并且还学着团长平时那样挥了一下手臂,以显示自己的权威。

然后,他自己带着预备队、机枪连(缺一个排)和营指挥所在第7连的右后方高山上占领阵地,构筑工事,掩护第7连右翼的安全。

这一天下来,晚上,栾升堂一盘算全营打死打伤鬼子300多人,但自己也阵亡连长一员,受伤排长两员,伤亡士兵90多人,他有点心疼了,自我安慰说:"还好,一个赚了仨。"

半夜时分,黄师长亲自打来了电话,表扬栾升堂说:"好!你们守住了观头山,有力地掩护了主力的进攻。"

第三天凌晨,日军由洋梓、黄家集两地抽调步、炮联合部队数千人向观头山阵地发起攻击。这次,他们是下了狠心,也下了大本钱,三面包围,派3架飞机助战。炮兵发射的炮弹和飞机投下来的炸弹比前一次多得多,简直像天上的蝗虫。栾升堂率领第3营官兵仍同昨天一样,先在阵地中隐蔽,然后再上阵搏杀。但经过两天的拼杀,栾升堂认为自己力量不足,向上级要求每连增加3挺轻机枪,师长派运输兵送上火线,并且还带来了不少的弹药。栾升堂说:"有了弹药和好枪,就有了胜利的信心。"亲手打了收条。

这次保卫阵地,栾升堂采取的就是一个办法:近战。当鬼子接近阵地前400米以内,官兵们才开火,用交叉火网杀敌。一个上午下来,整个观头山上战火弥漫,敌尸成片。全营轻伤号一律不下火线,多数坚持战斗,右手受伤不能打枪,就为战友们裹伤,为班里送子弹;当鬼子攻到近距离时,他们左手拿着手榴弹,用牙齿咬开保险盖,交给战友说:快速投掷!

正激战时,突然师部转来了集团军总司令张自忠的指示:"从本集团军这两天的战斗情况看来,以栾升堂第3营所受的压力最大。我已下命令攻击敌人的几处阵地,'调'敌人回师守巢,以减轻栾营的负担。告诉栾升堂要坚决守住阵地,不能丢失。"

栾升堂没想到自己被总司令重视了,撂下电话,就马上把这个消息传达给各连官兵:总司令都来电话了!大家更感振奋,越打越有劲,越杀越勇敢,下午3时左右,终于打退了鬼子最后一次进攻。

晚上,栾升堂在战壕里一盘算,第三天全营共打死打伤日军800多人,阵地上的敌尸又有300多具。但自己第8连刘连长阵亡,两名排长受重伤,士兵伤亡人数达90多人。这次栾升堂没有心疼了,说:"一个换九个,打吧!看你小日本有没有这么多人来让我们中国人打!"然后,他命令第8连中尉排长王忠文代行连长职务，会同第7连固守观头山阵地，由王忠文统一指挥。重机枪连中尉排长张培德受伤不退，率领全排配属第7连守住观头山。

这时全营经过3天激战，已伤亡过半，虽然士气旺盛，但个个已是疲劳极了。栾升堂考虑到观头山是一个制高点，敌人必将继续攻夺，于是决定让副营长丁庆雪去团部求援。

第四日拂晓，增援的第5连连长孙金图率全连赶来了，栾升堂令该连闻庭山排增援观头山，其余两个排作为营预备队机动使用。

上午9时许，日军由洋梓方面出动1000多人又向观头山攻击。但鬼子少了，800多人是伪军。原来张总司令"调兵"见效了，主力向日军发起攻击后，日军的兵力分散了，攻击观头山之敌减少了，全营官兵更加有信心了。这时尽管多数人用绑带缠着脑袋，胸前吊着受伤手臂，但个个昂着头说："营长，你放心，我们坚决地消灭来犯之敌。"

这一天的战斗时间短多了，只4个多小时便结束了战斗，共打死打伤敌兵170多名。

这观头山在黄家集、洋梓之间，直接卡住两地交通，使得两地的日军不能相互支援，因此日军是非拔去这颗钉子不可，否则就处处被动，因此他们第五天又继续来攻打了。

但是，从第五天开始，日军变换了打法，只是不停地炮击，有时飞机飞来轰炸，但步兵却没有发起攻击。第六天和第七天，他们突然疯了似的，不分白天黑夜，都发动进攻，每次进攻的兵力不过五六百人，最多不超过800人。

原来，他们是想把守军折腾得疲惫倒地，再寻战机夺回观头山。但栾升堂带着官兵们像吃了石头似的，怎么打，怎么都有劲儿，敌兵始终得逞不了。

尽管这边第3营打得很英勇，但那边第33集团军主力屡攻洋梓不下，不得不与日军形成了对峙。

在此期间，第29集团军攻打钟祥东北的汪家河和黄家集，第44军第150师为攻击部队，第149师为掩护部队，第67军为总预备队，进行攻击，也激战了整整7天，只攻占了黄家集，以后即与汪家河的日军形成对峙状态。

在这次观头山攻守战中，第3营470人共消灭敌军1000多人。在不少人还患有"恐日症"的情况下，这样的战绩极大地鼓舞了前方的将士。

小营长栾升堂再次发威大歼敌

本来两军在襄河一带对峙着，谁知 12 月中旬，日军主动向第 33 集团军的第 55 军第 74 师发动了大规模进攻。该师逐步后撤，撤退到师部所在地——黄家台子附近，直接威胁到集团军主攻部队右翼的安全，第 74 师李汉章师长慌忙向张自忠总司令告急求援。

原来，攻击第 74 师的日军，是新调来的一个独立旅团，他们装备优良，气焰嚣张，所以仗着豹子胆又干开了。

当晚，张自忠调整部署，令第 55 军第 38 师第 113 团和第 114 团于当晚协同出击，收复第 74 师失去的阵地，确保主攻部队右翼的安全，调第 74 师担任第二线防守任务。

第 38 师师长黄维纲命令第 113 团为左攻击队，第 114 团为右攻击队。第 114 团团长樊仑山以刘同福第 2 营为主攻队，以金文陞第 1 营为助攻队，以栾升堂第 3 营为预备队，攻击王家台子以南几个村落，其中，第一线的刘同福第 2 营与第 113 团第一线的张公干营配合作战。

栾升堂率营随第 114 团团部进抵王家台子后，营便衣情报员就跑过来，汇报说："王家台子以西山上有敌情。"

"有敌情？"栾升堂立即报告樊仑山团长。

樊团长说："派人去侦察一下呗！"

栾升堂马上派出了一个武装侦察组，不久，侦察组回报说："敌人的大部队正在向王家台子附近集中，企图不明。"

栾升堂又向樊团长汇报，樊团长说："去看看！"

栾升堂于是命令第 7 连派一个加强排立即出发，抢占制高点。一个小时后，加强排派人回报说："已顺利占领王家台子制高点，在王家台子以西的平顶山上，鬼子的大部队正在集合。"

集合？好啊！机不可失。栾升堂又向樊团长请命："让我率全营到王家台子歼灭这股敌军，并请派团里的迫击炮连一同去杀敌立功。"

手下有这么一员好战的猛将，并且出战多数时候只胜不败，樊团长平时就沾光不少，马上便同意了："你可以去揍它。"

栾升堂这个加强排占据的阵地是周围群山中最高的，山前是悬崖陡壁，陡壁前又有一条 150 米宽的深沟，贯穿南北。山的右翼有一较低的山头，再向右又有一东西向的深沟阻绝着；山的左翼是一大坪，大坪平坦开阔，无须扫清射界。

这一股正在集合的日军是秘密行动的，跑到这里来，以为附近没有中国军队，因此肆无忌惮，竟然还大大咧咧地在平坦地上集合。栾升堂率部到达高山上，展眼向下一望，哟，鬼子集合的地方是个平顶式山岭，毫无屏障，隐隐约约看到敌酋正在讲话。他一挥手，官兵们悄悄地扑上去，离鬼子不过七八百米，立即构筑阵地。鬼子集结地平坦而开阔，第3营居高临下，确是消灭他们的最好机会。栾升堂迅速把全营的轻、重机枪集中起来，组成了两个火力网点，又把团迫击炮连和营迫击炮排都布置在第一线上，归迫击炮连连长统一指挥，然后命令说："直接瞄准射击！"

布置妥善了，他的信号枪一开，轻重机枪、迫击炮立即一齐对着鬼子猛打，炮弹倾泻在日军的集合点。鬼子没有任何准备，炮弹突如其来，当即就把他们炸得惊慌失措，四散奔逃，正在讲话的日军旅团长当场被炸飞了。

日军失去了指挥，一片混乱，栾升堂从来没这么打过活靶子，大喊着："狠狠揍啊！打死这些鬼子！"

炮火和射击太猛烈了，日军被打得毫无还手之力，只好伏地不动，集结点周围还系着一批战马，也在炮火中当了替死鬼，被打死打伤不少。这次突然袭击，鬼子的指挥官不是被打死，就是被打伤，指挥系统完全瘫痪。很快，没死的鬼子开始了反扑，但还是处处被动，落了下风。这是栾升堂自抗战以来第一次打得敌人无法还手的漂亮仗。

这一仗从凌晨一直打到天明。

天亮以后，栾升堂带领各连连长指挥班长详细察看了地形，确定了阵地配置，划分了各连的作战区域，然后，命令他们马上构筑工事。

上午，日军的侦察机两次飞临上空侦察，但没有发起进攻。

下午4时，日军第13师团及独立旅团残部共3000多人，附榴弹炮多门，向第3营阵地发起了攻击。老套路，他们先以猛烈炮火轰击阵地。因为早有准备了，照样第一茬炮击，被第3营躲过了。等到鬼子步兵接近阵地前400米左右时，栾升堂才下令轻重机枪一齐开火，并以迫击炮猛烈射击。激战至下午6时许，日军伤亡600多人，第3营伤亡官兵200多人，伤亡比例是3∶1。

第113团和第114团两个主攻团的指挥所就设在第3营阵地山脚下的王家台子村内，黄昏时，栾升堂跑到团指挥所向杨干三、樊仑山两团长汇报战况，并请求增援。杨干三说："你营打得这么激烈，这是临沂大战后少有的呀！"

栾升堂说:"这些鬼子三天不打,上房揭瓦,就是欠揍。"
樊仑山说:"你营所占高地对整个战局很重要,丢不得!"
经过商定,他们决定抽调龚玉成营增援王家台子。

第二天早晨,日军第13师团步兵几千人,飞机3架,采用波浪式向第3营阵地大举进攻。栾升堂早有准备,说:"用老办法揍他。"

这先躲炮火后近战的老办法,就像地里的姜越老越辣,官兵们用惯了,杀敌既准又狠,几乎没有一次鬼子的冲锋能抗拒它的威力。官兵们照样在日军接近阵地前400米左右时,全营集中突然开火,杀伤敌人。日军挨了打,倒下一批,另一批在炮火掩护下又一次冲来。第3营毕竟人数太少,陷入了苦战之中。栾升堂见全营伤亡增加,援军没到达,担心阵地被突破,急得拿起电话就喊:"接师长!"直接向黄师长求援,但黄师长却回答说:"无兵可派。"

中国军队的战士用机枪对日军进行猛烈扫射

原来栾升堂这里和日军交上手后,第38师全师都和鬼子接上火了。时隔不久,张自忠总司令亲自给栾升堂打来了电话说:"栾升堂,你守的王家台子阵地特别重要,这个阵地守住守不住,关系到全军的胜败,你要顶得住,守得牢,要子弹有子弹,要炮弹有炮弹,援军马上就到前线。"

原来黄师长向总司令求援了。

"好哇!"栾升堂高兴了。

张总司令又说:"援军到达后归你指挥。"

栾升堂放下电话,立即又把总司令的话传达到全营,并且说:"全军都打上了!"官兵们异常振奋,纷纷表示说:"人在阵地在,坚决守住这个重要阵地。"

上午10时，日军又大举发起了进攻，第3营官兵像蛰伏的野狼瞪着眼睛，严阵以待。这次先头之敌跑到了第3营阵地的那一段陡壁前，咋冲也冲不上去，不得不向左右移动，另找冲锋发起点。就在他们东找西寻时，栾升堂说："这是歼敌的最好机会。"一声喊"打啊"，全营的轻重机枪、步枪和迫击炮嗷嗷地响起来了，子弹射出的速度比任何时候都快，日军倒下一片后狼狈逃窜。

午后2时，第113团第3营龚玉成营到达，栾升堂早就盼着这支援军了，马上安排说："你们第7连增援我营第9连，你们第9连为营预备队，你们重机枪连配置在阵地第一线。"

他这一番"你们你们"才布置好，日军又发起攻击。这次敌人的主攻方向是第3营的两翼，以便在接近阵地时发起冲锋。栾升堂早已料到这一点，把火力的重点都布置在两翼了。鬼子一冲，这边机枪、步枪就一齐响，双方展开了激烈的战斗。

这一天，栾升堂指挥所部打死打伤敌兵1000多人，第3营副营长丁庆雪、第9连连长谷在德、第8连排长张连升、第7连排长唐得胜均受伤不退，第8连排长杨宅玉再一次受伤不退，全营伤亡官兵300多人。龚玉成营受伤排长一员，伤亡士兵30多人。日军因死伤过大，攻势也大大减弱了。但是，第3营的士兵伤亡殆尽，阵地上的主力已变成了龚玉成的士兵。

第三日上午9时许，日军9架飞机在王家台子村轰炸扫射了一个多小时，把村子炸成了一片火海。但第38师两个团的指挥部在头一天夜里已撤离该村，未遭受损失。

下午4时，日军攻击部队终于灰溜溜地退走了。

栾升堂带着官兵们去清扫战场，一点数，鬼子遗尸3000多具，击毙战马100多匹，还有30多匹伤马已不能站立，收集三八式步枪120多支，还有一大批望远镜、军毯、军用地图、子弹等。

王家台子的战斗，是抗战以来第3营消灭敌人最多的一次。这次日军的新旅团贸然进攻，不仅损失一半人马，而且丢了旅团长，终于被赶回去了。

战后，栾升堂受到长官部的嘉奖，但没有给他升职。因为官职都是高层分配，一般师长是由军部人员中派，团长是由师部人员中派，从上面往下分派，并且其中水很深。栾升堂已是营长了，没有后台，结果，只获得长官部奖励的一只铁皮装着嘉奖令的大奖状，这奖状倒是很大，拎起来有十五六斤重，但没得其他实质性的"好处"。这栾升堂也想得通："鬼子跑到俺中国来撒野，我揍了它，也算是替老祖宗争了口气！"

1940年1月,日军增加第116师团又向第33集团军和第29集团军反攻。第33集团军败退长寿店、丰乐河地区,第29集团军败退客店坡、三阳店地区。

在大部队撤退时,汉水长脑渊只架了一座浮桥,被日军侦察机发现,召来一队轰炸机对渡河部队进行投弹轰炸,中国军队遭受很大伤亡。因为日军完全掌握着制空权,我军是见着飞机就四散而逃。而日机一旦发现中国军队,就轮番投弹扫射,纠缠不已,因此,我军将领对日机肆虐非常头疼,却毫无办法。

这次日军飞机大肆轰炸,我军部队又陷入一派混乱之中。第94军185师第553团团长杨伯涛率队刚跨过浮桥,眼看后续部队还很多,争先恐后拥挤不堪,结果,浮桥被炸毁,许多人掉入河中,溺水毙命,其状甚惨。这杨伯涛也是员虎将,眼看自己的兄弟遭受鬼子轰炸,立即来了英雄胆,下令全团:"将所有机枪、步枪一齐向低空飞行的日机瞄准开火。"

随即,呼啸的子弹在空中组成弹幕,奇迹出现了,敌机终于被驱散,翻着跟头逃走了。之后,工兵部队得以修复浮桥,全军渡了过去。

至此,第五战区以两个集团军发起的冬季攻势,宣告结束了。

第五章 桂南会战：广西后院失火

"焦土抗战"计划差点毁了北海城

1939年秋，日军在随枣会战、湘北会战迭遭失败后，想挽回颓势，却四出打不过中国军队的防御线，于是准备向广西进犯。

广西是李宗仁、白崇禧的"桂系老巢"，他们在外抗日打鬼子，没想到鬼子竟然抄自己的老家，立即紧急动员起来。

其实，他们早就对日军釜底抽薪这一招有了防备。

1937年"八一三"事变后，李宗仁、白崇禧先后飞赴南京参加全国抗战，广西的主力部队第7军、第15军（后改番号为第48军）也相继离桂，投入上海最前线。北上后不久，他们就对广西的"护家"防止后院失火之事做了安排，将广西的第5路军总部撤销，改设为广西绥靖公署，李宗仁、白崇禧兼任正、副主任；另在南宁新建第8军团，由桂系大将夏威任军团长，并组建第46军，再由前方调回一些干部，组建第31军，两军军长分别为何宣和韦云淞。随后，第31军被蒋介石调往津浦路参战，第46军留在广西守护。第46军下辖第170、175师，第170师师长黎行恕，第175师师长莫树杰。李、白感到广西兵力不足，于1938年秋又在钦县成立新编第19师，由第175师拨步兵两个团为基干部队，另由广西团管区编成两个步兵团补足，全师辖3个步兵团和一个野补团，步兵团番号为第55、第56、第57团，师长由原第175师副师长黄固升任，副师长为秦镇。第175师拨两个步兵团给新编第19师后，自己怎么办？白崇禧再从广西团管区编成一个步兵团、一个野战补充团进行补足，各团番号改为第522、第524、第525团3个步兵团和一个野补团，团长分别为黄法睿、巢威、黄炳钿和谢庆南。随后，第8军团改为第16集团军，总部驻在贵县，第46军第170师驻在南宁，第175师驻防北海。1939年6月，莫树杰升任第84军军长，前往安徽前线。第31军第131师副师长冯璜调充第175师师长，因他还在贵州遵义陆军大学受训，调新编第19师副师长秦镇

白崇禧

暂代第175师师长。也就是说，李宗仁、白崇禧率领桂系子弟兵在外抗日，广西并没有因此松懈，扩军备战一直没有停止过。

虽然白崇禧到了中央，广西军政实权仍是由他实际掌控着。眼看日军对广西蠢蠢欲动，为迎击来犯之敌，白崇禧立即飞临桂林，与守备部队制订好了作战计划：

（1）若日军由广西北海登陆，北海守备队即积极抵抗，拒止敌人登陆，掩护北海市各机关团体与市民撤退，并实施北海市之破坏，任务完成后，向廉州转进。第175师主力，应在主阵地作坚强抵抗，候军预备队到来，一起将来犯之敌压迫于海滨而歼灭之。

（2）假使日军从广西钦防沿海登陆，各沿海守备队也应极力抵抗，不得已时向后撤退，钦县、防城的驻军应立即占领阵地，掩护各机关、团体、人民撤退，新编第19师主力应在水溶塘主阵地作坚强抵抗，候军预备队到来，协同一起将敌压迫于海滨而歼灭之。

白崇禧的守省大计，就是发现日军要登陆了，守军先抵抗，当地机关、百姓撤离、炸毁城市，同时军预备队赶去援助，与守军一起在海边把敌军歼灭。

这个计划设想水来土掩，兵来将挡，有进有退，有守有援，有军有民，可以说完全体现了白崇禧"小诸葛"的智慧，据说其中"实施城市之破坏"的"焦土抗战"是抗敌的精髓。纸上谈兵的事儿谁都会，实际执行起来的效果会怎么样呢？"焦土抗战"能不伤及百姓吗？

广西的守备军力，虽然只有第46军和第31军两个军，但白崇禧对外宣称"广西10万民众个个全是悍兵"，在他的指令下，第31军驻桂平、平南、藤县一带；第46军军部驻南宁，新编第19师在钦防，第175师在灵山、合浦沿海，第170师在贵县、武宣；各军一边进行整训，一边准备随时抗击入侵之敌。

广西军民严阵以待，只等鬼子打上门来找死了。

第46军遵照桂林行营指示，除了在边防海岸调整兵力部署外，还下达了"必要时破坏北海市之命令"，并且还补充一条："如破坏实施不彻底，以违抗命令论罪。"准备万一日军上岸就边抵抗边进行"焦土抗战"。

第175师第524团负责守备北海，团长叫巢威，是桂军将领中的新秀，有智慧有勇气，敢打也敢拼。他接到命令后，会同广东八区行政专员邓世增、合浦县长黄维玺，拟订了"北海市破坏计划"，决定将北海市码头和坚固建筑物，派工兵部队事先开好炸药室，将炸药分别装入室内，将汽油火油分别屯置在市内各街道民房内，交由各街保长看管；实施破坏时，由北海市镇长黄之火召集和工兵排长负责；监督实施破坏者，为北海市第五区区长刘瑞图和防军营营长，但破坏实施的时机，须听候团部命令。

1939年11月14日，是一个风平浪静的日子。这一天，巢威正陪同师部人员点验第524团驻北海第2营的人员和武器弹药，下午2时，忽然接到冠头岭监视哨的电话报告说："在东方约万米的海外，发现日军军舰一大群，40余艘，正向北海前进中。"

巢威一听，不好，鬼子要攻打广西了！立即下令停止点验，饬各部官兵迅速回到各自防区，准备作战，并派人将北海当面的情况通告沿海守军。随后，他率第2营李营长、王副营长等人飞奔跑去冠头岭哨所，果然只见东方一万米之外的海面有40多艘日军军舰，正分成两道线疏开向海岸前进，第一道线的军舰12艘，以慢速航行，很快它们到距海岸约8000米的地方就停止下来了，像一群野鸭子飘忽在海面上，黑乎乎的一大片。

"鬼子要上岸啦？"李营长脱口而出。

"看来日军要在北海登陆了，停在海上，正是在做登陆作战的部署呢。"巢威说，"我估计下午5时左右，他们很可能展开攻势。"

想到这儿，他什么也顾不上了，说："我们快回营指挥所作安排。"

几个人又拔腿飞跑着赶回了第2营指挥所，巢威立即作出几项部署：（1）命令北海守备队、第2营及北海自卫大队迅即进入阵地，准备抗击日军登陆；（2）下达北海市紧急疏散命令，限3个小时疏散完毕，由北海第五区公所负责督促；（3）以电话将北海当时的敌情及自己的处置，告知廉州本部蔡副团长，迅速按照本团预定作战计划，在廉州第二线准备作战，并要他将上述情况和处置报告师长，且通知钦县友军新编第19师第55团；（4）将北海情况及自己的处置以电话通知合浦第八区专员邓世增，请他迅速下达各城市及交通线上的紧急疏散命令，并请饬各乡自卫大队放哨守卡，维护交通。

处置完了，他接着召集各营长、北海区长、镇长开会，讨论作战和撤退注意事项，这北海市的刘瑞图区长、黄之火镇长一进门就急急地问道："北海在什么时候实施破坏？"

仗还没打，就想着去破坏城市，这"父母官"咋当的？巢威眉头一皱，"等候命令吧。"

果然下午4时，日军开始行动了。第一线舰队进到了距海岸约4000米的海面，可一会儿又停止了，后续的军舰仍停在原处不动。4时30分，第一线舰队放下20余只汽艇、四五十只橡皮艇，上面满载荷枪实弹的日兵，杀气腾腾地向老虎头、南迈、冠头岭、地角、北海市海岸驶来。同时，由围洲岛方向也飞来12架日机，协助海、陆军作战。

日军飞机没有军舰那样的"迟疑"，一临上空，就向守军沿海阵地进行低飞扫射和投弹轰炸。飞机打响了战斗后，第一线舰队也开始向沿海阵地炮击，狂轰滥炸，折腾得海岸上硝烟弥漫。约两小时后，敌艇人员开始登陆了。这时守军的枪炮也响起来了，子弹把汽艇击坏，"噗——"的一声，汽艇像充气皮球般泄气了，上面的鬼子掉进了海水里像旱鸭子挣扎着，日军终于没能靠近海岸。

6时30分，一只汽艇和两只橡皮艇悄悄驶近了地角岸边。地角炮台的4门旧炮同时射击，"轰——轰——"旧炮立新功，将橡皮艇击沉，汽艇被击伤而逃。日军军舰于是以排炮向地角射击，打了200余发炮弹后，地角炮台全部被摧毁，8名炮手全部牺牲。

当日军分别向冠头岭、老虎头阵地进行打击性射击时，汽艇纷纷驶近海岸，并进行登陆攻击。守军奋勇阻敌，战斗异常激烈。这时预备队全部增援到了第一线作战，眼看情况紧急了，刘区长、黄镇长又急切地对巢威团长说："团座，下达破坏北海市的命令吧！"

巢威还在犹豫，因为他认为破坏容易建设难，北海这座城市是经过千百年才建起来的，如果自己一个命令把码头炸了，一把火把城市烧了，不知多少人要流离失所，自己在北海也将是一生臭名。可这两位地方官却不怕臭名，继续催促着，目的是炸了城后，他们就好及早撤退。李营长、工兵排长也跟着说："时机紧迫，该下手了。"

巢威瞪了他们一眼，说："1938年长沙大火，枪毙了长沙警备司令，以平民愤。你们前车之鉴不引为警惕？我国四大城市先后沦陷，也未曾实施破坏，区区的北海市，即使让鬼子占了，也没什么了不起。"

这时在武利的秦镇代师长和合浦邓专员来电话询问战况,邓专员一听还没炸码头烧城,跺着脚说:"唉呀,啥时候啦!马上实施北海之破坏。"

巢威并非人家一逼,自己就没脑袋了的将领,经过再三考虑,还是决定保留北海城,不实施破坏,于是将自己的意见告诉刘区长、黄镇长和李营长等人,这让肥头大耳的刘区长和黄镇长瞠目结舌:"这……这……"刘区长噘着嘴巴说:"我不同意。"

接着,他又指出问题的关键:"违抗命令,谁来负责?"

原来他并非要炸城,也并非要护城,北海城的毁与留,他并不在乎,之所以这么急切地要实施"破坏计划",就是为了完成任务,自己好马上溜走逃命,巢威不让烧城了,他怕没完成任务,自己逃了性命最终还会被白崇禧追究。巢威见状,回答说:"你们身为地方父母官,不要动不动就炸城,平时心里还有百姓吗?一切责任由我承担,你们不要担心。"

"这……这……我们就是为百姓着想嘛!"这刘区长倒还像受了天大的委屈似的辩护着,黄镇长却悄悄捅了他一下,"啥时候啦?还辩论这个。还不快走,一切都来不及啦!"

两人立即屁颠儿屁颠儿走了。北海"焦土抗战"的计划,因为巢威的阻止而放弃了。

敌我战至黄昏后,日军的攻势顿时减弱了,双方形成对峙。日军的军舰仍然在海面上来回游弋,却没驶近海岸边来助战。晚上9时后,军舰也停止了炮击,汽艇越来越少。这鬼子咋啦?几十艘军舰,仅使用第一线12艘作攻击,其余按兵不动,巢威综合分析鬼子的攻击态势,嗨,他们不似真心登陆北海,倘若军舰全部向这里炮击,莫说一个北海,就是三个北海也被摧毁无遗;假如他们放下几百只汽艇,守军海防线长,空隙很多,到处可以登陆,何必仅仅只在这个狭小面积上做登陆攻击呢?想到这,巢威立即醒悟过来了:日军在北海的攻势不是主攻,而是佯攻,登陆企图不在北海,而在钦、防方面。他急了,当即将自己的敌情判断电话报告在武利的师部。

接着,他又通知钦县新编第19师第55团黄廷材团长,请他通知防城第56团刘团长,注意沿海情况,严加戒备。

不久,在武利的秦代师长来电话了,说:"同意你的敌情判断,你速回廉州,准备而后作战。"

巢威将自己的敌情判断告知李营长、刘区长、黄大队长,指示今后守备作战事宜,并饬沿海各部在阵地彻夜严加戒备。然后,连夜离开北海赶往廉

州的团部。

11月15日上午3时，巢威急急回到了廉州的团部，一进门，远在南宁的何宣军长就来电话了："奉桂林行营白主任电话谕，南京敌军广播称，日军已于11月14日下午在北海登陆成功，黄昏前已将北海完全占领，战事正向廉州推进中，究竟北海是否被敌占领，仰迅即查报。"

"我晚上11点离开北海，北海仍在我军控制中。"巢威说。

何军长又问："北海是否仍确在我手中？"

巢威将昨天在北海指挥作战亲见的一切情况向他做了一次详细的报告，何军长明白过来了，说："敌军广播混淆视听，命你将北海作战情况，迅即由北海电台发出通电，并说明至发电时北海仍在我手中，以粉碎日军的造谣宣传。"

巢威再次询问北海方面的情况，李营长回答说："拂晓后，我了望海面，鬼子的舰队早已无踪无影了，只剩下3艘敌舰，停泊在6000米外的海面，毫无动静。"

巢威当即遵嘱发出了致全国的通电。

他的判断是正确的，日军在北海只是佯攻，而登陆点却在钦县和防城一带。幸亏他制止了地方官动不动就炸码头烧城的念头，事后，北海民众纷纷议论："这些草包仔平时喝百姓的血，战时就要炸城，还口口声声称是我们的父母官，没一个安着好心肠！幸亏有个巢团长，救了北海城。"

钦县和防城轻易让日军上了岸

狡猾的日军在北海大打登陆烟幕弹，原是被白崇禧"民众全是兵"的大话吓唬住了，以为桂军非常强悍，就是强攻也一时难以登岸，很快，他们就发现事情并不是想象的那样子。

11月14日，在北海佯攻的是日军第五舰队主力和第四舰队一部，协同的是第5师团的中村旅团和台湾军第5联队，并佐世保海军陆战队一部。他们在北海打了几个小时后，当晚，几十架军舰就蹿去真正的登陆点——钦县和防城实行登陆作战了。

第二日下午1时，日军20余艘军舰出现在防城、企沙海面，舰到炮响，马上向这里的守军阵地进行炮击，同时放下百余只汽艇，满载日兵，向企沙海岸进行攻击,实施强行登陆。

守卫企沙的是新编第19师第56团第1营,他们占领沿海既设阵地进行抵抗。日军汽艇在舰队炮火掩护下,驶进靠海岸约300米的海滩后,鬼子们立即弃艇涉水,向着海岸攻击前进。激战约两小时,第1营的沿海阵地大部分被日军炮火摧毁,官兵伤亡惨重。海岸线长,守军薄弱,空隙太多。日军呼啦啦地登陆了,并将守军截为数段。守军被鬼子包围着,相互失去了联络,各自为战。

到下午5时,日军全线登陆成功,守军被迫分散向后撤退,企沙在几个小时中就陷入了敌手。

尽管在战前各军进行了充分的准备,但枪声一响,还是混乱一片。驻守在犁头嘴的新编第19师第55团第9连听见防城、企沙方向有激战的炮声,连长判断必定是日军在企沙登陆,立即电话报告团部,请求增派部队前来加强守备。营长报告第55团团部,黄廷材团长竟然答复说:"这是敌对沿海进行骚扰,没有什么企图,饬该连注意防范而已。"

下午4时,日军步兵在海军协助下在犁头嘴、金鸡塘实施登陆作战。这黄大团长驻扎在钦县县城里,毫无准备,但是犁头嘴方面枪炮声越来越急,这时他才想起昨日巢威打来的电话,马上打电话找驻守犁头嘴的第9连询问情况,电话线已被鬼子截断了,无法联络,对犁头嘴情况不明,黄廷材此刻却傻呆呆地等候上级的命令,没做任何的应急安排。

犁头嘴守军抵抗约一小时,支撑不住了,纷纷向钦县溃退。5时20分,日军占领了犁头嘴,续向钦县前进。

接着,5时40分,龙门也告失陷。

下午4时,日军的部分舰队驶进龙门港,也以海陆协同向龙门进行登陆攻击战。龙门守军是新编第19师第56团第2营4连,激战约一小时后,守军被迫后退,日军成

日军正在登陆

功登陆，龙门遂沦陷。

日军中路登陆点选择在一个叫金鸡塘的地方，谁知这里不仅无守军，连监视哨也没有。日军在那里登陆时，没遇到任何抵抗，上岸后，立即分兵两股，向钦县及黄屋屯前进。

几股日军向着钦县县城进发，第55团团部还浑然不知。当日军进至县城附近时，黄廷材才大叫不好，令团主力仓皇失措地进入了阵地。

晚上8时，日军向钦县县城的守军阵地发起了攻击。战斗约一小时，阵地就被突破，官兵被迫退到街道进行巷战。这巷战就更混乱，没有建制，打的打，跑的跑，营长找不着连长，连长找不着排长，排长找不着班长，班长找不着自己的兵，各级之间完全失掉联系。黄廷材眼见不妙，率领一小部人员向东北方撤退。

当晚11时，钦县也陷于敌手。

日军先头部队在不到10个小时就占领了钦县之线，然后，掩护主力登陆。

16日，日军主力由金鸡塘、企沙、龙门全部登陆，广西门户洞开。

17日，日军兵分四路北进：一路由钦县向平良渡、牛岗、久隆、平吉、青塘窜扰，并在各点以兵驻守，掩护主力的翼侧，防备合浦方面守军的侧击；一路由钦县、小董、长滩、南忠、长利北进；一路由黄屋屯经大寺、南晓、大塘、吴圩北进；一路由防城经贵台、苏圩北进，总目标指向南宁。

这时防城县城还在守军手里，但在企沙登陆的日军正在向防城疾进，第56团主力在城外阵地进行阻击。双方激战竟日，但兵力相差很悬殊，鬼子漫山遍野，第56团部分阵地被突破。下午3时，另一股日军从龙门方向窜来，对他们进行包抄。团长见势不妙，在黄昏后也放弃了防城，向贵台方向撤退。

当晚9时30分，防城也沦陷。

新编第19师师部在小董，得知防城沦陷后，怎么也与第56团联络不上了，殊不知第56团在慌乱中已转向了上思方向。而在钦县的第55团也早就与师部失去了联系，他们在一派混乱中撤退，也没向师部报告，直向武鸣方向逃去了。结果，新编第19师师部对前方情况不甚明了，只带着保卫师部的第57团在原地打转。黄固师长毫无办法，只是不停地搓手，嘴里不停地说："这仗咋打啊！"

他不知道仗咋打，日军却打到了他的眼前。

18日下午，第57团在小董附近阵地的侧后方出现了不少鬼子，黄固料想的正面之敌——从钦县而来的日军却没到来。

原来鬼子又像在钦县县城那样对新编第19师师部实行了包抄,这黄师长唯一的办法就是靠第57团去拼死抵抗。激战到黄昏后,第57团被迫放弃阵地,在黄师长的率领下突出重围,向东北方向没命地逃去了。

日军在钦防登陆,中国军队守备作战告一段落。这一次第16集团军两个军,就这新编第19师守备的地段出事,不仅对敌作战无功,而且损失非常大,师长黄固指挥无方,第55团团长黄廷材作战不力,随即被第16集团军总司令夏威宣布撤职查办,并接受军法审讯。

南宁守军没放一枪一弹就跑路了

广西后院起火,且大有延伸之势。桂林行营接获日军钦防登陆的报告后,白崇禧判断日军的下一步目标必是攻占南宁,进而侵扰柳州,威胁西南大后方。白崇禧决心以广西现有部队阻敌北进,然后调集优势兵力,进行反攻,将日军压迫在钦防海滨歼灭。为此,行营做出如下处置:

(1)令第31军(欠第135师)以急行军经玉林、兴业、城隍、寨圩、灵山前进,到达灵山后,协同第46军侧攻由邕钦路北进之敌,并令第31军部队扩大番号,团称为师,师称为军,虚张声势,以欺骗日军;令第135师以汽车输送至南宁,负责南宁守备。

(2)令第46军170师以急行军经贵县、横县、永淳、蒲庙向吴圩前进,并在吴圩占领阵地,阻止敌军北进;第46军(欠第170师)从速集结于那楼、旧州附近,协同第31军侧攻由邕钦路北进之敌。

(3)令龙州教导总队和南宁区团队合编为第一挺进纵队,速开至绥渌附近集结待命;令广西绥署所属的第1、3、4独立团合编为第二挺进纵队,速开至横县待命。

白崇禧除调遣广西所有部队分头堵击、侧击由邕钦路北进之敌外,又从华南各地抽调6个军来桂进行反攻:(1)杜聿明第5军由湖南用火车输送至永福县,转向南宁待命;该军第200师先以一团至桂林下火车,用汽车输送至南宁,荣誉第1师于11月22日由零陵开始输送;新编第22师于11月21日由东安由火车输送;各师及军补充团于永福下车徒步前进外,其余均在桂林下车,徒步或用汽车输送前进,限12月5日前集中完毕。(2)第36军由鄂西开至宜山集中,其第5师由鄂西经常德、长沙,改乘火车到永福转宜山;

第 96 师约于 12 月 8 日到麻江附近，第 14 补训处先头由内江开拔，于 12 月 15 日到达宜山集中。（3）第 99 军所部第 92 师、第 99 师、第 118 师于 12 月 10 日在柳州集中完毕。其他各军是李延年第 2 军、甘丽初第 6 军和叶肇第 66 军，分别也在大概期限内到达南宁一带。

各部队接到命令后，即刻开始行动。

在白崇禧调兵遣将的时候，日军主力已逼近了南宁。

此时广西省会是桂林，南宁是老省会，也是南部边隅重镇，水陆交通便利，市面繁荣，是桂南军事必争之要地。日军从钦防登陆后，直向南宁而去。但他们将守备队击溃后，邕钦大路上并无一兵一卒抵抗，因此长驱北进。11 月 22 日，先头部队到达了山圩、吴圩一线时，南宁城内进入了紧急状态，各机关和市民仓皇向右江方面疏散。

23 日，第 31 军第 135 师第 405 团在团长伍宗骏率领下，乘 10 多辆汽车急急赶到了南宁，但师主力徒步行军，还在途中。第 405 团到南宁后，伍宗骏以一营守备青山塔至津头村沿河之线，以一营守备由陈村至西乡塘之线，另一营守备军医院至洋关、尧头河岸一线，团指挥所及预备队在镇宁炮台附近。命令下达后，各营进入了指定地点，马上作阻止敌人渡河作战准备。

23 日下午，一部日军火急火燎地窜到了良庆，与守城的第 170 师补充团发生遭遇战，第 170 师主力奔赴蒲庙。黄昏时分，补充团仓皇地撤回到了师主力驻守的蒲庙。

第二天上午，日军跟踪追击而来，开始进攻蒲庙，并与第 170 师主力接上了火。双方激战起来，一个不让前进，一个偏要前进，都拿出了犟劲儿，因此打成了对峙的平局。

这边顶住了，伍宗骏那边却出现了问题。

下午 3 时，在南宁城外狮子口、沙井圩等地都发现有日军向城内急进，敌飞机也飞临南宁城上空进行狂轰滥炸，情况异常紧急，这时最需要一员大将来主持城内的危局。谁知这第 405 团团长伍宗骏平时咋呼呼的，此刻却慌神了，手忙脚乱，竟然不知如何应付，向上级请示嘛，与总部、师部均联络不上；守城嘛，孤军一团"弱兵"，又怕守不住反而送命。左右一为难，他坚守南宁城的决心就没了。

下午 6 时，日军先头部队抵达亭子附近，他马上决定放弃南宁，向武鸣转进。

正在他吆喝着指挥部队集结时，忽然第 5 军戴安澜第 200 师第 600 团邵一之团长由二塘方向打来电话，对方说："我的先头部队已由汽车运抵二塘，团主力尚在运输中，南宁方面情况如何呀？"

伍宗骏如遇救星，马上将当面的敌情告知，并且急切地说："你部速开进南宁，接替我们的防务。"

邵团长说："我的任务是在二塘附近掩护师主力集结，没有守备南宁的任务呀！"

"南宁城就要失守了，你们不来不行！"伍宗骏眼见局势危急，竟然慌不择言，口气硬邦邦的。

这邵大团长怎会买账？也马上变口气了："来不得，杜长官军法严厉，鄙人不敢！"

两位大团长在电话中你推我托的，谁也不让谁，狗咬狗一嘴毛，眼看鬼子就要到城下了，伍宗骏于是提出两团共同负责守备南宁，可邵团长还是说没上级命令"不敢"进驻南宁。伍宗骏急了，电话一撂，决心干脆放弃南宁了。

这时，和日军在蒲庙对峙的第170师主力接到第16集团军总司令部命令，着其迅即由伶俐渡河，转移至邕武路高峰隘，阻止敌人向武鸣窜扰，该师遂于黄昏后向高峰隘方面移动。

此刻，伍宗骏派人通知各机关转移后，已率部向四塘方面逃跑了。

第405团一撤走，南宁城内已无防守的正规军，随即，南宁民团指挥部、警察局、邕宁县府与市民也纷纷经心圩、香炉岭向隆安方面仓皇撤退。晚9时，日军从津头村渡过邕江，没遇到任何抵抗，就一枪没放占领了偌大的南宁城。

首先进入南宁的日军系三木、纳见等部约四个大队，3000余人。南宁城遂于24日晚完全陷于敌手，桂系把自己的老省会都丢了。

战后，第135师第405团团长伍宗骏因违抗命令，擅自放弃南宁，被撤职查办，后经桂林行营军法审讯，判处5年有期徒刑。

黎行恕丢了高峰隘，抖抖颤颤地说："请副总司令处分吧！"

1939年11月中旬，在白崇禧的号令下，各路大军奔赴南宁，准备抢在日军前拯救南宁，谁知防守南宁的第405团一枪没放就跑了，南宁一夜之间沦陷后，正在向南宁疾进救援的第46军第170师、第31军第135师和第5军第200师顿失了目标。因为赶路急促，部队部署凌乱，第二日，日军再进行空袭,地面步兵也发起攻击,几路援军都告急抵抗不住了。桂林行营紧急命令第16集团军下属的第170师和第135师退守高峰隘、香炉岭,中央军第5军先头部队退守八塘、昆仑关。随即,日军以约一个旅团的兵力继续向邕宾路的八塘、昆仑关进犯,以约一个联队的兵力向邕武路的高峰隘、香炉岭进犯。

战局更加危急了。

12月1日,桂林行营命令第16集团军副总司令兼第31军军长韦云淞率领第31军军部赶去武鸣,指挥正退向那里的第170师和第135师。

当日韦云淞率领参谋处处长马展鸿、作战科科长戈鸣、情报科科长陆鸿飞等一大帮人连夜赶去武鸣,在城外的明秀园找到第16集团军总部在此的临时指挥所。临时指挥所的留守人员见他们来了,马上交代要走人。作战科科长戈鸣问负责作战指挥的高参高鹏:"有什么文件或可供参考的资料没有?"

"只有一张地图。"

他随手拿了过来。

戈鸣一看,地图上只临时用红蓝铅笔画了高峰隘、香炉岭一带第170师和第135师的阵地和师部所在地,另外就是两个箭头,一个是作战地境线箭头,一个是敌军攻击重点的箭头,都指向一个小高峰,不禁问道:"就这些?"

"嗯呐。"

他们就急匆匆地撤走了。

戈鸣再与两个师联系,才知日军向高峰隘、香炉岭攻击的兵力约一个联队,攻击重点除了小高峰外,还有一个大高峰。双方正在争夺这两个制高点,但我军小高峰主阵地上的几个主要山头已丢去了一半。戈鸣的电话一摇通,第170师师长黎行恕就叫喊:"主阵地

为躲避日机的轰炸,我军指挥官在岩洞内召开军事会议

在我手里的也发生了动摇，顶不住了！"

第135师师长苏祖馨虽然认为高峰隘守不住了，但还是表示说："俺有信心还支持一天。"

韦云淞虽到了前方，但他51岁了，一停止下来就说："年纪大了，坐一夜的车，就累得不行了。"上床呼呼大睡去了。

天大亮后，他起床了，也没个什么抵抗之法。

上午8点钟左右，白崇禧乘汽车赶来明秀园了，这时敌机还在武鸣城内外追着第170师和第135师的辎重行李运输部队轰炸，第31军军部人员全躲进了西江岸的大岩洞里。白崇禧也进了岩洞，在洞中，他和前方两师长通了电话，然后，对军部指示说："应考虑高峰隘守不住时的退却部署，先拟好命令，到实在守不住时，再用电话发出。"

空袭警报解除后，他又坐汽车赶去宾阳第5军在昆仑关的指挥所。

当天下午，小高峰阵地被日军占领，大高峰阵地已没纵深余地可退了，一点被突破，就会全线崩溃。入夜，日军继续向大高峰及其左右各山头攻击，第170师和第135师再也支持不住了。告急电话在第31军军部响个不停，这时韦云淞发话了："下令执行上午白长官定下的撤退令吧。"

参谋人员用电话读诵下达了退却命令，责令两个师向包桥圩附近撤退，企图在包桥圩附近重新建立防御阵地，以掩护在昆仑关方面的第5军右侧背，并等待军参谋长萧兆鹏率领的第131师、第188师和军部直属部队到来。

没过半个小时，戈鸣就接到报告："高峰隘阵地已经垮下来了。"

韦云淞立即带着指挥所人员乘夜离开武鸣。

"只一辆车子，不够，咋办？"参谋处长马展鸿问道。

"边步行，边接运。"韦云淞说。

第二天天明时，他们到达了包桥。

天大亮后，前方溃兵报告说："敌机追赶着从前线撤退下来的我军部队进行轰炸和来回扫射，炸死炸伤不少的官兵。"

韦云淞又对参谋处发话："指示包桥乡的民团在覃村南端和覃剑村东南端的石山隘口设个警戒哨卡吧。"

为什么要设这个警戒哨卡呢？主要是日军骑兵占领了隘路口，前方部队退不下来。既然这里很重要，可韦军长为什么没派人去据守呢？无人知道。

下午，溃退下来的官兵零零散散地陆续到达包桥，戈鸣立即命令到达的部队占领覃村南端和覃剑村东南端的隘路口，并继续收容退下来的部队。

三四点钟的时候，第170师师长黎行恕和副师长韩练成狼狈不堪地到达了包桥，就两人，部队不知丢到哪儿了。黎行恕见到韦云淞军长，抖抖颤颤地说："请副总司令处分吧！"

见韦云淞没有责备他，他又对自己光杆跑下来的情况做了说明："当我们带着部队撤退的时候，敌机老跟着轰炸扫射，后来我们（指黎行恕、韩练成）离开部队另外走一条路，敌机才不追我们了。"

韦云淞说："你们赶快去把溃退下来的部队收容整理一下，在包桥附近占领阵地。"

黄昏前，第135师师长苏祖馨带着少数部队向覃剑村附近退了下来。

这一天敌机并没飞到包桥附近的上空，地面部队也没有向腾翔圩以北追击，但由于我军部队溃败丧失了战斗力，若敌人整顿后继续北犯，溃兵要在包桥附近支持几个小时也是不可能的，因此，韦云淞命令乘夜继续向大明山退却，到镇圩、两江圩南方山地之线建立阵地从事整理。

这时邕宾路方面的日军向八塘、九塘、昆仑关节节进犯，与之作战的是陆续到达的第5军第200师之一部。12月3日高峰隘一丢失，已经激战多日的第200师也挺不住了，于是奉命向宾阳以北的邹圩福建地区转移。第二日，日军进占了桂南战略要地昆仑关。

日军攻占昆仑关以后，没有继续北犯，就在昆仑关占领阵地改为守势。

巢威三次抗命，击毙敌酋渡边大佐

第46军第170师在激战的时候，另一个师第175师主力在师长冯璜率领下正在邕钦路以东地区，执行袭击、破路任务，阻止日军继续进犯。

冯璜原在贵州陆军大学受训，这次回来大有临危受命的味道。

原来，日军登陆钦防后，第16集团军总部和第46军之间、第46军军部与新编第19师之间、新编第19师与第175师之间，为了推卸责任以及兵力的调动等问题，发生很大分歧，互相埋怨，都打电报向在迁江的桂林行营主任白崇禧告状。

在紧急启动的大防守中，才能平平的第175师代师长秦镇根本就"镇"不住手下的那几个刺头团长，没办法，为了贯彻行营保卫南宁的命令，他只得严厉规定各团指挥所不得离开邕钦公路若干里，违者杀头。这下点起了团长们的不满之火，第16集团军总司令夏威只好调回在贵州遵义陆军大学受训的冯璜。

11月18日，冯璜接到集团军总部的电报说，敌人登陆钦防，立即火速到桂南指挥作战。20日，他雇专车从遵义返回柳州。他在陆大读了两年多的书，别的没学到什么，为官经、媚上术倒耳闻目睹，"受益匪浅"，人变得更圆滑了；一回广西，他决定先去拜见老长官白崇禧"请示作战方略"。

22日夜，他赶到迁江晤见白崇禧。白崇禧说："前方情况你见夏总司令就可明了，现在大敌当前，第16集团军各部队长官之间还闹意见。你见他们时，传达我的意思，请他们好自为之，以大局为重，放弃成见，共同抗日，否则，绝不轻饶。"

冯璜记下他的话后，连夜离开迁江，赶去宾阳附近的黑石岩第16集团军指挥所。

他见到夏威总司令时，已经可以听到昆仑关方面传来的枪炮声了。夏威把敌我情况简单说了一下，交代了第175师的任务，然后意味深长地说："抗战是相当长期的，不可把'本钱'一下赌光啊！"

冯璜见他没有"以大局为重"的思想，于是把白崇禧叮嘱他转告的话转述给他听，夏总司令说："这秦镇性情急躁，不能使上下协作，你到差后，将他调回新编19师，问题就解决了。"他巧妙地回避了自己的领导失职问题。

冯璜领会了最高层的"意思"后，又连夜离开宾阳前往贵县，一路皓月当空，天亮后雇船往上游驶，至横县南乡镇登陆，经沙坪、那隆到达陆屋附近的丛林间，师指挥所就设在这里的一片松树林里。

在南宁失守的第二天，11月25日，冯璜接替秦镇的指挥，随后，接见师部各级幕僚，并通过电话和各团团长讲了话，就正式执掌了第175师，指挥部队开始阻敌作战。

这白崇禧、夏威看中的冯大师长能挑起桂军王牌第175师的大梁吗？第524团团长巢威就仗着自己能打仗，没把他放在眼中。

自北海保卫战取得胜利后，巢威率领第524团对沿海加紧戒备，并准备行动。在鬼子登陆钦防后，第175师主力奉命转移到邕钦路以东地区，执行袭击、破路任务，第524团仍留在合浦、北海沿海一带，警惕地守备着这座南疆重镇。

12月9日，巢威接到了军长何宣的电令：将沿海防务交自卫大队接替，迅速转移到旧州方面，为军总预备队。巢威接令后，立即与专员邓世增协商，

请他派自卫大队接防。这邓专员一听头就摇得像铃铛，连声说："这哪行，这哪行！"

"咋不行呢？"巢团长奇怪地问道。

"贵团还是仍留守沿海吧。"邓专员急切地说，"沿海防务太重要啦。我们自卫大队装备不良，没经训练，恐难胜任，如被那些吃人的鬼子察觉，再来侵扰，哪里应付得了啊！"

巢威说："敌主力已跑到高峰隘、昆仑关与正规军作战了，北海对鬼子不重要了，他们不会再从海上来侵扰了。"

这专员还是脸色苍白，见巢威这说不通，又跑去打电报给桂林行营白主任请求第 524 团免调，白崇禧却没有回音。

巢威自然是要走人的，于是对他说："你派自卫大队接替守备，仍可用我的番号嘛。"

"这鬼子哪里骗得住！一看这衣裤，就知道是民团！"

"我送给你们 1000 套旧军服，借给你们一部分钢盔和弹药，你们就充作国军，我保证敌人不敢再来进犯。"

邓专员没办法了，只好同意。

当晚，第 524 团将北海、南康、福成、合浦各处防务移交给自卫大队。第二日，在巢威团长的率领下，全团急行军，经过那河、那彭，于 12 日晚到达杨屋附近。

13 日上午 7 时，巢威率队到达了陆屋附近，听见陆屋西北有激烈的枪炮声，自然是两军在作战交火了。为了查明情况，巢团长马上派通信兵架设电话，与在狮子岭的军部取得了联络。何军长说："我新编第 19 师刻在上井方面与敌交锋。第 175 师在新坪、黄洞附近与敌激战，师部在耙齿村，第二挺进纵队尚没有来。目前情况紧急，军特务营、工兵营都派出去了，我手中已没预备队。你速派兵一个营，以最快速度赶来军部。目前第 175 师情况紧急，你归还建制，向冯师长请示任务。"

巢威放下电话，立即把第 3 营营长找来说："你营强行军，限 3 小时内赶到狮子岭军部，过时即以违抗命令论处。"

陆屋距狮子岭 66 华里，该营立即跑步向狮子岭急进，结果按时到达，并且获得何军长的嘉奖。

第 3 营走后，巢威随即打电话找在耙齿村的冯师长讲话，请示任务。冯璜指示说："小董之敌 3000 余人，分成两股向我师进犯。一股千余人，有步兵，还有炮兵,经青塘至黄洞,正与第525团激战中;另一股约2000人,也是步、骑、炮兵,由青塘至新坪,与第523团激战中;野补团执行破坏任务,还没撤回。目下第523团情况紧急,阵地已被鬼子攻占。着你团迅即派兵一营,增援新坪,归第523团黄团长指挥,余部在陆屋附近休整待命,并架设专线通信联络。"

巢威又把第2营派出去增援新坪第523团了。

11时,冯师长来电话了,这次是下命令:"据报敌一部兵力不详,由平吉窜抵广平,有向大埠前进包围我新坪第523团侧翼之模样,着你团所部(欠两营)火速先敌而占领大埠圩,掩护师之左翼安全,协同第523团作战。"

巢威正手痒痒的,想与鬼子开打了,立即率队向大埠挺进。

下午1时,到达大埠圩,刚占领阵地,手下就报告:"在西南端高地发现有日军在活动。"

"马上严阵以待。"

下午1时40分,日军向第524团发起了攻击,激战约两小时后,攻势渐缓。巢威打仗有一个习惯,喜欢观察敌阵,见鬼子攻击面狭小,且攻击力不强,又没炮兵协同作战,立即判断这股敌兵兵力不多,于是有了一个主意,一招手,唤来一连长,对着他耳边如此如此交待了一番。连长立即率领该连由左翼森林地带潜去,迂回到敌兵的侧后面,突然夹击。日军遭到意外的侧击,惊慌失措,没做大的抵抗,就向西北溃退而去。

为了策应第523团作战,巢威没去追击,鬼子一走,他马上将部队撤回大埠圩。

下午5时,巢团长接到新坪第523团黄法睿团长电话说:"贵团第2营到来后,嗨,一反攻,就把失去的阵地全部夺回了。中饭后,鬼子援兵来了,猛攻左翼215高地,刚才高地失守了,全团阵地受到压制,作战困难,想请你派部分兵力由大埠向新坪东端215高地侧击,协助我团反攻。"

"好哩,没问题!"

巢威马上派一加强连向新坪行动。

一个半小时后,该连到达了215高地东侧。第523团正在反攻,他们突然出击,出敌不意,鬼子支撑不住,纷纷向西面溃下山去,215高地被加强连占领了。

晚8时20分,巢威接到师部电报命令,说军部为了避免过早与敌决战,决定与敌脱离,向后撤退,第175师向三隆转进,配属第523团的部队归还

建制。然后，巢威率部后撤。

14日早晨4时，巢威才到达陆屋，忽然听见耙齿村附近有激烈的枪炮声，马上用电话询问第523团，黄法睿团长说："我部由新坪阵地撤退下来，在凌晨2时到达耙齿村附近。因为天色黑暗，部队又连日作战，疲劳过度，只对新坪方向警戒，疏忽了黄洞方面。没想到这鬼子，就从黄洞方面窜来，专门捉鹰的，却被鹰啄了眼。第1营遭到袭击，鬼子正向团指挥所进攻，直属队正在激战中。情况紧急，已调第2营反攻。团指挥所准备向东北方向移动……"话没说完，电话就中断了。

这时耙齿村方向枪炮声更剧烈了，巢威猜想肯定是第523团指挥所转移位置就把电话线收了，立即派联络军官去通知黄团长："希望他无论在什么情况下，坚持到拂晓，我以全力支援。"

过了个把钟头，巢团长才接到第523团罗副团长电话，对方说："我团遭到鬼子袭击，第1营已向北溃散，调第2营反攻，第2营还没到，团指挥所附近就响枪了，我们被迫而向东北移动。鬼子步步紧迫，部队已经混乱，难以继续抵抗。我团决心向三隆转进，特通告你团，仍希望你团同时转进。"

巢威一听他啰唆老半天，事情都说不清楚，立即说："请黄团长说话。"

"黄团长已率直属队向三隆去了。"随即一声"再会"，把话筒撂了。

第523团向三隆跑了，巢威却不打算随他们逃跑。本来他听着黄团长"不是我们不小心，而是鬼子太狡猾"为自己遭袭击辩护就大皱眉头，此刻又被副团长撂电话，反而起了雄心，决心在陆屋与鬼子做一次殊死的战斗，显一显自己的身手。于是，当即变更部署下令："以第1营（欠第3连）为右一线营，在陆屋西北端展开；以副营长王达汗率第3连、第5连、重机一排为左一线营，在陆屋西南端展开，候命向耙齿村攻击前进；以第2营（欠第5连）为预备队，着李营长率兵一连占领陆屋南端既设阵地，并向大埠、新坪方面警戒，以一连控置于陆屋西端，以便衣队在陆屋通大埠、通新坪大道上搜索敌情具报，并相机进出大埠、新坪搜索情报。"

命令下达后，各部在指定地点展开。

拂晓时分，巢威发现一股鬼子在耙齿村及以北高地上休息，即令第一线营攻击前进。官兵奋勇直前，猛打猛冲。俗话说不怕打只怕吓，鬼子突然被一阵猛打，吓得步步后退。右翼一线营攻下耙齿村以北高地，并以炽盛火力，支援左翼。左翼一线营于是攻击耙齿村，异常猛烈。9时40分，耙齿村的鬼子眼看难以抵抗，施放毒瓦斯。官兵见鬼子放毒气，马上戴上防毒面具，疾步跃进，通过毒气地带，继续向敌进攻。毒气不能阻止中国军队攻击，这让鬼子大感意外，被迫向耙齿村以西的老林子逃去。

10时30分，第524团完全占领了耙齿村，第一线停止攻击，在耙齿村及以北高地一带构筑工事，准备接下来的作战。

这时大埠、新坪便衣队打电话来报告："团座，大埠附近无敌踪。"

巢威最怕的就是鬼子增援，这下让他没了被敌包围的顾虑，说："当面之敌，仍是在耙齿村以西老林子里的那股鬼子，一定要把它拿下来。"

第1营营长熊仲武说："他们好像在待援反攻呢！"

"那就乘敌援没到前，先解决他们。"

"是不是请师长增援点兵力？"熊营长建议说。

"好，那就叫师长派两个营来，候敌主力到来决战。"巢威说，口气好像他是师长，师长反是他的手下。

可打电话却没有电话线，巢威于是派传骑军官送报告去三隆师部。报告内容为："（1）上午6时、8时、9时三次报告谅达；（2）10时10分我已攻占耙齿村及以北高地，敌撤至耙齿村以西森林一带，与我对峙中，似有待援反攻之模样；（3）9时我便衣队进出大埠、新坪，该方面均无敌踪。据土民称，大埠方面之敌，昨晚已向牛岗、平吉回窜，新坪之敌，昨晚已向黄洞方面遁去。判断新坪窜黄洞之敌，必增援石孔角方面，我决心在敌增援队未到来之前，先解决当面之敌，请即增援一二营兵力。如是，虽敌主力部队到来，不难击而破之。"

谁知前任代师长秦镇性情急躁，新任师长冯璜性子又特缓，尤其是在军校读了两年书，凡事就套兵法了，这一套，师部复令巢威如下：

"报告悉。第523团部队陆续到达三隆。你团向耙齿村攻击，似乎过早，尤须注意大埠、新坪之敌行动，以免陷于包围，慎之慎之。"

巢威打仗有智有勇，胆子大得很，本来有点瞧不上这冯师长，他不派援兵，干脆就自己打。11时50分，他下令第一线营续向当面之敌攻击前进，团指挥所及预备队均推进至耙齿村及以北高地。

第一线部队冲到老林子附近，与鬼子接上火，展开了激战。俗话说强将手下无弱兵，巢威浑身带杀气，手下的官兵也个个如猛虎。战斗一打响，攻击精神特别旺盛，奋勇冲杀，鬼子在村边缘顽强抵抗。激战至12时30分，左一线营已攻进林子边缘了，"杀啊——"不知谁大喊了一声，官兵随即就冲入了森林内，与鬼子打起了肉搏战；右一线营攻到林子边时，鬼子放起了

毒气,对毒气也不怕,官兵早就自备了防毒面具,沉着地一一戴上,冲过毒气地带,继续攻击前进,在老林子内与鬼子进行肉搏,喊杀声震天动地,白刀子进红刀子出,鬼子抵抗不住这群悍兵,纷纷向林外溃退而去。

下午1时40分,第一线部队完全占领了老林子。鬼子退到了石孔角东端高地,但是没有再逃跑的意思,继续抵抗。巢威下令:"停止攻击,就地休息吃饭。"

全团官兵停了下来,先进行整理补充,然后饭送上来了,开始吃午饭。

师长不派援兵,巢威本以为如果不是军部抽调自己一个营去作预备队,有整3个营的兵力,早就解决了当面之敌,可现在只有两营兵力,用起来捉襟见肘,师部至今不派增援部队,他正感到苦闷时,师部又来命令了:"三次报告均悉,你团现已攻占耙齿村及以北高地,应即停止攻击敌人。我军各部均于昨晚脱离敌人,向后撤退。你团突出作战,态势与我不利,着你团停止攻击,就地固守,毋须增援。"

看到这个命令,巢威更是恼火了,认为冯璜错过大好时机,如增援兵力到来,当面之敌早就解决了。战机难逢,如不及时捕捉,积极行动,就太可惜了,于是忍住肚子里的气愤,再次申述理由,请求增援,并且说:"希望在黄昏前赶来,以达歼敌之大功。"

没有电话,他只得继续派骑兵飞送,说:"报告限一小时到达。"

下午3时,日军向第524团阵地发起了反攻,双方又展开激战。巢威判断日军主力已到来,决战在即,将指挥所及预备队推进至森林内,亲自到第一线指挥作战。

日军有8门炮不断向森林地带轰击,6架飞机也来了,在空中进行扫射及轰炸,步兵像吃了火药一样向第524团的阵地猛攻。但第524团官兵不慌不忙,沉着应战,将进攻之敌一一击退。战至下午5时10分,森林多处被敌机投掷的燃烧弹引燃起火,巢威大喊:"预备队上去扑灭。"

预备队将大火一一扑灭。

为了击退当面之敌,占领森林以西高地,减少敌炮兵威胁,巢威决定集中全团迫击炮在森林西北端向日军进行歼灭性射击,同时令预备队李营长率兵二连由右翼迂回侧攻鬼子的高地,又令正面各营向敌军反扑。经过一个多小时的激烈反攻,迂回攻击队攻占敌高地。在激战中,第1营营长熊仲武身先士卒,率队冲锋,攻到无名林边,不幸中弹牺牲,但是,当面之敌被打得纷纷向后撤。

中国军队用迫击炮对日军进行歼灭性射击

晚7时，第524团完全占领了森林西端高地及无名林，日军再由张屋岭向无名林及高地一线反攻。第524团官兵继续反扑，又将鬼子击退，双方终于形成对峙状态。

巢威立即进行战场整理，准备下一步再战，下令说："卫生队将受伤官兵后送，阵亡士兵暂时就地掩埋，饬输送连将弹药送第一线，并饬各官兵速补足弹药及用膳，准备继续战斗。"

谁知在晚9时，他又接到师部加急命令："师为避免过早与敌决战，着你团于黄昏后，脱离战场，迅即向石门转进，到达石门速占领阵地，续行抵抗，拒止敌人东进。"

已经是晚上9点了，巢威见良机一失再失，自己两个营再打下去，还是拿不下这股鬼子，只好决定服从命令，遂令第2营李营长率兵二连占领耙齿村及以北高地，掩护全团撤退。

晚上11时，大部队开始行动，撤至耙齿村，再从陆屋向石门转进。

15日晨3时，全团先后到达石门。巢威下令第2营（欠第5连）在石门南端高地附近占领阵地，构筑工事以作拒止敌人准备，其余各部就地露营休息，并将情况向师部报告。

上午8时，便衣队由陆屋送来的报告称："上午3时石孔角方面，有疏稀的轻机枪声，又有火光多起，我进至耙齿村侦察，发现敌人似有退却之模样。我一部拟推进石孔角方面，进行活动。"

巢威说："鬼子昨日肯定损失惨重，今日必回窜小董，如以部队向黄洞、青塘方面截击，必获全胜。"

于是，将所得情况及速派队伍截击敌人的建议又向师部报告。

上午9时，师部命令，着巢团即开到吕家坪集结待命，并以一部向陆屋、石孔角方面警戒，巢威遵命向吕家坪移动。

到达吕家坪后，他派第2营向石孔角方向警戒，并令便衣向青塘、黄洞方面搜索敌情。下午5时，便衣队报告："青塘、黄洞方面均无敌踪，据土民称，敌人今晨已向青塘、小董回窜，敌此次回窜狼狈不堪，以驮马载运死尸很多，伤兵人数更众。"

巢威当即将所得敌情报告师长。

17日，他接到军部通报："此次由小董东犯之敌，系敌酉渡边联队，该敌在陆屋遭我巢团堵击，伤亡惨重。敌酉渡边联队长亦被我击毙，正在小董开会追悼。"

下午8时，军长何宣亲自打电话来，说："你们在陆屋打得好，打得痛快，不但将敌击退，还把敌酉渡边联队长击毙了。刚才白主任打来电话说，昨晚敌南京电台广播称：日军在邕钦路以东地区进行扫荡，在陆屋遭遇劲敌，战斗力之坚韧、炮火之猛烈，为桂南作战以来之所未见等语。白主任勉励说，这是本军的光荣战绩，应该继续发扬之。这是贵团之光荣战绩，应转饬各官兵共勉之。"

巢威笑了，这一战他在日军进犯桂南中打死鬼子最高军衔的将领，在全军一夜成名。

第六章　会攻南宁：昆仑关作证

白崇禧要在昆仑关"关门打狗"

1939年12月中旬，第5军的主力在宾阳附近、第31军主力在芦圩附近大致集中完毕，日军以南宁为核心，以昆仑关、高峰隘为外围，改攻势为守势。白崇禧与桂林行营决心以"收复南宁、歼灭敌第5师团"为目的，采取"关门打狗"的战术全面反攻，即在邕宾路和邕武路方面"打狗"，在邕钦路方面"关门"。

具体怎么关，怎么打呢？白崇禧的妙计是：

（1）以邕宾路正面为主攻方面，以第38集团军徐庭瑶指挥的第5军（有战车和十五榴重炮）为主攻部队，先打昆仑关（为正面大门），再沿邕宾路进攻南宁。

（2）以邕武路方面为助攻方面，第16集团军的第31军第135师及第46军第170师先攻击高峰隘和香炉岭，以后与邕宾路方面的主力兵团联合围攻南宁。

（3）第31军（缺第135师）由芦圩经思陇、天马、罗圩，渡右江经那桐、同正，在扶南附近渡左江出山圩、苏圩，大迂回运动到邕钦路西侧地区向邕钦路北段吴圩、绵羊村、唐报等要点攻击，破坏邕钦路，截断敌的后方交通（为西边的一扇门）。

（4）第46军（缺第170师）由横县、灵山附近地区向邕钦路东侧进击，与第31军策应，向邕钦路中段的那陈、大塘、小董等要点攻击，破坏邕钦路，

昆仑关上的石碑

截断敌后方交通（为东边一扇门）。

其中，最关键的是要攻克昆仑关，关下正面之门。

昆仑关是西南国际交通线上控制着邕宾公路的扼要雄关，四周丛峦万壑，由公路进入这个地区，不但迂回曲折，而且正覆压在公路的中腰，地势险要，好比食道上的咽喉，是"一夫当关，万夫莫敌"的古战场，也是兵家必争之地，攻克南宁，必先攻克昆仑关，因此，日军以重兵扼守。守军为与第600团在二塘激战的第5师团的第21旅团，直辖第21、第42两个联队。

日军第5师团号称"钢军"，是台儿庄战役坂垣征四郎旧部，参加过南口、山西忻口、太原、鲁南台儿庄、华南广州等战役。在开辟华南战场前，经过两个月山地作战训练，官兵多系日本山口县人，秉性剽悍，长期受武士道训练，战斗攻守经验丰富，这次是进犯部队的主力，每个联队有官兵3000人。

为了拿下昆仑关这个险要之地，白崇禧集中了4个集团军来与日军在昆仑关进行决战。其中，蔡廷锴第26集团军在敌后邕钦公路游击，担负破坏公路、桥梁，阻击敌增援部队及后方输送粮、弹补给的任务；夏威第16集团军指挥第31军、第46军，叶肇第27集团军指挥第66军，担任邕武路高峰隘南的对敌攻击；徐庭瑶第38集团军指挥第5军、第2军，担任邕宾路对昆仑关攻坚战的主力部队。

这个昆仑关，当初轻易丢下，如今花费如此重兵进行攻打，这赔本买卖已是国民党高层习惯的做法。白崇禧的"关门打狗"虽然是亡羊补牢，但也

蒋介石亲临前线视察参战的主力部队——第5军

是不得已而为之的事情。因为不拿下昆仑关，反攻南宁就是一句空话；而不收复南宁，他白崇禧和桂系就没法向广西父老乃至全国人民交代。

昆仑关一战成为桂南抗战的一部大戏了，世人关注。

血战昆仑关：以3倍的伤亡夺下雄关

昆仑关一战胜败的关键在于杜聿明第5军能否从正面攻克昆仑雄关，而对于第5军来说，昆仑关也是耻辱之地。

日军在北部湾龙门港登陆，进占钦州、防城后，第5军奉命派第200师第600团由广西全县用汽车输送南宁，阻止敌人北犯，掩护全军主力集中。11月24日，团长邵一之率部到达南宁城郊，与守城的黄团长一番争执后开溜，也没逃避老天爷的惩罚，第二日就在二塘与鬼子撞上，展开了血战。

在飞机和优势的炮火掩护下，日军重兵对第600团展开猛击。好在该团是现代化的机械化部队，一次又一次把敌人击退，阵地失而复得，得而复失。进入夜晚，双方进入停战状态。26日拂晓，日军见硬攻打不过第600团的铁甲战车，改为向第600团阵地迂回，准备包围他们并切断退路。邵团长发觉了鬼子的意图后，命令各营坚守阵地，亲自指挥步兵第1连向敌迂回部队反击，结果身中两弹，由于战况紧急，他继续指挥部队向敌猛击。双方正处于激烈的肉搏战，他不肯退下战场，又中第三颗子弹，壮烈殉国。

副团长文模、团附吴其升和官兵知悉团长牺牲了，异常悲愤，士气更加高昂，誓为团长报仇，继续顽强战斗，终于打退了日军前来进行迂回包围的部队，并夺回了团长遗体。但在决死的激战中，团附吴其升牺牲，副团长文模也负伤，最后由第1营营长代团长之职，才率领部队利用夜暗逐步撤回思陇附近归还第200师建制。

但是，狡猾的日军跟着他们的屁股后继续前进，与第200师在昆仑关前激战十多日，12月3日，桂军丢失高峰隘阵地，眼看就要受到夹击，第200师才仓皇撤退，并丢失了昆仑关地区。

而第5军是在南京失守后新建的第一支机械化部队，这次出征广西也是该军建军后第一次成军建制出战。因此，拿下昆仑关，既是第5军军长杜聿明雪耻的一战，也是打出第5军雄风的一战。

这时第5军各师主力已从衡山、东安、全县向迁江、宾阳清水河和红水河间的邹圩、石陵圩地区集结待命。12月16日,军长杜聿明在迁江一个地洞里召开团长以上的军事会议,宣布了第5军作战部署,按照"关门打虎"的方针部署如下:

(1)荣誉第1师、第200师为正面主攻部队,以公路为界,公路线上属第200师。军重炮兵团、战车兵团、装甲兵搜索团、工兵团,协助主攻部队作战,按战况需要由军部指挥。

(2)新编第22师为军右翼迂回支队,由原地出发,绕过昆仑关,选小路进占五塘、六塘,切断南宁至昆仑关之间公路、桥梁交通要道,堵击敌增援部队。

(3)第200师副师长彭璧生指挥两个补充团编为军左翼迂回支队,由原地出发,经过岭圩、甘棠、长安圩,向八塘大迂回,进占七塘、八塘,策应正面主攻部队对昆仑关的攻击。

(4)汽车兵团、辎重兵团归兵站指挥,担任后方粮弹补给及伤病人员向后方输送的任务。

(5)通信联络以有、无线电为主,传骑为辅。

(6)军指挥所设在第一线部队的后方,随一线部队行动。

(7)攻击时间为12月18日拂晓。

最后杜聿明说,这次战役胜负,关系到抗日战争的前途,也关系到这个新创建军的前途,全军将士一定要抱"不成功必成仁"的决心,歼灭日军,收复失地。会上,众将一致举手宣誓:"誓死拿下昆仑雄关,为本军增添荣誉!"

散会时已是黄昏,诸将乘车返回部队。

为了打好第一仗,杜聿明将第5军军部前方指挥所也推到了最前线,设在正面主攻的第200师和荣誉第1师分界线的公路边的一个高山腰上的地洞里。

12月18日凌晨,第5军重炮兵团和各师山炮兵营集中炮火,向昆仑关及周围阵地发起了炮击,日军也用大炮应战。但第5军的远程重炮不仅威力巨大,而且距离很远,日军炮兵显然非常微弱,很快就被迫中断了对射。随即,第200师、荣誉第1师发动攻击。

官兵们在战车掩护下,向日军阵地运动。敌机在上空盘旋,企图进行空袭,这时第5军的高射炮又响了,炮弹呼啸着飞向高空,敌机被迫逃走了。

荣誉第1师都是负过伤的老兵老将,久经战阵,既懂战术又不怕死。第1团在团长吴啸亚的指挥下,先把仙女山的守敌击退,占领了仙女山,当晚又利用夜袭占领了老毛岭、万福村、441高地。第200师第598团在团长高吉人的指挥下，攻占653、600高地。该师第599团在团长柳树人的指挥下，战车沿公路长驱直入，占领了昆仑关关口。荣誉第1师第2团在团长汪波指挥下，占领了罗塘高地。

一日之间就丢了关口，这让日军第21旅团长中村正雄始料不及。19日午后，日军出动大批飞机，掩护步兵进行反攻，昆仑关口又被夺去。第5军各部占领各据点开始与鬼子进行阵地争夺战，阵地得而复失，失而复得。新编第22师右翼迂回支队占领了五塘、六塘，可五塘又被鬼子反攻夺去，官兵一边坚守六塘，阻抗着日军的

白崇禧（左）、蔡廷锴（中）、张发奎（右）在举行军事会议的岩洞外留影

援兵，一边进行争夺。第200师副师长彭璧生率领的左翼迂回支队将七塘、八塘占领，切断敌军的退路。增援八塘的日军在八塘附近被包围，打了一昼夜，死伤极大，最后残部攀山越岭，向南逃窜，丢下几十辆汽车全不管了。

日军台湾混成旅团由南宁向五塘增援，反攻六塘。新编第22师师长邱清泉命令刘建章团死守六塘，邓军林团、熊笑三团将主力埋伏在公路两侧高地，仅留极少部分在五塘至六塘之间引敌深入。熊笑三团一部与敌援军激战，日军以坦克车开路，向六塘街道推进。当晚，邱清泉师长亲率主力向敌反击，战斗十分激烈。在混战中，日军坦克车被第22师的战车防御炮击中两辆，各团四处猛击，日军大乱，纷纷向公路南侧高地溃逃。

昆仑关下，两军整日整夜进行着最残酷的厮杀。

为了加紧围歼昆仑关之敌，杜聿明下令荣誉第1师派一加强步兵团从右翼包围九塘。副军长兼师长郑洞国得令后，派第3团团长郑庭笈率部夜行军从右翼高地袭击九塘日军阵地。该团连夜猛攻，第二日中午占领了九塘西侧高地。下午4时左右，郑团长用望远镜观察九塘敌阵地，发现公路边的大草坪上有鬼子集合，并有一个军官在讲话，立即命令第1营在高地上占领阵地，

迫击炮连、重机关枪连集中火力向这群鬼子射击,"轰隆——"一发迫击炮弹击中了目标,鬼子被炸倒一大片,其余没死的纷纷向九塘逃窜。

这一炮可以说是神炮,直接炸死了日军在昆仑关的最高指挥官——第21旅团长中村正雄少将。

随后,昆仑关关口第二次被收复。

谁知日军见旅团长被炸死了,发疯似的报复。昆仑关关口易攻难守,日军在四周用炮火进行侧击,使中国军队伤亡很大,关口又被夺去了。

从12月20日至22日,第5军与日军激战了两天,仍没将昆仑关拿下,并且还让日军增援的千余人冲进了昆仑关。远在重庆的蒋介石对此十分不满,严电前线指挥官白崇禧:"限10天内攻占昆仑关,否则军法从事。"

白崇禧接到电令后,在林蔚、徐庭瑶陪同下来到宾阳第5军司令部,召集团长以上的军官会议并训话。

白崇禧传达了蒋介石的电令,检讨了连日作战的得失,但他没像蒋介石那样蛮横不讲理,而是较为客观地分析了情况,还总结了连日作战的经验,说:"我认为第5军官兵作战是勇敢的,攻击精神是旺盛的,虽然敌人炮火猛烈,飞机轰炸扫射,仍能奋不顾身,前仆后继,给敌人以重大杀伤,并夺取了一些重要据点。不足的是,战前侦察不周,敌情欠明,我军兵力分散,火力也不够集中,没能突出重点,以致对敌打击不力,虽对敌形成包围,但围而不困,致使敌人援兵得以冲进昆仑关,敌阵地得以加强。"

第5军占领昆仑关

根据这些分析,杜聿明和军参谋长黄翔研究两得两失的原因。杜聿明认为日军在关口的两侧高地有坚固的堡垒式工事,配备轻重武器,组成交叉火网,封锁了我军对关口的进攻,说:"若不先消灭敌军在昆仑关四周的高山据点,光攻占关口,还是无法立足,如何拿下四周的高山据点呢?"

"那就要改变原定作战方案。"黄参谋长说,"我看采用要塞式攻击法,将各据点分配给第一线师各团负责,同时攻击,逐次攻克,比较好。"

"好,先解决各据点,同吃饭一样,一口一口地吃。"杜聿明说。

随后,黄翔下令将新编第22师主力调为主攻部队总预备队,只留少数兵力在五塘、六塘扰敌后方,荣誉第1师第3团负责攻打主攻据点。

24日拂晓,荣誉第1师以主力向昆仑关前面得而复失的重要据点——罗塘进攻,官兵士气旺盛,在下午4时完全占领了罗塘及其附近高地。这次战斗,击毙日军官兵200余人,缴获小钢炮及步、机枪1000余支。

同一天,日军南宁派来的援兵几次拼命向五塘、六塘新编第22师第65团第1营阵地进攻,官兵企图打通交通线,几次冲到阵地前,杀声震天,但均被击退,五塘、六塘仍在第1营手中。

接下来几天的战斗异常激烈,一方要攻下,一方要守住,而地势又如此险要,任何一方都没有地利可言,完全是靠官兵以血肉之躯相拼,彼此对据点的争夺形成拉锯战,昆仑关附近的441、653高地和罗塘据点得而复失,终究仍被日军占去了。日军完全拿出了集体拼命的架势,冲在最前面的,往往是那些凶悍的指挥官,因此他们的伤亡更为惨重,在南宁的日军华南派遣军总部不得不好几次用飞机从空中投下指挥官来指挥战斗,空投下来的,起先还有用棉衣和海绵包裹着的酒坛子,酒坛子常常被摔坏,酒全没了,后来干脆空投用铁皮桶装着的工业用高浓度酒精,供鬼子们兑着喝。大小鬼子喝得

昆仑关大捷,战士们欢呼雀跃

酩酊大醉，然后发着酒疯冲杀下来，每天中国军队都是和这些酒疯子拼杀，把自己也弄得浑身酒气。

眼看限期就只剩下最后一天了，12月29日，杜聿明根据几天来的战斗情况判断，昆仑关外围据点，基本已被第5军占领，敌人已成强弩之末，于是调整部署，以新编第22师为中央队，接替荣誉第1师担任主攻；将伤亡较重的荣誉第1师改为右翼队，将担任预备队的第200师调为左翼队。军直属的第1、2、3补充团改为预备队，于新编第22师后跟进，随时支援新编第22师的战斗，并令配属军作战的第159师以一个团从第200师南侧迂回敌后，攻占日军重要制高点653高地。

12月30日拂晓，各部队又开始了进攻。两个15厘米口径榴弹营逐次集中射击，猛向昆仑关及各制高点发射。这种炮过去很少用过，炮弹轰击的地方炮声隆隆，硝烟冲天，威力十分巨大。炮弹落处，日军的阵地、工事、通讯设备尽皆摧毁，简直有"挖地三尺"的神效。激战至11时左右，新编第22师攻占了昆仑关邻近的同兴、石寨和罗圩及其东南各个高地，荣誉第1师夺取了昆仑关西南重要据点441高地，第200师攻占了昆仑关南侧的枯桃岭、同平两据点，逼近八塘、九塘，第159师也乘势攻占了653高地。至此，昆仑关外围据点，均被第5军各部占领。

但是，日军仍喝着酒精冲兑的劣质酒做困兽之斗，垂死挣扎，多次举行反扑，均被击退，盈尸遍野。各部乘胜直追，新编第22师第65团首先冲入昆仑关，与日军展开白刃战，勇猛地将残敌肃清。第200师也占领了八塘，残敌向南宁和邕江沿岸狼狈逃窜。至此，第5军完全收复了昆仑关。

这次昆仑关之战堪称血战，共歼日军四五千人，第5军伤亡一万四五千人。昆仑关克复后，昆仑关高地日军盈尸遍野，无一生存，山上遍地皆是千人缝、佛像、护身符、太阳旗和武运长久的白布条。日军在好几处地方焚烧战死官兵的尸体，有的还正在焚烧中。战斗结束后，精疲力竭的第5军将阵地交由第99军和第26军接守，全军奉命转移至思陇、宾阳地区进行整补待命。

第31军"围歼"日军：一万多人马只俘虏了日军一人

在第5军大战昆仑关时，韦云淞率领第31军主力经过几天连续行军，到达了同正县境。

这时扶南县民团副总指挥梁翰嵩送来了情报，报告说："鬼子步骑炮兵联合的一个纵队，由吴圩沿邕龙路经苏圩、山圩修路西窜，还带有装甲车掩护的汽车约20辆。"

"有多少人数？"韦云淞问道。

"有说两三千的，有说一千余的。"

按照日军惯用的支队战术可以判断这是以一个大队或一个联队主力为基干的诸兵种联合支队，但是这个支队的企图是什么呢？

韦云淞立即和"智囊团"进行商量。

众说纷纭，"智囊团"提出了各种猜想，但谁也不能肯定自己的意见就是对的，也否定不了别人的看法，争执不下。最后戈鸣见众人啥都拿不准，于是建议说："我们迅即命令民团在扶南、山圩和驮芦、东门街之间放哨守卡，封锁消息。第131师在驮芦、第188师在扶南各架一座浮桥，迅速渡江集结，侦察敌情后再部署向西窜之敌攻击。"

个性最强的贺维珍师长马上表态不同意，而主张两个师在同一个地方渡江，因为他判断日军会在中国军队过江后立足未稳而背水作战时来攻打，害怕兵力分散被各个击破，第188师魏镇师长则对分兵架桥建议没有异议。军部经过考虑后，认为贺维珍的顾虑没有根据。

因为根据情报，西窜的敌人没有后续部队，也没向左江南岸行动的迹象。韦云淞军长说："显然我们知道敌人西窜的情况，而敌人是不知道我们要渡左江的情况，而且我军主力是取攻势的，敌人的主力是取守势的，我军应该以迅速行动，出敌不意攻其不备；因此渡江越快越好，只有分兵由扶南和驮芦两处架浮桥才能迅速完成渡江。"

然后，他命令第131师在驮芦架设浮桥过江，第188师在扶南附近架设浮桥过江，军部及直属部队随第131师之后过江。

果然，贺维珍师长的判断是多虑了，第31军没受任何妨碍过了左江，并向邕龙路线上的西长、东门街、山圩、苏坷推进。西窜的日军已越过西长、板利向明江西进，一场争执原来是虚惊一场。

这时，前方又送来情报说，西窜的鬼子只有1000多人，配有约20辆汽车，从它继续西窜的情况可以判明它是要到龙州、凭祥、镇南关一带抢夺军用物资。戈鸣又立即建议说："明江上一时难架设能过汽车的桥，那里的汽车渡船已被破坏了，鬼子的汽车和装甲车一定过不去，步兵继续西窜龙州、镇南关，必定会留下工兵和车辆在明江东岸。以第131师兼程向明江急进，从背

后袭击西窜之敌,可以夺得鬼子的车辆,并阻止他们回窜,正好可以包围歼灭它。"

"那我们攻击邕钦路的任务怎么办?"萧兆鹏参谋长反问道。

"以第188师向唐报、绵羊、吴圩敌后联络线的各据点攻击,并破坏这些据点中间的汽车路。"

谁知这个建议又遭到第131师师长贺维珍的反对,他说:"西窜的鬼子是去抢物资的,它是一定要回来的。跟着鬼子屁股后去追,被它反噬,我在运动中与强敌作战,没有胜算把握。"

"是不是就不打啦?"戈鸣说,"放弃这么好的机会可惜啊!"

贺维珍说:"我认为部队只能在西长附近占领好了阵地,等待鬼子回窜再打,这样方立于不败之地。"

作战科科长戈鸣也认为现在主力兵团在猛攻昆仑,第188师攻击邕钦路北段,第46军攻击邕钦路中段,西窜的日军一定会回来救援的,眼见贺维珍非先摆好阵才打,也就同意了他这"守株待兔"战术。

韦云淞军长也同意这个方案,命令第131师在西长附近设立阵地,等待西窜的敌人回窜;命令第188师向唐报、绵羊、吴圩等邕钦路北段敌据点攻击,要求他们"确实占领并确保之"。军部和直属部队越过邕龙路,进入上思西北方山地,背靠上思十万大山。这样,军部与师部之间相距了100华里,怎么指挥作战呢?韦军长说:"用乡村电话线和无线电报指挥。"

随后,第131师在西长附近邕龙路上,用两个团当"猎人",依靠山地布了一个口袋阵。师部远离阵地40华里左右,并控制一个团为预备队在第一线团右翼后掩护师部。

第188师开始夜袭邕钦路,当夜占领了绵羊村,破坏了汽车路。但那里地形较平坦,稍加修理就能通车,所谓的"破坏公路"并没起什么大作用。接着,又对唐报敌据点进行夜袭,部队用爆破筒和铁条铗弄开日军的铁丝网突进后,遭到鬼子顽强抵抗,指挥官害怕近战,一发现有几十个鬼子向侧翼爬过来,就领着大伙儿撤了出来,随后,对吴圩敌据点夜袭也没成功。少数部队突进街巷去后,鬼子爬在房屋顶上打,攻击顿挫,官兵随即就退了出来,只在外面进行包围攻击。天亮前,又发现数百鬼子由狮子口赶来增援,指挥官说:"万一侧背受敌威胁,就完蛋了!"干脆向苏圩附近撤退了。

由于对吴圩、唐报据点攻击没成功,占领绵羊村的官兵害怕了,也向后撤了回来。

这边第188师算是没办法了,那"守株待兔"的第131师呢?

12月下旬某日下午,西窜去抢夺物资的日军首批回窜了,步骑炮兵共五六百人,开着二十几辆汽车,在装甲汽车的掩护下,回窜到了西长附近,"兔子们"立即掉入了口袋阵,遭到第131师两个团截击。"兔子们"立即把车辆开到一座石山后隐蔽起来,带队的是一位大队长,立即下令攻击。胆大的他还准备从邕龙路北侧包围国军,没成;接着,向邕龙路北方迂回,又不遂;随后,决定钻缝隙东窜,遇到第131师预备队堵截,还是钻不出去。他终于急了,三个小时内下了三次攻击命令,结果,三次都失败了,这才改为利用山地防御。

第131师两个团把鬼子包围后,虽然发起了攻击,但只是用迫击炮、轻重机关枪和步枪远射,不敢近战,折腾到了夜晚,眼看"兔子们"在口袋里被死围着,他们仍然不敢接近。

为什么这群官兵如此胆子小呢?

一是他们平时训练很少,装备也比鬼子差;二是军官克扣军粮,个个平时营养不良,士兵害脚溃疡病的很多,因此就是硬着头皮去与鬼子进行冲锋肉搏,也难取胜。

这样的"包围战","猎人"和"兔子"一直持续到第二天。下午,几架敌机轮番飞来乱转,黄昏前突然对着两个团猛烈轰炸、扫射。第131师官兵因为躲飞机,没注意地面上的鬼子,结果,鬼子在装甲汽车、骑兵的掩护下,一冲锋,立刻突破了我方阵地,然后两侧部队一掩护,把汽车开过去,步炮兵全部呼啦爬上汽车,立即向东跑去了。

131师两个团在后面连追赶都不敢,乱喊了一通,就缩着头说:"身体素质差,累坏啦!"躺地休息了。

"兔子"就这样在"猎人"的口袋里跑掉了。

本来第31军在东门街布置了一个步兵营为预备队,军部也下令这个营准备堵击企图东窜的"兔子"。军部离东门街约30里路远,哪里管得了这个营?营长把部队全摆在东门街内,以为鬼子被第131师大部队包围了,只有被歼灭的下场,不会跑出来。结果,到了晚上,他们竟然突然被鬼子包围了。他们躲藏在镇内,不敢打出来,鬼子围着他们,也不进攻,掩护汽车队在东门街东北一条干涸的小河河岸架搭一条便桥,汽车通过后,就撤围上汽车跑了。

军部得知口袋里的"兔子"不仅跳出了口袋,还突破第二道卡子,连破两道关东窜后,立即命令第188师在苏圩、山圩附近地区再度进行截击。可第188师行动迟缓,还没来得及部署,又被鬼子开着汽车闯了过去。

中国军队布下口袋阵，"守株待兔"

结果，这批日军大摇大摆地往正在激战的昆仑关去了。

第一批回窜的日军逃脱后，第31军军部又接到情报，第二批鬼子也回来了，也有五六百人，这次全是徒步行军，没车辆，已过了北江。原来这些鬼子窜到凭祥、镇南关，"呼啦啦"一把就将蒋介石从国外进口来的军用汽油全夺下来了。正要装运上车时，接到回援昆仑关的命令。军情似火，来不及运东西，他们急忙用机关枪扫射中国军队堆积在凭祥、镇南关一带的汽油桶，把汽油桶全部烧毁。为了回援昆仑关，第一批用汽车运，第二批因为汽车装不了，不得不步行回来。前一批战斗力较强，后一批战斗力差些。白崇禧得知第一批回窜逃脱的日军增援到了昆仑关，着急地说："那里正在决战，敌人再增兵力去，对战局可能产生严重的坏影响！"这时又获知第二批回窜鬼子又在兼程急进中，立即向第31军发去电报，申斥韦云淞不集中两师兵力围歼回窜之敌，犯了"不知己不知彼"的严重错误，严令他若再放过第二批回窜之敌，影响主力兵团方面的战局，"该副总司令应受严惩"。

但是，韦云淞已经来不及调动两个师围歼第二批回窜之敌了，敌人已越过板利向西长东窜。板利距西长约50里，而第188师在邕钦路西侧与吴圩、唐报之敌对峙，军部命令它改变行动，转过头就要大半天，再由苏圩、山圩一带赶到西长，约130里，缓不济急。因此，韦副总司令只好令第131师仍在西长附近原阵地等待截击围歼第二批"兔子"，同时令第188师在山圩附近布置第二个口袋阵。这次韦云淞下了死命令："一定要全歼鬼子！"

他这算计本来就赶了个马后炮，谁知第二批"兔子"并没往他的口袋阵奔。因为没有车辆，获知先一批"同门兄弟"在西长附近挨打，自然不走老路了，于是迂回钻隙，还预先派人侦察了第131师的部队及地形、道路，然后，在夜间沿一条山间小道，悄悄地钻了过去。

第二天早上，第131师突然发觉"兔子"已经跑了，口袋阵成了空头阵，守株没待到兔子，立即发电报告军部。韦云淞再命令第 188 师以主力在山圩附近进行伏击，并命令第 131 师兼程追击，与第 188 师夹击围歼该敌。

这股日军兼程向南宁回窜，一天之内就赶到了山圩附近，黄昏时分，在山圩西路旁休息，准备吃晚饭后继续赶路。他们集合休息的地方正是第 188 师伏击阵地一个高地的下面，当他们打开饭盒罐头正要吃的时候，伏击部队早就摆好了轻重机关枪、迫击炮，突然"噼里啪啦"集中火力猛扫猛射。日军突然受到攻击，叽里呱啦，乱叫乱喊，瞬间倒的倒，滚的滚，爬的爬，跑的跑，四下散开，十几个鬼子好不容易汇聚在一起，然后发了疯似地向我军阵地猛扑，第 188 师用交叉火力打倒了几个鬼子，其进攻气势被压制了下去。

就在这一段时间，其他没被打死的慌乱之敌逐渐整理了队伍，随即向第 188 师阵地攻击，第 188 师一个团向鬼子两翼包抄，师长魏镇急忙又下令另一个团向西北方运动，这下终于将"兔子"四面包围起来了。

这时天渐渐黑下来了，鬼子在包围圈中一边顽强抵抗，一边在夜暗中摸索，寻找逃路。因为 188 师不敢近战肉搏，只好在夜暗中与鬼子"火战"、"远战"了好几个小时，眼看包围圈内的鬼子越打越少了，以为把鬼子消灭了。天亮前，在战场上完全听不到鬼子一枪的声音了，官兵们这才相拥着，一起上去，仔细一搜索，发现鬼子在昨夜已经利用一条干沟窜到了一座石山脚下，再从石山的死角转弯处一抹角逃出了包围圈。魏镇师长派人沿着脚印骑马追去，鬼子早已跑上山圩与扶南之间的一条道上了。这时昆仑关已被第 5 军攻克，敌人增援不上昆仑关，径直向南宁逃去了。

这一战，第 31 军两个师一万多人马只俘虏了日军一名伤兵。

泗合坳：四天四夜大血战

当然，并非所有桂军将领都是怕死鬼。同是第 16 集团军，第 46 军就比第 31 军敢打，军长何宣也比集团军副总司令韦云淞胆子要大得多，尤其是第 175 师第 524 团团长巢威，更是一员敢打敢拼的悍将。

在昆仑关大战时，第 46 军（缺第 170 师）与第 31 军策应，负责向邕钦路中段的那陈、大塘、小董等要点攻击，破坏邕钦路，截断敌后方交通，结果，这巢威又打出了个惊天动地的仗。

1940 年 1 月 14 日，日军兵分两路东犯，一路 600 余人附炮兵一部，由

大塘向久平进犯，与第175师第523团在久平的花甲山一带高地展开激战；另一路步骑炮兵1000余人，由小董往那兰向板城进犯，在屯茂附近与新编第19师第56团警戒部队接火，警戒部队抵抗不住，被迫向后撤退。日军继续前进，在屯茂东北的大石岭山地里与第56团主力接火，黄昏时分，两军形成对峙。

第二日拂晓，久平一路日军继续向花甲山第523团阵地攻击，被该团击退。大石岭的日军继续向第56团阵地攻击，双方展开激战。

第46军的王牌第524团没有参战，正在担任军预备队，驻守在上井。上午10时左右，巢威团长听见大石岭方向有激战的炮声，判断是第56团与敌打上了。他侧耳倾听，炮声越响越近，立即电话向军参谋长张琛报告。

12时后，枪炮声愈响愈近，巢威心想不好，肯定是第56团战况不利在后退；再一想，如果鬼子乘胜追击，3小时内就可到泗合坳。泗合坳在灵山太平圩以南约5公里、钦县镇南圩以北2公里，在钦、灵两县分界线上，是钦县小董经太平通灵山的要道，该坳只有第524团第3营警戒。而泗合坳距大石岭约30里，第3营兵力薄弱，鬼子打过来他们肯定难以支持，而上井距泗合坳有15华里，到时巢威就是想去策应，一下子也赶不到！想到这，巢威立即决定将团主力推进到泗合坳去，先做准备，免得到时打掉门牙往肚里咽。于是，他把自己的决定直接上报军部。

他为什么直接上报军部呢？因为一是他瞧不起师长冯璜，嫌他磨叽、无才；二是他与军长私人关系密切，是军预备队。何宣军长接到他的报告后，惊异地问道："为何新编第19师及第56团始终都没报告，弄得情况这样紧急？"

"嘿，我也不知道。"巢威说。

何宣是湖南益阳人，保定军校生，与白崇禧是同期同学，且为多年密友，也算是桂系的一员战将，是第16集团军的主战派，当即同意了巢威的建议，并且说："你迅即移动，到达泗合坳后妥为部署，并派人与第56团取得联络。"

巢威撂下电话，就率部向泗合坳急进。

下午6时，全团火急火燎地到达了泗合坳，第3营平安无事。巢威松了口气，随即召集各部队长官下达作战命令，各部分别进入指定地点，占领阵地，构筑工事。

各部队长官走了后，巢威站在门口瞭望，突然发现远处有一支部队由那河向这边过来了，进至距第524团阵地前约3华里远时，在路旁停下休息了。他以为这是第56团部队撤退回来，可转而一想，他们咋没派人前来联络呢？

立即派团部联络军官去联系。没一会儿，联络军官慌里慌张地跑了回来，上气不接下气说："在我阵地前停止部队，不是我第56团！"

"是谁？难道是鬼子？"巢威一惊，脱口而出。

"可不是，是鬼子的先头部队！"

原来第56团已经放弃了那河岗，并且向后撤退，鬼子衔尾追击，竟抢在他们前头，到达了泗合坳。因为时已黄昏，情况不明，才停下来休息。巢威立即下令："对鬼子集中射击！"

部队冲过去，对着日军"噼里啪啦"就是大枪小炮一齐轰。鬼子突然受到袭击，伤亡很大，狼狈不堪地往西窜到了镇南圩，结果，被巢威率团拦腰堵住，活生生地被断了后路。

战士们冲出战壕与日军展开白刃战

第二日拂晓，日军兵分为两股，每股300余人在飞机和大炮的掩护下，分别向第524团各营据守的江塘岭、泗合坳、电蒲岭阵地猛攻，官兵们沉着应战，一次次挫败日军的攻势，将敌兵击退。

中午12时，第9连蒋连长报告说："那河板城大路上发现鬼子！"

"多少人马？"

"1000多人，可能是增援来了！"

巢威立即下令迫击炮对他们射击，炮火一轰，这股日军慌里慌张地向西窜进了山林，像山猫一样躲藏起来了。

　　下午3时，被围困的日军又继续向各阵地猛扑，12架敌机也飞来，在江塘岭、泗合坳、电蒲岭、和尚岭投下不少的燃烧弹，大火将第524团的通讯网烧断了，巢威除派一部人马隔绝火势外，令其余官兵继续沉着应战。通讯兵一面扑灭火路，一面抢修电线。日军趁着火势猛攻，攻击泗合坳的一路鬼子冲上了坳口，蒋连长立即率队冲出战壕，展开白刃战。江塘岭、电蒲岭山麓各部也发起逆袭，将来攻之敌打得退了回去。见左翼的鬼子被打退了，右翼进攻的鬼子吓得乱喊乱叫，也纷纷溃退下了山。

　　黄昏时分，双方停止了战斗，又开始对峙着。

　　巢威立即向军长报告战况，何宣告诉他说："军部判断这次由小董东犯之敌，是最近从钦县金鸡塘登陆的日军近卫师团樱田武旅团，目的是压迫我军远离邕钦线，以减少后方威胁。太平圩形势险要，万一陷于敌手，鬼子可东略陆屋，北取电蒲庙，今后全军作战困难，因此决定主动调集优势兵力，包围东犯之敌而歼灭之。军部准备调回第175师由那香、南忠方面自北向南，调回新编第19师主力在白沙方面自南向北，包围镇南圩之敌，与你们合力歼而灭之。"

　　"好啊！"巢威打仗就是嫌仗小，"要干就干大的。"

　　何军长又问巢威："你是否有把握守住泗合坳，等待两师主力到来？"

　　巢威豪情万丈地回答说："保证守到两师到来，完成歼敌计划；如不能达成任务，愿将我首级捧来军部。"

　　当晚，军部下达了作战命令：第524团固守泗合坳阵地，没有命令不得撤退；第175师除留一团在电蒲庙执行前项任务外，另以一部留守花甲山阵地，牵制敌人，主力集结在百济、那香间，即刻由北向南，猛力对镇南圩、南忠之敌进行侧背攻击，并以有力一部星夜兼程至镇南圩地方，与第524团及新编第19师主力，包围镇南圩之敌；新编第19师除以有力之一部，在邕钦路钦县小董间积极截敌破路，并防钦县之敌东犯外，该代师长即刻到上井指挥野补团第96团星夜对镇南圩之敌侧背猛攻；各部队接到命令后应火速行动，务于明（17）日到达指定地点，向镇南圩之敌攻击，并以枪声最密集之处，为攻击目标。

　　我军这边要围歼，那边日军却竭力要夺路而逃。17日拂晓时分，被巢威横路截住的日军在炮兵掩护下分别向江塘岭、泗合坳、电蒲岭的我阵地发起了攻击，第524团英勇迎击，双方展开恶战。12架敌机不断地低空扫射，并且投掷燃烧弹，阵地前后草木都被烧燃，但这次却起不了什么大作用了。

巢威昨日吃了鬼子的亏，连夜已在阵地附近辟了条100米宽的火路。结果，鬼子飞机一放火，不仅烧不着第524团，被东北风一刮，火势反而吹向前来进攻的日军，火势燎去，把冲上来的鬼子连眉毛都烧掉了，鬼子怪叫着立即退了下去。

日军飞机弄巧成拙，反而耽误了地面的日军突围时间。直到11时，火势才逐渐熄灭，之后，日军又向各阵地发起攻击，因为突围心切，攻势也异常猛烈。战至下午1时，泗合坳阵地被鬼子炮火摧毁过半，第9连蒋连长受重伤，3个排长均阵亡，士兵伤亡三分之二，泗合坳终究被日军攻占了。同时江塘岭、电蒲岭山麓当面之敌均进行猛扑，占领泗合坳之敌又向两翼扩张，第524团左翼营异常危急。巢威立即派预备队李营长上，令他率步兵二连、机关枪连（欠一排）攻打泗合坳，并令电蒲岭顶的第1营派出预备队，从电蒲岭东端侧攻泗合坳之敌，官兵们奋不顾身地向泗合坳之敌猛扑。

激战到下午3时许，反攻部队攻上了泗合坳，与鬼子进行肉搏。巢威又令电蒲岭侧攻部队居高临下，从侧面猛袭。日军终于支撑不住，退下了山坳，第2营遂夺回了泗合坳阵地。

同时，攻击江塘岭之敌也被击退。

左翼阵地转危为安了，巢威松了一口气，下令第2营（欠第4连）及机枪一排守备泗合坳，第9连撤到江塘岭整理，第1营侧攻部队仍归还建制。

下午5时，日军1000多人又向江塘岭、泗合坳阵地发动攻击，空、炮兵也向各阵地猛轰。我军官兵虽然拼命抗拒，因为伤亡惨重，战局又危急了。驻守江塘岭的雷营长、泗合坳的李营长纷纷电话告急，请求增援。巢威见敌人攻势猛烈，如江塘岭、泗合坳被突破，全线动摇，影响整个战局，就无法达到围歼敌人的目的。可友军迟迟还没到来，他手中的预备队仅有步兵一连、机枪排及特务排、输送兵二排。为了稳定战局，他决定亲率所有预备队增援，与鬼子拼个你死我活。决心一下，他电话通知江塘岭、泗合坳两营长："你们一定要死守，我马上亲率部队前来增援，在我没到达以前，谁放弃阵地，就军法从事！"

接着，他又将情况电话报告军长，何宣说："我派军工兵营赶来，归你指挥增援江塘岭、泗合坳，你不要离开团指挥所到第一线去。"

"左翼危急，等不及工兵营到来。我不亲到第一线去，江塘岭、泗合坳就难保守，那里一失守，鬼子必直趋潭江，那我全线阵地就动摇了。"

何军长只好说："那你慎重相机行事吧，工兵营跑步前来，约20分钟

就可以到达。"

巢威又从电蒲岭第1营抽调一部分兵力侧击泗合坳之敌,并交代蔡副团长:"你在团指挥所处理一切,如工兵营到来,以一连速向泗合坳前进,其余部队迅即占领第二线阵地,叫第4连增援江塘岭!"

随即,他带着特务排、输送连两排、机关枪排、地方自卫队,一共约40余人,跑步前去增援泗合坳。

这时泗合坳的日军已攻到阵地前约20米处了,双方正在互掷手榴弹,有的已开始准备短兵肉搏了。巢威见状,大喊一声:"杀啊!"带头冲向鬼子。第一线官兵见团长亲自率增援部队冲击,士气为之大振,一齐越出散兵壕,向鬼子冲杀过去,喊杀之声惊天动地。同时,电蒲岭第1营的侧击部队也从高而下猛烈向敌侧面袭击。激战30分钟,日军不支,纷纷溃退下山,丢下28具尸体没能拖走,受重伤的浅田大尉被俘获。

黄昏后,全线停止了战斗,巢威马上对部队进行调整。晚上,各部连夜修补加强工事,补充弹药,第一线各营派出小部队偷袭,扰乱鬼子睡觉。

这一天,全团作战伤亡官兵260余人。巢威回到团指挥所后,将战况电话向何军长报告。何宣当场宣布嘉奖,说:"军部先奖给你们大洋5000元。"然后又说:"第175师、新编第19师主力明天上午可赶到镇南圩附近,包围夹击敌人,我着特务营、步炮营今晚开至潭江归你指挥。"

"军长,这咋行!"

"有啥不行!"

"特务营应留在军部警卫。"

"特务营应该去你那里,鬼子来了我可以跑嘛。"

两人你推我让,结果,各让一步,巢威接受了步炮营。

军部步炮营到来后,巢威令它第1连在牯牛峰占领阵地,该连有8门步兵炮,可以直接支援第一线作战;其余部队都是步兵,则占领磨刀山之线,为团预备队。

午夜,军部张参谋长又来电话:"据报敌步骑炮兵约2000人已过板城向镇南圩增援,估计镇南圩之敌将达到4000余人,鬼子的大炮约12门,明日战斗将更剧烈。"

"嗨,来就来吧!"巢团长还是一副"举重若轻"的口气。

"疏忽大意可不行!"张参谋长说,"军长要求你团妥为部署,以应付明晨的决战,坚持最后五分钟,等待两师主力到来。"

"好啊！"巢威大声应下了。

撂下电话，巢团长立即用电话把张参谋长的意思传达到第一线的各连长，下死命令说："寸土必争，要做到人在阵地在，人亡阵地存！"

团长越级打电话来，连长们也大受鼓舞，嚷着说："成功成仁，在此一战！"

各连长又传达到每一个战斗兵，命令变成了："如有畏缩者，以连坐法惩处。"

当晚，钦县镇南圩，灵山县太平、宋泰、旧州、上井各圩镇的地方自卫队5个中队300余人，也携带武器来到了第524团指挥所，请求参加作战。经军部许可后，巢威留他们作预备队。可是，他们坚决要求到第一线参战，并说："鬼子糟蹋我们百姓，我们也要揍他。"

巢威见他们武器很好，士气旺盛，于是同意了他们的请求说："饬太平自卫队开赴芦家，接替我便衣队对那香警戒任务，其他自卫队配属第一线营为预备队。"

阵地前又增添了新的生力军。

1月18日拂晓，日军步兵在炮兵掩护下向第524团守军全线阵地发起了攻击，12架敌机不断来回轰炸，投掷燃烧弹，掩护步兵攻击。守军阵地附近200米内的草木都已斩割干净，投下燃烧弹也不管用了。日军飞机和大炮火力猛烈，步兵前仆后继，冒死前进，但守军沉着应战，战地秩序井然，重伤官兵没命令不下火线，轻伤官兵带伤继续作战。日军虽然攻击十分猛烈，使出了吃奶的劲儿，但激战整整一个上午，都毫无进展。

前线在激战，后方在上午10时就送来了中饭，附近200多个乡民送来了100多担肉菜米饭和烟酒等慰劳品，巢威说："现在就送来中饭，太早了点吧！"

"不早！"乡民们说，"仗打得这么激烈，将士们肚子肯定饿。"然后，他们要求送上火线，慰劳抗战官兵。

百姓自发地为前线将士送菜送饭，修筑工事

巢团长还是婉言辞谢:"火线太危险。"

乡亲们说:"你们苦战两天两夜,为我们不少官兵牺牲了。假若你们不在这里阻敌,我们太平圩一路村庄就和那河岗一样,早被鬼子烧光了。我们送点酒菜慰劳,应该的啊!"

他们不仅要送慰劳品,还都带了武器,要求参战。巢团长还是不同意,说:"你们上去,太危险!"

"就你当长官的心硬,火线的官兵就不是人,活活该挨饿?我们把饭菜送上去,他们吃了才有力气打鬼子啊!"

巢威没办法了,只好去请示军长,何宣说:"他们既如此热忱,盛意难却,收下罢。"

巢威得到军长的许可,说:"只收饭菜,酒烟退回,由炊事兵送上火线。"

乡亲们生气了,坚持说:"要收全收下,并且由我们送上火线。"

结果,巢威拗不过他们,只好将酒留在指挥所说:"此后再发给各部队。"菜、饭、烟等物品,准许他们分头送上第一线。

这些乡亲有妇女,有青壮年,他们冒着炮火,在敌机轰炸下将饭菜送上火线后,结果又自动地参加战斗了。巢威担心他们没经过训练有伤亡,电饬第一线部队劝告乡民下火线。经过再三劝告,乡民们才离开火线,并且自动将负重伤的官兵运下火线,再转送后方去。

11时,日军攻击左翼的江塘岭异常猛烈,第3营雷营长受伤,第7连连长阵亡,一部分鬼子攻上了江塘岭东部,雷营长率部仍坚守着江塘岭西部,与日军展开争夺战。巢威命令牯牛峰步炮营第1连集中火力支援第3营,又派工兵第1连、地方自卫中队一队增援江塘岭。

增援部队一到达,向江塘岭东端的鬼子发起了反攻,经过一小时的激烈争夺战,终于将日军击退,夺回了江塘岭东部阵地。

这时和尚岭方面也告急,守军第2连连长受伤,排长全部伤亡,士兵伤亡过半,火力薄弱,结果,鬼子攻上了和尚岭,与第2连进行白刃战。右翼营因为营长阵亡,副营长胡疏才代理营长,亲率预备队步兵二排、地方自卫队一个中队由电蒲岭逆袭攻和尚岭之敌,将敌击退。

接着,电蒲岭和泗合坳告急,日军攻势猛烈,已冲到阵地前100余米了,官兵伤亡很大,纷纷向团长请求增援。巢威立即饬工兵营营长率领第2连增援泗合坳,以工兵第3连及便衣队增援电蒲岭。增援部队到达泗合坳、电蒲岭后,一阵猛打才遏制住日军的攻势,稳定了战局。

但日军被围困，知道到了生死关头，时间就是性命，仍然拼命展开猛攻，全线战斗异常惨烈，敌机群对阵地轰炸，炮兵发疯似的向守军全线阵地轰炸，炸急了，还向后方"轰轰"地开炮。何宣军长急了，好几次喊着："要小巢来接电话！"

可是，"小巢"因为指挥作战，抽不出时间来接军长的电话，只好由副团长去报告作战情况。何军长听得焦急万分，说："要巢威抽出时间向我报告战况！"

没办法了，巢威跑去报告情况。何宣说："根据战况判断，鬼子今天是非拿下泗合坳，绝不会放手。我第175师和新编第19师目前还没来，不知他们有什么变化。为避免重大牺牲，我准备放弃泗合坳向宋泰圩撤退，征求你的意见。"

巢威已经打红了眼，哪里愿意扔下这块快到手的肥肉，马上反对说："我相信两师部队很快到来，只要我能坚持最后五分钟，胜利必定属于我。"

"不撤退，就怕难支持啊。"

巢威说："围歼敌人就在目前个把小时，如果放弃阵地撤退，则前功尽弃，如何对得起已死的官兵，又如何对得起那些冒着生命危险不管不顾给我们送菜送饭的灵山县民众？"

军长的口气软下来了："来日方长，你何必争一时之勇呢？"

巢威坚决地说："我有把握守住泗合坳，否则，我最后一滴血也要洒在泗合坳，绝不离开泗合坳！"

两人争辩很久，何军长见不能说服手下这"犟头团长"，只好让步，并亲饬军特务营前来归巢威指挥，巢威说："特务营应留着警备军部。"

何宣说："守得住就守，不要勉强，你相机独断吧。"

巢威撂下电话，又跑去火线，指挥反击了。

下午2时后，全线阵地吃紧，各连纷纷要求增援，巢威不得不将步炮营第2、第3连，团特务排都派到第一线去了，手中除了传达兵外，没一个兵了，咋办？他喊道："担架排呢？"

"我们在！"

巢威给担架排每人都发了枪和手榴弹，把他们也武装起来了，再将在芦家担任对那香警戒的民众自卫中队撤回来，做团预备队，芦家只留两个通信兵和一架电话机，负责对那香监视。

可是，巢威要在泗合坳硬战到底，把"最后一滴血"洒在那里，何军长

还是不放心,接着又连续两次打来电话,要巢威服从他的命令,即行撤退。

巢威还是坚决反对撤退,担心连累军长,建议说:"那军部先行撤去宋泰吧,减少我的后顾之忧。万一不幸,我就与泗合坳共存亡。"

巢威说到此,何军长已哽咽得没法回答了,换上张参谋长接替说话。张参谋长说:"军座为你不肯撤退,已经难过得流了眼泪,他不能继续同你讲话了,把电话交给我。巢团长,你还是服从命令撤退吧!"

巢威是认准了的事三头牛都拉不转的主儿,军长流泪也拉不转他。他继续"强辩"说:"与鬼子苦战了三天两夜,官兵牺牲这么大,都是为了全歼鬼子,100步已走了99步,只争一步。如此撤退,对不起死去的官兵,更对不起灵山县老百姓。现在敌我正在拉锯胶着,我们一撤退,反而有被敌全歼的危险。战,则鹿死谁手,还不可定;退,则前途难以设想。我相信主力部队很快就会到来。如果我能支持到最后五分钟,胜利必定属于我。请转报军座,请他放心,我保证完成任务,否则我以身殉国,也是全军的光荣。"

巢威慷慨激昂地说完后,张参谋长又去请示军长,何宣答复说:"这个巢团长坚决不肯撤退,军部也不能先撤,成功成仁就在一块吧!一切由他相机独断。"

好战的巢威竟然把军长和军部都拖下水了。

巢威撂下电话,这次没有像前几次那样传达军长的指示,瞪着眼睛盯着前方,闷头一言不发地指挥作战去了。

下午4时许,新编第19师主力终于赶到了第524团左侧的白沙附近,师部派参谋来联络,巢威大喜过望,将当面之敌情及各部位置通知秦镇代师长,请他迅速占领白沙坳顶及以南青竹山一带山地后马上向镇南圩之敌攻击,说:"俟第175师主力到来,我第524团也全线出击。"

随即,第175师第523团第1营谢营长也前来联络,巢威更是兴奋了,说:"围歼敌人在此一举,请谢营长转告黄法睿团长,希望你们马上从和尚岭以南山地向镇南圩之敌攻击。"

谢营长说:"师部与野补团黄昏前也可赶来,第525团已到达那香附近,现在准备向镇南圩以南攻击。"

"好啊!请他架设电话线,和我们联络。"

巢威马上把两师主力到来的喜讯报告军长,何宣喜出望外地说:"你们坚持最后五分钟,战局已成于我极有利态势,达到包围敌人之任务,应居首功。立即转告第525团黄炳钿团长迅速截断敌兵通往小董后方的交通,除以一部向南占领阵地构筑工事、阻击敌人援兵外,团主力由南向镇南圩攻击,通知新编第19师由东向西攻击,第525团由西向东攻击,包围镇南圩之敌而歼灭之。"

巢威说:"等两个师攻击有进展时,我团就从正面出击。"

"好,好!"何宣连连点头。

巢威把军长的命令通知前线部队,并派人转告新编第19师及第523团,并由第523团转告第525团。

下午5时,新编第19师和第175师第523团、第525团先后向镇南圩之敌展开攻势,正在奋战的日军突然陷入了四面大军的包围之中。第46军全军向镇南圩发起了攻击。江塘岭、泗合坳、电蒲岭、和尚岭之敌见中国军队四面攻击,纷纷溃退下山。第524团官兵见鬼子溃退下山,极为兴奋,纷纷请求出击。巢威下令各部队迅即整顿态势,准备出击,然后将团指挥所也推进到了泗合坳。

5时40分,第523团黄团长派人到和尚岭电话通知说:"第525团已占领大里岗。"

大里岗离镇南圩只有3公里,截断了敌人通往小董的后方交通线。巢威搓着手说:"敌已成瓮中之鳖,就看我们如何去擒拿了!"下令各营长准备出击。

谁知包围圈里的日军见四下挨打,知道中国军队主力已经到来了,急急地准备突围,他们巧妙地选择了已经激战几天的第524团阵地为突破口。

下午6时,24架敌机由钦县飞来,在电蒲岭上空投下大量炸弹,敌炮兵火力集中指向电蒲岭,步兵1000余人向电蒲岭攻击,飞机为步兵开道,第524团在电蒲岭各阵地守军伤亡过半,连排长全部伤亡,电蒲岭遂为日军占领。巢威没料到在关键时刻掉链子了,下令和尚岭第1营胡代营长率部进行反攻。

但是他们因为兵力太薄弱,反攻

中国军队集中火力向电蒲岭的日军猛烈射击

没成效。可巢威手中已无预备队，无力再去反攻，急忙报告军长。何宣指示说："等第175师师长到来，再由他派兵反攻，你们只须防止他们向北突进就行。"

于是，巢威抽调部队增强牝牛峰第二线阵地，并集中步炮营及追击炮向电蒲岭射击。日军占领电蒲岭时已黄昏，眼看天黑了，折腾了一天，双方都停止了战斗。

突然，第524团探子向巢威报告说："团长，鬼子骑兵、炮兵纷纷从镇南圩向电蒲岭前进。"

巢威马上报告军长说："鬼子被包围，断了后路，全力攻占电蒲岭是准备突围。今晚他们必定从电蒲岭西南经华屏村向那香方面突围，如果等师部到来再反攻电蒲岭的话，鬼子说不定已向那香方向突围而逃了。"

"我命令新编第19师和第523团马上向镇南圩之敌攻击，先歼灭镇南圩敌的后尾，迫使电蒲岭之敌一部回援镇南圩，迟滞敌之突围，如何？"何军长说。

"很好！"

"我们电话线还没架好，由你派人转知秦代师长及黄法睿团长。"

巢威遵命派人去办，但夜间徒步，没法争取时间，命令到达时，日军已开始突围了。因为判断日军是从电蒲岭西南小路，经华屏向那香突围，巢威见没其他办法了，马上与下午才接上联系的冯璜师长打电话进行联系。冯璜师长说："师部现驻在华屏。"

巢威说："敌人突围，华屏首当其冲，请早做准备。"

"不要紧，独立3团刘团长马上到来，我饬他反攻电蒲岭就是啦。"

当夜，日军果然由电蒲岭向那香突围，师部在华屏村首当其冲，谁知这"不要紧"的冯师长毫无准备，独立3团连防守的电话都没接到，鬼子一呼啦全从华屏突围而出，经那香向南宁逃去了。巢威在泗合坳豁出命血战几天几夜，就在援军就要到来之前个把钟头，全部前功尽弃。何宣军长也是气得直拍大腿，最后用手枪点着冯璜的脑袋说："我发现就你越读越愚蠢，书读多了！"

泗合坳战役遂告结束。

这一战，致日军死伤200余人，是第175师桂南作战开始以来最大的一个胜仗。战后，巢威升为副师长。

三路会攻南宁的计划被怕死将领玩砸了锅

1939年12月31日，第5军攻克昆仑关后，白崇禧就开始准备实施自己的第二步计划，在日军增援没到达前，一举克复南宁，歼灭第5师团。为此，他的总部署是：

（1）在邕宾路方面，第5军将防务交第2军郑作民第9师开到迁江整理后，准备参加反攻南宁；第66军第159师和第160师负责对八塘、七塘等阵地攻击；新开到的第43师（师长金德泽）调为预备部队；统归新任第37集团军总司令叶肇指挥。

（2）在邕武路方面，日军约一个大队，主力占领高峰隘，一部占领香炉岭。第16集团军第135师和第170师负责攻击当面之敌。

（3）在邕钦路方面，日军由亭子圩经七婆坳、吴圩、绵羊村、唐报、那陈、大塘、小董、钦县到龙门港各要点为后方联络线，兵力以兵站守备部队为主，加上若干机动部队，共两三千人；与邕钦路靠近南端的钦县小董和北端的亭子圩、狮子口等各地日军，全线组建成一所谓"常山蛇阵"。第31军第131师、第188师（欠第135师）负责由邕钦路西边对邕钦路北段那陈、唐报和吴圩、七婆坳各据点攻击；第46军第175师及新编第19师余部负责由邕钦路东边对邕钦路中段小董、大塘等据点之敌攻击。

白崇禧设想邕宾、邕武、邕钦三路攻击取得进展后，三路大军会攻南宁。

在邕钦路西的第31军先开始了新的作战。

在桂南的作战中，第131师师长贺维珍一直没有作为。他是江西永新人，是白崇禧的保定军校同学，先在广西办军校，被白崇禧称为"15位对广西有贡献的外省人"之一。可是这段时间里，他这位"有贡献的外省人"却一直没有贡献，于是首先出马，第131师派出一个团夜袭七婆坳。贺师长亲自部署一个营打七婆坳的制高点，另一部迂回七婆坳后面进行侧击。

战斗打响后，前一个营一度打到坳上的制高点，与日军进行争夺，第二天，日军在飞机直接协同下反击，这个营就被打下来了。

贺师长的亲自指挥还是没有"贡献"。

于是该师另一部攻击吴圩，结果，还是不尽如人意。因从狮子口前来增援的日军迂回到攻击部队的右翼，部队长害怕被鬼子反包围，也撤了下来。

两次攻击，劳而无功，"有贡献的外省人"没有任何"贡献"。

第188师师长魏镇不在"15位对广西有贡献的外省人"之列，但见这次白崇禧反攻南宁决心很大，希望广西这次能够一战得太平，也派手下一个团对那陈、唐报的敌据点夜袭，没有成功；随后，在白天接着打，集中迫击炮轰击，一发发炮弹飞去，全落在鬼子修筑的机关枪掩体上爆炸，工事并没被损坏。攻击部队"呼啦"一下冲上去，遇到敌人的铁丝网，就不敢去接近了。

这样，他们就和日军对峙着。

可这样和鬼子对着耗下去，就像一个笑话所说的，两个犟头迎面相撞，谁也不让道，结果就站着犟下去，可是长久这么对峙下去对188师就危险多了。如果小董或大塘方面之敌来增援的话，几个小时就可赶到。幸好军部预料援敌一定会向第188师右翼迂回包围，事先派一个团在右翼选择阵地埋伏。这一天黄昏，日军果然来增援了，先头部队到达了伏击阵地前，迟疑不前，然后退了回去。

原来，伏击部队已有情况暴露，被日军看出来了。援军跑了，对峙还继续着，日军断了粮草，一急就往外打，188师吓得脸色大变，就撤了下来。

第31军两个师没攻下敌人的据点，干脆退到邕钦路西侧，最后选了一些山地，构筑阵地，又与敌对峙。

第31军在邕钦路没进展，邕宾路、邕武路方面的攻势也并不比这边好多少。邕钦路东、西两方面对敌后方联络线展开攻击，一个据点也没有打下来。以后，各个部队没办法，只好时不时在夜间派些小部队掩护工兵和民夫去破坏邕钦路，在公路上埋地雷，摆三角钉。日军汽车队经过时，先派装甲汽车扫清路障，然后派飞机掩护，照样通行无阻。

第31军不去进攻，日军倒觉得他们是眼中钉，派出机动部队进行"扫荡"。

虽然日军人数不多，但"扫荡"却总能"扫"到31军各部队的"痒处"，触及"最痛处"，因此往往是一扫就灵，无往而不胜。

日军到底有什么诀窍？

这个"抓最痛处"的方法，他们首先是从第31军身上发现的。

第31军好歹也是国民党的一个建制军，有历经战阵的韦云淞等一批将领，有什么大的"最痛处"可以让没交手打过几仗的日军抓住呢？

原来，第31军虽然挺能咋呼的，从上到下的将领却得了个病：最害怕"侧背威胁"。因为军部、师部经常离前线部队几十里，甚至上百里远。日军后续部队只要一迂回到前线部队的侧翼前进，就威胁到第31军的军部和各师师部，军长、师长一听鬼子"打"到侧背了就着慌，急着下命令要前线部队撤退下来掩护军部、师部。日军好几次从其侧翼迂回往前线增援，开始总是小心翼翼，绕道行动，谁知一迂回，第31军前方就阵脚大乱，这让鬼子大为惊奇，久而久之，虽然弄不明白是怎么一回事，以后每次出动，都由两翼外迂回向第31军军部和师部作"钳形攻势"，巧妙地击败了对方。

有了经验，日军一遇到前线吃紧，就派兵开始迂回，而迂回的兵力并不大，左右两翼仅各一个大队，有时甚至连一个大队都不到，这些人马还都是由各据点的守备部队拼凑来的。

这次"扫荡"，他们仍然采取老办法，仍然取得新效果：第31军闻风就逃。但是他们此举只能吓吓而已，没几天，他们一走，第31军的部队又跑回来了。

日军指挥官决定彻底把第31军赶跑。一天，日军由亭子圩派出不到1000人的步骑炮联合支队，经苏圩、山圩，向上思北方、邕龙路南方在山地里摆阵的第31军侧背进犯；另由小董、大塘一带拼凑不到1000人的一个支队，向上思东方、邕钦路西方山地那禁附近右侧背进犯；正面仅派一些零星的小部队佯攻。两侧枪声一响，集团军副总司令兼军长韦云淞就急忙下令派部队对敌人"作逐次抵抗"，慌忙便率军部向上思方向"撤退"。

军部参谋说："恐怕白天撤退受敌空袭。"

韦云淞副总司令决定黄昏时才开始撤退。

这样，军部前方的第131师师部就不能先于军部后撤了。在扶南与七婆坳之间地区正进行"游击"的团长周军毅突然接到师长贺维珍十万火急的电令："归还建制。"

这周团长带着全团立即赶去归建，准备保卫师部，谁知他们在下午又糊里糊涂地走到了正在攻击该师的日军的后背。官兵见鬼子预备队正在行动中，马上报告周团长，周军毅又急忙电报军部和师部。

军部参谋处见状，立即命令周军毅立即向敌后背猛烈攻击，两面夹击"解围"。第131师师长贺维珍死活不同意，说："周军毅这个团孤立，被敌人反噬，我可吃不消。"电示周军毅迅速绕道赶到师部附近来。

为什么一定要他赶到师部附近来呢？原来他害怕自己正面阵地被敌突破或侧翼被迂回包围，手上的兵力不够应付。

日军兵力不足，自然不敢猛打，第31军挺到了夜黑，韦云淞带着军部先撤，随后，各师后撤，几万人马像老鼠害怕猫一般仓皇逃远了。

其实，日军这次"扫荡"的兵力并不多，但他们就在原地迫使第31军退到了上思附近，远离了邕钦路。日军指挥官见状，率部转回邕钦路去了。

他们转回邕钦路后,又去"扫荡"邕钦路东侧的第46军,结果,用同样的两翼迂回包围的"钳形战术",迫使第46军第175师、新19师向灵山、横县地区后撤。

当日军"扫荡"第46军时,第31军又试探着逐步向邕钦路西侧接近,袭击和破坏鬼子后方联络线的交通,但日军照样以飞机掩护汽车队由钦县向南宁运输。一次,第188师派出部队去袭击破路,在公路上拾得日军失落的东西,上面写有新的部队番号,第188师师长魏镇立即说:"这是敌人增援部队到达的证明!"分电桂林行营、第16集团军总部、第31军军部。

韦云淞立即派军部作战科科长戈鸣到第188师师部去视察。戈鸣看到魏师长拿来的"物证",怀疑这是"鬼子故意用来迷惑我们的";再到第一线第1营营部去用望远镜观察邕钦路,鬼子一点动静也没有。最后,他的结论是"鬼子未必真有增援部队到达",没做任何相应的处置。

事后,也真没有出现过什么情况。

广西子弟兵在白崇禧精心布置的反攻南宁中毫无建树,也可能是因为地方军实力不够,那么蒋介石的嫡系中央军呢?

1940年1月25日,日军第18师团一个旅团及第5师团一部对邕宾路正面的第66军转移攻势,把第37集团军的注意力吸引到邕宾路正面以后,拼凑约一个旅团迂回第37集团军的左翼,由高田附近绕道至宾阳,这不仅直接威胁第37集团军总部所在地的宾阳,也威胁昆仑关守军的侧背。谁知在广西仅仅几个月,这中央军第2军第9师也染上了"侧翼病",见鬼子迂回集团军左翼,担心鬼子断了友军对昆仑关的支援,并配合正面之敌,对我驻守的昆仑关阵地进行强攻,第2军军长李延年立即率领驻守在此的第2师弃关撤退。

就这样,他们把第5军用1.4万官兵性命夺取的昆仑关轻易放弃了,好像这些战死的灵魂不满其不战而退的懦夫行为,要惩罚他们了。

第2师这一退,屁颠儿屁颠儿地赶去宾阳。在仓皇逃命路上,突然掉入鬼子事先设置好的口袋阵。他们一入"口袋",两边山头上埋伏的日军就猛烈冲击,炮兵以炽烈火力进行射击,飞机也凌空助战,对地面轮番进行轰炸扫射,很快就将第9师的指挥系统打乱,官兵散乱狂逃,人和马在田野里四处奔跑。第2军军长李延年身边只有几个参谋和随从卫士跟随,在混乱中钻进草丛,躲过鬼子而逃。在失去指挥的情况下,官兵死的死,逃的逃,战的战,伤的伤。由于第9师师部被冲散了,参谋主任张荣愚负伤,参谋长邓朝彦和副师长夏德贵不知去向。第27团直接遭受敌步、骑兵的冲击和敌机、炮兵的猛烈轰炸射击，死伤枕藉，溃不成军。团长黄振纲只带了30多人杂在乱军中溃逃。最惨的是负伤官兵无人照管，轻伤的还可互相搀扶，忍痛随军逃跑，重伤官兵只好躺在地上惨遭日军杀戮。师炮兵营长杜劲秋带领剩下人马百余逃出，没有一门完整的山炮。

第2军副军长兼第2师师长郑作民

第25、26团两个团逃出"口袋"后，部队虽然大体完整，但也成了惊弓之鸟，官兵丧失斗志，大家都跟在军长后面走。溃兵经上林、圩城向大塘而去，当地民风强悍，人烟稀少，居民多聚居在大村寨里，自己武装组织起来。散兵溃卒来到这里，不敢闯入村寨，只好在田野里餐风露宿，连李大军长也不例外，和士兵一样用稻草当被褥。这样，他们走了两三天才接近大塘。

这时各部队才开始收容各自的部队，师部收容到副师长夏德贵几人，却发现副军长兼第2师师长郑作民失踪了。

军长李延年得知郑作民失踪的消息后，大发雷霆，责令副师长夏德贵一定要派人把师长找回来，生要见人，死要见尸，否则即按陆军连坐法从事。夏德贵进行追查，有人说郑副军长在溃退中被敌人的飞机炸死了，什么时候在什么地方被炸死的，却没人知道。

这下可把夏德贵吓慌了，即派人四出寻找，不知下落。随后，再进行追查，终于找到一名目睹当时情况的士兵。士兵说："师长见到部队溃散的情况，心中很难过，但又无法制止，他带着师部特务连的少数士兵和卫士总走在部队的最后面，抚慰负伤官兵，督促溃散的官兵迅速归队。不料他的行动引起了丧心病狂认贼作父的汉奸们的注意，当敌机临空侦察并尾随溃逃的部队狂轰滥炸时，杂在溃军中的汉奸不时发射信号弹向敌机指示目标。当师长行抵一破窑时，附近出现很多打黑布伞的老百姓（即汉奸），其中有发射信号弹的，也有向天空照反光镜的，敌机遂集中向破窑俯冲、轰炸、扫射，此时郑师长一行数人正隐蔽在破窑中,敌机逸去后,再也没有看见师长的行踪了。"

夏德贵立即按照他提供的线索,命这位士兵做向导,由师部骑兵连派出一排人到该地进行搜索。

这时日军早已离去,没有了敌情的顾虑,这个骑兵排终于在破窑内找到一具个子矮胖的尸体,面目已无法辨认,幸好找到镶嵌的金牙为证,才确认是郑副军长兼师长的遗体无疑。排长雇请了当地一辆大车,把郑师长的尸体运回到柳州,存放于柳州公园内。

蒋介石正在桂林召开军事会议,闻讯自己的嫡系军干出如此遗弃长官的"不齿之事",大为震怒,严厉申斥副师长夏德贵。事后,夏德贵受到记大过的处分,第27团团长黄振纲、师部炮兵营长杜劲秋等失职人员,分别受到撤职或调差记过的处分,军委会下令取消第9师番号,改为无名师。

这种处分在国民党军中是史无前例的。第9师是王牌第2军的王牌师,改为无名师简直就是奇耻大辱。上级为了激励官兵"明耻教战",在官兵所佩戴的符号和臂章上印着"进就不退,守就不走"的警语,直到一年后他们因为战功才正式恢复第9师番号,这是后话。

就在第9师仓皇败退时,第43师在高田附近做第37集团军的预备队,吓得也急急地向后撤退。结果,这股吃掉第9师的日军没受任何抵抗,就窜向第37集团军总部所在地宾阳,集团军总司令叶肇立即率领总部向迁江后撤。

第66军获知日军抄到了后方,第9师和第43师都已退去,也急忙向大明山区退却了。

就这样,白崇禧会攻南宁的大计被几个怕死的将领全玩砸了。

在蒋介石的严令之下,日军进入宾阳城后的第三天,第46军第175师和第64军赶到了城下。孤军深入宾阳之敌不得不赶快撤退。随后,桂南的日军第5师团开始缩短防线,以图长久盘踞南宁,以南宁为核心,在南宁外围剪刀圩附近的凤山、邕宾路上的四塘、邕武路上的高峰隘及南宁与西乡塘之间的先生岭构筑据点、工事进行防守,与中国军队又形成了对峙。

2月22日开始,蒋介石以四天时间在柳州召开有100多名将领参加的军事会议,检讨桂南作战。在军事检讨会上,总指挥白崇禧难辞其咎,推托说:"邕宾路方面战场的统帅是第37集团军总司令叶肇,前方的事情应该问他。"

蒋介石下令将叶肇扣押查办,要枪毙他,叶肇说:"第9师和第43师不听指挥擅自撤退，我有什么办法？"

　　蒋介石又追究第9师副师长和第43师师长的责任，两人又推诿说："叶肇在情况有重大变化的时候，毫无决心和处置。我们不走就送死，奈何奈何！"

　　据说第9师和第43师之所以敢在最关键时刻后撤，就是因为他们的直接上司陈诚和徐庭瑶预先对他们指示了"情况不利时撤退"的腹案，第一步退到哪里，第二步退到哪里，等等，全都早计划好了。第66军是叶肇的基本部队，他们发现一个纵队日军经七塘附近向高田方面运动时立即报告叶肇，而叶总司令认为在高田、昆仑关一带有国民党军两个嫡系师，不要什么紧，"稳坐钓鱼台"，没及时指挥部队作战。而第43师在山上居高临下，看着日军一个行军纵队经过高田附近北进。这本是对行进之敌侧击的最佳战机，他们不仅不主动捕捉难得的战机，对敌人进行打击，反而借口上级"没有命令"赶快退去。争执起来，这糊涂账怎么也算不清，而蒋介石就是一条：要处理失职将领。

　　最后，白崇禧因为叶肇是桂系自己人，力保叶肇。可叶肇总司令说人家不听指挥，却拿不出确凿证据。白崇禧没有办法，只好自请降级，由一级上将降为二级上将。

　　在这次会议上，英勇作战的第46军军长何宣和第175师得到军委会传令嘉奖。第175师得奖主要是因为巢威一团打得漂亮，尤其是在泗合坳战绩不菲。

　　但是，日军在广西并没待多久。9月下旬，日军主力在越南海防登陆，与龙州、凭祥之敌西进配合，占领越南北部之河内、谅山、海防等各重要城镇及交通要点；占领越南后，自动放弃桂南，退走出海。11月，桂南全面光复。

第七章　伤亡惨重的宜昌反攻

又是一战而溃

1940年4月中旬，日军集中了六七个师团的兵力，再到随枣地区"扫荡"李宗仁第五战区。第五战区的部署是：

（1）以精锐的黄琪翔第11集团军第84军守襄花公路正面。

（2）以川军第29集团军王缵绪（许绍宗代总司令）部守襄河以东地区。

（3）以张自忠的第33集团军守襄河西岸。

（4）以孙连仲的第2集团军守北线桐柏山以北地区。

随枣会战结束后，第84军调整人事，在广西的莫树杰被调来接替覃连芳任军长。他到职不久就指挥作战，按照战区司令长官部部署以及第11集团军总部的指示，做了如下具体部署：（1）以第174、189两个师为第一线部队，防守随县、应山方面之敌；（2）第189师部署高城左前缘大竹山至滚山一带，师司令部及直属部队位置于杜家垮；（3）第174师摆在第189师右翼经滚山至两水沟之线，师部及直属部队位置于厉山镇附近；（4）第173师为总预备队，摆在第二线，部署在净明铺前端公路两侧高地，师部及直属部队位于净明铺附近的乔家水寨一带；（5）军司令部及直属部队驻唐县镇附近的夏家垮。

5月1日拂晓，日军分三路西进，战斗的序幕终于揭开。

拂晓时分，日军对守襄花公路正面的第84军先用炮火试射，接着就打起来了，炮弹猛烈砸向第84军前卫第174、第189师阵地，随即，在骑兵和坦克的掩护下，步兵急不可耐地发起了进攻。天大亮后，日军飞机成群而来，轮番进行轰炸，战况开始紧张起来了。第84军的底子是桂系老牌部队，部队经过了武汉会战、随枣会战的锤炼，官兵远非在广西的本土部队可比，是一支颇有实力的劲旅。新任军长莫树杰是桂系老将，在老桂系陆荣廷时就是骁将，北伐时是桂系团长，战功赫赫。现在，官兵们在他的指挥下沉着应战，虽伤亡很大，但全线毫不动摇。

莫树杰越打越来火气。战前，他判断如果开战，日军一定又是像随枣会战时一样选定正面阵地的第84军开刀，从中间突破直取襄樊，但战区和集团军都不赞成他的判断。第84军在接防后提出要调派工兵部队、要发石料筑半永久性防御工事、要加配炮兵部队，都没获得批准。现在开战了，上峰则严令第一线官兵必须与阵地共存亡。不让马儿吃草，又要马儿猛跑，这让莫树杰很是恼火，咱不怕瞪眼金刚，就怕蒙眼菩萨，无奈他是新官才上任，只好忍住没向上发火。既然上峰严令要与阵地共存亡，莫树杰也严令各师："非有命令，即使到最后一人，也不能擅自撤离阵地，违者军法从事。"

由于工事不过硬，当日下午，第189师的阵地就因为日军炮火猛烈，坦克、骑兵一冲，就被打开了两个缺口，副军长兼189师师长凌压西立即组织侧防火力进行交叉扫射，后面的鬼子才不敢深入，半夜又悄悄自行退了出去。第189师官兵才没有丢失阵地，并且连夜修复了缺口。

第174师阵地也同第189师正面一样，遭到日军联合兵种的攻击，战况

第189师战士用机枪扫射日军

十分激烈，但伤亡不大，阵地也尚安全。因为日军的攻击重点放在左守备地区的第189师，因此，第189师的伤亡比第174师大。

第二日，日军改变了进攻路线，专由山地窜进，袭击第84军的重要据点。右守备地区第174师的滚山、第189师的大竹山都是他们猛攻的地方，战况比昨日更加惨烈。日军以大炮为主要攻击武器，炮声竟如机枪声一样稠密。这些炮弹对第84军来说是最致命的。因为他们打得相当准。日军设在半空中

的气球就是最好的炮兵观测所。中国军队的重机枪只要一射击，就会遭敌炮轰击，阵地后的迫击炮也被气球里的鬼子发现而受到炮火的压制。

狂轰滥炸之后，第189师大竹山阵地上毫无动静，日军以为守兵已被炮火消灭了，对第一线停止了轰击，稀疏的炮声射向阵地后方。为什么砸向后方呢？即为了阻止第189师后方的预备队增援。

在大炮延伸的瞬间，地面上的日兵以坦克为先导，步、骑兵蜂拥着前进。谁知阵地战壕里的守兵突然跃了出来，以步枪、机枪、手榴弹猛烈密集射击，打得鬼子们人翻马仰，死伤惨重。坦克不怕步、机枪射击，仍然"突突"地往前继续冲，有的士兵见到鬼子坦克横冲直撞，如入无人之境，气愤不过，便跳出战壕，爬上坦克，直往车里扔手榴弹。鬼子步兵在坦克掩护下，冲到了战壕边。但阵地前，虽然第189师上级不拨石料，官兵早就人工削成了一个大陡坡，鬼子一开始攀登，坡面打滑，上面手榴弹冒着烟成堆滚下来，吓得鬼子尖叫着，立即敏捷得像猴子似的急转弯，撒腿向后退去了。

但鬼子指挥官很不甘心。下午2时，第189师官兵正在修复被炮火轰毁的阵地，日军的大炮又开始轰击了。炮声比上午更为稠密，炮弹密如雨点落下来，不到两小时，第84军大部分战壕被轰平，或被炸成了漏斗状，连阵前人工切削的陡坡也被炸平，守兵伤亡惨重。凌压西师长眼看无法阻止敌人的突袭，下令撤至第二线阵地。

日军占领大竹山据点后，没有进行追击。

第174师滚山至凉水沟之线的守兵，也因为遭到日军攻击，损失惨重，先后转移到厉山前面的第二线阵地，与第189师连成一线。

两个师转入第二线阵地后，为了执行上级"正面要坚持七天"的战斗任务，莫树杰军长下令第174、第189师组织突击队夜袭，企图收复大竹山、滚山等重要据点。日军虽不善夜战，但是有比桂军好得多的武器，防御相当强；而且他们占领阵地后，又将阵地工事改造，反过来为他们利用。因此，当第84军夜袭队接近据点时，鬼子的封锁火力十分稠密，加上探照灯和照明弹照得阵地前如同白昼，夜袭队无法突进，只好乘夜黑退了回来。

第三日天亮后，日军一如前一天的老打法，向第二线发起进攻，但第84军的战斗情况却与昨日大不相同了。第二线阵地只有一些散兵坑，既无战壕进行掩蔽，更无交通沟可以运动。官兵一看到鬼子的大气球升上半空，就好似敌人已站在自己头顶上一样，抵抗信心已经动摇，结果，鬼子一进攻，部队被迫步步后退。

刚近中午，第189师的一线部队退到了师部所在地杜家垭附近。杜家垭也已受敌炮轰击，接着，鬼子机关枪也扫射到大门口了，并且左翼敌军已飞驰向高城，几乎要截断第189师的后路。在如此紧急的情况下，凌压西以电话向莫树杰军长请示转进路线和尔后集结地点，但电话还没接通，前线部队已退过师部两侧，凌压西只好命令接近师部的第565团为后卫，率领师部向军部所在地夏家垭撤退，然后随军部后沿桐柏山南侧经刘家河、吴山店、鹿头镇、太平镇向枣阳转进。余部第566、第567团和补充团则与第174师，沿襄花路经净明铺、唐县镇、唐王店、随阳店至枣阳集中。

第173师原为全军第二线部队，在净明铺附近构筑野战工事，在第一线阵地失守时，负责在第二线展开战斗以阻击敌人。但师长钟毅平时只派了一些哨兵在工事地区警戒，完全没料到前方会突然溃败下来。当第一线部队退到净明铺时，日军的坦克和骑兵衔尾追击，该师的部队竟来不及展开，刚进入阵地，就被迫跟着一线退下的溃兵撤向唐县镇，改为掩护队掩护军主力转进，保证军部安全撤退。

第173师自唐县镇掩护军主力向枣阳撤退任务完成后，脱离火线，钟毅不见敌军尾追，料敌主力一定直指枣阳，并有抄袭中国军队的可能，于是决定两路纵队由鹿头镇经清凉寺、小河街、太平镇等地区向吕堰驿以北附近集结待命。午后开始行动。他本人直接指挥左翼纵队（第518、第519团及师直属部队）行进。大部队通过清凉寺约走了20里，后尾第518团因左侧被日军威胁，当即转向桐柏山南麓，从小道行进，与师主力脱离了。钟师长走着走着，掉了一个团，也浑然不知觉。第518团团长李俊雄也不和师部联络，匆匆前逃。结果，钟毅师长率领左纵队通过太平镇到达苍台北的唐河东岸时，被鬼子拦头迎击，第519团当即与敌展开战斗。因为掉了一个团，部队一打才知道。没了后卫，官兵顿时相当混乱，大部队"呼啦"一下，猛地冲过重围，拼命向前跑，除丢下一小部分没能突围外，其余大部向西行进。在这一派混乱的突围中，钟毅师长也被丢下了。他率警卫连手枪兵三四十人，由唐河西岸南行，企图向西寻找突围路径，在苍台镇以北五六里的河曲中，撞上鬼子骑兵大队，立即被他们围攻。这警卫连不带重武器，全是清一色的手枪，一打火力就不行，又因士兵均系手枪，鬼子根据手枪声音判断这里面一定有高官，于是围攻更猛烈。手枪兵尽力抵抗，弹尽援绝，伤亡殆尽，钟师长也壮烈殉国，仅二三士兵生还，其余全部牺牲。

这第518团虽然没有经历刚才师部被围的惨痛一幕，但该团一部在太平镇唐河东岸也被鬼子围住了，李俊雄团长亲自率部与敌搏斗，终于弹尽援绝，李团长以下官兵数十人被俘。

该师第519团在苍台北十余里唐河东岸被敌拦头迎击，经过激烈战斗，当晚主力向北突围。

该师右翼纵队第517团以及左翼第518团主力（由副团长彭挺华率领），均因未能突出敌包围线，于次日午前退入了河南的祈义镇以南山地休整待命。

第84军由随北战线退下的部队，除第173师外，军部及第174师、189师，在脱离战场的第2日先后到达枣阳集中。

第84军受命"坚持七天"，3天就垮了，还牺牲了一位师长。莫树杰的判断并非完全正确，这次日军三路西进，对第84军的正面防御阵地只是佯攻，以吸引主力；而另以重兵配以坦克百余辆和飞机七八十架，自襄河东岸北进，猛攻川军第29集团军许绍宗部。结果，他的建议还扰乱了战区指挥部的决策。激战中，许部不支，退入大洪山。日军遂长驱直入，直捣双满，拟与北部进攻的日军会师，对第五战区主力进行大包围，企图一举歼灭。

形势变得更加危险了。

国民党军的狼性：吃不下鬼子吃百姓

5月5日左右，第84军（缺第173师）正在枣阳集结时，第五战区司令长官李宗仁命令第84军：着即就枣阳城郊占领阵地，拒止西进之敌，确保襄樊安全。

莫树杰军长奉命后立即召集已到枣阳部队营长以上军官会议，传达命令，分配任务，最后说："如果敌情紧迫，来不及构筑工事，就利用城墙和东、西郊的自然地物阻击。"

第二日中午，在枣阳城南门外和公路上，已发现敌人的坦克和骑兵，但他们只是来回地侦察，并没有发起攻击。他们不打，城上的守兵向他们射击，也不还击。

守军也没出城追击，他们已成惊弓之鸟，只要一点风吹草动就疑是敌人来袭，打几枪其实也只是壮壮胆而已。

次日拂晓，敌人仍没从正面攻击枣阳城，只以飞机轰炸和炮火射击，突然，主力猛攻西部山坡上的守军阵地，企图绕过城北，截断城内守兵退路，来个包围歼灭。

第84军在山坡下与敌激战，因地势缓斜，很快就被日军骑兵和坦克冲进了阵地。守军节节后退，退到了半山以上，山势陡峭，因日军的攻击部队受到地势的限制，才站住了脚。而守军到了顶界，居高临下，机枪也管用了，手榴弹也不用扔，直接往下丢就是了，这下威风上来了，日军被压制在半山下，干瞪着眼儿。一个上不去，一个不敢下来，双方一上一下对峙起来。

下午1时左右，敌骑兵六七千，坦克三四十辆，由枣阳东北的吉家河向第84军左后方急进。当发现时，日军先头部队已接近第84军军部了，几乎对全军形成包围，莫树杰急令守城和城外部队迅速撤退。

谁知部队还没完全退出阵地，第189师师部就被日军骑兵袭击，一派混乱。军部急忙率领第174师、189师仓皇沿唐河左岸飞跑后退，跑到杨档，渡过了唐河，才逃出了日军的包围圈。当晚，主力在唐河以西一带的村落宿营。

这时军部与第173师还联系不上，第174师周敬初团和第189师白勉初团以及门国安营均在枣阳撤退时被鬼子冲散也与军部失去了联系。莫军长到达老河后，才知第173师第517团和518团残部逃往了祁仪山；周敬初团和白勉初团一营在该山内与第173师的这两团会合，才与第五战区长官部联系上了，因此归于长官部直接指挥，向敌后游击。第519团在唐县镇撤退得早，没被鬼子包围、截击，但队伍仍十分散乱，分批退回了光化。

莫军长率领军主力在唐河西岸宿营一夜后，拂晓接着向邓县转进，准备在邓县收容集结队伍后，再开回老河口。谁知下午6时，大部分队伍进入邓县城，正在分配宿营时，城外又枪声四起，刚进城门的部队仓促登上城楼，进行还击，城内部队也喊声四起："鬼子追来啦！鬼子追来啦！"官兵们来不及抵抗，纷纷向西、北两门逃命。人多街窄，一派混乱，那些载着步兵炮、重机枪及辎重的车辆，大多数被遗弃在城里了。

当队伍退出城后，已是晚上八九点钟了，天黑又下小雨，从西门逃出城的部队取道林扒、孟家楼回老河口，从北门逃出城的部队则绕道张村回老河口，准备去光化城集中。离开邓县城的第二天早晨，凌压西接到后卫被袭的报告，这才获知昨日下午突然向城门袭击的"敌人"，不是日军，而是河南内乡地方武装别廷芳的民团。

为什么中国人打中国人呢？

祸还是他们自己惹的，第五战区下辖几个集团军，个个纪律很坏。汤恩伯第31集团军排第一，桂系第84军排第二，他们打鬼子没本事，欺压百姓、祸

害老乡却一个比一个狠。莫树杰上任后枪决了一个欺压百姓的士兵，禁闭了几个聚赌的官兵，杀鸡儆猴，仍没能刹住歪风。国民党军成了祸军，一打仗，他们经过村庄，老乡就纷纷外逃，部队又强拉民伕，掳抢财物，闹得大敌当前，国民党军自己却成了老百姓的仇人，见着就眼红。第84军军部和各师臂章的代号、军锡是"发"字，第173师是"扬"字，第174师是"光"字，第189师是"大"字，在桐柏、泌阳、唐河、新野一带流传一个民谣："发，扬，光，大；奸，掳，烧，杀。"第84军烧、杀、奸、掳、嫖、赌，完全露出了狼性，不但官兵如此，连政工人员也如此，第174师政治部上自主任，下至秘书、科长、科员，在防地两水沟一带都霸有姘妇，每人身带一副麻将、一副扑克。河南民风一贯强悍，杆子不少。国军祸害百姓，老百姓见着他们，自然也是一个"杀"字。

凌压西等人没料到自己从鬼子手里死里逃生，竟然还遭到民团追杀，气得直骂娘。部队集中后，官兵听说在邓县城内追杀他们的是当地民团，更是群情激昂，纷纷要求重新杀过去。莫树杰得知后，呵斥凌压西说："小小一个民团就把你们几千人马赶了出来，羞不羞死人？！"

但手下官兵硬是咽不下这口气，要打回去，莫树杰说："大敌当前，避免影响抗战，由长官部与邓县县长交涉吧！"

结果，第五战区长官部出面，勒令邓县县长交还被收缴去的武器和辎重，惩治民团，邓县政府虽然对"对内张牙舞爪，对外一盘散沙"的兵油子们憎恨不已，但也没有办法，又不敢为民请命，只得送来几个"首犯"，以"群众不明真相被首犯骗袭，人数太多，无法捕捉"为由草草了结这桩麻烦事。

第84军在枣阳阻击失利后，一路逃窜，并且吓得要死，谁知尾追之敌既没继续进攻新野，也没向邓县追击，而是以大队骑兵（据说2000多人马）由排子河附近渡河，径直向老河口东面40余华里地区突进，逼近了第五战区长官部所在地襄樊。

张自忠用闪电战痛击进犯襄樊日军

日军逼近襄樊，这完全打乱了第五战区的兵力部署，也直接威胁着第五战区的安全。

右翼兵团总司令兼第33集团军总司令张自忠见日军大举进犯，认为报国的时机到了，决心率领总部作战人员渡过襄河，与第59军在河东的部队汇合，奋力遏制敌人的攻势，然后调动在河西的部队到河东去，狠狠打击敌军，借以扭转战局，稳定战区形势。临行前，他给第33集团军副总司令冯治安写了亲笔信，表示自己此去不成功便成仁。渡过襄河后，张自忠首先与黄维纲第38师取得了联系。

5月8日夜，他在战地指挥部召集该师将领讲话，讲话前先检查服装，当场发现团长杨干三没佩带手枪，严肃地说："现在是作战期间，每个军官随时要准备战斗，指挥官必须经常佩带手枪，第一要自卫保身，第二要杀身成仁。"他命令杨团长立即带上手枪。

接着，张自忠说："最近打了几次仗，都是小接触。这次我要带领弟兄们到敌后去，要伏击敌人，打击敌人，目的是消灭敌人的有生力量，遏制敌人的进攻，最近一个时期要把第五战区的局势稳定下来，然后积蓄力量，伺机反攻。"

张自忠训话后，当夜率总部及第38师冒雨向枣阳前进，第38师第114团范仑山团（欠一营）为前卫，师部、张文海第112团及杨干三第113团为本队，以第114团栾升堂第3营为后卫，总部在后面跟进，因为是山地行军，山间小路只能一路纵队前进。

9日凌晨，队伍行进到梅家高庙时，搜索部队报告："发现北面3华里路上有日军大部队由东向西行进。"

张自忠说："命令队伍迅速隐蔽。"然后，召集高级指挥官和搜索队长一起分析情况。

搜索队长说："从鬼子的队伍来看，有很多乘马的，有几部电台，还有不少的行李和辎重，非战斗人员不少，战斗部队不到三分之二。"

"这肯定是敌军的指挥部。"有人说。

张自忠说："我们人数比敌人多，士气旺盛，又是轻装前进，并且对这一带地形熟悉，进退自如，应立即对鬼子实行腰击，把敌军的指挥部打垮。"

众将都赞同。

于是，张自忠命令第38师师长黄维纲说："第112团和第114团迅速就地展开，用闪电式的战法袭击敌人的行进队伍，第112团着重袭击敌人的指挥部，即乘马的人员和电台，第114团着重袭击敌人的作战部队。"

命令下达以后，张自忠、黄维纲亲临前线指挥。

奉命出击的各连队像离了弦的箭，飞速奔向敌军。接近日军队伍后，轻重机枪突然开火，打得鬼子措手不及。第112团的狙击手们"啪，啪，啪"

第33集团军总司令张自忠

很快打掉了10多名骑马的敌军官,该团的轻重机枪又打死打伤20多匹战马。鬼子的指挥系统一下就被打乱了,其他鬼子立即去掩护指挥部。第112、114团官兵分头截击,双方发生激战。不少马被打死打伤,横卧在道路上,鬼子想跑都难,辎重兵夺路奔逃,被死马伤兵绊倒不少,骑马的由于马伤亡,多数变成了步兵。中国军队士气旺盛,越打越勇,有的连队急于活捉鬼子军官,有的去抢夺鬼子的电台和军用地图,前进速度太快,一时得不到兄弟连队的支援,过多地伤亡了一些人。日军为了保护指挥部,疯狂反扑。

经过4个多小时激战,战斗终于结束,打死打伤鬼子1500多名,俘获轻重机枪10多挺,步枪80多支,战马10多匹,还有大批地图、文件、弹药、军毯等,第38师伤亡官兵500余人。张自忠把胜利的消息直接电告重庆的军委会,军委会回电说:"这是第三次鄂北大捷!"对第38师通令嘉奖!

战后,张自忠检查俘获的敌军作战命令,查获日军由华北、华南抽调5个师团、两个快速纵队十六七万人,连同各地伪军,总兵力为20万人,作战目的是夺取襄樊,而后西攻宜昌,配合海军溯长江而上,进攻四川万县,威胁重庆,迫使蒋介石投降。张自忠把这个情报电告第五战区长官部和重庆军委会,建议早做准备,以防万一。

但是,这一情报没能引起高层的重视。

这时,第179师代师长向张自忠发电报称,他们已到达田家集以北地区停止待命。张自忠于是决定将部队编为两个纵队,以第38师与第179师为一个纵队,由黄维纲指挥,为左纵队;以第74师与第180师为一个纵队,为右纵队,由张自忠亲自指挥。两个纵队如何协同作战,由张自忠本人统一调度。

5月10日夜,第38师开始移向田家集以北某村,与第179师集中,然后对由枣阳西进进犯襄樊的日军进行伏击。张自忠率领总部及手枪营、通信营、辎重营等部队向宜城以东渡口前进。11日拂晓前，到达渡河地点，第二日早晨，第74师（欠一团）也到达渡河点，与张自忠总司令取得了联系，但刘振三率领的第180师迟迟没到，原因不明。

第189师左冲右突，固守襄樊

日军直扑襄樊，首当其冲的是李宗仁第五战区司令长官部。第五战区长官部发现日军急进后，立即派警卫团驰赴老河口东面四五十里处竹林桥一带布防阻击。5月11日，敌骑2000余人马越过唐白河直扑老河口，企图冲击第五战区长官部。

这时第84军主力先后到达光化集中，距老河口战区长官部六七里。长官部并着第84军即派有力部队（两个团）驰援，掩护战区司令长官部的安全，并做后撤的准备。

莫树杰令第189师凌压西亲率两个团驰往增援，当凌压西率队赶到时，敌骑已被警卫团击退了，地上只有十几匹被打死的鬼子战马。日军骑兵进犯老河口受挫，退回了唐白河东岸。接着，他们又集结兵力转向双沟、张湾之间，强渡唐白河，进袭樊城。李宗仁又派第189师驰援，由第11集团军总司令黄琪翔直接指挥作战。

凌压西奉令连夜赶去，开到樊城时，天已大亮。黄琪翔即令第189师直接开往唐白河前线协助友军第39军拒止敌人渡过唐白河，巩固襄樊。当凌压西继续率部到达战地时，已是炮声隆隆，第39军正在与鬼子隔河对战，战况相当激烈。第39军军长刘和鼎见凌压西师远道赶来，说："你们相当辛苦，请暂时先休息，必要时再加入作战。"

下午2时，凌压西接到第39军通知："敌人已强渡唐白河，在河岸下占领阵地，借其东岸炮兵掩护，猛向我军突击，请贵师投入战斗，增厚我两翼兵力。"

第189师一投入战斗，日军见中国军队实力增强了，便伏在河岸下，一时不敢前进了。谁知这第39军说是要第189师来"增厚我两翼兵力"，但凌压西一到，他们却立即暗地里陆续向两翼撤退。结果，两翼不仅没"增厚"，反而力量更单薄了，陷第189师于孤军作战的境地。

凌压西没察觉友军的行动，鬼子却发现了，突然向第189师左右翼突进，很快就对第189师形成包围态势。凌压西急忙派预备队增加两翼，但敌众我寡，硬挺了两个小时后，再也挺不住了，下午4时，全师跟着第39军屁股之后，也撤向了樊城近郊。

第189师到樊城时，已近黄昏。这时第11集团军黄琪翔总司令派来一个参谋，传达命令："着第189师即在樊城北面四五公里之森林地缘占领阵地，迅速构筑工事，抵抗敌人，保卫樊城。衔接第189师右翼为友军第39军防守。"

一听又与第39军联手作战，凌压西心里直打鼓，立即派几名军官以联络官名义去第39军，名为联络，实为盯住他们，并叮嘱他们说："一有情况，就回来报告。"

第189师刚进入阵地，就发现鬼子在前方，敌骑左右奔驰，来回进行侦察。太阳下山时，鬼子开始用小迫击炮及步枪、机枪向第189师阵地射击，但他们没出击，鬼子也没前进。

这时东门外的枪声更加稠密，而且越响越近。夜里10点钟左右，凌压西派去第39军的联络官跑了回来说："友军方面敌人夜袭，战况十分激烈，友军阵线已动摇，逐步向东门后退，现在距离城门尚有七八华里。"

凌压西又暗叫不好了。

过了一会儿，集团军参谋长打电话给凌压西："传达黄总司令口授命令：第189师的任务是确保樊城，拱卫总司令部，无论如何都不准撤退，总司令坐镇樊城，他将亲自到你们阵地巡视。"

凌压西听了电话后，对师参谋长和各处长说："总司令很镇定，坚决要固守樊城。情况这样紧张，战线这样迫近，总部不但不转移，而且总司令说，还要到我们阵地来巡视。这好啊！我们必须要坚决固守阵地，不使樊城失陷。"

师参谋长说："城内战斗部队只有总部一个特务营，并没其他部队，平时又没修城防工事，单靠近郊这一线的临时阵地，而且右翼第39军比我们这支在随枣两次战败的部队还要弱，在这样的条件下，樊城能守住吗？"

好在凌压西也是一员战将，他说："总司令如此镇定，坚决要固守，我们再不应有所顾虑，就是牺牲了，也不能丢开总部而撤走。"

决心一下，众人倒是豪气上来了，说："总司令要打，我们也豁出去！不成功便成仁。"

约夜半1时，凌压西派去第39军联系的副官回报说："东门外情况十分紧张，友军不能阻止敌人进攻，现已退到东门附近。东门城楼原是总部特务营防守，我经过东门时，城楼上已空无一人。"

凌压西当即将情况转报黄总司令，谁知电话怎么也摇不通了，说："线路发生故障，派通信兵沿线向总部检查。"

不久，他接到查线兵由城内打电话回来说："线路没坏，但总部总机已拆除，总司令部也不在原地方，不知迁移到什么地方去了。"

凌压西说："奇怪呀，总部是直接指挥我们的机构，为什么转移位置不通知我们？"

这时又一联络员跑回来了，凌压西才知第39军已由樊城南门外渡过襄河，退到襄阳去了。

"敌军追去了？"

"没有，鬼子既没追击友军，也没进城，正由城外向西门方面前进。"

凌压西立即说："不好了！"

"咋啦？"参谋长问道。

"我们第189师的处境相当危险了。一夜的战斗，鬼子对我阵地并没认真攻击，现在绕过我军后方，又没向我袭击，必是企图滞留我军在阵地内，以达到包围歼灭的目的。"

"唉呀，如果鬼子先占樊城通老河口公路，直向太平店窜进，我们全师就没了退路，长官部也要受到直接威胁。"参谋长大叫不好了。

凌压西当即派师部预备队的一个营迅速去占领竹条铺公路附近，阻止敌向第189师侧后窜进。

在危急关头，第189师与集团军总司令部的无线电怎么也联系不上了，于是凌压西决定先向太平店转移。

当凌压西率领先头部队到达太平店时，长官部却突然派人来通知："第189师不能再向老河口撤退，在太平店集结队伍后，仍向樊城前进，坚决阻击追来的日军，长官部已决定派队增援，命令即到。"

怎么回事呢？原来李宗仁和长官部跳出包围圈后，立即决定由外线对鬼子采取反包围。

凌压西带着第189师折腾一通，接到命令后，马上又掉转头，向樊城疾进。

官兵来回奔波，被长官折腾得精疲力尽，走路走得脚都抽筋了。

这时第84军主力接到长官部命令：第174师（缺第522团）、第173师一部向樊城推进。与此同时，在桐柏山北面的汤恩伯兵团一部也奉命向随

枣之线推进，遭日军截击留在敌后的第173师第517团、518团主力和第174师第522团以及第189师白勉初团一部，也接到命令，在敌后向随枣地区、襄花公路交通运输线进行袭击。在襄河两岸的各个集团军同时奉命对敌进行反攻。

敌众我寡，临危不惧，张自忠将军血洒疆场

张自忠接到的电令是："派有力部队，迅速渡河，向敌后出击"，以将襄河东岸之敌拦腰斩断。因时间紧迫，他来不及再等第180师了。5月8日，张自忠亲率总司令部直属特务营和第74师两个团渡过襄河，在方家集的南瓜店附近一举将日军师团部截为两段。

日军被斩为两段，师团部立即调集万人重兵，从南北两路潮涌而来，向方家集包围夹攻。

5月14日，第179师和第38师及张自忠指挥的两个团分别受到日军包围攻击，第179师和第38师占据有利地形，日军多次攻击，均被击退。

5月15日拂晓，日军开始用炮火掩护步兵向第38师和左翼的第179师第537团猛攻，两部整天均在激烈对战中。张自忠总部与第38师相距40里，枪炮声尤为激烈，因为通信断绝，几方各自为战，情况不明。

5月16日天明后，激烈的枪炮声还是没有断息，第537团阵地虽多次被日军突入，但均被击退。至中午，敌人炮火沉寂，在西方张总部方面的炮声也已消弱。午后，第537团团长过家芳发现西面有鬼子向阵地后方移动，担心被侧背攻击，决定突围。黄昏前，除前方留少数掩护部队外，主力逐步集中向东北方向突围。

过家芳团长撤出阵地六七华里，突然，第38师黄师长派高参冯午天率一个骑兵排从后面赶来，说："黄师长的意见，张总司令率第74师在南瓜店与敌激战几日，现在情况不明，西北方面有骑9师距此20余里，黄师长希望我们两部和骑9师都向西进袭，找张总司令向他靠拢。"

过家芳团长表示同意，说："这样很好，等我在此就地集结，继续观察敌情，明早的行动当向黄师长报告。"

冯高参即回了第38师。

5月17日拂晓，第537团先行西进，并报告第38师，一路未遇敌人。下午，

全团经方家集到达吴河营附近，在此的该团便衣立即向过团长报告说："张总司令牺牲啦，敌人将他的遗体用白布包裹装好棺材，现停放在方家集庙中，在棺材前插一木牌，上写'支那总司令张自忠之灵'。"

过家芳一听，脑袋一晕，缓过神来后，当即命令他："你带人速将总司令灵柩抢回，待第38师到达，即送师部。"

原来张自忠在方家集仅率两团一营，抵御不住日军重兵的围攻，随行参谋人员和苏联顾问都劝他迅速脱离战场。孰知张自忠已下必死决心，要将敌军拖住，以便外线的友军反攻。

最初，他们与战区长官部还有无线电报联系，最后一个电报说已与由长寿店北退的第59军第180师、骑兵第9师取得联络，并称该两师正在枣阳以南活动。

黄昏后，日军停止了攻击，张自忠退到附近村庄休整。张自忠虽被包围，但他的主力部队仍在外线作战，对敌形成反包围。在这种形势下，如内外夹击，完全有变被动为主动战败敌军之可能，没想到第五战区长官部又来电："敌人大军由钟祥方面渡河西进。"竟命张自忠"放弃当面之敌，向钟祥敌后攻击"。

张自忠接到命令后当夜出发，沿途村庄都有日军，每经过一个村庄都得战斗，以后，与长官部的联络就中断了。

中国军队对敌进行反攻

5月16日，天亮时，他们到达宜城洪山山区的罐子口。日军跟踪追击而至，占领了罐子口两侧山头，以炮火集中轰击，形势万分险峻。

激战正烈之时，张自忠退守南瓜店山坡中间的高冈上。他看到前方伤亡惨重，便把保护他的卫队都派去增援。在危急时刻，他把参谋长、顾问都支走了，唯独高参张敬和副官马孝堂坚决不肯走。这时，张自忠身中两弹，刚包扎好头部，正在包扎第二处伤时，子弹又洞穿了他的前胸，他说："我不行了，你们快走！"

马孝堂副官坚持给他包扎，这时几名日本兵搜索而来，张敬高参用左轮手枪击毙了三四名敌兵后牺牲。马孝堂副官满身是血滚到山沟里，他看见两名日本兵又向张自忠刺来。张自忠就势抓住敌枪，一跃而起，还未站稳，就被另一日军用刺刀猛刺一刀，张自忠流尽最后一滴热血而死。

当晚，第179师和第38师还在激战中，可第179师代理师长的副师长吴振声却已不知去向，师参谋长徐廷瑞眼见局势危急，于是和第38师师长黄维纲商定一起撤退。晚12点，第179师作前卫，第38师为后卫，两部开始撤离。

17日午后，第179师到达王家湾（方家集以东），停止下来了，第38师师部则停在吴河营（王家湾以南），两师相距约8华里。他们沿途经过方家集一带时，只见满目凄凉，遍地尸骸，血迹斑然，官兵这才知道被围的正是张自忠总司令和右纵队。

徐廷瑞参谋长才在王家湾停下来，就见4名乡民用大簸箩抬着受伤的张自忠的随从副官马孝堂来到了师部。

张自忠对部队要求极严，大军所至，军民宛如一家，第33集团军在鄂西深得群众拥护。都是抗日部队，他们与汤恩伯军和桂军相比截然不同，老百姓对他们的态度也完全两样。马孝堂已经奄奄一息了，说："张总司令受伤后，已然阵亡，日军用白布缠尸，停于方家集庙内，有少数日军看守，可以把尸体抢回来。"

因为受伤过重，他的声音非常低微，徐参谋长附耳方可听见。

原来，过家芳派的便衣见大庙内有鬼子看护尸体，不敢去硬抢。

正在这时，第38师来电话了，徐廷瑞立即向黄维纲师长报告，请他迅速派人去抢尸。黄师长马上派一营人马赶去方家集大庙，击毙看守尸体的几名日兵，将张自忠的尸骸抢回，运往后方。

这时第五战区的反攻作战已经结束，当李宗仁指挥部队呼啦啦地大举向樊城疾进时，进犯樊城之敌正掉头转沿襄河左岸退去，随即，在宜城附近强渡汉水，与钟祥西进的日军，配合江南日军进犯宜昌城。进据枣阳的日军见中国军队各路反攻部队已经迫近，于5月16日放弃枣阳，向随县匆忙退去。17日，中国军队收复枣阳后，继续向前推进，基本恢复了原来阵线。

枣宜会战遂告结束。

17日晚，第五战区长官部正在庆祝胜利，突然接到重庆电话说："据报张自忠有在宜城以东阵亡传说。"

随后，李宗仁就接到突围出来的第33集团军参谋长李文田的报告，证实了这个消息。李文田说："事后获息，张总司令渡过汉水之前，已遗书第33集团军所属将领，即表示必死决心，迨至孤军深入，在南瓜店猝与日军大部队遭遇之际，更奋不顾身，壮烈战死。"

李宗仁又与该集团军副总司令冯治安联系，冯治安也说："张总司令在奉命渡河时，曾有亲笔信致我，略谓：'因战区全面战争关系，及本身的责任，均须过河与敌一拼。如不能与各师取得联络，本着最后之目标（死），往北迈进。无论做好做坏，一切求良心得此安慰，以后公私，请弟负责。由现在起，或暂别，或永别，不得而知。'他在渡河前已抱必死的决心。"

为什么张自忠会有这样的做法呢？

原来抗战开始时，张自忠暂代宋哲元出任"冀察政务委员会"委员长，他自北平南下后，在南京差点被诬为汉奸而受审判。冯玉祥、李宗仁等人明白其中的隐情，设法为他解脱。张自忠毕竟是一位血性汉子，沉冤获雪，便决心以死报国，这也让李宗仁感慨不已。

张自忠是抗战中唯一在战场牺牲的集团军总司令。

可这时第33集团军各部还在前方，冯治安立即命令在王家湾的第179师："要为张总司令杀敌报仇，第38师和第179师立即由现驻地向西北搜索前进，反攻敌人。"

第179师进抵篓家冲，占领焦孟寨高地，与日军接战。由于主帅阵亡，兵员亏损，士气不振，在敌军的优势炮火下，战斗打得极为不好。第38师在排山与日军激战三昼夜，前仆后继，勉强支撑住。日军则继续增兵向第179师围攻，官兵伤亡严重，全师濒临覆灭。各团团长纷纷以电话请示办法。徐廷瑞参谋长一面督饬他们死守，一面电话与黄维纲师长商量怎么办。经黄维纲将全部战况报告集团军总部后，总部下令第38、179师向河西岸撤退。

随后，冯治安正式接任第33集团军总司令，第38师师长黄维纲升任张自忠殉职前兼任的第59军军长，原第37师参谋长李宝善代理第179师师长。

襄阳失而复得，师长被蒋介石撸了

张自忠阵亡之后，他的部属第33集团军官兵悲愤填膺，决心与敌死拼，多次向日军猛烈反攻，也取得了一些局部胜利。但是，不久日军北方兵团中止了对第五战区左翼兵团的进攻，以主力南下，与南方兵团会师，合力对付第五战区右翼兵团。

经过一番苦战后，第33集团军在襄河以东站不住脚，不得不逐次退到襄河以西。

在此期间，日军动向渐趋明显，第39师团及第6师团第11旅团等部，经襄花公路，回窜随县，逐次沿汉水东岸南移，并在襄阳、宜城之间的汉水东岸东津湾、上下王家集、方家集附近停留大量兵力，整备渡河器材，大有在襄阳附近渡河的可能。为牵制日军渡河，并恢复枣阳，李宗仁命令汤恩伯率第31集团军及第92军由豫南向枣阳急进，反攻枣阳城，并令敌后部队袭击敌后交通，中央及左翼兵团各部相机推进。

当汤恩伯所部攻打枣阳之际，日军突在宜城、襄阳间强渡汉水，战区情况陡趋变化。5月19日，在上下王家集、方家集一带滞留的一万多日军突然在小河、欧家庙附近强渡汉水。

第五战区在该处的守军，右为第22集团军4个警备旅，左为第41军一部，都是装备低劣、兵力不足、战力脆弱的部队。日军渡河时，前方部队竟然将鬼子渡河用马达牵引的木筏及橡皮船，当成水陆两用坦克，惊慌失措，急报长官部。

第五战区长官部也不细察，照葫芦画瓢，据此急电报告重庆并请求出动空军助战。第二日清早，航委会派来9架蚊式轰炸机飞临小河、欧家庙一带上空，进行一番轰炸。

这时4个警备旅早在日军渡河前就已逃散，第41军阵地也无守军抵抗。日军先头部队沿着襄阳至沙市公路北进，后续大部队仍在渡河之中，飞机轰炸也阻止不住日军的急进。

到月底，襄河和唐白河以东地带，除汤恩伯等被迫逃进大洪山打游击的大军外几乎没有中国军队的踪影了。于是，日军直扑宜城对岸至老营之间的襄河东岸，准备渡河西进。

第22集团军负责守备襄阳、樊城和襄河，可总司令孙震在枣宜会战前就因事请假回了四川老家。当新的会战马上就要发生时，李宗仁指派第11集团军总司令黄琪翔临时代替孙震指挥第22集团军。黄琪翔带着自己的一班幕僚和警卫、通信直属部队在襄阳城内设了个指挥所，而并不去第22集团军总司令部。第22集团军总司令部则由参谋长陈宗进率领，驻扎在襄阳以西30里的泥嘴镇。第22集团军下辖第41、45两个军，第41军军长由孙震兼任，辖第122、123、124师和一个军直属独立团；第45军军长为陈鼎勋，辖第125、127师。可是，第45军全军和第41军第123师已被鬼子隔在襄河以东回不来，被迫在大洪山打游击；而退到襄樊附近的第22集团军主力，只有第41军的第122、124两个师和军直属独立团。这残破不全的两个师，并且还是新兵参半，哪里有什么战斗力？日军扑到襄河左岸准备渡河时，黄琪翔急令第41军(欠第123师)担任右自小河与王缵绪第29集团军部队相衔接，左至襄阳城沿襄河右岸60里的河川防御，并守备襄樊的任务。

这时第41军的状况，除了下面的兵不行外，上面的将也有问题，全军连个当家人都没有。军长本来由集团军总司令孙震兼任，以前军部一切事务都由集团军总司令部兼办，既没军部，也没副军长，孙总司令回川前临时指定第124师师长曾苏元暂代军长之职。

当曾苏元接到黄琪翔布防命令后，即命第122师担任小河至刘集、欧家庙至襄阳城南门襄河右岸的河防，第124师担任襄樊的城防，军直属独立团以襄河右岸襄阳东15里东津湾为前进据点，与襄樊成犄角之势，进行护卫。第122师师长叫王志远，受领任务后，即令副师长兼第365团团长胡剑门指挥第365、366两个团担任河防；因第364团是两营新兵，则摆在襄阳南关为师预备队，师指挥所位于襄阳南门外周公庙。而守城的第124师，在要守住的襄、樊两城各摆了一个营，主力第372团则摆在第122师河防部队后边去支援河防，主次倒置不说，师长又将师部和其余各团全部搁在距襄阳城22里远的习家池一带。

日军直接控制襄河东岸后，进行了3天时间的渡河准备。6月4日天一黑，乘着夜暗，刘集对岸的大炮就开始集中炮火轰击起来了，发发炮弹射向河防部队第122师第366团及其右翼友邻第29集团军守军阵地，并施放烟幕和催泪瓦斯，然后，步兵在炮火掩护下开始了强渡。河防部队的官兵凭借临时构

筑的简单工事，尽力阻击强渡之敌。尽管十分英勇，但日军的炮火异常猛烈，官兵越勇敢，死伤越大，最终因为工事被炮火摧毁，同时又没防毒面具，被鬼子的催泪瓦斯熏得无法睁眼，哪里抵御得住？稍微一疏忽，日军就从第29集团军新4旅与第122师第366团接合部的小河、刘集附近强渡成功，一举突破了襄河西岸国军的防线。

鬼子强渡，船只全装了发动机做动力，"突、突、突"地在河面喘叫着而来，河防部队都是刚刚从乡村招来的新兵，过去从没见过动力船，加上月黑风高，影影绰绰地望见它们在河面上沉重地爬行着，又听见轰轰隆隆的巨响。第366团团长陈择善慌里慌张向师部报告说："鬼子使用大批水陆两用坦克向我强渡猛冲。"

连个装了发动机的船只都不认识，他又如何知道"水陆两用坦克"！师部也不细想，又糊里糊涂转报给正在襄城内的黄琪翔总司令。黄总司令事先得知鬼子放毒瓦斯，又听说鬼子用上了"大批水陆两用坦克"，不是想如何打掉它，而是担心它会打掉自己，急忙带着指挥所和警卫营从襄阳西门奔出，直向谷城逃去。

尽管月黑风高，他们深一脚浅一脚急急奔走，半夜时分，途经第22集团军总司令部所在地——泥嘴镇，参谋长陈宗进事先得了消息，与该部高参章雨初早早就在路口迎接黄总司令到总部休息。此时陈参谋长已知前线日军强渡成功，占领了襄河西岸，小河、刘集均已落入敌手，于是端上早已经准备好的夜宵，边陪着黄总司令用"宵夜"，边报告前方的战况，并请示挽救办法。

黄总司令一听，想都没想，喊道："拿毛笔来！"当即放下筷子，拿起毛笔，挥毫写了一个便笺手令，大意是：第41军着即退守泥嘴镇至南漳之线，扼敌西进。吃完夜宵，随即又匆匆上路，继续向谷城方向急急而去了。

陈大参谋长拿着黄总司令的手令，立刻用电话通知曾苏元和他的第124师向南漳撤退。可这位代行第41军军长之职的曾苏元竟忘了自己代行职责，对"属下"第122师和军直属独立团，连通知都没有，更谈不上给予任何"指示"，就带着第124师跑了。

而第122师的第365、366两个团不被代军长惦记，也并无大妨碍。早在日军突破河防阵地时，他们就已经退到了第124师先前派出支援河防的第372团所在地。当他们从该团获知退守泥嘴镇至南漳之线的消息后，不待命令，就跟着第372团屁股后面，自动撤退到泥嘴镇去了。于是，第122师师长王志远、师部以及第364团倒被丢在了襄阳城南关一带阵地上。

夜半时分，王志远师长一切都还被蒙在鼓里，"知彼"而不"知己"，只知鬼子占领了襄河西岸，却并不知集团军乃至全军的动向，虽然得知第124师和军直属独立团已撤过河西，但不知自己手下两个团已随第124师转移了，加上没接到撤离命令，不敢自由行动，因此带着师部和第364团继续待在襄阳城外。

因为黄总司令的指挥所和第124师摆在城内的一个营先后撤走了，襄阳城内已无一兵一卒，成了无兵防守的空城。王师长于是下令在南关的第364团入城布防，师部随即也跟着移入了城内。

第二日早晨，黄琪翔一觉醒来，忽然听说王志远和第364团尚在襄阳城内未退，马上下了一道命令："着第122师守备襄阳城。"至于只有两营新兵的第364团和一个师部，对偌大的襄阳城能不能守得住，他却未加考虑。

渡过襄河西岸之敌，系日军北方兵团。强渡襄河后，主力沿襄宜公路向宜城方向进犯，其中一部万余人则向北直奔襄阳。上午9时许，兵临城下，大炮、机枪齐向城上轰击。因力量对比悬殊，第364团的这些新兵哪里支撑得住？眼看被大炮炸得四处狂奔，实在难以支持，就从西门撤出，退到了西关外真武山、周公山一带高地，王志远带着师部则移到了城西离城10里远的云万山。随即，日军大摇大摆地进了城，襄阳落入了敌手。

第22集团军总司令部参谋长陈宗进得知在襄阳附近与敌周旋的第122师只有两营新兵时，跺着脚说："他们别说去打鬼子，鬼子一打，这些新兵蛋子就得全完！"马上下令在泥嘴镇的第41军军直属独立团开到云万山去，归王志远师长指挥，与第364团合力拒止西进之敌。

襄阳与樊城虽是两城，但在历来的战火中都是同得同失。襄阳城一落入敌手，樊城守军马上就乱起来了。守兵立即在城内到处放火，用"大火阵"来"阻敌"，并准备随时"转进"。这样一闹，使得老河口、南阳一带也是告急电报雪片般飞进第五战区长官部，报警电话响得长官部一片混乱。李宗仁急令第75军周岩部由吕堰驿南下，驰援樊城；并令汤恩伯所部由枣阳向襄阳前进，攻击鬼子的后方；同时赶调左兵团第30军池峰城部开至老河口附近待命。

日军占领襄阳城后，只顾在城关内外和四周村落烧、杀、奸、淫，抢夺财物，并没继续向西进攻，敌我双方只是对峙着，互相以枪炮时断时续地射击而已。

当夜，王志远接到黄总司令转来远在重庆的蒋介石"死守襄阳"电令，黄总司令还在蒋介石电令的后边加上一句话："等因奉此，着第122师师长

前线将士爬山越岭，迂回作战

王志远立率所部即日克复襄阳为要。"可襄阳城已在白天丢了，这大半夜又如何去"死守"？只能第二日反攻。

第二日，王志远起了个大早，拂晓时分就亲率军直属独立团为前驱，反攻襄阳城。谁知在前进途中，不见敌人一丝儿动静，他们好生奇怪，待冲进西门，始知日军已由南门出城，正向南漳方向转进了。独立团先头部队追赶到南关时，遇上鬼子的后尾，当即展开战斗。日军且战且走，随后在城南10里远的岘山隘口摆上一支后卫部队，占领掩护阵地。独立团追到南关，因南关与岘山之间是一片开阔地，伤亡了二三十人之后，就停止追击了。

日军占据了襄阳城，怎么见着一个独立团就胆怯逃跑了？原来他们在这次所谓的"襄东进击战"中只是以打击中国军队有生力量为目的，到处寻求中国军队野战部队作战，对攻下的城市、集镇和村庄，在大肆蹂躏、践踏破坏后，通通丢掉，而不据守，襄阳也不例外。所以，襄阳县城在6月2日失而复得，日军则向南漳开去了。

当日下午，第五战区左翼兵团总司令孙连仲亲率第30军从谷城方向前来救援襄阳，进抵城西云万山村附近时，只见第122师师长王志远已远远前来迎接，当面向孙总司令报告："敌人已向南漳逃跑，襄阳已经胜利克复！"

这让孙总司令大为惊讶："就你一个独立团就反攻成功啦？！"

"可不是！鬼子一打就跑，我部只伤亡二三十人。"

孙连仲听了，也不进城了，当即率部由云万山折向襄阳西南30里的隆中宿营了。

黄琪翔在谷城得到襄阳方面之敌已向南漳"逃跑"的消息，急命第124师布置城防，固守南漳。6月3日，日军对南漳进行攻击，猛扑竟日，最终没有拿下南漳。第二日，没有继续进攻，竟然自动撤离。同一日，日军攻占宜城。这股日军转向荆门方向而去，于是战局转移到了荆（门）当（阳）地区。至此，第22集团军在这次会战中的作战任务宣告结束。由于作战重心南移，第五战区右翼方面，所有大洪山外翼、襄花公路正面及信阳外围，逐渐恢复作战前的态势。

这次襄阳城失而复得，第122师师长王志远可以说责任不大，相比其他逃跑将领来说，相反倒是作战有功。9月初，蒋介石追究襄阳失守的责任，竟然将他撤职处分，其他败将、逃兵则无人受到追究，在襄阳城被大炮吓跑的第364团团长张宣武则被提拔为第122师师长。"瞎眼菩萨"的乱作为让第41军上下恐慌不已。这是后话。

李宗仁和统帅部恍然大悟：日军的目标不是襄樊

战局转移到荆当地区后，情况却日趋恶化。对日军进攻襄樊，第五战区长官部早有估计，并一向认为这是日军攻略鄂北地区的必要步骤；而对于日军攻击襄阳后竟转向南漳，进而直趋当阳，则大大出乎预料之外。

当日军向荆当进击时，第五战区长官部以为摸清了鬼子的"新企图"，大为感叹："不是我们不行，而是鬼子太狡猾。"面对日军华中派遣军高层中那些高手"黑"人，第五战区来了个"瞎子算卦，两头堵"式的亡羊补牢。

为了牵制日军行动，长官部立即命令第75军由樊城渡河尾追敌人，第30军随第75军跟进；命令汤恩伯率第13、29、85、92等四个军，由襄阳附近渡河，沿襄沙公路向南急进，驰援荆当。南漳日军正沿荆山东麓山间道路向当阳前进，右兵团汉水西岸守军为第33集团军及第55军，由于张自忠阵亡，士气低沉，眼看侧背受到威胁，防线大乱，纷纷向荆门西北山区撤退，至此，钟祥南北的汉水西岸河防尽空。于是，东岸日军蜂拥渡河，直进荆门一带地区，汉宜公路正面日军主力也准备渡河，战局更加危急了。

当右兵团被打散之时，重庆统帅部急令政治部部长陈诚前往湖北宜昌指挥江防作战，继而下达调整第五战区兵团部署的命令：

（1）第五战区重新划分为左右两个兵团，同归李宗仁统一指挥。

（2）右翼兵团长以政治部部长陈诚担任，指挥江防军及第九战区转用部队（原洞庭湖西北地区部队），负责沙宜地区之作战。

（3）左翼兵团长由李宗仁兼任，指挥第五战区所辖部队（江防军除外），并尽可能抽派有力部队协助沙宜地区之作战。

（4）左、右两兵团作战地境为：歇马河——马良坪——洋坪——观音寺——旧口——皂市——应城之线。

陈诚是蒋介石最亲近的亲信，虽然名义上归李宗仁指挥，而实际上权力远比李宗仁大得多，且在国民党军中以"铁腕"著称。在他的号令下，彭善第18军部及宋肯堂第32军、贺光谦第一补训处（继改暂51师），均开至宜昌及秭归一带布防；同时，第九战区转用的霍揆彰第20集团军、周福成第53军、彭位仁第73军，也先后进抵沙市以上的长江南岸布防，准备战斗。

日军到达荆当，并非吓吓中国军队，而是包含着一个更大的野心：夺取宜昌城。

宜昌位于三峡东口北岸，号称"川鄂咽喉"，为长江航运的一个转运站，战略地位十分重要。它雄踞长江上游，俯瞰江汉平原，人口众多，物产丰富，西去十余里的南津关，扼西陵峡的入口处，自此以西，南北两岸均为崎岖绵延的山岭，江面狭窄，易守难攻，但宜昌郊区是绵亘的丘陵地带，易攻难守。自武汉沦陷后，水路经宜昌去长沙，可以到达东南各省；陆路北上襄樊，可以到达河南、陕西。更为重要的是，它是陪都重庆的门户，宜昌失，长江进击重庆的水路洞开。

日军意在宜昌，不仅李宗仁没有猜透，就连重庆的统帅部也没有预料到。

对于宜昌的重要性，谁都是知道的。在武汉撤退后，统帅部对这里的捍卫就做了谋划，派郭忏出任长江上游江防司令，司令部就设在宜昌，以看守重庆大门。担任江防守备任务的国民党军，先是周岩第75军（下辖沈澄年第6师、朱鼎卿第13师、傅正模预备第4师）和李及兰第94军（下辖杨勃第55师、牟延芳第121师和方天第185师）。这是江防军的骨干部队，以后又加入萧之楚第26军（下辖王修身第32师、丁治磐第41师、陈永第44师）和李延年第2军（下辖张琼第9师、王凌云第76师、张世希新编第33师）。李延年第2军正在整补，控置于巴东、秭归附近以随时支援。郭忏江防军共辖有4个军、12个师，8万余人，而江防军当面之敌为日军第13师团和骑兵第4旅团的一部，两军对峙着，倒也平安无事。

然而，日军虎视眈眈，为了改变战场态势，主宰战场，日军华中派遣军司令官山田乙三悄悄把攻占宜昌作为近期作战的唯一目标。为此，他把自己关进屋内，不吃不喝，冥思苦想了三天三夜，终于想出了一计。5月初，日军开始对宜昌展开攻势，表面上仍是遵循春季攻势的老路，首先向襄樊进攻。结果，连续击破在桐柏山地区的孙连仲第2集团军、随枣地区的汤恩伯第31集团军，占领了襄阳、樊城后，故作声势，陈师耀兵，大有继续西进，直捣老河口，摧毁第五战区李宗仁长官部的模样。其南翼在岳口、旧口、钟祥沿汉水之线的日军则故作守势，按兵不动，与郭忏麾下的江防军正面相安无事，给人无意于此之假象。但日军在阵地后方的天门、京山等地，则秘密控制着有力部队，窥伺时机，引弓待发。山田乙三声东击西的诡计，隐蔽得相当巧妙，无论是前方的李宗仁，还是后方的统帅部，都"竟受其蒙蔽"，上下严令大军在襄樊一带拼命血战堵敌，山田乙三的计策反而一步一步地得以推进。

山田乙三意在宜昌，李宗仁等人不仅没加强江防，反而还因为战局削弱了江防。5月10日，日军逼近汉水襄樊、唐白河之线附近，前线指挥官纷纷来电告急。李宗仁认为日军将乘势西进，对长官部说："日军这次攻势比春季攻势更猛。"于是决心不惜一切代价在襄樊、新野地区与敌决战。襄樊这边打得火急火燎，宜昌那边江防军正面日军却毫无动静，李宗仁不顾江防司令郭忏的反对，严令他抽调两个军迅速由汉水渡河，取捷径至襄樊以北、新野集结，郭忏只好派周岩第75军和李及兰第94军前往。李及兰将第55师汉水西岸前沿阵地守备任务交给萧之楚第26军延伸接替，将该师控置在建阳驿、拾回桥第二线阵地，以防意外发生，然后亲率第121师和第185师向新野前进。第75军一离开，郭忏马上请准重庆统帅部，令在巴东、秭归整补的李延年第2军进驻荆门、当阳。但第75军和第94军一走，宜昌虽有防御工事，却无兵守备，成了一座空城。

李宗仁严令两个军昼夜快行，侧击向襄樊西进之敌。两军渡过汉水经襄樊抵达唐白河地区，又是侦察地形，又是构筑阵地，大大忙碌了一阵，但日军北翼部队并没向唐白河地区深入，江防两个军连鬼子影儿都没见着，更别说去战斗了。

由于李宗仁对敌情判断错误，匆忙将守备宜昌的江防主力军调离宜昌，最后导致问题百出了。6月1日，日军轻取襄阳。重庆统帅部和第五战区长官部以为敌军势将长驱西进，匆忙收容整顿前线各部，"积极组织"新的抵抗阵线，准备再战。不料日军占领襄樊后，前线一片沉寂，并未再兴攻势，而是暗中调整部署，将主力军转移于汉水西岸，6月3日进占南漳，以南漳为轴，来一个左旋回转锋向南急进。日军进占南漳、远安等地后，随即又予以放弃，开始以全力进攻宜昌了。

这时李宗仁和重庆统帅部才恍然大悟：山田乙三发动此次大攻势的战略目标，并不是小小的襄阳和樊城，而是要夺取雄踞大巴山谷口、扼长江咽喉、绾毂川鄂豫湘四省通衢的宜昌。

一方貌似聪明而实则懵懂，一方貌似憨厚而实则精明，这仗一开场其实输赢就已经定了大局。陈诚前往湖北宜昌指挥江防作战，又能力挽狂澜吗？

陈诚一日就丢了宜昌

战事的重心迅速转移到长江上游江防军方面，然而江防司令郭忏的情况却大为不妙。一方面，左翼当阳、荆门以北的远安、南漳等县，是不设防的后方城镇，没有任何战备，日军已如入无人之境；另一方面，江防空虚，防守宜昌的主力第75军和第94军（欠第55师）已被调走，也没其他部队可补救。郭忏毫无办法，只能迭电向军委会请求救兵。军委会远在重庆，有什么办法？只能电令第五战区长官部令第75军和第94军急行军归回江防军序列。

救兵如救火，两军立即行动。第75军在先头行进，第94军在随后跟进。第75军尚能巧妙"绕"过鬼子，第94军却不能，因此问题来了。在第94军的行进行列中，第185师为先头，第121师殿后，行经襄阳东南方家集附近时，第185师刚过，第121师就被日军截击，双方展开激战。第185师听到后面枪炮声大作，立即停下来与兄弟师联络，询问情况，并以一部回头去策应。李及兰军长反应很敏捷，说："我们的主要任务是火速回补江防，参加宜昌保卫战，不能被鬼子拖住，马上往前走！"为了不延误时间，有失战机，于是牟廷芳、方天两师长决定继续前进，由第121师以一部与鬼子周旋，掩护两个师兼程前进。日军虽然猛攻，掩护部队利用地形上的便利，且战且走，抵挡了一段时间后，突然甩开鬼子，大步赶上大部队。

这时第75军已行至南漳以南约40公里处的肖堖、耗头湾附近，赶上了日军的后卫和辎重部队，该军预备第4师师长傅正模说："揍他们一把！"机警地指挥部队赶到鬼子纵队的侧面，占领有利地形，突然向正在疾进的鬼子发起猛袭，鬼子瞬间伤亡不少，还有一些官兵当了俘虏。听见前方枪声响了，后面的第6师师长张琪和第13师师长朱鼎卿率部也赶来参战，日军增兵反扑。我军见势不妙，马上脱离战斗，又急急向宜昌奔进。

当后面的第94军赶上来时，鬼子已经走了，战场的河沟里躺着很多鬼子的尸体，发出腐臭，官兵掩鼻而过。

经过十余日行军，6月9日，第75、94军终于到达了宜昌、当阳以北地区，部队陆续集结，谁知这时宜昌战况已出现巨大变化，他们竟然无法进入江防阵地了。

原来，他们在唐白河准备作战时，日军主力沿襄沙公路前进，逼近了荆门，从南漳南下的日军已到达当阳东北观音阁一线，李延年第2军立即在荆门、观音阁一线迎战。萧之楚第26军守备汉水，也与鬼子发生激战。结果，第2军顶住了鬼子，第26军却抵不住了，一见自己的侧背受到一股鬼子的威胁，马上放弃汉水第一线阵地，进入沙市、后港、拾回桥、建阳驿第二线既设阵地，左与原来设防在此的第94军杨勃第55师相衔接。他们匆忙进入新阵地，工事却是原第94军修筑的，这一拥进去，很不适应，兵力配备、火网组织一派混乱，哪里还守得住？经过几天的激战，伤亡惨重，勉强支持住。可是，这时第2军又不行了，被压迫到远安附近，6月6日，观音寺失守，日军接着进攻当阳。

守当阳的是另一支部队——第18军方靖第11师。该师刚从湖南调来，归第2军李延年指挥，左翼与第2军协同战斗，右翼与第26军相连。6月8日，荆门打得火急火燎，第2军第76师在观音寺附近被迫再次西撤，第11师失去了左翼防护。

6月9日凌晨时分，当阳的当面日军向守护中央阵地的第11师阵地发起了猛攻，官兵奋起抵抗。在炮火连天时，第94军和第75军急急赶到宜昌、当阳以北地区，可原阵地已被第26军占据，且正在激战，因此无法进驻，不得不停下来，远远听着前方的枪炮声而没有参战。

第11师官兵激战到下午2时，师长方靖接到第26军军长萧之楚电话，对方急促地说："第55师河溶以东的阵地被鬼子击破，我与杨勃师长的电话已经中断了……"

"鬼子呢？"方靖急问。

"鬼子正从河溶西面向鸦雀岭方向

陈诚

急进,我军正面激战甚烈,也难以支持了,希望你(指第11师)自己掌握。"

说罢,萧之楚军长就撂电话了。

这时日军对当阳攻击非常猛烈,双方已进入阵地争夺战,尤其是当阳西北的九子山高地,争夺最为激烈。方靖是第18军的一员猛将,撂下电话后,"自己掌握"却坚持不退,与日军一直打到黄昏。可是,左右两翼的第2军和第26军都已经撤走了,当阳成了一座孤城。"主管上司"李延年却害怕了,因为第11师是陈诚的当家部队,他哪里敢把它打光了,于是强令方靖放弃当阳,转移至大峡口、风洞河一带山地。方靖知道自己也没有张飞当年在当阳长坂坡一声怒喝退敌的绝世本事,硬打下去,反倒徒增官兵伤亡,于是遵令后撤了,联系第2军,继续拒敌深入。

既然后撤了,这时萧之楚的第26军应顺路向宜昌退却,像第2军和第11师一样,利用既设阵地,逐次抵抗,赢取时间。谁知这萧军长一退就完全乱套了,一个念头就是逃命,哪里还记得去节节抵抗,他命令该军所有部队在沿长江岸的董市、白洋、红花套、古老背等渡口,呼啦啦渡过大江,全跑到南岸,一下脱离了硝烟弥漫的战场。这样,沙市至宜昌之间的地区,全成为了真空地带,宜昌城的外围全部裸露,敞开大道让日军长驱直入。

萧之楚此举使得刚刚到达宜昌城和外围的第18军第18师、第199师主力,来不及准备,就与日军接上了火。

第18军两个师是陈诚从重庆紧急调来的嫡系王牌军。

战争重心移到宜昌后,第五战区长官部远在老河口,对战局指挥鞭长莫及,甚至连战况也弄不清,指挥完全失灵,李宗仁急得手足无措。重庆军委会询问前方战况,第五战区答非所问。军委会估计,"李德邻长官已经指挥失灵了!"非常焦虑,马上报告蒋介石。为挽救危局,蒋介石拿出了果断措施,决定另设指挥所,由陈诚担任作战指挥官。

陈诚临危受命后,立即组建临时指挥机构,于6月7日进驻宜昌附近的三游洞。他的第一个措施就是将驻在重庆整训的嫡系王牌军——第18军两个师调到宜昌前线。

6月8日深夜,乘坐大轮船顺江而下的第18师到达宜昌码头,下船后进入了市区。第199师继第18师之后,也匆匆到达宜昌。军长彭善下令第18师担任宜昌城的守备,第199师控置于宜昌西北南津关、小溪塔地区,掩护第18师左侧和机动使用;军部驻川江隘口南津关附近。

第18师师长罗广文和参谋长赵秀昆决定以第54团守城区,并做巷战准备,以第52、53两团担任宜昌前沿阵地的守备，右自长江江岸，左到镇境山一线。其中，镇境山是一独立高地，瞰制四面，它的西南是飞机场，为宜昌阵地的要点，山上筑有半永久工事，师指挥所和第53团安排在此。

可是，由于第26军过江逃跑，第18军官兵还没来得及加强工事，6月10日，日军就从古老背、鸦雀岭、双莲寺三路进兵，逼近了第18师。小股鬼子在阵地前打枪打炮，进行侦察，非常活跃。

11日拂晓，号角代替了鸡鸣声，日军向第18军宜昌城郊的阵地发起了全面攻击。日军的战法还是老三步，先用炮火猛轰，接着飞机投弹炸，然后就是步兵上。尽管早就熟悉了鬼子的套路，面对老三路，中国军队没新办法。敌人的大炮轰、飞机炸，有地方躲则躲，没地方躲就只能活活挨炸；等到敌人的步兵上来了，操枪上去硬拼。因此，战况一开始就十分激烈。第18军尽管是王牌军，和鬼子硬拼起来，对方好枪好炮，还有坦克，自然占尽便宜。第18师右翼第52团的阵地——城郊至镇境山中间一段，首先被一股鬼子突破，拦都拦不住，狡猾的鬼子从突破口猛冲进去，一路向城西北的飞机场打去。日军这一打，不要紧，无意之中冲开了一条隔离道，将守城部队和镇境山部队之间的联络隔断了，第52、53团与城内的第54团成了两部分，各自为战。在镇境山指挥所的师长罗广文对守城的第54团失去了掌握。第54团团长叫皮宣猷，平时是个满嘴跑火车的主儿，到了动真格的时候，就吃不住了，立刻潜逃失踪了。结果，军中无主，官兵自寻出路，纷纷夺取船舶、木板渡江，有的没有过江的工具，脱了衣裤，光着屁股泅渡，逃向宜昌南岸，结果溺毙者不少。

国民党军官兵一逃，宜昌城就成了无兵防守的空城，最终落入了日军之手。

日军继续攻击靠近城郊飞机场的第52团，这个团也抵抗不住，被迫向黄柏河西岸撤退。第18师两个团都走了，只剩下镇境山师指挥所率第53团仍在固守。军长彭善得讯两个团都溃不成军了，命令罗广文转移到黄柏河西岸收容部队、师参谋长赵秀昆指挥第53团固守镇境山，命令第199师自小溪塔以南地区向敌逆袭，夺回宜昌。

但是，第199师没能夺回宜昌城。

黄昏前，日军集中火力，猛攻镇境山，准备清除城外的威胁。第199师师长赵秀昆胆怯了，说："鬼子使用毒气弹！"立即假装中毒，"晕死"过去了，随即，第53团因为无人指挥，也撤到了黄柏河西岸。这一撤，使得陈诚也不得不连夜将自己的指挥所移往太平溪。

至此，宜昌只经过一天的战斗，便兵败城陷了。

宜昌失陷，对大后方陪都重庆构成严重威胁。城陷之日，国民政府大为震动，人心惶惶，不少躲在重庆的国民党元老拍着桌子说："抗日将领不抗战，干脆换人换将！"

第一次反攻宜昌，伤亡惨重

嫡系王牌第18军一天就丢了重庆的门户——宜昌城，也让陈诚大出意外。事关重大，为了挽回危局，他立即与第五战区李宗仁和第九战区薛岳商定将该地区所有部队归自己指挥，准备反攻宜昌。随后，进行新的部署，在长江北岸——第18军驻防宜昌西北南津关、小溪塔地区，所属第11师归还建制，第75军驻防土门垭以北地区。第94军在鸦雀岭以北双莲寺附近，所属第55师归还建制。第2军驻防当阳西北地区，第31集团军在荆门西北地区，第33集团军在远安以西，第29集团军在远安西北，在长江南岸——第26军驻防宜昌对岸北斗山、安安庙、五龙口沿江一线，第73军在宜都、松滋太平口沿江之线，第87军在公安、石首、津澧之线，全军准备从驻防地发起反攻。

而日军攻占宜昌后，也形成了新的作战态势，南阵地线——即由宜昌至沙市沿江地区，为日军第13师团及第39师团一部；北阵地线——即由宜昌西北南天山、镇境山、双莲寺、龙泉铺、当阳、荆门至钟祥之线，为日军第3师团、第114师团和骑兵部队及坦克部队；日军主力布置在宜昌至沙洋汉宜公路上，保持公路畅通，随时准备策应各方战斗。

6月11日，所属各部依照陈诚指挥所的命令，进入攻击准备位置。但日军倒首先发起了进攻。进占宜昌城后，城内日军派出部分兵力渡江抢占宜昌西岸的制高点——磨鸡山。此山与宜昌东面的东山对峙，在山头上可以俯瞰宜昌城区，占领磨鸡山和赵家岭，就可以保证宜昌城内的安全。于是，第2军、第94军和第75军与日军第13师团主力和第6师团一部在这一带拼命而战，尤其以鸦雀岭一带战斗尤为激烈。

这时，第8军第5师和荣誉第1师也由枝江百里洲渡过长江，向问安寺、半月山攻击前进，但各部零散的反攻或者防御都没有什么大的成效。

第18军丢了宜昌城，反攻的主力自然是第18军，第18师已不行了，因此重任落在另一个师——第199师身上了。

6月14日下午，师长宋瑞珂接到军长彭善的电话命令："窜驻宜昌之敌，有向东撤回土门垭之模样，命你第199师迅速占领宜昌，以防敌人回窜。"

日军怎么又要撤退？莫非重演在襄阳、南漳的老戏，要溯江而上攻打重庆，还是另有隐情？尽管敌情不明，鬼子终究是要撤了。宋师长立即下令手下3个团迅速徒涉黄柏河，到小溪塔附近集结，准备占领宜昌城。

机不可失，宋师长只留了个参谋长在黄家沟看家，令第597团先到将军岩、南明山占领阵地，掩护全师开进，然后，自己率领手下的3个团长章紫云、唐立石、罗国良和中校作战参谋黄缉明急急上前方。在路上，宋瑞珂说："咱先去南明山，看看宜昌城方面的敌情。"

到了南明山，宋瑞珂用望远镜一看，脱口而出说："镇境山、东山之敌并没撤走，正在加强工事，这是怎么一回事呢？"

"鬼子孤军深入，怕被我们包围，或许这是他们的掩护部队吧。我们应不失时机，予以截击，勿使他们逃窜。"参谋出身的新任第597团团长唐立石立即说出了自己的判断和建议。

宋瑞珂于是下达命令："本师以东山寺、招商码头为攻击目标，第596团为左纵队，由小溪塔出发，沿川汉路基向大娘子岗、东山寺攻击前进，占领东山寺后，由一部据守东山，主力进击招商码头，截断敌东窜归路；第597团为右纵队，以一部佯攻镇境山，牵制山上之敌，主力经该山南端凹部，直捣飞机场，而后攻占北门和东门，务使城内之敌不得逃脱；第595团为师预备队，随战斗进展情况，经金家堤、大娘子岗向东山寺推进。"

这个安排完全是要进城的部署了，几个团长领命走了。

宋瑞珂师长随第595团先头部队前进，下午4时，部队正在攻击前进中，通信连长陈光复跑过来说："已与军部架通电话，彭军长找师座讲话。"

宋瑞珂接过电话，彭善军长说："宜昌之敌原派一个大队向鸦雀岭方向增援，现在又中途窜回宜昌，并没有撤走。"

原来军部把鬼子增援第2军在鸦雀岭一带的战斗当成了日军要从宜昌城内撤退了，可见第18军军部想收复宜昌城的心情是多么的急切。然而，失去自身的立足点，将胜利的赌注押在敌人身上，迫不及待地希望敌人犯错误退走，而自己获益，这样的胜算又有几分？

宋瑞珂也将自己观察的情况报告彭军长，彭善说："现奉长官部电令，暂缓攻击，就地停止待命吧。"

宋师长当即命令各团长，停止攻击，原地待命。谁知第二日他又接到攻击宜昌的命令,便又安排战阵,以第596团为右纵队,由金家堤出发沿川汉路基直趋飞机场,包围镇境山之敌;第595团为左纵队,在川汉路基东侧,向大娘子岗、东山之敌攻击前进;第597团以一部占领馒头嘴及其附近低线高地,佯攻镇境山,吸引山上之敌,该团主力为预备队,在南明山南麓待命。他本人则在南明山西部最高点——将军岩设立指挥所。

上午10时,第596团将金家堤西南几个村庄里的鬼子打跑,前锋接近镇境山南与大娘子岗之间的坳部,镇境山之敌处于被半包围态势,第595团已进到二娘子岗高地线上。这时第596团团长罗国良打电话向宋瑞珂报告说:"镇境山之敌已被我团和第597团一部完全包围。"

"真的吗?"宋瑞珂有点不相信。

尽管宋师长一再问他是否属实,罗团长一口咬定:"确实将鬼子包围了,镇境山之敌逃不脱了。"

"你现在镇境山哪个方向?"

"西南方。"

宋师长失望地说:"你把东南方当作西南方了。"撂了电话。

谁知这个迎合上峰思想的"喜讯"不知如何让军部知道了,军参谋处长王晏清直接打电话询问罗团长,回答仍是"完全包围"。王处长兴奋得忙不迭地又把"好消息"透露给长官部参谋处长刘云瀚。事情让彭军长也知道了,马上兴奋地打电话给宋瑞珂:"可否向长官部报捷?"

"我在将军岩看得很清楚,并没有完全包围,即使已经包围,在没有歼灭之前,不能报捷。"

话没说完,宋瑞珂发现飞机场尘土飞扬,说:"鬼子用卡车载运部队增援,疾驰来了。"于是急忙放下这边电话,拿起那边电话:"罗国良,鬼子将增援反扑,你要做好准备,严密注意。"

下午3时,鬼子一架飞机在天空盘旋,大炮也向罗团占领的村庄

第199师师长宋瑞珂

轰击。果不出宋瑞珂所料，日军开始反扑了，镇境山之敌也用火力掩护反攻部队。第596团官兵坚决抵抗，才将敌兵阻止在镇境山、大娘子岗的中间地区。

罗团受到夹击，无法进展，为避免伤亡过大，到黄昏后，宋瑞珂命令第595团先撤到金家堤占领阵地，掩护第596团转移到金家堤以东高地线上占领阵地。

这场闹剧结束了，让军部和长官部空喜了一场。

宋瑞珂也是一员骁将，见白天没成功，上峰收复宜昌心切，于是决定从第595团和第597团各挑选100人组成敢死队，由两位营长率领去进行夜袭，并且交代他们说："每队分成五个组，以有作战经验的连、排长任组长，带足手榴弹，去把镇境山拿下来！"

当夜，第595团敢死队由镇境山东麓摸上去，第597团敢死队由镇境山东北角摸上去。凌晨时分，两个敢死队都摸到山上，和日军打起来了，很快就拼起了肉搏白刃战，鏖战十分激烈，但拂晓时日军增援反扑，敢死队被迫撤了回来。

第二日晚上，两支敢死队再次夜袭，宋瑞珂说："各团各出一个营，随敢死队之后，到镇境山麓潜伏，等敢死队摸上山，一拥而上，把镇境山一定拿下来！"

师部与敢死队相约："占领镇境山后，发红色信号弹三枚。"

17日零时30分，镇境山上，手榴弹爆炸声与机枪射击声交织在一起，经过一阵激战，两个敢死队相继打出了红色信号弹。

这时，彭善军长在桃坪山上，宋瑞珂在将军岩制高点，都在观战。红色信号弹连续升入夜空，众人连声喝彩，鼓掌称快。彭军长立即又打电话问宋瑞珂师长："镇境山已为我军占领，可以打电话上报了吧？"

好在宋瑞珂还算冷静，说："镇境山东北角及其以南几个山头好像已经占领了，但地堡内的鬼子仍在顽抗。双方正在激烈搏斗，等把鬼子消灭了，证实镇镜山确实占领了再报。"

越是心急，越吃不到热粥。在镇境山核心工事内的鬼子，虽然被敢死队包围狠狠地打，仍拼命顽抗，激战到拂晓，日军又从山两侧增援，一反扑，双方伤亡很大，敢死队挺不住，被迫后撤，一退，鬼子就追，敢死队成了逃命队。鬼子见他们仓皇逃窜，便拼命追击，跑到了第199师重兵防御的馒头嘴阵地前还不住脚，突然阵地上的机枪响了，"哒哒哒"，子弹猛然打出来，追在前面的鬼子倒下一大片。这些亡命之徒还赖着不退走，一股鬼子竟然还窜到金家堤西川汉路基的一座桥下,鬼鬼祟祟。第595团章紫云团长立即喊一营长:"把鬼子撵回去!"

他们迎头一阵痛击,鬼子才回头窜,但还有一部分人马被堵在镇境山的山脚下。

为了支援鬼子回窜,日军的山炮、野炮一齐向第199师金家堤、馒头嘴、将军岩和南明山阵地猛轰。第597团在馒头嘴北面收容起来的夜袭部队,当场被炮弹炸伤炸死几十人。唐立石团长原来是师部参谋,才下到基层,初上火线,见眼前血肉横飞,肠子都挂到树上了,跑到宋师长前伏地痛哭。宋师长说:"哭啥!赶快收容队伍,防敌反攻。"

没过一会儿,躲在镇境山脚下的鬼子又动起来了,他们不是后退,反而在炮火的掩护下向中国军队进攻了。

原来他们要抢占馒头嘴阵地,断了我军再去夜袭的跳板。这时第597团田镇球营在将军岩附近做预备队,宋师长令人将田营长找来,准备叫他带兵去迎战。谁知这田营长见着师长,神气沮丧,面色灰黯,浑身上下直打战,这样子哪能完成任务?宋师长皱皱眉,挥挥手:"回去回去!"

这时参加夜袭的胡强营长刚撤下来,正在吃早饭,宋师长对胡强营长说:"这两夜你对鬼子的脾气摸熟了,前进路线也熟悉,还是你再辛苦一趟,吃过早饭就去,再揍他们一顿。"

胡营长马上撂下饭碗,说:"这些鬼子就是欠揍,打了仗回来再吃。"马上率领全营冲下山去。

鬼子见他们来势凶猛,立即掉头撒腿就跑,逃回镇境山东侧的几个小村庄。回来后,宋师长亲自下令给该营加餐,并且叮嘱说:"一定要杀头猪来!"

第二日,大娘子岗之敌向第199师金家堤阵地进犯,这股鬼子企图绕过将军岩侧背去偷袭。宋师长令第596团由金家堤以东向敌出击,激战两天,双方形成拉锯战。

6月21日,陈诚的反攻计划隆重出炉了,部署如下:

(1)敌第13师团和第6师团一部,主力在当阳、玉泉寺、鸦雀岭、龙泉铺,一部窜踞宜昌、土门垭。

(2)第21集团军已经襄樊南下,反攻荆门、观音寺,颇为得手。(其实,是狡猾的汤恩伯虚报战况,实际上他连荆门以北云南桥镇也未攻下。)

(3)第26集团军周岩辖第75、32军进攻当阳、百宝寨之敌而占领之,左与进攻荆门的汤集团军联系。

（4）第2军、94（欠第55师）军、18军（欠第18师）统归第2军军长李延年指挥，进攻土门垭、龙泉铺、鸦雀岭、玉泉铺之敌，切断汉宜公路之交通。

（5）第8军由百里洲渡江，派一部对江陵十里铺警戒，主力经问安寺、半月山向王家店、鸦雀岭攻击前进，与李延年指挥的各军，夹击汉宜路上之敌。

（6）第26军附第94军第55师、补充团，分别由宜昌西岸及南津关、小溪塔攻击窜踞宜昌之敌，收复宜昌。

其中，方靖第11师归还第18军建制。第199师防守的将军岩、馒头嘴、金家堤阵地，交给第26军第44师接替。第18军除第18师在南津关、三游洞收容整理外，奉命向土门垭、龙泉铺之敌攻击。

第199师各部的任务如下：

（1）第595团开到茶店子东南山地，以陈俊生营围攻土门垭而占领之；以林振球营占领土门垭东北侧高地，破坏附近之公路桥，刘炳圭营占领土门垭以北山地线构筑工事，并掩护陈、林两营之行动。

（2）第596团占领茶店子西南山地，并附工兵营构筑工事，限22日上午7时前完成野战工事，准备阻击宜昌东窜之敌。俟工事完成后，以李国齐营为师预备队，位置于茶店子。

（3）第597团开到龙泉铺以西地区，归第11师师长方靖指挥，进攻龙泉铺之敌。限6月22日凌晨一时向第11师报到，接受任务。

（4）师直属部队停止于茶店子附近待命，师指挥所设在茶店子、塘坊之间的山上草屋。

6月22日晨，四五百日军骑兵从龙泉铺以西窜到第597团龙泉铺阵地侧后，第11师派兵一截击，鬼子就向南跑了。

第595团在茶店子东南山地里的战斗也打响了。土门垭只有日军一个加强中队，靠着村边的围墙进行防守。第595团陈俊生营负责进攻，上午就把他们包围了，激战至中午，鬼子仍负隅顽抗。

日军从鸦雀岭方向急匆匆赶来增援，气势很大，14辆坦克开路，后面跟随满载大兵的100多辆卡车。谁知到了土门垭东，公路桥已被林振球营炸毁了，鬼子只得下车，坦克掩护步兵向林振球营冲击。该营逐次抵抗，撤到该团的山上阵地。因为援兵已到，陈营放弃围攻土门垭，撤到塘坊以东山上，做团预备队。

日军坦克冲到半山坡，被集束手榴弹轰击，冲不上了。步兵在坦克掩护下，一再向山上阵地冲来,均被击退。到黄昏时,坦克向鸦雀岭方向跑去了。

第8军荣誉第1师渡过长江后,打到半月山附近,谁知师长舒适存一疏忽,部队没有防备,被一队日军冲散,师长都与手下的官兵失去联系,孤身一人跑到宜昌西北的山区,才找到自己那些失散的手下。

敌我双方反复冲杀,最终我军将日军击退

6月23日,第18军第11师和第199师撤回到宜昌东北地区。第11师主力在小溪塔以北,其第33团占领小溪塔东南一带高地。第199师接替第44师和第55师防地,以第596团接替南津关、前坪、310高地;以第595团附第597团谢营接替将军岩、馒头嘴、金家堤阵地,左与第11师第33团取得联系。这时,第55师已被打得残破不堪,只有陈仲明团尚有战斗力,防守在金家堤。白天敌机和炮兵不断扰乱射击,不便撤下。两个师的指挥所均设在将军岩西侧的彭家湾。第55师师长杨勃是宋瑞珂的老同学和老同事,两人共同商量指挥。

6月24日中午,日军发现中国军队换防了,向金家堤阵地猛扑。陈团阵地被突破一处,宋瑞珂下令第595团反攻,章紫云团长亲率一个营出击,又将阵地夺回,其他各线也有战斗。

下午,日军向彭家湾炮击,村子落弹200多枚。当炮击开始时,杨勃对宋瑞珂说:"老同学,我们有没有必要到外面的防空掩壕去躲躲?"

第18军有个传统,作战时高级将领都得亲临火线指挥,宋瑞珂只好对老同学说:"敌人炮击一时半会儿不会停止,你同参谋人员先去,待我搞清情况再来。"

杨勃把参谋、卫士疏散出去,见老同学不走人,人家是师长,自己也是师长,不好意思走。过了一会儿,炮击更猛烈了,他又忍不住说:"老同学,我们还是出去躲躲好。"

"你先去吧。参谋、传达兵,你们都出去暂避,不要造成不必要的牺牲。"

这话一说，杨勃赶紧走了。

随后，战斗越来越激烈，金家堤阵地线争夺愈演愈烈，双方反复冲杀、肉搏，到下午5时许，鬼子被击退了。

激战多日，整个前线都收获不大。第二日，长官部见各军反攻宜昌、当阳、荆门都没有得手，而且伤亡巨大，部队需要整理补充，于是调整部署，令第33集团军接替荆门以北双河、仙居守防，仍归第五战区战斗序列，第31集团军开往河南第一战区。第26集团军辖第75军第6师、预4师在远安、两河口、雾渡河一带对荆门、当阳派出警戒部队，第26军第41、32师担任穆家挡、谭家台子、赵家店、范家湖至穆家店、紫阳、巷子口一线守备，第44师位置于曾家畈附近，第8军第5师、103师、荣誉第1师担任枝江、宜都、红花套沿江防务，第73军第15师、77师、暂编第5师担任公安、松滋地区防务。第87军第43师、118师、新编第23师担任石首、华容地区防务，第2军第9师、76师、新33师开往巴东、建始整训，第94军第55、121、185师以一部在平善坝、石牌预备阵地构筑工事，主力开三斗坪、黄陵庙、罗佃溪整训。

大军调整，第55师也走了，宋瑞珂的第199师和第18军的其他部队还在原地与日军对峙着。

26日，宜昌之敌向金家堤第595团及小溪塔东南第11师第33团猛攻，好歹均被击退。

第二日早晨，一小股日军利用大雾，悄悄窜到第595团和第33团接合部突然发起猛攻，企图侵占小溪塔，威胁第199师的侧背。刚好新任步兵指挥官曹金轮在这里视察，当即下令第597团进行还击。激战两小时，这伙鬼子被打得狼狈南逃了。但是，第33团阵地被日军压迫得后移了不少，第199师左翼受到威胁。

28日上午，将军岩制高点在反复争夺后丢失了。南明山的战斗也进入白热化，日军一再猛扑，守军第595团反复出击，伤亡惨重，但鬼子也被阻在南明山南麓。

宋师长见情况不妙，第二日下午打电话给章紫云团长："你留一个加强营，由肖副团长指挥，掩护团主力经小溪塔附近渡河，到黄柏河西岸占领阵地。掩护营等全团转移后，再撤到河西岸。"

章紫云说："我自己留在南明山指挥掩护部队。"

宋师长同意了："南明山背后水深流急，不便徒涉，最后掩护部队一定要绕道小溪塔，这里河宽水浅，渡河比较安全。"

"我上午派人测量过,水深齐胸,可以徒涉。"

撂下电话后,章紫云叫来肖正邦副团长和少校团附梁汉:"你们率领团主力先撤到河西岸,黄昏后开始行动。"

黄昏后,团主力转移走了,章紫云带着一个排抵抗到最后,并且身负重伤,然后,下令转移。谁知他们渡河时,因黄柏河上游连日大雨,山洪暴发。

他由两人扶持过河,洪水汹涌,一下就将他冲走了,一周后,才在枝江县百里洲河汊上找到他的遗体。

第595团撤离到黄柏河岸后,并没有摆脱鬼子的追击。第二日,日军逼近黄柏河岸。宋师长命令少校团附陈梁指挥特务连和骑兵连在董家大包占领阵地猛烈阻击,并命少校参谋洪毅烈指挥工兵营两个连,在黄家沟口附近侧击西犯之敌,这样才将日军阻止在黄柏河东岸。

中午,日军又不知怎的,突然发现黄家沟口的独立庙是中国军队的师指挥所,拼命炮击,大庙前后左右落弹几十发,曹金轮立即大声喊道:"赶快转移!"

宋瑞珂等人才走出大门,"轰隆——"庙顶就中了一发炮弹,大庙被炸塌了。

宋瑞珂等人转移到了黄家沟指挥所,曹金轮悄悄对宋师长说:"张涤瑕团长在附近阵地上左臂负伤。"

"叫他到指挥所来休息,部队由其副团长指挥。"

但张涤瑕来了后,叫卫生员包扎一下,又回到火线带伤指挥战斗了。

当晚,战况比较稳定。

6月30日,为保障飞机在机场安全降落,日军又集结兵力,进攻南津关、310高地、肖家岩一线。这次他们来了个巧攻,在中午烈日当空时,在高粱地爬到中国军队阵地前,突然发起袭击,第596团3营激战两小时,营长负重伤,前坪阵地丢失了。第596团主力在南津关、310高地猛烈阻击,这才使得日军在前坪停止下来了。前坪丢了,彭善军长非常恼火,直接一个电话打给第596团团长罗国良,说:如果不马上收复前坪,你提头来见我!

罗团长立即找师长,宋瑞珂命令第597团接替310高地到肖家岩之线的阵地,命第596团集中全力反攻。可是,激战两天,也没将前坪阵地夺回来。

罗国良失守前坪,彭军长非常生气,要求撤职查办。宋师长一再请求说:"姑且念他抗战以来,从没离开过战场,应给他戴罪图功的机会。"

最后彭军长还是决定将他撤职,调充附员,以伤愈归队的军部上校附员叶迪接任第596团团长。

从7月初起，日军没有发起大规模进攻，双方只有小的战斗，两军开始对峙起来了。

不久，军委会派副参谋总长白崇禧到龙河口，召开枣宜会战检讨会议。会场设在老河口南郊杨临铺，参加会议者有李宗仁，长官部部分高级幕僚与各集团军总司令、军长、师长以上人员。首先由白崇禧代表军委会训话，接着，由各集团军总司令及军、师长报告作战经过、经验教训和部队现况。随后，李宗仁传达了枣宜会战功过奖惩命令，第39军刘和鼎部多数主官记功，第11集团军总司令黄琪翔调任预备集团军总司令职务，第11集团军番号撤销，第41军第122师师长王志远押解重庆交军法审判，其余部队主官受记过处分的也有多人。

之后，陈诚在三斗坪召开全体将领会议，对这次作战经验进行总结，对作战人员，按照功过进行赏罚。第75军军长周岩作战有功，升任第26集团军总司令；第26军军长萧之楚，作战不力，免去军长之职，遗缺以该军第41师师长丁治磐继任；第2军新33师师长张世希等作战不力，押解重庆交军法审判。

但是，陈诚没有对丢失宜昌城的嫡系第18军将领做出任何处分，这马上引起了其他受到惩处的将领们的不满，陈诚的老对手何应钦等人直接在蒋介石面前告状，矛头直指陈诚本人，说："军委会叫他陈辞修去驾船，你把船员丢了，把船砸了！处分了一大堆将领，他自己就没一点责任？"

何应钦的手下喽啰则四处放出话说："土木系（陈诚一派）本身就是蛇鼠一窝，互相庇护。"

陈诚抵抗不住压力，只好拿自己的嫡系开刀，将老部下、长江上游江防司令郭忏以"失守宜昌"罪撤职，交军法审讯，第18军军长彭善撤职。

彭善军长为人正派，秉性刚直，不会吹须拍马，不善交际应酬，是一个矢志抗日的将领，是在宜昌失守后才从鄂西前线赶回来指挥部队反攻的，当时第18军正由陈诚亲自指挥着呢！这次他反被撤职了，第18军上下都不服气，说："第18师失守宜昌，师长罗广文没受任何处分，而将彭军长撤职。功过不分，罚不当罪，何以激励士气！"

日军想以战绩向汪精卫"贺喜"，战局却砸锅了

枣宜会战后，日军占领着宜昌、沙市，但中国军队仍控制着襄河东西广

大地区，其防线自远安西南经荆门、钟祥以北及大洪山山麓至随县西北地区，横跨襄河两岸，右依武当山，左连桐柏山，并配合东南各游击队，对盘踞宜昌、沙市之敌，时时予以打击。因此，日军虽然占据着这两个城市，却如坐针毡，时刻感到头顶是顶着地雷，威胁极大。为了解除这一压力，几个月后，1940年11月，山田乙三决定再次发动进攻，日本大本营也要求他"一劳永逸解决一切现存问题"。

要大战，必要先做大准备。

从11月上旬起，日军开始在宜昌地区修公路，补桥梁，赶筑工事，清理飞机场，抢运粮草，储备弹药，并大规模运兵。很快，在钟祥附近，从各地调来的兵力达5个联队，连同原在襄河地区的日军，共3个师团以上；在襄花路的随县方面，也增兵达1个师团。此外，各据点都加了炮兵和战车。11月23日前，日军完成了攻击准备，在中国军队正面部署了齐刷刷的5个兵团：

（1）萱岛兵团：辖第18混成旅团全部及第40师团一部，兵团长为第18混成旅团长萱岛高。

（2）村上兵团：辖第39师团全部及其他特种部队，兵团长为第39师团长村上启作。

（3）平林兵团：辖第17师团及第15师团各一部，兵团长为第17师团长平林盛人。

（4）北野兵团：辖第40师团一部及楠濑战车部队，兵团长为第40师团长北野宪造。

以上4个兵团，平行部署在当阳、荆门、钟祥各附近及京山以北地区。

（5）丰岛兵团：辖第3师团主力，兵团长为第3师团长丰岛房太郎，该兵团部署在襄花路随县方面。

山田乙三的这个部署，野心勃勃，意在襄河两岸包围中国军队，围而歼之。

11月23日，第五战区接到军委会迎战指示，电令冯治安第33集团军一面机动击敌，一面以主力向远安、南漳和宜城以南地区，待机攻敌，并以有力部队向武安堰以南地区转移，对抗日军的外翼；王缵绪第29集团军（辖第44、67军）按预定计划向大洪山及马家集两方面诱敌深入，并集结有力部队在双河以南地区，乘敌兵力分散之际，先击破张家集附近之敌，并向长寿店挺进，威胁马家集背后；孙震第22集团军（辖第41、45军）牵制正面之敌，以主力转向敌外翼伺机截击。黄维纲第59军推进襄樊地区，准备策应襄河两岸作战。

这边电令才下达，那边鬼子的大炮就响了。

11月24日，在飞机、大炮掩护下，日军从正面向中国军队发动了进攻。4000余日军从襄河西岸的当阳、荆门分兵向横店、盐池庙进犯，第33集团军第30军阵地首先被突破。

朱家埠至桐林岭的日军也分路向北突进，深入凉水井、夏家嘴、快活铺一带。

当夜，第33集团军转移至横店、盐池店至快活铺之线。

26日，日军进攻到仙居，27日向刘猴集、李家当进犯。这一日，中国军队与鬼子整整激战一日，双方都拿出了狠劲，日军的攻势终于受到重击。天黑后，第30军全力进行反攻，该军第27师、第31师还派一支突击队猛袭敌后，日军终于支撑不住了，分路向荆门、钟祥退却。

我军跟踪追击，颇有斩获。

这时京山至钟祥路方面，日军3000多人马向长寿店、汪坞猛攻，对张家集、沙河形成包围。第44军第149师抵抗不住，仓皇转向王家河、五龙观之线。26日，日军陆续增加到四五千人，以一部向三里岗方面进犯，主力向偏砦、王家河、至南门一带进攻，激战到晚上，双方形成胶着。

27日，第44军主力从王家河发起反攻。第67军主力向西北方面协同夹击，日军伤亡惨重，但仍坚持苦战不已。

在随县方面，两军战斗激烈，打了个平手。

25日早晨，2000多鬼子在两水沟向驻守厉山的第41军第123师阵地发

鬼子四处出战，好像老鼠出窝，鬼鬼祟祟

起了猛攻，另外两路鬼子分头向河源店、净明铺西去。第二日，他们与第41军第124师、第45军127师在金鸡山及净明铺附近激战，打着打着，七八百鬼子又从淅河经浪河、均川，跑到汤家畈附近。27日，净明铺附近的1000多鬼子，受到第41军的攻击，随即与金鸡山的1000多鬼子跑到了河源店附近。汤家畈附近的鬼子当夜窜到漂潭镇附近，又与第45军125师形成对峙。

鬼子四处出战，好像老鼠出窝，鬼鬼祟祟，不知怎么的，全然没了以前大出击的气势，倒像大病初愈的病人了。第五战区长官见状，立即下令各部在确保各要点的前提下，主力利用山地对日军进行伏击、截击，阻敌进犯。

几路人马激战到28日，日军倒先支撑不住了，纷纷后退。在襄河西岸各军向鬼子猛烈追击。第44军的当面之敌被击溃，分路四窜。随县方面，窜据河源店、漂潭镇一带之敌被第21集团军各部协同夹击，损失惨重，退据河源店、汤家当附近高地，掉进了包围圈内。日军立即从随县、应山方面抽调一千五六百人经尚市店、沙店进行迂回，企图挽回颓势，但是，遭到我军猛击。29日，掉进口袋的鬼子，在飞机、战车掩护下，又冲出包围圈，全部向随县、淅河退却。

各路中国军队分兵向均川、安居、厉山镇、高城之线追击，至30日，第五战区各集团军均已恢复原来态势。

这次战斗，自11月24日至30日，为时不过区区7天，来犯之敌一打就被击败，日军被毙伤不少，遗尸近千余。中国军队这次迅速获胜，使侵占宜昌、沙市之敌依然处于侧面威胁之下，向四处扩展受到限制。这次日军开始声势浩大，失败如此之快，使得日本大本营都始料未及。他们本来催促山田乙三进攻鄂中其实还有一个更大的目的：抢在12月1日日本宣布承认汪精卫南京伪政府之前以大胜利贺喜，结果，山田乙三把战局演砸了。12月1日，日本天皇宣布承认汪伪政府时，汪精卫却刚刚获得日军在鄂中大败的消息，哭丧着脸说："老天爷真是不佑人啊！跟老蒋干，老蒋被日本人打得四处乱跑；跟日本人干，日本人被老蒋打得四处乱跑！"

事后，汪精卫以此对日本人发牢骚，日本大本营倍感在汪精卫这帮汉奸面前没面子，向山田乙三提出警告："再要误国，剖腹谢罪。"

山田乙三受到警告，一肚子怨气，经过几个月的整理，1941年3月，他派兵向鄂西进攻，决心将功补过，赶在3月30日汪精卫率伪国民政府举行宣誓就职典礼时"还大家一个大惊喜"，并且他戏称为"大戏之前来个小戏"。

很快，日军第13师团向宜昌西岸增兵至三个联队。

3月6日5时，该部附骑、炮兵从阵地向与其对峙的我第26军阵地进行炮击，步兵开始前进，在飞机助战下，先突破了我军谭家台子、赵家店警戒阵地，并继续向长岗岭主阵地猛攻。与此同时，六七百人马借着大炮的掩护，进攻范家湖阵地，经过激战，两个阵地都拿下来了，中国军队转守墩子桥、土堰冲之线。这伙日军还是使劲地撑，被我军死死地拦下来，这时他们已形成锥形突入态势。江防军总司令吴奇伟决定趁机夹击这伙鬼子，令郑洞国第8军第103师（何绍国）接替穆家挡、应子山、亘朝山阵地，要求第26军确保雨台山、笔架山、清水坝、关公岭、小平善坝的新阵地带，并相机击灭该线以东地区之敌，恢复原阵地。

3月8日，第26军第41师两支游击纵队分别向长岗岭、范家湖出击，一部向笔峰尖东方之敌猛攻；第44师当面之敌2000人向高岭坡、大桥边至王胡子冲阵地攻击，经我军抵抗，及第41师各部策应，日军的攻势稍挫，形成对峙，第26军第32师天王寺阵地被日军突破，双方在石牌要塞外围闵家冲、黑潭沟一线激战。

3月9日晨，第8军第103师进占土地岭、狮子垴之线，分路袭击当面之敌，第44师一部与日军在郭家坝两侧高地激战，伤亡很大，主力向太平桥、响铃口一带之敌侧击，战至黄昏，将沿公路的土桥坝、大桥边等地据点占领，歼灭鬼子不少；第32师主力向大桥边西北地区出击，在王胡子冲附近激战，并击退增援之敌；第41师仍对敌侧击，斩获也多。

10日，第103师克复下五龙口及天子坡以北各高地，第41师游击队仍乘隙袭击。第44师的红石坡，龙潭坪阵地被日军突破，转守柏木坪西端高地与敌对峙。

11日拂晓，日军因连日伤亡惨重，于是施放烟幕弹，分路向东撤退，我军分路追击，先后收复响铃口、郭家坝、关公岭、天王寺及大桥边。3月12日，日军在太平桥以东至户子岩、黄泥坑之线据守。

这次战斗只有短短8日，日军虽然没有大规模进攻，但中国军队仅以一部兵力将它击溃，日军损失却不少，伤亡约4000人，山田乙三的小戏演砸了，连向大本营报告的勇气都没有，更谈不上去报喜了。

这个败讯又被耳尖的汪精卫派汉奸刺探到了，3月30日，在这个"大喜"的日子，汉奸们喜气洋洋，他却一直忐忑不安，"大喜"之日丝毫没有一丝喜色。据后来逃到蒋介石手下当笔杆子的陶希圣说，"汪除了当汉奸的压力大外，无不与前方日军的战事不佳有关"。

山田乙三无意于汪精卫的心情，自己在军事上失败了，日夜惦记着去翻

日军手捧战死者的骨灰盒

盘，5月上旬，又在鄂北发动了局部攻势。

5月5日，鄂北应山、马坪、随县一带的第3师团主力分股向曲子河、白马寺、高城一线进犯，结果与孙震第22集团军一部在白庙一带发生战斗。

7日早晨，一股日军溜到了天河口附近，被中国军队发现后，立即进行堵截。日军不得不南窜刘家河。8日，又一股日军攻占了太山庙，主力南窜江家河，企图经楼子湾攻击孙集团军的侧背，我军在太山庙附近进行阻击，日军不支，于第二日晚上，分三路向西南溃窜，我军跟着撵。第三日，我军克复资山、唐县镇。第四日，攻占清潩，残敌向潨潭溃窜。第五日，日军为了牵制中国军队，策应潨潭方面的同伙作战，又以几千人马进攻兴隆集、槐树岗、随阳店一带。

15日早晨，日军合力向枣阳猛犯，并派出十余架飞机助战，至16日晨，枣阳被鬼子攻进城，我军立即予以反击，当日午夜，又将枣阳克复，日军突围向白沙河左岸溃逃。

这一仗日军又撂下了2000多具尸体。

日军败回原防线。

之后，山田乙三再也没有进行大的进攻了，山田乙三发现自己使错了劲儿，不打了，而他的对手陈诚却要打，多次组织部队反攻宜昌城，但也没拿下宜昌。双方势均力敌，只好干瞪着眼，互相对峙着。

第八章 上高斗法：醉将敌血写诗章

小参谋的建议起了大作用

1939年5月南昌会战结束后，赣北战场沉寂了一年多。但是，日军在湘北战场打不开局面，接着在鄂中、鄂西战场连连受挫，有劲儿使不出，1941年初，日本华北派遣军司令官山田乙三又打起了新主意，紧急约见刚刚上任的第11军司令官园部和一郎（原司令官冈村宁次被日本天皇钦点，调任华北方面军司令官），酝酿发起一次大的战役。

风雨欲来，负责江西战场的罗卓英和第19集团军总司令部浑然无知。

2月下旬的一天，第19集团军总司令部少校参谋蓝介愚突然对参谋处长梁启霖说："以赣江为第三、第九战区的作战地境线，极不合理。"

"你说啥，不合理？好笑！"少将处长梁启霖一听这话就不高兴。

"总司令曾经为此发过脾气。"蓝介愚认真地说。

这下梁处长语气缓和多了："总司令发啥脾气？"

"他说：'赣江东岸的部队，平时不归本集团督训，战时才拨归我指挥。各部队情况一切不明，打了败仗就要杀我的头。'"

梁处长说："那你写个报告来，我们发电报向军令部报告。"

蓝介愚落实处长指示不过夜，当晚就写好报告并附上了电稿。

电报发出后第三天，军令部转来第三战区的意见，把以赣江为第三、第九战区的作战地境线的合理性"论证"得振振有词。

这样，蓝介愚又拟了一稿，并对梁处长说："您如果有意见，可另拟一稿，如改七改八呈上去，总司令以为我们不敬业，会很不高兴的。"

梁处长把蓝介愚的意见进行综合，添了一些意见，另拟成一稿，然后把蓝介愚的电稿附在最底层。这让小兵蓝介愚老大不高兴，嘟哝着说："劳动又被霸占了。"

梁启霖将意见稿上呈了司令部总办公厅后，副参谋长黄华国、参谋长罗

为雄同样添了一些意见，另拟电稿；又把梁启霖等人的稿子附在最底层，交给罗卓英。

罗卓英看了以后，把他们的意见用精炼的文字加以概括，并添上两条意见。原文如次："一、不能以大河川、大道路为作战地境线，此乃战役、战术一致之结论。二、第三战区五省正面兼江海湖防，南昌正面让出后，可免战区预备队之奔忙。三、南昌方面为一整体，赣江两岸的部队统一指挥后，无论攻防，均多便益。四、练兵与用兵，必须紧密合一。证诸已往，赣江两岸的部队平时不归本集团督训，临时才归本集团指挥，窃以为不可。"

罗卓英的电报上呈军令部后，原来对两个参谋发来同样内容电报不理不睬的军令部来了个慢事快办，48小时内就批准了，将赣江东岸30华里的正面、150华里的纵深，全划归罗卓英第九战区，将该地区的守备部队第100军并入第19集团军序列，归罗总司令指挥。

第19集团军接到军令部的电令后，随即调整部署：（1）将战力较差的第70军，由总预备队调为第一线守备部队，扼守东起赣江西岸，横跨锦江，西至安义县城以南地区；（2）以主力军第74军，从第一线调为总预备队，控制于泗溪河及锦江南岸地区；（3）赣江东岸的第100军的部署不变，并限电到3日内交接完毕。

这时日军调兵快结束了，第19集团军附在调整部署命令后还有一个通知："如南昌方面之敌，向赣江西岸的我军阵地进攻时，第70军为诱击兵团，第74军为决战兵团，赣江东岸的第100军为机动兵团，驻邱家街的挺进纵队为游击兵团。"

第九战区地盘和兵马壮大了，小参谋蓝介愚功不可没。尽管梁启霖乃至其副参谋长、参谋长将他的"建言"一再压在报告、电稿的最底下，罗卓英总司令还是明察秋毫，随后亲自下令将第19集团军主办的《华光日报》的《战旗》周刊划归"敢于想问题"的蓝介愚主编。

因为在参谋处多年，蓝介愚认为中国军队自广州、武汉、南昌失守后，普遍胆怯了。为了鼓舞士气，收复国土，他抽着大喇叭烟卷，熬了好几个通宵，作了一首《赣北战歌》，然后在《战旗》周刊发表。歌曰：

  天苍苍，水茫茫。
  鄱阳湖畔好战场，赣江两岸阵堂堂。
  短兵时相接，长刀映日光。

战胜归来饮百盅,醉将敌血写诗章。
上!上!南昌就在望,
前头还有巍巍的古庐山,滔滔扬子江。
天苍苍,野茫茫。
上高东北好战场,锦江夹岸阵堂堂。
挥戈除小丑,弹落阵云黄。
歼灭倭奴三百万,黄龙痛饮返家乡。
上!上!紫金山在望。
前头更有巍巍的长白山,滔滔黑龙江。

这蓝介愚倒还真是位才子,写出的歌词很有文采,也有气势,唱得官兵们雄赳赳、气昂昂的,热血沸腾,恨不得马上就把小鬼子撵回老家去。

分析会破解日军"迷惑图"

罗卓英将战区部署调整不过一个星期,即1941年3月上旬,一个个敌情报告接踵而来。南昌的坐探报告说:"鬼子最近调动频繁,南浔铁路北上火车,每一车厢的窗口均露出人枪。南下火车,则车窗紧闭。"

九江的坐探报告:"九江市内,夜间时有整齐的部队通过。日军当局严令市民,必须紧闭窗户,不许开窗窥视。"

接着,南昌的坐探又报告:"最近有部队乘军舰于鄱阳湖登陆。"

南浔路的坐探也报告:"我们在夜间贴耳于铁轨,觉察南下火车车身沉重,而北上火车则车身轻浮。"

日军调动频繁,情况可谓扑朔迷离,但第九战区参谋处却从错综复杂的现象中看出了本质,参谋处长梁启霖说:"上述敌情与第一次世界大战时坦能堡会战时德军调动的情况完全没有二样。"

参谋长罗为雄不解地问道:"为何这么说?"

"日军北上露出刀枪,系迷惑我军的假象,南下火车车身沉重,必满载部队与武器装备。因此判断南昌方面之敌,必有大规模进犯的企图。"梁启霖回答。

经过紧急侦察,原来山田乙三想从赣北战场抽兵南进湖南,又怕在抽兵之后，南昌地位易受动摇，于是先来一个釜底抽薪，对第九战区锦江两岸的野战军以致命打击，削弱其力量以减轻未来南昌外围的威胁。为此，他和第11军司令官园部和一郎调集了两个师团一个旅团，约5万的兵力，分三路西犯，第一步在高安以东地区击溃中国军队第70、49军两军；第二步会师上高，消灭中国军队第74军，然后回窜老巢。罗卓英和第九战区的对策是，在高安前后第一、第二阵地带，运用磁铁战与敌消耗，诱敌深入，在上高附近的第三阵地带，运用歼灭战，将敌反包围，然后一网打尽。

这场魔道斗法之战，结果会是如何呢？

3月15日起，南昌方面的日军兵分三路，以上高为目标，大举西犯。南路为第20混成旅团，向赣江与锦江的中间地区进攻，这是由日军王牌军改编而成的一支部队。中路为第34师团，沿赣湘公路前进。北路为第33师团，由安义县城沿片点线路向罗坊方向前进。

由于行动诡秘，日军上下以为这次中国军队毫无发现，准备来次奇袭。日军右翼第33师团第214联队矢野大队长给部下的命令是："士兵备5天一餐口粮，马带粮秣3天。"谁知这圆部和一郎弄了三路人马，实际出发后，道路只能容一路纵队行进，因为江西远非湖南、湖北都是丘陵，高山很多，并且道路险峻，还必须翻越崇山峻岭，有些地方连马都不能骑。因战地的公路都已被破坏，日军的战车、野炮，呼啦啦地上路后，没有跑多远，因道路不通，都不能前行了。汉口的日军总部没办法，特调集一个远藤空军飞行团，以空军代替炮兵，轮番轰炸。

日军发起攻击后，在空军配合下，攻势凌厉。北路突破第70军预备第9师、第19师阵地，向会埠、伍桥河疾进。中路突破莲花山、米峰间第107师阵地。南路第20混成旅团在上下回峰渡过锦江，向独城前进。由于日军陆空配合，第70军将士虽浴血奋

日军伺机向我军发起攻击

战，未能挽回颓势，不得不逐次后撤。

大战一开始，中国军队就处境不妙，陷入了不利的境地。

16日，日军在突破第70军阵地后，一部西犯，一部在尧岭附近渡过锦江。远在吉安城内的罗卓英立即命令决战兵团——第74军迅速占领第二线阵地，与敌决战。

第74军军长王耀武奉令后，命令第51师以一个团推进到高安、独城附近，掩护全军侧背，师主力在泰和圩附近集结待命；第57师、第58师占领石头街、泗溪、棠浦阵地，并各以一部占领杨公圩、村前街前沿阵地，拒止敌人。随后，第51师以第151团进至独城、泉港街，迟滞敌军行动。

中国军队第一线扼守锦江南岸的第107师抵挡不住日军的进攻，预备第9师撤退后，收容了6个营。17日，全师在官桥地区集结，准备再战，第19师已撤退至地势极其险要的苦竹坳。

日军独立第20混成旅团击破第107师的抵抗后，进至独城，与第74军的第51师第151团激战竟日。王耀武军长令该团逐次向傅家圩、菱角凌一线撤退，占领既设阵地，当他们步步阻敌的时候，第51师先后占领英冈岭、红石岭、鸡公岭阵地，然后，第151团在与日军确保接触的情况下，逐次退到右翼，完成了先遣任务，加入师主力作战。与此同时，日军第34师团主力突破祥符观第107师阵地后，沿湘赣公路到达龙团（潭）圩，进攻第57师的杨公圩前沿阵地。

罗卓英总司令还在吉安，副总司令刘膺古则滞留在南岳未归，一切大事均由参谋长罗为雄处理。进犯之敌气焰逼人，猛进无忌，骄矜自许，每天前进速度为60华里。谁知这罗大参谋长经过战阵不多，前线一败退后，整天都是脸色铁青的。第九战区司令长官薛岳闻讯后，不得不半夜三更给他打电话壮胆，鼓励他说："不要害怕，鬼子是扫荡战，打了就会回去的！"

罗卓英听说罗为雄胆怯，怕他误了大事，立即从吉安日夜兼程，17日下午5时，急急赶回了上高翰堂的总司令部。

晚7时许，第19集团军总司令部办公厅召开敌情分析会，会上发生激辩。副参谋长黄华国说："俺判断敌人为扫荡战，等到鬼子撤退时再进行掩击，可收事半功倍之效，因此，俺主张撤退上高，不与决战。"

蓝介愚则说："敌人每日前进60华里，又打又跑折腾了3日，已极疲惫，现正碰上我们的主力第74军，正可振奋朝锐，击其惰归。"

其他人也是意见纷纷，且各持己见，因此，分析会变成争吵会，吵成了

一锅粥，互不相让。最后，蓝介愚认为黄副参谋长肯定被缴获的日军的"路线图"迷惑了，因为日军"下发"的路线图，只画到上高为止。于是说："这是鬼子用来欺骗我们的'迷惑图'，上高以西的公路没有破坏，攻下上高城之后，便可沿着公路直趋长沙侧背，所以，你要知道，敌人的企图是会变的呢！"

罗卓英听到这里，随即阔步而出，黄副参谋长立即起身，随在罗的后面，指着军用地图，小声地说："敌人是扫荡战，打了会回去的，不必固守上高。等敌人撤退时，再行追击。"

罗卓英板着脸孔回答他说："你要知道，上高以西，无阵地可守。"

黄副参谋长默然无言。罗卓英说："好吧，你们有什么意见尽管说。"接着又说："索性叫参谋人员都来吧！"

幕僚会议开始后，第一个发言的是参谋处长梁启霖，只是说了些正面攻击的打法，啰啰唆唆老大半天，言不达意。他发言后，无人接嘴。蓝介愚本来早就想露一手，把自己早就胸有成竹的主意拿出来。可是，因为官衔太小，只能按照规矩耐心等着少将高参们先发言后再说。参谋长罗为雄看穿了他跃跃欲试的样子，便点名说："蓝参谋来。"

其实，这罗参谋长最看重副参谋长黄华国，胸无点墨的他平时就以副参谋长的主意为自己的主张，此刻仍是紧随副参谋长，力主撤退，并且他们的意见还获得了第74军参谋长陈瑜的支持，因为他力主该军撤出上高。蓝参谋深知其中的内幕，认为必须先驳倒撤退论然后才能论及其他，他本身倒是一位才子，一口气列出了足足十大理由。

他官小气盛，十大理由驳斥长官，罗卓英见着就已十分不满了，这蓝参谋接着又建议："请求第三战区与左邻王陵基第30集团军协同作战……"

话未说完，立即受到罗卓英的呵斥："我们怎样打！"

蓝介愚因受长官呵斥，情绪立即掉落了十丈深，也和梁启霖一样，越说越语无伦次，说了一阵，只好作罢了。

在16日下午，少校情报参谋王一帆曾经告诉蓝介愚说："赣江东岸的第26师过江，在莲塘口抓获一个俘虏，我看可以将第26师调过赣江西岸来作战。"

蓝介愚也认为这个办法可以，准备在会议上提出来，被罗卓英一呵斥，心里一紧张竟然忘记了。

在他之后，一共8人发言，都反对撤退。少校参谋刘金山发言，主张把第26师调过江来作战。但因官小，平日又没接触过大官，也是边说边不住地偷偷瞅着长官们的脸色，不免紧张，语不太达意，罗卓英没听出来。蓝介愚偷偷观察黄华国的神气，他倒听出这个意思来了，随后，罗卓英说："请参谋长罗为雄发言。"

罗为雄对着地图，两手比画着手势说："这样逐次抵抗，撤出上高。"

最后，罗卓英又说："请副参谋长黄华国发言。"

黄华国说："上高方面主守，将第26师调过江来，由后面进击第20混成旅团。"

蓝介愚又发神经似的当即高声说："我完全赞成这一方案。"

罗卓英也拍着罗为雄的肩膀说："这样打，包赢。"

罗卓英进行讲评后，小参谋蓝介愚又建议说："作战方案决定了，就先要用电话通知各部队，如果等到拟稿、层层核稿、译电，发电报，就太耽搁时间了。"

结果，总部来了个特事特办，由黄副参谋长亲自拟稿，梁处长亲自打电话，把作战方案下达了。

晚10时许，黄副参谋长接到第74军参谋长陈瑜的电话，陈在电话里坚决反对固守上高，黄没法说服他，感到很为难，蓝介愚问："是谁的电话？"

黄副参谋长说："是陈参谋长，这个人性格很固执。"

蓝介愚说："应立即报告总司令。"

罗卓英听见了，向前走了过来，一把接过电话机，并以呵斥的口气说："你是陈参谋长吗？作战期间，讲话不准牢牢骚骚。"

陈参谋长刚才口气很硬的，听着是罗卓英，赶紧缩头了："是是！"

这样，第19集团军总部定下了决战大计。

上高城外的搏杀：敌我双方伤亡惨重

18日，第107师在高安附近又遭到日军夜袭，损失颇大，张公渡、灰埠的桥头堡阵地相继弃守。日军第20混成旅团由高安城、灰埠两地渡河，与傅家圩西犯之敌合股，攻击第74军天子岗、狮子岭等地，与第51师激战。但日军先头部队在华阳遭到第51师的重击，击毙50余人，毙伤150余人。

中路敌军第34师团，在飞机狂轰滥炸的掩护下，猛攻第58师扼守的泗溪河阵地，虽有进展，但伤亡了五六百人。

北路敌军第33师团到达苦竹坳后，因崇山峻岭，跋涉艰难，不得不被迫先撤退了。

晚9时许，罗卓英亲自拟了战报，说："北路击退第33师团，南路以第26师与第51师夹攻第20混成旅团，迫使该敌窜抵锦江北岸与第34师团合流，现正对中路之敌进行包围中。"

电稿拟好后，他告诉参谋们说："以后向上级说话，就应如此。"

他的意思是：以后只能多报喜，少报忧，并且夸大战功。

晚上10时，蓝介愚向第19集团军主办的《华光日报》发布战况，编辑张恒存（即张穆）说："打了胜仗是不会错的，敌人于昨晚的广播还趾高气扬，今晚的广播，对上高的战况只字不提了。"

19日，战况完全好转了。

日军第34师团主力突破祥符观第107师阵地后，沿湘赣公路到达龙团圩，先是进攻第57师杨公圩前沿阵地，19日与北路背港之敌合力钻缝子，从土地庙向官桥急进，攻击第58师的龙形山、基田圩警戒阵地。该师师长李天霞果断命令第174团出击，这出敌意外的果敢行动，获得辉煌战果，第174团不仅攻占了猴子岭，还狠狠地侧击了敌背。

第26师也有收获，缴获了日军山炮一门，预备第9师在官桥上空击落鬼子轰炸机一架。

但是，中路日军由于增加了第20混成旅团，第58师扼守的泗溪河阵地被突破，日军已向上高北城进犯，上高北城守军第57师在师长余程万的指挥下已开始与日军展开激战。

这一天，第19集团军总部接到长沙第九战区司令长官部来电："岳阳前线已发现第33师团一个联队的番号。"

罗卓英说："由此可以判断：武昌、南昌

中国军队缴获日军的部分武器

方面之敌,有分两路进犯长沙之势。"

当晚,他又收到薛岳的来电:"第19集团军应确保宜丰,保障战区侧背的安全。"

黄副参谋长立即建议说:"把赣江东岸的施中诚第100军调到赣江西岸,同时命令第26师北渡锦江,夹击中路之敌。"

罗卓英正想以此包围日军在上高城,立即赞同这个建议,开始调兵。

但是第二日,日军第34师团集中兵力向泗溪、官桥、棠浦一线阵地发起了猛攻,空军整日低飞轰炸、扫射,鏖战竟日,将第58师第172团阵地突破。师长廖龄奇派师预备队补充团逆袭,虽然暂时遏止住了日军的攻势,但因为正面过广,兵力单薄,渐渐感到困难了,战局急转。

21日,第九战区司令长官薛岳和第19集团军总司令罗卓英,联名发出电令,变更作战部署:锦江南岸采取攻势,北岸采取守势,确保上高城为主。王耀武军长当即令南岸的第51师向猪头山、鸡公岭当面之敌攻击,锦江北岸第57师仍守索子山、云头山、原山庙斜交阵地,第58师改守红家坡、荷舍之线。第51师在上高北城与日军发生激烈的争夺战,硬是遏制住了日军的攻势。

南岸被堵住了,日军转而打北岸。22日,猛攻云头山斜交阵地,大部队在空军掩护下,向下坡桥急进。

北岸全线已经开始了大战。

日军猛攻北岸,仍然不忘南岸。上午10时,锦江北岸的第20混成旅团派出一个联队回窜南岸,迂回攻击上高的侧背,从锦河北岸渡河窜石头街、华阳一带,急图西犯,企图截断南北岸守军的联系。

这时第51师正奉命攻击高安,第58师集结在凌江口附近,可是第57师却陷入了日军包围圈内,形势十分险恶。

情报人员报告说:"日军纵队通过一地,长达7小时,兵力雄厚!鬼子飞机把锦江的军桥炸断,就要切断我军退路了!"第74军参谋长陈瑜劝说王耀武军长,"还不撤出上高就来不及啦!"

谁知老奸巨猾的罗卓英早就防备了他这一手,除了呵斥陈瑜之外,已派中将总参议张襄前往第74军,名为慰劳,实为监督。陈瑜话音才落,张总参议就一脚踏进了门。王耀武自然明白他的来意,马上给罗卓英摇通了电话,大声说:"请总司令相信我,我是能够贯彻您的命令的。"

罗卓英一面慰勉他,一面说:"我派特务营前去增援你。"

这时日军攻击云头山的主力突破雷分坑,前锋进到了回堡庄,距离扼守

上高北城第57师师部仅2华里。王耀武严令师长余程万："必须固守上高,失了北城就地枪决。"

王耀武又命令第51师李天霞派遣一个团出战："限15分钟内跑步赶到锦江南岸华阳,击退南窜之敌。"

锦江两岸整日鏖战,敌机轰炸不停,但北岸的情况更为险恶。第57师在上高北城的阵地部分被突破,师长余程万见势不妙,亲率军士大队冲进鬼子堆里挥舞大刀进行肉搏战,进入阵地的日军哪里抵抗得住这班凶兵的恶杀,尖叫着逃出了阵地,第57师这才保住了上高北城的核心阵地。

这时第51师胡景瑗团在敌机轰炸扫射下急急跑去锦江南岸,终于先敌到达华阳。周陶排长先敌占领关键阵地——华阳峰,马上侧击日军第20混成旅团。这一招出敌意外,当即打乱了日军的作战计划。随即,全团主力冲了上去,给敌以迎头痛击。一幕遭遇战,鬼子一击即溃,日军企图切断中国军队锦河两岸部队联系的计划顿时成了泡影。

由于第74军死死拖住了日军,22日下午,罗卓英对上高之敌形成了包围圈。上高南城已被炸成一片瓦砾,全线敌我伤亡均在4000人以上。为了增援第一线,罗卓英下令："总部特务营开赴第一线,参加作战。"

晚上,上高城内外终宵炮声隆隆,战火冲天。第19集团军总部的人员也没有休息,与前方一起熬夜。小参谋蓝介愚遥望远处火红的夜空,忍不住对副参谋长黄华国说："嗨,我们现在已不是胜利不胜利的问题,而是如何乘机收复南昌的问题了。"

黄副参谋长也是非常兴奋,随即向罗总司令建议说："预备第5师留一个团守备赣江东岸的阵地,其余偷袭南昌。"

罗卓英马上下令："打电话命令预备第5师出发。"

打了电话以后,蓝介愚获知了这个命令,找到罗总司令连声说："不可!不可!"

"为啥不可?"罗总司令问道。

"预备第5师战斗力薄弱,夏季

第74军军长王耀武

攻势的经验，第57师用两个团攻击敌人的据点，牺牲了500人，才打下两个碉堡，经敌预备队一个反击，两个碉堡又丢掉了。战斗力强的第57师尚且如此，何况战斗力弱的预备第5师？一不可也；敌人水陆交通便利，兵力转用容易，调一个联队回来，就可横扫赣江东岸，更何况目前赣江东岸已成空城了，二不可也。"

"那你说咋办？"黄华国问道。

"最好是能把暂编第2军调过来。"

由于黄华国没反对，罗卓英马上亲自打电话给预备第5师："暂时停止行动。"但是他没通知第2军去偷袭南昌城。

大战胜利在望了，罗卓英和总部的参谋全部通宵熬夜，边指挥前方作战，边商议下一步攻击方案。

日军从闪电式进犯，到闪电式溃逃

23日凌晨，为了确保上高，罗卓英决定开放宜丰，命令下达到第74军，王耀武当即修正部署，以第57、第58两师主力占领上高城附近核心阵地，吸引敌人。为了保障胜利，参谋长出身的罗卓英又兴致勃勃地亲手拟定了《当前胜利保障十则》，说："马上颁行各部队执行。"

这《当前胜利保障十则》条文如下：

（1）记住委座的训示："我不怕敌，敌便怕我。"

（2）记着司令长官的训言："苦斗必生，苦干必成。"

（3）记着本总司令的训告："军人事业在战场，军人功罪也在战场。"

（4）目下对敌包围形势，业已完成，包围圈也已缩小，今天就是我军全线对敌施行求心攻击开始的时候，也是我军对敌展开歼灭战的良机。

（5）我忠勇将士，苦战八日，业已取得八分胜利，今天第九日，必须努力争取九分胜利，以保障明天的十分胜利。

（6）依昨日战况判断，敌军攻势，业已顿挫，力量已经耗尽，若无后续援军，不仅不能攻我，而且必遭惨败。纵有增兵，亦不过一大队。而我合围已成，力量凝集，增援部队新编第14师今日可加入战斗，新编第15师明日即可赶到参加。预计战局多延一小时，我军多得援兵一营，多延一天，多得援兵一师，围歼力量，绝对优势。

（7）过去八天苦战中，万余伤亡将士的血花，正期待吾人今明两日之努力，结成胜利之果，报答国家。第70军奉新烈士墓、第74军高安烈士墓，巍然在望，吾人必须迅速歼灭巨敌，以伟大战果，报慰英灵。

（8）吾人必须把握住抗战四年来仅有的对敌取得包围歼灭战有利态势，将十天以后的作战精神及力量，提前到今明两天来，适时使用，充分发挥，俾在赣北战场，收一劳永逸之效，而开今年胜利年之先路。

（9）各级指挥官，绝对不许有怕牺牲、保实力之观念，务须指挥中国之军队，歼灭中国的敌人，以表现中华民族革命军人之真精神。凡属最能牺牲最奏战绩之部队，我领袖必然予以优先之补充与厚赏，本总司令亦当负责报请补充，迅速恢复战力。

（10）各级指挥官，务须确实掌握部队，向指定任务坚定迈进，并切实执行连坐法。

三位长官的"教导"赫赫列在最前头，虽然有些滑稽可笑，但各军都马上进行了传达。

第二日，日军全力向石洪桥、下坡桥、曾家岭之线及其以西阵地攻击，重点指向聂家，这时攻击上高的日军前锋离城仅8里，可以看到城墙，第34师团长大贺茂亲至毕家指挥，志在必得。日军第3飞行团出动飞机之多为上海战役后所罕见，但各路中国军队以血肉之躯，反复逆袭，由于双方阵地犬牙交错，迫使敌空军不得不暂停轰炸。

之后两天，双方虽然仍然进行激战，但都无进展，形成胶着式的拉锯战。

虽然我军和日军都认为胜利在望，可这拉锯却还是有利于中国军队一方的，因为各路大军正在向上高疾进，战局"多延一天，多得援兵一师"。大贺茂不知情，也没有慌乱。25日入夜，为了打破僵局，他派出了好几路日军便衣队逼着汉奸带路，钻缝子潜入中国军队阵地的后方，又是鸣枪，又是纵火。谁知撞上第74军正在那里巡逻的直属补充团，官兵们迅速围上去，将这小股鬼子先后扑杀，后方稳定下来了。

上高城仍然是两军争夺的重点，可是，第57、第58两师阵地巍然不动，日军前锋可以看见城墙，然而，就像块嘴边晃动的肥肉，总无法吃到嘴巴里，这区区8里的路，怎么也无法逾越。

日军后方骚扰不见效，前方打不过去，撤走又不心甘，在拉锯中，中国军队两翼大军如赣江东岸的第49军，由修水南下的72军等，已逐渐向上高靠拢，马上对日军形成了重大威胁。为便于指挥，罗卓英将第49军第26师和第 70 军第 107 师统归第 74 军军长王耀武指挥。王耀武指挥 5 个师兵力全线出击，第 74 军死死守住正面阵地，两翼友军——第 70 军、第 49 军由东、西两面向敌侧背后疾进，形成包围态势。

大贺茂还在毕家呢，国军开始缩小包围圈，南由泗溪、官桥北上，北由棠浦南逼，恰好是以毕家为核心，两面的重机枪射程正好以毕家为交错点。战斗一发起，这下大贺茂吓得脸色苍白了。他的前任师团长叫关龟治，就是在丰城附近负重伤，3 月底殁于南昌的。

中国军队指挥官身先士卒，冲锋陷阵

见势不妙，他在手下死力保护下冲出包围圈，狼狈得就像夺路而逃的野狗，连最机密的公文要件也丢在毕家，结果被中国军队搜集到了。其中一封是空军少将远藤司令在飞机上投掷给他的：

　　大贺中将阁下：
　　我很清楚你目前的艰苦情况，但是要防天气立即有变化呀！（略）上高的占领，是只在一气之际了，我祈望你继续努力的战斗，俾收赫赫战绩。
　　池田、板本等已为你联络（即流窜石头街之敌），弹药已由本队派机运给，情况已趋缓和，请你放心。
　　我力微，但决竭死力助你占领上高。
　　时间不能太久，再延下去敌军会威胁后方的安全。
　　请你迅速占领吧，到了上高立刻回来，这里很不安。对上高总攻击时刻，望告我，定时以后，即冲入如何？
　　（后略）

各路人马都出现了崩溃之势,圆部和一郎也感到不妙了,眼看主力消耗殆尽,可能全军覆没了,终于下令撤下上高城后退。

第19集团军总部突然接到电报说:"莲塘口上空,日军已升起一个气球,监视我赣江两岸部队的行动。"

罗卓英听后吃了一惊:"鬼子第33师团的一个联队回窜战地,是什么意思?"

黄副参谋长说:"据预备第9师电报:该联队的先头部队,已窜抵土地庙王。"

罗卓英再派人去查,回报说:"由于预备第9师张开一大缺口,使回窜之敌与第34师团合流了。"

这时,罗卓英判断上高北城之敌开始撤退了,便下令追击。

25日晨4时,日军大部队经江家洲东北逃窜,可王耀武却不愿意再担任追击的任务了,说:"我们伤亡太大,还没吃饭呢!"

罗卓英劝他说:"打追击战,是不用做饭吃的,敌人做的饭,会送给我们吃。"

王耀武只好派第58师与第57师进行追击。

胜利在望了,罗卓英请求第九战区派一个军趁机去收复南昌,而薛岳只派了左邻的第72军两个师参加追击。

谁知日军在撤退前,先向西猛烈突击,第72军两个师竟然被他们打得后退四五里。罗卓英得知他们后退时,面向地图问蓝介愚说:"你看情况如何?"

小参谋蓝介愚说:"敌人跑了,撤退前先猛打猛冲一阵,然后再脱离阵地,这是日军的惯伎。"

罗总司令说:"鬼子会不会再派一支部队南渡锦江,迂回上高侧背呢?"

"那绝不会的!目前敌人已成惊弓之鸟,你看连远藤空军飞行团长投给大贺师团长的信都甩掉了,大贺师团长也有可能被我军击毙了。"

蓝介愚说的没错儿。

日军伤亡惨重,无力实现鄱阳湖"扫荡"计划。为了保存实力,不得不尽全力拼命突围,向原来进攻的老路溃退。但是,园部和一郎为了逃避国内舆论指责,通过广播,捏造战报,宣传他们"已经占领上高县城,达到了歼灭'重庆军'主力之目的,乃回兵南昌"。

日军仓皇败退,我军全线出动。追兵分为三路:左路由第70军、第72

军向奉新、安义方向追击，右路由第 49 军，经高安向西山、牛行方向追击，中路由第 74 军从镜山口向官桥、杨公圩方向追击。

27 日，第 74 军从正面出击，第 51、第 58 两师密切配合，在攻占毕家傲、古山、长岭、南茶罗等地后，于 28 日收复官桥。

29 日，各部分向杨公圩、村前街追击。在追击中，我军两次将日军包围，在官桥地区包围一次，在土地庙王包围一次。第 72 军追击部队异常勇猛，但因敌机的狂轰滥炸，在越过土地庙王的石桥时，被炸得死伤累累，血肉横飞。

30 日，残敌向东溃退，罗卓英下令追击部队编成左右两个追击军，全线追击。

31 日，中国军队担任伏击任务的挺进纵队克复高安。日军归路被切断，早晨开始，在 15 架飞机的掩护下再次突围，向斜桥方面逃窜。右追击军经高安向西山万寿宫、牛行方面追击，左追击军在奉新、安义方面也是凯歌行进，沿途扫荡。当初，日军"闪电式"长驱直入，进犯上高，趾高气扬，现在，也是"闪电式"溃败，狼狈逃窜，好似水泻千里。

4 月 1 日，日军才全部退回原阵地，随即，据西山情报所向罗卓英长官部报告："第 34 师团参谋长引咎切腹自杀。"

这时蒋介石正在重庆召开国民党八中全会，得知前方胜利的消息，宣读了第九战区的捷报，全体中委欢欣鼓舞，兴奋异常。

4 月 2 日，军事委员会参谋总长何应钦对新闻记者发表谈话说："上高会战，是抗战四年来最精彩之战。"

罗卓英更是得意洋洋，跑去战功最大的第 74 军中，对全军高级官佐进行"训词"，骄傲地说："这次上高会战，我们收获到极大的战果，创立了光荣的一页战史。"

小参谋蓝介愚在这次会战中也是出力不少，虽然罗长官对他有斥有骂，战后倒也没忘记为他请功，喜得他乐滋滋地在自己主编的《华光日报》的副刊发表了一首《会战行》，诗云：

> 百里战场尸枕藉，缕缕残烟望不绝。
> 昔时春色满锦江，今日锦江血浸月。
> 月照残旗剩几多？天网恢恢汝奈何。
> 此役吾侪同奏凯，相期更唱大风歌。

1940年4月上高会战后,日军从第九战区调走了第101、第106两个师团,江西方面日军原有3个师团只剩下第34师团和独立第14旅团,第34师在南昌,第14独立旅团在九江。九江是汪精卫的伪江西省政府所在地,由于兵力减少,日军放弃了奉新、赤田等据点。第11军司令官园部和一郎因为战败和谎报军情,被大本营认为"不乏小聪明,但缺乏大智慧"而免职,由阿南惟畿中将接任。

第九章　再战长沙：中央军不如杂牌军

大云山激战，第 58 军击退日军进攻

1941 年 6 月，苏德战争爆发，日本为了与美国争霸远东和太平洋地区，急于从中国战场拔出腿来，又不甘心 4 月份在上高战役的失败，遂发动第二次进攻长沙的战役。

为此，日军第 11 军司令官阿南惟畿从其他战场调来第 3、4、6 师团和第 40 师团，第 33 师团两个联队，第 13 师团一个联队和第 14、18 旅团，还有炮兵、工兵、伞兵、空军、海军陆战队等，总计约 12 万人。鉴于第一次日军进攻湘北采用"分进合击"、"长驱直入"的战术被中国军队击破的教训，这次他改用"中间突破"、"两翼迂回"的"雷击战"战术，阿南惟畿并声称"旧历八月十五打至长沙过中秋"。

旧历八月十五，就是阳历 10 月 5 日。

沦陷区的人民是不甘心做亡国奴的，日军一有风吹草动，他们就及时将报告提供给我军情报人员。在会战开始前，第九战区长官部对日军的调动，照样是相当了解的。战区参谋长吴逸志说："赣北的日军减少了，湘北的日军增加了，铁路、公路上运兵、运粮、运弹的车子络绎不绝，鬼子到处捉人充当苦力，大有山雨欲来风满楼之势，这不是又要大打，是做什么？"

薛岳等人也认为种种情况表明大战在即了，但又认为这次作战与上一次长沙会战时日军分三路进攻的情形有所不同，湘北将有严重的战斗发生。长官部于是一面将湘北情况报告重庆军委会，请求增加三至四个军的兵力；一面通令所属各部队完成作战准备，快速将在前方的眷属一律送到后方去。

各部队大动起来了，战区长官部也开始紧急处置。

第一次长沙会战时，薛岳让参谋长吴逸志率长官部大部人员去了湖南省政府所在地——耒阳，前方只留少数人员和他在一起。这次会战一开始，薛岳又让吴逸志去耒阳，但吴逸志不去。

薛岳奇怪了，找到他说："长官部少不了参谋长。"

吴逸志说："一作战就让我到后方去，这是不光彩的，连小老婆都说我。"

结果，薛岳没办法，只得同意他和自己一起留在前方。

薛岳和吴逸志仍住长沙城内的唐生智公馆，参谋处则仍住文艺中学。

为什么参谋处不走呢？

因为薛岳离不开他们。按照薛总司令的话说，这样，一则参谋们可以随时当面提出意见，二则遇事不需写签呈、打电话等程序，文电处理比较快。

因为吴逸志一介书生都不愿意去后方，因此，在战前，长官部的参战热情相当高，吴大参谋长乐滋滋地对赵子立说："凡事都需要长官带头，你看现在一盘棋子都活了！"

就在长官部紧张备战中，9月7日，日军第6师团由忠防、西塘包围大云山守军，揭开了第二次长沙会战的序幕。

大云山是幕阜山支脉，位于岳阳、蒲圻之间，周围数十里都是崇山峻岭，昌水横贯其间，北临粤汉铁道，南瞰忠防、桃林，一向是第九战区前方游击根据地。武汉日军先以第6师团进犯大云山，目的就是确保其在岳阳集结兵力的安全。

战斗一打响，日军第6师团一部占领了鸡婆岭、草鞋岭，一部占领了长安桥、甘田，另一部由忠防东犯南山、雁岭、詹家桥等地。

薛岳下令第58军军长孙渡率部出击。这是一支云南地方军，出滇后，

中国军队将领在前线指挥作战

在湖南作战，去年在九岭一战击退日军进攻，就与鬼子在九岭、麦市、白羊田一线对峙着。孙渡接到命令后，立即率军指挥所由南江桥西移板江。全军分别向据守鸡婆岭、草鞋岭、长安桥和甘田之敌发起猛烈进攻。

新编第10师由黄岸市反攻，占领了长安桥。之后，与新编第11师攻打毛田。日军退到了鸡鸣山。他们继续进攻，鬼子又退到了大云山，两个师的两个团反复进攻，但只夺得一些山头，与敌对峙。

13日，孙渡将军指挥所推进到了长安桥，以一部向孟城方面警戒。这时三四千鬼子攻打白羊田、港口，两军又展开了激战，毛田战事尤为激烈。

第58军军长孙渡打电话给薛岳，说："敌人兵力很强，攻击很猛。"

"水来土掩，兵来将挡，不准后退！"薛岳命令他。

"可是我这没大将啊！新编第10师师长鲁道源住在长沙不回去，部队没人指挥。"孙渡接着又说，"阵地已被突破一个缺口，请示薛长官怎样办。"

薛岳要求孙渡坚守，并问："鲁道源为啥不回去？"

孙渡告诉薛岳说："云南方面要免鲁的职，所以鲁消极不愿回前方。"

薛岳当即告诉他："让鲁回去收复阵地，人事上我负责任。"

经过三天激战，第58军击退了日军的进攻，日军眼看第58军作战顽强，交火以来伤亡不少，从17日开始转移目标，趁着雨夜南窜杨林街，大举向新墙河、南江桥一带杨森第27集团军第4、20军阵地进攻。

第二次长沙会战转向了正面，当日晚上，第58军孙渡军长接到战区参谋长吴逸志的电话说："大云山战事结束了，战区薛长官命令你军从黄岸市向西挺进，侧击南下的日军。"

第58军开始了战略转移。

原来尽管日军阿南惟畿改变了第一次长沙会战的攻击战法，薛岳还是准备以老的"天炉战法"来迎战日军，逐次以新墙河、汨罗江、捞刀河等天险层层进行抵抗，最后把日军引入长沙附近的"天炉"里决一死战，围而歼之。

老方法还会像上次一样出神效吗？

新墙河，柏辉章师拼到不足千人，死死顶住两万余日军的攻击

第4军防守守卫长沙的第一道门户——新墙河。

紧靠新墙河中段渡口南端有一个小镇叫新墙，是一个百十户人家的小地

方。它在第 4 军第 102 师第 304 团防区内，位于交通要道，既是渡过新墙河必经之地，也是守卫长沙的第一道门户，自然，这里也是日军南下渡河首先进攻的要点。

欧震军长接到第九战区长官部加强戒备的命令后，最前沿的第 4 军紧急动员起来了。他把第 102 师摆在了新墙河正面防线，这里不仅是最前沿，而且防线宽，左起洞庭湖东岸，右讫公田西界。在第一次长沙会战时，王牌第 52 军第 25 师就是守在这里，到处一片残垣败垒，毙马遗尸随处可见。各团清扫战场构筑工事，师长柏辉章在第一线配备三个建制团第 304、第 305、第 306 团，补充团做第二线预备队，师部驻王复泰村，全线严阵待敌。

9 月 17 日，新墙河北岸的日军集中 3 个师团兵力附坦克、骑兵、炮兵向中国军队阵地发起了攻击，重炮轰击新墙小镇，一时弹落如雨，小镇被炸成了一片瓦砾。守军的机枪掩体工事多设在小镇两侧小山峡内，当鬼子开始渡河的时候，全部机枪"哒哒哒"开火，火力交错而又集中，死死封锁新墙河的渡河点，鬼子几次进行强渡，但还是因为火力太猛烈，渡船就是到了河中央，也被打翻，鬼子没有被打死，也掉进河水被淹死，正面强渡显然行不通。日军大佐发脾气："狂冲狂抢有毛用啊，打仗没技术，不动脑 100 年也过不了河！"

日军转而从第 304 团右翼找到了筻口进行强渡，这里的火力没有正面强，鬼子硬拼着过了河，并且建立了桥头堡。第 102 师师长柏辉章是一员猛将，是从班长一步步靠打仗当上师长的，他率领第 102 师参加过淞沪抗战、徐州会战、武汉会战，敢打敢拼，第一次长沙会战后出任第 4 军副军长兼第 102 师师长。第 102 师属于黔军，但是一支劲旅，敢打硬仗，也敢打血拼仗，划归第 4 军后仍然保持原来的编制。此刻，他听说鬼子过河了，严令该团团长许世俊："一定要消除敌人的桥头堡！"

许世俊立即组织冲锋，亲自督战，官兵们勇猛冲杀，又将桥头堡的日兵歼灭殆尽，并且还生俘了一个日军军曹（班长）。结果，日俘被许团长亲自押送到了师部。

柏师长亲自带着翻译进行审问，日俘说："你军大大的好，有名有名的军队。"

"有什么有名呢？"柏师长故意问他。

他讲出一些日军情况，反衬对方的"有名"，然后要求："我俘虏的不杀。"

这让柏师长等人哈哈大笑。

接着，日军以飞机大炮掩护，修复了新墙河上被中国军队早先炸毁的军用桥梁，出动了坦克。中国军队用重迫击炮阻击，又把桥梁打塌了一节，坦克没能过河，冲在最前面的一辆掉进了河水里喂了王八。

第304团守住了阵地，但在激战中，第306团正面被日军的骑兵徒涉突破了。

中国军队用重迫击炮炸塌桥梁阻击日军坦克前进

鬼子骑兵很凶猛，到处穿插冲击。第306团团长陈希周好几次告急："师座，扛不住啦！有没有援兵啊？"

柏辉章命令："援兵没有，你团原地据守各个据点，互相支撑，机动作战，不得后退一步。"

鬼子找到了渡河的窍门后，大队骑兵开始强渡，分成一小股一小股进行突击，柏辉章通令各团坚守据点："誓与阵地共存亡，无命令不得擅自撤离后退。"

同时，他下令补充团紧靠前线，构成第二道据点防线。

日军继续猛攻，步兵、骑兵一起上，第102师全线浴血苦战，官兵死了一批又一批，新墙河畔的土地洒遍了烈士们的鲜血，将士效命，前仆后继，拼命顶住敌军的强大攻势。

在战斗中，柏辉章师长不仅不退，反而将指挥所一直往前推，最后进到了潼溪街附近，紧靠着最前方，他本人也时不时地到火线进行督战。

第306团第1营坚守毕家山阵地，这里仍是日军主攻的地方，日军第13联队拼命地猛攻，该营伤亡惨重，难以支撑。此时，柏师长已无兵力可派去增援，情急之下，他命令师直属工兵营："你们前往接守阵地。"

结果，激战几个昼夜后，工兵营也只剩下营长杨炯和第3连连长孙逸民以下31人，情况紧急。柏辉章没有办法了，请军部派兵增援，欧震军长没有派兵，指示说："相机退守潼溪街。"

次日，敌人进占毕家山，乘势强渡潼溪河，柏辉章这才开始带领师指挥所转移。杨炯率31人退守到街南几里处的一个高地，掩护师指挥所转移位置。

日军一排骑兵尾随追到,柏师长命令工兵营31名残兵:"一齐开枪射击!"

"哒哒哒",一阵火力打倒了鬼子冲在最前面的两匹马。枪声一响,杨营长就后悔了:开枪一暴露目标,岂不招引敌人骑兵上山搜索,敌众我寡,全部都要牺牲了。但抬起头一看,却见敌骑转向朝东北方面逃去了。

杨炯见师长临危不惧,从容指挥,竟然把敌人骑兵打走,心里暗服。柏辉章看穿了杨炯的疑问,笑着对他说:"我们以火力齐发,故作疑兵,鬼子肯定认为我们有大部队在山上埋伏,因此避战退走,不然,他们一定会上山搜索。"

随后,果然敌机飞来了进行轰炸,投下两枚小型炸弹击中了山头,盘旋几圈后向南飞去了,柏辉章急率指挥所人员进驻黄沙街指挥战斗。

这时,第102师伤亡惨重。第305团的几个营中,第1营只剩下100余人据守古家村,受到日军围攻。连长曾德正战死。第2营代理营长徐锦江率18个人坚守黄泥港,受日军骑兵冲击,全部牺牲。第3营在激战中,营长孙国桢阵亡。

这时军长欧震从关王桥军部打来电话,要求第102师坚持战斗,全力阻滞敌人前进,一定要掩护战区主力完成后方反击部署。柏辉章说:"现在敌人步兵分头攻击我各个据点阵地,敌骑到处乱窜,我师连日激战伤亡太大,剩下不足千人,恐怕敌人钻缝子突进打乱战区后方部署,我要求派一个团前来支援。"

欧军长回答:"军部只控制第90师一点部队,要做以后决战用,抽不出兵力。薛长官有令,当前战场成败,责任在我军,我就把这个任务交给你了。"

他一不派援兵,二无其他拯危措施,一句"我就把这个任务交给你了",就死活不管了。柏辉章放下电话筒,面含怒色,连称:"孤军作战,孤军作战。"

但是,刚毅的他立即又拿起了电话,转令自己手下的团长:"各团守住阵地,绊住敌人,不得后退一步,直至最后牺牲,在所不辞。"

他打完电话,转身向参谋长熊钦垣说:"欧军长不肯派兵增援,现在火线上兵不满千人,营长以下快牺牲没了,只剩一些零星部队分守各个据点,看来支持不了多久。前线一垮,后面就难以设防。我到第305团督战,陈副师长到第304团去,即刻出发。我们以决死效命,师部后方一切事务请你完全负责。"

熊钦垣说:"师长此去,给前线官兵莫大鼓舞,必使一以当百,一定能使战局好转。"

说罢，柏辉章和副师长陈伟光二人就急匆匆地上火线去了。

柏辉章持枪上阵督战，在最前沿阵地与官兵并肩战斗，全师又奋战两日，死死顶住了当面之敌——日军第6师团两万余人的猛攻，终于保证战区完成了后方反击部署，然后，才奉命撤离火线。

欧震为什么死死不肯支援柏辉章呢？原因就是为了保存自己的实力。第102师是黔军部队，第4军也是地方军（粤军），因此舍不得自己的几杆枪，好在柏辉章智勇双全，终于守到了最后的时刻。

这一仗柏辉章完全可以与上次第52军媲美，甚至守得比第52军还顽强。战后，战区长官薛岳、集团军总司令杨森都发来嘉奖电报。贵州籍的参谋总长何应钦也兴奋地来电慰勉，何应钦的电文是：

"该师临战奋勇，阻击强敌，保卫长沙，克尽厥功，致予嘉勉，对殉战将士深寄哀悼。"

长官部不纳"忠言"，日军两天就打到了长沙

柏辉章在新墙河第一线阻击日军的时候，因为日军攻击十分凶猛，薛岳生怕他们有失，急忙部署汨罗江南岸的第二线阵地。

他给和他一起留守在长沙的参谋处打电话："你们起草一个命令，即令第26军、第37军在平江以西—浯口—新市—营田—湘阴—临资口之线占领阵地，着炮兵指挥官王若卿亲自指挥战区直辖炮兵在浯口方面的汨罗江南岸占领阵地，支援步兵，固守汨罗江。"

参谋处处长赵子立一听，吓了一跳，这不又是罗卓英当年守修水、丢南昌的战术吗？！可一时又不知咋说好，只好"嗯、嗯"答应着，先把电话放下。

可放下电话后，他却越想越觉得不妥，上次的"操作"丢了南昌，这次再这样做，"天炉"就可能完全变成"死炉"，因此必须去说服薛总司令。

如何去说服薛岳呢？他是长官，这"进谏"还得讲究方法，否则，"进谏"就会变成"进监"，反为自己惹祸。思考成熟后，赵子立边让第一科照薛岳的指示拟命令稿，边去唐公馆找薛岳、吴逸志当面申述自己的作战意见。

谁知他一进唐公馆的大门，参谋长吴逸志就很高兴地说："哈哈！你看我们把第26军用上，把炮兵用上，在汨罗江可以好好打个胜仗了，哈哈！"

赵子立说："情况怕不是这个样子，我正想向参座和长官说一说参谋处

的看法。"

"哦",薛岳盯住他。

赵子立开始申述自己的意见说:"日军此次进攻的兵力,看情况比上次进攻时的兵力大,日军进攻的正面,也比上次宽。上次日军虽然兵力没有这次大,但它还是找我们的右翼包围。此次日军的兵力大,将更要找我们的右翼包围。"

"会右翼吗?"吴逸志问。

"肯定是的。"赵子立说,"我们为了'争取外线',要免受敌人的包围,并能攻其侧背,在汨罗江以南的各逐次抵抗线的右翼,必须向东延伸到三眼桥至浏阳这一条线上。"

"还有呢?"吴逸志问。

赵子立说:"我们为了等待第79军、第74军全部到达决战地区,必须'争取时间'。但争取时间只能用'逐次抵抗'来争取,像上次长沙会战那样,绝不能用'一地持久防御'来争取。如果那样做,我们来不及和敌人决战,敌人就可能要强迫我们决战,将我们防御部队击破了,就影响我们以后在预定决战地区(天炉)的决战,就要重蹈前年守修水丢南昌的覆辙,万不可行。"

"那要怎么去部署啊?"吴逸志问。

"请考虑这样部署怎样?"赵子立说,"让第27集团军的第20军由南江桥现阵地,一面逐次抵抗,一面向三眼桥东北转移,而后待命向汨罗江以北进攻敌后。第58军由新墙河现阵地一面逐次抵抗,一面向汨罗江以南转移。第26军、第37军在汨罗江南岸的抵抗线,右翼必须向东延伸到三眼桥对岸。第26、第37、第58这三个军从汨罗江开始向南交替进行逐次抵抗,至浏阳河南岸转为防御,待命向当面敌军主力反攻。"

"那第74军呢?"吴逸志又问。

"让新归本战区指挥的第74军向浏阳东北地区前进。"赵子立说,"还有,让第19、第30集团军以一部守备现阵地,以主力从社港市、相公市以东地区前进;待命向西索敌主力攻击,让第10军守备岳麓山及长沙。"

"炮兵不用啦?"吴逸志问。

"战区直辖炮兵不宜使用于汨罗江方面,万一撤退时丢了可惜,仍使用于长沙地区。"

薛岳在一旁,一直没有说话。但赵子立走后,他和吴逸志都没理睬这个意见。因为他们在电话中对第26军和炮兵指挥部已经做了部署,只不过是让参谋处补发一个命令而已。

赵子立哪里知道，他不过是瞎折腾了一通。

这次长沙会战，因为还是薛岳的"天炉战法"，因此起初自然仍然是防御大战，其中主要分为三个大部分，第九战区副司令长官兼第30集团军总司令王陵基指挥第72军、第78军及其他部队与日军对峙，守备赣北；第九战区副司令长官兼第27集团军总司令杨森，指挥第20军担任通山以南至通城的守备，第58军担任通城（不含）经黄岸市至大云山（不含）的守备；第4军担任大云山、八百市、草鞋岭，沿新墙河南岸至鹿角与日军对峙并进行守备。因此，在湘北这一块，当第58军守军后退后，就将杨森第27集团军第20军推到了最前线。

第20军也是杂牌军，属于川军，战斗力虽然强悍，可日军大举向南江桥发起猛攻后，大炮、战车、飞机一起上，步兵一进攻，就把第20军阵地突破了一个缺口。官兵硬顶着，武器不如人，大清时代的老套筒子哪里抗得过鬼子的战车和大炮？抵抗不住了。薛岳不派精锐部队主动作战，结果，这些杂牌军就被绝对优势的日军打垮下来。

18日，日军攻破了新墙河防线。

日军突破了新墙河、南江桥阵地后，仅以小部兵力沿着原粤汉铁路和湘阴杨林街、长乐街道南下，19日，就长驱直入抵达了汨罗江北岸，向汨罗江阵地正面发起进攻。

因为战况并不怎样激烈，前线很稳定。薛岳、吴逸志都很高兴，认为他们部署对了，吴逸志还说："这个赵子立喊着要守右翼右翼，就这种人太多了，麻木加猪脑。"

而偏偏这个时候，日军的主力正经平江方面向第26军右侧后方迂回——在当初赵子立拼命强调必须护卫的右翼准备包围中国军队。

第26军在平江以西—浯口—新市线汨罗江南占领阵地，重点保持右翼。第99军守备归义—营田—湘阴之线占领阵地，第20军、第58军已转移到梅仙、平江以东的山地，而第26军的右翼尚在平江以西，这样一来，中间就出现了一个空隙，结果，日军主力通过这个空隙，并不断扩大，悄悄包围中国军队右翼，准备将其压迫到洞庭湖东岸、汨罗江南岸歼灭。

官复原职的第26军军长萧之楚急忙打电话向薛岳报告："总司令，不好啦！发现日军以主力向我军包过来……"

薛岳一听就暴跳如雷，开口就骂："为啥让敌人包过来？为啥不打？丢了汨罗江的阵地，就杀你！"

赵子立立即打电话给炮兵指挥官王若卿，问道："你炮兵阵地上发现鬼子没有？"

王指挥官回答："咦！你怎么瞎扯，前方稳定，炮兵阵地何来鬼子？"

赵子立说："不，鬼子快到炮兵阵地了，注意，不要丢了炮！"

果然，撂下电话没过多久，王若卿的电话就来了，很紧张地说了一句："距离炮兵阵地不远的地方，发生了情况……"就丢下了话机，没声音了。

赵子立见对方撂下了话筒，猜想王若卿大概是匆忙指挥炮兵转移阵地去了。

这次日军主力由北、东、南三面围攻第26军，用上了约二十个联队的兵力，按实际战斗力计算，五倍于第26军。不管态势如何，不管兵力对比如何，在薛岳的严令下，第26军军长萧之楚知道这一次如果像上次在宜昌那样就真的性命难保了，因此拼了老命死守阵地。其实，第26军还是很有战斗力的，其第32师是原西北军的老部队，师长王修身曾任冯玉祥卫队旅旅长，能征善战；第41师原是徐源泉的老部队，师长丁治磐，机警过人；第44师是萧之楚的基本队伍，师长陈永在作战上大胆沉着。因此，全军死死支持了两天。

中国军队在与日军作战

然而，终究是面对五倍于自己之敌，萧之楚再豁出去了，也难以抗住强敌。20日，日军突破汨罗江防线，分途向长沙进犯。

在第 26 军激战的时候，第 37 军也在长乐街、瓮江方面和日军大打出手。

在防守新墙河时，第 37 军第 60 师由汨罗江北调，担任新墙河岸篁口、杨林街之线守备。17 日下午，新墙河主阵地被突破后，第 4 军第 102 师主力转移到杨林街、关王桥、三江口一带。第 60 师守备篁口阵地，尽力拒敌，战至下午，伤亡五六百人，大部被敌冲散，经多方收容，才到师部所在地罗内集中。然后，他们又开始侧击和尾追南下之敌，不时发生激战。19 日，南下之敌因他们追得紧，打得狠，十分恼火，又调转头，与他们在马嘶垅大战。在飞机大炮掩护下，日军三次发起冲锋。第 60 师顽强抗击，死伤六七百人，阵地一再被突破，师部直属部队也被冲散，参谋处上校主任陈燕茂因走出师指挥所到火线察看战况，谁知一回来，发现师长、副师长、参谋长三个巨头已不知去向。三个团长也与师部断了联系，正在各自为战，敌我阵地犬牙交错，双方官兵正在厮杀，好在时近黄昏，敌攻势稍挫。

为了收拾残局，陈燕茂立即以师长名义派人四处联系，收容各部散兵，收得 3000 多人。因敌情不明，他领着他们调头沿山上小路向罗内走去。走了大半夜，没想到却在一片林子里与师长、副师长、参谋长等相遇。他们正在忧心忡忡，见陈燕茂带回几千兵马，喜出望外，说："谢天谢地，谢燕茂。"

然后，第 60 师沿着山路南下，前去投奔在汨罗江的军主力。

第 37 军主力正在汨罗江顽强阻敌。

第 37 军在第一次长沙会战中是机动部队，这一次负责在汨罗江一线与第 26 军进行防御抵抗战。

在新墙河防线被击垮时，第 37 军军长陈沛就把第 140 师调往长乐街南岸占领阵地，阻止敌人南犯，同时，他下令："把在浯口构筑工事的野战补充团也调去长乐街南岸。"

程奎朗团长率野战补充团向长乐街前进中，又接到李棠师长命令："转至栗山巷待命。"

到栗山巷时已天黑了，又接到李棠师长命令："在东山寺、横坡岭、鸭婆山之线构筑阵地，以阻敌南进。"

这时，第 140 师第 420 团团长牟龙光已于先一夜派第 3 营营长吉培根从脱甲桥夜行军到达栗山巷，占领了栗山巷前面的桃花山、兴隆山等前沿阵地，第 420 团与野战补充团共同由东山寺到栗山巷、桃花山、母猪洞一带守卫阵地。吉营长并派第 1 连骆君尧连长率全连上兴隆山占领了制高点，在通往长乐街的要道上设置了大排哨。

第二日拂晓，大排哨报告牟团长："鬼子两千余人正在长乐街口的汨罗江渡口架设浮桥，准备强渡。"

牟团长正要采取行动时，一支部队来了，原来第九战区派重迫击炮团由团长李康庵率领，前来归牟龙光指挥。牟龙光立即下令："你们和师追击炮营集中对敌射击。"

于是，迫击炮团一齐对准长乐街渡口射击，"轰——轰——"摧毁了浮桥，鬼子终于过不了江。

栗山巷以北阵地巩固下来了。

但北岸之敌沿江而上，从浯口附近徒涉到了南岸，然后，兵分三路，一路来到月亮山附近，与第140师第418团接火，打起来了；一路进入土洞，威胁守备大头岭的第419团及直属队；一路沿大头岭西进，与兴隆山阵地的第420团激战。最前沿的第2连阵地一度失去，入夜后，他们又将阵地恢复。

第三日拂晓，日军第3师团发起了全面进攻，首先与第418团在月亮山激战终日，第420团的兴隆山及母猪洞两据点同时被敌占领。

第四日，占领月亮山之敌继续前进，向横坡岭攻击，第418团的阻敌任务完成了，奉命撤到栗山巷以南休整。日军趁机向鸭婆山、兴隆山、桃花岭前进，第420团顽强抵抗，打退鬼子多次进攻。但守东山寺的野战补充团新兵较多，装备也差，官兵没什么战斗经验，虽然杀敌决心大，但与日军激战几个小时后，伤亡不少。在半夜，鬼子猛攻该团右翼，官兵伤亡较重，连团指挥所都中了炮弹，机枪连连长宋治湘阵亡。但是这些新兵也不好惹，打急了就举着大刀冲出阵地，和鬼子进行面对面的较量，鬼子在阵地前伤亡累累。

激战到黄昏，阵地前才暂时沉寂下来。

天黑后，程奎朗团长又调整部署，准备明日的战斗，突然，日军又开始发起进攻了，鬼子蜂拥而上。团指挥所左后方高地，几挺机枪对着指挥所射击，程团长说："是敌便衣队在后面扰乱。"

他一边派兵驱逐敌便衣队，一边将团指挥所转移，继续指挥战斗。

次日晨，鬼子主力转向第420团兴隆山、桃花山、鸭婆山阵地攻击。激战终日，桃花山一度失守，夜里又夺了回来。

第六日入暮，火线不断由鸭婆山脚该团阵地波浪式往前推。由于日军主力集中向栗山巷突击，防线被突破，军长陈沛派第95师第285团前来增援。第285团与敌遭遇，全团发起冲锋，终于制止了日军继续深入。

谁知这时浯口兰家桥的第26军丁治磐师阵地被敌军突破，日军以骑兵为先导，步兵、炮兵沿着马槽滩向第 37 军阵地后方福临铺推进，在大头岭激战的第 419 团、野战补充团、第 418 团右侧背受到威胁。日军派出骑兵下马徒步向大头岭进攻，被中国军队掩护部队拦住，终日战斗不绝。本来在栗山巷左侧高地上布置有追击炮，但因射程短，不能打到鬼子集中的地方，对马槽滩附近之敌没能予以重创。第 140 师与日军在东南北三方面激战，左翼神鼎山阵地在下午 5 时左右被日军占领了。

第 140 师全线阵地孤立在大头岭、鸭婆山、兴隆山、桃花山之线，薛岳急忙下令在阵地后方福临铺兴岭岗的第 10 军三个师全部拨归第 37 军军长陈沛指挥。

第 10 军整师、整团投入了战斗，日军终于被逐个击破，向后撤退。

第 140 师因为处于三面受敌之境，战斗到第七日天黑后开始后撤。

第八日早晨，师长李棠率直属队撤到了明月大山，第 420 团撤到了李家塅附近。谁知该团又遭到鬼子先遣便衣队袭击，接着飞机也来进行轰炸，经过好几个小时的收容，全团于当夜撤至明月大山南端，与师部取得联系。

第九日，李师长在苦竹坳与第 10 军第 3 师取得联络，并与长官部直通电话，吴逸志电令第 140 师撤到长沙南郊黄土岭集中。

第十日，第 140 师师部及第 419 团、直属队、420 团，除留副营长黄立勋率兵两连在梓木洞、明月山东、影珠山一带游击，第 419 团派一营在靖港以东牵制敌人外，其余都撤至长沙。

日军短短 10 天的工夫，就先后击退了第 58 军、第 20 军、第 26 军、第 37 军。经过两道防御战，国军好几个军失去了战斗能力。在进军途中，日军投下不少的传单，云：

"薛警备司令阁下，欢迎你来共同搞大东亚共荣圈。"

"第 60 师已全部投降，师长董煜阁下已被生俘。"

"大头岭之第 140 师全部被歼，师长、团长全部被俘。"

这些传单被送到了留在长沙城内的第九战区长官部，吴逸志一看，就往地上丢，忙不迭地踩上几脚，说："天天放空炮，好笑！"

第 10 军和第 37 军参战，军部与各师各团都失去了联系

当第二道防线不行了的时候，薛岳急调战区直属军第 10 军上阵，在长

沙附近的第三道阵线进行"诱敌"。

第10军军长叫李玉堂,下辖三个师:第3师,师长周庆祥;第190师,师长朱岳;预备第10师,师长方先觉。这是蒋介石的嫡系部队,各连用的都是捷克式轻机枪,装备较好。全军在湖南沅陵(军部及第3师)、桃源(第190师)、溆浦(预备第10师)长期进行整训,列为统帅部的战略预备军。1941年6月校阅后,奉令开往衡山、石湾、大堡、荣山坳等粤汉铁路沿线车站,待命开赴缅甸战场。9月中旬,日军第二次进犯长沙,蒋介石令第10军开往长沙,担任守城任务。

这时,薛岳计划在金井至粤汉路东西之线与敌决战,急需兵力加强金井,于是令第10军前往金井布置"天炉"。

李玉堂即令军部和各师在衡山、大堡、石湾车站集结,车运至株洲田心。下车后,战备行军,赶往长沙金井。各师奉令后,没时间进行准备,也没对官兵进行战斗动员,在开拔当日,各连连长和指导员匆促对士兵讲了一下战斗纪律,就集结上车了。到达田心后,下车步行,天气不好,一连下了几天雨,道路泥泞,士兵没有防雨装备,背着军毯、米袋、弹带,周身湿透,连续日夜行军,疲惫不堪。

第10军一到达金井,当晚就奉令接守第37军第140师在金井一带的防地。第140师交防时,师长李棠介绍敌情说:"当面敌人的先头部队尚在平江浯口,沿粤汉铁路进攻的敌人,刚渡汨罗江。"

说完,他又提醒说:"浯口在金井以北约60华里,中间都是山地,形势复杂险阻,不通大道,只有崎岖小径可行。"

第10军军长李玉堂说:"我估计敌人不会从小路进攻,如果进犯金井,必先攻占瓮江,沿大道南下。"

随后,第10军把防守瓮江至金井的大道作为堵击日军南犯的重心,预备第10师进驻金井西北沿河的村庄,第190师扼守金井通往瓮江的大道。

当晚,预备第10师师长方先觉以为金井东北有第190师,瓮江还有第37军第140师的部队,西北不通大道,可以安然睡上一晚了,没有严密戒备。不料拂晓前,日军一支快速部队从浯口取道崎岖小径,夜袭预备第10师。

预备第10师住在金井西北最前沿的一个营,在酣睡中被鬼子突入营房,乱刀砍杀,猝不及防,损失很大,当场就死伤二三百人。其他各部不知敌人夜间从何而来,究竟有多少,阵势如何,在黑夜中盲目抵抗,乱作一团,师、团、营、连之间失去联系。等到天亮以后,方先觉才把情况弄清,报告军部。

方先觉出师未捷先摔了一大跤。

第190师当晚宿营在金井东北各村庄，次日拂晓赶往瓮江以南高地占领阵地，设置第二道防线，准备堵击经由瓮江南犯之敌。拂晓，各团就开始集结向瓮江以南高地进发，预计到达目的地后再吃早饭。全师才走了三四里路，就接到军部紧急通知："敌人骑兵已从小道迂回窜至金井西北夜袭，预备第10师受到很大损失。军长令第190师立即就近占领有利阵地，一面准备堵击正面敌人，一面防止敌人迂回偷袭侧背。"

师长朱岳急令各团停止前进，迅速就地占领有利阵地，准备战斗。部队就地集结后，才准备进入阵地，李玉堂军长又发来紧急命令，令第190师各团迅速向西转移至古华山东北高地，堵截由平江浯口取小径进犯金井之敌后续部队，围歼敌人迂回偷袭部队。

各团急忙向西转移，在一处不到200米宽的狭长谷地展开，分两路向古华山东北麓前进，中途被敌机发现，又是低空盘旋扫射，又是发射信号弹告诉日军迂回部队和正面部队。朱岳见状，知道情况不妙了，马上对第568团团长陈家星和第569团团长彭祝龄说："你们立即率领该部抢占右侧古华山东北四五里的高地。"

然后，他自己同彭副师长率师部直属队和第570团向古华山东麓前进，准备在那里设立师指挥所。在行进中，他又接到军部通知："第190师配属第37军军长陈沛指挥，听候第37军命令行动。"

前后不到两小时，军部连续变更了三次命令。

这一次军长李玉堂也都骂娘了。原来，战区长官部下令第10军将预备第10师、第190师和第3师两个团，拨归第37军陈沛指挥。第10军军长李玉堂只剩下一个第3师第7团和军部直属队了，因此怒气冲天。骂娘归骂娘，他还是不得不执行命令。

这时日军在飞机的引导下从四面而来了，朱岳率领全师行至古华山东麓二三里一家屋前时，突然一队迂回过来的日军骑兵从左侧冲了出来，挥舞着马刀，见人就乱砍乱杀，朱岳当场负伤，彭副师长阵亡，师直属队和第570团官兵马上陷入混乱，一瞬间跑散了。

第569团团长彭祝龄在古华山东北高地占领了阵地，然后登上山顶一望，只见山下北麓日军大部队在急急行进，尘土飞扬；再望，只见远处师部和第570团在南麓被鬼子的马队追杀，像猴子般乱蹦乱跳，仓皇乱逃。可是，一与他们联络不上，二也无法支援，于是急忙下令迫击炮连对正面北麓的鬼子开炮,打了 20 多炮,结果把鬼子全引过来了。

日军马上就向山上发起了冲锋。

彭团长见势不妙,便率部急忙沿山向西南的福临铺退走,在慌乱之中,他右足被柴桩刺破,立即说:"脚崴了,受了重伤!"然后借口脱离部队,化装单独逃走了。他一走,全团被鬼子一追,全都做鸟兽散了。

古华山高地还有一个第 568 团,团长陈家星眼见第 569 团撤走了,骂了句"不爱国的家伙",没放一枪,也急忙率部撤退。

他们丢弃阵地而逃,于是,由平江浯口向金井进犯的日军长驱直入,骑兵在第 10 军和第 37 军的后方横冲直撞。

第 37 军军部在金井附近的将军坝,本来距离火线好几十里,不知咋的,一伙鬼子骑兵撞到了他们跟前,枪声一响,军部上下撒腿就跑,在仓皇逃命途中,连军部的关防大印都丢掉了。

至此,第 10 军和第 37 军军部与各师、各师与各团全都失去联系,将无兵带,兵无将领,偌大的两个军全跑散了。

在团长化装跑掉后,第 569 团中校团指导员熊武琪也成了"独户寡人"。他边找部队,边沿途收容了 100 多名散兵,领着他们一口气跑到孙家桥。

在孙家桥后面山麓的一个村庄里,他找到了军长李玉堂和军参谋长蔡雨时,他们急忙问:"第 190 师的情况如何?"

熊武琪说:"师部被袭击,师长负伤,副师长阵亡,各团溃散。"

蔡参谋长小声地问道:"第 3 师第 7 团呢?你见着他们没有?"

原来他们也把手下那个团丢了,熊中校说:"我知道第 7 团,他们在古华山占领了阵地。不过,听说鬼子正在攻打古华山,一路鬼子已占领了福临铺,直接威胁古华山左侧。"

"那他们也难挺住啊!"蔡雨时说,"得赶快派兵堵住福临铺的鬼子,不然,古华山要是被包围,我们军部的安全都没法儿保证了。"

把手下弄丢了的军长李玉堂却发牢骚说:"我只当一个团的军长,哪还有什么兵力可派?叫第 7 团赶快注意左侧,叫特务营赶快侦察地形,占领阵地,防止鬼子袭击军部。"

接着他命令把熊武琪收容的散兵 100 多人也交给军部特务营指挥,熊武琪问道:"我是否随军部行动?"

李玉堂说:"你去孙家桥大道上继续收容,收容的枪兵交给军部。"

熊武琪便去了孙家桥。

他到达孙家桥时，已近黄昏，听到枪炮声渐近，便躲进了大山。次日清晨，军部直属部队几个散兵也退到了他躲藏的山里，熊武琪问他们："孙家桥昨晚战斗如何？李军长呢？"

"咳，天黑不久，听说鬼子包围了孙家桥军部，和特务营发生了战斗，又听说军长命令突围，不知冲出来没有。我们是向南跑出来的，没遇着鬼子。"

就这样，第10军防守瓮江至金井的大道，没有堵住南犯的日军。

日军就要打进长沙城了。

王牌第74军出战，遭遇罕见大败

当第37军、第26军、第10军尚未全垮时，另一支部队第74军到达了最前线。

第74军是战区直属军，也是不久前上高战役立下大功的主力军。在江西上高会战后，他们将第一线防务交给友军，调到后方分宜、新余、上高一带休整补充。9月18日，忽接上级命令，说武汉方面日军从岳阳通城出发进攻长沙，已渡过新墙河、汨罗江，逼近长沙，战斗非常激烈。命第74军全部西进，急救长沙。全军按第57师、第58师、军部、第51师顺序，经宜春、浏阳向长沙急进。

当他们启程开赴湖南时，第九战区司令长官部对于战局和该军的安排产生了分歧。

薛岳、吴逸志认为，日军突破汨罗江的阵地后，一定要直取长沙。长沙重要，必须力保，准备由第79军守长沙，第74军守长沙以东黄花、永安地区。但这个决定又遭到赵子立等人的反对，赵子立认为，这次会战，日军是要先消灭中国部队，才再占领长沙。两种认识决定着战局的摆布和兵力的安排。

赵子立又像上次那样，急急赶去唐公馆。

见着薛岳和吴逸志后，赵子立建议说："鬼子主力是要找寻我军的右侧来包围。现在作战的关键问题，是鬼子和我军争夺外线的问题，得之者胜，失之者败。如果把第74军向长沙以东拉，那正好是以右侧背授敌，是自己进入内线，是自投罗网，万万使不得。"

薛岳问道："你有什么依据？"

"根据日军惯用战法和地形来判断，目前汨罗江南岸正在进行的战斗也

中国军队与日军展开激烈战斗

证明了这一点。"赵子立说。

"你说下去。"薛岳说。

"第26军、第37军已经用错了,现在看来,这两个军已没什么希望了,一错不可再错。"赵子立侃侃而谈,"如果将第74军暂时停止在浏阳东北,即浏阳河上游东岸地区,等第19、第30集团军的部队到达后,以第27集团军的第20军和第58军、第30集团军的一个军,第19集团军的一个师,第74军,第4军,第10军等共约17个师的兵力确保外线同时进攻,这样,就是我们的主力打日军的左侧背,是日军以侧背授我。虽第26军、第37军、第10军失败了,我们仍可转败为胜。"

吴逸志说:"长沙丢了不得了。"

赵子立以为自己的意见生效了,脸上稍露得意之色,谁知薛岳还是说:"坚决要把第74军向长沙以东拉。"

汨罗江的战斗已经证明了赵子立的判断,可是薛岳不知为什么还是坚持自己的意见,这是薛岳的愚蠢?不,而是权力的霸道。赵子立第二次建言又失败了,灰溜溜地离开唐公馆,回到了文艺中学指挥部。

赵子立一进门,恰好电话响了,一拿起是第74军军长王耀武在湘赣途中打来的,和赵子立联络。赵子立当即将汨罗江的情况告诉他,最后有意提醒说:"把你的部队向长沙以东拉,我是绝对不同意的。我的意见是要把你的部队摆在浏阳东北,将来协同友军向西对敌左侧进攻,那样有胜无败。现在决定把你的部队向长沙以东拉,我估计你们由东向西前进,敌人将由北向南前进,恰好出现在你们的右侧,你们将要与绝对优势的敌人发生严重的遭遇性的战斗。"

深明"两头跑两头吃香"官场术的王耀武对于长官部的争执,才不愿意介入其中呢，只是轻轻"哦"了一声，没有"介入"进去。赵子立碰壁之后的沮丧还是没能消除，继续说："高瞻远瞩没有了，大智大慧没有了，他们硬要这样做，真糟糕透了！"

王耀武部队正在疾进中，没太多的时间听赵子立发牢骚，赵子立只好撂电话了。但王耀武对赵子立的提醒，也根本没在意。

9月24日，第57师、第58师及军部通过浏阳城西蕉溪岭隘路时，突然受到敌机轮番轰炸扫射，两个师挤在一条前后15里、两面是石山的羊肠小道上，官兵伤亡重大。当后续的第51师通过该地时，敌机又来投弹，一些官兵在扫射中慌忙跳进刚才炸成的土坑中，里面多是十几具尸体累积在一起，只好卧在尸体中。尽管屡遭敌机轰炸，但第74军对敌机却不知如何应付，王耀武和师长们竟然不知组织步、机枪集中对空射击，只会用树叶伪装隐蔽，还下令："不准喧嚷！"怕飞机上听到。

赵子立的提醒不能让王耀武警觉，在路上挨炸，应该对他又是一次警示了，但他还是没在意，大祸渐渐地在酿成之中。

25日深夜，第九战区长官部向第74军下达了命令：（1）敌神田师团、青木师团已陷瓮江，向金井、高桥进逼，已令第26军萧之楚部向金井、团山之线迎击，掩护你军到达；（2）你军应连夜赶到春华山、永安市、黄花市地区，沿捞刀河南岸占领阵地，构筑工事，作为长沙外围阵地，协同第79军夏楚中部固守长沙城区。王耀武接到命令时，第74军距防区不过一日行程，距金井、高桥之敌也不过百余里了。谁都知道越近战场，越有可能与鬼子遭遇。但第74军上下却麻痹大意，既没与前线友军进行联络，也没派出搜索部队。

为了急救长沙，晚饭后，全军继续摆成一字长蛇队形前进。天将黑时，王耀武等人远远看见前方永安市大火冲天，火光照到二三十里外。殊不知日军已渡过捞刀河，进到了第74军北侧的各个山头上。但第74军仍毫无察觉，只听说前方第26军还扼守着捞刀河，满腹都是疑团：为何那里这么大的火光呢？

原来日军已将汨罗江南岸守军完全击垮了，果如赵子立所料到的那样，没有乘胜直取长沙，攻击长沙的既设阵地，而是以消灭中国军队主力为首先目标，马不停蹄地迅速向东南——浏阳方向急进了。这时第74军正行军通过浏阳西进长沙，结果，把自己的右侧正好送到了鬼子面前。

日军主力由北向南，第74军则由东向西，右侧背完全暴露在日军攻击之下，按照军委会制定的战术原则，第74军应派出侧卫部队掩护主力安全行进。王耀武由于相信长官部命令，恃有第26军的掩护，又想早日赶到指定地区，

争取时间占领阵地，构筑工事，没做其他战斗部署，只是令第57师派先遣团轻装急进，先占领春华山以掩护主力占领阵地。可是，他哪里知道这第26军并没在团山、高桥一线阻击住敌军，主力已经转进大山了，仅留少数官兵在放冷枪，"佯攻敌军"，于是日军毫不受阻，长驱直入。

26日正午，第57师刘安泰团赶到春华山时，即与敌先头部队遭遇，双方在春华山镇上展开白刃战，反复争夺。终因敌后续部队增加，春华山以北高地均为敌军占领，先遣团掩护任务不能达成，被迫向南溃退。

与此同时，日军主力由永安市向前进中的第58师突然袭击。该师在蕉溪岭被轰炸扫射，官兵伤亡颇多，加之数百里行军疲劳，受到敌军由侧背突击，被切成数段，各级指挥官均失去掌握，混战不到几小时，全师崩溃。

王耀武亦穷于应变，只是令第51师迅速占领阵地阻止敌人前进，并收容第58师的溃兵，令第57师于石塘铺一带阻击南犯敌军。混战至黄昏以后，第51师师长李天霞不遵守军部命令，擅自将部队向东龟缩，阵地形成一大空隙。第57师正面又被敌突破，军直属部队在黄花市受到攻击。日军在连续取胜之下，竟一反夜间不深入的常规战法，大部队向黄花市夜袭，将第74军直属部队打乱。

王耀武率卫士排仓皇逃跑，卫士排排长为敌俘房，被敌用军刀劈死，王耀武只差数步，因天黑才侥幸逃脱。

第58师和军直属部队官兵盲目溃逃，大部向普迹附近逃脱，一部分被敌军屠杀。这样一个兵员和武器装备颇齐、战斗力较强的攻击军，仅仅战斗一天，即战败下来。

值得一提的是第58师师长廖龄奇逃出包围圈后，仗着自己是蒋介石的嫡系、黄埔生，自行将一部由湘阴港渡浏阳河，集结于镇头市西南许家桥、土桥及南门坝，收容以团、营乃至连为单位突围的部队，收容完毕之后，廖龄奇强行拦下一列火车，将残部拉到株洲整理，自己跑回祁阳老家去了。

这次全军官兵伤亡很大，其中第58师每连剩下不到百人；第九战区长官部指挥不当，第26军未按长官部命令在捞刀河阻止住日军，掩护第74军进入指定阵地，致日军长驱南下，均不无责任。而第74军部急于前进，没布置防空措施，没有侧翼警戒部队，没直接与前方友军联系，敌情不清，侧翼完全暴露，也是惨败原因。

9月27日，由金井南犯之敌，在与第74军结束战斗后，一部协同由福临铺南犯敌军进攻长沙，一部由㮾梨附近渡过浏阳河向株洲进犯。

日军不战而退，蒋介石处决将领又按阵亡抚恤

日军先头小部队直逼株洲附近时，一部向长沙东面及东南迂回，主力则从北面猛攻，又在长沙附近降落伞兵百余。9月28日，黄昏，一部鬼子窜入了城内。

薛岳等人立即撤出了长沙，这个消息传来，震惊了蒋介石。蒋介石即令援军赶至战场，对日军进行反包围，第74军第51、57师和第58师另一部分收容起来的部队也再次拿出了王牌军的强悍，立即与敌展开激战。各路大军，其中包括由广东北援的暂编第二军及第六战区调来的第79军，对长沙外围的反包围已经完成，开始配合长沙守军，内外夹击，薛岳的"天炉"开始烧红了。

10月1日，长沙突然传来消息：第79军赵季平师进入了长沙城，日军正全部迅速撤退中。

日军为什么忽然撤退呢？

原来，这次日军第11军司令官阿南惟畿进攻的目的是"扫荡"中国军队，消灭我军的有生力量，一则烧起新官上任的第一把火，二则对上高会战的惨败进行"以牙还牙"。一般来说，日军要是不带大小行李出来"扫荡"，只能打一两天；要是带着大小行李出来"扫荡"，只能打三五天；要是大部队带着加强的行李辎重出来"扫荡"，也只能打两三个星期。因为这次"扫荡"的主要目的是消灭中国军队有生力量，他们一路拼命进攻，并没修复从新墙河至长沙的道路，也没沿途设置兵站线，除了随身携带的粮弹外，全靠空投，而空投终究是有限的，经过三个星期作战，粮弹已消耗得差不多了。并且，官兵虽然在新墙河、汨罗江及浏阳西北的战斗中打垮了中国军队3个军，但自己累得要死，疲劳极了。可是这时候因为第74军被打垮，薛岳将"天炉"开始烧红了，各路大军向长沙城而来。9月30日，中国军队第30集团军第72军已到通山城附近；第19集团军的一部已过铜鼓，接近东门市；第79军进入了长沙城，第20军、第58军在南江桥、梅仙以东的山地威胁着日军的后方。日军如果不撤退，就得在疲劳与粮弹不足的情况下继续作战，于是，阿南惟畿急忙下令连夜撤兵。

日军一撤退，薛岳马上下令各军迅速前进。

这下王耀武也拿出了国军悍将的脾气，日军退过捞刀河，第74军也跟到捞刀河；日军退过汨罗江，第74军跟到汨罗江；日军退过新墙河，第4军、

第58军跟到新墙河,并收复了新墙河。

到10月12日,双方完全恢复开战前状态。战役后,第20军仍担任南江桥方面的防御,第58军仍担任新墙河方面的防御,第37军收容后,仍担任湘阴方面防御,并就防地整补。第27集团军总部仍驻平江附近,在名义上第20军、第58军、第37军仍归第27集团军指挥。第10军仍驻衡山地区,第79军驻长沙,第4军仍驻守新墙河阵地,长官部仍回到长沙城。

第74军则开赴江西宜春集结,进行整顿。

10月16日,蒋介石飞抵南岳,主持召开以检讨本次会战得失为中心议题的第三次南岳军事会议。

第74军横渡汨罗江追击撤退的日军

会议的第一天,蒋介石大骂第10军指挥无能,战斗不力,气氛紧张。当夜,李玉堂军长等人一起公关,把预备第10师的战绩汇报上去了。好在战前蒋介石看了友军缴获的敌作战地图,在预备第10师阵地前标示日军3个半师团的番号,公关获得了成效。

在第二天的会议上,蒋介石转变了语气说:"现在证明,第10军预备第10师阵地前的敌人,有3个半师团的兵力,预备第10师就是铜墙铁壁,也难以阻挡敌人的前进。预备第10师能抵抗一天,还算不错。"

这样第10军的军、师长才放下了心。

但是,会议又出现新的情况。

引发问题的是蒋介石的嫡系将领——王牌军第74军第58师师长廖龄奇。

在南岳会议开得惊心动魄的时候，一个重要人物还不知所踪，那就是廖龄奇。在蒋介石清算3个败军之将时，第九战区的一位高参悄悄向薛岳报告了他的下落。

原来，廖龄奇在株洲江南乘火车返回祁阳老家时，在车上与第九战区这位高参相遇，他直言相告自己是回家去探亲。高参回到战区司令部报告了此事，薛岳十分震怒。

而廖龄奇逃回祁阳后，不敢回去了，准备组织民兵打游击，请当地县长给予援助，这县长见大师长孤身回家，不去部队反要上山打游击，精明着呢，打电报去耒阳向省政府请示，省府转电薛岳。这时王耀武以师长廖龄奇失踪，正电请长官部调查其下落。薛岳当即电令祁阳县政府将廖龄奇逮捕，押解到南岳来。

这廖龄奇来到了南岳，开始还照样参加军事会议。

廖龄奇本来也是战功赫赫的一员战将。

他是黄埔四期生，在北伐著名的汀泗桥战役中，猛打猛冲，被敌人打伤右臂，以致右手伤残，只能用左手写字。1932年参加"一·二八"上海保卫战，因战功卓著升为团长。1937年抗战爆发后，在淞沪抗战中，旅长黄梅兴不幸阵亡，廖龄奇在炮火中接任旅长，指挥全旅在南翔一线与鬼子奋战80余天。从上海撤退后，廖部负责守备南京雨花台、中华门一带。日寇进攻南京时，全旅伤亡惨重，两名团长先后阵亡，他仍坚持在前线督战，直到12月12日卫戍长官部下令全面撤退后，才率部撤过江北。第二年秋，该师在河南内黄车站截击日军土肥原师团，新任师长龙慕韩指挥混乱，招致重大伤亡。幸赖廖龄奇率全旅官兵奋勇抗击，才稳住阵脚。战后，廖龄奇因功调升第74军第58师副师长，不久升任师长。

第58师正副两位主官，都是文武双全，可以说是"上马能杀贼、下马能作文"。廖龄奇吹拉弹唱无一不能，还能说一口流利英文，在战场上先后七次挂彩；张灵甫能写一手好字，也负伤五次。两人都因伤致残，第74军同僚称他们一个"拐子"一个"瘸子"。功高本事大的廖龄奇和张灵甫还有一个共同点，就是两人都狂傲自负。张灵甫的自负主要是"追求情趣"，不屑和那种粗俗的人与事为伍；而廖龄奇的自负则完全是兵油子式的，狂傲不羁，目中无人，满口粗话，并且对上司，认为不如自己的往往出言不逊，态度傲慢。对军长、黄埔三期学长但只读过几年私塾的王耀武，他是"很看不起"的，

认为他只是机遇好,本领才能并不出众。即使是对战区最高长官薛岳,他照样语气不友好。他丧偶之后,战区参谋长吴逸志好心为他牵线,介绍薛岳上将的姨妹子。哪知他却来了一句:"本人历来不搞裙带关系!"让吴参谋长的热脸贴到了冷屁股上,自讨没趣。

廖龄奇不要薛岳的小姨子,却娶了别人。当这次会战开始时,他正请假在吉安结婚,乘便转回老家祁阳省亲。当副师长张灵甫接令开赴湖南时,他立即经万载徒步赶往长沙,半路上听说日军已于9月17日强渡了新墙河,因担心第58师部队,自己掏钱租了一辆车,由祁阳驱车赶上部队,率部向长沙急进,于是发生了遭袭和连声招呼也不打就逃跑之事。

这一次,他廖龄奇终于让人抓住了把柄。

以前,他多次使小性子顶撞王耀武,而王耀武念他是一员难得的战将,且是自己的手下,才息事宁人,没与他计较什么。这次他打了败仗不说,还临阵逃脱,完全是"畏战逃跑行为",于是王耀武等人公事公办了。

在军事会议上,薛岳、王耀武等发言,指责某些将领,居功自傲,不听指挥,并拿廖龄奇做典型,大肆攻击。

而廖龄奇呢,认为薛岳、王耀武等人是为了推卸自己弃城逃跑的责任,掩盖长沙一度失陷的事实,感到很受"委屈",自以为是蒋介石的嫡系,径直跑去见校长蒋介石。

这次王牌军第74军打了败仗,兵败捞刀河,一支齐装满员、士气高昂的王牌攻击军竟支撑不了一天,败局之严重,从战区长官部到最高统帅部都极为震惊。蒋介石认为是拆了他的台,丢了黄埔的脸,本来就已极为愤怒,见败将廖龄奇来见,当即就喝令"滚蛋",不予接谈,并继续看自己的文件。谁知这廖龄奇竟然站着不走,一再喊报告,要求申述,蒋介石不理睬,起身准备去开会,廖仍追着喊"报告",并且说:"报告校长,我想请你派我去陆大学习。"

"叫你带兵你不去!"蒋介石一听他"还要逃离前线"火气更大了,忿怒之余,喝令宪兵:"将他押起来!"

这一回廖龄奇可把自己给擎上死路了。

这一消息传入会场,廖龄奇便成了众矢之的。有的趁此打击蒋介石嫡系,有的虚构事实,为自己开脱罪责;有的鉴于将领抗日不力,大声疾呼,非杀一两个逃兵不可,不然不足以惩一儆百,薛岳于是建议枪毙屡次当逃兵的第26军军长萧之楚。这一次又是这个萧之楚最先挡不住日军,之后导致第74

军失去侧翼掩护。但萧之楚毕竟没扔下部队不管,且又是原西北军出身,因此,蒋介石决心拿自己的嫡系开刀,让大家无话可说,于是,蒋介石的训话开始转向了。

第二天开会,他在讲话中从国民党军近年来暴露出来的种种积弊,到战略战术的运用、高级将领的怯懦无能、军队内部的管理训练等问题进行深刻反省,要求全体官兵发扬民族正气,从克服畏敌情绪、认真构筑工事、集中使用兵力、增强防御力量、封锁小路要隘、防止汉奸敌探、研究骑兵战术、加强实战训练等方面入手,来达成抗战建国的目的。在一系列讲话中,他反复强调的,说得最尖锐、最动情的,莫过于是批评各级将领的虚骄荒怠、纪律废弛,说:"我们革命军官,今天做了官长,明天还要能做一个士兵。官长和士兵,只有职务上的不同,论起军队的精神和生活来,则完全一样,绝不能上下隔离,彼此有所分别!而虚、贪、怯三个字,我们都有了,如何能不失败,能不灭亡?仅就这几点而论,我们的耻辱已甚,危险已深!必须痛切反省,彻底悔悟,督率部属,严切改正;各级官长更要上下一心,共同一命,有过相规,有善相劝,只有同心同德,发挥力量来尽到自己的责任,才能对得起全国的同胞,否则,抗战前途将要不堪设想!"

会议最后一天,蒋介石在作题为《现代战争之特性与今后整军抗战之要旨》的讲话中,亲自嘉奖了第57师步兵指挥官李翰卿,第190师副师长赖傅湘,第197师590团营长刘虞卿、排长黄治国,第99师295团营长曹克人等烈士,并当众宣布:"第58师师长廖龄奇临阵脱逃,应即刻枪决!"

全场为之震动。

散会以后,众人都走了,蒋介石也要回重庆了。临行前,他和薛岳两个人散步,交代工作,后面跟着宪兵第16团团长警卫。突然,蒋介石对身后的那个团长说:"我还有一件事情要办。"随即,从衣袋里摸出一张纸条,写上"58师师长廖龄奇临阵脱逃,枪决。蒋中正,某月某日",交给这个团长去办,并且说:"我就在这个土坡上,等你回信。"

这个团长立即去提廖龄奇,廖问:"到哪里去?"

团长说:"去长沙。"

随即,就将廖龄奇带上了汽车。在路上,宪兵团团长问了廖被扣的情况。当车开到了一个平地上时,团长要他下车,廖龄奇感到不妙,便问:"为什么?"

团长把蒋介石写的条子给他看,并说:"校长要我马上执行,你还有什么话要说?"

廖龄奇说："我自参加革命以来，效命疆场，身上七次负伤，才升任少将师长。即使犯了临阵脱逃的罪，我是一个师长，也应经军法会审，这样糊里糊涂执行不对。今听信几个人的不实之词，轻率给以处决，我是于心不甘的。"

两人边走边说，团长说他也是没有办法。廖龄奇就给刚结婚的妻子写了一个纸条："甫一死，不悲伤，改嫁可也。"

走了几步，廖龄奇对团长说："就在这个地方，你下手吧。"

团长即对着他的后脑开了一枪，便立即前去复命。蒋介石问："他（廖）说了什么没有？"

团长如实向蒋报告，蒋介石对团长说："你留下，好好给他办后事。"便走了。

抗战时期老蒋共枪毙了三个黄埔系学生，其中一个是廖龄奇。大会秘书长贺耀祖也是湖南人，有意救廖，不料第二天就获知廖龄奇已被枪毙了，叹息说："唉，都说湖南人犟死一头牛，这个廖龄奇犟脾气就是改不了，缠住校长报告什么呢，不是自己找死吗！"

廖龄奇被处决后，会议也散了。第10军在岳麓山下整训，总结经验，召开检讨会议，由李玉堂主持，惩处了有罪者：军工兵营营长枪决，预备第10师第30团团长田琳撤职，第3师的团长朱炳秋撤职。而他自己和预10师师长方先觉这次成功逃脱，大为庆幸。第190师师长朱岳则向手下各团团长介绍军长李玉堂在孙家桥突围的经验，说："……军长在孙家桥被日本鬼子包围了，参谋长（蔡雨时）要向南面突围，军长说：'不行，敌人包围我们，重点一定放在我们的后方，防止我们突围，拼命也突不出去。即使突出去了，敌人跟踪追击，也逃不掉。我们的前方，也就是敌人的后方，是敌人估计我们不会突围的方向，兵力一定比较单薄，容易突出去，突出去了，也比较容易逃走。我们决定向西北突围。'于是军长和参谋长就带着特务营向西北方向——敌人的后方突围，结果，没有遇到敌人的阻击就冲出来了。突围之后，转了一个方向，绕道跑到青山铺，都没有遇到敌人，安然地脱离了战场。"

临阵逃跑竟然当作经验在全军教导，第九战区长官部认为廖龄奇被处决了，应该对第10军、第26军进行问责。但为了贯彻蒋介石对于嫡系要严格的指令，对杂牌第26军则放了一马，对作战不力的第10军军长李玉堂、预10师师长方先觉给予撤职处分，调钟斌接任军长。

处决廖龄奇，处分李玉堂、方先觉，蒋介石和薛岳以铁血手腕严明军纪，震慑军心，各级长官一时间莫不收敛，谨遵职守。

第58师下面的4个团长蔡仁杰、邓竹修、何澜与王伯雄都是湖南人，廖龄奇被处决后，4人立即集体辞职，一则为廖龄奇鸣不平，二则为王耀武没能保住廖龄奇的性命竭尽全力表示忿怨，给王耀武难堪。总之一条，不愿在王耀武手下继续干下去了。师长被枪毙，几个团长要散伙，第58师的士气一落千丈，负责收拾这个烂摊子的，非副师长张灵甫莫属。10月24日蒋介石亲批张灵甫接掌帅印，出任第58师代师长，着手收拾残局，以原173团团长蔡仁杰升任副师长，留何澜继续担任团长，提拔明灿任172团团长，邓竹修与王伯雄去留不详。

这时宪兵又在当初拘禁廖龄奇的房子里发现他生前留下的三份遗书，一份致其母处理家事，一份嘱其新婚之妻改嫁，一份致其表弟，嘱结算师部账目，并要求将这三份信函抄呈蒋介石审阅。原来廖龄奇右手萎缩，连字都写不了，被关起来后才想清楚自己可能罪责难逃，嘴巴上挺硬气，内心却做好了去死的准备，因此写下了三份遗书。

本来蒋介石以"临阵脱逃"之罪将廖龄奇枪决，并非不合事实，可是当这三份遗书抄呈上来后，加上第58师几个团长一闹，蒋介石经过"调查了解"，认识到这是一起"冤案"，随即指示将廖龄奇按抗日阵亡将官给予抚恤，并指示将廖龄奇遗体厚葬于国民党最大的"烈士陵园"南岳忠烈祠。国民党最高军事当局给予廖龄奇家属颁发了"荣哀状"证书，按阵亡将士给予其家属一次性抚恤金和年度抚恤金证书。

转眼之间，廖龄奇又成为英雄了，只是廖的八旬老母含着泪说："这一摞子奖状能换回我儿活生生一条命吗？他蒋介石说杀就把手下的大将杀了，这么随便，就不怕天谴雷轰吗？"

第九章 再战长沙：中央军不如杂牌军

第十章 第三次长沙会战：誓死与长沙共存亡

宋美龄感言："中国没有降将军，只有断头将军。"

侵略战争使得日本本土政坛更加疯狂，1941年10月，近卫内阁不堪战争"重用"而垮了台，"战争狂人"东条英机激流勇上，出任新首相，随后就决定对美国、英国和荷兰开战。12月7日，日军偷袭美军在太平洋的军事基地——珍珠港，发动了太平洋战争。为了牵制中国军队并策应日军占领香港和南洋各地，侵占华中的第11军司令官阿南惟畿决定再次进攻长沙，打通粤汉线，策应日军在南部的行动。

仅隔两个多月的时间，阿南惟畿又要进犯长沙了，行动之急迫，除了上面所说的大战略外，他还得到情报说："中国军队守长沙的主力第10军和第74军已调往他处。"见长沙守军势力薄弱，有机可乘，因此企图一举攻占长沙，再向南推进，他立即集结第3、6、34、40师团全部及独立第14、第18旅团和炮兵、工兵、空军等，合计约12万人，准备于1942年元旦前占领长沙。

阿南惟畿的这个计划很诡秘，一般人很难知道。

但在11月份第九战区就发现了日军的破绽。

11月下旬，吴逸志就接到在日军后方的情报人员密报："赣北日军又有减少，且又缩小阵地，连西山车站地区都放弃了，赣江以西、修水以南仅守生米街、牛行、西山、安义、靖安、滩溪等据点。"

最初，薛岳对这情报很怀疑，说："第二次长沙会战后才两个月，难道日军又要进攻吗？不太可能吧。"

但12月7日，日本袭击珍珠港，8日太平洋战争爆发。吴逸志报告说："前方部队报告：湘北日军增加。日本既袭击了珍珠港，与同盟国的战争将不可避免，可能由中国战场调出兵力。"

"那为什么湘北日军还增加呢？"薛岳问道。

"阿南惟畿的兵力愈少，愈要以攻为守，因此很可能调兵对我们进行'扫荡'，以消除我们尔后进攻的威胁。"吴逸志说。

"这很有可能。"

于是，薛岳决定通令各部队，迅速完成作战准备。

"作战方式呢，是不是还用老办法？"吴逸志又问。

"对于这次作战，"薛岳说，"我们的方针仍是诱敌深入后进行决战。敌进攻时，以一部兵力由第一线开始逐次抵抗，随时保持我军于外线，俟敌进入我预定决战地区时，以全力开始总反攻，包围敌军而歼灭之。"

薛岳虽没明说，但吴逸志一听就知，还是老套路——"天炉战法"。两人决定在长沙外围与敌决战时重点保持于长沙以东地区，迎敌的对策定下来了。

12月19日，阿南惟畿悍然对长沙发动了第三次进攻。

日军一如既往开始进攻由新墙河口到南江桥的正面，重点是左翼的第20军、第58军在新墙河南岸及南江桥阵地。

第一道防御线的战斗无疑是最重要的。薛岳给第20军杨汉域军长的命令是，在汨罗江以北、新墙河以南地区，即纵深约40华里的地带，阻敌10日，掩护长沙布防。第20军的部署如下：第134师向文彬团占领关王桥既设阵地，阻敌东犯；第133师第399团担任鹿角至龙凤桥防务，第398团担任龙凤桥至新墙河下高桥防务。其中，第398团在最前沿，第3营、第2营、第1营沿新墙河警戒，第2营为预备队。但在日军发动进攻前两天，徐昭鉴团长忽然命令第2营营长王超奎："你营以排为单位，占领9个排据点，至开战时起死守3天，完成任务后，到关王桥集合。"

第2营调到了前沿的前沿，与第399团守黄沙街据点的第3连，为第一线的防守尖兵。

王超奎与副营长杨羲臣研究了战术，决定以第4连守下高桥据点，以第6连专守谢子其据点，第5连及营直属部队守新墙河杨公岭据点。

这样，新墙河防线正面只留下了4个连进行正面阻击，其余部队撤到了关王桥一线。

日军发起进攻后，4个连在据点各自为战，坚决进行抵抗。

双方激战两天一夜，日军攻打不下守军的阵地，拼命打燃烧弹，先后摧毁了守军据点四周的鹿砦障碍，官兵被燃烧弹烧伤，过半人员负了伤。第三日下午,日军终于突破了新墙河防线,主力向南突进。

这时正面4个连只剩下30多人,由王超奎营长指挥。眼看鬼子越来越多,从四周涌上来了,王营长下令突围,30多个士兵坚持说:"营长先走!"

"你带几名士兵到后方高地掩护。"王超奎命令副营长杨羲臣,随后高喊:"时间就是胜利,兄弟们快走!"

这时日军已冲到阵地上了。为了掩护据点内的士兵撤出,他一下跳出外壕,一个人与鬼子肉搏起来,其他官兵趁机赶快撤离。

王超奎身高手长,力气大。在拼杀中,鬼子近不了他的身,好几个鬼子和他对拼,非死即伤,日军小佐恼羞成怒,操起机枪对着他就扫射,王超奎连中三发子弹,仆倒在地。鬼子冲过来,见王超奎已不动了,怕他没死,残忍地将他的头割断了。

杨羲臣得知营长牺牲了,悲愤难忍,说:"营长是为掩护我们牺牲的,我们不能弃他而走!"率部又冲了回来,在牺牲两位排长后,将王超奎的遗体抢回了。

之后,为了迟滞敌人前进,杨羲臣带着残部,躲在长湖冲、虹桥两地的密林中进行阻击。等到天黑,他们才用一个帆布担架抬着营长的遗体,往第133师指挥部关王桥突围。每过战壕沟坎,抬不稳,一战士就上前去将王营长的断头脑壳托起来。

第2营的残兵撤回到第133师师部后,哭诉营长王超奎与敌搏斗殉国的情形,副军长兼第133师师长夏炯解下自己的军衣覆盖在王超奎遗体上,也忍不住抚尸恸哭,在场者无不为之堕泪。

团长徐昭鉴催促说:"鬼子主力已打来了,请夏师长和师部赶快撤退!"

夏师长这才说:"向山区转移。"率部脱离日军主力。

战后,重庆军委会为了表彰王超奎的英雄业绩,将新墙乡改为超奎乡,王超奎殉国地方杨公岭改为

蒋介石的夫人宋美龄

"王公岭"。蒋介石的夫人宋美龄在重庆发表广播讲话时说:"中国没有降将军,只有断头将军,如王超奎少校守新墙河就是这样。"第二年4月19日,宋庆龄在美国《纽约时报》撰文:"过去五年之中,中国军队完全没有对敌投降的例子;相反地,我们可以举出许多的实例……例如在湖南新墙河,国军王超奎营被日军包围,五百多人全部战死。"副营长杨羲臣被授予干城甲种乙等奖章,年终又授了陆海空军乙种二等奖章。

在一度拒阻日军后,第20军在军长杨汉域和副军长夏炯的率领下一面逐次抵抗,一面向梅仙、平江以东地区转移;第58军一面逐次抵抗,一面向长乐街—浯口—平江—三眼桥的汨罗江南岸一线转移。

在转移中,副军长夏炯的妻子要临产了,跑到湖南湘江边的一座破庙中生产,后面鬼子追来了,夏炯很着急,拔出手枪,朝天开了三枪,婴儿终于降生了,取名为文湘。后来,夏文湘的妹妹出生在汨罗江边,又取名为文汨,这是后话。

整个主战场转向长沙了。

待罪的李玉堂和他的第10军要破釜沉舟了

第三次长沙会战刚开始,薛岳就决定由上次受蒋介石点名批评的第10军来守卫长沙城。

这时第10军驻在衡阳以东地区,在茶山坳附近整训。薛岳令该军防守长沙,以一个师守岳麓山阵地,两个师守长沙近郊,并且严令:"情况紧急,不得有误。"

第10军军长李玉堂虽被撤职,但新军长一直没来接任,因此仍留在军部,实际上担任全军指挥。薛岳下令后,可李玉堂名不正言不顺,想挑担子又顾虑重重,正在左右为难时,蒋介石从重庆急电第10军,令李玉堂继续指挥,率第10军固守长沙,戴罪立功。李玉堂倒是一铁血汉子,临危受命,决心以待罪之身洗刷上次的耻辱,随即,下令全军紧急拔营向长沙进发。

进驻长沙后,预备第10师守岳麓山阵地,第3师和第190师守长沙近郊。李玉堂决心重新做人,要打出威风来,谁知薛岳却还是老眼光看人,生怕他像上次那样砸了自己的锅,先下令在长沙的炮兵和工兵均归李玉堂指挥——进行鼓励;接着,派长官部赵子立前去第10军督促他速将长沙工事再

行加强——进行监工。李玉堂明知薛岳不放心,但是"戴罪"的败将,只能一战翻身,如果这一次再丢了长沙,不仅官职没了,而且极可能被蒋介石数罪并罚,成为"以身试法"的人,因此啥都不敢怠慢,对薛岳的一切指令无一不去精心落实。手下师长、团长也都知道这一仗如果败了,李玉堂军长职务肯定没了,谁要是像以前那样马马虎虎,或者不肯卖力,他肯定会定斩不饶,因此,全军上下都憋着一口气,闷头准备战事。

长沙城的工事自1939年以来就开始构筑,虽然筑了好几年,但守军偷工减料,当官的只知贪污,从来就不重视,也不认真,因此筑了一些,并不坚固,大多是豆腐渣工程。第一、第二次长沙会战时,日军都没攻长沙城,这一次薛岳的"天炉战法"要诱使日军进攻长沙城,然后围而攻之,因此坚固工事是守住长沙城的关键之一。李玉堂不敢发牢骚,更不敢松懈,立即督令军民一起动手,紧急修筑御敌工事。

新墙河战斗打响后,长沙的工事修筑更加紧张起来了,军民不分昼夜地施工。李玉堂也整天吃住在工地上,饿了就啃馒头,喝点水,积极督修工事,准备应战。

在日军到达城下之前,偌大的工事终于筑起来了。守城工事采取地堡式,西面依托湘江,对北、对东、对南成一个半圆形,工事外围由麻园岭—朱家花园—杜家山—二里牌—黄土岭—妙高峰—猴子石之线,一层一层地向里构筑,愈向城里强度愈增加,以中山路西段—黄兴路—八角亭—南正街—坡子街以南一线上的核心工事为最密最强。长沙城内,由北向南、由东向西、由南向北的街道口都装上了铁丝网和拒马,各街道小巷都设有地堡,各稍微大一点的建筑物内都有火力点。湘江水路是进城的一个突破口,李玉堂不仅把长沙以北的水路全封锁了,连长沙以南的水路也布置水雷进行封锁。整个长沙城成了一个处处设防,到处是地堡、铁丝网、拒马和机枪口的城市,四处藏着杀机,像一只要噬人的猛虎张开了血盆大口,就等日军的到来。

12月27日,日军开始强渡汨罗江。

这时,第37军、第58军守备着汨罗江南岸,第20军在平江及平江东北,整个防御阵地对北略成反八字形,把南下日军一步步往薛岳的"天炉"里迎。日军攻击的正面在汨罗至平江之间,攻击重点保持在长乐街方面。日军凭借武器优势大举进攻,第20军节节抵抗,向东退却,然后让开了平江,躲进了大山;第58军、第37军一面逐次抵抗,一面以主力向高桥、路口畬以东转移,同时一部潜伏在汨罗江、捞刀河之间的偏僻地区。

这时战区参谋长吴逸志率长官部大部人员已去耒阳，薛岳率前方人员组成指挥所，与参谋处一起留在城内的唐公馆办公。薛岳已是仗越打越精，对赵子立说："通过前面几个军的战斗，你看日军的实力如何？"

"我看鬼子实力还是不弱。"赵子立说。

"我看不尽其然，你发现了没有，这次鬼子进攻的兵力没第二次长沙会战时大，因此我对李玉堂第10军固守长沙有把握。"薛岳说。

"为了安全起见，长官部指挥所还是移到城外去好。"赵子立提醒说。

薛岳开始不同意，在赵子立的劝说下，才同意将指挥部向南搬到岳麓山，并且说："不要再走了，就在这里指挥。"

为了让从四面八方向长沙前进的各路大军能适时地统一参加决战，薛岳责令长官部对他们的行动予以统制，规定近者不得先到，远者不得迟到。在薛岳的严令和指挥下，所属部队从长沙两翼向敌侧方迂回，进展很快。

日军如狼奔豕突，由湘江至原长（沙）平（江）公路汹涌南下，跑在最前面的是一个骑兵旅，后跟着3个师团，按照第二次进攻长沙的老路向前疾进。

这时第10军第3师守小吴门一线阵地，该师战斗力虽强，但防线长达30余华里，因此仍有兵员不足之虞，一旦日军进攻，极有可能难以守住。第10军参谋长蔡雨时分析敌情，当得知薛岳的"天炉战法"部署中友军才先敌一天到达长沙决战时，着急地说："万一友军没到，鬼子先到了，长沙城如何保得住？！"

有了这念头，他却没权力做主，立即找到李玉堂军长说："长沙一战事关我们的生死，如能把方先觉的预备第10师由岳麓山调进长沙，接防第3师一个营5华里长的阵地，则长沙可确保；否则敌众我寡。"

"我们向薛长官请示一下吧！"

李玉堂对鬼子已没什么害怕了，倒是对重庆和薛岳噤若寒蝉，言听计从不说，凡事不敢走一点样儿，此刻虽然认同蔡大参谋长的"建言"，但调兵却要请示薛岳。

第10军军长李玉堂

"近郊无险可守,处处薄弱。"蔡雨时说,"这样的事如何向薛长官请示?他处事主观,很难变动他的'天炉'计划一兵一卒。时间只剩一日,不能迟疑了。"

李玉堂也知道万一第3师被突破的恶果,内心同意蔡雨时的看法,但还是不敢明确表态,只好说:"你先用电话问一问方师长,他如果同意,咱就这样办。"

因为这个预10师上次被打掉了,全是补充来的壮丁,战前李玉堂这次怕它守长沙又栽了,安排它为军预备队。师长方先觉也是一员虎将,上次被革了职,这次是李玉堂临时借用的,虽然执行师长职务,但重庆方面并没有正式认可他复职。因此,他恨不得一战翻身,坚决不当军预备队,要求军长给个硬任务,并且还表示说:"到时完不成任务,愿受军法制裁!"李玉堂要蔡参谋长去征求他的意见,其实就是要让这只猛虎"上"了。

蔡雨时一心要调兵,打电话给方先觉,口气哪是征求意见?说:"友军先敌一天到达长沙,我和军长研究,让你师过江接防第3师小吴门一个营的阵地,你同意不?"

方先觉回答说:"给我下命令,我就过江!"

蔡参谋长说:"军长命令你师即刻过江,岳麓山阵地将来由友军第73军派一个师去防守。"

方先觉当即集中湘江的大小船只迅速过江,紧急前去接防。人马才渡过一半时,薛岳得知了情况,打电话问蔡雨时:"第10预备师怎么过江去了呢?"

蔡雨时报告了敌军和友军的情况,最后说:"友军先期到达长沙,可接防岳麓山阵地,预备第10师过江接防第3师一部,长沙可以确保……"

薛岳停了片刻没有吭声,最后说了一句:"你小心你的脑袋。"就把电话挂了。

蔡雨时也是个胆子大得很的将才,见薛岳没有做声,立即对李玉堂说:"薛总司令默许啦!"

结果,就在12月30日,第10军军部才确定下来各师的任务:第3师守东门,第190师守北门,第73军韩浚师守沿江城厢一带,兼做军预备队,预10师守南门。31日夜,预备第10师从岳麓山渡江占领阵地,然后,把船只全部调走,连一只通信用的船都不要了。

李玉堂等人破釜沉舟,第10军官兵决心与长沙共存亡。

这一日,日军主力也打到了长沙附近。日军第3师团进至东屯渡,沿铁路线渡过捞刀河，向长沙市区逼近；第6师团则一马当先进入了㮾梨市，抵达长沙东门外；第40师团抵至金井，企图渡过浏阳河，由长沙南门外进攻市区。

这次日军从新墙河到长沙城下，经过了约一个星期的战斗，但在激战中，他们的伤亡和疲劳都比中国军队大得多。而中国军队呢，虽然也在新墙河、汨罗江打了几场恶战，但薛岳都没用上主力，因此，主力仍保持着较强的实力，各路大军正向着薛岳"天炉战法"的决战预定地区急进。

预备师越战越勇，竟然挑起了守长沙城的大梁

薛岳的"天炉战法"以长沙城为诱饵，诱使日军攻打长沙城，然后各路大军围而歼之。其中，既要保住长沙城不被日军打进去蹂躏、破坏，又要在城下围住它，负责守住长沙城的第10军责任比谁都大。

长沙诱敌和守城的重任落在第10军身上，第九战区最高长官薛岳也决心与他们一起战斗到底。引诱日军攻打长沙从而达到围而歼之的目的，其实是薛岳的一招险棋。如果第10军没守住，丢失了长沙城，薛岳本人也难辞其咎。但他艺高胆大，尽管风险巨大，还是下这个赌注。为了与鬼子死战到底，他发出了遗嘱电报，大意是：誓与长沙共存亡，如战区司令长官战死，即以副司令长官罗卓英代行。

对第10军守长沙来说，岳麓山很重要。这是长沙城外最高的山，与长沙城隔湘江相对，可以瞰制长沙城。如果以优势炮兵占领岳麓山，就容易发挥火力，因此攻长沙以先攻占岳麓山为宜。但这次日军不是由湘江水上和湘江以西进攻岳麓山，而是选择了湘江东岸作为进攻的重点，东岸又以妙高峰—天心阁一线最为重要，长沙

长沙城外的中国军队

城墙早就拆除了，日军拿下这里，就容易接近长沙城核心。因此，第10军仅以小部分兵力在湘江西岸和岳麓山占领阵地，掩护炮兵，而以主力重点放在妙高峰、天心阁、南正街方面。战区直辖炮兵及第10军的炮兵共约两团，先以一部在长沙外围第一线工事后方占领前沿阵地，支援第一线部队，而后再转移到岳麓山占领阵地，对长沙外围阵地及核心阵地准备阻击射击，特别对天心阁及其东南地区准备歼灭射击。

预备第10师一过江，就成了长沙城外首当其冲的第一线部队。好在这方先觉也不是孬种，进入阵地后，将预备第10师在长沙南郊进行三线配备：第29团占领金盆岭至猴子石一线为第一线，第28团占领白沙岭至修械所一带高地为第二线；第30团占领第3师与预备第10师阵地连接线为第三线，兼做师预备队。

后半夜，第29团前哨就与日军的骑兵先锋相遇了。

1942年元旦，日军开始大举进攻长沙，在离小吴门10里远的地方把战斗打响了。

预备第10师炮兵营配置前沿阵地，为了行动方便，全营换成了迫击炮。鬼子先头骑兵一冲杀过来，全营猛烈发射炮弹，将冲过来的骑兵炸得人仰马翻，后面的步兵进行冲锋，也被炮弹炸得锋头顿挫，一个营打了5700发炮弹，鬼子尸横遍野。日军领队的旅团长见前锋损失惨重，气得把负责侦察敌况的侦察员抓了起来："什么眼神？敌军这么多大炮咋就没发现？！"就地将侦察员处死。战斗继续激烈进行着，日军飞机也参与地面作战，轮流向预备第10师第一线阵地进行轰炸。

第29团团长张越群，严令部队进行还击，双方展开殊死激战。

战斗打响后，方先觉对战阵进行了紧急处置：（1）炸倒妙高峰的塔亭，消灭敌炮火的射击目标；（2）同意长沙县长李公甫过江，前去动员群众供应肉食和蔬菜（长官部原令李县长随预10师行动，不准过江）；（3）督战队开始执行任务，严格督令官兵奋战。然后，他对政治部科长杨正华说："以政治部名义向重庆军委会电告我们的战斗开始情况。"

这时师政治部主任李拔夫已去贵川接家眷，副主任去了中训团受训，政治部的工作就落在小科长杨正华的肩上。杨正华却是第一次担当如此重任，不知如何着手："师座，我该如何说？"方先觉说："就这么说：'我师士气旺盛，布置严密，指挥官意志坚强，从今晨起，激战正在进行中。'"

杨正华将电稿拟好后送方先觉过目，方师长看了后，又指示说："督战队的督战任务，必须认真执行，擅自后退者，就地枪决。"

按规定，政治部负责督战。此时杨正华已将平时的纠察队改为督战队，派一名副官率领，归自己指挥，因此，方先觉没忘记他肩上的另一重任。

"是！"小科长杨正华朗声回答。

方先觉又补充说："我授给你紧急处置权，可以先斩后奏。"

"好的。"杨正华虽然答应了，但接下去要去杀自己人，对"当恶魔"的事儿，他的心情还是十分沉重的。因为方师长这样授权，完全是全军孤注一掷的需要。在作战前，第九战区长官部规定，所有船只统归长官部控制，连重伤兵也不准撤退。第10军李玉堂军长则在河西沿岸一带布置机枪，宣布说："对擅自过江者，一律立即开枪射击。"预10师方先觉也下达了命令："擅自后退者，就地枪决！"这样，不管战局是胜是败，任何人都没了躲闪的余地，只有在长沙城内外战斗到底，死也要死在那里。

日军主力见前头受阻，便直指预备第10师阵地，以排山倒海之势向第29团攻击。第29团从金盆岭至猴子石的阵地有5华里长，日军猛攻，全团伤亡过重，打到上午10时就抵抗不住了，鬼子一冲锋，全团就崩溃了。

丢了阵地，团长张越群仓皇逃出，带着政治部派去监军的科员马有成灰溜溜地跑到了政治部。谁都知道"擅自后退者就地枪决"的命令，两人冒着生命危险悄悄跑到政治部，神色紧张不安。杨正华和张越群是老战友，虽负督战大责，又怎能不法外徇情呢，便说："我先到指挥部看看师长的态度。"

见着方师长，他远远道来，先谈战况，方师长长叹一声说："敌人来势太快太猛，张团恐怕难顶住，现电话已中断，情况不明。"

杨正华见他对张越群有体谅之意，便具实以告说："张团长已来师部，说没能尽到力量完成任务，对不起师长，听候处分。"

方先觉说："叫他暂到副官处休息，待我有空时，再通知他来见我。"

这时战斗已转到第二线——第28团的防御线上了。一个营长眼看就要与日军接战了，竟然傻乎乎地跑来师部向师长请示。方师长一言未发，挥手示意："到外面等着！"当即手令师附田琳监斩，将这营长推到指挥部后面的城墙下"啪"的一声枪毙了。这让不少人不禁为之毛骨悚然，有的人说："啧啧，战时军令确实巍然如山啊！"

有人却说："被人愚弄了一辈子，还到处喝彩！不杀丢阵地的团长，杀请战的营长，这是杀鸡儆猴！"

张越群见状，坐不住了，悄悄跑出去收容部队了。

接着,方先觉打电话给第28团团长葛先才说:"艺圃(葛先才字),现在看你的了!我全力支持你,第29团立即收容整理,统归你指挥,第30团随时可以调用,你一定要顶住呀!"

葛先才说:"报告师长,请你放心,我们不能在薛长官面前丢脸!"

这时方先觉的脸色才稍微宽舒了些。

葛先才率领第28团对鬼子死死抵抗,寸土不让,果真守住了阵地。日军见这边不行,大炮则猛轰冬瓜山、扫把塘一带阵地。同时,东屯渡之敌也炮击五里牌、杨家山、阿弥岭,北郊之敌炮击开福寺、伍家岭、周家嘴、黑石渡。我军炮兵也针锋相对猛轰敌阵,并集中炮火压制敌炮。

激战至晚,北门之敌由周家嘴,东门之敌由东屯渡渡过浏阳河,双方在伍家岭、蒋家垅、九尾冲、黑石渡、五里牌、杨家山、阿弥岭等地发生激战,尤以五里牌战斗最烈。战至午夜,中国军队退守开福寺、上潘家坪、唐家巷、上大垅、湖积渡、陈家山、杜家岭、袁家岭、窑岭、长岭之线,南郊第10军的预备第10师仍固守着侯家塘、扫把塘、冬瓜山诸据点。

第一天的战斗,日军渡过了浏阳河,攻占了东郊、北郊和南郊的全部前沿阵地,但是,预备第10师的阵地还牢牢控制在手里。

晚间,薛岳来电话询问战况,最后问方先觉说:"你能守几天?"

方先觉性格刚强气盛,这次又决心硬拼到底,便说:"我能守一个星期。"

薛长官说:"如何守法?"

方师长说:"我第一线守两天,第二线守三天,第三线守两天。"

薛岳说声"好",便放下了电话。

军中无戏言,第29团打了半天第一线就垮了,他却还说他们能守两天!这方先觉也是胆子太大了吧。他这次如果不打赢就死定了,忽然,他在房中喊道:"副官主任张广宽进来一下。"

张广宽进去后,方先觉声音有点激动地交代说:"这封信,你马上派人送到后方给我家眷,无论如何明天以前要送到。"

张广宽出来后,杨正华问道:"什么事情?"

他把信拿出递给杨正华,杨正华仗着自己是师长亲信,见他在激战之时要给家眷送信,猜想多半是遗书之类,于是不揣冒昧地拆开,一看果真是方先觉的遗嘱,内容是:

蕴华吾妻:

我军此次奉命固守长沙，任务重大。长沙的存亡，关系抗战全局的成败，我决心以死殉国，设若战死，你和五子的生活，政府自有照顾。务令五子皆能大学毕业，好好做人，继我遗志，报效党国，则我含笑九泉矣！希吾妻勿悲。

夫子珊

杨正华看过后，立即说："送报馆发表，以励士气。"

政治部当即拟就新闻稿，交马有成连夜随送公文的小船送去《长沙日报》报社。

第二天，《长沙日报》头版标题为《方师长誓死守土，预立遗嘱》，将方先觉的遗嘱全文登出。中国军队将领虽然在硝烟弥漫的战场上掌管着千军万马的生和死，但一旦战斗变得最激烈时，他们最放心不下的，不是这些官兵，往往是自己远在后方的家眷，又是写信，又是打电话的，不是交代自己的后事，就是交代家里的财产处置。这让不少"党国"大佬大为诟病，指责纷纷。而这一次，不少人读着方先觉的遗嘱，却感动得痛哭流涕说："忠臣、良将！"

激战到第二天，第二线在修械所一带高地争夺十分激烈。第28团的指挥所就在修械所下面，葛先才说："坚决与修械所共存亡！"指挥官兵浴血苦战，早已转移到岳麓山上的两团美式装备炮兵也全力支援。预10师与炮兵有专线联系，只要有请求，不到两分钟，便能打出炮弹。即使在敌机盘旋轰炸下，岳麓山的炮兵和第10军属炮兵、师属炮兵，仍可万炮齐发。日军一旦大队发起冲锋，大炮就怒吼，发发炮弹砸向他们的冲锋队，掀起一片片爆炸狂澜，鬼子冲到了阵地前，步兵猛烈还击。鬼子虽然个个扎着"武士道"的红白布条，但"武士道"精神还是抵抗不住密集炮火的威力，伤亡惨重之后，锐气大挫。

下午，第28团据守的冬瓜山失守，张越群率领第29团反攻，又将冬瓜山收复，并且占据下来，作为自己的坚守阵地。当晚，预备第10师师部发出一份出人意外的通报："奉军部转来长官薛电，准第29团团长张越群晋升少将团长。"

这丢失了一线阵地的张越群怎么还晋升为少将了呢？其实，这是李玉堂和方先觉等人玩的一个激将法。第28团团长葛先才是黄埔四期生，张越群是六期生，这次他率部夺取了冬瓜山，长官部立即对他嘉奖，连六期生都晋升了，看你葛先才这四期生猛追不猛追！葛先才自然拼了老命也要争这口气了。

第二线奋勇作战，葛先才立功应该是铁定的了。驻守第三线的第30团团长陈希尧也坐不住了，派兵进行夜袭，结果，不仅消灭突入白沙岭的一个鬼子中队，还击毙了鬼子中队长。

眼看前方几个团都打得如此猛烈，师辎重兵也急了，几百人咕噜咕噜喝下五六桶当地产的谷烧酒后，竟拿着扁担夜袭敌营，吓得敌兵惊慌四逃。

预10师将士效命，完全没了上次当逃兵的衰靡之气，士气越战越旺。

1月3日晨，马有成引导各报记者来到预10师采访，杨正华则安排政工队员在阵前又拉胡琴又唱戏。这让记者们眼睛一亮，极为赞赏地说："不错，不错。"次日报纸上即报道说："我某师指挥部，在隆隆炮声中，犹闻弦歌之声。"不过也有人看后说："战场上是如此激烈，还有人在悠闲地拉胡琴，不是犯傻，就是某大员是不知忧愁的大公子！"

尽管如此，预10师上下斗志高昂，倒是确凿的事实，前线缴获的战利品越来越多，在师部附近堆满了五间楼房。但是，第190师和第3师的战况却没预备第10师这么好。

在1月2日下午，日军用白刃冲阵，第190师在北门的开福寺失守，第3师的东门袁家岭失守。第3师反攻袁家岭，第7团复而据之。3日天微明，李玉堂军长就打电话问第190师师长朱岳："陈家山怎么失守了？"

朱岳一愣，回答说："没有失啊。"

李玉堂责令他："你去查查！"

朱岳派人去一查，陈家山果然失守了。

全军阵地彻夜派有哨兵，陈家山怎么会轻易失守呢？原来昨日日军第6师团攻击北门时，受到陈家山守军第570团的侧击，伤亡惨重，攻击顿挫。入夜，鬼子利用夜黑一个一个匍匐潜行到山下集结，早晨突然发起攻击，冲到山顶，占领了陈家山。第570团团长李芝当即披衣赶去，督队反攻，但还是因为敌人主力带着轻、重火器先到了山顶，下面反攻，上面居高临下打，李芝三次反攻均没能收复阵地。

陈家山失守后，北门的日军第6师团与东门的第3师团连成一线。日军为了达到包围长沙城的计划，第3师团炮击清水塘、小吴门、浏阳门、识字岭，第6师团炮击油铺街、湘雅医院、兴汉门、邮政局仓库。岳麓山炮兵以强大火力进行压制，日军炮火才渐渐呈颓势，但步兵咄咄逼人。守湘雅医院的第569团团长符志豪告急，第190师师长朱岳督战于兴汉门；识字岭告急，第3师师长周庆祥督战于天心阁，并对团长张振国说："你我都是军长提拔的，长沙守不住，军长是挽不回来的，于公于私，我们都说不过去！"

张团长立即大声说："决与阵地共存亡。"

周庆祥说:"我陪着你干。"

然后,周庆祥要求炮兵对杨家山、妹子山、窑岭进行压制,张振国增加两挺重机枪封锁窑岭至识字岭的道路,并增兵一排固守,识字岭险情方才缓和。

第190师守小吴门的第568团团长陈家匡是李玉堂由军部工兵营营长提升的,在战场指挥若

围困在城内的日军企图突围

定。因为他是黄埔军校八期工兵科毕业的,长于阵地战,他把官兵组织起来,用轻重火力编成十字交叉火网,布置严密。并且,他还在要道口砍树枝进行堵塞,并堆放桌椅门窗封锁,再在敌军必经之道、必入之房,洒上粪便,臭不可闻不说,还踩上就滑倒。当各处告急时,他这里却从容不迫,三挫日军的攻势。

在激战中,第190师师长朱岳打得火急火燎的,急令副师长高某某去前线督战,谁知这高副师长胆怯了,仗着自己是军长李玉堂的山东小同乡,竟然称病不去,朱岳立即上报军部,并且说:"军师长都没有退路了,这副师长还连督战都不肯!"

李玉堂也是恼怒不已:"这时候还不肯出力!"怒火一起,通令将高某某撤职。

日军继续猛烈攻击,下午4时许,日军第3师团工兵营在韭菜园一带穿墙凿洞,爬进了市区。位于藩后街以北的第7团立刻派兵堵击,在小吴门内何键官邸的第569团某营奉令跑步参与堵击。第3师第8团由南向北打,第190师由北向南封锁敌后续部队,隔断内外之敌。冲入之敌是工兵,擅长爬屋,我军也爬屋,鬼子上楼,我军也上楼,双方互争制高点。

战斗进入了白热化,预备第10师师长方先觉考虑万一第二线被突破,只能据城垣进行固守,认为城垣前的射击障碍必须清除,否则一旦敌人突入,要想肃清就难了,于是下令:"将妙高峰下的长街付之一炬。"

然而,这一焚烧之后,日军还是夺取了妙高峰、杜家山。日军凭借步兵的绝对优势,冒死进攻,突进市区,遭我军激烈抵抗,敌全线顿挫。

突入城内之敌固守待援。当晚,朱岳第190师专与长沙守军联络的第九战区高级参谋容有略向守军宣告:我外围各军已按敌前制订的"长沙决战案"到达指定位置。

到处是日军遗弃的尸体和死马

1月4日上午,日军对长沙城发起了全面进攻,炮火命中率惊人。国货陈列馆第三层有一窗子朝北,日军误认为是中国军队炮兵观测所,连续三发炮弹从窗口打进去爆炸,伤亡不少官兵。中午时分,日军端着冲锋枪冲击湘雅医院,被火力击退;接着,日军又用各种大炮小炮和掷弹筒进行轰击,炸得墙脚到处是洞,守军退守兴汉门。随后,预备第10师失守回龙山,预备第10师副师长孙明瑾前去督战;浏阳门吃紧,第3师参谋长孙鸣玉往阵地策军,3个师的正副师长均没回军部吃午饭。

军长李玉堂与参谋长蔡雨时对坐着,啃着馒头,喝着稀饭,忽然一发炮弹在外面爆炸,一块弹片穿破玻璃,击碎菜碟,还折断了李玉堂一箸。李玉堂把残箸一扔,干脆就用手抓着大头菜吃。蔡参谋长问:"是不是变换一个位置?"

李答:"不动,不动。"

蔡又问:"那我们就快点吃。"

李又答:"不用,不用。"

"鬼子的大炮太厉害了!"蔡雨时参谋长突然气愤地说,撂下饭碗,起身就拿起电话,"通知炮兵,对着鬼子的炮阵狠狠地揍!"

下午,日军的炮兵被第10军岳麓山炮兵强大火力摧毁殆尽,但岳麓山上的炮弹还是迎着东北风,呼啸着飞向日军阵地,引起一片巨大的爆炸声,震动四方。

第10军与日军已经开始在南门展开逐街逐堡逐屋的争夺战,经过3日的激战,第10军伤亡约三分之一。但官兵仍在坚持战斗,士气旺盛。突然,薛岳电告李玉堂:"外围各军就要全面反攻了。第4军已抵暮云市、大托铺,第73军已由乔口渡过湘江,望再坚持一夜。"

第73军第77师先头部队到达岳麓山附近。

这第73军是湖南的地方部队,即所谓杂牌军。正因为如此,第73军官兵都希望在长沙会战中争一口气,好好打一仗露露脸,黄埔一期出身的第77师师长韩浚则是更希望这一战把自己打成"全国的模范师"。当日军向长沙进犯的危急关头,第73军军长彭位仁接到薛岳派一个师渡过湘江参加长沙守备作战的电话命令,彭位仁说:"派第77师韩浚参加。"

薛岳同意,亲自给韩浚师长打电话,说:"你是韩师长吧?你马上到我这里来接受任务。"

韩师长一面令各团到指定渡河点集结,一面赶去河西长官部指挥所,薛岳的副官把他带到了防空洞。韩浚和薛岳并不认识,初次见面,薛总司令高兴地说:"啊,你是韩浚师长吗?你坐下。"接着说,"这个仗打得好狠哪!我想派你这个师参加直接守城,相信你一定能完成这个任务。"

韩浚报告已命令部队集结在指定的渡河点,然后问:"我是否归第10军指挥?"

"不,归我直接指挥。"薛岳说。

停顿片刻后,他严肃地对韩浚说:"你要做好充分准备,敌人这次有3个半师团以上兵力,目的是要占领长沙。我们一定要全力守住,绝不能让敌人的目的达到。现在第10军守长沙,正在南门和鬼子打得很激烈。鬼子来势凶猛,因此调你这一师去增援他们,希望你一定要守住。你这个师的战斗力很强,士气很高,相信你能够完成这次任务……"

韩浚听说薛长官是个很骄傲的人,过去又不认识自己,这次对自己如此客气,暗暗决心不打胜仗,绝不去见长官!信心百倍地高声回答:"遵照长官的指示,全力以赴,打好这一仗,马上渡河。"

薛岳站起身说:"好吧,你可以走了。"

韩浚迅速地赶到了渡河点,指挥部队渡河。过江后,他把部队部署好,就去看望第10军军长李玉堂。虽然第77师不归第10军指挥,但两人是黄埔军校第一期同学,多年没见面,韩浚去见他,一则了解敌我情况和交换守备作战计划,二则拜访老同学。韩浚兴冲冲地到达第10军军部时,李玉堂正站在房中,手中摆弄着一把日本战刀,兴致勃勃地同参谋长蔡雨时在高谈阔论。两人虽是老同学,但韩浚是师长,于是恭恭敬敬地向老同学敬了个礼,谁知这老同学毫不在意,瞟了他一眼,应付似的点了点头,然后继续谈论他的日本战刀了。韩浚见状,非常生气,心想一点老同学的情谊都没有,现在军情

这么紧急,你们竟躲在这里悠闲自在地谈论军刀!于是很不高兴地说:"既然没什么事,那我就走了。"

李玉堂才连忙说:"好吧,同我的参谋长谈谈吧。"

韩浚好歹也是个师长,对老同学的参谋长也不屑一顾,掉头即去。

"受伤"之后,韩浚到了增援第10军预备第10师的第231团。团长左九成向他报告了增援预备第10师和换防的情况,并且抱怨说:"方师长没把双方态势交代清楚,什么情况都不说。"

在国民党军序列中,中央军就是中央军,地方军就是地方军,弱势群体总是很受伤。韩师长考虑了一下,决定还是以大局为重,于是说:"我先增加一个营给你,你一定把鬼子驱逐出南门。黄土岭是长沙外围仅有的一个制高点,如果夺不回来,长沙守备就很困难,别的事以后再说。"

谁知这左团长却感到任务艰巨,面呈难色,但又不敢向师长叫苦。韩师长也感到一个团加一个营兵力确实不够,又给薛总司令打电话,报告说:"鬼子已进了南门,现正在灵官渡进行巷战,我已严令正在巷战的一个团今晚一定要把鬼子赶出南门,而且要把黄土岭夺回来。不过以一个团兵力太难了,希望河西炮兵团重炮支援我们。"

薛岳说:"好!你啥时打黄土岭,就啥时支援你,但必先把鬼子驱逐出南门。"

有了总司令的承诺,左团长有了信心,便集中轻重机关枪全力向鬼子猛射,开始了战斗。

为什么第10军上下在援军面前架子这么大呢?其中大有奥秘。

此时方先觉的指挥所已转移到了江边一个仓库地下室,当援军来了后,方先觉就吩咐手下说:"先不要用他们。"

"多一份人马多一份力量,咋不用呢?"副师长孙明瑾说。

方师长说:"仗易打,账难算。仗打胜了,还说是友军增援的功劳;打输了,又可能说我们不爱惜友军,指挥有偏心。不到最后一刻,不要使用他们。"

方先觉这么说,李玉堂何尝不是这个心思?当薛岳电告李玉堂"再坚持一夜"后,蔡雨时就及时向各个师长电话提出了"苦战一夜,打退敌人;守住长沙,要回军长"的口号,胜利在望了,自己的功劳何必去与别人分享呢?因此便有了李玉堂对老同学爱理不理之事。

方先觉由于没向第77师交底,因此两个师基本上是各打各的。到了傍晚后,预备第10师的处境更紧张了,师部不得不下令:"各处官兵均发给武器,各人分配任务！"

师部承担死守碉堡和几座坚固建筑物的任务，所有的人准备作最后一拼了。小科长杨正华被指定指挥士兵一个排和督战队，坚守路西江边一座仓库。在堵塞大门时，突然一颗流弹穿门而过，打倒他身边的一个士兵，原来约一个班的敌人从江边溜边窜了过来。杨正华率众登上房顶，居高临下进行阻击，击倒二人，其余落荒逃窜。

半夜过后，大炮声渐渐停息了，枪声也由密而疏。众人正在揣测情况时，师部电话里传来了长官部的通报："我湘北第27集团军杨森等部，已从平江山区出击，断敌归路，其他部队均已出动，长沙地区的敌人有撤退模样，敌如撤退，你军无追击任务。"

原来日军经过几天的攻击作战，认为想把长沙完全攻下，把第10军完全消灭，不仅难以做到，还会因此而失去了撤退的时机。眼看中国军队外线主力接近长沙，日军除了态势不利和伤亡重大、疲劳过度外，携带的粮弹也不允许它再对优势兵力作战了，不得不乘夜仓皇撤退。

方先觉等人听到后，一颗悬起来的心，一下子落下来了，未过多久，前面的枪声由稀疏而沉寂了。

日军遗弃的大量尸体

苦战好几日，官兵们十分疲劳，但士气高涨，精神仍然抖擞。鬼子要退了，也不让他们安宁。方先觉又派出一个营说："绕到敌后，弄点缴获回来！"

这个营一去，竟然撞上了日军的旅团司令部，一袭击，俘获了敌旅团长。谁知这肥头大耳的旅团长死活不肯走，大家太辛苦了，抓到一个"肥猪旅团长"折腾几下，谁都没力气了，好几个战士都抬不动这只"大肥猪"。

"怎么办？"一上士气喘吁吁地问。

"既然弄他不走了，干脆处死算了。"营长说。

处死了"肥猪旅团长"后，他们胜利返回。

5日拂晓，第10军已完全不见敌踪了，圆满地完成了固守长沙的任务。

早上，赵子立同薛岳等人由岳麓山回长沙二里牌的指挥所驻地，车过八角亭后，看见日军遗弃尸体很多，到处是尸体和死马。日军不到万不得已，是不会在战场遗弃同伴的尸体的，这次撤退却没来得及把尸体带走，或者焚烧完毕。薛岳见状，停下车，下令说："把他们掩埋起来。"

驻军和当地民众只是草草地挖了个坑，把尸体往里一扔，弄些泥土盖住就了事了。后来，参谋长吴逸志从耒阳回到长沙后，听说这么多的尸体被掩埋了，一看这一个土堆，那一个土堆，又让人把这些尸体全部扒出来，说："埋在一起，筑个高台子！"

高台子堆好了后，他勒石留念，上书"倭寇万人冢"，旁书"陆军中将吴逸志题"。

日军在仓皇退出长沙的路上陷入了重围

1月5日，日军仓皇撤退，夺路北行。

第九战区发现日军有退却迹象时，薛岳立即决定将他的"天炉"点火，下令以罗卓英为南方追击军总司令，指挥第26军由浏阳以北，第73军于浏阳西南，第4军于株洲以北，向北追击；以杨森为北方堵击军总司令，指挥第58、第20军由汨罗江以南，由北向南堵击；以王陵基为东方截击军总司令，指挥第78、第37军由平江以南，由东向西截击；以傅仲芳为西方截击军司令官，率第99军在石子铺以北、新市以南，由西向东截击。于是，各路大军向长沙外围地区的日军进行猛烈的"求心"攻击。

日军进攻长沙受挫，在退却的路上又陷入了重围。

其中，截断鬼子后路的，是第27集团军守新墙河时后退在后的两个军——第58军和第20军。

当初日军向长沙进攻时，第20军及第58军正面闪开鬼子主力后，并没有远跑，而是受命在影珠山及附近古华山占领阵地，准备截断敌军的归路。

杨森总司令认为这次日军是有限进攻，牵动不大，说："总部仍在平江甲山不动。"然后，只率部分幕僚人员在影珠山后面紫泉岭的长江源设了个指挥所。第58军在影珠山设防，第134师在左翼古华山占领阵地，与东面第30集团军部队联络，并急调第133师到影珠山增援。

第133师刚进到福临铺附近，师谍报队长蒲殿敏跑来报告说："侦知日军独立第9旅团已越过汨罗江南下，接应进犯长沙北撤之敌，当晚宿营在福临铺。"

"不好，影珠山要腹背受敌。"师参谋长苏直方对师长夏炯说，"我们必须先拦住鬼子的增援部队。"

"好啊！还是老办法打！"夏师长说。

"如何打？"苏参谋长问。

"老方式，采取'老鹰叼鸡'办法，打了就走。"

于是，师部下令第397团夜袭福临铺街上之敌，只带手枪和手榴弹；第399团分成若干小股，只带步枪和轻机枪，夜袭住在场外村庄之敌。到了深夜，两团夜袭部队一齐动作，第397团首先攻入福临铺，炸死鬼子骑兵联队不少马匹，鬼子猝不及防，伤亡三四百人；住在场外村庄的鬼子遭遇更惨，第399团官兵操着机枪、步枪对着他们猛射，不少鬼子在睡梦中就匆匆见了阎王。日军遭到迎头痛击后，才知半路上还有中国军队阻击。次日拂晓，主力向第133师的阵地猛攻。

夏师长等人早就有了准备，长沙会战已经取胜，士气旺盛，官兵坚持抵抗，激战一日，虽然伤亡很大，但死死顶住了鬼子的猛攻。

狡猾的日军见硬攻不行，也学第133师的样儿，晚上进行夜袭。不过，他们没有偷袭第133师，也没偷袭第20军其他部队，而是选择了第58军，结果，该军鲁道源新编第10师当夜就被击溃。

接着，第20军也跟着出现问题了。

第二日拂晓，鬼子一个中队从第58军阵地偷偷溜到了影珠山后面，开始向山顶进攻。第20军军长杨汉域和军部就在前山脚下，且军部仅有一个骑兵连守护，军长杨汉域严令连长杨汉烈率领骑兵连火速上山阻敌。

谁知这杨汉烈没打过仗,也没指挥经验,杨汉域于是加派手枪兵一排,命师部少校参谋赵敦善随杨汉烈前往,帮助指挥,同时令第134师速派一营兵力增援。

骑兵连刚登上山顶,鬼子也到达山顶。这伙鬼子倒不是什么悍兵,见着中国军队,身子一晃,当即就退到一庙宇内,与骑兵连眼瞪眼地对峙着,也不开枪。这样,第134师援兵赶到了,一起发起进攻。

这伙鬼子利用庙宇进行顽抗,从午饭时一直打到傍晚,除一小部分逃跑外,其余全被歼灭。

突入第58军阵地之敌,又以炮兵向第133师阵地猛轰。正面正是第398团,团长徐昭鉴说:"为'断头将军'王超奎营长报仇的时候到了!"决心消灭敌炮兵。在激战中,他负了重伤,由陈嘉谟代团长,继续指挥,官兵不怕牺牲,一举冲入鬼子的炮兵阵地。一名战士手刃敌兵6名,夺得山炮一门,自己也遍体鳞伤。最后,大家把他抬回师部时,他胸前还横挎着缴获的三挺轻机枪。

双方混战一天,直到夜幕降临,枪声才逐渐稀疏。

在夜间,四处乱窜的鬼子又被第133师击毙五六十人。

日军主力在捞刀河、汨罗江处境十分艰苦,前有阻兵,后有追兵,处处都有伏兵,不断发生战斗,没有休息的时候。一路上,凄凄惨惨,行军锅丢了,米也没了,饥肠辘辘,好不容易逃到一地,又找不到米,只好跑到老百姓的菜地里挖菜吃。有时挖墙打洞,找到一点老百姓藏起来的粮食,又没锅煮,只好用饭盒来煮,有的连饭盒也丢了,只好用钢盔来做炊具。白天走,沿途挨打,后来只好夜间走,却找不到老百姓带路;有时找到一个,不是装聋,就是作哑,不给好好带路,不是往山上带,就是往中国军队的包围圈里领,气得鬼子把老百姓杀了,靠地图和指北针定位,摸着走;有时捏下电筒看看地图,一阵枪弹打来,手一哆嗦,在图上的指北针掉在地上,再不敢捏电筒照了,弯着腰,摸大半天也找不到指北针。日军真是体会到了败军的凄惨滋味,满头满脑希望后方的援军能奇迹般出现。

哪里有援军的影儿呢?

南下接应的日军独立第9旅团在影珠山和第20军对阵到第三日拂晓,因伤亡惨重,掉头北窜。杨森总司令一声令下,第20军和第58军撒腿追击,哪里撵得上这些"兔子"?只是在沿途捡了不少的辎重、马匹和弹药。

他们赶跑了日军援兵独立第9旅团,从长沙撤退回来的鬼子更加无助了。

1月14日,败残之敌逃至汨罗江北岸大荆街、龙凤桥地区。第37军自颜家铺，第4军自伍公市，第73军自新市追击，暂编第54师自洪桥、长湖，第140师自黄沙街，自北向南堵击，第78军自长乐街、大荆街，自东向西截击；第20军、第58军自黄谷市、关山，自西向东截击，形成第四次追击包围态势，各路大军死死围住鬼子拼命地打，聚歼两日两夜，残敌不是被斩杀，就是被俘。

16日，逃出薛岳"天炉"的残敌惊魂失魄地跑回了新墙河北岸。第78军追至四六房、潼溪街，第58军追至新墙，第20军追至荣家湾，暂54师向忠防，140师向桃林、西塘，扫荡残敌。日军从长沙外围溃逃到新墙河，被中国军队追击作战12个昼夜，途中被四次围攻，逃回临岳的，仅剩1.3万余人，实为空前之惨败。

至此，中国军队恢复了新墙河和南江桥原阵地，第三次长沙会战胜利结束。

长沙大捷，迎来中外记者络绎不绝的"战地采访"

第三次长沙会战以确确凿凿的大捷而胜利结束了，这次大捷打破了"皇军"不可战胜的神话，也回击了流传的"抗日亡国"论，全国民心振奋，一片欢欣。1月9日，军委会派魏镇到长沙向第3师、第190师、预备第10师授民族荣誉旗，李玉堂获二等宝鼎勋章。

战后，第九战区司令长官薛岳宣布会战战果为："击毙敌联队长五，大队长五，中队长四，小队长十余，敌官兵遗尸五万六千余具。"这样的大胜利是抗战以来所没有的。

长沙城的保卫战结束时，方先觉一清点人数，预备第10师由7000人只剩下2000人了。重庆军委会电示方先觉："战场不动，等待各国驻华使节和记者参观团前来参观。"

在参观团赶来前，国民政府派出的慰问团先行到达了长沙进行慰问。在预备第10师营地，他们见全师连长一级的军官只剩两个，惊叹守城将士浴血奋战、不怕牺牲的气概。有人问："你们怎么打的敌人？"

一上尉副营长答称："我们师在整训期间，由师长主办了劈刺训练班，培训全师下级军官，由师长、参谋长等亲手教给劈刺技术，学员个个技术娴熟。对敌作战时，冲锋陷阵，有战胜敌人的自信力。我们愿意和敌人拼刺刀，并刺死他们。我们不怕牺牲，几次冲锋，敌人的损失都比我们大，所以能赢得今天的胜利。"

慰问团听了，个个竖起大拇指称赞。

有一精明人问道："你们师长不是被免职了吗？怎么亲手教给劈刺技术？"

结果，他遭到许多人的白眼。

因为他太不识时务了。

慰问团还没离开，苏、美、英、法等国驻华使节和记者参观团就莅临长沙城，记者开始了"战地采访"。对这个参观团，长官部很重视，薛岳亲自安排，并向参谋处做了4条指示，说："向他们作会战经过报告时：（1）可以拿作战计划给他们看；（2）可以多给他们些战利品；（3）可以让他们到长沙和汨罗江以南各作战地区去参观，由原作战部队派员给他们作战斗经过的讲解；（4）可以让他们看日军的尸体和所获武器。"

这些洋记者都是由重庆军令部派员和中央通讯社及各大报记者陪同前来的，由薛岳接见后，赵子立向他们作会战经过报告，虽然是念稿子，但主持人却称是"赵处长演讲"。

赵子立"演讲"的内容，关于会战经过部分是真的，关于战果部分，如日军伤亡、我军所获战利品等进行了夸大。"演讲"之后，他遵照薛岳的指示，拿出作战计划给记者们看。谁知一个美国记者却突然提出说："你们墙上挂的《会战经过要图》怎么和这计划中的《作战指导要图》一个样儿，你们这个本子是不是打过仗后才印的？"

赵子立什么阵势没经历过？立即反问他："要是打过仗后才印的，是不是还可以叫作《作战计划》呢？"

这个记者还是摇着头说："怎么这样巧呀？神话！神话！"

赵子立说："你先生认为是神话吗？不是神话，是现实。任何一个战争，如果没有一点超前思想，根本就不能打胜仗。凡是打胜仗，或多或少地总得有些超前思想表现在计划上。——你们国家的作战也得是这样。"

接着，这个记者又提出要看俘虏，还有个别外国记者附和。赵子立老实地说："有几个重伤、重病的俘虏，已经死了，无俘虏可看。"

这个记者又说："你们打了这么大的胜仗，为啥不捉俘虏？"

赵子立回答说："中国是被侵略的国家，中国作战的目的，是要把日军从中国领土上一步一步地赶出去，中国作战的目的不是捉俘虏。你认为没有捉俘虏，就不能算是打退了日本人吗？"

他的回答都是采取反问式，虽有些强词夺理，这美国利嘴就是想再如何刨根问底，也问不出什么答案，在赵子立的"强势"下只好缩头了。

多数记者倒不多问什么，要问也是极其简单，并且都是肯定的话语，后面再加上个"是么"、"是这样吗"，赵子立只要回答"是"或者"不是"，或者简单解释几句就行了。

俘虏没有，部队的缴获确实不少，最后，第九战区对这些洋记者、土记者每人都赠送一个大礼包，其中有日本战刀、望远镜、大衣、军毯、太阳旗等战利品，老记们获得这样的大礼包，个个都很高兴，喜气洋洋地说："至少也值得好几千美金，收获不少。"

但因为这美国记者的"多问"，散会后，中央社记者胡定芬跑去找到赵子立，特地对他说："对那个别轻蔑中国的外国记者，用严肃的态度回答他是应当的。"

"为什么？"赵子立故意问道。

"哪有记者这么当的？！"胡定芬愤愤地说，"没有一点专业性，脑子就是灌多了水。"

赵子立没有做声，就走了，边走心里边暗笑：就你这点专业性，难怪人家说你中央社是造假社呢。

因为那份作战计划还真是战后参谋处加班加点赶制印出来糊弄参观团

缴获的部分日军武器

的,赵子立没想到露了马脚。

第二日,参观团来到了预10师修械所高地,看见满地都是炮弹、炸弹、手榴弹、枪弹的碎片和无数具敌尸。一位使节风趣地说:"你们不会逞凶了吧?"再去其他各师看看,阵地前也敌尸累累,还有战马残骸。一位英国武官伸出大拇指说:"双方距离那么近(不上百米),战况又那么剧烈,要是欧洲军队恐怕早就竖白旗投降了!你们真勇敢,打得出色。敬佩!敬佩!"

这些外国使节、武官和记者回国后,对长沙大战的胜利进行了大量报道。第三次长沙大战,以日军惨败而告终,这时美军在太平洋战争中正和日军激战,败仗不少,而中国反法西斯战争却取得了重大胜利。美国总统罗斯福忍不住说:"盟军的胜利,全赖华军长沙大捷。"

英国《泰晤士报》亦称:"盟军胜利,全靠华军英勇作战。"

长沙大捷后,待罪的李玉堂升任第27集团军副总司令,方先觉升任第10军军长,预10师副师长孙明瑾升任师长,第28团团长葛先才升任副师长。军参谋长蔡雨时没有升任,也获得"胜利奖金"20万元,一夜跃入了暴富行列。第20军军长杨汉域调升第30集团军副总司令,其他有功人员也获得升迁。

但是,只有一个人倒了霉。

他就是第20军副军长兼第133师师长夏炯。战后,杨汉域调升第30集团军副总司令。因为夏炯打仗很勇敢,外号叫"夏大刀"。薛岳背着第27集团军总司令杨森向蒋介石电保夏炯升任第20军军长,这事被杨森得悉,急电驻渝办事处处长李寰到军政部查询。委任状已经办好,尚未发出,当即商请何应钦将委任状搁置,不予发表。随后,杨森以夏炯派工兵连长左崇高将汨罗江粤汉铁路桥梁拆除,售与桂林厂商,破坏铁路基础为由,报请蒋介石将其撤职。蒋介石批准夏炯升任军长签字墨迹未干,又在夏炯的撤职令上挥毫:"照准"。夏炯被撤职后,第133师师长由副师长周翰熙升充,副师长由第397团团长陈亲民升充。

第十一章 第一次远征缅甸：10万大军只剩下4万残兵

英军拒绝中国军队进入缅甸

第三次长沙会战的胜利振奋了国人的信心，也极大地打击了日本侵略者。但由于年前太平洋战争的爆发，日军为了挽回在中国的败局，准备入侵中国的邻国缅甸、马来西亚和印度。于是，缅甸、马来西亚和印度宗主国的武装力量——英军寻求与中国军队合作，共同保卫缅甸之事紧迫地提上议事日程。

其实，中英合作抗日的谈判早在一两年前就开始了，只是由于英军的一延再拖而没有进展。

1940年6月，英法军在敦克尔克弃甲丢盔大溃败之后，英伦三岛岌岌可危，英国当局希图凭借中国的力量，支援它在远东殖民地特别是缅甸、印度、马来西亚方面的军事，以挽救远东大后方的危机。而在中国方面，蒋介石也希望与英军合作，为了反共，蒋介石拒绝了苏联的援助，借助于美国，重庆等地的美援只能靠滇缅公路运输，英国也开放了封锁已久的滇缅路，接着双方酝酿建立中英军事同盟。

1941年春，英国邀请以商震为团长的中国缅印马军事考察团前去缅甸、印度、马来西亚做军事考察。考察一番后，考察团搞出了一份合作意见稿。然后，商震去马来西亚，与英国驻新加坡总督波普汉商谈。波普汉很同意考察团的意见稿，并且说："希望商将军抄一份初稿给我。"可这商将军只有半瓶醋英文，唯唯诺诺答应，却并没明白对方说的是什么意思。

他有个翻译秘书，叫刘耀汉，这时正闹情绪，因此也没提醒商将军注意。两天后，波普汉请吃饭，又问到这件事，商将军瞠目不知如何回答，反问刘耀汉："有这事情吗？"

刘秘书说:"有这回事。"

这令商将军非常尴尬,马上表示道歉,并补抄一份送给波普汉。

事后,考察团的副团长林蔚说:"商震为了出风头,正式外交谈话中不用秘书翻译,既违外交惯例,又把事情弄错,而刘则为个人情绪,故意让商在外交上丢脸,两人真是掉国格!"

但英军希望获得中国的军事援助,只是波普汉、武官丹尼斯等少数人的想法,英国本土对时局的看法与他们大有出入,以为大英帝国的那块破招牌就能唬住日本,说英国力量雄厚,日本不敢轻易向他们挑衅,如果日军要截断滇缅路的话,必然先从中缅或中老(老挝)边境发难,而不会随便向英国殖民地缅甸冒进。可日军在珍珠港连强大的美军都敢打,还怕什么"没落王国"的英军呢?日本大本营在珍珠港事变后的第二日就发出了准备进攻缅甸的指令。第三日(即12月10日),英国武官丹尼斯受命向蒋介石请求派中国军队入缅甸布防。

蒋介石当即首肯,于第四日向第5、6军发布入缅作战动员令,令杜聿明第5军向保山集中;张轸第6军克日完成入缅准备,派第93师赴车里,对泰国、老挝方面搜索警戒,派第49师刘观隆团为先遣支队,即开畹町。同时,派第5军参谋长侯腾率部分参谋、机要、翻译组成中国军事代表团(又称中国先遣参谋团),配属宪兵、通信、汽车各一排,由丹尼斯陪同,飞赴腊戌,筹备中国军队入缅事宜。

随后,蒋介石又两度邀集英、美等国大使、武官,商讨中、美、英、荷、澳五国联合对日作战计划。美国军事代表团团长马格鲁德准将向蒋介石建议,鉴于英军在远东节节失利,缅甸危在旦夕,希望中国军队从速入缅,保护仰光和滇缅路的安全。蒋介石对苏联是抗拒的,对美国则是铁心跟从,当即表示同意,第二次下令第5、第6两军准备入缅。然后,派人向英军驻印度军区总司令、"独眼将军"韦维尔表示:"如有充分计划,愿以精兵8万援缅。"

谁知这"独眼将军"却担心中国军队入缅会促使"亚洲人的团结阴影越来越大",断然加以拒绝,结果,正向缅甸进发的第5、第6军不得不就地停止待命。

这使得蒋介石对"老牌帝国主义"大为不满。

但是,太平洋的局势却不以"独眼将军"的心思为转移,相反,日军的虎视眈眈更加剧了南亚的紧张局势。几经协商,丹尼斯与商震等人在12月

23日签订了《中英共同防御滇缅路协定》，中英正式成立军事同盟。

这时缅甸南部毛淡棉、耶城、土瓦一带要地，由英军第1师第3旅派兵驻守，并配属缅甸警备队担任巡逻，但是英军懒得很，一没筑防御工事，二没进行战斗准备。1942年元旦，英国皇家陆军印度第17步兵师（简称英印第17师）由印度开抵缅甸南部布防，该师第48旅驻守毛淡棉及其以南各要点，第49、51两旅防守仰光。

1月4日，日军第55师团的冲支队在飞机掩护下，对耶城、土瓦等地发动进攻。据守该地的英军第48旅一个营略事抵抗后，就由海上撤回了仰光。19日，日军占领土瓦、耶城，以第112联队主力由耶城、塔登北上，直趋毛淡棉。20日，日军第55师团主力由麦索、塔沃克越过泰缅国境，分两路进击毛淡棉。驻守该地的第48旅旅长符腾上校对日军实行突袭并逐次设置埋伏，使日军受到一些损失。但因日军已三面合围，迫使英缅军总司令胡敦不得不下令该旅放弃毛淡棉，退守拔安，另令英印第17师师长斯迈思率其余两旅前往增援。

因拔安的地形不利防守，且日军已从北面强渡萨尔温江，英军侧背受到威胁，斯迈思决心放弃拔安，固守米邻待援，两个旅以米邻为中心，沿百林河构筑阵地，另一个旅在拔安、米邻间机动阻击。该师在百林河拒敌两周，又遭到日军第33师团和第55师团的迂回包围。1月22日，斯迈思下令全师连夜突围，向锡唐河转进。

中国战区的参谋长史迪威将军与前来缅甸视察的蒋介石夫妇会面

不料，日军第33师团213联队和第55师团143联队已抢先迂回到达了锡唐河东岸，猛攻桥头堡，同英缅第1师守桥的约克郡团激战，一把切断了英印第17师过桥西撤的道路。结果，只有第48旅利用装甲车掩护，冒死冲上大桥，才逃到西岸。日军立即调集坦克大炮，用火力封锁了英军上桥的道路。英印第17师主力退到河边重镇末克贝林，被日军第33师团和第55

师团分割包围,时近薄暮,英军仓促应战,建制已乱,指挥失灵,一群群失却掌握、惊惶失措的官兵到处乱窜。守桥的约克郡团眼见英印第17师陷入重围,脱险无望,更害怕日军冲过桥去,仓促炸毁大桥。在断桥一边的英印第17师官兵9000余人见大势已去,纷纷举手投降。

这时,斯迈思还掌握着第51旅,据守着末克贝林车站南侧靠近河边的堤坝、房屋,眼看自己带着的人马也差不多要投降了,他立即下令:"凡能过河者赏100英镑。"官兵在他的带领下,纷纷抛弃武器和装备,准备下水逃命。夜幕降临后,斯迈思带着大家寻找日军的空隙突围,冲到了河边,不顾日军的机枪扫射,一个个"扑通、扑通"跳入河水里,各显神通,拼命向西岸游去。好在这支部队在中东和印度曾受过很好的游泳训练,生还者达3389人,但带枪的却不及三分之一。跟着他们的还有中国联络参谋组的5个人,他们不但带回了枪支弹药背包,而且带回了完好的电台。

这让英军官兵不胜钦敬,事后,英国政府对他们进行了奖励。

由于澳大利亚第63旅和装甲第7旅及时赶来增援,兼之大桥已毁,日军没敢渡河追击。英印第17师在勃固收容整顿,迅速获得补充,一周内又恢复起来。不过,日军于31日占领了毛淡棉,英军士气更加低落了。

锡唐河弃守后,缅甸面临是撤是守的抉择。独眼将军韦维尔已于1月份出任东南亚战区司令,仍指挥缅甸战事,眼看缅甸形势紧急,并且一旦失陷就将危及印度,他不得不转换脑筋,急求中国远征军入缅驰援。

2月5日,蒋介石赴印访问,途经缅甸,在腊戍接见英缅军总司令胡敦,并召开军事会议。因为第5军军长杜聿明在蒋介石的安排下,将率部入缅作战。会上,他提出了增调车辆运输第5、第6军入缅,加强仰光、锡唐河防务,建立统一指挥和后勤供应机构以及抢运物资等五点建议。蒋介石和胡敦均表示赞同,且决定采纳实施。不料,胡敦上报后,对缅甸拥有指挥权的韦维尔却拒绝执行。9日,他赶到仰光,亲口对胡敦说:"中国军队归你指挥,你的司令部就是联军统帅部。"又指示胡敦,将中路和东路交由中国军队去守,英军可集中到仰光及以西地区,并且从速修复加里瓦至英帕尔的道路,把堆在仰光的物资接收过来,设法运走。

原来,这位在第一次世界大战中被打瞎眼睛的名将韦维尔并无固守缅甸的决心,只是准备在缅甸象征性地抵抗一下,就撤往印度去。

3月1日,蒋介石第二次来到缅甸视察,部署入缅作战的事宜。美国总统罗斯福派到盟军中国战区的参谋长史迪威也到位了,中国战区总司令是蒋介石。3日，蒋介石在腊戍接见史迪威，并召开军事会议。然后，接见军委会驻滇参谋团，并与英方会商。第二日，蒋介石当面对杜聿明说："你归史迪威将军指挥。"

"是！"

杜聿明是蒋介石的黄埔嫡系将领，立即来了个挺胸并腿。蒋介石又吩咐说："你对史迪威将军要绝对服从。"

这"绝对服从"却让杜聿明感到问题不少，反问道："如果史迪威的命令不符合你的决策时，应如何办？"

蒋说："你打电报向我请示再说。"

回重庆后，蒋介石知道手下这些黄埔将领个个都是天不怕地不怕头顶上长角的刺头，对杜聿明还是有些不放心，又给他写了封亲笔信，指明他必须绝对服从史迪威的重要性。杜聿明真的会完全听从洋参谋长史迪威的指挥吗？一切只能让时间去验证。

日军进抵萨尔温江东岸后，陆军一度停顿，空军则变本加厉地对缅甸首都仰光进行空袭，先是夜袭仰光城北的明加拉东飞机场，接着白天炸了仰光城的码头区域，军民伤亡极大，于是，盟军联合参谋长委员会力主增兵仰光固守。谁知"独眼将军"韦维尔却力主"弃缅保印，尽快撤出英军"。英国首相丘吉尔原来对法西斯采取绥靖政策，结果吃了希特勒的大亏，这次丘吉尔听从罗斯福的劝告拒绝了韦维尔的建议，毅然派英国名将亚历山大赴缅接替胡敦的职务，将"软弱无能"的胡敦改任参谋长。

3月5日，亚历山大抵达缅甸国，先打算守仰光。可是，一到部队就发现英军士气不振，难以抵抗强敌，只好决定放弃仰光。英军一撤离，3月8日，日军第33师团第215联队占领了缅甸首都——仰光，英军的缅南保卫战到此结束。

11日，蒋介石令第5、第6军统归中国战区参谋长史迪威指挥，但作为中国战区总司令，他没规定史迪威与亚历山大相互间的地位。

第二日，英方提出史迪威指挥第5、第6军，与亚历山大之间的指挥系统不明。蒋介石在国内专横独行，对洋人却不敢去任命，分清楚其职责，说："我不插手英美之间的事情。"他这个战区总司令不管，史迪威和亚历山大自己更搞不清了。但在这一天，蒋介石又宣布特派卫立煌为中国远征军第一路（原定第二路在越南方面，后因情况变化未成事实）司令长官，杜聿明为副司令长官，在卫未到任以前由杜代理。但是，他还是没规定远征军司令长

官与史迪威参谋长之间的地位，这就为以后杜聿明与史迪威闹矛盾埋下了伏笔。

17日，亚历山大由重庆飞回腊戍，转回梅苗。

28日，军委会驻滇参谋团团长林蔚到梅苗，晤见亚历山大。亚历山大说："我们在重庆已决定，以本人为在缅作战的中英联合军最高指挥官，史迪威将军受本人之指挥。"

但在随后，驻滇参谋团及各部队始终没接到这项命令，林蔚大生疑窦，对杜聿明说："这外国人不会是撒谎的吧？"

"谁知道！我们自己指挥自己，难道还需要由外国人来指挥我们吗？"杜聿明耸耸肩说。

就在上下级指挥关系还没理顺的时候，第5军就已经打起仗来了。

不起眼的"草鞋兵"让英军刮目相看

仰光失守以后，东瓜就变得重要了。它北通缅甸故都曼德勒，西通普罗美，东通毛奇，道路纵横，交通发达，是缅甸南部锡唐河与培古山脉间的一个大平原，又是一片全无依托的广漠地区。

早在日军从毛淡棉逼近仰光时，中国军队第5军入缅甸先头部队——第200师和军部摩托化骑兵团，就开始进军缅甸，受命占领东瓜阵地，策应英印军在缅南的保卫战，掩护第5军主力集结。2月16日，第200师从云南保山用汽车运送到缅甸的畹町，3月1日到达腊戍，再乘火车到达东瓜。其中，第598团为前卫团，4日到达平满纳，立即占领阵地，掩护全师主力集中。第二日，第599团和军部骑兵团到达东瓜，随后，师部、直属队第600团相继也到达东瓜城。

当第200师官兵到达东瓜时，缅甸人早逃难跑光了，只有一些英军还在这里，他们受命接替英印军防务。从外表上看，英军装备都不错，士兵穿着皮鞋和料子军服，步兵连队都有骡马驮背包，士兵行军只背枪和子弹就可以了。但一行军走路，就不行了，队形非常零乱。当兵的多是缅甸人和印度人，连长以上军官则全是英国人和印度人，而中国军队呢，全是穿着草鞋，扛着旧枪。

3月9日，军部摩托化骑兵团和第598团步兵第1连奉命前去东瓜南35

行进中的中国远征军

英里处的皮尤河畔接替英军前哨阵地，负责搜索敌情，并掩护英军撤退。

11日，他们到达皮尤河。骑兵团团长林承熙见英军与敌作战月余还不明了当面敌情，想到自己还有一个任务是搜索敌情，决定先设法弄到日军一些文件，于是决定先打一仗捉点俘虏。他根据连日侦悉日军大胆追击英军的战术，在皮尤河南12公里处，先筑了些假阵地，又在皮尤河南岸筑了埋伏阻击阵地，还在皮尤河北岸筑了警戒阵地，然后说："在皮尤河大桥上安置一些炸弹，待鬼子行至北端，就用电气导火爆炸。"

所有阵地都伪装得十分巧妙，日军很难发现。

3月18日拂晓，英缅军全部撤退，日军果然像往常一样跟踪追击，到达了皮尤河南12公里处。

结果，与中国军队发生激烈的前哨战。枪声一响，英军撒腿就跑，这样，前哨连就掩护英军脱离敌军，安全地往后撤退了。

林承熙团长从日军尸体上的符号发现当面之敌为第55师团。前哨连当日达成任务后，在黑夜撤退，再埋伏在皮尤河南岸两侧，准备阻击冒进之敌。

第二日早晨，日军又追击英军，以一大队轻快部队冒进，在皮尤河岸，浑然不知已踏入了林承熙预设的埋伏阵地。当日军几辆汽车进至桥北端时，

桥长200余米,"轰隆"一声巨大的爆炸声,全桥轰然塌落。

鬼子没料到车人尽翻,没死的下车仍带伤顽强挣扎,后续车辆却被拥塞在南岸公路上。这时枪声四起,中国军队埋伏的机枪对着企图顽抗的鬼子从尾到头反复射击,打得鬼子落花流水,向公路两侧逃窜。对岸的鬼子眼见同伴遭打,却过不了江,干着急地哇哇乱叫。挨打的鬼子没有后援,大部被歼,仅少数几个鬼子向森林内逃窜。

午后,日军增加兵力,以步炮联合向中国军队皮尤警戒阵地进攻。

骑兵团眼看完成了任务,林团长一声吆喝,官兵扛着缴获的战利品,转移去后方既设阵地,皮尤河岸仅留少数狙击兵,迟滞敌人前进,战斗到深夜,狙击兵也安全撤了回来。

此次前哨战,骑兵团击毙鬼子30多人,缴获步枪20支、轻机枪两挺,二轮和三轮摩托车共19辆,还有手枪、望远镜、地图和重要文件等。

通过查看文件,林团长弄明白了这次从泰马入缅之敌为日军第15军的两个师团,其中,从泰国经毛淡棉进犯缅甸的,中路仰曼公路为敌第55师团;进入仰光向西路普罗美英军进攻之敌为第33师团;东路为第18师团,尚在泰国景迈及毛淡棉之间。他立即把情况上报。

英军指挥官对敌情一无所知,中国军队只经前哨一战,就完全掌握了日军在缅甸的作战部署、使用兵力、部队番号、作战计划等,这一举措令英军等大为惊奇。亚历山大等人不得不重视中国军队了,给中国军队的后勤补给比初入缅时大大改善了。

林团这一战是日军发动侵缅战争后第一次遭到失利,不但狠刹了日军的威风,也转变了不少英军对中国"草鞋兵"的轻视,见着中国军队官兵,纷纷竖起大拇指,用半生不熟的中国话说:"你们打得很好!"不会中国话的,干脆就说:"OK,OK!"

东瓜保卫战:戴安澜师长带头立遗书

皮尤河前哨战,揭开了中国远征军与侵缅日军在东瓜作战的序幕。

3月20日拂晓,日军第112联队附装甲车、战车各9辆,拖着4门山炮,在飞机的支援下,追着皮尤河的第200师骑兵团屁股后面使劲地撵,中午追到了厝背、坦德宾一线,马上向守备在这里的第598团发起进攻,谁知激战不到两小时，他们就因为伤亡太大而不得不退了下去。

第二日清晨，在飞机掩护下，日军又以战车、装甲车为前导，附山炮10余门，再向中国军队厣背、坦德宾、屋圩前沿阵地发起猛攻。激战到次日深夜，第598团乘夜黑再次进行反击，打死杀伤日军400多人，鬼子不得不又退下阵了。

第四日，日军第112、143联队在30多辆战车、20多门大炮和空军的掩护下，再次对第598团猛攻，激战终日。尽管工事破坏严重，但第598团官兵同仇敌忾，坚守阵地；与此同时，军、师战防炮部队也赶来，对着鬼子的战车猛烈还击。第598团又组织突击队由侧翼反击，日军伤亡500余人，战车被摧毁5辆，装甲车被摧毁7辆，全线后撤。第三次败阵下去了。

午夜，日军又来攻，第598团第3营的厣背阵地被突破，伤亡184人，该营退守坦德宾与敌对峙。

24日，日军第55师团又在飞机、大炮和坦克支援下第四次猛攻第598

第200师师长戴安澜

团阵地，副团长黄景升阵亡，屋圩、三祖陷敌。日军第55师团144联队从坦德宾、屋圩、三祖以西迂回到东瓜北面的南阳，偷袭东瓜机场和车站。守军是工兵团，疏于戒备，被鬼子所乘，团长李树正负伤，机场和车站弃守。这一次大意失荆州，戴安澜师长和师指挥所被迫移往锡唐河桥东。

随后，第200师组织反击，终未奏效。结果，东瓜被日军包围了。

戴安澜师长立即调整部署，收缩外围，加强东瓜城的守备，固守大桥，派师步兵指挥官兼第598团团长郑庭笈率师主力守东瓜城垣，戴安澜率一部分精兵守大桥及东岸要地。

这是第200师出国后第一次与日军进行大的战斗，在异国，又是孤军作战，戴安澜决心与阵地共存亡！带头预立遗书，指定自己阵亡后的代理人，同时要求各级军官都指定自己伤亡后的代理人。

入夜后，日军轮番进攻，均被打退。

25日，日军第55师团自南、西、北三面合攻东瓜，第200师沉着应战，眼看鬼子躲在密林中前进。郑庭笈一声令下："纵火焚林，阻敌前进！"火一点着，森林烈焰冲天，吓得鬼子仓皇四窜。双方激战整日，日军因为伤亡过多，再次退了下去。

26日，第55师团全部兵力出动围攻东瓜，一部分鬼子猛打猛冲，终于突破了东瓜西北第600团阵地，多股鬼子窜进了市区。郑庭笈立即下令发起反击，双方进行激烈的巷战，入侵之敌又被全部消灭。

27日，第55师团眼看守军这么顽强，也拿出了狠劲，再倾全力猛扑城垣，东瓜阵地多处被突破，双方形成敌我交错、逐屋争夺的局面，经中国军队反复包围突击，鬼子伤亡枕藉，弃尸逃窜。

在东瓜激战时，杜聿明派廖耀湘师长率领新编第22师前去支援。日军立即从南阳北进，企图阻止新编第22师援军，结果与该师第64团在南阳车站北方的永冈附近相撞，一度激战，日军不支，退守车站，于是，两军对峙起来了。

中国军队杜聿明派援军，日军第15军司令官饭田祥二郎也派援军。28日，日军第56师团和战车一团由仰光来援，以第145联队增强东瓜北侧南阳车站的防守，阻止新编第22师增援，主力则配合第55师团主力，自东、南、西三面围攻东瓜。

这一次围攻，日军势在一举成功，还出动了190多架飞机、战车百余辆、大炮百余门，对东瓜展开最猛烈的攻击。城西、南阵地失而复得，戴安澜的师指挥所也多次遭到鬼子袭击，与外面的通信一度中断。

城内战斗在郑庭笈指挥下，屡次将敌击败，坚守阵地，但官兵伤亡很大，且粮弹将罄，局势险恶。

日军企图先吃掉第200师，再去干掉廖耀湘。谁知廖耀湘拿出了大气魄，命令师主力由耶得谢南下，对占据南阳车站的日军第144、145联队猛攻，终于在午后将车站攻克，击毁鬼子战车5辆、大炮6门，还捉获了第56师团大尉以下37个鬼子。

但第200师的危险还是没有解除，全师官兵以少敌多，拼得十分激烈、险恶。戴安澜的战术是"百米决斗，用刺刀手榴弹解决问题"，结果，双方打起近战，鬼子的飞机、大炮、坦克全都无用武之地，废了。没有了先进的飞机大炮，鬼子就不是中国军队的对手，又被第200师打跑了。

29日，日军改变战术，撂下第200师，先去吃掉增援的新编第22师，令新开到的第 56 师团和战车团对南阳车站猛烈反扑,与新编第 22 师激战终日,但没有拿下火车站。

天黑后,日军又投入第 18 师团的第 56 联队和第 55 师团的第 143 联队,协同第 56 师团发动进攻,4 个联队围攻廖耀湘一个师,但还是被击退了。

在恶战中,英军应战区参谋长史迪威的要求,在普罗美南向少数日军发起攻击。谁知这英军装甲部队进入庞得后,就被日军在斯维当截断了后路,仓皇后撤,跑回了普罗美。

第 200 师在东瓜孤军苦战 12 天,击毙日军第 55 师团 143 联队长横田大佐以下 5000 余人,重创敌第 55 师团,但是自己也伤亡 2500 多人。第 5 军军长杜聿明认为既然远征军不能马上集中主力与敌决战,以解东瓜之围,等到仰光登陆之敌参战的话,第 200 师肯定会被强敌歼灭,于是向史迪威打电话建议:"根据协定,美国空军志愿队应从 27 日起协同新编第 22 师一起进攻,可不知咋的,至今都没见过他们的影子。东瓜守军弹药将尽,给养不济,敌军第 56 师团、第 18 师团和两个战车团三面进攻,我建议令第 200 师于 29 日晚突围,以保全战力。"

谁知他的这个想法立即遭到了史迪威的坚决反对:"这怎么行?!以第 200 师在东瓜吸引敌军,我主力马上就可以与日军决一死战。"

"哪里有主力?"杜聿明说,"第 5 军第 96 师和战车、炮兵部队还在国内,尚需一周后才能集中完毕,而第 66 军准备入缅,什么时候集中尚还不知。英军退回去了,美军飞机不见踪影儿,我两个师如何决战?"

"敌军已经遭到重创,我主力正从四面八方赶来。"史迪威坚持说。

"等你的主力从四面八方赶来,我的两个师早就完蛋了。我现在只能撤下来,准备在另一时间、另一地点与敌决战。"

可史迪威仍坚持以不足的兵力向日军进行攻击,两人争执甚烈,争来吵去,火气都大,终于闹翻了。最后,史迪威说:"你必须绝对服从我的命令!"

"对的我服从,错误的,我服从不了!"杜聿明一把就先摞了电话。

杜聿明一贯以蒋介石的亲信自居,哪会听任史迪威一个洋人发号施令?史迪威也知道杜聿明这人不好惹,立即派参谋窦尔登前去监督他实施攻击。杜聿明见着窦尔登说:"这个问题关系我远征军存亡,我不会受他的威胁。"并且立即决定第 200 师当晚由东瓜向东突围,新编第 22 师一部向南阳车站外围之敌发动反击,进行掩护;然后,两个师向平满那集结。杜聿明准备在平

我军士兵在密林中观察敌情

满那至平马道地区再组织会战。

29日黄昏时分，驻守锡唐河东岸的第598团第7连连长石磊派兵护送两名缅甸人进入了东瓜城，这是戴安澜在东瓜组织的缅甸便衣队。他们带来了戴安澜给郑庭笈的亲笔命令，并说："我们为郑指挥官担任向导。"

郑庭笈拆开命令一看："奉军长杜命令，第200师于29日夜间从锡唐河东岸撤出东瓜城，沿河东岸到叶达西集中待命。撤退时部队由郑庭笈指挥，余在河东岸掩护。戴安澜（签名）。"

郑庭笈立即用电话和手下两位团长柳树人、刘少峰商讨撤退事宜，最后决定以团为单位，派各团少校团附指挥伤病员和炊事班，利用锡唐河大桥到河东岸沿河大道，向叶达西集中；伤病员过河后，由师卫生队收容，再送后方医院；第一线步兵营，以营为单位派出阻击组，向各营阵前之敌实行夜袭，掩护团主力撤退；撤退时按第599团、第600团、第598团的顺序；第599团从大桥过河，其他部队一律徒涉。各营阻击组拂晓前离开阵地，向河东岸归还建制。布置完毕后，部队依照计划开始行动。

30日早晨4时左右，全师已安全撤出东瓜城。

在大部队行动时，步枪声、手榴弹爆炸声震动全城，掩护部队打得很猛烈，日军始终没发觉第200师主力的行动，拂晓前，各营阻击组也撤出了东瓜城。

天一大亮，被骚扰和折腾了一夜的日军终于发威了，大炮向着东瓜大桥和东岸守军阵地拼命轰击，孰不知中国军队早已走远了。

这时郑庭笈率领后卫第598团听见后面东瓜城外炮声还在稀疏地响着，笑着说："猛轰吧，就怕你们没这么多炮弹！"全师向着叶达西疾进。

上午10时，他由缅甸人带路，在河东一间草棚里见到了戴安澜师长。戴师长紧紧地握着郑庭笈的手，高兴得和久别重逢一样："杜军长的决定很果断，不然我们真危险了！"

其实，日军早已被第200师打疼了。直到12时左右，炮轰了一个上午，他们才发现中国军队没有一点反应，冲进东瓜城里，结果发现只是一座空城了，第200师已不知去向。

第200师到达叶达西集中后，两位英国记者带着翻译跑到了第598团团部采访，缠住郑庭笈要他谈谈部队撤退的经过。他们问："东瓜是一个平原地带，一面是锡唐河，三面受敌包围，在这样的情况下，第200师为什么能安全撤退？"

郑庭笈说："这是由于：一、杜军长下达撤退命令适时，出敌意料之外；二、新编第22师正从叶达西沿公路向东瓜城攻击前进，东瓜城听到的隆隆炮声，已逼近东瓜北边飞机场附近，使敌人误认为是增援固守东瓜的我军；三、正逢旱季，锡唐河河水不深，可以徒涉；四、军部补充第1、第2团编成的游击支队，由新编第22师副师长黄翔兼司令，向东瓜城南前进，扰乱了敌人的后方。在这样的情况下，敌军根本不可能判断第200师有放弃东瓜的企图，我们的战术符合出敌不意的原则。"

记者们听了以后，无不点头称是，并且相互交谈说："上次英印17师9000余人在锡唐河咋就撤退不了呢？"

郑庭笈听懂了他们的意思，不忘幽了他们一默，说："我们中国部队是'草鞋兵'，渡河时用不着脱皮鞋，行动迅速方便。"

这惹得洋记者哈哈大笑。

这时新编第22师主力还在南阳车站。3月30日，杜聿明一直在耶得谢新编第22师廖耀湘的师指挥所里。当得知第200师已安全撤离东瓜，并通过了锡唐河大桥时，他立即下令廖耀湘："炸毁大桥，新编第22师按计划准备行动。"

这时已经是午后。日军第56师团占领东瓜后，第18师团和第55师团已各出动一个联队会攻南阳车站，第22师66团正在和他们激战，直到晚上才把他们击退。

第二日，廖耀湘下令第 66 团主力向南阳以南之敌进行佯攻，掩护师主力转移；第 64 团乘第 66 团向敌佯攻之机，速去南阳以北沙加雅占领阵地，准备应战；第 65 团开赴耶得谢以北的斯瓦占领阵地，师直属队同时撤到平马道集结。

随后，廖耀湘亲率第 66 团主力在南阳车站拒敌。

第 64 团在沙加雅占领阵地后，完成了作战准备，其余各团也分别撤到了指定地区。廖耀湘于是下令第 66 团主力开始撤退，绕道到耶得谢占领阵地，他自己则带领指挥所的傅宗良、段吉升、郭修甲等人和三个联络参谋，又前去第 64 团阵地，继续指挥作战。

第 66 团后卫部队且战且退，廖耀湘也在后卫部队。他们离开南阳，鬼子跟踪追击，在途中，廖耀湘指挥部队三次停下来反击追敌。他们刚靠近沙加雅时，日军就对该地发动猛攻，廖耀湘在前线指挥。双方激战到黄昏后，鬼子受到重创，后退了。

新编第 22 师也安全地撤离了，第 5 军与日军的对垒全线沉寂。

一日，第 5 军军部便衣侦探马玉山送来了一份日军的防御地图。

这马玉山是典型的南方人，个子不高，瘦瘦的，晒得黝黑黝黑，活像广西人，于是伪装成缅甸人，竟然跑去日军第 55 师团司令部打工。不过，他这打工却没什么好活干，就是挑水打杂。一天，他发现日军办公桌上有一幅地图，上面绘有部队番号位置，立刻烧好一壶水，乘鬼子们吃饭时送进办公室，将地图偷出，星夜跑回了平满那。

杜聿明打开一看："对，是日军地图！"

"并且上面还注明了新增第 18 师团第 56、124 联队，还有鬼子一个山炮营和一个重炮营的位置。"马玉山指着说。

杜聿明说："马上通知前方注意。"

这份地图使得前线部队躲开了鬼子的偷袭和炮击。

4 月 5 日，蒋介石带着罗卓英亲自来到了腊戍。原来杜聿明与史迪威"火线吵架"后，史迪威把状告到了蒋介石那里，并引起了蒋介石的注意。为什么他还带来了在第九战区的罗卓英呢？远征军第一路司令长官部司令长官原定卫立煌，谁知这期间八路军延安办事处某处长叛变，告密卫立煌与延安有来往，并且还送了不少军火给八路军。蒋介石一气之下，宣布改由罗卓英出任远征军第一路司令长官，但他还是没规定罗卓英长官与史迪威参谋长之间的隶属关系。

这时第 200 师已安全撤出，日军第 18 师团和第 55 师团遭到沉重打击后，正被阻在塔瓦堤东西一线。史迪威竭力想挽回被杜聿明"搅坏"的战局，决定在平满那发动反攻，称之为"平满那攻势"，即由第 200 师和新开到的第 96 师集中到平满那，由新编第 22 师在第一线逐次阻击日军并将其吸引到第 96 师阵地前，乘敌攻势顿挫之机，第 5 军全力反攻。另由暂编第 55 师从莫契、雅多、保拉克威胁敌后，进行夹击。

在东瓜撤退之前，杜聿明已有"平马道会战"计划，已分别报告林蔚、史迪威、军令部和蒋介石。他的计划是，以第 96 师在平马道东西之线构筑坚固阵地，拒止并消灭敌人；以第 200 师、新编第 22 师置于东敦枝、萨斯瓦之线，同英军保持联系，待机出击；以第 66 军（4 月上旬可在曼德勒集中完毕）置于央米丁、基荣当之线，乘敌在第 96 师阵地前攻势顿挫时，全线反攻，将敌包围于平马道至平满那之间歼灭。史、杜两人计划的指导思想基本相同，但决战的地域和使用兵力略有不同。但因为目标完全一致，都是迅速歼灭敌军，扭转战局，所以，两个方案都被大家接受了。

6 日，蒋介石到达梅苗，批准了"平马道会战"，也同意"平满那攻势"，并且决定增调第 6 军入缅，然后召见东瓜保卫战有功的第 200 师师长戴安澜，与他同住一晚，予以慰勉。

8 日，蒋介石约杜聿明和戴安澜两位战将与他一起巡视曼德勒。蒋介石看到从梅苗到曼德勒之间汤彭山脉一带山峦重叠，十分险要，便对两位手下现场办公说："平满那会战十分重要，必须鼓励将士一举击破日寇，进而收复仰光。万一日寇后续部队增加，我军也不要勉强决战，退一步准备曼德勒会战，或把住这个山口，与敌作持久战。"

杜聿明记住了蒋介石的这个指示。

回到梅苗后，蒋介石害怕杜聿明不听话，一再叮嘱他要服从史迪威和罗卓英的命令。杜聿明因东瓜战斗和史迪威争吵，满肚子怨气地说："如果照史迪威的命令，第 200 师早已断送了。他既不了解中国军队的情况，也可以说不懂战术。"

蒋介石立即拦住他的话说："我知道的，以后有罗长官在，他会了解的。"

9 日，蒋介石回国了，以后关于中国远征军的指挥，由史迪威、罗卓英两人负全责。

决战在即,"轴心"突然受命撤退

平满那是仰光、曼德勒之间的一座城市,横跨仰(光)曼(谷)公路和铁路,东西南三面平坦开阔,北面近山,中间有一大湖,无水。城中有兀勒溪河横贯东西,南岸又有一线山岭屏障市区,东有戍当河作依托,确实是一个有利于远征军会战的好地方,难怪乎史迪威要在这里狠揍日军一场。

他的"平满那攻势"计划中,第5军第96师最为关键,即全师据守平满那牵制住日军,以便第5、第66军等部队进行包围——类似薛岳"天炉战法"中的"天炉"。

但是,一路上因为火车发生故障,第96师直到4月1日才到达平满那。师长余韶带着几个团长坐吉普车抢先赶到了平满那,随后就接到军部命令:

"该师应固守平满那,阻敌于平满那以南地区,待军主力转移攻势,为一举而歼灭之的目的,于平满那附近构筑决战防御阵地。"

部队一到,余师长立即按军部以第96师为核心师,第200师、新编第22师为左右翼的会战方案,划分各部队工作区,开始构筑工事。

但平满那地位重要,却是暗藏风险。这些年来不少日本特务跑到缅甸当起了和尚,其实是暗中搜集情报,他们对当地缅甸人说,英国是灭亡你们国家的,日军是来打英国人的,中国人来帮助英国人打日军。谁是你们的仇敌,谁是你们的朋友,你们应该反对谁,帮助谁?!这几句话就让当地不少读了点书的小财主、小秀才们和庙里的长老"开了窍",于是,跟着日本特务走,为日军刺探中英军队的情报。4月10日,第96师政治部上校副主任曹世清在樊卡纳西边乡村破获了一个德钦党组织,为首的是平满那某喇嘛庙的长老。他派手下喽啰们在中英军的侧后方扰乱,破坏交通,放火烧毁民房,替日军带路。一审问,喽啰们还供认说:"我们还有日军给的步枪和炸药。"

曹副主任听了供词后,说:"交出枪弹。"

喽啰们回答说:"没了,全部已到你们军队侧后游击、扰乱去了,但只是放放冷枪,或捉你们单独行动的人,我们完全是爱国主义。"

"你们的组织如何?"

"这要问我们的头人才清楚。"

曹世清又一再审问那个长老,他却矢口不说,俨然一个铁心"爱国者"。

"你们表面是爱国,实际上只不过是把祖国从英国人手里再转送到日本人手里而已，日本搞法西斯比英国人还坏！"曹世清说。

但曹世清用尽方法，他都是闭口不言，宁愿爱"日本人统治下的祖国"，也不愿爱"英国人统治下的祖国"，曹世清也无可奈何了。

但是，缅奸在中国军队侧后放枪、放火，破坏交通，使得"平满

缅甸丛林里的中国远征军机枪手

那攻势"增加了难度。但是，第96师担任平满那会战的"轴心"，却大有在长沙会战时第10军在长沙城担当吸引敌军和保卫城堡的中流砥柱的决心。

4月15日，杜聿明来平满那召集各师长会议，问："大家做好准备没有？"

此时，第200师由东瓜突围后，已到平满那以北也真附近集结。新编第22师已由叶达西逐步撤至平满那西侧。戴安澜首先表示："第200师休息好几天了，官兵疲劳已恢复，弹药也补充好了，可以打仗。"

余韶说："第96师到了半个月，自无问题。"

廖耀湘说："新编第22师稍一转移，就可进入会战地区，没有问题。"

杜聿明说："既然这样，我们就将新22师最后那个阵地撤了，把敌人放进来吧。"

大家同意。

黄昏前后，戴、廖两个师都进入了阵地，军炮兵团及战车防御炮营、粮弹交付所、野战医院等都推进到了前方，各部官兵均抱着必胜信念，摩拳擦掌准备将日军主力吸引到平满那正面，予以沉重打击后，即向敌人东西两面出击，一举歼灭敌军。

4月16日拂晓，敌机在平满那上空盘旋轰炸。7时后，日军步骑50余人增至200余，战车从3辆增至6辆，向第96师第288团也那警戒阵地进犯。官兵灵活应战，毙敌四五十人，搜获日军文件，获知当面之敌为第55师团。

这一日上午，第96师的威支队阵地前，突然发现缅甸男女五六百人，扶老携幼伪装难民而来。支队长夏鼎是第287团中校副团长，明知敌人在东

瓜城用过这种卑鄙手段,仍优柔寡断,不忍开枪阻止。他当菩萨,敌军却不是善民。伪装为难民的敌军突然乘机冲入,步骑兵从两侧抄袭而到,一阵混战,夏鼎将阵地失掉了。

杜聿明闻报,将夏鼎斥责了一顿。结果,这夏鼎见成了泥菩萨过江,自身难保了,决定畏罪脱阵,也换上一身难民衣装,只身潜逃回国去了。

下午5时许,第288团阵地又紧张起来了。敌步骑100多人在8辆战车的掩护下,向第288团新昂久警戒阵地发起攻击,另派骑兵六七百人由侧翼迂回。副营长周文率士兵奋起应战,将敌击退,然后,向余韶师长报告:"我营击毙日军少尉1人,士兵9名,缴获三八式步枪8支,文件数件。"

"自己如何?"余师长问。

"伤亡士兵7名。"

"要注意保存自己!"

这时师参谋长说:"平满那汉又出现便衣队,那里仅第96师步兵一连及师工作队一部。"

原来在6时以后,日军以炮火掩护步兵向第96师序克林东、扁克比、卫支、新昂久各警戒阵地进犯了。150名步骑兵,在4辆战车的率领下,进犯平满那,日人与德钦党人混合编成的便衣队抄袭序克林东侧翼。

余韶命令:"一定不要放过他们。"

之后,平满那虽然兵力不足,但官兵在激战中战绩颇佳,打死便衣队100多人,最后日军不断增兵,众寡悬殊,余师长才下令他们撤了回来。

18日,日军飞机整日轰炸,重炮向第286、288团主阵地射击。2000多骑兵和步兵沿铁路向第286团正面阵地猛攻。便衣队与步兵向第288团杨木则进攻,连攻五次,均被守兵击退。午后3时,日军步骑联军拖着10多门山炮沿戍当河东岸又向第96师左侧支队进攻。

平满那战斗连续进行了两天,愈来愈激烈,余韶估计日军当面之敌有两个师团以上,尽管如此,他们还是处于优势。余韶高兴地对手下几个团长说:"敌我主力都在向平满那城逼近,决战迫在眉睫了。"

谁知他说完这话没过一个小时,16时左右,军部突然来电话说:"现我右翼英军、左翼第6军战况紧急,我第200师、新编第22师须先援马格威,转赴棠吉救援。第96师应争取时间阻敌,不必做坚强的决战。"

这个消息,犹似晴天霹雳。第96师的任务成了"争取时间阻敌",没有必要再决战了,第96师众将决战的热望顿成泡影。余韶师长只好下令说:

"准备撤兵吧。"

但是,战局如此急转,到底是怎么回事呢?他们除了惊讶之外,一无所知。

英军后退导致战局突然恶化

平满那会战,本是一个可能挫败日军、扭转战局的不错决策,也不难实现。

为什么突然夭折了呢?这与英军有关。

3月23日,正当日军第55师团猛攻第200师阵地时,第33师团分别攻占了英军据守的勃生机场和礼勃坦。25日,继续北犯,英军稍稍抵抗后,就急匆匆地放弃了缅拉、济贡、榜地、德贡。31日,又撤出卑谬。4月6日,放弃亚兰谬。12日,放弃萨斯瓦、东敦枝和新榜卫。14日,放弃重要的空军基地和屏障仁安羌油田的要地——马圭及新甸。15日,斯迈思下令炸毁仁安羌油田,引得四周烈火冲天,响声震地,英军官兵狼狈夺路逃走,道路为之堵塞。日军望见油田火起,立即以第33师团第214、215两个联队用最快速度扑向仁安羌,企图保住油田,捕捉英兵。同时,以第213联队乘车急驰,抢占拼墙河渡口,又把英印第17师堵在拼墙河南岸。日军又一个加强营飞速抢占了仁安羌北面的拼墙河大桥,截断了英缅第1师和装甲第7旅北逃的通路。

英军惊恐万状,英缅第1师和装甲第7旅虽有武装齐全的7000多人,还有坦克大炮,竟不敢对占据大桥的区区日军一个加强营发动进攻,反而掉头后退,涌进最近的几个林子和油田建筑物中,等待援军来救。该师师长斯高特闻讯后,当即率第13旅由稍埠前去救援,结果在半路上被日军击溃。

日军第33师团主力遂于午夜赶到仁安羌北郊,将英缅第1师和装甲第7旅团团围住。英缅第1师和装甲第7旅一下子就陷入了绝境,水源断绝,粮食将尽,个个吓得手酸脚软,完全没了"再战之力"。斯高特师长电报英军总部亚历山大将军,请求火速解救,说否则就要投降。

亚历山大气急败坏地跑去找史迪威,要他火速派兵解围。可是,史迪威只是决定第5军第200师、新编第22师须先援马格威,转赴棠吉救援东路中国军队,对于西路英军却没有安排。

远水难救近火，亚历山大仍然急得手跳脚跳的。这时英军总部正在梅苗召开盟军师长以上高级干部会议，亚历山大又提出仁安羌方面的战况和英缅第1师请求解救的电文，要求众人共研对策。第66军新编第38师师长孙立人是美国西点军校毕业的少壮派军官，历来与美军将领交往匪浅，于是站了出来，说："不能投降，投降就是同盟国的耻辱。"

亚历山大说："那我们英军7000将士的性命怎么办？"

孙立人说："去救。"

亚历山大说："谁去救？"

孙立人说："我去救，但有两个要求：一个是要在两个小时内给我80辆汽车，另一个要求是在48小时内不准投降。"

要手下在48个小时内不投降，亚历山大却不敢应承下来，说："我用无线电话与被困的斯高特师长通通话吧。"

电话一接通，孙立人就一把接过了话筒，说："让我来与斯高特师长对话。"

两人用英语叽里咕噜说着。斯高特支支吾吾，一个意思，担心中国军队装备差，怕孙的话难以兑现。一心要救他的孙立人急了，说："我们中国人说话算数，我仗义救你，直到我死为止，好了吧？"

孙立人说出这话，就等于是立下了军令状。这可非同小可，到会的中国军队将领都为他担心。因为他的这支部队不仅以前没打过大仗，且还是宋子

新编第38师师长孙立人

文的税警部队编成的，连正规军都不是。并肩而坐的第5军军长杜聿明，素来与安徽人关系密切，连忙伸手悄悄连扯他的衣角，暗示他三思而行。但孙立人假装不知，与亚历山大等人商量救援英军之策。

三言两语商定后，孙立人就紧急行动起来了，下令全师迅速西移，派副师长齐学启率刘放吾第113团乘汽车赶去滨河大桥。同时，第112团从他希阵地调防乔克巴当，负责乔克巴当以西至拼墙河的公路警戒，第114团集结在乔克巴当待命。

刘放吾团长亲率先遣队分乘80部

汽车赶往拼墙河开去。当日黄昏，到达河岸。侦察兵趁夜幕渡河侦察后，在对岸用联络信号报告：沿岸无敌情。齐副师长和刘放吾判断敌人在仁安羌东部采取的是"地障包围"战术，当即命令第113团全部渡河。

渡过河后，第113团在接敌运动中被日军发现，双方展开激战。由于新编第38师夜以继日向日军采取猛烈的攻击，逼敌后退，几个团对日军进行反包围，这时被围的英缅第1师也从内进行反攻。在中英两军内外夹击下，日军伤亡惨重，急忙弃阵溃逃。仁安羌油田解围，英印军全部获救。

孙立人以劣势的装备战胜了优势的敌人。

被救的英军有7000多人，有坦克部队、装甲部队、炮兵、骑兵和步兵，在撤退途中，一见到中国军队，不管是官还是兵，就翘起大拇指，感激地说："中国好！中国军队好！"

西路英军虽然被救了出来，而东路罗衣考方面的中国军队暂编第55师却已失去了联络，棠吉告急，这样中路军就有被东西两路日军截断、包围和歼灭的危险。

西路英军的大退却导致战局急转直下，眼看局势瞬间恶化，军委会驻滇参谋团团长林蔚提出了两种处置意见：（1）继续贯彻平满那会战方针，努力击破一路日军，以解除我军危局；（2）彻底脱出日军的包围圈，一举退到曼德勒东北，再增调兵力，重新部署作战。他连夜派侯腾到瓢背通知罗卓英。

史迪威与罗卓英虽然接受了他的第二种意见，可处置并不彻底。两人发出了一道命令：（1）放弃平满那会战，改守梅克提拉、敏扬之线，准备曼德勒会战；（2）令第66军刘伯龙第28师守瓦城，先一步占领敏扬、棠沙，对西南警戒；（3）令第66军孙立人第38师前方两团逐次阻敌，会合于乔克巴当，以棠沙为后路，节节阻敌前进；（4）令第5军先抽第200师回占梅克提拉、瓢背一线，掩护主力转进；（5）以第96师在平满那坚决抵抗当面之敌；（6）第5军以棠吉为后方，准备在梅克提拉、他希、带侧打击北犯之敌。

这个命令竟然漏掉对廖耀湘新编第22师的行动安排。

杜聿明一看这个命令当场就气坏了，因为这个命令将第5军、第66军（欠一师）分布于长达300余公里的平（平满那）曼（曼德勒）公路上，既不能攻，也不能守，因此他极力反对。命令是由电话传达的，他立即又把电话打过去，说："要么在平满那打下去，要么退守棠吉、梅苗。我不同意这样分散兵力，被敌人各个击破。"

对方的电话是罗卓英接的。然而，杜聿明万万没料到的是，洋人史迪威"不了解国情",这位罗长官也完全与史迪威一个鼻孔出气,死活坚持洋人的打法。于是,两人又发生当初杜聿明与史迪威一样的僵局,在电话中相持不下,最后罗长官拿出自己的权威喝令说:"不接受命令,军法绝不许可!"

人在屋檐下,杜聿明有点蔫了,一看表,快4点钟了,再拖下去,各部队攻击开始,如果与敌胶着更不好办,只好接受罗卓英的命令,撂下电话后,就下令放弃平满那会战。

这就是第96师余韶等人接到军部放弃平满那会战的真相。

史迪威、罗卓英执意发起曼德勒会战,大败而归

4月18日,杜聿明下达撤退的命令后,立即赶赴瓢背,当面去向罗卓英长官陈述以后的作战意见。

见面之后,他对罗长官说:"既然因东西两路吃紧,放弃已准备的平满那会战,那我们就必须集中兵力保全腊戍的两大门户——棠吉和梅苗,不应再去做没有准备的曼德勒会战。"

罗卓英回答说:"我同意考虑你的意见。"

这个"我同意考虑"的答复本身就留有极大的余地,但杜聿明以为他就这样完全答应了。

谁知第二日午后,史迪威、罗卓英忽然来了命令,这个新部署不仅没安排兵力保护远征军从曼德勒至后方腊戍的门户——棠吉和梅苗,反令第5军往曼德勒一带开拔,且将兵力进一步分散使用。

曼德勒会战计划是史迪威同罗卓英、亚力山大商决的,并获得了蒋介石的赞同。尽管东西两路吃紧,史、罗仍然痴迷这个计划,因此决定:(1)新编第22师在梅克提拉不动;(2)第200师开往乔克巴当,以一部搜索敌情,以主力控制待机,并支援新编第38师行动。这个计划的最大问题是忽略了另一种完全可能发生的情况,即日军一旦避开中路,从两翼攻击占领曼德勒通往腊戍的门户——棠吉和梅苗后,就完全截断了参加曼德勒会战的远征军与腊戍的联系,也就是说,远征军的后路将被截断,然后被死死卡在曼德勒一带任由日军主力进行围歼。罗卓英和史迪威做出这个决定后,罗卓英立即打电话通知杜聿明调兵曼德勒,并且说:"乔克巴当西南发现3000日军,令第200师开往乔克巴当向敌攻击。"

杜聿明说："根据我的摩托化骑兵报告，我新编第38师尚在仁安羌，乔克巴当并无敌情。"

史、罗虽然目的不是全歼乔克巴当西南的日军，但调兵曼德勒进行会战是他们的最终目的，因此坚持第200师非去乔克巴当不可。杜聿明不是没断奶的孩子，别人说啥，他就听啥，别人叫他干啥，他就干啥的。没有敌情，就坚决反对调兵，并且力陈利害说："即使乔克巴当有敌情，我们也不应置棠吉的危急而不顾！"

尽管杜聿明意识到了可能有被日军截断后路的危险，但他只是从自己的第5军角度"进谏"，陈述利害，这哪能让一心想去曼德勒打会战的罗卓英和史迪威意识到后路有被截断的危险？他们反而认为杜聿明是怯战想保存实力，于是严厉地拒绝了他。杜聿明并不罢休，警告罗长官说："你们做出这样决策的话，我到时就不负责。"

罗卓英脸上现出了窘态，他的参谋长杨业孔见状，立即站出来，为长官帮腔，做和事佬，力劝杜聿明遵照"长官命令"。杜聿明还是坚持说："这打仗是要人头落地的，我正确的意见，不可能向错误的意见屈服。"

这时一直在旁边没做声的史迪威说话了："你们中国军队吃饭不打仗吗？"

杜聿明见他反唇相讥，也不饶人，立即回敬一句："我吃的是中国饭，不是吃英国饭。"

史迪威岂是好惹的？于是两人就到底是吃谁的饭这个问题唇枪舌剑，争吵起来了。争来争去，杜聿明终究是下属，且蒋介石明言在先，一定要服从史迪威，只好渐渐抑制着自己的脾气，再次换上缓和的口气，改争吵语气为申述语气，说："即使乔克巴当发现鬼子，哦，就是你们说的敌军，有新编第38师掩护英军，也安全了。我军应顾全大局，不要前门拒狼，后门进虎，致使一败涂地啊！"

他这番退一步的陈述，仍没有明白地说出后路被截断的危险，虽大有历代忠臣进谏皇上不纳而死谏的悲壮味道，可罗卓英和史迪威还是没意识到他所说到的"后路会有危险"之意，仍无动于衷。于是杜聿明陷入了如同历史上所有死谏的忠臣喊天天不应的结局——无可奈何了，只得同意接受命令，但他又声明说："如再侦察无敌情，第200师仍不能去。"

回军部后，杜聿明电话下令第200师师长戴安澜："除先开一团外，其余等我从梅苗回来，再决定行动。"

但是，4月20日，杜聿明再次得到骑兵从乔克巴当搜索到的情报："那里仍无任何敌情,更谈不上3000日军啦!只有大批英军零零散散在第38师掩护下狼狈溃退。"

杜聿明于是再次亲赴长官部,准备向罗卓英去报告此事。不料罗长官已先去梅苗驻滇参谋团了,临走时,他没忘记交代参谋长杨业孔:"告诉杜聿明:乔克巴当之敌不堪一击,必须先击破乔克巴当之敌,再做第二步计划。必须将第200师向乔克巴当运送,否则,以抗命论。"

杜聿明一听杨参谋长的转告,气得当场一拳擂在桌子上,"你们这些人简直不可理喻!"又急驰梅苗,准备向驻滇参谋团团长林蔚陈述自己的意见。

午夜12时,他还在急匆匆地赶着夜路,谁知迎面撞上正往回赶的罗卓英。两人路上相遇了,各自停下了车子。罗卓英说:"你不必去了,现在照你的意见,第200师不去乔克巴当,改调棠吉。"

为什么他突然改变主意了呢?原来下午他和史迪威突然获知日军已到达了罗衣考,曼德勒后方出现了危情,不得不马上进行新的部署:(1)新编第22师附战车及战防炮各一部,由廖师长率领,增援第6军方面(但须待第200师运输完毕后才有汽车,火车不可靠);(2)第200师到达乔克巴当后,如敌情不急,则待第38师集结站稳后,即开回梅克提拉;(3)预定第200师须于21日运完,以便迅速输送新编第22师。

驻滇参谋团看到他们这个处置后,也为后路可能被截断而极为不安,立即叫侯腾派人赶往皎克西,征求罗卓英的意见,即:(1)可否立即停止第200师运输,并改运棠吉;(2)可否令新编第28师只留一团守曼德勒,刘伯龙率师主力或一团由火车运回细包,并连同第6军将到腊成的军直属部队(工兵营、战防炮营、特务营)归一人指挥,再由汽车向罗列姆方向运送,以与新编第22师夹攻北进之敌,掩护极为空虚的腊戍根据地。

罗卓英答复说:"对第一项意见,我马上令杜副长官率第200师及特种兵半部,由汽车开回,并指挥第6军准备迎击攘田、罗衣考北进之敌;对于参谋团第二项意见,不必如此处理。"

尽管把第200师调往棠吉,但罗卓英对于日军大举进犯后方的严重性仍没重视起来。而杜聿明听说第200师已从乔克巴当调离了,咚咚直跳着的心也放下来了。

谁知罗卓英却不安地说:"我已在午前直接命令第200师在黄昏前集结乔克巴当以东,向敌攻击,不知现在情况如何?"

杜聿明本来只令戴安澜派一个团去，没想到罗卓英一杠子插到底，把全师都派去了。这时他的心又吊起来了，说："乔克巴当确实没敌情，如果你有直接命令的话，第200师主力可能已到乔克巴当了。"

罗卓英更慌了，说："这可咋办啊！"边说边拉着杜聿明，"上车，我们一路回去吧。"既然如此，争取时间要紧，杜聿明于是同罗卓英一路回赶。

在车上，罗卓英说："东路罗衣考已失守，暂编第55师情况不明，敌军正向棠吉、罗列姆前进中。"

"这是可以预料到的。"杜聿明说，"在乔克巴当，我们上了英国人的当。目前我们必须集中第5军主力第200师和新编第22师，与敌人争夺棠吉。否则，棠吉不保，腊戍危急。"然后，他继续力陈棠吉、梅苗的重要性，"棠吉、梅苗是腊戍、畹町的门户，必须下最大决心保全棠吉；如果已被鬼子占领，我们必须全力拿下来；如果我先敌占领，则必须顽强阻击北犯之敌，使主力集中梅苗、棠吉之间，与敌作持久战。第96师掩护主力集中后，也要归还建制。"

罗卓英没否认，但也没说明自己的想法，只是说："只要你带第200师把棠吉控制住，我就有办法准备曼德勒会战。"

到了这个时候，罗卓英还要打他的曼德勒会战！杜聿明有些惊讶了，但也没和他争论，心想他最终会在现实情况面前改变自己的想法的，因此决心率领第200师先将棠吉占领后，再以事实"帮助"他去转变错误的思想。

21日12时左右，杜聿明返回了梅克提拉的军司令部，重新进行军事部署，下令将已运到乔克巴当的第200师主力两个团及骑兵团，改向棠吉运输，并派先遣骑兵团向棠吉方面搜索敌情。

与此同时，他又把集中主力于梅苗、棠吉间与敌作持久战的意见，电告远在重庆的蒋介石。但电报发出后，他却始终没得到校长的复电。

然而，第200师及军直属部队从乔克巴当调回梅克提拉，再转向棠吉运输，却并不是件简单的事。只有100辆汽车，路程也不短，单程约300公里，加上空车去乔克巴当100多公里，来回行程700多公里。这样往返运输，结果官兵疲于奔命，终于延误了好几日的战机，使得战局陷入了极大的危险中。

23日午后，第5军先遣骑兵团及第200师一部到达了距棠吉约15公里的黑河，当即与已经到达这里的日军遭遇。

原来日军已把棠吉占领了。

骑兵团马上对日军发起猛烈的袭击，将鬼子击退，进展到距棠吉城约9公里附近，又发现了日军的前沿阵地。等到天黑后，骑兵团攻占并接近了棠

中国远征军战士奋力抗击日军的进攻

吉城的日军阵地，准备明日主力到达后，开始攻城。

24日拂晓，第200师向棠吉攻击前进，进展非常迅速。在中午，就已经攻占了西、南、北三面高地，随后全师突进了市区，与城内鬼子进行巷战。

争夺到晚11时，官兵终于克复了棠吉，日军大部分往东逃窜，只有一小部分躲藏在棠吉东南的隘路附近的一些坚固建筑物内进行顽抗。

日军的目的是要截断远征军的后路，把他们堵在棠吉以南进行围歼，于是第二日继续增援部队向第200师进行反攻。日军势在必得，火力十分强大，棠吉城东方及西北高地得而复失。杜聿明指挥第5军主力赶来，奋力守城，激战到晚上，将日军打退了。

这时杜聿明的想法是继续肃清隘路之敌，向罗列姆攻击前进，完全断绝腊戍北犯之敌的后路，使得日军截断远征军后路的围歼计划变成反被远征军截断后路而被围歼。梅苗的林蔚团长虽没这个想法，却也意识到问题的严重性，给杜聿明发来急电，说："腊戍安危，系于吾兄一身，望不顾一切，星夜向敌攻击。"

谁知杜聿明正进行部署时，罗卓英又连来四道命令："着将已攻克的棠吉除留第200师向棠吉以东罗列姆攻击外，其直属部队一部、新编第22师、第96师均向曼德勒集结，准备会战。"

杜聿明一看大叫不妙，马上去电申述棠吉的重要性，说必须以第5军主力控制棠吉东西南北隘路以解腊戍之危。可这些明智的看法却被罗长官否决了，不仅没有被采纳，反被勒令必须立刻返回曼德勒，组织大会战。杜聿明官低一级，在"勒令"之下，不得不服从，于是率部星夜急返皎克西。

26日，已攻克的棠吉完全被放弃了。

27日，杜聿明到达了皎克西，见到罗卓英问道："为什么改变决心？"

罗卓英没有解释，只是拿出蒋介石4月24日"手启"电给杜聿明看。杜聿明一看，其要点是："腊戍应有紧急处置，万一腊戍不守，则第5军、第6军应以密支那为后方，第66军应以景东为后方。"

蒋介石这一指示，虽然着重于保卫腊戍，但又有"万一"云云，这就给一心要打大会战的史迪威和罗卓英可钻的空子。两人全然不顾腊戍的安危，断章取义选择了符合他们大会战的部分——以腊戍之后靠近印度的八莫、密支那为后方，且一再电令杜聿明回曼德勒进行大会战。这时杜聿明已完全清楚被日军截断后路的严重性，见蒋介石不明情况瞎指挥，深为不快，再加上自从罗、史掌权后，有关作战部署，蒋介石对他就不再直接指示了，就连他21日陈述应集中主力在梅苗、棠吉之间作持久战的意见也没答复。平时老蒋指挥常常是一杠子插到底，这次偏偏对杜聿明例外了。杜聿明能不对校长生气吗？一怒之下，就不以大局为重了，好！你既然相信史、罗不听忠言，那就任由你们去吧！气大心急，杜聿明再也不做那费力不讨好的"谏臣"了，干脆来了个不管不顾。

杜聿明没了大局观念，但对小我——自己的第5军却不敢不顾。因为罗卓英在下达的曼德勒会战命令中，忘记规定战车、骑兵、工兵、辎重、汽车等部队的任务，于是杜聿明决定把他们送回国内去，叫来了胡献群团长："你指挥这些部队即日经腊戍回国，必须于28日前安全通过腊戍。"

杜聿明计算的时间一点都没有错。

此时，日军已向棠吉、罗列姆、腊戍包围前进。

4月27日，罗卓英下达了曼德勒会战的命令。这时西路英军已全部退至伊洛瓦底江以西，正准备向印度英帕尔撤退，新编第38师直接担任他们撤退掩护的"护军"。中路新编第22师的一部在他希以北30公里处的温丁与敌对峙。东路第200师正向罗列姆攻击前进中，第6军已全部离开公路，向萨尔温江以东撤退。

而日军抄远征军后路的先头部队已到达细包以南大桥附近，很快就逼近腊戍了。

腊戍十分危急，罗卓英还在忙于他的会战兵力部署：以新编第28师4个营守曼德勒核心，以新编第38师守瓦城以西伊洛瓦底江的北岸，以新编第22师及第96师分防瓦城以南小河之线。当中国军队放弃细包后，日军向腊戍长驱直入。

28日，日军向腊戍新编第29师发起攻击，当晚腊戍失守，将远征军的后路完全截断了。

29日，日军从腊成派出部分兵力附战车由细包回窜曼德勒，这下罗卓英和史迪威张皇失措了，再不叫嚷"曼德勒会战"了，急令瓦城各部队向伊洛瓦底江西岸撤退，可是后路已被堵，不得不领着大军向靠近印度方向的八莫和密支那撤退。

5月2日，贵街失守，通往密支那、八莫的公路开放了，日军紧紧撑着远征军死追。

5月3日，日军攻陷中路的畹町，进入了云南，东路的第66军新编第28师被撑回了国内。在西路，日军分兵进占了八莫。远征军除东路第66军撤回了国内外其余部队的后路都被截断，被堵在没有后方的缅甸国。

5月8日，西路的八莫之敌进占密支那。史、罗原计划退过伊江后，用火车由密曼铁路向八莫撤退。不料他们乘第一列火车从斯威堡开出才两里路远就发生撞车，忙乎了一整日才将铁路修通，开至坎巴拉车站，以后再无车可开了。第5军直属部队第200师、第96师以及第6军新编第38师，徒步轮流掩护撤退，部分以汽车分段利用牛车道进行转运。

杜聿明到达卡萨南印岛时，才获知史迪威和罗卓英已于三日前丢下部队只身从八莫逃往印度去了，立即派参谋长罗又伦去追赶。罗参谋长没追回他们，罗卓英只给杜聿明发了一份电报，令远征军全部向印度的英帕尔东15公里的温藻撤退。接着，杜聿明又接到蒋介石的命令："向密支那、片马转进，勿再犹豫停顿。"杜聿明召集各部队长及参谋长商议，决定按照蒋介石命令向中国境内撤退，众将也均无异议。

9日，卡萨也发现了日军主力。这时卡萨仅有孙立人派来掩护的一个团，其余部队都还没有到，廖耀湘的新编第22师和孙师主力需一天半才能从正面战场撤下来。眼看日军从四面围来，杜聿明判断日军要从南北两面进行包围歼灭，对罗又伦说："我们如不能将部队集中掌握，就有被敌各个击破的危险。而卡萨呢，地形负山带河，形势险要，即使将鬼子击退，我们也难完成占领密支那的任务。"

罗又伦说："如果以一团掩护主力，安全转进，尚还有希望。"

杜聿明正在犹豫时，又收到日军已占领了八莫、密支那的广播，蒋介石发来的命令也成了一张废纸。杜聿明于是决心先派第93师在右翼掩护，并在孟拱附近占领掩护阵地，使远征军主力经孟拱以西以北进入国境，下令远征军分为四路撤离缅甸，其中，杜聿明、廖耀湘、孙立人为一路，第96师及军炮兵团为一路，第200师及黄翔所率军部补充第1、2团为一路，第6军为一路。命令下达后，各部队均遵令转进，开始从不同方向向国内撤退而去。

戴安澜牺牲在回国的路上，官兵抬着遗体走

第200师师长戴安澜按照杜聿明命令，放弃棠吉后，率领第200师向罗列姆前进，结果，到达罗列姆，并没发现任何敌情，等到5月9日，竟然接到杜聿明撤退回国的命令，这时才知道大事不好了。

第200师从罗列姆撤回国内去，向北要通过三条公路线、两条河流，路途险要。因为日军已在后面卡住了大路，全师出发后，只能在终日不见太阳的原始森林中行军和露营，结果，在密林中越钻越深。

部队行进在密林中，完全被树木遮蔽了，敌机不停地在头顶上飞行侦察，却没有发现他们。

这一天，他们到达了南盘江。

这是腊成经曼德勒到仰光的一条大河，宽达1000多米，水势湍急，很难徒涉。而在渡河口，一只渡船都没有，也没桥梁。戴师长正为难时，举目望去，河岸边有不少的竹林，于是下令："各团伐竹编竹排，作为渡河工具。"

全师马上行动起来，砍竹子，编竹排，然后划着竹排渡河，只费了一天时间，全师官兵就全部过了河，渡过了第一个大难关。

然而，前面还有三条公路要过，即曼德勒到腊成公路、细包到摩谷公路、南坎到八莫公路，最后还要渡过瑞丽江。因为这里到处是日军，戴安澜决定，每当过公路时，部队白天休息，夜间再行军。事先，派军官化装缅甸人，前去侦察通过地点及道路，然后，再派部队占领阵地，进行掩护，并且在十字路口派联络兵，以免迷失方向。就这样，他们又顺利地通过了曼腊公路，过了第二关。

5月18日，他们开始过细摩公路，这次却没前两次这么幸运了，撞上了日军第56师团的两个大队。戴安澜预先派兵在公路上占领、埋伏了阵地，然后，以第600团为前卫，开始越过公路。谁知当前卫营通过时，日军便开始攻击。当夜，第600团据守阵地，与敌激战。戴安澜指挥第599团柳树人部，从左翼前去包围日军。结果，双方在密林中对打了好几个小时，陷入混战之中。

戴安澜和指挥所带着电台，结果，电信被鬼子侦知，一阵炮火打来，指

挥所被炸中，戴安澜身负重伤，第599团团长柳树人和第600团副团长刘杰当场被炸死，两人连遗体都找不到了。戴安澜胸部和腹部各中一弹，伤势很重，官兵们将他救起，立即用担架抬了回来。

前路被堵了，没法儿过去。半夜，第200师只好又撤回到原准备出发的地点。拂晓前，在第598团的掩护下，前线部队也脱离了日军，到达指定地点集合。第599团、第600团伤亡都很大，只剩下一个营了。

在山顶上一间茅棚里，副师长高吉人、步兵指挥官兼第598团团长郑庭笈等人召开团营长会议。会上众人都很难过，一言不发。高吉人副师长尤为难过，因为他和戴安澜是最亲密的战友。最后，众人决定，如果戴师长不幸牺牲，则由郑庭笈指挥部队，带领回国。

中国军队在密林中向日军射击

第二日，部队在原地休息一天。郑庭笈决定另选通过公路的地点，改由第598团担任前卫，戴师长被用担架抬着随第599团团部走。他派副团长陈辅汉为便衣队队长，选勇敢善战的军官为队员，在郎东20华里处侦察通过公路的地点。

当夜，全师继续前进。第598团按照通过曼腊公路的办法，派部队占领公路两侧高地，掩护部队通过，然后，按第598团、师部、师直属队、第600团、第599团的顺序通过公路，一夜之间，全师全部安全通过。

过了公路，官兵满面笑容，重伤之中的戴安澜师长也显得格外的高兴。

这时缅甸已进入了雨季，官兵们终日行军，身上的衣服湿了又干，干了又湿，医药非常短缺，连药棉都没有了。戴安澜躺在担架上，雨淋日晒，由于没药可换，伤口已经化脓。5月26日傍晚7时，他终于在缅北芳邦村去世。

这时第200师已同军部和所有的外界失去了联络，晚上，师参谋长周之再来到第598团，对郑庭笈说："老郑你懂军事，到师部去代理师长职务，指挥部队吧。"

"师长职务应由高副师长代理，我俩都有责任帮助他把部队带领回祖国。"

两人决定由高吉人代理师长之职。

随后，高吉人代师长召开营长会议，宣布就职，同时命令工兵营赶制棺材，连夜将戴师长遗体入殓，并决定在芳邦附近渡过瑞丽江，沿江西岸前进，第598团继续担任前卫。

瑞丽江江面不宽，水势不急，官兵们找来四个木排，每次可渡一营人左右。28日，部队全部渡江，没有发现敌情。

29日，因天气炎热，戴安澜遗体流脓水发臭，不能继续抬走了，可又不能丢在缅甸，郑庭笈等人决定就地进行火化。于是，将戴师长的棺材遗体放在一堆木材上点燃，火化后，拣出遗骨，按部位用绸布包好，装在木箱里，派人抬着，改随第598团团部前进。

6月2日，部队通过南坎到达了八莫公路。这是突围中的最后一关，好在并没有发现敌情，再次安全越过。

6月17日，全师到达云南腾冲县附近。第二日，渡过了怒江。

6月25日，全师到达保山县漕涧集中待命，终于回到了祖国。但是，在突围战中，部队给养困难，路途艰险，经常在雨水中行军和露营，官兵百分之九十患上了疟疾，第598团第8连一天内竟有8名战士死亡。出国时，全师官兵1万人左右，回国后只剩下了区区4600人。

孙立人抗命西进，到达印度令英军惊讶不已

第200师伤亡了一个师长，损失了一大半人马，才撤回了国内，而孙立人新编第38师的情况要好得多。

新编第38师在仁安羌为英军解围后，干脆应邀当起了英军的专职"护花使者"，一路殿后掩护英军进行撤退。

当他们到达温藻地区时，日军已于4月29日占领了腊戍，并向八莫、密支那进袭，除将国境线完全封锁外，重兵还在向云南保山挺进。这时新编第38师先遣部队第113团到达了英道附近，孙立人突然接到了杜聿明命令：在卡萨附近占领阵地，拒止由八莫西进之敌，然后准备后撤回国。

美国西点军校毕业的孙立人一直和英军在一起，接到命令，立即赶回师部，然后问参谋长何均衡："你有什么意见？"

"师主力右侧背已发现敌探，后进的鬼子已到温藻与师后卫部队接触。我师兵力过于分散，前、后、右三方均受敌人威胁。"

"情况这么严重怎么办？"

"根据现在的情况看，鬼子是要拦截我们向国境去。我们兵力这么单薄，且距国境路途这么远，我看我们不能回去，否则在路上有被围歼的危险。"

"我们各团相隔多远？"

"各部队前后间隔200多里，距离拉得太远，集结起来都困难；如果再向北前进，实在是太危险了。另外，自过伊洛瓦底江后，英军就通知我们，以后不再供应给养了，给养自己解决。现在各团只带着少量的粮食，另外还有点牛奶粉、葡萄干等食物。"

"还有这洋玩意儿？"

"都是在曼德勒街头捡来的，当时日军空袭，该城人们逃避一空，商店物品散掷街头，官兵拾了不少这样的洋玩意儿。"何参谋长说。

其实，是官兵趁乱在曼德勒城内抢来的。

"我们趁着还有点粮食赶快准备回撤吧。"孙立人说。

"来不及啦！"何均衡说，"现在已经是5月中旬了，6月以后缅北就是雨季，在一望无际的原始森林中，既无人烟，又没道路，我们在霪雨中行军，就极可能陷入兵家所忌的死地。为了全师的性命，我看不得不抗杜长官的命令了。"

"如何抗命？"孙立人惊讶地问道。

"下决心向印度转进，跟英国人走！"说罢，何均衡将向印度转进的计划及应当下达命令的稿子一齐捧上。

孙立人看完后，略为思索，就在命令稿上签下自己的名字，并批注："限半小时内将命令发出。"

这样，远征军在缅甸的部队唯独新编第38师没执行杜聿明的命令，而是按照史、罗命令一直向西，撤向印度国去。第112、114团及各直属部队在行军路上接到命令，立即将尾追敌人击破，随后向西转入山林地区，追着英军的屁股后面紧紧地撵去。

去印度国，需要翻越原始森林。全师进入森林后，自中午至深夜，始终不见人烟。初入森林时，还有不明显的山路可走，可越往里走，路就没了，连小道也找不见了，部队时常前后失去联络。为了避免官兵失散，士兵们用绑腿或绳索前后牵着，像牵牛一样牵着而行。到了深夜，也见不着村落或人家，官兵在大树下宿营。走了几天，孙立人派出骑兵四方探路，可找了大半天，既找不到路，也没走出大森林。

官兵们正在发愁，忽然，英军联络官马丁中校奇迹般地出现在他们跟前，他身边还带着好几个缅甸人，他介绍说："这是缅甸国管理森林的主任，就请这位主任给贵军做向导吧。"

这位土著向导领着官兵们向西北方向前进，经过几小时的行军，全师竟然像做梦一样走出了茫茫大森林。

但走不多远，又进入另一个林区。这里的森林更加茂密，行军更加困难。好在有向导，众人心中啥都不怕了，只管放心地跟着走。孙立人见在密林中行军困难，又下令说："将所有车辆及辎重焚毁，只留下少量食物，分发给各单位自行处理。"

中国远征军向印度国撤退途中

官兵轻装了,上山路也轻松了一些。最后走到一个地方,官兵们只见两边峭壁对峙,除中间一条河流外,再也没路可以通行,有些踌躇了。向导说:"这条河流就是唯一的道路。"

"那就涉河前进。"孙立人一挥手,带头下水了。

好在水不深。有的地方虽然没及马腹,官兵手牵手就游了过去。经过一昼夜的行走,部队出了山口,到达了平地,也见着了人烟。

驻扎下来后,司务官买到了米及牛肉,大家都喜形于色,这是更的宛江右岸的傍宾附近。孙立人说:"日军必定利用更的宛江水上交通之便,沿江前来追击。"

谁知一侦察,傍宾尚无日军。孙立人随即下令,师部主力连夜渡过了更的宛江,向西疾进。

天犹未晓,日军果然追到了傍宾,与后卫部队接火战斗。师主力已经向缅印边境转进了,落后的部队在敌后空隙处偷偷渡江,紧撵主力。从此,新编第38师全部脱离了日军的追击,快速地在缅印边境上行进,向着印度而去。

经过约两个星期的行军,师主力到达了英帕尔。至此,新编第38师除少数在缅北落伍,或因疾病及被俘者外,全师官兵进入了印度国。

他们一踏入印度境界,英方派驻师部的联络官急忙离开部队,搭车赶往了英帕尔,向英军司令部报告新编第38师的行踪。

这次英军在缅甸参战兵力达到4万人,坦克159辆,撤回印度时,被俘、阵亡、失踪达2.2万人之多,坦克、大炮和车辆全部丢光,到达印度时只有1.35万人,另有数千伤病官兵,个个烂衣烂衫,休息了半个多月还没缓过神来,元气不振。亚历山大整天叹息着说:"败得太惨了!日不落帝国的太阳何时能升起呀!唉,唉!"他正在唉声叹气中,突然获知新编第38师进入了印度国境,非常吃惊。

因为孙立人入境前没有通知他们,英军司令部一面指定新编第38师驻扎的营地,一面紧急向印度总督报告。

印度总督叫蒙巴顿,一听中国军队入境了,深恐他们参与由印度国大党甘地领导的印度民族独立斗争,又慑于中国军队的勇敢善战,怕难以控制孙立人,不顾中英两国订有军事同盟,就要下令缴新编第38师的械。孙立人早就和英军将领混得捻熟了,马上就有人为他通风报信。孙立人获知这个消息后,唯恐激起部队官兵的愤怒,立即封锁消息,仅仅下达"加强戒备准备战斗"的命令。然后,他立即东奔西走,四处寻找英军高层进行陈述,要求亚历山大等人出面解救自己的窘境。

亚历山大、胡敦等人得知中国军队就是孙立人的新编第 38 师后，马上致电蒙巴顿说："这是日不落帝国军人的救命恩人，万万动他们不得！"

缴械风波，这才宣告平息。

不久，孙立人接到重庆国民政府的命令：严禁驻印中国军队官兵干预或参与印度内部一切政治活动，严禁与印度人接近和往来。全师在英帕尔休整一个多月，只是待在军营休养生息，像坐牢一样不能乱走乱动。之后，于 7 月初转移到中印缅边境阿萨姆邦的一个人烟稀少、偏僻的地方——列多驻防。

撤退中损失的人数，比作战伤亡的大得多

第 200 师损兵折将回了云南，情况较好的新编第 38 师跑去了印度国。可是，这时杜聿明率领第 5 军这一路人马还在缅北的原始森林中乱闯胡走着，他们在茫茫森林中与所有部队和重庆断了通信联络，也断了粮草，像一群迷途的羔羊在原始森林里疲惫不堪地寻找着出路。

原来，杜聿明率领第 5 军向北行走，终于发现所有回国的路都被日军截断了，到处是重兵，杜聿明撂挑子，害人也害己了。他带着部队折腾了十几天，伤亡了不少官兵，最后还是回不了国，不得不转而向西，往印度国而去。

他们是在缅北孟拱以北地区到印度去的，在野人山区的原始森林中走着，找不着路，不得不将所有车辆及大炮等重武器破坏之后抛弃，缓缓而行，给养没了，只好把军马杀了充饥。队伍拉得很长，先到的，可以吃着马肉，后来的，连马皮马蹄都没了，只得用草根树叶和芭蕉根充饥，由于饿得太久，几乎人人都患上了肠胃病。

缅北正逢雨季，倾盆大雨昼夜不停地下着。官兵每天在雨水中行走，到了夜里，在大树下蹲着。后来大家将小树或树枝砍来，堆成一堆，倒卧在上面，以隔离潮湿。这时最宝贵的，第一就是雨衣，有了它，可免雨水浸透，又可防寒；第二就是火柴或打火机，有了火种，可以烧水喝，煮草根和芭蕉根吃；第三就是军毯，夜里太凉，有了它就可以安睡。但这些工具极其缺少，进入缅甸后奔波作战，谁还保留着这些呢？

原始森林有很多的蚂蟥、蚊子和其他毒虫，地上、树上、草上无处不在，任何人都无法避免被它们咬着。然而，被咬了之后就奇痒，用手一抓，就生

疮疖，随之流脓流血，非常痛苦，但只要谁走不动了，一倒下，很快就会腐烂成一滩污水。污水里有病毒，再感染其他伤员，伤员又因为伤处溃烂致死，部队大量减员。

几万人马在原始森林中与大自然搏斗，人越走越少，而野人山区却似乎永远没有边界，官兵们内心渴望能早日到达印度平原，但茫茫林海找不到一条出路。杜聿明领着这支队伍在暗无天日的森林中越走越艰难，越走越看不到希望。

孙立人等人撤到印度后，最关心的是第5军残部的下落。他要求英军派飞机侦寻。由于雨季已经开始，气候异常恶劣，第5军所在的野人山区又是一片林海，飞机多次侦察，均没有发现他们。

好几万的人马忽然没了，重庆方面也十分着急。蒋介石派后勤总司令俞飞鹏亲自飞去印度查访，但也没得到杜聿明他们一丝的消息，俞飞鹏在孙立人的建议下再次请英国空军继续协助寻找。

一天，英军飞机在缅北侦察时，终于发现野人山区的原始大森林中有人群移动迹象，随即投下一些干电池，以便地面上的人恢复电台的通信联络。果然，随后第5军就发出了求救的联络信号。

这样，穷途末路的杜聿明终于与英国空军取得了联系，随后，英国空军向他们投下给养和行军器材。孙立人立即派出一个连去迎接，杜聿明率残部在飞机的引导下行进。双方用内外相对劈山开路的方法，帮助杜聿明等人走出了野人山险境。

这一路脱险的，除了第5军军长杜聿明外，还有参谋长罗又伦及新编第22师师长廖耀湘等一批高级将领，穷途末路的官兵到达了印度。

第96师和第6军的境况也与他们差不多，在原始森林中损失惨重，好不容易才走出困境。8月初，远征军各部先后集结在印度和滇西，当初从国内一起出发的部队竟然分成了两大块。

这一次中英联军保卫缅甸之战，前后历时5个月，最后以大失败而告终，付出的代价十分高昂，损失也是极其惨重。由于指挥错乱，远征军各部因落伍、染病死亡的，比在战场上作战而伤亡的人数多出好几倍，团长以上将领牺牲4人，士兵之惨更是可想而知了。远征军出征时10万人，至此仅剩不足4万人。

史迪威要训练中国军队去雪耻

这次远征军大败而归,作为战区参谋长的史迪威和司令官罗卓英可以说罪责难逃,但蒋介石在关键时刻横插杠子,责任也不小。事后,重庆方面对于六七万人马的重大损失,竟没做任何追究,罗卓英继续留在印度,杜聿明则回了重庆。

蒋介石手下的将领们庆幸自己逃出了生死大劫,毫无羞愧之心,然而参谋长史迪威却有自知之明,眼看自己这仗打得罪不可赦,立即思想着如何去补救。

在逃去印度后,史迪威建议蒋介石在印度组建两个野战军,各辖3个师,另建3个炮兵团和战车、工兵、通信兵、汽车兵、空降兵等部队,由他请求美国派人进行训练,然后去反攻缅甸,雪耻报仇。为此,他要求蒋介石向印度调运10万名中国士兵,团长以下指挥官由中国军官充任,高级指挥官和参谋长由美军军官担任,直到中国军官能胜任时为止;计划用4至6个月完成训练,而后的作战行动分两个阶段:第一阶段收复缅甸,决定性的进攻将从印度发动,助攻则由云南及掸邦北部发动;第二阶段将日军逐出泰国和越南。

与此同时,史迪威将此计划电告美国陆军参谋长马歇尔。

美军帮助中国军队进行装备和练军

重庆军委会获知史迪威的这个计划很是高兴,立即决定派出25架运输机,飞往阿萨姆准备实施运兵计划。

1942年4月28日,美国总统罗斯福获知缅甸行将不保,忧心忡忡,下令"要寻找途径把飞机和弹药运给蒋委员长的军队"。这个消息传到重庆,蒋介石立即表态原则上同意史迪威收复缅甸作战计划,但拒绝他那由美国军官充任中国军队指挥官和参谋长的建议,并且坚持反攻时应由中、美、英三国军队从印度和海上同时发起,同时,他还要求美国增加对中国的空运量,并增拨作战飞机。

史迪威的这个建议在英国只获得亚历山大响应,盟军东南亚战区司令韦维尔对收复缅甸没多大兴趣,完全一副不管他人瓦上霜的态度。他不希望过多的中国军队进入印度和缅甸,只希望中美军队在别的地方尽快打败日本,以便英军不费一兵一卒,直接从日军手中收回缅甸。由于他的冷淡,史迪威的反攻作战计划,就成了他和蒋介石的剃头挑子一头热,面临夭折的命运。

远征军在缅甸大败,近10万人马被折腾得所剩无几,史迪威一急,5月20日,立即带着一行150人前去英帕尔,再乘火车赴汀江,找到在此的美军空运队队长海恩斯上校,要求他马上派飞机到缅北野人山侦察第5军踪迹。

24日,他又带着费尔德等人飞去新德里,同"独眼将军"韦维尔商谈派遣10万中国军队驻印的营地、补给以及收复缅甸的计划等事项。韦维尔还是百般推托,先是拒绝中国军队入驻印度,再对收复缅甸进行多方推托。史迪威碰到这位"太极高手",真是毫无办法可想,最后经盟军中、美、英、印、缅联合参谋长委员会力促,"独眼将军"才勉强同意说:"将印度比哈尔省兰溪附近的兰姆伽军营划归中国军队用吧,后勤供应也由我们承担吧。"

这样,史迪威终于使得他的收复缅甸计划有了眉目。25日,他向美国陆军部写了报告,要求美国派一至三个师参加反攻作战,并且说:"我坚信中国在战略上具有决定性重要意义,我认为美国不向这一战区派出作战部队是犯了严重错误。"

第二日,他又拟具了《改造中国军队之计划》。

6月3日,他跑到重庆,连续四天面见蒋介石,汇报他要在印度训练10万中国军队和在云南装备训练30个中国师以及收复缅甸的计划,唾液都说干了,还是滔滔不绝。蒋介石同意了他的建议,当面嘱咐他将中国战区所需的三项要求列入计划,并通知美国,这三项要求是:(1)请美国于八九月调3

个师到印度,协助中国军队收复缅甸;(2)自8月份起应经常保持中国战区第一线500架飞机;(3)自8月起每月保持中印空运量5000吨。

万事俱备,只欠东风了。6月24日,孙立人新编第38师奉命从阿萨姆邦的列多移防兰姆伽。

兰姆伽位于印度中部的比哈尔邦,是兰溪县的一个小镇。这里原是英军的一个营区,建有20余座大营房,内部有3万多床位,还有游泳池和电影院等设施。于是,这里就成为了中国驻印军的训练基地。

接着,远征军长官部和新编第22师也搬来了。美国为了帮助中国军队进行装备和练军,在此也设立了指挥部,由麦克甫将军和各兵种军官组成。

8月,重庆军委会下令撤销中国远征军第一路司令长官部,成立中国驻印军总指挥部,任命史迪威为总指挥,罗卓英为副总指挥,柏特诺为参谋长,温鸣剑为副参谋长。营以上单位分别派驻美军联络官,负责同级中国军队的作战训练及运输补给事宜,直接听命于美军的上级联络官。这样,中国驻印军形成了史迪威直接控制、指挥的"监军"体制。

史迪威担任总指挥后,第一件大事就是和兰姆伽中国军队官兵见面。

他是一个中国通,能讲生硬的中国话,依照中国军队的旧礼节,召集部队举行上任的布达式。在见面仪式上,他学着中国将军的样式,站在台上,摆张桌子,然后,用带着美国味的中国话说:"我奉蒋委员长的命令,任驻印军总指挥,你们必须绝对服从我的命令,听从我的指挥。你们不要害怕日本人的飞机大炮和机关枪,我保证美国有更多的飞机大炮机

中国驻印军在印度进行训练

关枪给你们。"

至此,讲话结束,语言极其简略。

以后,他运用总指挥的权力,装备和训练中国军队,并准备亲临前线指挥作战。

他的战绩又会如何呢?驻印军的未来又将如何呢?

这只能由时间老人来回答了。

第十二章 鄂西会战：狗熊与英雄并存

陈诚再次反攻宜昌，还是竹篮打水一场空

中国远征军在缅甸失败后，分成了两块，在印度的那部分组建了中国驻印军，在云南的这一部分继续保留，并从国内调兵进行扩充，中国远征军这块牌子继续保留着。因为第一路长官部已经撤销，1943年3月，第六战区司令长官陈诚调往云南，出任中国远征军总司令，统辖在云南的远征军，而他在第六战区的司令长官职务，则由副司令长官孙连仲代理。

陈诚一走，日军在鄂西又开始蠢蠢欲动了。

这是为什么呢？

原来日军于1940年6月侵占宜昌后，陈诚反攻几次都没能收复宜昌，心里一直耿耿于怀，1941年夏秋又发起了一次反攻。

因为江防正面并无大的战斗，军统局调来了几部侦察电台设在第六战区守军第一线阵地，进行谍报监听。结果，电波被日军侦知，好几次派飞机进行轰炸，于是守军猜测日军在附近必有机场。这时第94军第121师奉命去接防第8军荣誉师的宜昌外围柏木坪前沿阵地，该师参谋主任饶启尧新官上任，领着一大批军官前去荣誉师进行参观学习。在取经时，荣誉师师长李弥说："我带你们参观一次我师奇袭宜昌敌机场吧。"

当夜，他下令炮兵将两门山炮秘密抬上前沿阵地。第二日白天，炮兵对日军机场测定好了射击方位。傍晚时分，李师长带着兄弟师参观人员来到了前沿。此时日军飞机正好从外归来，突然两门山炮一齐急袭。两架日机在汽油库浓烟密布中飞逃，"轰隆——轰隆——"其他10架飞机全被炮弹炸毁。机场日军虽有两组汽车牵引的游动炮兵，因事前没作任何准备，哪里来得及还击？就这样，荣誉师的炮火在参观团的欢呼声中停息了，两门山炮当夜又悄

敌机对中国军队阵地进行狂轰乱炸

悄地抬回了隐蔽地。

次日清晨,日军调来了9架飞机进行报复,对着荣誉师的白羊山、柏木坪纵深阵地进行猛轰猛炸,连炸了三日,才算解恨而去。

在炮击敌机场后一星期,第121师接替了荣誉师的守备任务。接防后,又过了大半个月,参谋主任饶启尧找到第94军副军长兼第121师师长牟廷芳说:"在荣誉师奇袭日军机场后,日兵没有把它修复使用,这么大的机场,怎么一下子说废就废了呢?"

"我也搞不清楚,上报战区长官部去。"牟廷芳说。

结果,第六战区长官部根据这个情况经过智囊们的分析,判断日军有从宜昌撤退的动向,陈诚于是报请军委会批准,决定再次发动反攻宜昌的战斗。

宜昌城的日军已在南、北、西三面构筑了外围据点,北面在小溪塔北、长岗岭间山地,南面在南津关要塞附近,西面在宜昌长江对岸的磨鸡山、谭家台子等地修了桥头堡阵地,以宜昌城北端高地为主阵地。进攻宜昌,由江防军总司令部担任指挥,长官部派督战组到前方监督执行。江防军司令由战区副司令长官吴奇伟兼任,他的攻击计划是以第75军第6师进攻小溪塔北、长岭岗据点,第94军派第185、第121师进攻南津关附近及西岸桥头堡,第18军第18师为战略预备队。其中,第121师担任对磨鸡山、谭家台子的攻击任务,为首攻。

第121师在战前对敌情进行了侦察,在进行战斗谋划时,牟副军长问道:"鬼子的兵力是如何部署的?"

饶启尧报告说:"鬼子在磨鸡山有一个混合大队,谭家台子有一个加强中队。"

牟廷芳又问道:"工事如何?"

"鬼子的工事很坚固啊,有自动火器,掩体上多盖着钢板,副防御有屋顶型铁丝网两道，还有不少的鹿砦和地雷。"

"再坚固，我们也要把它拿下来。"

牟廷芳随即进行攻击部署，由第362团向磨鸡山攻击，为主攻；第363团向谭家台子攻击，第361团为预备队，并且把炮兵团拉上去，8门山炮全部协同。饶主任又建议："我们在敌机活动较少的傍晚前，先用炮火轰击，掩护步兵进至突击准备位置，再进行夜战，这样行不行？"

牟副军长说："很好，一定要一举夺取日军的阵地。"

战斗打响后，牟廷芳和饶启尧都在距攻击点才800米的师前进指挥所，用电话与第一线团和炮兵指挥所保持联系。

炮声停止后，他们听到前线一片沉寂，约过了半个小时后，阵地上又响起了轻、重机枪声，紧接着是一片手榴弹爆炸声。再过了20分钟，只剩下稀落零星的枪声了。牟廷芳和饶启尧正在推想战况如何时，炮兵团长打电话来报捷了，大声嚷着说："副军长吗？我们的部队已经攻占敌人阵地了。"

饶启尧站在电话机旁，牟副军长掉头问道："你看怎么样？"

饶启尧说："好像成功了，最好还是问问陶团长吧。"

陶团长是负责主攻磨鸡山的第362团团长陶心，牟廷芳立即把电话打过去说："小陶！你们第一线营已经攻上去了吧？快点用预备队扩大战果嘛！"

副军长又是"吧"又是"嘛"的，官腔一上来气势就不少，直直地唬人，陶团长并没否认他的话，只是唯唯诺诺地答了几个"是"。

不到一刻钟，军部电话来了。李及兰军长亲自用肯定的语气表扬说："老牟，你们打得好呀，听说已攻占了磨鸡山嘛！"

牟廷芳回答说："我正命令攻击团使用预备队扩大战果。"

两人愉快地交谈着战况，在这期间，参谋主任饶启尧亲笔拟就了一个"攻占敌阵地磨鸡山"的要报，然后，一字一句念给译电室发了出去。

发完报捷电报后，紧张了大半宵的饶主任哈了一口气，伸了个懒腰，见副军长已休息了，于是也躺上行军床准备休息，刚刚躺下时，陶团长来电话了，带着哭腔说："才接第一线营报告，攻击部队只有一个负伤的班长回来。"

饶主任大为惊讶："咋……怎么回事呢？"

"他们一直打到鬼子的工事内，突然遭到鬼子用手枪和刺刀逆袭。一个多连被鬼子冲成了几段，这班长受伤倒地后，趁乱往回爬，途中没遇着本连任何人，预备队也没能打上去。"

饶启尧一听暗叫不妙，急忙把"噩耗"报告牟廷芳。牟副军长闻讯极为恼怒,大骂陶心:"无用!一帮傻子,国家之悲哀!"

"攻占阵地电报已发出,怎么办?"饶启尧低声地问。

"你自己去处理吧!"牟副军长怒气冲冲地拂袖走了。

于是饶启尧不得不设法自圆其说了。次日上午,他先用电话向军部副参谋长叶馄联系,捏造说:"团预备队在扩大战果的行动中,日军用大部队施行拂晓逆袭,攻击营伤亡四分之三,阵地得而复失,师部正在计划第二次更大的攻击。"

幸亏督战组昨晚早早睡下了,醒后听说阵地得而复失,个个叹息不已。以后,在督战组的一再催促下,第121师派第361团进行第二次、第三次的攻击,日军阵地依然未动,而第361团的伤亡更多,双方只好对峙起来了。

这时对南津关攻击的第94军第185师也一无所获。第75军第6师进攻小溪塔北、长岭岗据点,在周岩军长的指挥下,伤亡不多,但也没大的战果。两个军都没能打下日军的阵地,战略预备队第18军第18师更谈不上出击了。

陈诚的这次反攻还是竹篮打水一场空,徒劳而返了。

然而,这次反攻也并不是没任何效果,此时占据宜昌的日军只有一个旅团左右,而第六战区则有3个军,从兵力看,中国军队占绝对优势。陈诚这次反攻虽只打了个平手,但与之对峙的日军第11军司令官横山勇却紧张得要死,原来的安全感顿然丧失。之后,在北面,日军又时常受到汉水上游国军的截击,在南面,受沔阳、监利地区国军的牵制。除了陈诚时不时地反攻外,在几次长沙会战中,只要日军稍微一动,鄂西这边的国军也马上随之行动,不是派部队直接支援第九战区,就是干脆在鄂西大举出击,袭扰日军,这让横山勇更觉得长江防线并不稳固。1943年2月,在日军出兵缅甸时,他决定趁机发动鄂西会战,进行南北呼应,打通长江上游航线,一是攫取洞庭谷仓,二则摧破蒋介石陪都重庆的门户,以战取胜来改变日军在鄂西的劣势。

因此,1942年3月初,春节过去没几天,日军便开始渡江进犯,鄂西烽烟又起了。

柳林激战:
小营长成了大英雄

在大会战发动前,横山勇决定趁着长江江面正起的晨雾,先派部队"扫荡"

沔监地区，以减少以后渡江作战的困难。

3月6日，"扫荡"日军沿江兵分五路同时抢渡，重点是"扫荡"江陵与提头寺，在枝城对岸郎溪的一个联队在河道弯曲突出部，首先抢渡过江。

7日，这股日军分成西北两路，目的是突破汉洋河，侵占聂家河、潘家湾，越过清江，直趋长阳、宜都，第18军第18师防守由宜昌西岸大桥边至长洋、宜都一带。日军袭来，第18师师长覃道善下令第52团，除留一个营继续防守江防外，全团其他部队迅速回师，准备阻击。第二日，日军绕过长阳，在津洋口渡过清江，一路向石牌进犯，这一路鬼子在沈家嘴与第53团第1营接火。这一带地形险要，悬岩山谷较多，第1营死死扼守要隘，凭险与鬼子作战，鬼子猛打猛冲，还是被岩石阻拦，前进困难，双方战斗呈现胶着状态。另一路日军进犯资丘，第18军第11师师长胡琏闻讯，从野三关派出一个营截击。两军相遇，第11师毙伤鬼子十余人，400多鬼子吓得仓皇而退。

9日，第53团第3营由吴家坪向柳林疾进，前去增援石牌的团主力。当他们行进在柳林峡谷时，突然与一股日军迎面相遇，情况突变，营长马千毅马上下令："前卫连第7连迅速前进，抢占谷地左侧高地，阻敌前进；第8连进至谷口处，正面堵击敌人；第9连由小路上山，占领制高点，火力封锁谷口，阻击后续之敌；机枪连及迫击炮排迅速进入阵地，向阵地前沿猛烈射击。"

他的这个处置很果决，也很有效果。敌我均在山谷内，双方只有前进，没法后退。日军在正面受阻后，十分凶恶，多次向我军正面的第7连阵地发起冲锋，拼命抢夺制高点，但都被第7连一一击退。

战斗至傍晚，峡谷里的枪声渐渐沉寂下来。

谁知夜深人静时，日军像夜猫子一样开始行动，偷偷窜到第3营的侧面想搞突袭。马千毅营长早就防了他们这一招，派了警戒兵。结果，鬼子一到，警戒兵枪声一响，官兵赶来，噼里啪啦，就将这股鬼子赶跑了。

第3营占领着谷中左侧高地，在地形上占了优势，可以瞰制鬼子，鬼子曾多次前来争夺。因此，马营长估计明日必有更激烈的争夺战，为了加强第7连高地的火力，把重机枪排派去，并从第9连抽一个排绕到柳林西北，准备抄袭敌人的侧后。第8连连长欧阳伦是军校生，晚上睡不着觉，找到马营长说："我营现在脱离团主力独立作战，没有补给，到时没了弹药，怎么办？这要事先考虑啊！"

"嗨，这个问题我差点忘了！"马营长说，"马上派通信班长去石牌与

团里联系。"

第二日早晨7时许,敌机飞临石牌、长阳及第3营阵地上空进行侦察。10时许,多架敌机在第3营阵地上空投弹轰炸,并低飞扫射。官兵伤亡不少。中午时分,日军集中兵力,向第7连阵地发起了冲锋,很快就被打退回去。为了稳住军心,马千毅派副营长带一个排前去增援。下午的战斗更为激烈,日军集中小钢炮轰击,飞机不断轰炸,副营长受重伤,第7连排长一死一伤。正在危急之时,副团长易智领着一个迫炮排、一个长话班、一个弹药班匆匆赶来增援。

马千毅说:"请副团长指挥全营战斗吧。"

"好的。"易副团长说,接着,他观察了一番敌我情形说,"马营长,你带迫炮排去第7连协助指挥。阵前那些凹地里藏着不少鬼子,你看见没?用迫击炮轰击。"

马营长带去的迫击炮一响,躲在凹地里的鬼子无处可藏,急忙溃退,这下高地阵地的形势立即好转了。但谷地正面第8连出现了险情,阵地被鬼子突破,连长欧阳伦受伤。马千毅见状,急忙向第7连连长交代几句,立即带一个步兵排前去支援。在途中,敌机追着他们投弹轰炸,马营长前额被弹片擦伤,门牙碰掉一颗,倒在地上,卫士赶快上去拉住他,就要背下火线。马营长急了,一脚把他踹下,说:"你急什么呀!第8连情况紧急,我必须亲去。"

"你的伤……"

"包扎一下吧!"

他包裹伤口后,继续前进。

马千毅一到第8连的残余阵地,只见欧阳连长嘴巴都用绷带包裹着,问道:"你咋啦?伤哪里啦?"

"下颚被弹片击伤。"

马千毅见他仍在继续指挥战斗,说:"你下去吧。"

"你不也受伤了吗?我不下去。"

说话之间,日军已开始了疯狂冲击,欧阳伦身先士卒,几次领着士兵冲出阵地,与鬼子进行白刃战。大家见连长带伤拼刺刀,士气大振,"乒乒乓乓"拼杀起来,夺回了阵地,还刺死了十来个鬼子。

易副团长听说第8连阵地被突破、连长受伤,也匆忙赶了过来。几人商议后,决定以第9连连长率两个排向敌侧翼冲击,以解第8连之危。

第9连一行动,鬼子侧翼被打,果然不支,后退下去,第8连乘势冲杀过去。

下午6时，战斗变弱了，马营长和易副团长向第8连长交代后，沿阵地去第7连视察。当他们回营指挥所时，接到团部通报："石牌当面之敌，在我团阻击下，逐渐向沈家嘴后退，有向西北溃逃渡江之势，着你营捕捉战机，乘势歼灭残敌。"

"好哇，小鬼子要跑，没那么便宜！"马千毅马上通知各连，"鬼子要跑了，准备夜间战斗。"

战士们冲出阵地与鬼子进行白刃战

晚上10时许，日军突然向第3营阵地发起了夜袭，鬼子不仅不退，反而进攻，马千毅因为已知他们要撤退，说："这是鬼子的佯攻，他们要脱离阵地逃跑了！"

全营立即迎着鬼子的攻击全线出击，这一打吓得鬼子撒腿而逃。官兵们死死尾追，追至大桥边，与团主力会合，继续挥去。可追到江岸边时，日军又开始布阵抵抗了。宜昌城内的鬼子炮兵也向中国军队后方盲目发射，以助鬼子渡江，第3营官兵这才停下了脚步。

天亮时，第18师收复了原阵地。3月13日，第52团开往长阳鱼坪整休。

这次战斗，第3营打了整整四天，官兵同仇敌忾，奋勇杀敌，无一人临阵逃跑，或者不听命令，共负伤28人，阵亡13人，毙伤敌七八十人。虽然战绩不大，但因为堵住了日军，为防守石牌前沿阵地赢得了时间，小营长马千毅也成了大英雄。

经过第六战区的这次反击后,日军"扫荡"宣告失败,只好退到华容、石首、藕池口、弥陀寺一带。双方在宜昌、天宝山、盐池庙、转斗湾一线形成犬牙交错之势,在对峙中悄悄地各自准备着即将来临的大战。

洞庭湖北岸的残酷激战,让英雄变成了狗熊

4月下旬,日本华中派遣军抽集了精锐部队7个师团,总兵力约10万人,分别集中在华容、藕池口、弥陀寺、宜昌附近地区。同时,在汉口、当阳等地集结100多架飞机。第11军司令官横山勇亲自指挥重兵,向中国军队发动进犯了。

远在云南的陈诚获悉日军西犯,立即赶回第六战区司令部所在地——恩施,再次与横山勇进行对阵较量。

在陈诚的紧急部署下,王缵绪第29集团军的第44军、第73军守女乡至公安一线既设阵地,王敬久第10集团军的第87军和第94军守公安至枝江一线既设阵地,吴奇伟率江防军第18军、第32军、第86军守宜都至石牌要塞阵地,周岩第26集团军的第75军和冯治安第33集团军的第77军、第59军守三游洞至转斗湾之间。陈诚的破敌大计是:各部坚强抵抗,不断消耗敌军力量,将敌诱至渔洋关至石牌要塞之间后转为攻势,将敌主力压迫在长江西岸,聚而歼之。这个计划的要旨就是先与鬼子拼,再诱敌围歼。虽然高妙,但杀敌一千,自伤八百,这拼杀,自然像薛岳"天炉战法"一样,不仅要付出巨大的代价,而且是一盘险中取胜的棋。

横山勇却不管陈诚什么计不计的,催动大军就进攻了。

5月5日,左翼日军主力先从湖南华容、藕池口向洞庭湖北岸进攻,目标指向常德城,第一线的第73军依照原计划逐次阻击日军。7日晚,日军进抵南县、安乡一带,第73军彭位仁军长率领全军血战一昼夜,最后,因为地形不佳,防守困难,被迫向后转移,第二日,南县、安乡沦于敌手。县长黄公弼背弃与城共存亡的誓言,携着随从和家眷,屁颠儿屁颠儿地逃进了长沙城。

第73军主力1万多人刚撤退到厂窖,便被日军逼入一南北长10公里、东西宽5公里的狭长半岛式的地区,等待搭船过湖去常德城。这时岸边有湘鄂两省随军涌来的2万多难民,还有公务员、学校师生等,被包围的军民达3万人之多。军民不分,难民如潮,溃兵如蚁。

9日，日军独立混成第17旅团和针谷支队3000余人坐着60多艘汽艇，追击而来，很快切断了南北通道，并封锁东西河道，再兵分四路合围厂窖。鬼子进行拉网式合围，抓住军民就杀。为了节省子弹，他们多用刀捅。军民无处躲藏，不少人无可奈何地做了俘虏，结果，有的被鬼子成串推入水塘里，活活淹死；有的被鬼子三五十人捆为一串，用纤索拴在汽艇后面，然后开足马力，拖在湖里淹死。一名鬼子师长兽性大发，竟连续砍杀了50多人，疯狂的日军屠杀军民达2000人之多。

第73军军长见势不妙，立即下令主力在三仙湖、红庙对鬼子发起攻击，还是难敌日军的锐气，不得不逐次向洞庭湖南岸撤退。尽管如此，因为他们的抵抗，中国军队主力迅速向渔洋关至石牌一带集结。横山勇寻求陈诚主力迅速决战的企图扑了空，于是以第40师团及第34师团各一部留置洞庭湖北岸，令第3师团主力及独立第17旅团迅速西移。

12日，在津市东北的日军独立第17旅团向大堰挡、新安发起攻击，第68师团向暖水街攻击，同时，在弥陀寺的第13师团一部3000多人向斑竹垱、新江口攻击。第二天中午，日军第13师团主力由洋溪、枝江之间强渡长江，我防守公安的第87军四面受敌，眼看就要陷于孤立，军长周翔初急忙下令放弃公安西移，官兵撒腿逃出了鬼子包围圈。日军渡过长江后，以为万事大吉，一直追到茶园寺，结果，又撞上牟廷芳第94军主力及第86军罗贤达第67师，双方在大堰挡、暖水街、刘家场、茶园寺至枝江西侧一线展开激战。这时日军第58师团约5000人向西猛扑，也与第87军和第94军激战，双方伤亡惨重。日军不断增援猛攻，两个军抵抗不住，被迫继续向西转移。

中国军队全线进行节节抵抗，节节后退。

澧县以北的日军第3师团也开始向西北方移动，在宜昌西岸及古老背附近的日兵越来越多，大有向江防军攻击的企图。第79军和第74军在石门以北地区，第87军和第94军在清江以南地区，与日军展开持久战，以确保重庆的长江门户石牌要塞。

21日晨，茶园寺的日军第13师团终于攻陷王家畈，3000人马突然北向而去，与枝江的第58师团一部会合，夹击第86军第67师。日军第39师团主力在红花套附近进行强渡，向第86军第13师驻守的茶店子、红花套至乌龟山阵地发起攻击。

这个第13师原属第26集团军第75军指挥，调入第86军建制不久。第39团在右翼，防守茶店子、红花套，第38团扼守左翼的乌龟山阵地，第37

团为师预备队。双方激战起来，战斗十分激烈。凌晨1时，全师还在夜幕下奋战，该师师长曹金轮亲自督战。

这曹金轮是中国军队中的一员虎狼之将，是从排长、连长、营长、副团长、团长一步步打上来的，在淞沪抗战中，他身负重伤，仍然不离阵地，被人称作"曹金刚"。这一次，他又摆出一副"瞪眼金刚"的架式，戴着钢盔，手操着机枪，亲率执法队在阵前督战，嗷叫着指挥官兵奋勇御敌。

第13师一个师与鬼子一个师团激战，仗一直打到第二天正午，双方伤亡惨重，但还是没分出高下。中午之后，第13师终于顶不住，阵地被日军突破了，第13师右翼被迫转至天燕坡、廖氏祠一线，鬼子猛追，他们转而在大小宋山及长岭岗一带抵抗，坚持到黄昏，晚9时转移至浪子口、南流溪之线，与敌对垒。

翌日，日军在猛烈炮火掩护下向第13师左翼阵地步步逼近，官兵与日军激战竟日，日军攻势受挫，激战至黄昏仍无进展。但守军因伤亡过大，无法再坚持下去，当夜向西转移。

5月23日8时许，清江南岸的日军数千人和便衣队400人，在飞机掩护下，集中6门炮，分路向第13师驻守的天坑坪、大弹子垭阵地发动猛攻。鬼子也发疯了，交替进行冲锋。曹金轮再次上阵督战，官兵依靠掩体，组织交叉火力网，与敌整整激战一日。日军多次进攻均未得逞，到黄昏时，阵地仍控制在第13师手中。

天黑后，日军1000多人在炮火的掩护下再度向第13师的碑坡和刘家坳阵地发起进攻；曹金轮亲自守在重机枪阵地旁，打急了，他像当年淞沪抗战当副团长时那样，一脚踢开身边的机枪手，"混蛋，咋这没劲儿！"操起机枪，"突突突"进行扫射，可这还是救不了危局，他好几次跳起来要带头反冲锋，硬被身边的卫士拖下，急得他满脸发黑。官兵见师长身先士卒，斗志倍增，鬼子来一次击溃一次。双方在防守线上反复争夺，多处白刃，激战甚烈，阵地多次失而复得，得而复失，鬼子激战一夜，也没有大的进展。

眼看攻击不下，第二日，日军集中第39、第3师团主力向长阳的第86军猛攻。第86军军长叫朱鼎卿，全军在枇杷树、磨市、鄢家沱、仙人桥之线防守。激战至午后，第86军的一些阵地被敌突破，朱军长不得不调整态势，率部扼守长阳西北、清江北岸至凤凰山之线。

这一日，第32军第139师一部到达了津洋口、都镇湾之间，恰好一股日军由聂家河西犯，与由渔洋关方面向清江南岸移动的鬼子会合，正在沿市口、都镇湾的江面上进行强渡。第 139 师师长孙定超见状，立即下令发起攻击，官兵把敌军击退。

这时日军在清江两岸及攻击石牌要塞的总兵力，已达到了 6 万人之多。25 日，横山勇亲至宜昌指挥，大有一举攻占第一线要塞，威胁恩施、巴东之势。在宜昌对岸的曹金轮第 13 师与鬼子激战，终于顶不住鬼子的猛攻，右翼首先被鬼子占领了。

全师官兵正在激战，忽然见鬼子从右翼冲上来，有人慌乱了，立即带头向后跑。他们这一跑，所有的官兵都跟着逃命，部队顿时垮了下来，曹金轮大喊着："不

战士们正伺机杀敌

准后退！不准后退！"操着机枪打，但兵败如山倒，哪里阻止得住？他只得转而喊："向偏岩撤退！"可建制已混乱了，他完全失去了对部队的控制，只好把机枪一丢，也跟在溃兵的屁股后面撒腿狂逃。

在偏岩的第 32 军第 5 师师长刘云瀚见第 13 师溃兵如决堤般涌来，立即下令第 14 团占领阵地，掩护第 13 师转进。

远在重庆遥控指挥作战的蒋介石竟然也获知了曹金轮师溃败的情况，立即电话通知江防总司令吴奇伟："转令第 13 师死守偏岩。"

可第 13 师一垮就已经完全散了，官兵如乱鸟般四处乱飞，吴奇伟哪里联系得上曹金轮？只好把电话打到第 5 师师部，叫他们去通知。该师副师长邱行湘接到电话后，当即亲自去找人，随即在偏岩附近找到了曹金轮。

这时曹大金刚刚刚撒腿跑来，已是惊魂未定，哪里还有当初督战的神气？钢盔丢了，衣装褴褛，也不知他经历了怎样的混乱场面，见着邱行湘还是气喘吁吁，浑身哆嗦。邱行湘与曹金轮是第 18 军第 11 师时的老战友，于是说："老曹，有我第 5 师掩护，你不用慌张，完全可以将第 13 师收容起来。"然后告之老蒋的紧急命令。

谁知这曹大金刚二话没说，转身又随着溃兵屁颠儿屁颠儿地往西逃去了。

这曹金轮好歹也是一员战将,这次竟然连老蒋的命令也听不进去了,这让邱行湘大为不解。这次开战,他也是够勇敢的,谁知部队一垮,他也垮了,后来老长官陈诚气得大骂他:"先人后鼠,英雄竟成了鼠辈!"

邱行湘也很奇怪:这战争让人捉摸不透,把狗熊变成英雄,把英雄变成狗熊。他这一次前后竟然判若两人,为什么如此吓破了胆子?

这次第13师崩溃后,曹金轮就完全蔫了,"金刚"成了"狗熊"。尽管蒋介石因他前期战功没追究他违令之罪,但从此以后,再也没打过什么硬仗,也没取得过什么大战功,"曹金刚"的光荣成为了远逝的历史。

第13师西逃之后,日军撵上来,撞上第5师,于是在偏岩与第5师激战起来了。

日军有飞机掩护,加上刚刚击败第13师,打得很疯,第5师也不甘示弱,奋起抗击。但它的左翼雨台山、月亮岩由该军暂编第34师第2团驻守,第2团战斗力不强,很快阵地被鬼子突破,威胁在偏岩的第5师,因此第5师也不得不由津洋口、都镇湾向高昌堰西撤而去。

这样,整个战役进入了石牌决战阶段。

日军掉进"口袋",胡琏成了"中国的崔可夫"

石牌东距宜昌60里,位于长江西陵峡口,号称三峡"锁钥",是屏障巴蜀的险要之地,石牌失,则巴蜀失,战略位置十分重要。第18军军长方天率军部驻守在石牌以西的望州坪,第11师扼守要塞核心,第18师掩护侧翼阵地。石牌是国防要塞,可胡琏师长率领第11师进驻这里后,惊奇地发现这里除了要塞炮兵有一重炮阵地外,不但没其他坚强工事,就连粮秣弹药也毫无准备,幸好石牌地势天成,是一很好的险垒。胡琏将师部驻在殷家坪,第31团驻守大朱家坪、梁木棚,摆在要塞第一线;第32团驻董家岩、秦家坳、尚家坪;第33团驻杨家堂、钟灵坡、平善坝,负责要塞的核心坚守。在没和敌接触前,官兵马上修筑工事。

老长官得知石牌的国防工事一无所有后,马上令工兵和湖北省政府派民工石匠前来相助。由于各线中国军队的撤退,日军离石牌越来越近,在重庆的军委会严令江防守备部队诸将领:"石牌要塞犹如我国之斯大林格勒,为聚歼日军之唯一良机。"这第11师是陈诚的起家部队,也是第18军的王牌师,陈诚把自己的起家部队放在这关键位置，也势在与鬼子一拼。他要求胡琏："务必发扬第18军过去的光荣战斗精神，力拒顽敌。"

师长胡琏是陈诚手下有名的猛将，他向老长官陈诚拍着胸脯保证："一定力战到底，谋取胜利。"

5月26日，日军冲破第5师等防线后，主力逼进了天台关以南的沙坎坨、夏家冲一带，与罗广文师长率领的第18师展开了激战。

江防军总部立即令第5师占领馒头嘴、峡当口的口袋阵地。当鬼子在空军掩护下出偏岩向馒头嘴、峡当口突进时，第5师第13团在馒头嘴占领了侧面阵地，第14团在峡当口与第18军第18师并肩作战，拒敌西犯。陈诚判断渔洋关方面向西北窜犯之敌，似有配合长阳方面敌军迂回资丘包围我江防军之企图，决心遵照1940年预定待敌深入到山岳地带后再行断其归路的腹案，拟定了新的作战部署：（1）战区确保石牌要塞，俟第30军及第74军到达后，即以第30军、32军、74军各主力及第79军全部，在清江两岸地区对向我江防军攻击之敌，南北夹击而歼灭之；（2）决战时间为5月31日至6月2日。也就是说，这次会战已经进入陈诚预料的决战阶段了。

27日，第18师战况不利，向大小急斜坡转进，第18军军部后移到天岩坪。随即，日军第39师团开始向第11师第一线的第31团猛力进扑，王牌第11师正式与日军交火了。

大战打响后，胡琏倒没什么大动静。在作战的间隙，他对参谋长王元直说："全师的军马在这石山上已没什么用场，派人叫上兽医官崔焕芝，叫他把军马送到秭归后方去，免得受损失。"

崔焕芝临行前，胡琏又托他带些东西回后方去，说："如果要塞陷落，你就将这些东西付邮，收件地址是江西赣州建成门外水东乡33号曾广瑜夫人。"

曾广瑜夫人就是胡琏的老婆，崔焕芝一听这话，脱口而出："师长准备要舍身成仁啊！"

胡琏拍了他一肩，笑着说："去！我平日教你们成仁取义，难道我就不能去做吗？军人战死沙场，这是本分！"

原来胡琏已决心与要塞共存亡了。

当晚，江防军主力开始进驻稻草坪、高家堰、易家坝、石牌之线，第94军主力也转移到资丘附近，掩护江防军右翼，一个超级包围圈在渐渐形成。四面中国军队打得急，日军对石牌攻得更猛了。

第11师师长胡琏

因为他们认为只要突破石牌，向重庆方向推进半步，中国军队就会一崩而溃，整个战局他们就赢了。

28日，石牌一整天都是激战。黎明时分，3000日军向第31团猛扑。起初，鬼子对中国军队轻视得很，蜂拥而上。谁知第31团凭险力战，要塞炮兵也开炮支援。鬼子打得越凶，伤亡也就越重，尸横岩谷，打到早饭前，死伤已在第31团10倍以上。

早饭之后，江防军总司令吴奇伟从三斗坪给胡琏打来电话，说："第185师已兼程来援，第27师已到天岩坪，第94军主力回守坎垭，大局非常乐观。只要你们第11师努力作战，石牌没问题，全局皆赢。"

"好哇，我第11师绝不后退一步！"胡琏嚷着说。

这边胜局在望，那边横山勇终于感觉到了局势的紧急，中午增兵猛扑石牌，飞机也发疯似的拼命轰炸，要塞的战斗比以往任何时候都激烈起来了，全师陷入了厮杀之中。陈诚担心战局，从恩施打电话问胡琏："战况如何？"

胡琏朗声回答老长官："我师官兵士气极旺，前线作战情形很好。"接着，又话语一转，"我虽孤军奋斗，也没啥困难。我第11师乃革命军基本部队，我本人追随长官多年，今日战事，全师官兵，共为保卫石牌，就是一死，也算是报国而已！"

这第11师是陈诚的起家部队，胡琏的这话让陈诚大为赞赏，但因为石牌太重要，鬼子攻击太猛，他还是忍不住又问了一句："守住要塞有无把握？"

胡琏斩钉截铁地回答："成功虽无把握，成仁确有决心！鬼子要突破西陵峡口，必须踏着第11师官兵的尸体而过，否则他们就是血流成渠，也难望见巫峰！"

"很好，很好。"陈诚连声说，"我要把你的决心报告委座，现在我精锐兵力已在途中，大势可以乐观。"

胡琏撂下电话，转身对参谋长王元直说："现在我们是孤军奋战，随时可能与外界断绝联系。我们既然决心死战，死就是意料之中的事，我对家事不能不交代啊！趁现在大门还没关闭，赶快立个遗嘱，你看可以吗？"

师长这事竟然要征求自己的同意！王元直先是一愣，马上明白过来了，立即装出感动不已的样子回答说："师座只身担道义！壮哉壮哉！"

胡琏说："舍得一身剐，敢把鬼子拖下马。"

在炮声隆隆中，他奋笔疾书，上致父亲、兄长，再寄妻子、两位好友，都是交代家财和托付家事的。因为这份平常难见的爱家恋家之情，胡琏几乎是含着泪水，一口气写完了五封家书。

然后，他把政治部科长刘竞天喊来，说："我遍观周围的人，只有你是又忠又义，我今天将家事全托付于你。"

这话当即就把从没受过师长私事相托的刘科长感动得掉泪了，他颤抖着说："师座，有啥你说，俺一定办到！"

胡琏把随身带着的1000多块大洋、五封信交给他，刘科长双手接下，胡师座突然又把手上的手表也撸下说："这个你也带去。"

刘科长收下，正要起身去包扎，胡琏又喊道："等一等。"又把随身放在军衣口袋里的自来水笔取下，"这个你也带俺家去。"

刘科长问道："师座还有啥忘了没？"

"没啥了，家里啥也不缺。"胡琏回答。

这时已斜晖衔山，刘竞天匆忙包捆好这堆宝贝，怀抱着这摞包裹，在暮色苍茫中跑了。

胡师长要裸死殉国了，消息传到官兵耳中，立即激起官兵的斗志，前方将士人人奋力抗敌，与强敌拼杀，相持到晚上，牛长坡一角陷入了敌手，其余各地完整无缺。突然，第31团尹钟岳团长向胡琏报告："第18师据守的我团右后侧的彭家坡陷落了！"

这一消息使得第11师而后作战蒙上了一道很大的阴影。

5月29日黎明，号角声代替了鸡鸣声，石牌又开始了全面的激战。日军攻势甚锐，炮火也异常猛烈，十几架飞机临空轰炸。在鬼子发疯似的拼杀中，掩护第11师第31团右后侧的第18师终于全线崩溃了，鬼子转而集中全力攻击第11师，随即，石牌前沿阵线多处被突破。

四方湾是从石牌要塞核心到第一线第31团与相邻第18师之间的一个要冲，由于第18师的溃兵涌入，鬼子跟着追了上来，情势混乱而危急。此地如果一失,不但断了第 31 团的后路,而且还将第 11 师截成两段,主阵地也有被敌兵揳入的危险。眼看全线都在激战,兵力不敷使用,胡琏挤牙膏似的抽出了一个班,命令第 32 团副团长李树兰:"你带兵一班,限定在半个小时内赶到四方湾,负责那里的防守。"

李副团长满脸大胡子,性格鲁莽,但胆大敢拼,一向作战勇敢,不怕死。这一个班哪抵抗得住大批鬼子的攻击呢?他也不去细想,带着这 8 个枪兵就急匆匆地赶去。9 人"咚咚"地跑到指定地点,李树兰就以浓重的冀东口音大喊:"电话呢,电话呢?"

连问几声,都没人回答。

"电话呢,人呢?"他继续大喊。

"在这呢。"枪炮声中一个伤兵用微弱的声音尽力回答。李树兰一把扑过去,拿起电话就往师部拨,火急火燎地问道:"师座,您的表几分了?"

胡琏说:"跟限定的时间,还差一分钟。"

这下李副团长喜形于色了,高声说:"好险啊!差一点儿就赶不到了。"

"你不是赶到了嘛!"胡琏惊奇地说。

"是啊!提前一分钟赶到!师长请放心这边吧!"李树兰说完就撂下电话,马上冲向了阵地。

这时,一些散兵溃卒正涌到四方湾,他大声宣布:"我奉师长指派,负责此地的防务,你们不管是哪一军哪一师的,也不管是师长、军长、连长、排长,还是老兵新兵,都归我指挥,听我的命令!如有违犯,一律军法从事。"

李副团长威风凛凛,神气得很,乱七八糟的败兵竟然还真的被他唬住了,有人立即喊着说:"听从他的,听他的!"于是,一下子在李树兰身边围聚了三四百人。

敌兵攻上来了,李树兰带着他们喊道:"步枪、手榴弹、石头一起上啊!"所谓"阎王爷也怕拼命鬼",结果官兵们在李副团长的带领下,把冲上来的鬼子打得落花流水,曳尾而逃。第 18 师给第 11 师弄下的漏洞,总算被李树兰这员悍将带着 8 名枪兵和一些零散的溃兵堵住了。

中午,方天军长以电话向胡琏转述蒋介石从重庆发来的电令:"石牌乃中国之斯大林格勒,离此一步,便无死所。中华男儿,当有与苏联红军互相辉映之义务与权利。"

连校长都关注上了石牌!这令胡琏万万没有想到!立即大声重复自己在陈诚长官前说过的豪言:"成功虽无把握,成仁确有决心!"

"成功虽无把握，成仁确有决心！好啊！好啊！"方天军长也是赞叹不已。

"成功虽无把握，成仁确有决心"这句话本是缅甸东瓜守卫战中第5军第200师第598团副团长黄景升在阵亡前说的。胡琏在石牌之战中两次引用，终于引起了高层的注意。战后，这句名言经重庆的中央宣传机构大力推广，成了抗战时期中国军队中最流行的一句话。将领们一遇战局危急，就向上级大喊此豪言，但它之后也成了战场上最叫上峰揪心的一句话。

胡琏撂下电话后，立即指挥第31团"学习苏联红军保卫斯大林格勒的精神"，下令他们马上向日军发起逆袭。全团官兵前仆后继，反复搏斗，喊杀声震动山岳。鬼子抵抗不住了，见势不妙，立即放毒气进行毒攻。这毒气一熏，人就咳嗽、流泪，甚至发晕，第31团的逆袭终于被鬼子的毒气"打"下来了。胡琏虽然功亏一篑，但日军的攻势被第31团这次反击挫败了。

然而，蒋介石下了"学习斯大林格勒"的命令，自己运用却没成功，胡琏觉得自己这黄埔四期生如同考试吃了零蛋一般，太丢校长的脸了，决心再攻，才过两个小时，又下令第31团去逆袭。尹钟岳团长说："师座，莫急，请你给我两个小时的准备时间，一定把这伙鬼子驱走！"

这战场不是游戏场，想咋干就咋干。胡琏打仗有一个原则：保护下级的积极性，同意了尹钟岳的"莫急"请求。

尹钟岳是第11师的王牌团长，结果，两个小时后，他果然如自己所言，率领官兵经过一阵激烈冲杀之后将鬼子击退，恢复了原来阵地的态势。

第31团已经苦战两日，这两次"学习斯大林格勒"更是伤亡巨大，胡琏心疼了，于是下令该团："向要塞核心转移。"

这一日，第32、33团都与优势之敌激烈拼杀。在众寡悬殊的状况下，第33团游国桢营长负责坚守要塞南侧要隘，在激战中被子弹击中，但身负重伤仍继续坚持指挥作战。等到援军赶来时，他已气若游丝，结果被抬到医院就断了气。他手下的第9连连长赵玉成阵亡，排长尹卓生、刘顺才均受重伤，士兵伤亡殆尽。

天黑后，溃败的第18师在涨水坪收容完毕，吴奇伟总司令严令该师师长罗广文迅速恢复战斗能力，然后，他亲自打电话给胡琏说："你不要怕，我尽力使野战军不脱离要塞，预计还可战三日。"

胡琏一听吴总司令"你不要怕"这话就皱眉头，大声回答说："我死心已如铁石，何怕之有！"

电话那边被他这么一号，立即没有声音了，胡琏意识到自己失态了，赶紧说："今夜的部署已安排好了，明日仍可孤军作战，力拼到底。"

吴总司令那边"哦"了一声就撂电话了。

夜半时分，胡琏将师部转移到了殷家坪的最高峰——白石岩。这里四面壁立，没有退路。胡琏对手下们说："师部转移到这里，如果要塞破了，我们就凭险力战到最后一人。"

这里粮弹及通信设施都早已准备好了。其实，这时石牌要塞已无大虞了，弥漫四周的日军处境已大为不妙。在陈诚的号令下，各路中国军队快速合围，后方的第 118 师和第 185 师由五峰、资丘进攻，拿下了渔洋关，日军第 3、第 13 师团的后方已被截断，完全陷入了四面包围之中。正面进攻石牌的日军已断了援兵，只能以有限的兵力与王牌第 11 师硬拼了。

第二日黎明，陈诚打电话给胡琏说："委座听说你决心坚守要塞，甚为欣慰！希望你以更大的决心，激励部下，沉着奋战。敌军的困难比我们更大更多。委座已调美军第 14 航空队前来助战，第 79 军已克复渔阳关，即向石牌前进。委座调来的新锐兵力很多，马上就可以与日军决战了。"

胡琏回答说："我师苦战数日，虽然损伤不少，但士气很旺。鬼子如果再攻，我这里也绝对没啥可担心的！"

胡琏的话让陈诚放心了，说："全面反攻就要开始了。"

这时石牌正面之敌，前面被第 11 师堵住，后面又有我军大军猛打，因此他们要么后退，要么前攻，没有别的选择了。谁知这个横山勇却是毫不畏惧地选择了"两手硬"，一面背水作战，继续攻打石牌，企图实现"进攻重庆"的宏愿；一面分兵回援，集中步、炮、空军兵力，分别向后方的曹家畈进攻；并派出部分主力由天柱山向木桥溪方面迂回，进行横向作战。这样，处于天柱山和木桥溪中间的石牌要塞就可能遭到两股日军的夹攻，石牌阻击战变得更加激烈了。

第 11 师官兵十分沉着，每次等日军接近了，才以火力与逆袭进行阻击，打的几乎都是近战，又据有险要的地形，因此鬼子攻打石牌就像撞击一堵铁墙，撞击得越猛烈，反击得越厉害，死伤的人员就越多，结果，越打力量就越弱了。

31 日，第 11 师官兵整天都在与鬼子对战中，但鬼子的攻击已经没前几日这般激烈了，进攻的规模也小了不少，胡琏判断说："我看当面之敌，可能要退却了。"

他的预料一点都没错儿。

这时,第18军第18师在第86军第13师的协助下终于把日军阻拦在落步墒以东地区。迂回于木桥溪之敌,也被第32军第5师迎头痛击,拦在石牌要塞之前,前进半步都不得。石牌正面攻击的日军终于因为伤亡惨重,开始全线动摇了,横山勇的"两手硬"变成了"两手颤",终于两手都不行了,不得不下令进行退却,各路汇聚而来的中国军队当即进行追击。日军久战十分疲惫,退却缓慢,第13师团团长赤鹿理拼命催促着手下"快跑、快跑",谁知这横山勇却凭着自己以往的经验大喊说:"不慌,不慌。"

"中国军队追击,如何不慌?"赤鹿理问。

"中国军队过去搞追击,发起迟缓,警戒也十分疏忽,你们慌什么呢?"横山勇沉着地说,"你们稍稍掩护就行,不要怕。"

谁知这次却完全不一样了,陈诚下令我军紧追,各路人马行动果敢。日军恐慌万状,狼狈东窜,沿途伤兵、骡马、辎重、武器扔得满地都是,只恨爹娘少生了一只腿。而横山勇派出的掩护部队也都在栗树垴、聂家河、花桥、长阳、鄢家沱、大桥边等地先后被国军追上,一经接触,鬼子就仓皇溃退。

在大追击中,日军第13师团约3000人马被第87军新编23师、第94军第55师、121师及第79军第98师、第66军第185师在磨市、栗树垴、

中国军队突出重围冒着炮火向前冲

聂家河等地活活给包围了。旅团长慌忙向师团长赤鹿理求援，说："我们无法逃脱，就要被歼灭了，请求主力支援。"

可第13师团"主力"也已自顾不暇，它和独立第17旅团一部，也被中国军队第121师、第118师、第194师及第98师主力围困在宜昌城郊的狭小地区。赤鹿理早已急得如同热锅上的蚂蚁，回答说："我也被包围，你自己想办法……"话还没说完，头顶上就响起了飞机的声音，接着炸弹呼啸着掉下来了，他顾不上说话，赶紧扔了电话逃命。

原来中国军队空军协同美国空军以大编队机群来参战了，飞机投下的炸弹像下雨一般，见着鬼子就炸，效果十分的好。日军第13师团主力从来没受到过这样的轰炸，损失惨重。

6月2日，中美空军继续对败退东渡宜昌的日军进行空袭。日军第3、第39师团及第58师团正在渡江，飞机呼啸而来，官兵被炸得掉入滚滚长江，葬身鱼腹，人员、物资损失之大，不可数计。

这时王牌第74军与第29集团军已收复了安乡、新安、王家厂、暖水街，进逼公安及磨盘洲一线，日军第40师团1000多人及伪军第11师3000余人正分路向石首、藕池口、公安急急逃窜。宜都及磨市被围之敌，经过激战，伤亡惨重，磨市之敌3000余人大部分被歼灭。5日，磨市被收复，只剩下一股残敌占据着陶家坡一块高地，拼死顽抗。

逃到宜都城郊的日军，眼看追击大军撵到跟前了，渡河的浮桥和工具被空军炸毁，只得另找渡河点。谁知这时横山勇却下令他们向磨市陶家坡的困兵增援，于是，这伙日军转过身，冒险向第79军第194师及第98师正面进行突围性攻击。因为中国军队的后续部队没有赶到，第194师独力当敌，因寡不敌众，被鬼子突破了防线。等到暂编第6师急急赶到时，日军已跑到肖石岩、聂家河一带了。

同时，松滋的日军也向洋溪、枝江回窜，攻击第118师的侧背。第118师追击部队只有4个营，被迫退到了余家桥。

陶家坡高地的残敌终于有机可乘了，第二日，在飞机掩护下，大放毒气，终于突出了重围，急匆匆地与聂家河之敌会合，仓皇东窜。

在聂家河的暂编第6师虽是杂牌军，追击敌军却并不落后，紧紧地追着鬼子使劲儿地撵。当晚，双方对峙下来了。谁知我军官兵并没有罢休，趁着夜黑，派出一支部队夜袭日军第13师团司令部，结果，突然一阵猛打猛冲，竟然打得日军司令部一派混乱，死的死，逃的逃。事后，司令部的鬼子们重新聚集起来，但怎么也找不到师团长赤鹿理了。

就在这次夜袭中，日军师团长竟失了踪，活不见人，死不见尸，急得大本营通令鄂西日军各部："赤鹿理为日军在华战争中唯一不知去向的师团长级别的失踪高官，请各部急速寻找。"

8日，第94军第121师收复宜都。9日，第66军第185师克复枝江城，残敌向东逃窜。11日，第66军第189师收复刘家场，暂编第6师克复洋溪，入夜占松滋。12日，第79军第194师收复磨盘洲、新江口。17日，第74军占领车家嘴、申津渡等地，第194师占领斑竹垱、米积台。之后，各路大军继续挺进江岸，相继收复陡湖堤，对困守华容、石首、藕池口、弥陀寺之敌进行包围攻击。至此，各路大军完全恢复了5月5日以前的态势，横山勇的打通长江上游航线的计划完全破产，鄂西会战也宣告结束了。

战后，蒋介石亲自飞临湖北省政府所在地——恩施，召开军事会议。在论功行赏中，他以胡琏第11师固守石牌要塞拖住日军，为围歼大军从四面赶来赢得时间为第一功；第六战区代司令长官孙连仲实授司令长官，陈诚、吴奇伟、方天和胡琏、罗广文等将领都获得青天白日勋章。

在会议期间，蒋介石专门听取了胡琏的作战经过报告，频频点头进行嘉勉，并称赞胡琏说："将来必成将才。"

蒋介石这话一出，说者无心，听者却有意。"将才"预言惊动四方，鄂西和重庆的军政要人和报界纷纷称胡琏为"中国的崔可夫"，将石牌要塞与苏联的斯大林格勒相提并论，称"东西辉映"。大后方的舆论把胡琏捧上了天，这让第18军军长方天和第18师师长罗广文老大不高兴。两人虽然打了胜仗，之后两三个月心情都不畅快，罗广文说："子系中山狼，得志便猖狂。"

方天说："成天吹牛说自己多么多么聪明，毙伤了鬼子多少多少，其实是最笨的。"

不久，方军长干脆离开了第18军，推荐"同盟军"罗广文接任军长，胡琏在战场上获胜，满载花环，却在官场上失败，也大为不满，见人就说："一些人除了无能就是无德。"可偏偏"无能又无德"的人得宠，并升了官，最后他也气得告病去了重庆。

谁也没有料到一场鄂西会战之后陈诚的王牌第18军竟然被折腾得一盘散沙了。

第十三章 缅北凯旋：驻印军大反攻

史迪威反攻缅甸：英军讨价还价，只想捡便宜

在鄂西会战的当儿，远在印度兰姆伽的中国驻印军总指挥史迪威正为训练中国军队的工作忙得不亦乐乎。

为了反攻缅甸，他说动美国政府、英军和蒋介石一起来训练和装备国军。开始之初，重庆军委会只是想把驻印两个师编为炮兵部队，接受美国装备和训练后空运回国参战，因此，在兰姆伽的新编第38师和新编第22师被编为10个炮兵营，官兵学习炮兵技术。但史迪威意不在此，他是要把他们由美国装备、训练后用于从印度反攻缅甸，打通中印公路。在他的努力下，这个想法获得了重庆军委会的支持。

为了反攻"自己丢掉"的缅甸，虽年过六旬，史迪威却十分敬业。他一边要求美国国内加紧运输各种武器到兰姆伽，一边要求蒋介石运来中国部队，一边自己加班加点制订反攻计划。1942年7月18日，他向蒋介石正式提出了《反攻缅甸计划》，其要点是：英军出三个师、美军出1个师、国军出两个师，从印度的阿萨姆渡亲敦江进军缅甸，向瑞波、曼德勒出击；同时，由美械装备的国军另12个师由滇西出击腊戍，再与由印入缅的中美英联军会师，挥师南下仰光；陆上部队开始进攻后，英海空军应进攻安达曼群岛，并在仰光登陆。他的这个计划是美英中、海陆空全部出动的全方位反攻方案。

随后，重庆军委会办公厅函告史迪威，答复同意实施此计划，但提出美军至少应派一个师参战，美、英空军活动及中印空运必须大量增加，陆上部队开始行动时，美海军必须对安达曼及仰光进行攻击，并在仰光登陆。

7月29日，史迪威又提出了进一步的《太平洋前线计划》。这个计划要求在云南完成中国30个师的装备训练后，于11月15日至次年4月间发动进攻；由英军3个师、美军1个师、中国军队两个师从印度的曼尼坡出发，分路经卡里瓦、达木、霍马林进攻曼德勒，同时由滇西出动中国军队12个师进攻腊戌、八莫，与由印入缅的中美英联军在曼德勒会师，然后呈扇形展开攻取缅甸南部；此时英军空降及两栖部队应夺取仰光，再集结以上各军全力向东夺取泰国和越南，达到沿海；滇越边境的中国军队9个师应进占河内海防，而后再夺取香港、广州、海南岛或最终在该地发动进攻；另由美军分两路向新几内亚、东帝汶、新不列颠岛以及西南太平洋其他岛屿进攻，阻断日军增援，摧毁台湾、菲律宾日海空军。史迪威把这称作"五路进攻计划"。

中国驻印军总指挥史迪威

这个计划涵盖了东南亚，是一个庞大的计划。有了大计划，史迪威就尽力使其付诸实施。为此，8月4日，他与罗斯福总统的特使居里一起赶赴印度，考察兰姆伽训练中心并与英军方面的韦维尔将军商讨反攻缅甸计划。但这个"独眼将军"仍一副爱理不理的样子，态度极其冷淡，史迪威的热脸撞上了冷屁股。

10月11日，史迪威又去重庆，向蒋介石报告视察训练中心和与英方交涉情况，并且说："对兰姆伽增军之事，韦维尔说驻印英督还需向伦敦方面请示，其实是推托。反攻缅甸之事，还需待我返回印度后再与他磋商。"

蒋介石则也强调了自己的要求，说："反攻缅甸，必须海陆空军均有充分准备才行，否则，我看难成。"

除了强调这一点外，蒋介石还是原来的意见，没什么变化。史迪威担心了，又返回印度，与韦维尔会商。结果，这一会商整整折腾了三天时间。起初，韦维尔还是一只眼看人，把事情看扁，仍坚持旨在保卫印度而无意执行打通中印公路的方针，表示只愿向阿哈布进攻，对其他要求只是一味地"打太极拳"。史迪威没办法了，只得向华盛顿的马歇尔将军求援。之后，盟军联合参谋总部的英国元帅迪尔应马歇尔之请进行干预，"独眼将军"韦维尔这才答应考虑史迪威的作战计划。

但他又借口缺乏海军，无法实行两栖作战，只同意盟军收复缅北。

好歹这边总算有了结果，史迪威又返回重庆，面见蒋介石汇报在印商谈的结果：（1）反攻日期暂定为1943年3月1日前后；（2）英军一个师、印缅军6个师，其中3个师自英帕尔经卡里瓦渡亲敦江夺取杰沙、瑞渡一线，另一个师占阿哈布后东进，其余3个师（每师9000至11000人）负责机动；（3）中国若干师自滇西进击腊戍，夺取八莫和曼德勒，以一部占领旁克吐、夺南曲依，须于2月25日前完成出击准备；（4）中国驻印军以列多为基地，经胡康河谷，趋孟拱、密支那与英军会师杰沙；（5）对孟加拉湾能否取得制空、制海权，尚待再商；（6）列多基地须建道路、兵营、仓库、工厂及可容3000人的医院，储备45日的食粮、3个月的弹药燃料。

蒋介石别的都没意见，只是仍坚持"南北缅水陆两路夹攻"战略，对史迪威说："我们绝不能重蹈上次缅战的覆辙。这次反攻缅甸作战的中心问题，在于英国能否对孟加拉湾取得制空、制海权及实行仰光登陆。倘若英方海、空军没这方面的准备，中国将不派一兵一卒参战。"在声明之后，他答应再向印加派一个师，另在滇西集中15个师，限明年2月完成。对此，史迪威认为蒋介石除了对英军不太相信外，其他方面都"深明大义"，非常高兴。

12月2日，史迪威急切地电请美国陆军参谋长马歇尔郭促美国履行援华诺言，速调驱逐机两队、中型轰炸机一队来华，并将中印空运量由每月3500吨增为10000吨。

史、韦在10月间达成的协议，完全改变了他预定的反攻缅甸的作战目标和进攻路线，使得史迪威收复缅甸乃至东南亚的宏伟目标缩水为只是收复缅北地区。不料，12月7日，韦维尔又变卦，通知史迪威"取消缅北作战"，英军将只用3个师攻占若开和锡唐、加里瓦，此外不愿做任何承诺。这让史迪威不高兴，也让重庆方面很不满意。

12月28日，蒋介石电告罗斯福，说中国已准备就绪，只因英国违反承诺，反攻缅甸计划将无形取消。

1943年1月2日，罗斯福对蒋介石电报作复，请他在卡萨布兰卡会议之前勿做最后决定。1月8日，蒋介石复电强调"如无英海军夹攻南缅，将推迟进攻"。罗又复电：请俟"卡会"后再议。

1月14日至23日，罗斯福和丘吉尔在卡萨布兰卡举行元首会议。

早在美国参谋长联席会议列举的1943年军事行动计划中，就有打通中国的交通线，以便获得向日本本土发动最后攻势所需的基地的预案。因此，罗斯福在这次会议上坚决主张采取打破封锁中国的军事行动，双方达成了收复全缅的安纳吉姆作战计划的决定：（1）备攻日期以1943年11月15日为目标；（2）反攻日期俟1943年夏决定（应在7月以前）；（3）如英海军舰只登陆艇有缺，美国将设法拨补。罗、丘当即予以批准。

然后，两人联名电告蒋介石。之后，又另派美国空军总司令安诺德上将、英国元帅迪尔等人赴重庆，当面向蒋介石通报会议情况，以获得中国的支持。

2月4日，安诺德、迪尔两人抵达重庆，向蒋介石面交了罗斯福总统的信件。6日，蒋介石批准了安纳吉姆计划，并请罗斯福加强中国战区独立的空军力量陈纳德航空队，中印空运量增到每月1万吨，到本年11月保持第一线500架作战飞机。

2月9日，宋子文、何应钦、安诺德、史迪威、韦维尔、迪尔等高级官员在印度加尔各答集会，商讨实施安纳吉姆计划具体步骤，准备于1944年1月攻克仰光。会议决定：（1）驻印军经胡康河谷夺取孟拱、密支那、八莫；（2）滇西国军13个师渡怒江，分取龙陵、腾冲后攻夺腊戍、八莫、密支那，与驻印军会师；（3）英军3个师攻缅北，主力攻若开，并在仰光登陆，然后会师曼德勒；（4）公路油管随驻印军向前修筑；（5）组建中英联合突击兵团，用于缅北敌后作战，由英军出6个旅、中国军队出3个旅组成。

但是，不久英军第15军在若开遭到惨败，安纳吉姆计划又遇变数。5月，罗斯福、丘吉尔在华盛顿举行代号为"三叉戟"的会议，讨论欧亚战略问题，韦维尔、史迪威、陈纳德应召参加，国民政府外交部部长宋子文也应邀出席。

会上对安纳吉姆计划进行讨论。中国方面坚持实行以收复全缅为目标的安纳吉姆计划，英国则持反对态度，主张采用绕过缅甸，进攻苏门答腊，最终收复新加坡的"长炮"计划，马歇尔、史迪威极力反对英国的主张。最后，会议接受了罗斯福总统的主张，不仅没对"仰光登陆、南北缅水陆两路同时夹击"做出部署，而且缩小了安纳吉姆计划的作战目标和范围，主要是收复缅北和打通由列多经胡康河谷、密支那，八莫连接滇缅路的中印公路。这个计划大大削减了英国在反攻缅甸战役中承担的义务，将反攻缅甸的主要作战任务改由中国驻印军和远征军担当，英军只担任助攻。罗斯福只是承诺扩大并加强中印空运，空运量从7月份首次达到7000吨，9月份则增到1万吨，这就是代号为"茶碟计划"的基本内容。

三叉戟会议在进一步加重中国的负担的同时，也强调了蒋介石和陈纳德空军的地位，并使马歇尔、史迪威利用援华租借物资挟制蒋介石的打算落空。

中国远征军调集部队参加反攻缅北的战役

8月，美英首脑在魁白克会晤，收复缅甸的作战计划再次被列入商讨议程。丘吉尔仍坚持已被否决的"长炮"计划，反对蒋介石"南北水陆夹击"反攻缅甸的计划，罗斯福则强调经过修改的安纳吉姆计划必须付诸实施。经过反复磋商，两国终于决定：反攻缅甸之日期定为1944年2月，以夺取密支那、阿恰布和兰里岛为目标；至于南缅的两栖攻击行动，需视北缅的战事进展及准备程度而定；成立东南亚盟军统帅部指挥之，由英军蒙巴顿中将和史迪威任正副统帅。同时决定：（1）对德战胜后12个月内必须打败日本；（2）美国向中太平洋马绍尔、吉尔伯特群岛积极作战。

会议结束时，中国外交部部长宋子文被请去听取通报。

魁北克会议后，东南亚盟军统帅部成立，英国海军中将蒙巴顿任统帅，史迪威副之，魏德迈任参谋长，英国的陆、海、空三军分别由吉德法、萨莫维尔、皮尔斯指挥。韦维尔任印度总督，奥金莱克任印度总司令专门训练军队，不指挥作战。斯利姆任第14集团军司令，率斯库纳斯的第4军守英帕尔地区，以克里斯蒂森的第15军守吉大港和孟都、布迪当，斯托普福德的第33军和东非第11师及第17旅，位于隆丁及其以西地区，保持机动。

10月2日，蒙巴顿经印度飞往重庆，向蒋介石面呈丘吉尔致蒋密函及会议决议案。19日，蒋介石、何应钦、商震、刘斐、林蔚与蒙巴顿、史迪威等人在安徽黄山开会，当场议定：（1）1944年1月15日开始进攻；（2）作战部队、进攻路线概如前案所定，夺取目标为密支那和腊戍，英军将派温格特远程突击队进入缅北敌后，并由中国军队选派突击队组成中英联合突击兵团，参加作战；（3）中印空运量维持每月1万吨；（4）南缅作战及水陆夹击正在准备。蒙巴顿、史迪威分别在会上通报：由惠勒将军指挥、皮克准将实地负责,在阿萨姆增建 4 至 7 处机场及由加尔各答向列多铺设油管,改善铁路、水运工程和列多墓地工程及筑路工程,兰姆伽的训练在年内完成,昆明的训练尚应扩展。进攻开始后,筑路和油管工程将同时跟踪前进,直达昆明。

在这次黄山会议上,对收复缅北作战,中、美、英均持积极态度,且都有具体准备,三方都愿密切合作,并达成了相应的协议。

通过史迪威的努力和一系列的会议,反攻缅北战役的作战准备迅速在各国铺开了。

"李家寨"坚守 50 多日,20 倍于我军的日军一筹莫展

1943 年 10 月初,驻守野人山上的中国驻印军孙立人新编第 38 师首先打响了新平洋的战斗。

早在盟军协商反攻缅甸计划的时候,驻印军就在史迪威的指挥下提前进入了"反攻缅甸"的作战准备。1942 年 2 月,新编第 38 师从兰姆伽移防到列多的卡图时,日军已侵入野人山地区。为了消灭入侵之敌,掩护修建中印公路,孙立人将师司令部移驻卡图,第 114 团和第 112 团陆续进入野人山区,并由第 112 团负责从打洛至塔家普一线长约 50 英里的防御。这次驻印军由防守转为进攻,首先就由第 112 团担任。

根据盟军总司令部命令,为了在缅北前线建立空军补给基地,10 月 2 日,第 112 团两个营和直属部队从塔家普出发,向新平洋推进,掩护工兵部队修建飞机场,作为反攻基地。

为了确保新平洋基地的安全,新编第 38 师必须向东南推进到大龙河和更的宛江右岸一线,建立沿河据点。第 112 团进驻新平洋后,只留丁涤勋一个连担任警戒,主力则向临干萨坎以东以南的于邦、加滚、卡道和大龙河与塔卡内河的交会点前进。出发时,陈鸣人团长以第 2 营为前卫,第 5 连为尖兵连。当部队到达离于邦约 600 米的一个高地时,突然发现高地前有大片空地,东西长 600 多米,宽 100 多米,过去就是森林。眼看就要进入森林之中,官兵马上停下来,陈鸣人团长下令:"尖兵连继续搜索前进。"

当尖兵越过林空进入森林之后,突然"噼里啪啦"枪声响了,他们中了日军一个加强排的埋伏圈。两军立即展开肉搏战,排长刘治阵亡,连长江晓垣身先士卒,反复冲杀,负伤不退,随后也光荣殉职。这场恶战持续一个多

小时，鬼子的这个加强排被全部歼灭，但第5连官兵除几位负重伤的幸存者外，其他官兵也全部牺牲。

陈鸣人团长立即将后面的部队增援上去，夺回了阵地，控制了两个林子之间的空地，并向前推进了200多米，但撞上了日军的主阵地。在阵地前50余米之外，两军形成了对峙。

于邦位于大龙河的右岸，是孟拱到新平洋必经的渡口，也是两军必争之地，结果，他们这一对峙下去，一天，两天，三天……竟然惊人地持续下去。

日军的主阵地在于邦林子空地以北森林的东西两侧，约有两个连的兵力，炮兵阵地摆在大龙河的南岸，卡住通往太白家的道路。从对峙第二天起，日军炮火夜以继日地向第112团阵地轰击；白天，日兵在炮火掩护下猛攻，夜间，在炮火掩护下进行骚扰，但他们的进犯每一次又都照样地被第112团击溃。陈团长见鬼子炮火厉害，只知死守，既没勇气进行攻击，也不敢后退回去，只是选择了一个笨方法——率部死死地守在此，和鬼子对峙着，结果，官兵们不得不把这荒毛野地当成了军营。

要守住这里和日军对峙，于邦后面的高地甚为重要，陈团长派营长李克己率第2营重点守护在此。

在对峙中，一天傍晚，一个营的日军突然利用夜幕包围了高地，接着发动猛烈的攻击。第112团指挥所就在这里，只有一个特务排的兵力护卫，敌众我寡，阵地终于被鬼子突破，双方形成混战。陈鸣人见势不妙，率部趁机突围，几经拼搏，终于冲出了重围。一脱险，陈团长竟然扔下部队不管，跑回了临干萨坎。

在阵地争夺战中，美国中校联络官躲在掩体内不敢出来，结果让鬼子捉了去。我军阵亡十多人，高地被敌占领后，李克己营的第2连、机枪第1连一部、迫击炮连一个排，被困在长约200米、宽约100米的狭长范围内。接着，双方又像战前一样对峙着，但一方已被包围在里面，活动范围小了很多；一方在外面，死死围着对方。后来，第2营被围困之地因营长李克己带人长期驻守而被称为"李家寨"。

"李家寨"被四面包围后，李营长说："没有部队增援，如果进行硬冲，我们不但有全营牺牲的可能，而且会引起整个战线的崩溃！""上次团长不走，害我们陷入绝境，现在我们不想办法冲出去，会更加危险！"有人说。

"我们现在困在这里，200个人最低限度可以牵制住这个地区的敌人。"李营长想得却比团长远，并且决心像团长一样死守着，和鬼子进行对峙，他并且下令,"连夜构筑工事吧"。

官兵们马上一起动手,众人像传说中的愚公一样,竟然把一个长约200米、宽约100米的森林区构筑成了八个据点,每班守一个,各个据点可互用火力支援;接着,众人在四周又做了6道鹿砦,每道鹿砦边沿埋上一碰即炸的地雷式手榴弹。在阵地外300米处有一棵大树,大树主干直径约3米,周围有20来根大小不等的枝干,如同楹柱般撑卫着,全树覆盖的面积很大,直径有十二三米,李营长派了一个班去守住。战士们在主干上筑了一个轻机枪巢,在枝干上挂了200多个手榴弹,树脚下修了轻机枪掩体,可以打360度。李克己看了后直叫好,说:"真是一个天然要塞式堡垒,枪弹打不进,炮弹打不中。"

为什么炮弹打不中大树呢?其实,这是李营长的瞎话。这世界上哪里有大炮打不着的大树呢?但这棵大树突出在外,又在于邦通往林家的路边,鬼子要攻打阵地,就得先攻打它。然而,鬼子每次打到大树附近,不是死在枪弹之下,就是送命在树上挂着的手榴弹下。为什么鬼子不用炮轰呢?碰巧的是,第2营也撞上了一伙背时鬼——这伙鬼子竟例外地没配备大炮,甚至连一门小迫击炮也没有。就这样,第2营200多人在这小山沟的密林里得以保存下来,并且过起了"自我封闭"的日子。

第2营残部开始被围的时候,逃脱出去的陈团长非常着急,但他并没催促师部增援解围。师长孙立人闻讯,着急地说:"200多人活生生困在小沟里,万一出事咋办?"

陈团长反倒安慰师长说:"只要飞机按时送去弹粮和饮水,我就有他们坚守住阵地的把握。"

好在这李营长还真得了陈团长上次坚守的"秘诀",竟然守住了这阵地。谁知时间长了,外面的飞机却没"按时送去弹粮和饮水"的本事。一天,一架飞机投粮时被日军机关枪打伤了一个翅膀,事后三天都没来投粮了。李营长半诙谐半无奈地对部下说:"我们以前包围鬼子,鬼子曾吃过二天芭蕉;现在鬼子包围我们,我们至多也吃三天芭蕉罢了。"

他们吃了三天芭蕉后,投粮机在战斗机的保护下又继续投粮来了。粮总算不缺,但饮水却是个严重的难题。飞机投水时,因为冲撞力过大,水桶都被砸地而破。人不喝水,饭不煮熟,怎么行?李营长下令:"掘井求水。"

可官兵掘地10尺,还是不见水。失望之际,李营长忽然想到前几天吃芭蕉的时候里面水分很多,说:"用芭蕉茎榨水试试看。"

手下一试,嗨,跑过来了:"营长,果然每株芭蕉可以榨取清泉,只是数量不够。"

后来,李营长又发现砍掉的芭蕉根上涌出一点点水珠,叫手下们把这些芭蕉中心挖成一个碗形坑。第二天早晨,跑去一看,每个芭蕉根的碗形坑里都滴满了清水,这样一根树藤每日可滴2至3斤清水,于是解决了煮饭用水的难题。

然而,被围时间久了,阵地内的芭蕉有限,又要断水了。这时,一个战士在林子里割藤子补鹿砦,发现被割的藤子滴下水来,马上取下钢盔接着,几个钟头之后,钢盔的水满了,他高兴地喊道:"有水啦,有水啦!"

自从这无意的发现之后,大家专找这种藤子,割去上半截,把下半截盘成一个弓形,插向水桶让它自己涌滴。每根藤子每昼夜可接6个钢盔清水,并可连续接滴十昼夜,水味香甜无比,这乐得李营长说:"真是天不绝人,可以说是我们中华民族在艰苦奋斗中复兴的一个征兆啊。"

李克己也不知哪来这么高的水平,200人在绝境中有了水喝,竟成了"中华民族在艰苦奋斗中复兴"的征兆。官兵们说:"嘻嘻,上升到了这大高度,只有我们李大营长才有这个超人本事哩。"

李大营长也乐得直打哈哈。

身困心不困,他们就这样在山沟密林里坚守待援,5天过去了,10天过去了,20天过去了,援兵仍然没有来。远在后方的陈团长知道再坚持下去,可能真的要出大问题,于是命令丁涤勋连长将防守大龙河和塔卡内河交汇点的任务移交给第114团,率领这200多人的加强连钻进包围圈里去增援"李家寨"。这可是个艰巨的任务,200多人要在鬼子50米的空隙中钻入"李家寨",谈何容易?

在临干萨坎出发时,丁连长对全连官兵说:"交代两点,一是在晚上零点后通过鬼子的包围圈。如被敌人发现,迅速就地卧倒,敌人射击我们,不准开枪还击。如失掉联系,不许乱走,就地停下来。二是零点以后阔叶林和芭蕉林露水增大,水滴成声,且有节奏,我们的脚步要踏着水滴声一步一步地轻巧前进,不能乱步,让鬼子听不出我们的脚步声。"

零点以后,丁连长走在队伍的最先头,钻进日军包围圈,士兵们小心谨慎地"踏着水滴的声音",悄悄地跟在连长后面,结果,他们还真的越过了空隙封锁线,奇迹般地进入"李家寨"。

这样,"李家寨"增添了生力军。

但是,这点人马还是不足以解围,30天过去了,大部队增援还是渺如黄雀。

山沟密林中的困军虽有空投补给,但鬼子的进攻才是真正最大的威胁。

好在原始森林里树木很多,各种火器在50米以外射击,火力就不能发挥出来,只能是自己白白消耗弹药。因此,当鬼子猛攻"李家寨"时,士兵们沉着地躲在掩

警戒兵站在战壕掩体中扔手榴弹

体内,连警戒兵也一枪不发,等鬼子接近到30米、20米时,各种自动火器突然齐发,结果,前来进攻的鬼子不是被歼灭在阵地前,就是被打得撒腿而逃。

这些鬼子也不傻,见白天攻击不成,就晚上进行袭击。每晚8点后,他们就开始夜袭。然而,李营长他们也想出了对策,在阵前30米外挖上大陷阱,把手榴弹放在矮树上或树的旁边、树藤里,一层一层地设置。树藤既是自然的障碍物,又是爆炸物的导火线。夜袭的鬼子悄悄而来,可只要一触动手榴弹的导火线,骤然之间就会爆炸。手榴弹一响,李营长派的警戒兵站在战壕掩体中就扔手榴弹,这样鬼子的夜袭大多流产。但有时鬼子们也有运气好的时候,摸到了阵地前。可他们距守军阵地50米外就开枪射击,这正好报了警。待他们前进到阵地前30米时,守军们零星的手榴弹炸开了,再往前进时,众多的手榴弹纷纷从头顶上掉下来,爆炸声一片接着一片,没死的鬼子如果还不甘心,再继续往前走,就触动树、草丛的手榴弹,引发爆炸,还没有死,再往前去,一脚踏空,就掉入没过头顶的陷阱里,永远都爬不出来了,只好待在里面活活等死了。而我军官兵,只是远远地看着,鬼子来了救兵则打,救兵不来,他们对陷阱里喊叫的鬼子也不管不问,结果,那些鬼子掉进陷阱里就如同掉进了地狱,几天之后,不是活活被吓死,就是被饿死了。

第2营对付了鬼子的夜袭,自己却从不向鬼子夜袭。但有时他们也在白天跑到鬼子的阵前两侧设伏,拂晓前派出伏兵,下午7点左右撤回。鬼子一进攻,有时就掉进他们的伏击圈。

就这样,"李家寨"三四百官兵竟然奇迹般地阻止住了一拨又一拨前来

进攻的日军，一直坚持到 12 月中旬。

终于，史迪威和驻印军发动了反攻缅北的战役。新编第 38 师第 112 团第 3 营奉命将打洛方面的防务移交给新 22 师，归还了建制。第 113、114 团分别从兰姆伽和卡图地区赶来，集结在新平洋和临干萨坎之间。孙立人师长亲临前线，带来了大批援军。此时新平洋飞机场已修好，可以降落飞机了，史迪威下令："缅北战争由防御转入反攻。"

孙立人下令："反攻的第一个目标，就是消灭于邦之敌，拯救'李家寨'被围困官兵。"

第 114 团团长李鸿绰号叫"东方蒙哥马利"，说："鬼子包围'李家寨'这么久，这次我们也包围他们，把这群鬼子活捉来看看。"

第 114 团彭克立营第 3 连担任占领于邦高地的攻击任务，从 23 日起，全营发起了攻击，大炮轰击，飞机轰炸，步兵攻破敌第一线阵地，日军立即退守第二线阵地；随即，他们又攻破鬼子第二线阵地，日军又退守第三线阵地。尽管我军节节逼近，但日军仍负隅顽抗。这些日兵经过良好的森林战训练，战斗时，常常把轻机枪抬到树上打。然而，新编第 38 师也早已不是昔日的杂牌税警部队了，经过这一年多来美军教官的训练，个个艺高胆大，与鬼子拼杀起来，全是悍兵，士气旺盛不说，一开仗就前仆后继，排山倒海般地向着敌阵猛冲，势不可当。

在攻打第三线的鬼子阵地时，鬼子抱着机枪在树上扫射，我军一个轻机枪兵也爬上另一棵大树举起机枪和鬼子对打。突然，他负伤了，班长见他血流如注，喊着说："你下去。"自己接过机枪，和鬼子在树上继续射击。他边打边咬着牙根说："你这可恶的鬼子，我非把你打下来不可！"话音刚落，那树上的鬼子连人带枪像倒栽葱似的掉了下来，"扑通！"重重地落在地面。这时班长说了声"给"，把机枪交给第二个士兵，自己双手按着腿上的伤口从树上跳了下来。

原来他也被鬼子的那个机枪手打伤了。

经过 4 个多小时的恶战，第三线阵地的鬼子终于被全歼了。

第二天，包围圈里的官兵开始反攻了。第 2 营第 2 连受命攻击鬼子的最后据点，这是日军的主阵地。第 2 连与当面之敌相持了近两个月，对鬼子阵地和火力点已是一清二楚，了如指掌。战前，李营长说："要吸取前几次作战的教训，用优势火力集中消灭鬼子的火力点。"战斗打响后，第 2 连也不硬拼，只要发现鬼子火力点，就通知炮兵用大炮砸，直到炮弹将火力点的鬼子全部炸掉了，他们才爬上去。在近敌运动中，全连先只派一个排，而这个排又只派出一个班，而这个班呢，先潜伏在鬼子的阵地前，负责搜索火力点，炮弹把鬼子的火力点炸毁后，他们见鬼子全被炸死了，再上去搜索，发现残敌后，要么把他们击毙，要么把他们捉住。

这场攻击战耗时4个多钟头，死守阵地之敌全部被歼灭，一个也没逃掉，至此，持续了两个多月的于邦攻防战胜利结束了。

但是，第112团也损失很大，第5连官兵全部壮烈牺牲，全团3位连长和5位排长阵亡。战后，许多人前去"李家寨"参观，有人说："这里还真胜过马其诺的铜墙铁壁啊！无怪乎20倍的鬼子围了36天，始终一筹莫展。"

陈团长也来到了"李家寨"，见人就说："嗨，假使这地方失守的话，鬼子直趋林家，再去占领新平洋，那么整个战局不知陷于如何的境地呢！"他的言下之意就是：当初他没有救援是相当正确的大智慧。孙立人师长对他的这个说法不置可否，但是也说："原始森林是个特殊的作战环境，'李家寨'几百人被围困50多日生还，是个奇迹。他们在反攻中创造的各种战法，值得推广。"

结果，经过何均衡参谋长的精心研究和改进后，"李家寨"吃芭蕉、树上挂手榴弹、阵前挖陷阱的守阵之法很快推广到了全师。然而，全师以后并没遇到这样必须坚守的阵地，"李家寨"的战法大多没被用上。

攻击孟关：高傲的史迪威很像一位慈祥的大叔

孟关是缅北军事重镇，地当胡康河谷的要冲。日军王牌第18师团就驻防在这里，集结了7个步兵营、两个山炮营、一个重炮营和一个战防炮营，他们还在孟关和外围据点构筑了坚固的防御阵地。日军在此据险固守，除了要进行长期抵抗外，还有一个重要任务，就是掩护其第15军即将对英帕尔发动的乌号作战，破坏盟军反攻缅北的计划。

但是，在新编第38师第112团占领打洛后，史迪威就决心乘日军新败士气受挫之际，拿下孟关。因此，他不等英军从英帕尔发动进攻，也不等云南远征军横渡怒江，立即决定挥师南下，下令新22师主力从康道渡过大奈河，直趋孟关；新38师从左翼迂回切断日军的后方交通，对孟关造成钳形夹击之势，要求两师"抓住日军第18师团击而歼之"。

史迪威将军在前线

孟关距于邦约50公里,日军凭借抬头不见太阳的原始森林企图寸土必守,孙立人要打到孟关去,必须寸土必攻。

1944年元月底,新编第38师3个步兵团、两个山炮营和一个重炮营和师直属部队全部投入战斗,向着胡康河谷的军事重镇——孟关发起了进攻。

这是一场硬碰硬的恶战。第114团团长李鸿是孙立人多年的密友,也是他手下的一员大将,亲率全团一举攻克了太白家。攻击正面获得拓宽后,孙立人马上下令第114团和第113团进行攻击。

于是,第114团在中间,向正面之敌攻击前进;第113团为右翼,第112团在左翼,为师总预备队,阻击日军的侧翼袭击,并伺机向敌后迂回,截断敌人后路。

攻击战打响后,总指挥史迪威也来到了前线督战。他是一年近六旬的瘦老头,督战的方法很特别。如果前线一个敌兵阵地久攻不下,他就独自开着小吉普来到前线的团部,蹲着不走,表面上从容不迫,说:"到前方来看你们打仗。"其实,团长们心中都明白这个洋老头是什么意思,只好让副团长陪着他,不让他乱跑,自己则跑到最前线去指挥。如果等了一两天,还不见攻下来,他干脆跑到前线,又蹲着不走,弄得中国军队将领为他提心吊胆,可又不敢撵他走。不得已,孙立人师长也来到前线陪着他。因为这老头儿蹲在前线死活不走人,孙立人也着急了,此时他正蓄着胡须,于是对手下说:"你们不打下孟关,我就不剃胡须。"

在层层激励下,整个部队士气很旺盛,愈战愈强。第114团在猛烈的炮火掩护下,把鬼子的据点一个一个地攻下来,战斗进展既顺利又快速,战场形势一片大好。

孟关是日军第18师团司令部的驻地。在驻印军进击的时候,日军第18师团师团长田中新一为了保卫孟关和指挥所,慌忙调兵准备在孟关附近赶筑工事，以便在驻印军打到城下时发动报复性的打击，一举在孟关以北歼灭新编第38师。

这临时抱佛脚的做法哪里来得及？魔高一尺，道高一丈。他的如意算盘早被孙立人料定，并已派人监视着日军的动向。当发现日军向孟关方向移动时，孙立人立即下令："第113团跟踪鬼子，向右翼展开大迂回准备阻敌。"

第113团就是上次救援英印第17师的部队，他们一动，出其不意地把孟关以南的道路全部占领，并控制住了。日军正雄赳赳地往前赶，突然获知后路被断了，内部马上起哄，慌乱起来了。

援军来不了，驻守孟关的田中新一只好希望靠着有利的地形击败新编第38师。但他不知这时驻印军已是鸟枪换炮了，官兵扛的都是美式新装备，好枪好炮，还有坦克。日军援军被阻，第114团和第113团则在绝对优势的空军和炮火掩护下，从南北两方向孟关敌中心阵地夹击前进。田中新一都没见过这么威力强大的新式武器，结果，他手下的那些小鬼子们哪里抵挡得住两个团的猛攻？纷纷胆战心惊地进行抵抗。第114团和第113团不慌不乱，将鬼子的外围据点一个接着一个进行摧毁、占领。曾经威风一时的日军终于只有招架之功，没有反扑之力了。

外围阵地被攻下后，孙立人一声令下，全师强大的炮火指向鬼子核心阵地，眼看败势已定，且已无法挽回，田中新一急得几乎无计可施。他这个"领头羊"六神无主，下面的小鬼子更是慌起来了，眼看守在阵地里是死，逃出阵地也是死，有的鬼子干脆拿出武士道精神，呼啦啦地跳出阵地，像没头鸭子一样乱拼硬闯。他们来硬的，要拼命了，新编第38师的武器更硬、更强势，一队鬼子跳出来，他们一梭子打过去，鬼子像捣蒜般扑倒一大片，没倒下的死得更惨，接着，我军的喷火器喷出了化学火焰，这化学火焰一烧，鬼子的整个身子在几分钟之间就变成了一堆木炭。往外冲，冲不出去；待在阵地，也是等死，大小鬼子都绝望了，有的承受不了巨大的心理压力，嘟噜一声："活着还不如死了痛快！"纷纷在阵地里自杀了结。

新编第38师发起了最后的战斗，一举夺取了孟关，日军王牌第18师团的军旗和关防都被这些悍兵缴获，扛了送到师部。第18师团偌大的司令部，只有师团长田中新一带着几人逃离了火线。当田中新一死里逃生跑回日军缅甸方面军司令部时，司令官河边正三指着他的鼻子，破口大骂："我们打了一冬的柴，让你一个晚上就烧完了！"

"可是有什么办法？中国军队已经今非昔比了！"田中新一说。

"就你胡说！"河边正三话音没落，"啪啪啪啪"，就是一大串的耳光，打得田中新一眼冒金星，差点栽倒在地。

不管如何，田中新一完全栽在孙立人手里了，曾经威风一时的第18师团主力在孟关之战中死伤殆尽。

在新编第38师向着孟关凯歌行进时，史迪威这位美军高官完全没了平时的高傲气派，在官兵面前倒很像一位慈祥的大叔，说话不多，但官兵都觉得他是位可亲的长者。等把孟关攻下来后，他讲了几句奖励的话，高高兴兴地开着他的吉普车离去了。

拿下孟关后，新编第38师兵不解甲，继续乘胜追击，3个步兵团连续向敌后发动几次迂回截击战，把盘踞在沙都苏、瓦鲁班、泰诺、坚布山隘、高鲁阳、沙杜渣等地的日军一一击溃，胡康河谷失地大部分被克复了。

3月29日，胡康河谷战役胜利结束，驻印军伤亡6495人，先后击毙日军军官60余名、士兵4100多名，日军伤亡人数达到1.2万人。从此，整个缅甸日军军心瓦解，士气沮丧，而我军士气则愈战愈旺了。

攻克孟拱，史迪威不禁高呼："中国军人万岁！"

在胡康河谷战役之后，驻印军占据了缅北天险，史迪威又决定展开攻夺孟拱河谷之战。

孟拱河谷纵长70余里，东西约7里，南高江流经其间，河谷两边都是1000多英尺以上的悬崖峭壁。雨季山洪暴发，河谷里的平地顿成泽国，水流汹涌，要想渡过十分困难。眼看史迪威的驻印军继续打过来，日本缅甸方面军司令官河边正三企图凭借险地，在雨季到来之前集结重兵，阻止他们的进攻，甚至把他们再逼回到胡康河谷去。但这时第18师团已是兵力奇缺，每个连队只有三四十人，他只好又把第2师团、第53师团、第56师团调来增援，并且还调来了炮兵一团、坦克一营，残兵第18师团也获得了2000多名兵员的补充。这场阻击战，仍由田中新一指挥。

他将1万余人沿河谷做梯次配置，准备逐次抵抗作战，以待雨季来临。

然而，史迪威却决心在雨季到来之前迅速歼灭当面之敌，下令新22师附战车营沿公路突破敌之纵深阵地，夺取甘马因；新38师由东面向敌后迂回，进行夹击，夺取孟拱。

4月4日，新22师在战车、空军协助下，迅速击破瓦康、瓦拉渣、马拉高各地守敌，于5月1日进至英高塘东西之线。史迪威对英高唐的战斗十分重视，新22师发起总攻击时，他派出了飞机100架次、坦克50辆配合攻击。可这次进攻，并没有成功，只前进两公里许，就打不过去了。新22师一时难于取胜，只好与日军形成了对峙，这让史迪威直搓手说："有心栽花花不开！"

这时新38师孙立人打电话报告："我们已攻占高利、马兰、曼平。"

史迪威命令孙立人："请你派兵从山林中开道前进，绕过瓦兰，秘密迂回到甘马因南面的西同，突袭守敌，打破新22师的僵局。"

孙立人把这个任务交给了第112团团长陈鸣人，当过"逃兵"的团长陈鸣人也是半神半鬼的将，有点像第86军第121师师长曹金轮。这次接受任务后，他在地图上研究了老半天，决定寻找一条迂回路线，嘴里嘟哝着"如何绕过敌人的侧翼警戒呢，如何绕过敌人的侧翼警戒呢"，嘟哝了老半天，终于大腿一拍："这里可以去也！"

原来，他发现了一条海拔1000米到2000多米的高原路线，随后，他派人去咨询当地的老百姓。老百姓回答说："沿途全是高山峻岭，人马只能攀援前进，你们去不得！"

"去不得也要去。"陈鸣人这次要发誓完成任务了，"找不到路也要去。"

于是，他亲自率领全团官兵在一个山头接着一个山头的密林中进行艰难的行军，官兵一连走了4天多，才到达第一个目的地——山兴洋。

忽然，前头的搜索班传来报告："团座，山兴洋山头上发现敌情。"

"有多少鬼子？"陈鸣人问道。

"大约有一个排的兵力。"

"一个排，怕它个鸟！"陈团长拿出了平日的威风，立即下令，"尖兵连消灭这股鬼子。"

他没理会这一个排的拦路鬼子，领着全团官兵继续绕道高地，向既定目标前进了。

尖兵连一靠上去，只见鬼子的警戒兵伸着懒腰，在阵地外走来走去，士兵三三两两坐在阵地外晒太阳，嬉戏打闹；周友良连长一挥手，官兵悄悄摸到敌阵地前，刚做好攻击准备时，不知谁弄出了声响，鬼子发现了，惊叫："不好啦，敌人来了！"争先溃逃。

"杀啊！"周友良带头冲锋，官兵们立即发起了进攻。

这一战，尖兵连一兵不损，就占领了敌阵地，打死十多名鬼子，还缴获了一些枪和弹药，然后扛着战利品，追赶团主力去了。

陈鸣人带着第112团从山兴洋又经过两天多的战备行军，顺利到达西同对岸的密林里。他早就派人在这里侦察选定了一个渡河点。他率部到达实地后一看，确是一个理想的渡河点，河宽100多米，水流平稳，河道向第112团这一方弯过来，对岸地形突出，全团很好进行隐蔽，而下游河沿又有一条长150多米、宽10多米的场地，中间无丛林，是一个适宜空中直升机降落和空投的地方。于是，他下令："开始渡河吧！"

前卫营派出一个尖兵班先渡河，去侦察敌情、地形，准备掩护部队渡河。第112团已进行过多次严格的渡河训练，哪还像以前那样要准备一番，当即两个士兵手执粗绳跃入水中，一瞬间就游到对岸，然后把绳系在树上，朝着对岸挥挥手，于是其他士兵有的扛着轻重武器沿绳而渡，有的用胶布雨衣打成背包，放在河里漂游而过。不到半小时，步兵连就过了河；山炮连和一支掩护部队则暂时留在原地进入阵地，做好射击准备。

最先渡河的尖兵连潜进到公路附近，监视公路，掩护部队渡河。忽然，他们发现一个敌兵在公路旁割草，越割越接近他们。士兵们盯着他，想等他再接近些，活捉或刺死他。没料到这个小鬼子倒是挺眼尖的，突然发现了他们，吓得脸色苍白，返身拔腿就跑，边跑边喊，"砰！"周友良连长果断地一枪把他打死在公路上。

随着这一声枪响，西同截击战开始了，驻守在右侧山腰上担任警戒的日

中国军队渡河作战

军马上"哒哒哒"用猛烈的火力向我军射击。周连长率全连士兵奋不顾身地沿公路两侧的森林朝北奔跑，一路击敌，一口气跑了1000多米，扩大了截断距离，占领了这段公路上仅有的一座冬瓜形高地。

公路从冬瓜形高地的腰部横过，地势险要，利于防守，周连长下令："马上抢时间构筑简易工事。"

不到20分钟，日军闻声赶来了，官兵们潜伏在工事里。鬼子约一个连，在自动火器掩护下，向阵地扑来。他们一到阵地前，尖兵连一阵乱打，就把他们撵回去了。接着，鬼子增兵一个营，最后增至一个团，接连反扑，可怎么也打不下尖兵连占据的这块小小高地，双方形成了对峙。陈鸣人决心截断这条公路，歼灭鬼子。

日军只有拼死打通这条公路，才有生路；而陈鸣人只有固守阵地，歼灭敌人，才能完成截击任务，因此双方势在一拼。但形成对峙之后，两方都是势均力敌，谁也没法一把赢了对方。

在接下来的两三天中，日军连续发动攻击，集中各兵种火力，还出动了飞机，采取循环式战法，夜以继日地猛攻。尖兵连官兵则全力死守阵地，寸土不让。在第四次攻击中，鬼子右翼渗透到我军阵地之后，截断了前头的补给线，使"冬瓜"上的阵地一时成了孤立据点，腹背受敌，与团部联络的电话线也被鬼子截断了，周连长只能用步话机对外联系。

日军以为这下可以大功告成了，又发动第五次攻击，战况愈益猛烈，但尖兵连就是尖兵连，士兵们愈打愈勇。在激战中，周连长负了重伤，说不清话了，坚持打手势指挥，排长一个阵亡，两个负伤，士兵大多负伤或阵亡。伤亡人员躺在战壕里，也运不出去。眼看形势非常严峻了，在千钧一发的关头，身负重伤的上士班长陈应明斜躺在两个火力点的轻重机枪掩体外，他忍痛一抬头，忽见几个鬼子向阵地爬过来了。全连都倒下了，怎么办？他挣扎着爬起，用最后的力气扶好两挺机关枪，"哒哒哒"扣响了扳机，这几个鬼子猝不及防，全被打死了。就在陈应明倒下的一瞬间，后面的增援部队赶上来了。

"冬瓜"阵地保全了！

日军前后发起五次攻击，伤亡非常惨重，死伤2000多人，再也无力攻击了，残敌见势不妙，立即分散溃逃，有的跳入河道，有的朝森林里乱窜，陈鸣人见状下令："对残敌展开扫荡战。"

在部队清扫残敌的时候，他从公路那边调一个营到河岸，进行封锁，防止敌人顺流而下。这时正是旱季过渡到雨季之时，孟拱河水量充足，流速稳定，只是河幅较窄，有利于截击而不利于鬼子顺流逃生。困在森林里的鬼子见着我军搜索部队就躲，有的白天跑到上游砍伐树木，扛回来堆积在河岸的密林中，准备夜晚抱着木头逃命。好不容易等到入夜后，三个两个一组，把树木抬到河边，然后每根木头上附着几个人，荷枪实弹，顺江而下，企图越过第112团的封锁区。谁知第112团官兵日夜防守在河岸，只要发现河里有浮动物体，轻重机关枪就立即开火，于是鬼子来一个死一个，来一批死一批。经过连续四夜之后，河中的"浮动物"终于绝迹了，"冬瓜"四周的日军全完蛋了。

　　随后，日军先后调兵反扑14次，企图夺回西同，均被陈鸣人率部一一击退。第112团的西同截击战，击毙日军大队长增永少佐以下2700多人，还缴获敌重炮4门和满载军需品的汽车75辆、骡马500多匹，以及粮弹仓库15座、修车厂一所，最为关键的是他们切断了甘马因至孟拱的交通。

　　这时候，另由瓦兰侧击支遵的第113团冒着大雨滂沱，在河水泛滥中攻占了南高江东岸的支遵，全歼敌第55联队一个营，对甘马因构成直接威胁。与此同时，新22师附第50师第149团和战车营，将第18师团（欠两个大队）、第56师团第146联队8000人，包围压迫在索卡道地区，激战9昼夜，歼敌6000余人，缴获大炮56门、汽车190辆、马300多匹、机步枪3000多支、坦克装甲车15辆。田中新一再次成为了狼狈之徒，率残部1000多人泗水南逃。

　　6月16日，新22师攻占甘马因，与新38师第113团会师，切断了盘踞孟拱的敌军后方联络线。

　　随后，新38师第114团由曼平南下，秘密钻隙，出敌不意，攻占了孟拱以东12里处的巴棱杜，切断了孟拱到密支那的公路和铁道交通，与占领西同的第112团及由甘马因进攻孟拱的第113团相配合，对据守孟拱的日军第53师团、第2师团一部及炮兵第53联队7000余人，构成三面合围之势。

孟拱大捷，蒙巴顿将军向孙立人表示祝贺

谁知在驻印军大胜之时，突然传来"噩耗"，英军第77旅在孟拱城以南被围，英军将领蒙巴顿手忙脚乱，这时史迪威站出来了，说："我去救他们。"

他如何去救？老办法，请孙立人出面。6月18日，第114团强渡滚滚奔流的南高江，击退日军，救出了正陷入困境里的英军。

20日，孙立人下令对孟拱发起进攻。

第112团由西同南下，第114团由巴棱杜西进，同时合攻孟拱，激战三天，我军将士破城而入，又巷战两日，于6月25日，全歼守敌，攻克孟拱。

至此，除密支那尚在攻夺外，缅北之敌已被全部肃清。而田中新一的王牌第18师团已名存实亡，他的一个步兵连队只剩下10人左右了，残兵陆续逃往英多，进行收容整补，第53师团、第2师团残部退到莫宁一带。史迪威梦寐以求的反攻缅北的计划终于得以实现。

战后，史迪威仿照中国旧军的礼仪，又搭上台子，摆一张桌子，召集官兵在大操场上进行训话。在训话中，从不称日军为"鬼子"而称为"敌军"的他突然学着国军黄埔将领的作派，振臂高呼："打败小日本鬼子！中国军人万岁！"

第十四章　虎贲常德

常德会战尚未开始，就有两位师长战死疆场

当世界反法西斯战争进入1943年10月的时候，在欧洲战场，意大利已于8月向盟军投降，苏联红军即将收复整个乌克兰，美、英、苏三国外长于10月23日在莫斯科举行会议；在太平洋战场，日军受到优势美军的攻击逐次后退，蒋介石抽出7个军转用云南、印度，准备协助盟军反攻缅甸并打通中印公路，盟军取得反法西斯战争最后胜利已不是遥不可及的事情了。日军在诸种威胁之下，为牵制中国军队继续向滇、印运兵，发动了常德作战。

为什么日军选择打常德会战呢？

这与常德的地理位置大有关系。

常德是湖南西部地区的军事、政治、经济中心，素有"粮仓"之称，与东部的长沙相对，为华中、华南、西南地区中国军队的命脉所在。若日军占领常德，东南可监视长沙、衡阳，西方可顾及四川东部，成为足以威胁重庆的战略要冲，另外还可获得充足的粮食供应，因此，此战后来被人称为"谷仓之战"。

这次日军大本营拿出了大气力，投入常德战场的兵力10万以上，统由第11军司令官横山勇亲驻沙市附近的观音寺进行指挥。

日军要开战，第六战区司令长官孙连仲下令迎战，中国军队20万大军紧急动员起来了。第44军军部驻津市，第150师守备沿虎渡河各要点及南县、安乡县，第161师以一部守备䩺湖堤、沙道观至松滋之间各要点，主力控置于澧县做预备队，第162师主力位置于常德外围的凤凰山、太阳山，一部位置于石板滩，构筑前沿阵地，与守备常德城的第74军第57师紧密联系，协同作战，保卫常德。第73军位置于石门地区，作为战区的机动作战部队。第74军的第57师死守常德城，第51师和第58师位置于桃源、临澧一带，做战区预备队，三个军位列抗击日军的最前沿。

因为日军占据着沿长江各要点，自7月以来，日军航运频繁，部队不断集结，汉口至宜昌公路上军车日夜不断，第11军不仅忙着拼命加强工事，并且还派出一股股的小部队四出抢粮，大战的硝烟越来越浓烈。

10月底，日军小汽艇分队利用河湖港汊不断向南县、安乡的第44军第150师进犯。师长许国璋经过多次观察，发现了日军一些活动规律，决定进行伏击。一天，日军进至第150师的伏击地点，中国军队突然射击，击溃敌一个中队，伤敌30余人，鬼子吓得乘小汽艇遁去。伏击队缴获3只小汽艇和轻重机枪、大衣等军用物资，还缴获一张五十万分之一的地图，图上标明其主攻矢标指向常德，助攻矢标指向桃源。许师长吩咐说："我们立刻将这一情况向长官部报告，提请重视！"

这个报告得到了长官部的参谋长郭忏、参谋处长武泉远的重视，由此，孙连仲进一步确定了横山勇要夺取常德的意图。

11月1日，日军开始了四路进犯：

第一路以一个旅团由塔市驿、调弦口、华容分进，直取南县、安乡，然后渡澧水，企图截断津市第44军退路，配合第二路敌军围歼第44军于澧水地区。

第二路系一个师团，由藕池口登陆后，突破第150师虎渡河阵地，直趋津市、临澧。横山勇计划先歼灭第44军，但这一路被识破后反而遭到打击，即行撤退。

中国军队在废墟中与敌展开激烈战斗

第三路以一个师团由太平口经弥陀寺,与第161师激战后,直趋澧县,与第二路之敌会合,企图强渡澧水。经第44军各部沿澧水坚强抵抗,敌之行动受阻。

第四路以三个师团由董市、宜都之间正面渡过长江。

面对横山勇气势汹汹的进犯,第六战区立即决定,乘敌分进之际,以第73军由石门直趋大堰垱,攻击日军的侧背,以第74军两个师由澧水的合口、新安间渡河,协同第73军进行夹击。大战终于打响了。

渡江之敌以一部直指渔洋关,做佯攻姿态,掩护主力侧背,主力直趋大堰垱,寻求第73军作战,另一部迂回到石门的皂市,合力夹击第73军。

石门是常德的前哨,易攻难守,日寇对石门是志在必得,兵分三路合围石门。守军第73军本来位置过于突出,已处于不利态势,军长汪之斌有勇无谋,眼见日军主力来进攻,竟然下令对鬼子重兵发起反进攻,结果陷入日军主力包围之中。而第74军的部队被敌阻击于新安、合口一带,为了支援第73军突围,第24集团军副总司令兼第74军军长王耀武派出有力一部由新安渡河攻击日军。第73军以暂编第5师占领石门以北以东山地,汪之斌下令彭士量师长:"全军危在旦夕,你要与敌殊死战斗,掩护主力向石门以西撤退。"

暂5师在彭士量师长的指挥下死据石门。

15日天刚亮,日军就开始了大举攻城,暂5师官兵奋起抵抗,将日军击退。这时暂5师已连续苦战三个昼夜了,部队伤亡过半,日军攻城兵力超过暂5师数倍。下午3时许,日军三面进攻,飞机、大炮集中进行轰炸,瞬间就有好几处城垣被鬼子突破,暂5师在师长彭士量的率领下转入巷战,与日军展开残酷的肉搏战,每一个街道、小巷和民房都成了官兵死守的据点。

在他们的顽强抵抗下,第73军主力顺利撤退了。

黄昏时分,暂5师奉命撤出石门城,谁知日兵撵着紧紧追击。官兵在渡河时,被后面追击和四周围上来的日军围住了,彭师长亲自指挥部队奋力突围,但到达南岩门口时,突然鬼子机枪"哒哒哒"对着他进行扫射。彭士量当场"扑通"倒地,身受重伤,但他挣扎着站起来,豪迈地高呼:"大丈夫为国家尽忠,为民族尽孝,死何憾焉!"话音一落,人又"扑通"一下倒在地上了。

他的忠勇之气感动得在场的官兵个个哭声不绝,官兵们含着泪水,扛起师长,大喊着:"杀啊!"拼命往外冲杀而去。但除少数人突围外,多数人像彭师长一样英勇战死了。

彭士量是黄埔生,他是常德会战中牺牲的第一位将军,后被国民政府追授为陆军中将。

第73军军长汪之斌冒险突进，没有抓住战机，首战失利，影响了整个会战的战局。为了整顿这支部队，孙连仲下令免去汪之斌职务，以第29集团军副总司令彭位仁兼任第73军军长，驰赴慈利、石门地区，收容整顿部队。

石门失守，日军击破第73军后，解除了侧背的威胁，于是大胆集结力量，在飞机大炮掩护下，大正面地强渡澧水，攻向常德。

时值冬季，澧水枯竭，日军主力由新安、石门之间渡过澧水，以钳形包围态势向常德、桃源狼奔豕突。第

常德会战中牺牲的第一位将军彭士量

44军与第74军已被日军分割成很多块，各自独立作战。第29集团军总司令王缵绪见形势不妙，说："寡难敌众，这样被分割，两个军都有被敌各个包围歼灭的危险！"急令第44军军长王泽濬将第161师分成小股钻隙到漆家河、羊毛滩以西，然后集结整理，再返身协同第74军第51、58师向敌侧击；第150师占领太浮山为根据地，与太阳山第162师遥相呼应，准备夹击进攻常德之敌，协同常德守军第57师作战。

但是，日军士气正旺，在东线安乡、津市强渡澧水后，很快就突破了第150师河防，然后分成多股进行追击，又突破第162师石板滩前沿阵地，主力直插常德，并且还有一部分人马向太阳山进攻。日军一个旅团在一伙伪军的配合下直插桃源县城，在桃源城郊的张家港丘陵地区，与第29集团军独立团进行短暂的作战后，随即就逼近了桃源县城，可城内已无守兵。在伪军的簇拥下，日军耀武扬威地进入桃源城。然后，鬼子对伪军说："带你们放火烧城去！"结果，伪军跟着鬼子四处纵火焚城，大玩放火游戏。

第150师被鬼子突破河防追击，撤到了澧水西岸。师长许国璋一过河，突然醒悟地说："不好！太浮山要被鬼子占领了。"

太浮山是常德近郊的制高点，战略位置十分重要，只要占据着太浮山和邻近的太阳山，日军即便占领了常德城，也无法立住脚，于是他急令师参谋

长林文波随第449团团长谢伯鸾迅取捷径,先敌占领太浮山各要点,并令第448团、第450团设法避开鬼子的追击到太浮山集结。然后,他自己也率领直属部队和收容起来的两个步兵连随后跟进。

此刻渡河之敌正分成多股向常德城疾进,因为鬼子行动迅猛,许国璋和直属队走着走着,突然前卫连长报告:"去太浮山的道路已被鬼子截断了。"

"前面的部队呢?"许国璋师长问道。

"我们和他们被分割了!"

许师长下令说:"想办法打过去!"

这时后面的追兵竟误认为许国璋这一路是中国军队主力,死死撑着不放。许师长率部且战且走,到了陬市。因为陬市是常德城的外围,构筑有野战工事,可以守御,许国璋师长于是将仅有的兵力部署在外围各据点。时近黄昏,追兵开始试探着发起了攻击。许师长说:"我们为国家尽力的时候到了,守陬市等于协同常德守军作战。我们多打死一个日本兵,就等于给常德守军增加了一份力量。现在我们已三面被围,背后是深不可测的沅水,既无渡船,天气又冷,与其当俘虏或落水淹死,不如战死光荣得多。每个人都要勇敢杀敌,与敌决一死战!"

许国璋说这话时,声音洪亮,大有军人气概,全体官兵士气大振。然后,他命令师部与集团军进行最后一次联络后销毁电台和密码,师部人员也全部提枪上阵。

第150师师长许国璋

此时,追兵已侦知陬市兵力薄弱,攻击愈急,许国璋亲自提着手枪指挥战斗。这是一场众寡悬殊的激战,突然,"轰——"一颗炮弹在许师长身后爆炸,炸弹击中了他,"咣当"一声,手枪掉落在地,许国璋一头栽倒在地上,昏死过去。

许国璋平时身体就瘦弱多病,加上已连续作战20多日,更是虚弱不堪,此刻被炸弹一炸便昏死休克过去了。部分佐属却以为他已死,抬至街市草房。恰好有两位渔民欲驾船离开,听说是师长战死,赶紧将他们渡过南岸。

然后，大家挤在一草房内休息。凌晨4时许，许师长突然苏醒过来了，一问才知已退到了南岸，"军人应战死在沙场，你们却送我过江，是在害我呀！"气愤之下，又昏厥了。

原来他虽然身子瘦弱，却是血性汉子，立志杀敌的他眼看手下带着自己逃到了南岸，倍感军人的耻辱。当他再次醒过来后，悄悄摸到卫士的手枪，竟然向自己胸口"嘭"地扣动了扳机，射杀了自己，壮烈殉职。事后，第29集团军总司令部派员详细查明如上情况后，王缵绪总司令即颁令第162师副师长赵璧光接任第150师师长，到太浮山指挥。

这时谢伯鸾团长与第449团已在太浮山与鬼子进行着激战。

在许师长的命令下，谢伯鸾团长率第449团急驰太浮山，立足未稳，日军的追击部队也跟踪而至，他立即下令集结部队："先打它一把！"但他的打并不是莽打，而是派出一部分人马迎头痛击鬼子，一部分人马乘鬼子尚未展开之际拦腰冲击。急匆匆赶来的鬼子突然被一击一冲，顿时就蒙了，退了下去。然后，谢团长才分兵守备各要点，并派小部队前去迎接师长及其他部队。但迎接师长的部队因为道路被截断而半途而返，谢团长用无线电与总司令部取得了联系。

在总司令的指挥下，他又组织了两个加强营向敌后袭击。日军为了解除威胁，派出一个加强大队向太浮山攻击。谢团长以巧战迎敌，以少数兵力利用复杂地形与正面鬼子死打，悄悄派出有力部队迂回至敌侧背，突然发起袭击，日军首尾不能相顾，不得不撤退了。就这样，谢团坚守在太浮山上。

当赵璧光接任第150师师长后，赶到太浮山时，这里的战局已基本稳定下来。许国璋牺牲后，军委会追赠他为陆军上将。

常德会战尚未开始，就有两位师长战死，这是中国抗战以来任何一次大战未有的情况。

这是第六战区司令长官孙连仲第一次单独指挥几十万人马的大战，常德会战的结果会鹿死谁手呢？

阻击战：
王牌军第74军担纲

当第73军、第44军在外围作战的时候，第74军主力在紧急集结。

第74军3个师在盘龙桥、羊毛滩、漆家河集结后,第24集团军副总司令兼第74军军长王耀武下令派出部队对太浮山附近东北面进行警戒,掩护全军集中。11月14日,第44军与渡过澧水的鬼子激战时,王耀武接到第六战区孙连仲长官的电示:"该军除第57师应坚守常德,主力即控置慈利东南白鹤山、鸡公岩、燕子桥间之地区,保持机动,争取外翼侧击敌人。"也就是说,第74军除了担当正面阻敌外,还负责保卫常德城。

王耀武率部立即向白鹤山、鸡公岩、燕子桥地区集结,第二天晚上,全军到达指定地区并且配置完毕,先敌到达了常德城的外翼。

但日军的腿脚也快得很,一过河,呼啦啦地就使劲儿跑,拖着大炮迅即赶到了常德城外围,16日中午,前锋与第74军搜索部队开始接火。

第74军第51师搜索部队先将南犯之敌一部拦在独立岩、官渡桥一带。

这时日军第13师团主力拖着20余门大炮也已渡过澧水,沿着石慈大道向慈利疾进,黄昏时,与第58师搜索部队在猫儿峪相遇,双方展开激战。入夜,第13师团长赤鹿理询问前方战况,回答说:"两军仍在原地对峙。"

这赤鹿理当初在鄂西会战师团司令部失踪后,不知如何奇迹般地死里逃生,这次他又充当了常德会战的急先锋。此刻他一听双方在对峙,立即下令:"我师团第116联队协同第34师团216联队向中国军队左翼包围。"

两个联队5000多人,附炮10余门,马上由石门沿澧水左岸疾进。

但第74军是国民党军王牌中的悍军,军长王耀武一贯是"人来疯",打仗从来不嫌对手强,只怕对手太弱;他手下的3个师长张灵甫、周志道和余程万,也是见着鬼子就眼红,打起仗来如同野兽一样凶猛的悍将。赤鹿理遇上这样的悍将,要攻下第74军的正面防御线却没那么容易了。

17日拂晓,各路日军主力已到达第74军当面,2万余人。鬼子先头部队不再像开始时那样小打小闹,急不可耐地向第58师发起了猛攻,重兵大举向扁担垭、亦松山、垭门关一线猛攻。第58师官兵却与日军大不一样,没有鬼子那样的急躁,一不慌,二不乱,沉着应战,激战一整日,阵地屹然未动。黄昏时分,赤鹿理见前方没有进展,继续增加兵力,两军激剧战通宵,第58师的阵地还是没移动一步。

第二日,两军继续血战。

这一天第58师师长张灵甫亲自上火线了,全师在祖师殿经落马坡至羊角山一线拼杀。日军以飞机、大炮猛轰。第58师官兵与鬼子对打着,时不时还进行逆袭。鬼子撞上这样的王牌,占不上什么便宜,反而死伤比守军还多。

赤鹿理见硬攻不成,眉头一皱,想起一句中国的老话"功夫在诗外",悄悄派出一支便衣队向羊角山左侧迂回,准备从正面拼杀之外去打出缺口。

便衣队深知敌后迂回的诡秘性,小心地跑,紧闭着嘴巴不说话,可越是小心,越是狐狸露着尾巴。第58师一个连长忽然见远处一队"老乡"扛着弹药,轻跑着,心想哪有"老乡"扛着弹药的呢?脱口而出说:"有鬼!"派人一查,回答说:"哪有这么矮的老乡!全是鬼子!"

"果然不是自己人,打!"

连长立即率领全连撑上去打,本来这伙便衣队是去突袭中国军队的,哪里料到反会被别人突袭,结果全部有来无回,把老命断送在半道上。

在赤鹿理派出便衣队偷袭时,日军第3师团长山本三男也是"英雄所见略同",派出一部人马由两合口向第58师右翼进犯,结果,第58师和第51师两师联手,各出一个营,两边一夹击,也将这路鬼子消灭过半。

这样,日军从两翼包围的打算总算没戏了,原来"功夫在诗外"的名言并不"适用"于日本人。随后,赤鹿理和山本三男只好集中后续部队,以步、炮、空协同全线猛攻正面,打到黄昏,还是在原地踏步。

当晚,第57师在常德的涂家湖市也与打到阵前的日军第40、第68师团先头部队接战,至此,第74军与日军全面交上火了。

19日拂晓,日军全力向第51师驻守的白鹤山、星德山及第58师驻守的祖师殿至羊角山之线大举猛攻,空军、炮兵联合轰击,并发射毒气弹。第74

中国守军将领在前线指挥作战

军官兵同仇敌忾,边打边骂鬼子的娘,拿出了王牌军的气魄。双方势在一拼,愈战愈激烈。王耀武眼看赤鹿理的攻势迅猛,把手上戴着的白色手套一扔,说:"不揍痛这些鬼子,他们就不知天有多高了!"决定重挫日军的锐气,于是拿出了自己的撒手锏,下令第51师由白鹤山、第58师由羊角山,各派出两个营,由两翼勇猛出击。他的这个"勇猛出击"却不像别的打杀一下就了事,而是和鬼子进行白刃战的代名词。这是王牌军第74军的重磅撒手锏,也是最厉害的制敌术。结果,悍军出场,又是拼刺刀,又是耍大刀,虽然双方伤亡均重,但日军的攻势终于被这两个营的一阵拼杀挫败了。

赤鹿理以大军猛攻了整整两日,除遭到痛击外,毫无进展,而且伤亡甚重。第三日(20日)拂晓,他再增加五六千人发起猛攻。第51师一部于明月山、塘梨岗、白鹤山、星德山之线,第58师于鸡公岩、落马坡、羊角山之线,与敌展开拉锯战。双方反复包围对方,反复打出包围圈,剧战终日,赤鹿理还是毫无进展,"有志者"事也不"竟成"。赤鹿理不得不感叹说:"战场有时就是这样欲速则不达,不讲道理,也不讲效率!"可面对第74军这样的老王牌,他又有什么办法呢?只好耷拉着脑袋了。

这时我军其他部队也与日军第68、第116师团在牛鼻滩、鳌山、临澧一带激战,整个常德城四周和周围地区都是炮声隆隆,喊杀声惊天动地。

孙连仲虽身在硝烟之外,却时刻关注和指挥着战事的每一个进展,见第74军被日军攻击最猛,下令施中诚军长的第100军归王耀武指挥。这时其第19师已到达漆家河以南地区,军部及第63师在向桃源前进中,王耀武当即令施中诚率军部及第63师向漆家河以南太平桥附近集结待命,第63师的第188团留在德山,归第57师指挥。

当晚,第19师以一部占领漆家河桥头堡阵地。因为日军向我军主力左翼岩泊渡迂回,为争取外翼,诱敌深入而歼灭之,以策应常德方面的作战,孙连仲下令第19师占领九龙山、关龙坡、兰齐山、五凤山、天保山之线阻敌南下,俟第63师到达后,转移攻势;第51师占领杨林坳、仙娘庙、明月山、菖蒲垭、星德山、两汉口经燕子桥、七姑山,至马峰田(不含)之线;第58师占领马峰田至零阳山、岩泊渡之线,另由该师以有力一部由左翼羊角山向敌迂回。

21日拂晓,日军重兵攻击第51师的明月山、七姑山阵地,双方反复争夺四次,第151团第2营营长张集光在与敌冲杀时壮烈牺牲,第153团第3营营长周德民身负重伤不退,艺高胆大的他竟然在燕子桥附近还生擒了日军第 34 师团第 216 联队第 3 中队上等兵横田池夫等 6 人。

血战多时，第 51 师阵地无恙。

10 时左右，日军步骑兵 5000 多人，附炮数门，由洪家园迂回窜到枫球坪，分向陈家河、毛家坊、龙潭河附近进犯，他们竟然要袭击第 74 军司令部了，王耀武立即下令："军直属部队出击。"

军直属部队是王牌的王牌，一出击，就把这股鬼子打得屁滚尿流，仓皇逃去。这股残敌先是窜到龙潭河，接着分别向两河口、杨雀垭进犯，军直属队撵着他们打，入夜才罢休。

21 日晨，2000 余日军由漆家河、华岩河间渡河，向第 19 师右翼攻击，到处乱打乱冲，战至中午时，双方均有不少伤亡。王耀武下令该师左翼延至新铺，但由于日军攻击猛烈，第 55 团伤亡较重，随后，第 56、第 57 两团接上去，与鬼子对打，第 55 团快速地向后集结。

22 日晨，日军主力向燕子桥、雷雨垭进攻，并钻隙向第 51 师的七姑山阵地突击。这股日军见大炮和飞机协同猛攻效果不大，搞起了小动作，在乱攻中暗中使劲放毒气。这毒气不仅使人咳嗽、流泪，还使人发晕，我军官兵一晕倒，鬼子叫着冲上来，使得第 51 师伤亡很大，并导致七姑山出现险情。周志道师长立即下令："预备队上！"

预备队一上来，先扔一阵手榴弹，接着就趁着爆炸声进行肉搏，杀到中午，将鬼子歼灭一部分，阵线才渐渐稳定下来。

这一日，太平桥方面的 1000 多日军向第 19 师左翼攻击，同时，2000 多日军突入九溪方面，第 19 师全线愈打愈烈。黄昏时分，1000 多鬼子分别向黄柏山、杨家庄迂回，两军混战一夜，第 19 师右翼受威胁过大，转移至黄柏山、汪家棚、罗汉寺、芭茅洲、新铺之线，与敌对战。施中诚军长电令第 63 师（欠第 188 团）向三旺坪、盘龙山、余家沟之线前进，联系第 19 师，以统一全军作战。

23 日，第 74 军和第 100 军各线部队与鬼子继续恶战，双方形成胶着。赤鹿理以为在混乱中可以浑水摸鱼，又从明月山方面抽调 1000 余人，经两水井绕攻第 51 师七姑山阵地，但还是被周志道发现并击溃。随后，因为鬼子的炮火太厉害，第 51 师主力缩小正面，退往杨林坳、仙姑庙、土地坳、余儿坳、七姑山一线。第 58 师一部在马峰田、零阳山与敌战斗，主力会同第 51 师一部继续向龙潭河之敌围攻。入夜，战斗更为激烈。

赤鹿理的第 13 师团也是日军最精锐的部队之一，装备精良，总是担当

主攻,是货真价实的日军王牌。王耀武的第 74 军是国民党军王牌,内战外战从来都是蒋介石的前锋,这样,两大王牌在常德城外对垒,鏖战了整整 8 个昼夜,几经激战,双方胜负难分,但阵地已是犬牙交错,难分你我了。

日军一个师团相当于一个军,第 74 军与第 13 师团实力相当,为了保持主动及有利态势,孙连仲电令王耀武:"以有力一部留置七姑山附近,主力占领黄柏山,经新铺、枫球坪至零阳山、岩泊渡之线,对东正面调整部署后,再行转移攻势。"

他为什么要做如此攻势转移呢?

原来,第六战区虽是新长官指挥,但坚持的还是老长官薛岳当初的"天炉"老战法,孙连仲是依葫芦画瓢,以常德城为当初的长沙城作为"炉心"进行诱敌,准备把鬼子诱至常德城下,然后各路大军迅速从四面赶来围而歼之。他令王耀武以一部留置在七姑山附近,其余主力占领黄柏山经新铺至岩泊渡一线,就是为了便于向常德转移攻势。

王耀武遵令调兵,将第 51 师一部留置七姑山,第 51 师、第 58 师和第 100 军主力渐渐从正面撤离。这样常德外围作战基本结束,战斗转向了第 57 师驻守的常德城。

血战 30 天,第 57 师 8000 多人只逃出 83 人

11 月 3 日,第 57 师主力进入常德既设阵地,在城外阵地与鬼子激战了七八日后,日军开始对城内外进行轮番轰炸。16 日,日军兵分三路向东、西、北城郊迫近。眼看中国军队主力"逃跑"了,这些鬼子毫无顾忌,也不顾隐蔽,肆无忌惮地向城下而来。第 74 军炮兵团配置第 57 师守城,团长金定洲一声令下,万弹齐发,瞬息之间,炮弹从天而降落,炸得骄横的日军前锋一倒就是一大片,顿时惊慌失措,第 57 师步兵也马上投入战斗,打得鬼子们狼奔豕突,纷纷倒地。

从这一日开始,日军天天组织攻击,但均被第 57 师击退。

日军飞机也加入攻击行列,狂轰滥炸,甚至比步兵还疯狂。21 日午后,敌机突然队形紊乱,守城官兵正在诧异间,只见我军十余架战斗机自高空俯冲而下,两架敌机突然尾巴冒着浓烟,直坠地面而来,"轰隆——"一架坠落在地上起火,另一架负伤低飞,嘶叫着掠过城内炮兵阵地,炮 9 连排长田

少猷手端轻机枪，对着它就是一梭子，结果这子弹竟然击中了敌机，接着它也坠地而炸，其他鬼子飞机吓得仓皇向北逃去。

守城官兵鏖战五日，第一次目睹自己空军的雄姿，欢呼之声四起。战后，余程万师长亲到炮9连嘉勉田少猷，当场宣布："田少猷晋升一级军衔，并报请军委会记功。"

自此一挫，日军空军大大收敛，不敢贸然向常德城出动了，但地面上鬼子的进攻有增无减，赤鹿理亲自来到了城外督战。11月24日，第57师常德城郊据点全部失守，余程万师长率领仅余的两千官兵，退守孤城，战斗愈趋艰难。

第57师师长余程万

第二日早晨，战斗突然沉寂下来了。田少猷从掩蔽体出来，在城墙上的观测所调好剪形镜焦距，转动镜头准备观察敌情时，突然"啪"的一声，日军狙击手的子弹正射穿他的头部。汪家骏排长"啊"的一声，急奔向前，田少猷倒在了他的怀里。他抱住田少猷滚下城墙时，田少猷已经瞑目长逝，年仅23岁。

由于我军主力已经转向常德城的一边，日军围住城墙进行猛攻，第57师守城官兵牺牲很大。

28日一早，天才麻麻亮，日军对小西门发起了新一轮的进攻。鬼子先用机枪向驻守在此的第7连阵地射击，接着，在火力掩护下猛扑，企图从这里突入城内。李超所在班的工事遭到破坏，班长武世锡等7人已先后牺牲，刘连长任命李超接任班长，战士们边打边哭喊着："为同胞们报仇！""和鬼子拼了！"在激战中，李超的左眼被弹壳炸伤，鲜血直流，其他几个弟兄也负了伤。鬼子哇哇乱叫着步步逼近，众人顾不上包扎，又是射击又是扔手榴弹，结果，这伙残兵竟然击毙鬼子100多人，打得没死的鬼子连滚带爬地退了回去。

日军在小西门连续发起四次冲锋，始终没能攻下一个缺口。当晚，赤鹿理把攻击的重点转移到了北门，下令连夜攻城，守军依靠城墙拼命抵抗。战斗紧急时，炊事兵恰好送饭到第一线，也主动用扁担绳索系着手榴弹往城下

扔。但战到最后，北门还是失守了，鬼子开始从这里进城。

第二日天亮后，日机又来轰炸，失守北门的官兵继续坚守在第一中学附近的几个据点和鬼子激战。余程万师长和陈墟云参谋长等人来到了独狮子巷，召集附近正在抢修工事的一百来个官兵训话。余师长手戴白手套，但全身上下都是泥灰，两眼发红，看样子已好几天没睡觉了，但精神尚好。他慷慨激昂地说："全体官兵们，现在我们虽伤亡很大，但鬼子伤亡更大，希望全体官兵继续奋战，为保卫常德誓与小鬼子血战到底！不成功便成仁，不当亡国奴！"

虽然"全体官兵"只有百把个人，简短的训话却激发了官兵们的斗志。这时从西门退守下来的李超等人负责在青阳阁修筑工事，突然，连指导员杨弟斌跑来，说："我命令你们班尽快把黄金台、百街口、小西门一直到设在兴街口中央银行的师指挥所的房屋都打通，并在每条街道口修筑一个掩体。"

"做什么？"李超问道。

"鬼子已从北门攻进来了。"

李超立即组织全班战士跑去修筑掩体和开辟道路，随后，他们又把黄金台附近商店的各种袋子都拿来装上土，堆成掩体。在丝瓜井修掩体时，李超和4个战士把附近糕点厂的一块大案板抬来，筑起一个机枪掩体。这时，师指挥所也派出一个排在兴街口抢修工事。上午，他们把各条街道的房屋都打通了，并且在每条街口处筑起了掩体。

下午，日军打到了百街口。在五官街，李超率领全班与五六个鬼子进行白刃战。双方开始是在街上打，随后一直打进附近的染织厂。李超的左眼已负伤，观察不便，从左边来的一个鬼子见有机可乘，一把将刺刀刺进他的左腿，战士孙宝祥眼明手快，"啪嗒"一枪把这个鬼子送去了阎罗殿。很快，他们三下五除二将其余的鬼子消灭了。

此时，余师长派来了一个姓汤的传令兵，说："师长命令全体官兵，不准临阵脱逃，誓死不当亡国奴，不成功便成仁！"说完，他又跑步向其他据点传达这一命令去了。

因腿部受伤，流血过多，李超不能走动了，担架队发现后，把他抬到百街口一间民房里进行包扎，然后又抬到隽新小学的一个教室里。天黑后，在六七个武装士兵的掩护下，担架队抬着30多个伤员，沿河堤向丹洲坪转移。就这样，李超离开了还在激烈巷战的常德城。

第57师在日军重兵压境之下，坚守常德10多日，援军被阻，牺牲惨重，官兵在余师长的激励下以一当十，困守孤城。战至 11 月底，城内终于粮尽弹竭了，可日军攻城更急，打到最后，不顾国际公法，对城内到处施放毒气，第 57 师饥饿疲惫的官兵中毒的不少，结果，全师或战死或中毒而亡，只剩下 500 余官兵了。

日军也发现守军越来越弱，派飞机投下"劝降书"。但这些由伪军和汉奸们精心写就的"劝降书"被官兵撕得粉碎，500 多名官兵说："宁死不能屈，与城共存亡！"

500 多名官兵中多数是炮兵团的。他们已取下了战炮的瞄准镜，撤下炮栓，拆卸炮身后进行掩埋，准备与敌肉搏。

12 月 2 日，东城也被突破了，敌我逐屋逐堡争夺，常德城已成一片火海。由于日军兵力多于守军十多倍，500 多人怎么也抵抗不住鬼子大部队。下午，小西门、大西门两道防线先后被突破，至此，第 57 师仅剩下兴街口的中央银行师部指挥所到笔架城一块狭小的阵地了。在粮尽弹绝的危急时刻，师长余程万果断地下令第 170 团柴意新团长："你率领炮兵团所余 200 人进行突围，迎接援军反攻！"

"师长你呢？"柴团长急忙问道。

"我率领收容整补的一个加强连与敌巷战。"

"这……这……怎么行！"柴团长大声地说，"师长身系全师安危，必须突围寻援，由我坚守城池迎接师长反攻。"

余程万还想说什么，但柴团长已挥枪跃出战壕，跑去指挥战斗了。

他不怕死，余程万也不怕死，没有走人，继续在城内进行巷战。

余程万坚持不走人的目的，就是要充当"磨心"，纠缠着鬼子，以便大军从四面八方向常德城围攻而来。半夜时分，陈参谋长说："师座，我们突围吧！"

"我们的作用是充当'磨心'，拖住鬼子！"

"官兵越战越少，日军几乎控制了全城，我们就是再抵抗下去，也没什么意义了。"

眼看已起不了"磨心"作用了，余程万决定突围。

12 月 3 日凌晨两点钟，全师的主要指挥官在笔架城下的一间民房里召开紧急会议。

这时，外面下着毛毛细雨，什么也看不清，柴意新团长率领第 170 团残部还在同日军激战，余师长和其他团长在里屋开会紧急商讨如何办。过了半

个多小时,又是一阵猛烈的枪炮声、喊杀声,外面的哨兵进来说:"孔庙失守了。"

会议随即结束,余程万师长先出来,后面跟着出来的是团长们。军炮兵团团长金定洲出来后,对在外屋等候着的随行副官李凤林说:"会议决定突围出去。我们回炮兵指挥所,把留在那里的人带出去。"

"孔庙被日军占领了,无法通过。"

金团长犹豫了一下,说:"那我们就跟着走吧。"

两人跟上去,余程万他们已登梯越过了城墙,城墙内立即起哄了。原来,在城墙附近隐蔽着不少的人,都是师部的勤杂人员和伤病员,正在等待长官们的消息,突然眼看师部长官们翻城越墙而出,立即喊道:"我们也要出去!我们也要走啊!"

可长官们哪里顾得及这些小兵们?越墙下去,就没有踪影了,矫健的身影比兔子还快。金定洲没有梯子,副官李凤林爬上城墙,喊着:"来啊!这里!"再把他拉了上去。接着,李副官又先跳下去,在下面接应金团长。

可他下去后,还没站稳脚跟,金团长急着就顺城墙往下溜,把李凤林撞了个跟斗。他急忙爬起,搀扶着金团长拼命向河边跑去。

这时,余程万等人坐的船已像箭一般离岸了,金定洲和副官两人正好赶上一位带马弁的长官的船。在小船离岸的那一瞬间,金团长跳上了船。在岸上的十几个人见状纷纷跳下水,往小船游去,大家很快抓住了小木船。由于船小人多,小船已失去重心,往一边倒,眼看就要翻船了,船上的人也乱作一团。这时,那位长官的卫士"智慧"来了,挥起日本指挥刀,"咔、咔、咔"地向船边砍去,当即有人被砍断了手,沉下水去了。有的在哀求:"我是师部×××副官,让我上去!""我是师部××军需!"可是此刻什么官衔也不管用了,卫士的指挥刀还是不断地向一只只抓住船边的手砍去,被砍中的一个个哭骂着,惨叫着,沉下了水。

卫士大开杀戒,船上的这位长官熟视无睹,不做一声,好像此事完全与己无关,卫士砍得更凶了。砍到李凤林的头上时,金团长急忙抓住他的手,说:"他是我带来的副官,请让他上来!"

卫士这才收起了指挥刀,金团长急忙抓住李凤林的手,拼命把他往上拉,浑身湿透的李凤林有气无力地爬上了船,已是惊魂未定,全身直哆嗦。

这时船上只有10来个人,没有桨,于是众人用木板代替,乘着强劲的东北风,拼命地往河对岸划去,长官也加入了划桨之列,并且还轻轻地喊起了号子:"一、二、三,一、二、三……"众人和着节奏,一桨一桨地用力划着。

小船过了江心,缓缓在南站西侧靠了岸。一上岸,刚才还"同生共死"划船的众人立即做鸟兽散了。

好在这一带的地形,金团长和李副官都非常熟悉,两人沿着河洲上的棉花地一直往花园坑走去。逃出城墙时,是李副官架着金团长,现在换成了金团长架着湿漉漉的李副官,一路上李凤林还一个劲地喊:"冷,冷。"

"不冷,不冷。"金团长劝慰着,"你被刚才卫士吓虚胆了,现在安全了,好啦好啦!"

这样,李凤林被搀扶着跑了好大一截路程才渐渐稳住了神。

两人到达花园坑后,天已麻麻亮。他们从老乡那里打听到裴家码头的日军已走,于是又经裴家码头到了丁家港,再从丁家港走小路找到了第44军驻地甘潭。第二天清早出发,到了新甸驿后,住在该团吴军需的家里。李副官跑到附近的邮电所给驻官庄的团部打了电话,第二天,团部派来十多匹马,下午,他们一起回到了团部驻地。

一回团部,金团长就问:"他们回来了吗?"

"谁?其他人不是和团长在一起吗?"

"糟了,完了!"金团长直跺脚。

这时他才了解到军直属炮兵团配合第57师作战的炮兵3个营及团直辖高射机枪连共近千人,除了他和李副官突围出来外,没有一个人回到团部。之后,7个被日军俘虏的士兵逃跑回来了,全团共9人活了下来,其余全都牺牲在城内了。

就在余程万等人出城后,第二日,常德城失陷,柴团长以下城内官兵无一生还,也无一人为日军俘获,全部战死。

余程万带领全师8000余官兵抱着"与城共存亡"、"宁战死不投降"的决心守城,其中,5700名官兵战死,2000多名负伤,至12月3日常德城陷于日军之手时,全师8000多人只逃出区区83人。

第10军三天遭遇战,丢了两个师

在常德城内的守军就要崩溃的前夜——12月2日夜,薛岳第九战区的欧

震军长率第58军急急赶到了常德以南地区。3日，第99军也赶到了汉寿县。

原来，在常德战况最紧急时，军委会命令第九战区向常德派遣援兵，薛岳除留第99军防守洞庭湖外，令第10军、第58军、第72军3个军和暂编第54师开赴沅水两岸，援救常德，并且参加城下的围歼大战。

谁知这第10军赶去围歼日军，竟然马失前蹄。

12月2日夜，由驻地衡山出发的第10军，经过四天的急行军，在军长方先觉的率领下，3个师和军部到达了兴隆街一带。

方先觉了解敌情，获知日军第3师团和第68师团一路由津市、临澧，一路由安乡方面向常德进攻，主力在安乡，先头部队已进至厂窖附近。为此，他认为日军有可能由牛鼻滩方面渡过沅水，先第10军占领德山高地，为了阻击日军南侵并策应常德守军，他决定先行占领德山，于是下令："即以第3师为右纵队，向德山前进，任务是占领德山；以预备第10师为左纵队，向南站、德山一线前进；第190师为军预备队，集结于牛路汰以北地区，军部驻兴隆街指挥作战。"

这时预备第10师师长孙明瑾率部已到达兴隆街以北某地，距宿营地尚有5公里左右的路程，天已黄昏，一架敌机在部队上空盘旋良久，既没投弹，也没俯冲扫射，跟着他们走了好长的路程才飞走。预10师到达宿营地后，孙明瑾接到军部让其担任军左纵队并"应于3日拂晓向德山前进"的命令，他立即找来参谋长何竹本等人研究前进方案。

何参谋长一看命令，就说："四周都是鬼子，我们明日白天行军可能与敌遭遇呀。"

孙明瑾果断地说："既然这样，那就防范于未然，凌晨出发！"

"好的。"何参谋长说，"那就以第28团为先头部队，第29团在第28团左翼，师部和师直属部队随第28团之后，第30团则在

中国军队突入常德城，与守敌展开巷战

师左侧后跟进。师座没有意见的话，我就下达命令。"

孙明瑾表示没什么意见。

结果，全师不顾疲劳，在凌晨3时许就开始出发，向德山前进。

但是，上路之后，师部和直属部队的行军路线上有一段是小丛林地带，道路狭窄，搜索、瞭望都很困难。上午8时左右，师部行至上阻山附近山隘时，突然四周枪声大作，师部和直属部队遭到了日军的伏击！

枪声一响，官兵非死即伤。

因为地形狭窄，随后的直属部队无法展开，一派混乱，官兵各自脱离阵地，四处乱窜。孙师长立即下令："部队掩护师野战医院伤员和医护人员向山上转移。"

师参谋主任陈飞龙说："部队全散了，还是请师长突围吧。"

孙明瑾说："这个时候我岂能一走了之？"他话音未落，日军已冲上来了，他转身夺过一挺机枪，就"哒哒哒"地对着鬼子扫射，但鬼子不顾伤亡冲了上来，孙明瑾的卫队马上和鬼子展开白刃战。

"师座，快走！"卫兵喊道。

谁知孙明瑾不仅没跑，反而持枪杀入敌阵，也同鬼子展开白刃战。两名卫士紧随在他左右，与鬼子兵展开肉搏战。这孙明瑾是黄埔六期生，是从排长一步步干起来的，当过军官队队长，刺杀动作娴熟，这一白刃拼杀起来，他接连刺死6名鬼子。鬼子见遇着了刺杀高手，又见他身着将官军装，纷纷赶过来将他围住。孙明瑾又刺倒两名鬼子，鬼子还是近不了他的身子。这时躲在树丛后的两个鬼子见状，抄起机枪对准他就是一阵狂射。孙师长猝不及防，颈部、胸部、腰部和手臂连中五弹，顿时血如泉涌，浸透征衣。一名卫士扑向师长，用身体挡住机枪弹，另一名卫士迅速拔出驳壳枪连开两枪，击毙这两名鬼子机枪手，然后上前救护，要抬孙师长突围。

孙明瑾手扶卫士，眼睛圆瞪，忍痛大声疾呼："中华儿女要壮烈，不畏死，不贪生，牺牲生命，救国救民，努力杀敌！努力杀敌！！"但这时他已不行了，这一喊已是用尽了力气，流血更多，奄奄一息的他对卫士说："贯彻命令，达成任务！"语终气绝，壮烈殉国。

在乱军肉搏中，师参谋主任陈飞龙也被鬼子刺中，倒地壮烈殉国。在混乱之中，官兵惊悉师长和参谋主任阵亡，无不悲痛万分，立即反转身来，操起兵器奋起杀敌。何竹本渐渐把士兵们聚集起来，并且领着他们继续往外冲锋，企图突出鬼子的伏击圈，但一颗子弹飞来，他也身负重伤倒在地上，随

后被鬼子俘虏。

在乱战中,其余幕僚人员也伤亡甚多。副师长兼政治部主任李拔夫在师部后尾行进,只身逃脱出包围圈。

为什么孙明瑾竟然掉进了鬼子的埋伏圈呢?

原来上一日他们行军在兴隆街以北地区时,盘旋在上空的敌机就是鬼子的侦察机,它跟着他们侦知了预10师的宿营地点和行军方向、路线,随后,日军在黄昏后派出重兵进入丛林地带设伏。孙明瑾原为第九战区副参谋长兼军官队队长,实地作战经验较少,竟忽视了敌机侦察的情况,出发后,对部队要经过的复杂丛林地带,也疏忽大意,没派出警戒进行搜索,因此行进不到15公里就掉进了伏击圈。

在师部和直属队遭到伏击时,前卫第28团也在放羊坪附近被日军卡住,激战两个小时,团长葛先才负重伤,官兵阵亡甚众,该团残部且战且退。左翼的第29团尚未展开,就遭到日军侧击,官兵被冲散。第30团在师部的左侧,听到师长阵亡后,团长吓得马上就撤兵退走了。

李拔夫副师长逃回到兴隆街时,已是黄昏了,军部已离开了兴隆街,他只好住在第3师里。

第3师与预10师兵力相等,也是军先头部队,在预10师的右翼,它比预10师先一日到达三堂街。他们也是在3日早晨出发,向德山前进的。在行进中,师长周庆祥本估计自己可以抢占到德山高地,谁知到了德山附近时,却发现日军已先一日占领了德山。午后,周庆祥下令第3师展开,攻夺德山。经过激战,突破了敌人阵地,占领了一处高地,但伤亡甚众,接下来,仗是越打越烂。

这时预10师已被阻于上爿山、放羊坪一带,方先觉军长急命第190师师长朱岳以一部增援预10师,以一部增援正在危难之中的第3师。

谁知这朱岳率第190师到达牛路汰时,突然又接到战区司令长官薛岳的电令,要他准备协助第10军右翼的友军暂编第54师作战。两相权衡,结果,这朱岳没执行军长方先觉的命令,而选择听从大司令薛岳的命令了,于是按兵不动,准备协助暂编第54师。

这一按兵不动,直接导致中了埋伏的预10师和正在激战之中的第3师几乎全部完蛋。

周庆祥正在德山激战,突然得知常德城的余程万部伤亡殆尽,他本人已乘一小木船遁走,眼看第190师援兵迟迟不到,脑瓜子一贯灵光的他马上认为自己有孤军被日军包围的危险，脸色大变，带着参谋长、副师长及卫士十余人冲出德山，乘船往太子庙方向而去了。

他们一走，第3师各团残余部队被撂在德山一带，群龙无首，更是被日军冲得七零八落，激战到深夜，枪炮声仍不绝于耳。李拔夫刚从预10师的伏击圈里惊慌逃出，没料到又进入了第3师另一个生死之地，见枪炮声越打越近，立即也趁月色往沧水铺退走了。

次日上午，他到达了沧水铺，这时才见预10师官兵陆续从前线蓬头垢面地退下来，于是就地收容伤病士兵，准备前去益阳桃花江集合。

经过两天多的时间，他不仅收容了预10师的700多名官兵，还收容了不少第3师的官兵。

周庆祥等人逃走后，方先觉军长得知两个师被打垮了，亲自跑去第190师，率领一部分兵力及军直属部队增援第3师，将该师残部重新部署，准备再攻德山，参加常德城下的"围歼大战"。

可是由于援军没及时赶到，余程万已把常德城丢掉了。孙连仲在常德城对日军"围而歼之"的计划完全砸锅了，这"天炉聚歼"还能实施下去吗？日军占领常德城后，内部却发生了争论，主要是对下一步到底如何办发生分歧。日军派遣军总部主张日军保持住常德，再去打通粤汉路；而华中派遣军司令官畑俊六等人认为如果继续再打下去，日军就可能陷入长沙会战时被中国军队围歼的危险，力主退兵。双方争执不下，派遣军总参谋长松井于是亲自从南京乘飞机前往观音寺视察，经过一番实地考察后，他认为此次常德作战的中国军队防备坚固，日方损失甚多，参战总兵力5万余众，因伤亡、患病、接收新兵等，减员1万，需要恢复战力。这样，日军总部同意了畑俊六的撤兵主张，于是下令放弃已占领的常德城。

7日，日军已开始主动撤退。

这时周庆祥回到了第3师，与军部会合，并重整部队。

10日，方先觉来到桃花江，预10师高级将领中仅存的"独苗"——李拔夫赶紧去见他。方先觉一见到他，就破口大骂，说："这次战败完全是两岳混蛋，朱岳不听指挥，薛岳直接指挥第190师，我要枪毙朱岳！"

骂完之后，他询问了李拔夫的收容情况后，派他代理预10师师长，在桃花江整训部队。常德会战中，第74军激战一个多月才损失一个师，而第10军区区两三天就丢掉了两个师，这让重庆统帅部恼火不已。

第58军驰援,日军退出常德

在第10军大败、方先觉收容残兵败将的时候,12月9日,驰援常德的另一支援军——第58军先遣部队进入了常德城东南街。

作为援军,第58军还没赶到常德城,常德城就失守了。薛岳获知常德城失陷后,立即下令自己的部队进行反攻,其中以第58军为主攻军、第10军为左翼军、第73军为预备军。当第10军在左翼遭到围击时,5日凌晨,第58军却向沅江南岸之敌全面发起了猛攻。

日军拼命抵抗,双方血战至8日午夜,欧震军长亲临前线指挥,官兵前仆后继进行攻击,日军终于支撑不住了,主力开始渡沅江北退。

遥控指挥的薛岳立即下令:"以步炮密集火力猛射。"

9日拂晓,第58军以全部炮兵掩护新编第11师、新编第10师由德山强渡沅江,猛扑常德城外围之敌。各师将士奋勇突入常德城,与守敌展开巷战。城内的日军由于伤亡惨重,不得不狼狈北溃。新编第11师当即占领阵地,新编第10师追歼北溃之敌。11日,常德遂告由第58军完全收复。

日军在澧水一线停留一个星期后,12月18日,各部队接到派遣军总部正式撤退的命令,开始返回行动,中国军队各路大军开始猛追猛赶。

日军虽然是撤退,但兽性不改,在溃逃路上胡作非为,见房子就放火烧,进村煮饭,不用柴火,烧老百姓家里的桌椅板凳,见到猪牛,不吃也要杀死。一进村,就叫喊:"花姑娘的有?"一次,一个村子恰好有一农夫家妻子病重,没来得及躲藏,丈夫只得在房内陪侍。一鬼子进房来,见着病妇就要进行奸污,

日军在常德城内惶恐地摸索着匍匐前进

丈夫见状，愤怒之极，操起柴刀，狠狠地将他乱刀砍死。随后，两名鬼子来寻同伙，见着尸体，将那丈夫倒挂在茅屋的房梁上，活活吊死，然后又来强奸病妇。病妇拼命抵抗，咬伤了鬼子的脸。鬼子凶相毕露，将病妇拖出茅屋，全身捆绑起来，用军刀砍断路旁一棵小松树，留出地面一尺多，上端削尖，从病妇下部插入肚腹致死。之后，这几个鬼子还不罢休，又抓住同村的几个老百姓，用粗铁丝穿透脚踝，倒挂在树上吊死。

在途经龙凤垭时，一伙日兵从一农妇家牵出一条黄牛，用刀在后大腿部割下一大块肉，就扔到锅里煮着吃。鬼子吃肉时，牛在一旁痛极狂叫，农妇见状不忍心，想用刀将牛放血，让它快点死掉。鬼子却硬是不准，农妇于是破口骂，日兵发怒了，取刀在农妇腿部也割下一块肉，听着人叫牛叫，狂笑鼓掌。当晚，中国军队追击而来，收复龙凤垭，这个农妇还活着。目睹鬼子的暴行，官兵同仇敌忾，更激发了杀敌的情绪。

12月21日，中国军队先后收复南县、安乡、津市、五家厂、枝江、洋溪。23日至25日，分别到达松滋、公安。26日，恢复了常德会战前的原态势。

捷报一传，全国一派欢腾，各地的群众、团体纷纷组织慰劳团，由政府人员领着前往常德慰问，盟国驻华大使馆武官、中外记者也驰至常德，参观战俘及战利品，欢庆胜利之声洋溢战地。

这一日，余程万师长正在和第58军军长欧震等人一起痛饮"庆功酒"，突然两位宪兵走到跟前问道："请问你是余程万师长吗？"

"是的，你是……"

"我们是重庆大本营的，请跟我们走一趟。"

就这样，余程万被宪兵带到了重庆，结果，被军事法庭以"不战而逃"罪名判处死刑。

余程万系黄埔军校毕业生，五短身材，精明干练，不摆架子。他身为

中国军队抓获的日军战俘

少将师长,不像其他国民党军将领,天天坐在司令部里打麻将,或者躲在家里陪姨太太,而是经常深入民间,了解民情,接近老百姓。他率部驻守常德半年中,军纪严明,不强买强卖,还派兵为农民收割稻谷。去帮助农忙时,官兵自带炊具、粮菜,自煮中饭,拒绝招待,拒收报酬,因此,余程万在常德老百姓中留下了较好的口碑。在这次守城战中,第57师孤军作战,与数倍于己的敌军坚持苦战了30天,在迟迟未见援军到来,濒临粮尽弹绝、四面包围的情况下才进行突围。可以说,守常德,余程万是尽到了最大的努力。眼看这样"爱民"和抗战的将领反被政府当局判处了死刑,消息一出,常德县长带头联名具保,常德籍的"国大代表"也纷纷上书蒋介石,要求保释。

与此同时,第74军军长王耀武也接受以前不救部下被下级军官诟病的教训,带着一批人马四处活动,最后,营救行动终于见效了。

重庆的军令部组织了一个战地考察团,带着一大批中外记者,来到了常德战场进行视察。根据实地弹痕、战斗遗迹以及第57师的伤亡情况,考察团在经过"综合研究"后,认为余程万保卫常德城是尽了最大的努力,确已到了弹尽援绝、无兵可守、无地可退的境地,始退出常德的。中外记者则一致称赞余程万死守30日,予日军很大杀伤。事后,蒋介石对余程万擅自撤离一事"没有追究",只判处了他三年有期徒刑。

余程万被抓走后,第10军因为损失惨重,军长方先觉也被战区司令长官薛岳调职。

因为薛岳认为第10军作战不力,且不听指挥,未能完成策应守城部队的任务。方先觉被宣布调职后,由方日天接任第10军军长。眼看第10军也被"清算",老上级李玉堂马上在重庆开始活动。他首先将第10军参加常德会战的"实际情况"报告顾祝同,请他向蒋介石说情,同时第10军全体将官也联名通电请求军委会保留方先觉原职,方日天见此情况,迟迟不去到差,一拖就是两个多月,还是没有到岗。

这时,方先觉本人亲自来到重庆,当面向蒋介石请罪。方先觉虽是黄埔军校三期肄业生,但见着蒋介石就喊"校长",这"校长,校长"一喊,怪亲热的,蒋介石的气顿时就消了一大半,心也马上软了,处分一事就搁下了。

不久,适逢日军发动豫中会战,且有第四次进攻长沙之势,蒋介石遂令方先觉率部驻防衡山,担负守卫长沙的任务。方先觉临行前,他还特送"学生"一匾,上面题词"忠义表天地"。12月10日,方先觉晋升为陆军少将,并于同月27日正式接任第10军中将军长。

第十五章 四战长沙：参谋长被薛岳架空

人心隔肚皮：
大战前上下不和

自1942年春，第三次长沙会战日军大败之后，其他地方炮声隆隆，而在第九战区当面的日军却悄无大的动静，好像被薛岳一战削了元气，永远恢复不过来了。

然而，他们当面不打，却跑去别处打。在两年多的时间里，先后抽兵去参加鄂西会战、常德会战。薛岳与横山勇斗法，但横山勇却与薛岳没有在正面发起大战，第九战区竟然没有战事。

尽管战区无战事，但第九战区参谋长吴逸志却没松懈下来，一直谋思着如何去"破敌"。1943年秋，他突发奇想，叫参谋处第一科科长林方策根据他的想法，代他起草了一封远在大洋彼岸的美国总统罗斯福的建议信。在信中，他除强调亚洲战场的重要性外，还设计了一个加强亚洲作战的方案。林科长写完后，他亲自誊抄，请自己在外交部工作的襟兄转给"罗大总统"。嗨，这罗大总统竟然还真收到了，阅后并亲自复电嘉许吴逸志，说他已把"那个文件"交美参谋机构研究了。这拍马屁拍中了！吴逸志大喜，立即将这事的前后经过打电报报告给在重庆的蒋介石。他估计若美国加强亚洲作战，肯定于中国有利，老蒋见到此电一定也会嘉许他，甚至给他封官晋级。可他万万没料到的是，蒋介石一阅此电，恼怒一个小小的战区参谋长竟然越级把信写到美国总统那里去了，对这种"目无组织"的做法大为光火，不仅没嘉许吴逸志，反而批示"免职，交军法执行总监部法办"。

军法执行总监何成濬执行老蒋的命令从不过夜，当即发电给第九战区，让吴逸志到重庆去军法执行总监部报到。去军法执行总监部可是好事？不是

贪污腐败，就是打了败仗，再不然，就是干了其他十恶不赦的坏事。吴逸志虽不知自己到底犯了啥事儿，却明白去那"报到"肯定没好事儿，因此不敢去，慌忙去找战区司令长官薛岳。

经薛岳出面，这才弄清到底是咋回事。这吴逸志绞尽脑汁拍马溜须，却拍到驴蹄子上，这次终于要倒霉了，哀求薛岳帮忙。薛岳也觉得吴逸志这提建议虽有些不妥，但也不至于"军法处置"，于是打电话给何成濬问道："像吴逸志这样的情况，到底触犯了哪一条军法？"

"这个……这个……"搞了一辈子军法研究的何总监也说不清楚，支支吾吾地说，"委座批示要'法办'。"

"搞不清楚犯了哪条军法，如何法办？"

最后，经过薛岳的说情，吴逸志终于没有被"法办"，只是被免职走人了事。

吴逸志走了，第九战区的参谋长却一时也不能缺，薛岳于是保荐参谋处处长赵子立升任。

谁知撞上这可遇不可求的升官发财的美事，赵子立却一点儿都不领情。原来薛司令此举大公无私，但这赵子立却始终没忘记共事这些年来两人之间的那些磕磕碰碰。第一次长沙战役后，薛岳突然将长官部副官处处长赵复汉、军务处处长贺执圭降为第九战区干部训练团总务处处长和教育处处长，赵子立因与赵复汉感情甚好，不满此事，立即表示要和他们同进退，向薛岳请求辞职，但他此举没有获得薛岳的准允。这事之后，赵子立在心里就对薛长官没好感了。第二次长沙战役时，在作战中，他与薛岳对于作战部署意见不合，几次跑去唐公馆"进谏"，都被薛岳拒绝，战后他第二次提出辞职，大有"竖子不足与谋"之势。而薛岳呢，不采纳他的"进谏"，倒是喜欢上了他这难得的直言品质，暗地对人说："兼听则明啊。现在无论是政府还是军界，都没人敢于说直话，像赵子立这样敢于进言的人真是不可多得。"还是没准允他的辞职。赵子立辞职一次，长官不准一次，并不知薛岳的真正想法，反以为他生性喜欢为难人，因此越发生怨。第三次长沙战役后，时任国民政府国防研究院副主任的杜建提名赵子立为国防研究院委员兼研究员，要调他去重庆，薛岳还是不准，说："第九战区人手本来就不够，还把赵子立调走，第九战区就交给你们国防研究院算啦！"他不放人，赵子立于是托病请假，干脆住进了长沙湘雅医院，以示自己坚决辞职之心。薛岳还是没准他走人，并给他晋升为中将，使得这赵子立成为黄埔同期同学中最先提升为中将的。

赵子立四次辞职，薛岳四次留住，且是长官让步。这次吴逸志去职后，

日军重兵进犯第九战区

他又保赵子立任参谋长，就是顽石，也会被这份诚意感动了。但赵子立却不这样认为，反觉得这样一来，以后自己的去留全在薛岳的掌握之中，完全被关进他的鸟笼子里了。因此，他对薛岳提升自己为战区参谋长，不仅不感恩，反而更加沮丧，怨言更多了。

这时已进入1944年春了，前线终于在寂静之中出现了新的情况。日军首先是在平汉路南段、粤汉路北段和长江航路上运输频繁，军车大增。接着，在第九战区的赣北方面，乃至长江中下游、南北两岸沦陷区，大量抓夫，且在湘北戒严，不准中国人通行。第九战区参谋处处长林方策向薛岳报告："鬼子可能要进犯第九战区了。"

谁知这薛岳死活不相信，说："我三次长沙会战已把小鬼子打怕了，他们哪里还有胆量再犯！"

之后，参谋处又综合各方情况做了一个敌情判断，认为"日军要攻长沙"。新任参谋长赵子立亲自签给薛岳，可薛长官还是不相信，说："哪有这回事的！"

日军很快就要发起进攻了，薛大司令如此执拗地不相信，怎么办呢？赵子立真是又气又急，只能另想办法找其他途径上报重庆去。可是，薛岳对内部控制甚严。每当作战中，重庆军令部的参谋来电话询问战况，参谋回答电话时，他如果听见不合他心意的话就大发脾气，而参谋们如何能回答得如此合他的心意呢？后来薛岳只好规定：无论谁和军令部通电话，都得按他判断的情报和战报回答。薛岳对部下控制这么严格，完全如蒋介石不准吴逸志"乱来"一般，并且还防范于未然，布置耳目对手下进行监视。赵子立因已是参谋长了，与薛岳同住在同一幢"将军楼"，平时一起办公一起生活，前后左右随时都是薛的耳目。此刻他不得不去走吴逸志的"越级"上报老路,却一不能向重庆打电报,二不能打电话,心急如焚。

正在他苦闷时,事情恰恰凑巧有了转机,新到长沙的战区副司令长官王缵绪要到重庆去。王副司令虽然任新职没几天,但他是前清秀才,在做集团军司令官时,赵子立就常把自己写的那些诗、词、曲送给他请他指教,因此两人早就是很谈得来的"文人知己"。于是,赵子立决定与他说说心里话,请他将战情转告重庆军委会。

当王副司令长官向赵参谋长辞行时,赵子立说:"日军正向湘北集中兵力,我判断这次日军集中的兵力,较之第一、二、三次长沙会战要大得多,可能要打通湘桂与越南的交通。但薛长官硬是不相信,说:'自第三次长沙战役以后,敌人不敢再攻长沙了。'这样要误大事!你到重庆恳切地向委员长报告,并对军令部说,要赶快计划这次的作战,要充分预备兵力,在衡阳决战。"

王缵绪满口答应了。

可王缵绪走了以后,赵子立既怕王副司令贵人多忘事,又怕他对这事儿到时又讲不清,耽搁事情,便另辟途径,将自己对王缵绪说的话示意给军统局驻湖南省的负责人金远询,让他电军统局转报蒋介石。

这番"曲折救国"折腾下来,赵子立真被弄得身心疲惫,心中却还是没底儿。

薛岳死活不相信日军会进攻长沙,赵子立的判断却没有错儿。日军不仅在湘北一带调动频繁,还从关东、华北及滨海地区抽调兵力,集中在崇阳、岳阳、华容一带。横山勇最初将兵力分为两线,计第一线5个师团,并列展开在华容—岳阳南方—崇阳之线,其第40师团展开于湘江以西,第116、第68、第3、第13等4个师团展开在湘江以东;第二线3个师团,其第58师团集结于监利,第34师团集结于蒲圻西南,第27师团集结在崇阳附近,大军进犯,确实意在长沙。

日军为什么在停息这么久之后突然要攻取长沙呢?

原来自盟军在太平洋战场发动反攻以后,进展迅速,日军大本营感到海上交通线日趋危殆,企图打开中国大陆交通线,以保持其与印度支那半岛的陆上联络,因此决定发动长(沙)衡(阳)会战,以沟通粤汉路,打通大陆交通线。

5月下旬,日军开始行动起来了,从新墙河北岸及通城一带向驻守在此的中国军队第44军、第20军正面发起了零星的进攻,许多小舰小艇在新墙河口扫雷，破坏守军封锁线，种种迹象表明日军要大打了。薛岳这才终于意识到日军可能要开战了，但还是说："敌人兵力不大，进展不快，没啥！"

赵子立忍住悲愤之气建议说："新墙河战斗就要开始了，是决定长沙会战整个部署的时候了。"

于是，第九战区开始酝酿作战部署。

谁知薛岳一直向人吹嘘前三次长沙战役的战果如何如何，别的人如赵子立等人就不相信，冷眼视之，而薛岳越吹自己越深信不疑，因此认定"日军于三战之余，不敢再问津长沙"。现在日军陈兵湘北，大战迫在眉睫，他的预言破灭了，他又起了"守株待兔"的念头，认为第三次长沙战役他用"天炉战法"把日军打败了，这次鬼子来犯，如法炮制，一定也能马到成功。因此，在商量迎敌之时，他坚决要参谋处照着第三次长沙战役的老样子，一成不变地部署在长沙外围与日军决战，可是参谋长赵子立却竭力主张在长沙以南的衡阳城以"天炉战法"决战。

薛岳认为在长沙决战就可达成"四战长沙"，坚决不同意赵子立在衡阳决战的设想。赵子立见胳膊扭不过大腿，不得不让步同意了。

两人好不容易达成了"共识"，接下来的首要问题，就是由谁来守长沙了。

这时第4军正驻在长沙、湘潭一带，第10军驻在衡山、衡阳，因此只能从这两军中挑选一个军做"磨心"。在赵子立看来，第10军已守过两次长沙城了，这次重任无疑得落在第4军的肩上了。可第4军属于粤军，与"广东仔"薛岳有着扯不清的关系。薛岳好几次对赵子立说："参谋长，让哪个部队来守长沙呢？第4军这个部队长于攻，而不善于守……"一个劲儿地"启发"赵子立说话。

赵子立却总是把头低下，装糊涂。为什么呢？早在1938年夏吴逸志就多次对他提醒过"……要知道第4军与伯公（薛岳）的关系，什么事情，不要等伯公自己说话……"这次"伯公"已经"自己说话"了，赵子立何尝不知道他是什么意思，但还是咬紧牙关，死不开口。

最后，薛岳没办法了，很不高兴地说："好吧！那就让第4军守长沙吧！"

赵子立死不开口，除了不准薛岳徇"私情"外，还有一个重要原因，就是以第4军去守长沙城，他算定是守不住的。到了它守不住的时候，薛岳为保全第4军就不得不接受他赵子立的移战衡阳的意见。这样长沙只是一个逐次抵抗的抵抗线，他赵大参谋长的衡阳决战思想仍可实现。

第4军守长沙的问题在长官部是决定了，于是战区参谋处开始下达作战命令。这个命令的内容完全是照第三次长沙战役的老样子排兵布阵，其要旨如下：

第4军（附战区直辖的炮工兵）守备长沙。

第27集团：（1）先以第20、第44军利用现阵地拒止敌人，继应确保外线，一面采取逐次抵抗，一面以第20军转移至平江及其东北地区，同时以第44军转移汨罗江南岸。（2）次以第37、第44、第20军守备临资口—湘阴—汨罗江南岸—平江东北线阵地，拒止敌人；继应确保外线，一面以右翼为轴采取逐次抵抗，一面以第37、第44军主力向平江东南地区转移，同时以一部潜伏于汨罗江、捞刀河地区。（3）而后待命以第20军向汨罗江以北攻击，断敌归路，以第44军、第37军向捞刀河以北长沙外围攻击。第30集团军以一部守备修水方面现阵地，以主力向社港市、相公市以东地区前进，待命沿捞刀河左岸向长沙东北攻击。第26军向浏阳前进，待命沿浏阳河右岸向长沙以东攻击。

第1集团军以第58军（附新编第3军一个师）向上栗市前进，待命沿浏阳河左岸向长沙东南攻击。

第10军向渌水南岸前进，待命向长沙以南攻击。

王耀武集团军向宁乡以西前进待命，向岳麓山外围攻击。

蒋介石与众将领研究战略

谁知薛岳的这个计划又与蒋介石的战略发生分歧。当各种情报汇集到蒋介石那里时，蒋介石曾亲自打电话给薛岳："日军是确凿要进攻长沙，你不得贻误。"蒋介石"洞察"到了战机，于是就插手战局。薛岳坚决要照前三次长沙会战的老样儿，一成不变地在长沙外围与日军决战。可蒋介石却要他到湘江以西决战，固守湘桂路与湘西，说不能让日军动摇西南大后方。薛岳一听就恼火，大后方大后方，就怕这陪都保不住！坚持不到湘江以西去，认为必须固守湘东南并在长沙城决战，不能让日军打通粤汉路与香港取得联系。

两人的目的完全不一样，一个要保大西南，一个要保粤汉路，谁也没说服谁。最后，薛岳"将在外君命有所不受"，暗中决定将第九战区长官部移驻湘东南位于湘赣边境的桂东，并开始调集各部到长沙地区集结，以实现他第四次决战长沙的主张。

蒋介石素知薛岳狂傲不羁，随后派副参谋总长白崇禧到桂林，指导即将发生的大会战。桂林本有行营主任李济深坐镇，蒋介石为啥不令他而派白崇禧呢？因为李已"左"倾了，与共产党有联系，所以派白崇禧去。薛岳对李济深的话倒听一半，此刻一听老对头白崇禧到了桂林，且要指导自己和第四、六、第七等战区作战，开口就骂，并嚷着要辞职。一次，他和白崇禧通电话后，怒容满面，口里骂着说："丢他妈！我就不去给广西看大门。不在湖南打，把部队都拉到广西——他家里去，可恶！"

在一旁的赵子立冷眼看着，心里估摸着发生了怎么一回事。原来，薛岳除将他辖下的所有兵力投入第四次长沙会战外，还想把驻在第九战区而直属军委会的战略部队第10军投入这次会战，结果被白崇禧竭力反对，因此大为光火。事后，薛岳告诉赵子立说："白崇禧要在湘桂边区或广西境内决战。"

"这一方案虽有缺点，但我看也有一定的理由。"赵子立说，"对攻者来说，像橡皮带子一样，拉得愈长，就愈薄弱，超过了极限，就要绷折，白长官的想法符合司令当初'后退决战'和'争取外线'的立案思想。"

薛岳却想得更远了，说："显然到广西境内与日军作战，白崇禧就大有得益。没那么容易的，我才不会做他的一粒卒子。"

这时赵子立说："鬼子在江南江北到处抓夫，水陆运输繁忙，其形势与前三次会战显然不同。这次兵力很大，仍在长沙照老样决战，到时敌人有打内线的，有打外线的，还有预备的，我们难以取胜啊。鬼子第三次战役吃了亏，必然要想好对策。第三次长沙会议时会外就有意见，说不能用一个'死架子'打人，我们不宜老用一个'死架子'打人。长官考虑，我们让鬼子再深入一段，时间宽裕些，请军委会多给我们一些兵力，改在衡阳与敌决战怎样？"

这赵子立还是要一味贯彻自己的想法，薛岳说："日军东拼西凑，不会有什么大的兵力。"一把就否了参谋长的意见。

第九战区在薛岳的"一言堂"霸权之下,赵子立就是参谋长,也没多大的发言权。此刻,他见薛岳还是老样子不纳忠言,上次会战"进谏"的心理阴影立即上来,于是干脆就不再"多说"了。

大战之前,第九战区无论是与上峰之间还是自己内部之中,一切争论都没有结果,众将的思想没有统一,这为以后的决战埋下了莫大的隐患。

薛岳开溜,岳麓山指挥所谁也不服谁

薛岳下达第4军守长沙的命令后,照例又叫战区长官部人员撤往耒阳,只留一部分参谋和通信人员在长沙组成指挥所,然后,将指挥所搬到了岳麓山,准备重温第三次长沙会战的旧梦。

然而,此时除薛岳外,谁都明白这次日军会吸取上次教训,用重兵下大力气攻城,长沙之战规模要比上次大得多,激烈得多。第27集团军副总司令欧震是前第4军军长,担心薛岳到时留他在长沙城内指挥第4军死守,暗中找到赵子立,说:"我不愿留在长沙城指挥第4军,你和长官商议,给我一个任务,离开长沙吧。"

赵子立本就是极其重私交的人,又是晚辈,于是和薛岳商议,让欧震去帮助第27集团军杨森指挥第26军、第37军、暂编第2军了。

薛岳与赵子立搬到岳麓山没有两天,终于看出大势不好了!湘北前线部队在战斗中发现日军进攻的兵力十分强大,长官部指挥所综合部队及情报人员的报告,已查明的日军师团及独立旅团番号达八九个之多,且还有没发现的,这个内部消息让不少与长沙会战有关的人员乃至家属大为惶恐。在耒阳的薛岳太太自然是知情人,着急了,不断地从耒阳打来电话,让薛岳离开长沙。

薛岳于是先提出了长官部指挥所转移的问题,对赵子立说:"将来长官部要移湘东指挥作战。"

赵参谋长说:"将来的战事,我看是要向西南发展,长官部移驻湘西才合适。"

薛岳带着气说:"我才不去给重庆守大门!"

"万一敌军……"赵子立提醒说。

"怕什么?大不了我到粤汉路以西去,让开日军进攻的箭头,必要时就上山拉游击队。"

两人就长官部指挥所的转移问题没有达成一致意见,不管如何,薛岳暗地已决定离开岳麓山去耒阳了。

5月15日晚,第九战区相继接到湘阴前线、滨湖督察站和重庆军委会发来的军事情报,说大量集结在湘北、通城、平江之敌,14日开始向南移动,这证实日军就要大举进犯了。当夜,薛岳在长沙城内召开军事会议。

会议开了一个通宵,决定了依照原计划部署重兵固守长沙、疏散长沙物资、长官司令部迁移驻地和组织前进指挥所等问题。

在会上,薛岳说:"为了势在必守,打一个比第三次会战时更漂亮的仗,除在外围用作侧击的部队不计外,正式决定由第4军担负守城任务。从18日起,限令3天之内,将长沙物资全部疏散完毕,百姓也不得留在城内,否则以奸细论处。为加强指挥机构,决定派参谋长赵子立随带特务营一个排,坐镇长沙,将炮兵第3旅组成第九战区炮兵指挥部,指挥官王若卿,参谋长陈宏樟,统一指挥长沙炮兵,集中运用炮兵火力协同第4军防守长沙。"

作出上述部署后,第二日,薛岳就要去耒阳了。赵子立送他走的时候,薛岳很客气地对赵子立说:"我先去后方,你在这里照料一下。"

赵子立认为他先去后方,过几天就会让自己如同前任参谋长吴逸志一样到后方去,到时薛岳亲自在长沙带兵指挥守城,听着他要自己"在这里照料一下"的话,反觉得他客气过头,事后也并没在意。

但赵子立还是忍不住建议说:"我们赶快把已发现的敌人番号报军委会,并说明战斗刚开始,敌人就用了这样大的兵力,一定还有后续部队,还是要多调部队,在衡阳决战好。"

薛岳不置可否,"唉唉"了两声就走了。

第三日,第九战区前进指挥所、第4军和炮兵指挥部三方在湖南大学内就兵力配备和步炮协同举行商讨会议。

综合各方情报,战区参谋长赵子立、炮兵指挥官王若卿和第4军军长张德能对敌情判断意见都是一致的,都认为日军这次进犯长沙会吸取第一、第二、第三次长沙会战时的教训,可能使用兵力比以前任何一次都强大,直接进攻长沙会有两个师团以上;敌人的主力过去三次都是从湘阴、浏阳方面过来的,这次改从河西岸进攻,直扑岳麓山亦完全有可能;而河西岸是湖沼地带,不能运用大兵团作战,可能性小,仍以湘阴、浏阳方面的可能性较大,河西岸会有佯攻。

三人对敌情判断一致,但对兵力配备则意见不一致,争论激烈。张德能

要死守长沙城,照原计划将兵力重点布置在城内,赵子立和王若卿则不同意把主力放在城内。

赵子立说:"主力应该摆在河西岸的岳麓山,为啥呢?岳麓山与长沙城隔湘江对峙,岳麓山地势高,长沙城地势低,守长沙城不守岳麓山,不利于我。如岳麓山失守,敌居高临下,长沙城必不可保。"

王若卿说得更是实在:"岳麓山是长沙的一部分,到时纵使长沙城失守,而保住了岳麓山,也不算长沙失守,上峰也不会过分追究我们的责任。"

可是,对这个万全之策,志大才疏的张德能只是坚持己见,说:"这是薛老板所指示的,长沙城失了,还有什么搞头,我是万万从不得!"

薛岳已走了,撂下赵子立、王若卿和张德能三人共同防守长沙。可是,论职位,以长官部参谋长赵子立为最高,但他年龄比较轻,黄埔六期,陆大九期;论资历,以炮兵指挥官王若卿为最老,王是保定军校第八期,与陈诚同期,同为炮兵科,当炮兵旅旅长很久,而炮兵又是以旅为最高;论实力,以军长张德能为最大,掌握了一军实力。三人都以为自己是长沙会战的主将,结果一开会却发现互不统属。此刻又谁都想做老大,而薛岳偏偏没有指定以谁为主。因此,一争论起来,三人始终无法将分歧意见统一起来,谁也指挥不了谁。

会议无果而散。

会后,炮兵方面,王若卿按自己的意见去部署。步兵方面,张德能也照自己的想法去部署,将第59、第102师两个步兵师布置在长沙城(河东岸),第90师一个师布置在岳麓山一带(河西岸),军部在河西岸的小望城坡。赵子立获知第4军守长沙的部署后,马上表示不同意,打电话给张德能说:"你得把第4军的主力调过岳麓山来。"

张军长不说话,赵参谋长又说:"你放心!岳麓山要是守不住,长沙城绝守不住。换言之,只要守住岳麓山,就是守住了长沙城。"

赵子立口气很坚决,张军长才不得不说实话了:"薛长官临走时有交代,部队仍归他指挥。你要想变更部署,那先打电话给他吧!"

赵子立一听这话,气得浑身哆嗦,立即向薛岳打电话,直接问道:"我在这里是否指挥第4军?"

薛岳却回答说:"你不要指挥它。"

赵子立说:"那我在此地干啥,要不我就回去吧?"

"不!——你在那里联络。"

长沙城内的中国军队做战前准备

赵大参谋长一听这话，再也忍不住了，怒气冲冲地说："联络，为啥不派联络参谋？要是看房子，为啥不派副官？"

那边薛长官无言以对，见对方说话难听，摔了电话机，赵大参谋长也摔了电话机。从此，两人不再直接通电话了。

事情突然弄成这样了，谁也事先没料想到。随即，薛岳果断地采取"应变措施"，先令中将高级参谋沈久诚办理参谋长的业务，接着把自己在岳麓山上指挥所的亲信、半亲信都调走。赵子立一看这情形，明白薛岳是要狠整自己了，干脆破罐子破摔，赌气地下令："岳麓山指挥所除留一个通信班、长官部特务团一排武装兵和我的随从士兵外，全都由高级参谋马良骥带回耒阳去。"

谁知这马良骥与赵参谋长是陆军大学十四期同学，回答说："我不走！"赵子立硬撵他走，他只好哭着带人走了。可上校参谋陈驭远和李副官说啥都不肯走，说："参谋长在哪儿，我们也跟随在哪儿！"赵子立撵他们不走，只好让他们留在岳麓山陪着自己了。

正当岳麓山指挥所的人纷纷去耒阳时，由军令部和美国首席顾问联合派在长沙担任陆空联络的一个美军上尉气呼呼地来找赵子立了，说："你们都走了，怎么不让我走？"

赵子立说："他们在此地没任务了，所以要走。你担任对空联络，现在长沙要作战了,正是你履行任务的时候,怎么能让你走呢?"

其实,这时敌机天天轰炸长沙,就是不见美军飞机前来助战。这赵大参谋长把自己的人全送走了,唯独留下这位美国军官,也大有对此不满之意。这上尉军官回去了,谁知当夜见指挥所已剩下没几人了,更是吓得又哭又嚷,再次来找赵子立,几乎是耍赖般地说:"你让我走,我也走;你不让我走,我也要走!"

其实他真的硬要走,赵子立也无可奈何,只好笑着说:"你走吧。"

于是他就走了。

岳麓山指挥所人几乎都走光了,赵子立的小太太也从耒阳打电话来了,抽泣着说:"前几天我问薛夫人:'长官回来了,一峰(赵子立字)怎么没有回来?'她说:'迟几天就回来。'昨天我又问她:'留岳麓山的人,大部分都回来了,一峰怎么还不回来?'她吞吞吐吐,不肯明说。我又说:'您对长官说让一峰回来吧!他又不是带兵的,老把他留在前方干吗?'这到底是怎么一回事?你啥时候回来?"

这薛岳听夫人的话跑了,他赵子立就不听夫人的话,不想跑?赵子立有三个老婆,平时最宠爱小太太。此刻听她这么一说,还抽泣着,赵子立的心已是隐隐地生疼,忍住气地说:"他们就把我留此地了,你们带着孩子离开耒阳,到桂林去住吧!"

这次亲人的关切,更使得赵子立对薛岳恨之入骨了,狠狠地说:"两人的决裂绝不可修复!"

以后,赵子立见自己既然指挥不动第4军,干脆一切由张德能自己去做主,而他呢,虽是战区参谋长——张德能的顶头上司,也只是高兴时给他当当参谋,不高兴时就冷眼看他歇菜。

他待在岳麓山上,对于战事,则一切任凭自己的心情了。

第4军守长沙,转眼之间城区成了孤岛

在长沙城负责"烧炉"的第4军是甲种军编制,辖3个师,其中,第59师是军基本队伍,张德能就是在该师由团长、副师长、师长而升任军长的;现任师长为林贤察,广东人,下辖第175团、第176团、第177团,战斗力较另两个师为强。第90师师长,本来重庆已下令由薛岳的亲二弟薛仲述接

任，因他已去印度受训，战事在即，只好提拔副师长陈侃升任，陈侃也是广东人，该师下辖第268团、第269团、第270团，也是军基本队伍。第102师师长陈伟光，贵州人，该师原系贵州地方军，抗战后由前任师长柏辉章率领，拨入该军编制，都是两日前接补的新兵，战斗力较弱。除了3个师之外，还有军直属炮兵、通信、工兵、搜索、特务5个营和辎重兵团。

军长张德能虽在赵子立前很牛气，其实，除了脾气大和官瘾大外，军事上并无什么大能力。他虽是薛岳的嫡系，官场也一直顺畅，但打仗的本事与前两次守长沙且屡受处分的李玉堂、方先觉等悍将远远不

百姓未撤离前的长沙城的景象

可比，因此，让他来守长沙城，完全是薛岳在赵子立逼迫之下不得不选择的一步险棋。

第三次长沙战役时，湘江两岸无情况，以一个军守长沙，兵力尚嫌少。这次日军在湘江的东西两岸同时进犯，仍以一个军守长沙和岳麓山，守备的兵力与阵地根本不相称。就岳麓山来说，北、东、南三面总共有十三四里，对最优势的敌人，如准备做最坚强的持久防御，一个团只能守二里的正面，还需有充足的预备队，仅仅守岳麓山就需要一个军的兵力，何况还有长沙城呢？因此，让能力不足的张德能率领第4军守住长沙，完全是悬而又悬的事情。

第4军受命守长沙后，薛岳就对张德能施压，希望他也像李玉堂、方先觉等人一样守住长沙城，吸引四面之敌，聚而歼之。张德能被逼上梁山，好汉之气却没有，谁知第4军进入长沙城后，他又为自己埋下了一个天大的祸根。

第4军进城后，第一项任务就是执行薛岳3天内百姓不出城就以奸细论处的疏散令。

长沙城自第三次会战以后，有两年多的平静时间。在薛岳的豪言鼓舞下，

长沙城的老百姓都以为日军不敢再犯长沙，纷纷回城经商，因此城内积聚的物资很多。在疏散时，交通和运输工具主要是船只。可是，第4军预先已把它们全部征调控制。老百姓肩挑手提，要在短短的3天内将全城物资全部疏散，完全不可能。第四天（5月21日）期限一到，张德能下令执行薛岳的戒严令，岗哨禁止百姓进出长沙城，并派出宪兵逐户清除藏在城内的市民，进行驱逐。结果，城内的百姓被撵走了，遗留在城内的物资却不计其数。

第4军部队多是广东子弟兵，商业意识很浓，见着这么的物资，哪能不起意？官兵纷纷以"彻底疏散物资，免除资敌"为名，见着什么东西值钱，就往自己的住处搬。张军长也没落后，下令该军副官处为自家搜集物资，然后向后方抢运。副官处单从城内八角亭各绸缎商店搬走的呢绒、绸缎、布匹就足足装了20船之多，其他物资更是不计其数。张德能下令他们把这些物资用船运往湘潭，准备再转装火车南运各地进行贩卖牟利。

正在张军长忙于当贼的时候，5月25日，日本派遣军总司令畑俊六将在南京的前进指挥所推进到武汉，下令打响了湘桂作战。

27日拂晓，第11军司令官横山勇指挥左翼第13、第3师团在湘北发动了攻势，中路及右翼部队也于同日晚和次日发起进攻，很快，就打过了中国军队第44军和第20军驻守的新墙河，大军向着汨罗江以北、平江一带集结。

眼看日军比前三次推进都要快捷得多，湖南各地尤其是长沙市民奔走相告，惶恐不安，第九战区司令长官兼湖南省主席薛岳立即在省政府驻地——耒阳召集民意机关、团体代表发表安民保境讲话。在讲话中，他口头提出保证，大意说："敌军此次来犯长沙，我们已有充分准备，有足够的兵力，一定能将敌人击溃，获得比以往历次长沙会战更大的胜利，保证长沙无恙，市民财产不受损失。"第二日，湖南各大报纸立即全篇刊登。这时已于3日之内离开市区、四处逃窜的长沙市民见省主席薛岳已有官方承诺，信以为真，于是不愿远去，大多散匿在长沙城外四乡和株洲、湘潭、衡山、衡阳铁路沿线，一门心思盼着"国军"将鬼子击退，早日返回家园。

日军就要逼近长沙城了，薛岳一边进行"安民"，一边像上次那样对长沙城进行封锁，下令把长沙火车站设施和铁轨完全拆除，运往株洲。重庆军令部也派来特遣支队在长沙以北鹅羊市附近及以南猴子石附近的湘江江面铺设水雷，封锁湘江。行动之快捷，使得张德能那些在湘潭卸下物资后两三天就可赶回长沙的船只，一只也回不来了。

没了船只，长沙城与岳麓山之间，只剩下几艘破船作为两岸的交通工具，这样，只要日军一到，长沙城就与外隔绝，变成一座孤城。

这次长沙城的封闭，与上次不一样，上次是守军第10军自断后路，这次是薛岳为守军第4军断绝后路。因此，张德能悻悻地对手下几个师长说："我们被逼上梁山了。薛长官的战略是运用孙子兵法，将我军置之死地而后生。"

被薛长官蛮横地断了后路，张德能只能靠自己了。薛岳临走时曾向他交代说："第4军应死守长沙，与长沙共存亡，一切力量均为保卫长沙而战，视战况需要，一定适时向长沙派出增援部队。空军方面，有美国盟友陈纳德将军所率领的第十四航空队全力支援，足可制止敌空军活动……"张德能将这句话传达下去，希望能一振士气。但官兵早就认为以一个军的兵力据守总长达80余里的阵线，且要保住长沙、岳麓山，完全不可能。听了张军长的讲话后，虽然将信将疑，但还是没有战胜鬼子、守住长沙的信心。

当湘北守军全线撤守、纷纷南退时，长官部迭电令第4军积极准备战斗，并无其他指示。可是，张德能越临战，内心越胆怯，时常在军部自言自语："长官部一跑几百里，友军情况又不明，叫我们等着挨打，这就是大会战吗？"整天一副心事重重的样子，弄得军部上下也是人心惶惶，甚为不安。

将是军中胆，军部尚且如此，底下那些兵仔能有高昂的士气？军部参谋处长张汶杰到各部视察战备。结果，发现这些广东仔个个垂头丧气，好像大限已经来到。第59师第177团在全军号称王牌团，素称能战，原来还被挑去担任长沙警备城防，现为军预备队。张处长来到该团时，团长杨继震叹气说："有什么看头？一切都好，只等敌人来吃！"

"你这个浪仔，咋这么说呢？"张处长说。

"他们（指城内官兵）把老乡的东西都拿走了，忙着发洋财，哪还有心思打仗？将来又如何向老乡交代？"。

这杨团长倒还算正派，忧国忧民的。可连军长都捞了不少，谁又能去阻止他们呢？他也只能是发发牢骚而已。

接着，张汶杰来到了八角亭、东长街一带，发现许多铺店什具、箱柜乱翻后堆放满地，已不止一次为人所搜翻。部队战力没战力，军纪没军纪。他大感不妙，暗暗叫苦，郁郁闷闷地又去了第102师。

谁知他一脚踏进师部营房，正值敌机来袭，"轰——轰——"炸弹掉得像下雨一般，官兵四散乱跑，却不知隐蔽。一士兵竟抱着长官的腿，绝望地大喊："排长！飞机！飞机！"这一幕简直就像到了末日般恐怖。

接着，张汶杰又去第176团。团长屈化平行伍出身，是个兵油子，一贯

为官骄纵，生性狂傲，又目中无人。因他几乎没做什么战备，张汶杰只好建议他说："屈团，阵地前的道路要加以破坏，加强障碍呀。"

张处长语重心长，"屈团"却大大咧咧地说："搞那些名堂做啥？鬼子来了就打，打完就走！"接着，他还白眼张汶杰说："你顾虑这么多，打不得仗！"

这样的部队，这样的兵和长官，这张汶杰"沉"下去在基层走马观花了一遍，也丧气得一点儿信心都没了。

此时前线日军已开始进攻汨罗江南岸，主力在平江方面，兵力虽大，但进展并不快，因为他们在洞庭湖湖面被拖住了。在洞庭湖四周的岸上、洲上、堤上都有第44军、第20军、第37军、第26军在阻击，到处是雷区，就是树上也设有鸟巢工事，一切峡道、港汊都有竹木或其他材料构筑的封锁线，日军须一面作战，一面扫雷和破坏障碍物，并且他们一面前进，还一面在后方强迫民夫修路，这与第一、二、三次长沙战役的情况大不相同，他们是定要拿下长沙城，并进行巩固，步步为营了。

这时赵子立已完全不再与薛岳说话了，但心里却总撂不下参谋长这份责任，忍不住打电话给张德能说："现在我不是指挥你，我是向你建议。这一次敌人进攻是从湖面和地面两路来的，这与前三次长沙会战不同。你想想，敌人要是占领了岳麓山，长沙城与岳麓山只一水之隔，全城在岳麓山瞰制之下，你能守住长沙城吗？如果以主力守岳麓山，就是鬼子占领了长沙城，仍可居高临下，隔河对战。主力转到岳麓山后，向北向东，远远的，派前沿部队逐次抵抗，这样才能争得守长沙的时间，你可以将这个理由报告长官。"

张德能还是不在小字辈赵子立前低头，仍硬邦邦地回答说："长官教我以主力守长沙城，我只好以主力守长沙城。"

这话立时就把赵子立气极了，他连"阎王"薛岳都不怕，还怕你"小鬼"张德能！马上决定彻底撂下担子，让你这张德能小鬼去逞能、去砸锅。可他转而一想，自己撂了担子，张德能肯定要丢了长沙，到时蒋介石不分青红皂白军法办人，自己也是吃不了兜着走的。思考再三，决定先向桂林的白崇禧长官、重庆军令部和蒋介石侍从室将自己此刻指挥不了他张德能的处境备个案，将来活着呢，好打官司；死了呢，也要让其他人明白自己此时此刻的处境。

主意一定，赵子立立即拿起了电话，谁知后方的长途电话又忙又乱，糟糕得很，不是要不通，就是要通了听不清。正在着急时，第24集团军总司令王耀武率部到达了常德、益阳一带。在半途中，一贯处事灵活的他没忘记来电话与赵子立参谋长联络。赵子立除了将洞庭湖、汨罗江的情况告诉他外，还立即抓住机会说："我现在处境很恶劣，薛长官到耒阳去了，把我留在此地，你赶快向军令部和委员长给我备个案，我在岳麓山既不能实行参谋长职权，薛岳又不让我指挥长沙守军；他安的什么心？千万替我说明！"

这边是抓住救命稻草般急切，谁知那边王耀武还是以前的老态度：对长官们的纠葛和矛盾，一概不介入。见对方诉苦，立即支吾几句，就匆匆地撂了电话。

赵子立正骂王耀武滑头的时候，电话铃又响了，他拿起话筒来，竟然是远在江西吉安的第三战区副司令长官兼吉安指挥所主任上官云相打来的。第九战区与第三战区素来来往不多，联合作战几乎没有，这上官云相怎么突然打来电话了呢？其实，这并不奇怪。赵子立在第9军工作时，上官云相是他的老长官。此刻他不知从哪听说赵子立在长沙"独立指挥第四次大会战"，因此特地从吉安打来长途电话，借口询问湘北的战况，其实是表达自己对于老部下的关切之情。

赵子立除了向老长官"报告"湘北战况外，立即抓住机会，接着又将对王耀武说的话对老长官说了一遍。这上官副司令本以为赵子立此刻指挥十几万大军，正春风得意马蹄疾，比三国赤壁周郎还神气呢！他千里迢迢打电话问候老部下，其实就是想赵子立大功告成时自己也可声称"培养"了一个将才，博几句"伯乐"的赞声。没料到这"千里马"竟成了"愤怒青年"，除大倒苦水外，就是一个劲地指责顶头上司薛岳的不是，吓得他也像躲瘟神一样急匆匆说了几句，就撂了电话。

随后，第26军军长丁治磐、第183师第548团团长王光伦等部队长在湘赣途中也打来电话进行联络，赵子立见人就倒苦水，进行"备案"，且不忘叮嘱他们说："不要重蹈第二次长沙战役时第74军的覆辙，一定要搜索前进，特别要注意右前方的情况和友军的联络。"可没过多久，岳麓山与湘东、湘西中国军队的电话就突然不通了，赵子立要倒苦水也无处可倒了。

接着，岳麓山与湘北部队的电话联络也断了。原来，渡过汨罗江的日军把左翼（东面）一直延伸到了献钟一带，向南猛攻第27集团军，使得第27集团军在平江东南——预定的反攻准备位置立不住足，纷纷向捞刀河以南败退了。之后，日军继续向南猛攻，新到达浏阳附近准备向长沙进攻的第26军、退到捞刀河以南的第27集团军还是立足不住，纷纷越过浏阳河向渌水败退。

日军在向南进攻时，也向东、向东南猛进。结果，中国军队向社港市、相公市方面进出的第30集团军、向上栗市方面进出的第58军被阻在东门市一带。第58军与日军激战，结果两翼被包围，第183师师长余建勋负伤，部队不得不撤到了上栗市一带。

与此同时，日军湖面部队一面以扫雷艇扫雷，一面以飞机狂炸封锁线。经过四五日的狂轰滥炸，在资水、湘江之间"疏浚"出了一条通道，在临资口、靖港一带登陆。一上岸，就将王耀武第24集团军的几个军阻止在益阳城一带。

长沙会战已到了最为关键的时刻，长沙保卫战随时可能打响，在这最为紧急的时候，一天深夜，电话兵突然急匆匆跑过来，对赵子立说："参谋长，参谋长，委员长要找你说话。"

赵子立马上小跑过去，拿着耳机子听着。谁知电话兵折腾了好大一阵子，说："电话局试不好电话，已报告委员长不能说。"

连蒋介石也打不成电话了。

接着，岳麓山和后方的电话完全断了。

此时湘北的中国军队已退到长沙以南的株洲去了，长沙城区、岳麓山成了孤岛。

长沙城眼看不保，想去守岳麓山却来不及了

6月7日，日军飞机从早至晚在长沙城和岳麓山上空盘旋侦察，长沙东北方向传来了阵阵炮声。赵子立据谍报，获知日军已穿过金井，向长沙前进了。

这时长沙东面的中国军队被日军阻止在东门市—上栗市一线，南面的中国军队被日军阻止在渌水两岸；因为日军太强大，两面的中国军队不仅无力反攻，连防御都感到不支。而北面呢，已根本没有守军了，西面的守军被日军拒止在宁乡以西，不能前进，距长沙最近的中国军队主力也有百里之遥。因此，像前几次那样，中国军队以长沙城为核心，将日军围而歼之，已根本不可能，薛岳所说的"天炉"已被横山勇击得粉碎。赵子立跺脚叹息："薛岳要在长沙决战，已毫无可能；就是再固守长沙，也毫无意义了。"

他本计划在战况发展到这一阶段时，向薛岳、白崇禧建议移兵去衡阳决战，可一想到自己已被薛岳"置诸瓮中"，几乎要窒息了，哪还有这份"参政"之心？索性干脆当哑巴，什么也不说了。

然而，这时薛岳却仍坚决主张在长沙决战，实现"天炉战法"的"四连胜"，

为此，他强令张德能一定要守住长沙城，死死吸引住敌军，以便各路大军围而歼之。因为日军已由平江、金井公路南下，而长沙以北地形复杂，且有浏阳河、捞刀河为天然障碍，薛岳和张德能判断，日军主攻必将指向长沙以南，于是以第59师置于长沙以南及东南猴子石、红山头、黄土岭至天心阁以东一线阵地；以第102师占领长沙以北及东北一线阵地，并担任江面警戒；军部驻南门妙高峰下的天鹅塘，炮兵阵地则设在岳麓山方面。

薛岳用老办法老套路迎敌，兵是布置好了，张德能"能"为薛岳再次创造奇迹吗？赵子立的答案是"完全不能"。张德能"能"争气，颠覆这句谶语吗？

6月9日，长沙烈日炎炎，酷热难耐，数十架敌机轮番狂炸长沙、岳麓山阵地，长沙南约10里的新开铺公路上已出现了日军步兵和炮兵。午后，日军的山炮开始向妙高峰、燕子岭射击了。王若卿的榴弹炮群当即给予还击，大炮将敌炮摧毁，并且伤毙敌兵、马匹甚多，随后，鬼子的炮声就没了。

可是长沙远离东洋，城内竟然还匿藏着不少的汉奸，据说全是望城、常德一带的留日归国学生。他们深夜出动，用信号弹为夜袭敌机指示目标。当夜，日军飞机飞临长沙城，扔下几百颗炸弹，连第4军军部和第59师师部都被汉奸指引炸掉了，死伤好几十个参谋。

正如赵子立等人所料，横山勇这次挥军攻打长沙城，吸取了上次的教训。在攻城前，日军先对第4军在长沙城、岳麓山外围的前沿警戒部队一一驱逐，然后，以绝对优势兵力进攻长沙城和岳麓山。因为上次由东面进攻遭到岳麓山炮兵轰击，这次他们除以部分兵力进攻长沙城外，另以一部分人马由长沙下游曾口渡过湘江，迂回到岳麓山后面，向岳麓山发起猛攻，首先攻打中国军队设置在岳麓山东南的炮兵群。而由于地形所限，王若卿部署的大小火炮挤在岳麓山东南地区，施展不开，日军一进攻，当即就哑了。

岳麓山的炮兵失去威力，鬼子进攻长沙城就少了大威胁。10日拂晓，日军步、骑兵1000多人马一举突破了第4军的前沿阵地，向第59师驻守的红山头、猴子石、黄土岭阵地猛攻。日军骑兵两次突入黄土岭，突然岳麓山的大炮又响了，杀伤鬼子二三百骑，鬼子慌乱地退去了。

原来，岳麓山的大炮犹存。

次日凌晨，日军60余架飞机、20余门大炮，猛轰中国军队的炮兵阵地。炮兵们奋起抵抗，展开激烈炮战。

10时左右，日军步、骑、炮联合部队2000多人发起进攻，激战至中午，猴子石据占工事为敌炮击毁，阵地失陷。红山头阵地遭到围攻，守兵顽强抵抗，

我军与日军展开激烈炮战

一度短兵相接。午后两时许,守兵伤亡殆尽,阵地完全被日军突破。张德能立即派步兵一营反攻,战至黄昏,将红山头阵地夺回。

入夜,日军稍稍后撤,全线沉寂。

全日战斗,第4军步兵伤亡500余人、炮兵死亡30余人,被日军飞机炸毁大炮3门。军部因为白天陷入日军火力之中,趁夜移驻到了南大路的交通银行内。

12日凌晨,炮战打响了,敌机不断轰炸岳麓山上的炮兵阵地。岳麓山的炮兵曾在第三次长沙战役中大显神威,叱咤风云,这次被飞机连续轰炸,力竭声嘶,终于噤若寒蝉了。这是什么原因呢?第三次长沙会战时,中国军队将道路破坏了,日军没有后方交通。这次,他们开辟了水上航线,又修复了陆上交通,运来大量的各种大炮,对着岳麓山暴露的地堡一炮或几炮就破坏一个;对于中国军队的炮阵,那些平射炮可在近距离直接描准射击,命中率相当高,飞机一炸,平射炮一轰,岳麓山的炮兵被敌优势炮火压制,不仅发挥不了威力,还因为受其压制,射击困难,中国军队的炮火终于熄灭了。

日军少了岳麓山炮火的威胁,又集中炮火轰击红山头主阵地,那些豆腐渣工事多被摧毁。日军1000多人在飞机掩护下发起猛攻,守兵伤亡甚重,撤守到修械所、妙高峰一带。

当夜,天色黑暗,大风又大雨,日军主力转移至妙高峰东面,向峰上猛扑,双方发生激战,短兵冲杀,喊声震天。

在江面上，日军把木筏放入江中，顺流冲荡，将水雷撞炸，冲破封锁线。空中，日军飞机冒雨不断轰炸，并投掷催泪性毒瓦斯弹，第4军军部又被炸着，不少人员中毒，经军医急救，那些参谋才免于一死。

这一日，张德能心惊肉跳，日夜都没安宁。

13日，长沙城一线只有小接触，日军猛攻岳麓山北前沿阵地。敌机轰炸频繁，炮兵已无法射击。张德能将战况急电薛岳的战区司令长官部，请求增援部队并派飞机支援。薛岳复电："该军应死守长沙，以待增援。"随后，长官部转来美国盟军飞行队队长陈纳德的电报："如有一机一弹，愿为保守长沙而战。"

回答得圆圆满满，让人振奋，可实际上增援部队遥遥无期，盟军飞机一架也不见来。参谋处处长张汶杰于是对张德能说："在战前，美军盟友派来的中尉军官已逼着赵参谋长同意他走了，他临走时已将联络空军的电台破坏。希望陈纳德盟军飞机来支援我们作战，是不可能的，应早断了这念想。"

张德能被打得火急火燎了，竟然下令说："将杂兵挑夫，编组成一个大队，发给枪械子弹、手榴弹，准备随时加入战斗。"

"军座，现在还没到那个时候。"张汶杰小声提醒说，"是不是还等等？"

"哦，"张军长这才醒悟过来，"取消这个命令。"

下午，在岳麓山的第90师陈侃师长来电话了，说："军座，为了集中兵力保守岳麓山主阵地，我拟将前沿阵地兵力一营撤回，并已商得赵参谋长同意。"

赵参谋长是谁？赵子立。张德能内心不太同意这个已经"赵参谋长同意"的方案，但因上次赵子立发了脾气至今还一副爱理不理的样子，两人关系没修好，因此张德能没明确答复陈师长，只是说："我们应依前沿阵地迟滞敌人，争取时间，以待援军。"

他没有答复，前线的军情却容不得他的固执。凌晨时分，陈师长抵抗不住了，不得不撤离了前沿阵地，日军直扑岳麓山下。

14日拂晓，日军就开始往山上攻击，在飞机掩护下向岳麓山主阵地全线进攻，竟日战斗，守军凭靠着既设阵地，居高临下，死力抵抗，才将敌军击退。

入夜，战事沉寂下来了。赵子立坐不住了，决定首先向张德能低头，于是上级给下级打去了电话，说："我还是建议第4军把重点放在岳麓山阵地，将守城部队大部调过湘江，集中兵力，保守岳麓山。"

"这样行吗？"张军长已被打昏了头，晕头晕脑地问。

"岳麓山可以瞰制长沙,保住岳麓山,等于保住长沙城。万一岳麓山不守,长沙城也绝不能保守。我们有岳麓山为根据,即使长沙陷落,将来收复也容易。"

"这……这……"张德能未置可否。

赵子立等了半天,他还是没主意,只好撂下了电话。

张德能放下话筒后,长久地在屋子里走动徘徊,沉思不语,但他坚守长沙的念头至此已完全动摇了。

16日,岳麓山战事更加激烈,横山勇誓要拿下岳麓山。陈侃守不住,只是一个劲儿地打电话来向军长请援,并且越喊越急。赵子立也坐不住,来电话一个劲儿催促张德能当机立断。

长沙城这边的战斗也已十分激烈,日军的攻击重点已指向长沙城东北的第102师,并且进展之快非常惊人。在第三次长沙战役中曾大显神通、遏制日军前进的庞然大物——街市地堡,在这次战斗中竟然一蹶不振,大多变成了守兵的坟墓。

为什么出现这样的情况呢?长沙的城防工事,按照军委会的计划,本来应为半永久性的堡垒式的工事,按规定要以枕木、旧钢轨、水泥为主要材料。当初军政部拨发了一笔数字很大的专款,作为工程专用款,由第九战区司令长官部掌握。第九战区派长官部工程处主持,征调军工、民工施工。这些工程在战前半年就已全部宣告完成,军政部派员验收,也一切合格,不少地方还被评上了"优秀"、"特优"工程。谁知现在日军炮火一炸,这些"优秀"和"特优"堡垒的"豆腐渣"就露馅儿了,全是泥石堆砌而成,不仅没有钢材,连枕木也没有,只是在附近岳麓山上就地取材弄来的一些松柏木材,且直径10厘米以上的都不多,原来所谓的"特优"工程只是表面薄施了一层水泥。这样的"堡垒"有什么用?日军2厘米口径平射炮一打就没了。而鬼子多是小钢炮,一轰,不少守兵就被炸死在"堡垒"里,侥幸逃出来的,只好在街道临时性弄些工事,靠着那些铁丝网、拒马等障碍守城。

因此,当岳麓山那边被打急了的时候,城内这边也是急得火烧屁股了。

张军长早已被那些响个不停的告急电话弄得头昏脑涨,六神无主。赵子立催他当机立断,他哪里"断"得了?情急之下,搬出了撒手锏——自己"大事紧急处置"的老办法——召集在长沙城内的第59师、第102师师长、副师长开诸葛亮会,当面进行商议。

可在诸葛亮会上,平时说话如打雷般的兵油子们,全不置一语,只是耷拉着脑袋说："我们听从军长的命令行动。"

张德能本是臭皮匠来开诸葛亮会，谁知诸葛亮们全要听他这个臭皮匠的，这样的会开了老大半天，自然没任何的结果。这反而让张德能更加沮丧不已，最后挥挥手，怒气冲冲地说："散了散了。"

晚上，第59师副师长唐连在参谋处长张汶杰的房子里谈论部队过江的事。张军长闻讯也走过来，问道："你们两人对目前局势是什么意见？"

张汶杰说："我们的任务是死守长沙城，如果长沙城不守，即使岳麓山尚存，也还可以说得过去，必要时，还可以向敌后游击。现在敌后空虚，我们又熟悉地形，扰乱鬼子的后方，可以牵制其前方作战，将来上面追究责任，我们也不至于完全无话可说。"

张军长点着头，不语而去了。

虽然张汶杰只是重复上次军事会议上别人的观点，谁知此刻这番话却对张德能起了莫大的作用。没过多久，一度狂傲的张德能终于万分沮丧地给赵子立打去了电话，说："赵……参谋长，敌兵太强大了，长沙城难守，我想按你的意思以主力去守岳麓山。"

赵参谋长说："能过来吗？晚了吧！"

张军长回答说："能过来。"

赵子立见张德能低头了，考虑一阵之后，以大局为重地说："你知道，你不归我指挥，但如果你一定要转移时，我仍同意，并仍负建议的责任。"

两人达成了一致——即可以把主力转移到岳麓山上去，但张德能还是没有立即行动。

17日，日军向长沙城守军的主阵地继续攻击，战斗尚不激烈，阵地也没什么大变化。但西岸之敌占领桃花山后，继续攻击前进，守军第90师的山地阵线绵长，侧翼暴露，再次受到日军巨大威胁，在猛烈轰击的炮火声中，陈侃再次请求长沙城内的张军长支援，声嘶力竭地喊着说："守军势单力薄，阵地难以长久坚持！"

赵子立见势不妙，也打电话给张德能说："西岸岳麓山守军只能坚持到今天黄昏；如果晚上没部队支援，岳麓山就守不住了。你还不过来的话，到时就是想过来，也来不了啦！"

情况紧急，张德能又召集师长、副师长及军参谋长罗涛汉开诸葛亮会，结果，"诸葛亮"们一致认为：派部队渡江增援，等于放弃长沙城而去固守岳麓山；不派部队增援，则等于放弃岳麓山而来固守长沙城。然而，到底是

守长沙城，还是守岳麓山呢？大家却拿不定主意。在沉默中，第 59 师师长林贤察突然站了出来，说："这次会战要取得胜利，一定要确保长沙城。长沙城有工事，粮弹充足，我看可以固守，以待外围援军的反攻，最后将敌歼灭。"

但驻守西岸的第 90 师师长陈侃却立即指出："岳麓山如果失陷，长沙城必然暴露，那我们将全面受敌瞰制，长沙城也不能保住。并且岳麓山不守，长沙城内与后方援军的通路也就被隔断。如果两方面都不能守，不如固守岳麓山，以待援军。"

这时军部参谋长罗涛汉表态了："赵子立参谋长也支持陈师长的意见，我同意后一方案。"

于是，张德能便站在多数人一边，同意陈侃、罗涛汉、赵子立等人的意见，最后他决断地说："我决定从长沙城里抽调一个师兵力，过江去加强守卫岳麓山防务。结果以后再说吧！赵子立是长官部参谋长，他叫增强岳麓山防务，我们就听从他的指挥。黄昏开始渡江！"

可是，随后张德能又改以一部——约一个团守长沙，主力——两个师欠一团，由湘江东岸向西岸漕渡，前去固守岳麓山。虽然他终于走到赵子立认为最正确的方面来了，但问题也随之而来。

这长沙城去岳麓山必须渡过激流滚滚的湘江，湘江江面宽 1000 多米，水流甚急，此刻又正是汛期，波涛汹涌，平时轮渡往返一次需半小时以上。当城内的大军来到河边时，前度当贼做的孽事终于来报应了。

由于那些船只全丢在湘潭，此刻渡河工具只有两艘小汽轮和好不容易搜集而来的七八只木拖驳。然而，要在一夜之间，将至少 6 个团两个师的兵力横渡过江，哪里是件轻松的事情？几乎完全不可能了。

张德能决定渡河时，并没仔细考虑部队如何去增援，过河需要多少时间、多少船只，增援后是否能确保岳麓山等一系列问题，一个命令下去，城内的部队开始往西门河边渡口而去。下午 4 时许，他本人也率军部人员急急赶到了西门江边。

他们到达江边时，汽船还在对岸，他们只好等候汽船从对岸开过来。这时，他站在江边翘首向对岸观望，谁知不小心突然失脚落水，掉入滚滚的湘江之中。

幸亏卫士反应快，纷纷跳下去，将他救了起来。

这一落水更让张德能沮丧万分，马上就有返回城内去之意。可他湿漉漉地一转身，只见部队已脱离阵地，官兵从各巷道奔向江岸而来，辎重行李拥塞道路，已没法阻止他们撤离了，只好又和张汶杰及军部少数人员，带领手枪排先行渡江而去。

当他们到达岳麓山江岸时，已近傍晚。炮兵警戒部队没有接到上面的命令，几个楞头青哨兵不知犯了啥神经，见着他们把枪栓子拉得哗啦响。参谋们上前说："我们是军部的，军长也在这里。"

可是这些哨兵硬是六亲不认，不准他们通过，并且还说："别说你是俺们军长，就是薛司令本人来，没有上级的命令，我们也不准他通行。"

话说到此了，张德能如何过得了？好在张汶杰脑瓜子灵活，立即上去说："你赶快打电话去请示师部吧！"

哨兵用电话与师部联络后，这一伙人才上山，然后径直去了第90师师部。

夜半时分，张德能、赵子立、陈侃几人聚集在一起，密议军事，张汶杰则跑到第90师参谋处休息。凌晨时分，突然一阵急促的枪声把他惊醒，一问，才知岳麓山北峰及云麓宫都已发现了敌兵，他赶紧爬起来，问道："军长呢？"

"张军长带着手枪排从师部冲出，向山下奔去了。"

张汶杰和军部少数人员随即披衣撵去，赶到山下公路上，日军大炮开始对公路上逃窜的官兵追着射击，飞机也低飞狂炸，炮兵和已渡江部队还没来得及集结，就已经自行溃散了。

"四连胜"成泡影，第4军军长被枪决

6月18日拂晓时分，日军突然攻打岳麓山顶，战局急转直下。

前日下午张德能派兵过河，没向赵子立报告一声。结果，岳麓山上战火纷飞，赵子立一个下午也没找到张德能，天黑后他亲去第90师师部，找到师长陈侃和参谋长罗平野，才知第4军主力已从城内撤退，正在渡河之中。随后，张德能和军部人员也灰头灰脑地闯了进来。一进门，张德能就说："渡河的部队发生混乱，全堵在河边了。"

陈侃说："听长沙市区咋好像没枪声了？"

赵子立立即脱口而出："援军过不了河，岳麓山也没法守了，完了！完了！"

几人聚头，一起简单地碰了一下情况，也想不出什么挽救的办法，只好

仓促之间各自散了。

赵子立回到了自己的防空洞里，没有睡下。走嘛，怕给薛岳以"口实"——说他先逃跑影响了第4军；不走嘛，自己又不指挥第4军。赵子立身为战区参谋长，属于年轻有为的"政坛新秀"，自然不会像某些糊涂将军那样，在如此关系自己身家性命的重大问题上"胡来"，经过仔细的考虑，他的决策是，张德能走，自己就走；张德能不走，自己也就不走。然后，他一面派人在爱晚亭附近的山顶上瞭望对河情况的变化，一面不时用电话和第4军联络。拂晓前后，岳麓山北部、西部枪炮声最为激烈，不久枪炮声渐渐稀了，瞭望的人跑进来报告说："岳麓山北部第4军部队纷纷后退。"

赵子立再打电话去找张德能说话，对方先是说找不到，再打过去，连电话也不通了！这时赵子立的铁杆部下陈驭远参谋和李副官仓皇跑进了他的里屋，急促地说："敌人已到我们北面的山头，距此不远了。"

赵子立急问："张德能呢？"

"第4军全部溃了，张军长已经跑了，我们再不能不走了！"

"第90师师长陈侃呢？"

"他也带了几名卫士临阵脱逃了，全军像潮水一样向湘乡方向撤退，无法掌握。"

这时第90师参谋长罗平野跑了进来，急急地说："我沿途把第90师部队收容起来了一些，参谋长，你赶快走！"

这时已是凌晨3点多钟了，赵子立就在这一片混乱之中被留下的战区特务团手枪连的那个排长龚仲贤和传令排排长、外号叫"张瞎子"的推着，走出了爱晚亭，然后撒腿向南跑去。

因为敌人急于要占领长沙城，采取了"围攻必缺"的战术，岳麓山的南路并没派兵拦阻，仅在路西面的高地向公路射击，逃跑的中国军队官兵有的被打死，有的被打伤，有的跑过去了。赵子立在手枪排的掩护下，很快就脱离了鬼子的射界，再往前急急跑去，竟然撵上了张德能一行人。

赵子立马上对张德能说："长沙是丢了，我建议你赶快收容部队，拖向岳麓山以西，反击岳麓山。"

张德能双手一摊说："你看部队这个样子，怎能收容起来！哪能反击岳麓山呢？"

赵参谋长说："不管收容多少，都应这样做，都能这样做，只要你的手下还放着枪，你的责任就要轻些。"

但是，他一抬头看张德能，他那样子哪里会接受自己的建议呢？参谋长见状，马上也就不多说话，自顾自地往前走了。

岳麓山失守后，长沙城内又枪声四起，留守长沙城内的第176团团长屈化平知道长沙城守不住，可不守又有责任，结果他兵油子本性一起，竟丢下部队不管不顾，只身潜逃了。到处是枪声，副团长李春鹏却找不到团长了，急忙大喊："收容部队，收容部队！"然后，率领百十个残兵急匆匆地逃出了城。

日军狂妄地占领长沙城

这时候天已经大亮，可那两个师的官兵还在不到10只的小驳船上横渡湘江呢！折腾了一夜，6个团渡到河西的还不到两个团。天明后，敌机数十架往来两岸低飞轰炸，正在渡河的官兵多数被炸得落水，江岸集结待渡部队被炸伤亡的更多，一呼啦，瞬间所有的人马都四散而去。日军由妙高峰和南门进入市区，第176团没来得及出城的五六百人在南大十字路一带与鬼子进行激战。日军不断增援，他们向北门方向且战且退，伤亡甚重，最后北渡捞刀河，跑到敌后去了。

6月18日，日军完全占领了长沙。至此，名城长沙，终于陷落在日军手中了。

日军占领长沙后，仅在战场内进行追击，并没有进行战场外追击。

为什么横山勇不追击了呢？这并不是他心善，或者占领长沙就满足了，而是因为第4军不是有部署、有组织的撤退，是溃散的，官兵有的是从湘江东岸溃的，有的是由湘江西岸溃的，落荒而逃，根本没形成一个整体，游兵散勇，日军根本无法追击了。

张德能一路往湘潭方向逃去，路上一些溃兵追赶而来。他顺便"收容"

了他们，然后带着七八百残兵，经湘潭、湘乡、永丰小道，去了湘西的宝庆。随后，林贤察、陈伟光两师长也率第59师、第102师的几百残兵赶到宝庆。在岳麓山上的第90师第269团、第270团由于逃跑得最早，已到东安附近集结，但师参谋长罗平野跑得迟，只退到了宝庆，之后副师长薛仲述、师长陈侃也相继到达宝庆。是役，第90师伤亡两千余人，第268团团长朱始营和部分官兵被俘。

资格最老的炮兵指挥官王若卿因为炮兵部队最早被日军打废了，也是跑得最早的，炮兵官兵大部分冲出了包围，但大炮没撤出一门，也没来得及破坏，仅少数大炮的炮闩被匆忙之中掷入了江中，日军缴获了大炮一时也不能利用。

薛岳第四次决战长沙的梦想完全泡汤了，"四连胜"的美好愿望终于演变成横山勇"笑到最后"的现实。

赵子立带着几十人并没向西去宝庆，而是向南去了。一行人从岳麓山翻山越岭，经湘潭往西走了四五天，到达了衡阳。

在衡阳城，他见到了第10军军长方先觉，并获知薛岳已令第10军并指挥暂编第54师守备衡阳。方先觉说："长沙败局终于使得薛岳转到了参谋长当初设想的衡阳决战的路上了。"

但是，赵子立立即对方先觉说："薛以暂编第54师参加守衡阳，非出自意愿，只是为形势所迫。"

方先觉点头称是。

为什么两人能如此一唱一和呢？原来这方先觉因常德会战后被薛岳调职，也与薛岳反目成仇了。他对赵子立说："伯陵（薛岳字）这样对待你，他已把事情做绝了。我看，你没再去耒阳和他见面的必要了，干脆去桂林、重庆，和他打官司好了。"

这几句话，正合赵子立的心意。

辞别方先觉后，赵子立登上了湘桂路的火车，去桂林找薛岳的老对头、大长官白崇禧告状去。谁知上车时，赵子立的铁杆随从陈驭远虽已决定不回第九战区长官部，但却力劝赵子立回去，说："我们走了就走了，你走了，这个位子就没了，还是别听方军长的话为妙！"

但赵子立已无心在薛岳手下"屈就"，铁心要走了，没有听从手下的好心劝告。火车启动后，赵子立又遇见了一个老熟人，他就是战区长官部政治部主任徐中岳。这徐主任不愧是抓政治的，两人坐在一起，听说赵子立要去桂林，说："你就这样径直去桂林，要是薛岳告你潜逃，你怎么办呢？"

一语惊醒梦中人。"差点跟着糊涂的方先觉糊涂了！"赵子立马上意识到自己这样做的可能后果，立即在下一站下车，再由湘桂路转到粤汉路，忍着气，耷拉着脑袋，乖乖地回了耒阳。

赵子立到达耒阳后，先见了自己三个老婆，见她们一切都好，放心了，再去见薛岳，用在路上已想好的一句话对他说："此次作战，我未能尽到我职责上应尽的责任！"

薛岳也板着脸说："你回来了，你休息吧！"

这时日军又开始了新的行动，以有力一部由宁乡方面向南进攻，经湘乡、永丰，将王耀武第24集团军压迫至衡阳、宝庆之间地区。与此同时，日军以主力由上栗市、株洲方面向南进攻，第27集团军（第37、第44、第20军）及第26、第58军，虽尽力而战，最终还是不支，第58军不得不转战湘东、老关、安源、麻山、莲花一带。在麻山战斗中，军长鲁道源怒杀第11师两个作战不力的营长，其中一个是他的外甥，这才阻止住颓势。但是，株洲方面的5个军已被压迫在莲花—攸县—衡阳一线。经过20多日激战，日军终于到达了衡阳城附近。

战斗仍然在继续，因此，许多人劝赵子立暂时忍耐下去，免得生出意外，等战役结束后再想法脱身而去。赵子立没有走人，天天在长官部上班，但是参谋长和司令长官已形同陌路，赵子立只是在开饭时才和薛岳见上一面。

赵子立不太理睬薛岳，薛岳倒在他面前并无顾忌。在开饭前后，他总是骂张德能。原来自长沙失陷后，薛岳曾接到蒋介石的电报，让他到湘西去指挥部队，他不去，并且说："不去给重庆守大门。"薛岳不接受蒋介石的命令，躲在粤汉路以东，长沙又没守住，蒋介石一生气，于是他手下的嫡系将领纷纷不听薛岳的指挥，这样薛岳在军中的"威信"大跌，说话不管用，便把一切归于长沙大败，对张德能恨之入骨，逢人就说："张德能，无德又无能！"

薛岳骂张德能，一半是解恨，一半是给赵子立听，因为他也是没守住长沙的"祸首"之一。赵子立尽力忍耐着，可薛岳却没个完，最后，赵子立只好说："事情过去了，再痛恨也是枉然。第4军在变更部署和渡河中发生了混乱，以致长沙迅速失守，固然值得痛心，但即使不发生这个错误，第4军守一个星期，守两个星期……外线的部队能打上去吗？第4军全部牺牲了，能使此次作战，得到胜利吗？目前衡阳的战事还不是一样，外线部队现在连守都不能守，将来还能打到衡阳去吗？应当研究怎么办。"

虽然薛岳并不认为第4军"守一个星期，守两个星期……"外线的部队

就一定不能打上去，但见赵子立如此说话，却没有再骂下去了。

赵子立又说："至于第4军，此次损失不太大，虽然溃了，无异于前方解散，后方集合，收容起来还可作战，'塞翁失马，焉知非福'，不必再生气了。"

这个溃散无异于"前方解散，后方集合"的说法颇有创意，薛岳想得通想不通，也只能这样去想了，事已至此，他还能说什么呢？而且，在他的眼中，赵子立只是小字辈、小屁孩，几年朝夕相处，他并没把他放在眼中，多是以官长、长辈的身份与他相处，即使到了现在，经历了长沙风波，他还是没有与他一定计较到底，乃至教训一下"小屁孩"的想法。

一切只是赵子立心虚多想了而已。

随后，为了布置衡阳的会战，赵子立又跟着薛岳到了郴州。没几天，薛岳对赵子立说："军委会让张德能去桂林、重庆报告作战经过，你也去一趟吧。张德能的熟人少，你的熟人多，到那里好帮他说些话。"

赵子立早不愿和他在一起了，生怕这只"豺狼"对自己下手，正天天如坐针毡，见有这样脱身出逃的机会，暗谢天赐良机，马上一口答应了。

就这样，赵子立登上了火车，转道桂林去重庆，就此别离了自己工作7年之久的第九战区。

在桂林，赵子立前去拜见白崇禧。

白崇禧因为薛岳与陈诚交好，虽然同是两广人却一直不和。赵子立向他报告了长沙战斗的经过，刚说到"薛长官囿于第一、第二、第三次长沙会战的经验，不管敌人的目的、兵力和行动如何，硬要用老一套，用'死架子打人'，在长沙决战……"

白崇禧没等他说完，就用手一敲桌子插言说："当时我就很反对在长沙决战！荒谬！荒谬！——你知道，薛伯陵是不听我的话，委员长当时也没个一定的主意！"

赵子立说："难怪当初我请王缵绪副司令向委座所作的'薛岳要误事'和'要充分预备兵力在衡阳决战'的报告，一点也没有效力，原来委座也是同意长沙决战的——至少没制止薛岳进行长沙决战啊。难怪在薛岳离开长沙以前，委座把第三战区的丁治磐军、第六战区的王耀武集团军交薛岳指挥，仍如第一、第二、第三次长沙战役一样，全听薛岳摆布。"

两人一责备薛岳"荒谬"，二责备"委员长昏庸"，获得共鸣后，赵子立谈起了自己的"不公平"遭遇。白崇禧对他十分同情，当场给他向蒋介石写了封亲笔信，证明他留在长沙后既不能行使参谋长职权，亦没有指挥长沙守军。

赵子立见白长官如此好说话，赶紧又说："长沙失陷之快，固然是由变更部署和渡河搞乱了，但不出这个差错，又能怎样呢？一定是全军覆没！张德能不能掌握部队是能力和疏忽的问题，究竟与临阵退却、贪生怕死有所不同，也请您给他写封信说明一下吧！"

管他张德能是能力有限，还是临阵怕死逃脱呢，白崇禧又"欣然"地给张德能向老蒋写了一封希望免罪的亲笔信。

张德能闻讯也去拜见了白崇禧，然后，赵子立与他同机飞往重庆。

随时准备进犯长沙的日军

两人同时走下飞机，谁知张德能一着地，就被已在机场等候的宪兵宣布逮捕，立即押去了土桥监狱，连白崇禧的免罪信都没来得及上交。赵子立大吃一惊，说了声"没料到情况这么糟糕"，赶紧在重庆找了个落脚点后，第二天就去求见参谋总长何应钦"报告"自己在湖南作战的经过。

何应钦总长就是所有参谋长的大当家人，听完赵子立的诉说后说："薛伯陵说失长沙你也有责任，将来军法执行总监部问你的话时，你就将刚才说的话对他们说好了。"

第三天，军法执行总监部果然传赵子立到案，军法执行副总监秦德纯与赵子立也是老熟人，对他说："何总监不在家，你暂在本部住一下，等他回

来再决定你是否可取保住在外面候讯。"

结果，赵子立不得不住进了总监部，有武装兵看守着，等于是完全被监视了。

晚上，他正要关灯就寝的时候，猛听见门外"哗啦"一声，那个看守小兵端起枪来，厉声喝道："不准关灯，开开！"赵子立这才知道自己已完全失去了自由，身陷囹圄了。在"铁窗"里，原来还轻松的他终于紧张起来了，一夜没能入寐，思来想去，突然明白了：秦德纯以副总监身份都不敢让自己"保外候讯"，问题严重到了何等的地步！不想到此则罢，一想到此，全身开始哆嗦起来了：要是自己没了，三位太太和大大小小的娃们以后咋办啊？！

过了两天，何成濬回来了。赵子立曾在第9军工作过，何总监一度任过第9军军长，两人有上下级关系。这次见面，完全是老熟人晤面。赵子立除了简单报告湖南作战的经过外，就急着对老长官诉苦说："薛岳既不让我行使参谋长职权，又不让我指挥长沙守军，并且我事先曾托王耀武等代为报告过。而委员长和何总长竟不与我做主，把我押起来，是不是要让我负长沙全部失守的责任？这太委屈我了！"

何老长官轻轻一笑，和善地说："你不要难受！我在这里，你还不放心吗？"

"薛岳他心狠……"赵子立说。

"这事与你根本没啥关系。"何长官还是微笑着，"我已经看过薛伯陵的电报了。按他自己说的，把你留在岳麓山是帮助张德能的，这话本身就是错误，为啥要让一个战区参谋长去帮助一个军长呢？中央对你是清楚的，但也认为必须经过法律手续，才好处理。刚才卢丰年见我，我已让他替你办了个'保外候讯'的手续。他在外面等你，你同他回去吧。"

卢丰年原是第九战区军法执行监，与赵子立关系最亲密，是铁哥们儿。前不久，他才由赵子立向薛岳推荐调任战区长官部驻重庆的代表。因此，这次闻讯赵子立被关押，立即跑来军法执行总监部找何总监法外留情，结果，被何成濬顺便叫去，为赵子立办了"取保"手续。

赵子立自己有了自由，倒不计前嫌为张德能说起情来，在临别前，他又将在桂林对白崇禧说的话，向何老长官说了一遍。老长官说："这个就不用你管了，我们自有法律公正处理他的事情。"

赵子立拿了个"保外候讯"手续，就获得了自由。但张德能却没能逃脱干系，被关在大牢里。之后，由军令部部长徐永昌任审判长，经过预审、正式开庭，拟判"赵子立无罪，张德能判处无期徒刑"。军法总监何成濬在签呈此案时，在签呈上批注："薛岳在长沙走得早，薛岳不应当这样使用参谋长，张德能是因过失失守长沙，请从宽处理。"

谁知当初蒋介石要把部队向西拉，来保他本人和重庆的驾，而薛岳偏偏要把部队向东拉，来保他本人和粤汉线的驾，蒋介石对薛岳是一肚子的火，现在长沙败了，于是逼着何成濬判处当初薛岳力保的张德能以极刑。老蒋有令，何总监哪顾得上什么法律公正不公正呢？虽各方力加营救，张德能还是倒霉到底，终于被蒋介石枪决了。

第四次长沙会战落下了帷幕。

第十六章　衡阳保卫战：血染的47天

方先觉军长带辱上阵，要求部下以一命换敌两命

1944年6月18日长沙陷落的当晚，方先觉正在衡阳的寓所。

因为上次常德会战的调职、复职，方先觉虽然后来搬回来了蒋介石的一块大匾，官职也恢复了，但还是觉得心中的怨气并没有出尽，之后闲居在衡阳城内，日夜觉得"党国"亏欠了自己什么似的，对什么"党国"大事都了无兴趣。谁知大半夜里，他寓所久息的电话铃突然响了，接电话的王副官跑进来说："是重庆来的电话。"

方先觉还是带着怨气说："重庆有谁找我，你说我不在。"

副官说："电话上说是委员长的电话。"

方先觉这才起身去接，电话里，蒋介石很严肃地说："长沙已经弃守，日军继续南犯，有迅速打通粤汉路的企图，衡阳为西南军事重镇，必须确保。你继续指挥第10军，固守衡阳两个星期。当然愈久愈好。立即布置，准备作战，不知你是否有此信心？"

方先觉再次获得校长亲自打来的电话，已是受宠若惊，"啪"地双脚一并，回答说："本军不惜任何牺牲，战至最后一人，我准备与敌决一死战！"

方先觉

蒋介石身为军委会最高统帅，最喜欢部下说要"战死"、"成仁"之类话，当即连说："好！好！好！"最后叮嘱说："你好自为之，祝你一战成功！"

次日，全军官兵得知方军长再次接到委员长从重庆打来的亲口电话，群情激昂，纷纷说第二次长沙会战，是李玉堂军长撤职后临战复职，"带耻"指挥部队作战，取得了辉煌的胜利；这次方军长又是带辱上阵，这次保卫衡阳之战也定会大功告成。不少人奔走相告："这次历史可能又重演，衡阳有大戏了。"于是全军上下日夜赶修工事，以高昂的热情准备迎战，获取战功。

战争的阴云很快就要降临到衡阳了，城内的市民开始逃难，但他们并不害怕，边卷铺盖边对家人谈论说："守城的部队第10军，号称'泰山军'，个个都是打胜仗的好手，在我们湖南打过很多漂亮的仗，长沙三次大捷守城有功，蒋委员长颁发'忠义表天地'荣誉匾，这一次一定会和日本鬼子拼到底。"

第10军官兵听到这些谈话，非常兴奋，说："老百姓这么厚望，必须要打好这场仗。"

方先觉的手下大将预备第10师师长葛先才也是跃跃欲试，在团部挥毫狂写好几个条幅："只待枪声鸣，驱敌入鬼门。"然后吩咐手下副官："统统把它们挂在墙上。"

第10军前后两个军长都是战前"受辱"，两次都是临危受命，两次都是守城，目的都是诱敌，且两次都是"带耻"而战，老天爷拉开了惊人相似的一幕。可是，这次方先觉真的能重复前任军长李玉堂的奇迹，还老天爷一个完全类似的第二个胜利结局吗？

除了他的老对头薛岳之外，所有的人都深信不疑。

衡阳地处粤汉、湘桂两铁路线的交叉点，素称战略要地，保卫衡阳，乃是为西南大后方建立一道屏障。

日军攻陷长沙后，以衡阳为目标大举向南进犯。

6月22日，日军飞机首次对衡阳城进行轰炸，湘江东西两岸的衡阳城内市区均燃起大火。晚8时，由株洲、渌口沿湘江东岸南下的日军进抵衡阳城东30里的泉溪市附近，第10军第190师568团1营派在北岸的少数警戒部队，稍稍迎击后，撤回了南岸，与敌兵隔耒水对峙。

23日拂晓，日军从泉溪市强渡耒水，向第1营据守的新码头前沿据点发起攻击，衡阳保卫战正式拉开了序幕。

第1营本可以撤到五马归槽据点，与暂编第54师一个团共同作战，但团长杨济不愿意撤退，说："娃们与小鬼子初次接触，就不战而退，不免长

小鬼们的士气，灭自己威风，不打不甘心！"

"揍！"营长们也都有决心打，"不过，等鬼子渡到江中时来个急袭，试试他们的傻劲有多大！"

天色微明时，日军在猛烈炮火掩护下，乘着几十只木船、橡皮舟向着西岸径直驶来了。第1营官兵们静静地躲藏在阵地内，等到鬼子的船只快接近岸边，又差那么一截时，杨团长一声令下："打！"6门战防炮，20余挺轻、重机枪同时发射，"轰隆！轰隆！"打得鬼子船翻人溺，"赶早儿"变成了"赶死儿"，后面的鬼子见木船、橡皮艇被炸，无法过河了。

日军指挥官见正面强渡不易，磨磨叽叽到午饭之后，有了鬼主意，以一部人马隔河佯攻，主力则悄悄由泉溪市以南绕开正面，从侧面渡河，这哪里能逃过杨团长的眼睛，他说："鬼子好鬼！西撤！"

全团主动后撤，进入了衡阳城东约12里的五马归槽据点，第一天双方就没了战事。

这一日双方交手，激战了半日。由于敌炮众多，火力炽盛，中国军队被鬼子炸毁了战防炮2门及重机枪3挺，战炮连副连长王惠民阵亡，官兵伤亡50余人，但日军伤亡连同落水溺毙的人数达到300人以上。

方先觉见日军主力已逼近湘江东岸，有从赤水塘、东阳渡越过湘江向衡阳以南地区进犯的迹象，下令守备衡阳主阵地的第190师及预备第10师进入阵地，并电饬正在衡山以北与敌接战的第3师星夜赶回衡阳，增强守备。

第190师及预10师连夜行动，进入阵地后，均以两个团为第一线，分别负责衡阳城郊西北与西南阵地守备，城东江防则由军搜索营担任。

24日拂晓后，渡过耒河之敌向五马归槽进犯。方军长命令第190师570团迅即渡江增援五马归槽阵地，并且叮嘱说："务必固守。"然后，他又催促第3师师长周庆祥赶回衡阳城。

第3师在长沙抗战后撤到了衡山一带。周庆祥接到方军长撤回衡阳电令后，以第8团留在南岳一带阻止日军，掩护师主力脱离战场，自己则率领师主力急行军赶去衡阳，接到方先觉再次急催的电令后，已经上路了。他在当日天黑前到达了衡阳城，方先觉命令他们："接替第190师城西北阵地。"

随后，周师长以第7、9团为第一线，占领汽车西站（不含）以北到草桥至石鼓嘴一线，并以步兵一营占领蒸水北岸据点。

第3师到达了衡阳，方先觉又命令第190师主力连夜全部渡江，占领该师江东岸原阵地，协同暂编第54师一个团进行作战。

方先觉这一调防，先敌一步在衡阳城布置了防御铁阵。

入夜，日军大部队继续由泉溪市渡江，先头部队开始由五马归槽南侧渡江，向衡阳城南郊预10师派出在黄茶岭、欧家町、托里坑的警戒阵地秘密接近。

25日拂晓，日军开始攻打五马归槽至湾塘一线。在五马归槽，鬼子的炮火尤为猛烈。方先觉下令衡阳城区的炮兵进行反击，炮弹越江呼啸飞行，爆炸声在几十里外都能听见。随后，双方空军也前来助战，战斗达到高潮。在地面上步兵反复冲杀，伤亡巨大。第570团团长贺光耀负重伤，副团长冯正之继续指挥，鏖战到中午，全团被迫转移到范家坪、橡皮塘、莲花塘、冯家冲一线。鬼子部分兵力继续向西攻击，主力分别由五马归槽以南与东阳渡渡江西进。

黄昏时分，日军由湾塘发起猛攻，突破第568团冯家冲阵地，将暂编第54师的一个团与第190师隔断，攻打飞机场。暂编第54师守备该机场的步兵团略事抵抗后，擅自向南撤走，去向不明。

这一日，日军突破了江防一线，一路从五马归槽至东阳渡之间纷纷渡江，向衡阳城南急进；一路由西北铜钱渡、柘里渡越过蒸水向衡阳城西全面开进，也就是说，衡阳城的南、西面都出现了日军。

26日拂晓，日军炮兵分从衡阳城西、南两面向第10军阵地进行正面试射，并掩护步兵向欧家町、托里坑、马王庙、胡坳、三里亭各附近的警戒阵地攻击。警戒部队略微抵抗后，逐次撤回了主阵地。

10时许，日军步兵在飞机、大炮的掩护下，开始向守军西南主阵地进行正面攻击，鬼子大胆突进，并且连续发起冲锋，攻击重点指向预备第10师所据守的西南丘陵阵地，更以第30团据守的江西会馆、五桂岭，第29团据守的虎形巢为重中之重。鬼子打得十分凶猛，多次突入到守军阵地前，但都被守军和炮火击退。

衡阳城南正面阵地是五桂岭、枫树山、湘桂铁路修机厂一线，进攻的日军重兵被高岭与停兵山两个小小的前沿据点死死拦在铁路堤以南。这两个据点东西相距600米，在枫树山、张家山阵地南侧200至400米处，是阵地的要点。两个据点都有小而坚的圆形坑道据点工事，据点四周环绕着外壕、铁丝网、木栅以及地雷，里面则屯积大量手榴弹。预10师第30团陈德坒团长特选该团精锐第7连据守。该连连长叫张德山，他亲率连主力守停兵山，中尉排长李建功率兵守高岭。战前二人均宣称："誓与据点共存亡。"日军在攻击之初，猛打猛冲，以为这两个孤立小据点可以一举拿下，可连冲几次，不是被地雷

炸得退了回来，就是被远处的迫击炮火轰得死伤无数。

日军见冲击不上，改为炮轰，还派来了飞机助战。中国炮兵亦进行反炮战，于是两个据点枪炮声密如骤雨，硝烟弥漫，但日军一次次冲锋，还是被守军打退。战至黄昏，据点屹立不动，只是障碍物多已被摧毁，官兵伤亡过了半，但鬼子在高岭前丢下的尸体不下 200 具，在停兵山前的尸体则在 400 具以上。

这一日，在湘江东岸方面，第 190 师容有略师长亲自指挥第 569 团向突入飞机场之敌进行逆袭，鏖战 5 个小时，歼敌 400，自伤 200。之后，日军大举增援，第 569 团被迫退守江东岸的核心阵地。

至此，衡阳城外的湘江东、西两岸主阵地都已在日军围攻之下。

然而，一日激战下来，该师副师长潘质明却给预 10 师师长葛先才打电话求援来了，他结结巴巴地说："你知道，我们第 190 师是一后调师，大部分兵力已分拨第 3 师及预 10 师，官兵仅约 1200 人。这 1200 人中呢，三分之一为特种兵和参谋、后勤、卫生等人员，能参战的不过区区 800 人左右，而且装备较差。事实上，这点人马是难以达成固守任务的。倘若日军以火力封锁江面，东岸城区则成为孤城外的孤城。我们孤军离群作战，官兵更是难以坚持很久。再打下去，就完全可能丢了阵地。"

"你们咋不向军长申述？"葛先才说。

"这你又不是不知道，容有略师座在常德会战时是军参谋长，会战结束后才调任第 190 师。到差不久，对师内一切事务还都很生疏。军长严令我师固守湘江东岸城区时，他有苦难言，只是唯命是从。"

葛先才这才想起这容有略虽是黄埔军校一期生，不仅是位好好先生，而且完全是一介书生，现在担负这守备任务，确实难为他了。考虑了一下，他回答说："东岸城区，以目前你们第 190 师的装备和兵力而论，确实难以固守，应该撤回西岸去。"

"是啊，这样，一则可以加强城内兵力，再则也可以稳定全师军心。"

"这样做必须得到军长同意。"葛师长说，"我为你说几句同情话，没有大作用，能解决问题才是上策。这样吧，你马上做撤回西岸的准备，在容师长前，你替我向他打个招呼，不要叫他主持西撤事宜。时不我待，你大胆去做，我为你撑腰。"

"好的好的！"潘副师长道。

"我要去说服军长，等军长许可后，再通知你开始行动。"葛先才搁下电话,立即回过头叫总机:"我请军长讲话。"

电话一接通,葛先才就嚷开了:"军长!我有一问题向你请求,务恳你赐准。"

"什么问题?"方军长严肃地问道。

"军长,飞机场弃守,鬼子继续向第190师进攻,暂编第54师这个团是前车之鉴,不能白白将第190师断送了。这次战斗的重点在西岸衡阳城区,城区兵力不足以应战,应该将第190师撤回城内,集中兵力,保卫全城。"

方先觉一听就发火,咆哮着说:"穿上了军衣,遇上了敌人,就该死战,在哪里打不是一个样?东岸城区守不守得住,我不管,我只要第190师官兵每人杀两个敌兵,才算他们尽到了当军人的职责。否则,这种作战不力的部队,丢了也罢。"

葛先才是方军长的亲信,也是手下大将,对他这一骂,并不觉得害怕,继续说道:"第190师能在东岸杀敌,撤回西岸照样也能杀敌。他们撤回西岸后,就会更勇敢。为什么呢?他们撤回了西岸,有了依靠,心理上就不怯了,'气壮',是战斗制胜的资本嘛。"

他这么一说,方先觉那边沉默了。葛先才又说:"军长既然不在乎东岸市区的得失,那放弃东岸,将第190师撤回,并不违背军长的企图呀。他们撤回城后,以一命换敌二命的要求,我来担保。"

日军大炮对我军阵地进行猖狂轰击

军长还是没有说话,葛先才接着说:"他们撤回城后,将第3师较为次要阵地交一部给容师长防守,第3师可多控制一点机动部队。第190师战力较弱,也应善予诱导,多加磨炼,使其成为劲旅,才是正理啊,请军长用冷静头脑思考后告知我。"

这葛先才仗着自己是方先觉的亲信,说话越来越不着边了。谁知那边方军长却没被他的话激怒,反而说:"先才!你能保证第190师官兵,以一命换敌二命的战绩吗?"

"军中无戏言,用我的人头担保。"

"你有什么根据,对第190师官兵,如此有信心,而且如此坚决呢?"

"我信心的依据就是,万一第190师杀敌的人数不够,我预10师多杀些补足他们的差数!"

"你要说话算数!"方先觉终于同意将江东岸部队撤回衡阳城了。

其实,葛先才也是仗着自己与方先觉十几年的生死交情才敢这么说。虽然撤离东岸未必不是正确之举,但说服方军长的"理由"却是不值得一驳。因为第190师毙敌人数不够,由预10师来凑,谁也没规定预10师官兵要杀多少敌兵,这凑数之说岂不是掩耳盗铃?好歹第190师官兵可以撤离了。

黄昏以后,第190师和暂编第54师的一个营,利用事先控制的两艘大渡轮,往返于江东岸与铁路门码头之间,在午夜前,将东岸的官兵全部运回了西岸城内。

随后,军工兵营把湘桂铁路上的湘江大铁桥炸毁了中间三节,对岸派兵以火力封锁,使日军无法修复。

第190师入城后,除以第570团接替搜索营江防外,其余部队均集结在环城街附近,作为军预备队。

在他们紧急过江时,日军已开始对衡阳城的西南及南正面发起猛攻,炮声隆隆,枪声哒哒,爆炸声震动全城,战至午夜还没有停息,且越大越急。

日军要对衡阳城发起总攻了。

第一次总攻:
三炮把日军第68师团指挥系统炸瘫了

6月27日凌晨,高岭的枪声渐渐平息,官兵全部壮烈殉国,日军大举向第30团据守的江西会馆、五桂岭、141高地、枫树山阵地猛冲。各阵地前都是麋集成群的鬼子，他们利用黎明前的夜暗一波一波向阵地前的障碍物接近，势如潮涌。第30团团长陈德垕见鬼子攻势凶猛，大声喊着："记住，坚守三不打主义！"

什么是"三不打主义"呢？

这是他自己在战前定下的，即看不见不打、瞄不准不打，打不死不打。鬼子一波波上来，他一而再、再而三地喊"坚持三不打主义"，提醒官兵要打准、打狠，官兵按照他的要求英勇地抗击着鬼子的进攻。

陈团长已经意识到攻守大战要开始了，对副团长阮成说："你带团附项世英前去巡视第一线，千万别出什么娄子！"

阮副团长和项团附进至枫树山南斜面第1营指挥所时，与萧维营长一同视察战况。在夜色朦胧中，项团附突然发现鬼子以30余人为一波，前仆后继，一波一波地通过障碍物的破坏口，向阵地前沿攀登，立即说："看！"

"嘘，别做声。"

然后，萧营长悄悄地把战士们调过来。

突然之间，官兵扔下成束的手榴弹，结果摸上来的鬼子全被居高临下投出的手榴弹所消灭。

天渐渐亮了，日军的攻势渐趋停止，各阵地前遗尸累累。

官兵吃了早饭后，突然6架飞机飞临衡阳上空助战，对着鬼子进行俯冲轰炸与低飞扫射，阵地上的官兵放下碗筷，高兴地欣赏"空军的战技"，忽然，一架飞机尾部冒出浓烟，机身摇摆不定。原来，它被鬼子地面炮火击中了，旋即"轰隆"一声巨响，飞机迫降在高岭与停兵山之间的水田里。停兵山的第7连连长张德山说："王排长，你带人去营救。"

排长王三禄率兵6名冲出铁丝网，拼死前去进行抢救。机内为空军分队长陈祥荣，他身负轻伤，冒着敌军火力冲往我军阵地，但前去营救的王排长及3名士兵却被鬼子狙击牺牲，剩下的3人冒死继续前进，终于把陈祥荣分队长救了回来。

因为日军主攻部队已全部到达了衡阳城下，陈祥荣被送到军部后，无法归队，方先觉说："你就住在军指挥所内，负责陆空联络吧。"

午后2时，日军开始了全面的攻城战，步、炮、空联合对第10军所有的阵地发起了猛攻，围攻衡阳城南郊之敌为日军第68师团，西南正面之敌为第116师团，西北正面之敌为支摩支队，从长衡公路南窜之敌为独立第5旅团，

攻击的规模远比昨日大得多。

战至黄昏，守军的阵地屹立无恙，但五桂岭、枫树山、张家山、虎形巢、瓦子坪阵地所受压力最大，伤亡不少，木栅、铁丝网等障碍物都被鬼子一一破坏。

这时预10师第28团的营长们坐不住了。战事已进行整整两日了，而他们却为军预备队。说是预备，其实是当消防军，官兵不分昼夜在城内救火。敌机日夜轰炸，他们疲于奔命，扑得东来西又起，个个焦头烂额。面对前方如火的战局，他们身在救火，心却上了战场。第1营营长赵国民说："在长沙三次大捷中，第10军固守长沙城，与敌军鏖战4日，援军就从四面驰来，内外夹击，就把鬼子打败了。现在战事重演，保卫战眼看就要结束了，我们还立什么功？！"

第2营营长余龙和第3营营长李若栋也生怕坐失战机，三人找到团长曾京说："如果我方快速胜利，战斗结束，第28团仍未披挂上阵，既丧失杀敌良机，也失去夺得荣誉的机会啊！"

曾团长何尝不是这么想，搓着手说："军长这次挂帅受命衡阳，到时人人得奖晋级，就我们没份儿，岂不急死人！"

因为曾团长也生怕留下无功的遗憾，于是带着营长们拿起电话，直接打给师长葛先才，要求分配阵地，加入战斗行列。

对于这支预备队，方先觉军长是看得很重的，一再下令没有他的命令不得乱动。这葛先才见几个"老虎营长"请战，仗着自己与军长十几年的生死搭档交情，答复说："你们官兵斗志昂扬，很好！第30团阵地正面太宽，连日来伤亡不少，你们上吧！去接一些第30团的阵地吧。"

谁知他一调兵，马上被方先觉知道了，立即打电话来询问预备队的情况，葛先才说："派上去了！"

"去哪里了？我说过使用预备队，须得我的许可！你为何擅自使用？！"

葛先才见老搭档打官腔，火也上来了，并且比他还大："你给我的预备队什么任务啊？救火，其他部队都上前线了！他们还立什么功！凡事都要向军长请示，还要我这个师长做什么？"

说着说着，就管不住自己的嘴巴，下面全是"这世界上最难听"的话。当他意识自己再像泼大粪般泼下去就要伤害铁哥们儿的感情了时，一急赶紧撂了话筒。随后，电话铃响个不停，他再也不敢接了，任之响下去也不理不睬。

他不理睬，一会儿军参谋长孙鸣玉急急进来了，责备说："都什么时候了，你还意气用事！任何事都好商量嘛，咋就动肝火呢！"

葛先才是员猛将，又是军长的铁哥们儿，从没怕过谁，马上回敬说："军长自己也知道，现在什么时候了？国难当头！军长没错，我更没错！上级还是少干涉下级为宜，一个不会尽量发挥下级才能的将军，不会是一个好将军！"

葛师长这歪理，说得孙参谋长也没办法了，只好报请军长核可认了这师长擅自调

日军龟缩着伺机向我军发起攻击

动军预备队之事，将第30团驻守的五桂岭、枫树山阵地交由第28团接替防守，第30团则除了留第3营守备修机厂及其西侧小高地，准备支援第7连停兵山战斗外，主力则占领花药山南侧预备阵地，进行休整待命。

这样，被葛先才一闹，第10军的王牌预10师的三个团并列在第一线作战了。

第28团的担心并非空穴来风，他们一上阵地，重庆的嘉奖令就下来了，不过不是他们的，而是第30团的。原来，方先觉为激励士气，将两日作战的有功人员电报军委会叙奖，经过蒋介石亲自照准，第30团陈德垕团长获颁忠勇勋章，成为了衡阳开战后获得勋章的第一人。这下第28团上下个个说："嗨，看，晚一步，就少一功了！还不上阵，功劳就全没了！"

但是，上了阵地，战斗却是更加激烈了。

28日零时以后，日军又发起了攻击。拂晓以前，日军大举突入停兵山据点，把阵地前的各层障碍物一一破坏，硝烟弹雨与浓雾笼罩全阵地，第30团第7连官兵誓死奋战，鬼子冲上了阵地，张德山连长带头上刺刀，冲出去与鬼子肉搏，最后，全连战至只剩下一个碉堡，仅存4人，张连长电话向葛师长、

陈团长报告："我们坚决与敌人拼至最后一颗手榴弹。"

随即，电话就中断了，爆炸声、枪声与杀声渐渐平息，张连长和全连士兵与高岭上的李排一样，全部殉职。

但是日军攻占这个据点，伤亡却在第7连10倍以上，木栅前、铁丝网上、深壕内，全部都是鬼子兵的尸体。

第28团一上阵就打出大战果。

天明后，第28团迫击炮连连长白天霖在枫树山观测所用10倍望远镜向阵地前进行搜索，准备打它几炮试试水。蓦地，他发现正南方约800米欧家町小高地上，有十几个鬼子正向国军阵地窥视，并指指点点，嗨，一定是鬼子高级军官！他当即决心不用单炮试射，命令全连："8门炮集中一起射击。"

"轰隆"，第一群炮弹全部命中目标，鬼子们当即就被炸飞了。接着，他们再射两炮，不偏不倚又命中目标。

这被打中的，可不是一般的鬼子，而是日军第68师团师团长佐久间中将。为了再次组织攻击，他亲自跑到第一线指挥战斗，正在这小高地上召集各部队长协商行动方案，谁知突然而来的这顿炮火，把他和手下全炸飞了，好在他还没当场丧命，但他手下的参谋长原田贞及重要部队长全都负了重伤，立即被裹伤往后送。

结果，一大清早，日军整个第68师团的指挥系统完全瘫痪了。

第11军司令官横山勇见状，立即采取紧急措施，令左翼第116师团长岩永旺中将负责全盘指挥，继续进行攻击。之后，日军从6月28日至7月2日连续五昼夜不间断地进行全面攻击。

繁华的衡阳城变成了罕见的人肉大屠场。

血拼张家山：葛师长"赤膊大战"

张家山阵地是在衡阳火车站背后，是预10师阵地的中央突出点，也是战场的锁钥之地。它由三个不大的小高地组成。东南面是227.7高地，西北面是221高地，两个高地中间相距约50米，正是步、机枪交叉火网最有效的距离。张家山在东北，比这两个小高地稍高，在它们的中央后方，相距约150米。整个阵地看起来略呈"品"字形，三个小高地互为犄角，可以互相支援，互相掩护，因此，这个阵地虽然突出，却特别坚固。

日军开始攻击张家山时，大有志在必得的雄心，像泰山压顶一般集中优势炮火，对着阵地和各种障碍物进行轰炸，同时进行空袭，大扔毒气弹，折腾得战场上硝烟弥漫，然后，日军如潮水般蜂拥上来，官兵坚守工事，沉着应战，不顾毒气迷漫，先进行侧射，接着投手榴弹，最后进行白刃战，日军一波一波冲上来，又一波一波地倒下去。

29日，227.7高地及221高地三次被日军突破。前两次由第29团副团长刘正平指挥第2营逆袭，予敌重创；第二次，阵前易将，葛先才师长派第28团团附劳耀民接替第29团第1营营长周立岳。第1、第2两个营都已伤亡过半，劳耀民与第2营营长李振武一起合力拒敌。第三次，日军踩着同伴的尸体，嗷嗷叫着，互相掩护，进行阶梯式冲锋，双方杀得山摇地动，鬼子终于得手了。

葛先才十分恼火，派第30团第2营前去逆袭，并且下令说："天明前一定要将突入之敌全部歼灭。"

第2营果然达成了目的，葛师长于是下令张家山改由第30团第2营防守，第29团第1、第2营归建。劳营长已经负伤了，仍然坚持不退，说："正是立功的时候，走不了！"

第29团朱先基团长说："那你先率残部100人到团部附近稍事休整，然后再上。"

第二日中午，日军发起了更猛烈的攻击，221高地两次被鬼子冲了进来，但接着又被第30团歼灭。黄昏时，227.7高地和221高地同时被鬼子冲上来了，第30团第2营伤亡一大半，徐营长身负重伤后身亡，团附甘握继任营长进行指挥，眼看这里要丢了，陈德坒团长对第1营营长萧维说："你率两个连逆袭！"

萧营长一去，又将突入之敌大部分消灭了。

夜半时分，日军又发起猛攻，两高地又陷敌手，陈德坒团长不得不亲率第1营预备队及团直属部队编成一个连前去增援。

这时已是黑夜，伸手不见五指，两个高地上的官兵与突入之敌正在一起混战，敌我莫辨。双方就像捉迷藏，静静的，谁也不敢弄出一点音响儿，生怕暴露了自己的位置。我军却有办法，用手去摸，摸着穿粗棉布衣的，就是自己人，摸着穿光滑卡叽布军衣的，就是鬼子，发现是鬼子，就用刺刀一刀刺去。高地上，枪支的碰撞声与被刺者的惨叫声时起时落。陈团长率领的逆袭部队到达两高地反斜面的后方，发现这一情况后，只得下令："停止前进。"怕伤害了自己人，不敢加入战斗。

第10师师长葛先才

他们一直等到早上晨曦微露,可以看清楚了。陈团长一声令下,官兵立即大声喊着"杀啊",冲了上来。这时日军的后续部队也不约而同地躲藏在高地的前斜面,听见冲杀声,也嗷嗷叫着,野兽般发疯地冲了上来。可是,我军就这几分钟之先,抢了战机。官兵立即居高临下,对着藏在高地准备仰攻的鬼子猛打,一口气将他们赶下了山。

恢复阵地后,陈团长检点伤亡,敌我尸横遍地。第1营萧营长说:"陈团,我们也伤亡过半了。"

"我将营预备队连留交你填补火线。"陈团长说。

经过几日交锋,日军就是突破不过去,盯上了张家山,大有非拔去这颗钉子不可的决心。7月1日,日军继续发动攻击。221高地在半夜又被突破,萧维营长指挥官兵进行逆袭,天明前将阵地上的鬼子全部消灭。

2日拂晓,日军在进攻时向张家山阵地施放毒气,守军没有防备,官兵大多昏迷,失去了知觉。8时许,日军发动更加凶猛的攻势,第一波冲锋的兵力达200人以上,结果,这些野兽们几乎是同时冲进了221及227.7高地。萧营长指挥醒过来的官兵反复冲杀,但无力恢复阵地。陈德坒团长命团附项世英:"你去萧营激励士气,鼓励他们死拼待援。"

项团附一上高地,大喊着说:"我和你们死守阵地!"

"好!"萧维营长说,"我们互留原籍通信地址,如果有一人阵亡,生者负责通知死者家属。"

"好!杀鬼子,死了也光荣!"

两人互换地址时,预10师师长葛先才正在五显庙指挥所,他的指挥所距第一线只有700米,与第30团指挥所萧家山相距不足300米。眼看陈德坒手中的预备队已残存无几,他果断地派师工兵连及搜索连向张家山方向运动,自己则率着几个参谋与卫兵前去萧家山的第30团指挥所,一进门,他就大声问道:"陈德坒,战况如何?"

"前沿两个高地被鬼子突入了!"陈德垕沮丧地说。

"这咋行!"葛先才当即说,"我自己指挥工兵连和搜索连去逆袭。"

"这咋行!很危险的!"陈德垕说。

"有咋不行的?!"

葛先才说罢,亲自打电话给军炮兵团,要求他们集中火力,对敌后续部队实行阻止射击,掩护逆袭。炮声一响,葛先才亲自出马,带头冲锋了。

师长亲自上阵,气势果然不同,一时冲锋号大作,官兵斗志昂扬,奋起喊杀,排山倒海般地冲上两个小高地,与鬼子进行鏖战。

在激战中,原守阵地的第1营伤亡殆尽,萧维营长及副营长赵毓松均负伤,第2连连长刘铎铮、第3连连长应志成阵亡,排长则仅存一人。鬼子十分顽强,葛师长带着两个连官兵奋勇冲杀,官兵全都豁出去了,工兵连连长黄仁化也与鬼子拼上了刺刀。但挖地道、修桥梁在行,拼刺刀不是他的强项,没拼几下就被鬼子刺伤,眼看几个鬼子端着刺刀围上来了,他毫无犹豫地把手伸向了腰间,"轰——"拉响了手榴弹,与鬼子偕亡。

搜索连中尉排长王振亚在先头领导冲锋,屡仆屡起,最后,他擒住一个鬼子互相搏斗,就地翻滚,结果滚到邻近的手榴弹边,"轰——"手榴弹也爆炸了,他与紧抱着的鬼子同归于尽。

葛先才虽然长相文静,却是有名的猛将,操着长枪,"乒乒乓乓"地与鬼子拼起了刺刀,一招一式,又快又狠,鬼子一个个惨叫着倒在他的脚下,刺倒一个,他看都不看,继续向前挑,并且专拣个子高大的鬼子刺。鬼子见着这样的高手,知道一个不是对手,好几个围着上,但刺来刺去,就是近不了他的身子,相反,十几下劈刺后,全都一个个倒下。

经过40多分钟的激战,葛师长和官兵终于将突入之敌全部歼灭了。

葛师长跑上张家山时,已汗流浃背。他见着敌我尸体交错,伤兵在地上呻吟,也禁不住伤心落泪,为了掩饰自己的情绪,他于是将上衣脱下,边擦泪,边揩汗。因为第30团伤亡重大,再也无以为继了。他将工兵连、搜索连留在第一线,与该团直属部队编成一个连,勉强凑成了3个连,说:"由副团长阮成指挥。"

然后,他才回到了指挥所。

谁知他在张家山上脱衣擦汗擦泪一幕,被几个参谋看见了,回到指挥所后,他们竟然杜撰出了一个吹捧师长"赤膊大战张家山"的英雄故事。随即,第10军全军都传说葛师长"赤膊大战张家山",如何如何神勇,如何如何吓

得鬼子尖叫着跳岩，摔死几百个鬼子的神话。

葛先才被"神化"后，第3师师长周庆祥也传出了"战场花絮"。

他的"战场花絮"不是冲锋陷阵的，而是他对"作战不力"的两名手下的"铁腕惩处"。

第3师负责守备城西北，第7团据守汽车西站以北、瓦子坪至易赖庙前街一线阵地，这里也一直是日军猛攻的重点。在激战中，第1营营长许学启阵亡，由副营长接任。就在日军大攻张家山的时候，7月1日夜，第7团第3营瓦子坪阵地也被200余日军突破，随后团长方人杰指挥第2营进行反击。可是，连续反击好几次，都没能将鬼子击退，相反还伤亡不少官兵。不得已，方团长退守到了杜仙庙预备阵地。

周庆祥师长闻讯之后，非常震怒，当场下令："将第3营营长就地正法，团长方人杰撤职查办！"

之后，方人杰遗缺由第9团副团长鞠振寰调升，并以第2营接替第3营防守阵地，第3营残存官兵约130人集结为团预备队，以团附王金鼎任营长。

周庆祥虽然在全军赫赫有名，但如果说葛先才是一员天不怕地不怕的猛将，以敢打敢冲闻名的话，他则一直以绝顶聪明的儒将风度为人们谈论，这次他竟然铁腕杀将，消息传出，也是极大地震动了全军。

这一切都表明衡阳城的守卫战到了最激烈的阶段。

7月3日后，日军因屡攻屡挫，伤亡难以补充，终于由全面总攻改为重点攻击。

这是日军发起的第一次总攻，而伤亡却在1.6万人以上，其第68、第116两师团所属各步兵连平均残存官兵只有区区20名上下。守城的中国军队伤亡4000余人，只是敌军伤亡的四分之一。横山勇花费如此重大的代价，除占领停兵山、高岭两前沿据点及瓦子坪、辖神渡、望城坳，来雁塔等阵地外，方先觉守城的第一线阵地均屹立不移。

日军攻势改变后，衡阳城内的守军也获得了喘息的机会。于是，方先觉也关注起早几日猛将葛先才"赤膊大战张家山"的事情来了。这葛先才说起来却是中国军队中很有噱头的一员将领，他人长得眉目清秀，性格却如同猛张飞一般，豪迈粗鲁。他对读书什么的，一概不感兴趣，打仗是好手，也是高手，从北伐到抗日战场上，屡立奇功。当方先觉派人准备上报他"赤膊大战张家山"的英雄事迹时，对沽名钓誉或作秀之类却完全不懂的他哈哈大笑："鬼子是杀了，具体多少，我也不知道。不过赤膊大战，没有的事！"

他说没有,可是别人不信,接着又问:"那多少鬼子被你吓得跳岩了?"

"跳岩?那里好像没有悬崖。"这葛先才说完,还补上一句,"你们别乱说啊!"

像他这样打仗精明,其他方面不谙世事的国民党军将领有几个?难怪方先觉对他擅自调动军预备队,并且还出言不逊不予计较呢!可这张家山因为位置重要,敌我争夺最激烈,先后得失13次之多,终于成为了"名山",就连蒋介石也不信葛先才"赤膊大战张家山"是"没有的事"之语。7月6日,芷江空军第三路司令部传来军委会委员长蒋介石的两道电令。第一道嘉勉第10军将士"奋勇固守"的作战精神和功绩,老蒋并指示"我军务必再奋神勇,固守两星期,配合外围友军,内外夹击,以完全歼灭敌人,造成空前的湘中大胜利"。第二通电报就是嘉奖预备第10师师长葛先才恢复张家山有功,葛先才因为"赤膊大战张家山",特颁青天白日勋章一枚;随他参加大战的工兵连官兵,每人奖忠勇勋章一枚。由于报纸登载有出入,一起与葛师长参战的搜索连没有得奖。

几经激战,衡阳城早已被日军围困多日了,直到7月8日中午,空军才飞临衡阳上空第一次进行空投。因城区及城郊阵地狭小,不少物品飘落到了鬼子阵地和湘江流水之中,官兵能拾得的不及五分之二,其中最多的是毛巾、肥皂、香烟、八卦丹、万金油之类,而城中迫切需要的药品却没有。另外,投掷最多的是当天重庆出版的《大公报》,上面有如下一则中央社通讯:

"据军事委员会7月7日发表战讯:在保卫衡阳恶烈战斗中,我某师师长葛先才将军率领所部,亲冒毒气,恢复张家山阵地有功,政府特颁给青天白日勋章,并记大功一次。其关于参加该役作战之各连连长、各排长、各班长亦各颁忠勇勋章一枚,并各记功一次,并对守城之忠勇奋斗卓著勋劳全体官兵,亦奖励有加。"

日军疯狂发动第二波总攻:第一线阵地上尸积如山

横山勇本以为衡阳指日可下,没想到守军如此顽强,对西南主阵地的正面连续猛冲猛打5个昼夜,一无进展,还落得伤亡惨重。改为重点攻击后,他边集中兵力进行重点进攻,边补充兵员、弹药和粮秣,准备发起第二次大总攻。

7月11日拂晓，日军飞机又开始了轮番轰炸。午后，敌炮兵向我西南守军主阵地猛轰。黄昏时分，日军步兵漫山遍野发起了全面总攻。

第30团守护的修机厂及西侧高地遭到日军的猛攻。

12日夜，200多日军钻到两阵地中间，分别向两阵地北侧打过去。第3营营长周国相带领官兵死战不退，并用火力截断鬼子后续部队，经过3个小时的奋战，终于将渗入之敌歼灭。

13日黄昏，激战再起。日军以五六十人为一梯队，一波一波向守军阵地猛冲。修机厂与右翼张家山阵地同时陷于激战。周营长说："团里的重点在张家山，我们获得上级增援的希望甚少，必须独立苦战。"

在几进几退的争夺战后，鬼子钻到了修机厂的房屋里，把机枪架在屋顶上向四周扫射，这给第30团造成很大伤亡，第9连连长王云卿、机3连连长何洪振相继阵亡。周营长悲愤交集，亲自带着一批士兵前去消灭这伙鬼子，结果不幸饮弹牺牲。副营长蒋鸿熙接着担任指挥之责，奋战不退。

敌我相持着，死伤枕藉。

正如周国相所说的，张家山阵地是团里的重点，也是日军攻势最为凶猛的地方。从11日黄昏开始，一连三昼夜，日军以100人为一梯队，在炮、空军的猛烈火力掩护下，一波一波地向221及227.7两个小高地冲锋。午夜，阵地第一次陷落敌手，该团第2营残存的两个连130余人发起逆袭，在天明前恢复阵地。

12日中午，阵地第二次陷于敌手，师防毒连及团直属部队混合编成一个连进行逆袭，激战到黄昏，阵地宣告恢复。谁知正当官兵喘了一口气时，又遭到日兵反扑，防毒连连长王开藩身中数弹，壮烈殉职，其余官兵奋战不退，结果都"成仁"在阵地上。军工兵营营长陆伯皋指挥两个连第三次反攻，激战通宵，双方在尸体中进行拉锯战。在激战中，几个鬼子被一名卧地呻吟的工兵伤兵绊住，结果，伤兵毫不犹豫地拉响了最后一颗手榴弹，与鬼子同归于尽。

战斗之惨烈，惊天地而泣鬼神。在天亮前，陆营长他们终于尽歼敌众。

工事已经残破了，战况仍然十分紧迫，官兵在积尸上加盖一些沙土，筑成能避弹的人墙。

午后2时，鏖战又起。

黄昏前，221及227.7高地上的两个工兵连全部力战而死，高地终于丢失了。

接着，日军从东北方向围攻张家山小高地。军部急令第3师第8团第1营营长李恒彰率第2、第3两连归预10师葛师长指挥，跑步前来做第四次逆袭。

这时日军也增援，结果，月明星稀，双方进行反复冲杀，互有进退。14日拂晓以前，张家山小高地三次失而复得，堆积起来的尸体一尺多高。

可是，221、227.7两个高地不收复，张家山受其瞰制，加上左翼第3营阵地也在危殆之中，势难久守。葛师长眼看天气酷热，尸臭难忍，于是报准方军长同意，将小高地与左翼修机厂及西侧高地在天亮前自动放弃。

官兵退守到了肖家山、打线坪一线的预备阵地。

张家山丢了之后，日军接着猛攻虎形巢阵地。虎形巢与张家山是守军西南主阵地的两扇大门。不把这两扇大门敲开，是无法进入城中的。日军对虎形巢的攻击，也和对张家山一样凶猛。

第29团据守的虎形巢阵地前面地形开阔，日军白天进攻，伤亡巨大，并且几乎是打不进的，因此只有在晚上死打。14日零时前，第2营击退了鬼子三波攻势，第四波鬼子又蜂拥而至。这时守军已伤亡四分之三，阵地丧失三分之二，再也没有反击力量了，营长李振武也在激战中牺牲。朱光基团长命令在张飞山二线阵地的第1营营长劳耀民："你马上率领全营去逆袭。"

第1营只剩下两连残兵，其实已不足100人。劳耀民率领这几十人前去逆袭，鏖战到天明。他向朱团长报告："我们已将突入之敌歼灭，但自己也伤亡达五分之二，怎么办？"

朱光基说："我想办法。"

他又将团直属部队合编约70人的一个步兵连，把配属来的战炮连改装为步兵，共60余人，拨归劳营，命令他们占领原阵地，加强工事。

午后，日军对着虎形巢阵地不仅进行空袭、炮击，还拼命地放毒气，烟尘弥漫，遮天蔽日，守军的工事大部分被毁，官兵多数昏迷。黄昏之后，鬼子步兵蜂拥强攻，一波接着一波，酣战至午夜，敌我在守军阵地上犬牙交错，难分难解。

劳耀民营指挥所设在虎形巢最高点。在混战中，一伙鬼子爬到了指挥所地堡的顶上，咬着黄牙，操着轻机枪拼命向四周扫射，守军的伤亡更大了。劳营长率领仅存的号兵及传令兵各一人冲出堡外，对着他们狂扔手榴弹，才将堡顶上已发疯了的鬼子炸毙。

威胁稍稍减轻，官兵于是急忙堵塞两侧的交通壕，中间隔着碉堡，与鬼子进行捉迷藏式的攻防战。打到最后，8箱手榴弹投掷到只剩5颗了，怎么办？

正濒临险境之时,朱光基指挥第3师第9团第3营营长率第8、第9连增援来了。

双方继续在高地上展开惨烈的争夺战,冲锋号音此起彼落,喊杀之声不绝于耳,交通壕中血流遍地,第9团第3营营长孙虎斌、战炮连连长陈以居及第8、第9连连长均先后阵亡。劳营长左肩再次负伤,仍然坚持不退。战至15日天亮前一小时,官兵伤亡三分之二,日军占据了阵地的一半。

结果,在天亮前,中国军队没能把丢失的阵地收复。

这时,北侧范家庄第3营派出的加强连据点因为连日来被敌军攻击,阵地好几次陷于危殆。第3营派部队两次逆袭,消耗兵力100余人,阵亡两个连长及5个排长,最后只剩下了10个兵,但他们在章振宏排长的率领下,守住3个碉堡,坚持不退。

葛师长鉴于张家山及东侧修机厂已于昨日弃守,虎形巢、范家庄形势突出,兵力单薄,不能久守,并且还影响西禅寺方面的防守兵力,于是报请方军长同意,在天亮前撤离,下令官兵退守西禅寺、张飞山一线预备阵地。

日军连续攻击了五昼夜,双方在西南主阵地上进行硬拼,打得两败俱伤。日军伤亡约8000之众,只拿下了工事全毁的张家山与虎形巢两扇大门,而后继无力了,不得不顿挫在衡阳城下。

预10师直属部队和3个一线团,甚至杂役、炊事兵,都在近一个月的激战中伤亡殆尽,继续据守第一线阵地的,虽属预10师3个团番号,实际上多是从第二线阵地抽出的第3师第8、第9两团以及军直属部队官兵,但他们也只能支撑残局了,防御广而兵力单薄,许多阵地正面已空无一人。

然而,战斗还在继续。

16日下午4时,方先觉接到报告:"市民医院南打线坪高地上的守军全部牺牲了,请求援军。"

可是,方先觉已无兵力可调了,南打线坪高地终于失陷。

当晚,肖家山及枫树山西南部也相继被日军攻入,守军因为兵力单薄,再也无力去进行恢复了。方先觉于是命令葛先才将固守半个月、付出了极高代价的第一线——二五桂岭南半部、141高地、枫树山、市民医院、肖家山、张飞山等坚固阵地全部放弃,改守第二线,他连夜调整部署如下:

(1)第3师第8团附搜索营第1连约300人,占领外新街、五桂岭北半部阵地。

(2)预备第10师第28团附搜索营约350人,占领接龙山、花药山、岳屏山阵地。

日军拼命地施放毒气，烟尘弥漫，遮天蔽日

（3）军工兵营（约80人）附新编成的第29团第2营（第29、第30团残余官兵约150人编成，由师部少校参谋藻古今任营长）暨炮兵营100人占领五显庙、苏仙井中间高地阵地，由副师长张越群率少校参谋张权坐镇指挥。

（4）第3师第9团约350人，占领天马山、杏花村的141高地、西禅寺阵地。

（5）第90师第570团约90人，占领接龙山西侧家屋、雁峰寺、中正堂、电灯公司为第二线阵地。

（6）第一线阵地各部队，统归预备第10师葛师长指挥。

（7）军辎重团与军直属部队非战斗单位的能战官兵，编成两个战斗营，每营约300人，为军预备队，分别控置在清泉路与月亮塘附近。

（8）着政工和医务人员，劝导轻伤官兵重返战线。

第10军重整部署后，第一线的阵地全放弃了，谁知日军心有余悸，两日之内都不敢冒进，后来经过火力搜索，确凿核实守军已撤离后，才继续往前，再与守军保持接触。

这次总攻，日军损失惨重。日军第11军司令部的战报称："我军再度发起总攻之后，除和上次一样，仅夺取极小部阵地外，依然无所进展，而伤亡却更惨重。两个师团之原任大队长已所剩无几，大部分之步兵队已变为由士官代理大队长，勉强支撑战斗之惨局。第二次总攻，又有联队长一名、大队长6名相继伤亡，而攻击之前途却仍不见乐观，于是攻击再度停止。"

尽管如此，战前第10军将士以为马上就可战胜日军，夺取保卫衡阳的胜利的梦想全成了泡影，再也没人说"再不上阵，就没机会立功"的话语了。

内外夹击，蒋介石的救援大计成了泡影

第二线的争夺战接着又拉开了序幕，衡阳城内外炮声隆隆，阵地前喊杀声彻夜不断。

19日，日军再度受挫。两个师团不得不停下来，再次大量补充兵员和武器，横山勇不得不将总攻又改为重点攻击。

同一日，远在重庆的蒋介石电令方先觉："无论兵员如何缺乏，必须编足数营，向增援友军方向出击，否则，敌必以守城部队无力而不退矣！"

方先觉孤军奋战这么久，也不见一个友军的影子，怎么突然有了友军呢？

原来，在衡阳保卫战打响后，第62军就从广东开到了衡阳城外，准备策应城内作战。谁知突然接到蒋介石的命令，要求他们去祁阳进行集结待命。结果，就在他们后撤祁阳的途中，横山勇把偌大的衡阳城围了个水泄不通。

方先觉被迫将防守外围的部队全部撤进衡阳城后，一些人说："如能迅速将第62军加入作战，即可解围。"于是，方先觉力请上级派兵增援。第62军在7月15日晚接到军委会侍从室主任林蔚的电话命令："第62军即由祁阳出发，沿湘桂铁路向衡阳之敌攻击前进，解救方先觉部之围。"第二日早晨，第62军出发，17日午前到达白鹤铺车站附近。黄涛军长接到手下报告："约一个联队的鬼子占领车站，拦住我军前进道路。"

黄军长当即命令第151师师长林伟俦："率所部（缺陈植团）向白鹤铺之敌攻击。"

谁知林师长激战一天，也没能把车站攻下，由此，林师长判断该敌有死守白鹤铺阻拦第62军全军前进的可能。救兵如救火，黄军长认为如硬从正面攻击，不仅牺牲大，损失实力，更耽误时间，很难达到救援第10军的任务，于是决定以一小部兵力与敌保持接触，军主力则转取别的道路前进。

18日晨，他派第157师副师长侯梅率第151师的陈植团和第157师的黄忠汉团为军先遣支队，绕过白鹤铺车站，向北迂回，猛烈攻击白鹤铺车站之敌侧背。激战半天后，白鹤铺之敌终于站不住脚了，下午向潭子山撤退。先遣支队跟踪追击，谁知狡猾的旧军已派部分兵力占领了潭子山阵地，双方又在潭子山发生争夺战，战况甚为激烈，打到最后，日军占据了潭子山北部，

先遣支队占领了山南部。

两军又在潭子山对峙起来了。

为了尽快去救援衡阳城，黄军长下令留下黄忠汉团佯攻潭子山，牵制该方面之敌，军主力则向东阳铺进击，前去攻占雨母山，以打进衡阳城去。但是，他们在雨母山又被鬼子阻拦住了。

这半路上被鬼子拦着的第62军，就是蒋介石所说的友军。方先觉接到蒋介石的命令后，心想就自己这样一出击，"敌以为守城部队有力而就退矣"几乎完全不靠谱，这个理论完全是瞎扯。但他还是下令准备打出去，"向增援友军方向出击"，去与援军会师。

20日午后，方先觉远远听见西南郊外有隐约的枪炮声，经与第62军电台联络，约定互为策应，争取早日实现会师任务。为此，方先觉命军特务营精选官兵150余人编成5个突击排，由曹华亭营长率领，利用夜暗，冒险突出重围，前去迎接援军。

那隐约的枪炮声是第62军进攻雨母山的战斗发出的，好在他们终于拿下了雨母山。接着，黄军长派人侦察当面敌情，获悉衡阳西站和头塘方面均有敌兵防守。20日下午，他根据与方先觉的约定派第151师师长林伟俦率部向衡阳西站攻击前进，第157师（缺丁克坚团）为军预备队。

林伟俦决定以陶湘甫、丁克坚两团为右翼队，由东阳铺出发，向衡阳西站之敌攻击前进；以薛叔达团为左翼队，先攻头塘，得手后，向衡阳外围之敌攻击前进。

当夜，全师开始行动，右翼队经过猛烈攻击后，很快到达西站附近。左翼队攻到头塘时，被鬼子密集火力反击，攻势受到挫折，伤亡颇大，勉强仍在原地继续作战，但毫无进展。随后，右翼队继续向衡阳西郊攻击，激战两昼夜，伤亡甚大，团长丁克坚也阵亡，第151师就这样再也打不进了。他们重兵打不进衡阳城，而方先觉派出的突击部队却一举突出了重围。在天亮前，他们竟然到达了西南部的五里亭，可这里哪有一个友军的踪影儿？曹华亭营长眼看情况不妙，立即又转身，带着部队急急往城内赶回去。

在重围中的方先觉心急如焚地盼望着友军的出现，21日，他突然接到观察所报告："敌原配备在西南地区的炮兵已撤到了湘江东岸，在西北地区的炮兵已撤过蒸水。"

"是不是第62军得手了？"军参谋长说。

方先觉说："派人再去查一查。"

结果，回报说："耒河及蒸水之上，各架有浮桥一座。敌炮兵过河后，在车站及望城坳等一带占领了阵地。"

这是怎么一回事呢？难道真的是第62军打到了城下，鬼子们慌了，要撤退？方先觉半疑半信，隐约感到被捅了一下就走，这不是鬼子一贯的做派。

傍晚，日军所有辎重骡马部队及大批前线部队，高举火炬，分成两路，从浮桥上跑过耒河、蒸水，并在江东岸及欧家町、望城坳等地到处纵火焚烧民房。一会儿，还听见望城坳一带步机枪声大作，好像已与援军接火了。但到次日早晨，四方却寂然无声了。

军参谋长说："好像鬼子已经完全撤退走了。"

正在这时候，带领突击部队出城与友军接头的曹营长跌跌碰碰地闯了进来。方先觉一看，只见他头上绑着带血的白绷带，胸前吊着包裹起来的胳膊，腿上也带伤被血染了，急忙问道："你……你这是咋啦？！"

"军座……"曹营长放声大哭，边哭边说，"历尽险阻，竟未能相会，遂半夜失望而回。在回来的途中，受到日军节节阻击，伤亡过半。我也身受重伤，好歹带着残部生还回来了。"

这150余人的突击部队竟打出了日军的重重包围，接着又打进城内来了，这令军部诸将们十分惊叹，方先觉问道："援军没有找着，他们没有打到城下？"

"嗯哪！"曹营长回答。

"那枪声是什么？鬼子在东岸在做什么？"

"不知道，我们经过的时候看见他们的大炮全对着城内，好像有什么大行动！"

这一下方先觉终于醒悟过来了："诡计！这是鬼子的诡计，鬼子的诈兵之计！"

他说的没错儿。这确是横山勇的一个诡计，鬼子伪装撤退，诱使城内守军出城追击，而准备主力乘虚夺取衡阳城。幸亏曹营长及时赶回来，方先觉才识破了横山勇的诡计，没有出兵"追击"，避免了一次大上当。

第62军远离衡阳城，被鬼子阻住，寸步难行。

就在这第62军想援而援不了的时候，23日拂晓前，日军一个旅团的援军却到达了。他们立即抄袭第62军侧后，猛向雨母山附近第62军阵地袭击，第157师（缺丁团）当即与日兵激战，结果，不打还好，一打反把雨母山给丢了，随后官兵奋起反击，好歹又把它夺了回来。

日军对我救援部队进行阻击

正在雨母山阵地得而复失、打得激烈的时候,林伟俦师长怎么也找不到军指挥所了,竭尽全力也与军部联系不上。原来黄军长见大事不好,正在转移指挥位置呢。由于与军部失去联系,林伟俦没能及时指挥第157师立即修复阵地,结果日军又来攻打,经过一昼夜的反复争夺,第157师伤亡严重,又乱中出错,在情况紧急时,该师一个团增援不及时,雨母山阵地终于最后被日军攻占,第62军反被鬼子断了后路。

24日,第62军不得不慌忙向后转进,在马鞍山附近相持一天,战况仍甚激烈,全军伤亡不轻,第151师副师长余子武在激战中阵亡。

25日,全军撤至铁官铺附近,占领阵地,但再也难与日军继续作战了。黄涛率部前去救援,自己反被日军打得遍体鳞伤了。

蒋介石的救援大计成了泡影。

傻兵傻战,让战友和鬼子都惊傻了

尽管黄涛率部前来救援,但横山勇对第62军这边并没有大打,对于城内的守军却是花尽心思,不仅天天炮轰,而且还打起了心理战。每日派出飞机飞临衡阳城上空,有时是扔炸弹,有时竟然空投少量的香烟和大批传单,其中还有精心设计的10元钞票大小的"归来证"——持这个证出城来投降,日军可以一路放行。传单上则印着:

能征善守的第10军诸将士：

任务已达成。这是湖南人固有的顽强性格。可惜你们命运不好，援军不能前进，诸君命在旦夕！但能加入和平军，绝不以敌对行为对待，皇军志在消灭美空军。

这第10军将士主要是湖南人，他们都弄清楚了，横山勇想利用第62军无力来援的事实，煽动、引诱、离间、涣散城内守军的军心，削弱官兵的抵抗力。而方先觉的办法是，天上掉下来的烟卷儿，谁捡着了归谁所有，但拾获的传单和"归来证"必须上缴，然后下令集中进行焚烧，并且他还下令："官兵继续苦斗苦战，与衡阳共存亡！"

结果，日军白白浪费了香烟，却没人拿着"归来证"出城投降，恼怒之余，炮火骤增，每日在天黑之前或者拂晓后对着城内进行猛轰。可是，城内守军的大炮及迫击炮弹药都已用尽，当日军猛轰时，对敌方炮火根本无法压制，官兵伤亡极大，日军依靠着大炮先后向易赖庙前街、西禅寺、五桂岭北半部、外新街轮番猛攻。

担任西禅寺阵地防守的，是预备第10师29团1营2连。

西禅寺位于城外西南角，是一座两进房屋的小庙，庙的四周有合抱以上的几十株大树，但经过一段时间的战火，这些大树已无一剩存，不是半腰折断，就是连根拔起，整个阵地都已面目全非，青山变成了黄土岭。

在防守西禅寺的第2连中有一个傻兵，说他傻，其实也并不太傻，他只是思考能力欠佳，反应迟钝，为此全连官兵都不喊他的名字，叫他"傻子"。

而他呢，被人"傻子傻子"喊着，也不生气，竟笑口常开，在残酷的战争环境中从无愁容。在战余，连里不管是老兵新兵，年纪大的年纪小的，有什么做不完、做不动的事，叫声"傻子来帮忙"，他就去了，也从不偷懒，师长葛先才也认识他，对他的评价是"人见人爱，人见人怜"。

这傻兵最怕上操场进讲堂，当兵好几年，连基本技能都没学会，上靶场进行实弹射击，三发子弹，他至少有两发不能上靶，不知飞到何处了。这样的傻兵上了战场怎么办呢？其实，他傻归傻，可打起仗来全连谁都不敢藐视他。

他有一特技，力大如牛，也胆大包天，是位超级投掷能手。他扔手榴弹能做到快、远、准，比一般人要超过十多米远，并且还能做到恰好在落点上空爆炸，杀伤力大。因此，每当作战守阵地时，连长、排长就把成堆手榴弹放在他身边，说："傻子，这是你的，扔完了就向我要。"

既然傻子有这个特长，又打不准枪，枪对他来说自然作用不大。那他还要不要扛枪呢？这个问题他也思考过。在军队里，是兵就有枪，傻子也没有例外，有着一杆老套筒子步枪。一次，他拿着老套筒子来找连长了，苦着脸报告说："步枪我不会使用。擦枪时，枪还没擦好，手指弄得皮破流血。我不用这套筒子，缴回连长。"

"当兵没有枪，你说咋打仗呀？"连长故意逗着他说。

傻子以为连长怕他不打仗，赶紧说："我愿意多带手榴弹，用手雷砸鬼子。"

"你又在说傻话了。投手榴弹是你的拿手好戏，若是与鬼子短兵相接，白刃肉搏时，你用手榴弹还能拼？那时，就得拿刺刀上在枪上，你气力又大又沉着，与鬼子搞肉搏，那一刺刀使过去，不比关公的青龙偃月刀更威风？"

"哎呀！连长！我真傻，咋没想到肉搏这方面呢！"傻子恍然大悟。

连长问他："现在既然想通了，枪支还要不要上缴？"

傻子毫无考虑地回答说："不缴了不缴了"笑嘻嘻地扛着枪离开了。

以后上战场，守阵地时，他就扔手榴弹，但不管距离敌人多远多近，刺刀先上在枪上，放在身边，再把一大堆手榴弹堆在脚旁。当打起冲锋时，他就操这杆老套筒子，跟着呐喊着冲去，也不开一枪，遇着鬼子就"咳——"一声，一下一下地和鬼子拼起刺刀来了。由于他反应慢，更显得沉着，可他力气大，鬼子无不死在他的手下。

因此，傻子是全连最受欢迎的人，连长也乐呵呵地说："傻人有傻福。"

7月27日，日军拂晓就向西禅寺发起了攻击，孰不知这阵地上除了傻子一个人外已经没有其他战士了。鬼子先是以猛烈炮火进行轰炸，阵地上烟尘迷漫，几米之外就看不清东西。于是，鬼子利用这一时机，冲过了阵地。当炮火停止，可以看远时，躲在壕沟里的傻子抬头一看，不好！鬼子来了，立即捡起地上的手榴弹，一个接一个向鬼子投去。

由于他投得远，手榴弹全掉在了鬼子的屁股后面。鬼子往前冲，突然发现手榴弹从后面爆炸，以为被包围了，立即从左边凹地撤退。可傻子的手榴弹却还是不停地跟踪追来，鬼子跑多远，他的手榴弹就能"追"多远，结果，这些鬼子全都在手榴弹的追击下见了阎王。

这时恰好第3连一位排长听说西禅寺阵地破了，领着20多个士兵跑步前来增援。傻子一见他们来了，也不管是谁，跺着脚就大哭大骂："敌人攻上来了，你们怕死，丢了阵地逃走。我一阵手榴弹将敌人炸退，你们才敢回

来。平时满口爱国家，爱人民，不怕死！到了紧要关头，你们丢了阵地就跑，不要脸，无耻之极！"

增援官兵顾不上理睬他，尽让他去骂，赶紧进入阵地。等部署好了，排长才忍不住笑着走了过来，叫声："傻子！你仔细看看，不要骂了；你认识我吗？"

傻子用脏破的衣袖一擦眼泪，"你是第3连某排长呀！我咋不认识你！"

"那就是了，不要骂！唉！我刚在主阵地上看了一遍，你连的官兵，没有一人弃阵逃跑，除了你之外，全连都战死殉职了。你不相信，去看一看。"

这下傻子急了："真的吗？排长！"

"绝对是事实，没有骗你。"

傻子起身跑去四周一看，果真他平日里的那些战友全都倒在血泊中了，他一下就瘫在地上，扭着屁股又哭起来了，声音又尖，又悲愤，令人心酸。

不久，营长劳耀民手上吊着绷带来进行视察，并询问第2连伤亡情况，第3连的排长详细做了报告。劳营长来到傻子身边，关切地说："你连官兵都殉难了，没人照顾你，你随我到营部去，营部官兵们会好好照料你的。"

"我不去营部，我连上的人都死伤在这里，我要为他们报仇。"傻子这时候倒完全不"傻"了。

结果，劳营长费尽唇舌想说服他跟自己一起走，可就是不起任何作用，最后他只好叮嘱第3连排长说："你们好生照顾他，替他多准备些手榴弹！"

"请营长放心，傻子是我营有名人物，他的能耐我们全都知道，他是投手榴弹超级能手，我会为他多准备手榴弹。"排长回答说。

劳营长回到营部，直接向葛师长报告了西禅寺失而复得的经过，葛先才师长说："傻子应居首功。"

但是，下午7时30分，劳营长又来电话向葛先才报告说："师座，人生细若蝼蚁啊！"

葛先才却不懂这文绉绉的话语，喝道："什么蝼蚁！怎么啦？"

"傻子用手榴弹和鬼子一起拼啦！"劳营长悲痛地说。

原来，在下午6时许，日军又开始波浪式地猛攻西禅寺。当鬼子冲到离守军阵地60米时，傻子就开始投手榴弹，瞬息间就扔出了十几枚。其他官兵也跟着奋力猛打，鬼子队形散乱了，但仍继续向阵地接近。排长为傻子送来了手榴弹，傻子边扔边说："排长！我什么也不要了。我战死后，如果有可能，请将我的尸体与我连上阵亡官兵埋在一起。如果抢不回我的尸体，就让红头苍蝇吃掉罢了。"说完,他左右手各拿着一枚手榴弹,猛地就蹿出了阵地。

排长大喊:"傻子,傻子!你这是干啥?快回来!"

然而,傻子这回却真的是"傻"了,并不理睬排长的叫喊,继续快跑如飞,跑出20多米后,投出了右手上的手榴弹,又急忙把左手上的手榴弹拿到右手,继续向前冲去,而且是对着鬼子最多的地方而去。没跑十步远,他的身体震动了一下,负伤了。他略微停顿了一下,接着又向敌兵跑过去,冲入敌群中,高举握着的手榴弹,突然站立着不动了。这下鬼子也全惊呆了,"傻傻"地看着他。但在阵地上的官兵却还在大喊:"傻子!手榴弹出手哇!投弹赶快跑回来啊。"

喊声还没停止,"轰"的一声巨响,手榴弹在傻子右手中爆炸了。惊傻了的鬼子们来不及躲开,被炸死了好几个,傻子本人也被手榴弹炸得血肉横飞,倒地而亡。

劳营长讲完傻子的遇难经过之后,惋惜地说:"真是傻子,为什么非要死呢?"

听完傻子的事儿,葛师长全没了刚才的气势,只是轻轻地说:"设法将傻子遗体抢回,与该连官兵葬在一起吧。"然后,轻轻地撂了电话。

西禅寺的激战还在进行,劳营长无法抢回傻子的尸体。随后,傻子的尸体被鬼子尸体渐渐盖住了……

这一日,天上竟然飞来了一架中国飞机,投下了蒋介石谕知方先觉军长的条令,云:

"守城官兵艰苦与牺牲情形,余已深知。余正督促增援部队之急进,鄙弟在城中望援之心更为迫切。余必为弟及全体官兵负责,全力增援与接济,勿念。"

这条令掉落在第3师阵地上。师长周庆祥看了这条令后,往地上一扔,说:"'迫切'、'迫切',空'迫切'有什么用?'增援与接济'不到,再'迫切'、再'负责',都不可能解决问题,一切都是假的,只能骗骗傻子一样的傻子。可是傻子已经自己炸死自己了,还要骗谁呢?!"

戴罪小连长火线升任营长

衡阳之战胶着,日军速胜速决的计划破产了,这直接导致日本本土的东

条英机内阁垮了台。

当日军第二次总攻顿挫后，日军在华派遣军大感不安，横山勇于是决心将全军主力全部投入衡阳战场，除继续补充第68、第116两师团的兵力外，命令重炮兵从紧急修复的公路向衡阳进发，同时下令第40师团、第58师团、第57旅团、第13师团一部，分途向衡阳集结。

8月1日，他本人则佩戴"天照皇大神宫"的神符，也由长沙乘飞机到达了衡阳郊外，亲自指挥攻城大战。

同一日，方先觉发电报给蒋介石：

本军固守衡阳，将近月余，幸官兵忠勇用命，前仆后继，得以保全，但其中可歌可泣之事实，与悲惨壮烈之牺牲，令人不敢回忆！自开始构工，迄今两月有余，我官兵披星戴月，寝食俱废，终日于烈日烘炙雨浸中，与敌奋战，均能视死如归，恪尽天职，然其各个本身之痛苦，与目前一般惨状，职不忍详述，但又不能不与钧座略呈之：

一、衡阳房舍，被焚被炸，物质尽毁，幸米盐均早埋藏，尚无若大损失。但现在官兵饮食，除米及盐外，别无任何副食，因之官兵营养不足，昼夜不能睡眠，日处于风吹日晒下，以致腹泻腹痛，转为痢疾者，日见增加，既无医药治疗，更无部队接换，只有极其容忍，坚守待援。

二、官兵伤亡惨重，东抽西调，捉襟见肘，弹药缺乏，飞补有限。自昨30日晨起，敌人猛攻不已，其惨烈之战斗，又在重演，危机隐伏，可想而知！非我怕敌，非我叫苦，我绝不出衡阳！但事实如此，未敢隐瞒，免误大局。

其实，城内埋藏的那些米盐等东西，经过敌机一个多月的轰炸，实际上多已烧焦，只是方军长等高级将领没有断米断盐而已。

蒋介石收到这份电报后，据说是大为震动了，当即命令离衡阳最近的桂系第46军前去支援。白崇禧派出了第46军新编第19师，新19师本在桂林修筑防御工事，奉命后立即兼程开赴衡阳外围，准备攻打雨母山。

同时，在衡阳外围停滞不前的第62军军长黄涛再次接到林蔚转来的蒋介石的电令："第62军对衡阳之敌作战，尽了力量，着再接再厉，向衡阳西站攻击，如能击破当面之敌，官升级，兵重赏。"

蒋介石下决心要救衡阳城了。

8月2日，空军派飞机又向城内投下蒋介石给方先觉前一日的复电，云：

> 我守衡阳官兵之牺牲与艰难，以及如何迅速增援，早日解危围之策励，无不心力交瘁，虽梦寐之间不敢或忽。惟非常事业之成功，必须经非常之锻炼，而且必有非常之魔力为之阻碍，以试验其人之信心与决心之是否坚定与强固。此次衡阳得失，实为国家存亡之所关，绝非普通成败之可比，自必经历不能想象之危险与牺牲。此等存亡大事，自有天命，惟必须吾人以不成功便成仁以一死报国之决赴之，乃可有不惧一切，战胜魔力，打破危险，完成最后胜利之大业。上帝必能保佑我衡阳守军最后之胜利与光荣。第二次各路增援部队，今晨皆已如期到达二塘、柞里渡、水口山、张家山与七里山预定之线。余必令空军掩护，严督猛进也。

他的"第二次各路增援部队"，主要就是第62军，可它正被蒋介石所说的一股"非常之魔力"阻碍，已成强弩之末。黄涛军长只是慑于蒋介石的权威，才不得不做第二次攻击部署。

8月2日，第62军主力扫荡铁官铺附近之敌后，又开始向衡阳西站"挺进"，沿途与日军接触不断，全军边打边进，最后好不容易击败阻拦之敌，突进到了离西站只有三四公里的地方，然后黄军长一声令下："所有部队加入作战，竭力攻击。"

可是，官兵费尽力气，督战队拼命督战，还是无法攻到西站，勉强在原阵地进行支持，伺机再攻。蒋介石虽说这"自有天命"，却又想这"非常事业之成功"，结果在这欲进不得、欲退不可的时候，黄军长又接到重庆发来的蒋介石电令："继续攻击，解救方军。"

第62军已经力尽了，无法再攻，而且日军反过来利用方先觉部先前建筑的外围工事对付第62军。军令如山，黄军长还是准备去"经历不能想象之危险与牺牲"，硬着头皮下令："再次攻击！"结果，全军撞上去，反因为工事太坚固，遭到更严重的伤亡。

第62军像老牛一样进攻的时候，日军正集结重兵力攻其侧后，第62军陷于孤军作战，被迫由攻势转为守势，在马鞍山一带阵地与敌相持。

这样，解救衡阳城的重任，只能寄托于新锐援军——第46军新编第19师了。同一日上午，运载第19师的军车到达离衡阳城只有30里的三塘车站，停止下来了。押车的是第2营4连连长王玉福。

中国军队对日军展开全线攻击

在昨日上车前,团长把王玉福叫来了:"你坐车头监督司机!"

"我……我……让我去监视他们?!"王玉福嚷起来了。

"怎么,不愿意?小心军法处置你!"

"不是我不愿意,可是我……"

"什么可是可是,叫你去你就去!"

王玉福只好去了。

他为什么对被派去押车这么磨叽呢?原因是此刻他自己也正被两名挎驳壳枪的士兵看押着呢!团长令被监视的人再去监视他人,所以他才结巴结巴地嚷开了。

王玉福犯了什么罪被兵看押?原来别看他王玉福个子矮小,却天生一副火暴脾气,天不怕,地不怕。前段时间部队驻扎在桂林,他没事的时候,常常歪拉着大盖帽,兵油子样儿在大街上闲逛,结果一次被石敬亭上将带着军委会军风纪视察团宪兵"纠察"住了,先是要登记哪个部队的,其次要缴枪。结果,王玉福就和他们吵起来了:"歪拉着大盖帽子咋啦?打仗也不比你们中央军差,照样打鬼子!"宪兵一贯是不讲理的,见着这兵油子,马上就扭抓起来要往笼子车里送。王玉福也火了,边挣扎边大喊:"要拉老子去郊区石场筛沙子,没门儿!"挥拳就打,于是与这一帮宪兵混战起来了,并且事后还成功逃脱。

可他没想到自己的名字、部队番号已被登记了,于是石上将亲自把状告到了桂系大佬白崇禧那里。白崇禧怒不可遏:"一粒老鼠屎坏了一仓谷!"马上下令把王玉福抓了起来,随后,第46军军法处判处他死罪。

第二日,新编第19师就接到命令前去解救衡阳之围,石上将动了恻隐之心,打电话给白崇禧说:"别杀了,叫这小连长去参战,杀鬼子立功赎罪吧。"

就这样，王玉福死里逃生，回到了部队，并承担了押车的任务。

军车在三塘车站停下后，王玉福监视的司机被解除了监视，但他的被监视还继续保留。两名士兵把他押到临时团部，一直关到第二天拂晓，然后，被带到了前沿阵地。

王玉福抬眼一看，部队已在头天夜里布置好了。好像这场战争已稳操胜券似的，一些中外记者在阵地上忙忙碌碌，"咔哒咔哒"地拍照，捕捉"战地花絮"。黎行恕军长和蒋雄师长都亲临前沿阵地，进行观察督战。

突然蒋师长发现了王玉福，走过来，拍着他的肩头说："王连长，这回就看你的了。总长本来亲自定你的死罪，但念你英勇善战，带兵有方，给你一次立功赎罪的机会。今天有第100军的老第19师和我们新编第19师夹攻雨母山之敌，哪个师先攻占山头，哪个师就抢得头功。我师把攻占主峰的任务交给你们连，限你在黄昏之前攻下山头。"

"师座，有飞机助战吗？"这王玉福虽是小连长，尽管戴罪在身，可谁也不怕，大声反问着师长。

"有呀！怎么没有？！"蒋师长说，"今天美国陈纳德飞虎大队和第5军有个坦克连也前来助战。已经给了你连几条白布，到时跟飞机联系。记住，按临时规定单日摆'人'字，双日摆'工'字。今天是双日，摆'工'字。另外给你一面青天白日旗，攻上山头，马上就把它竖起来。王连长，全师的光荣都寄托在你这儿了。"

这全军出名的闯祸王谁不认识？黎行恕军长也过来了，拍着王玉福的肩膀，讲了一番大致相同的勉励话，最后说："我们全体将士祝你成功！"

这时，"嘭，嘭"，日军在山上向我军打了两炮，蒋师长大声喊道："王连长，快展开队伍吧！"

"师座，你把攻占山头的任务交给我，却不告诉我山头守敌的兵力、兵种以及我方作战方案，叫我如何行动呀？"王连长也喊着说。

蒋师长不耐烦地朝山上一挥手，说："那、那……山上有几个碉堡，你不是都看见了嘛！多少兵力？什么兵种？你上去不就全都清楚了！"

"自古兵家哪有这样盲目作战的！一问三不知，"王连长气愤地说，"事到如今，我只好用血去铺路了。师座，我唯一的要求就是炮火一定要延伸在我们前面，压住小鬼子的火力。我们占领山头后，部队一定要及时增援。"

"唉呀呀！"蒋师长着急地甩着手，嚷着说，"你放心好啦！今天坦克、飞机、大炮都有，一切都不成问题，你赶快上去打吧！"

王玉福于是接过自己的副官赵振卿递来的手枪和图囊，披挂好后，对第4连官兵开始训话："弟兄们，我自从桂林被押，直至临战之前才得以与大家见面。刚才的话你们都听见了吧，我是来将功折罪的！但我绝不是为了免去一死才上战场的。自从卢沟桥事变以来，这是我军第一次主动攻击日军，我就是攻山头被鬼子打死了也毫无怨言。如果我平时对大家有什么不好的地方，上了战场你们可以放冷枪打死我，我上，你们上，不准后退。"

这小连长大道理、小道理都有，士兵们都很受感动，排长钟勇坚说："请连长放心，我们誓死攻下雨母山！"

正说着，日军又打了几炮。蒋师长求功心切，躲在隐蔽部伸出头来，连声大喊："王连长，你们还在那里啰唆什么？快展开队伍，再等一下，山头就是人家的了！"

王玉福没理睬他，镇静地下达命令了："各排排长注意了，现在我们的火力够不着敌人，不要乱放枪，带足爆破武器和手榴弹，其他人全部轻装，以班为单位，相互掩护，梯形跃进。"

然后，他又指着几个没作战经验的新兵，说："你、你、你……还有你，你们跟着我，专门为我背手榴弹。"

全线攻击展开了，王玉福率主攻连迅速越过开阔地接近山脚。刚开始时，日军的火力封锁不严，他们从侧面攻到了半山腰。突然，鬼子暗堡里的交叉火力开始喷射，把王玉福等人罩住，后续部队被远远地隔开。

王玉福伏在凹地里，也学着长官们平时的样子，掏出未婚妻的照片，心里默默想：现在还来得及看你一眼，等我上去后恐怕就难见你了。此时果然飞来了美军飞机，一共6架，绕着雨母山来回进行盘旋，地面的炮火也开始了猛烈射击，日军一时乱了阵脚，王玉福突然跃起，"冲啊！"全连向前猛冲猛打。

突然，一排机枪子弹扫来，一直跟在他身旁的钟勇坚排长"扑通"一声倒地，中弹身亡。这时枪炮声骤，喊杀声急，王玉福顾不上他了，"杀啊！"继续率部向山顶冲去。

全连官兵愈战愈勇，经过一阵猛打，很快就拿下了鬼子的山头阵地，王玉福命令士兵："将青天白日旗竖在枪的刺刀上摇晃，告诉全军。"

几个士兵摇旗，几个士兵在硝烟弥漫中把白布条摆成"工"字，才摆好，9架美机飞来了。谁知他们根本不信中国军队能提前攻下山头，不管三七二十一就向第4连进行狂扫滥炸，一瞬间就活活夺去了王玉福手下40多名弟兄的性命，这把小连长气得肺都炸了，号叫着："万万想不到我40多名壮士没战死在鬼子面前，却丧命在你们这些刽子手飞机下。"

日军见他们被盟军飞机误炸了，马上组织反攻，拼死想夺回这一控制衡阳外围的制高点。王玉福不知鬼子一下子从哪冒出这么多人马，从三面向阵地进行反扑。攻占山头时溃退的残敌并不多，也没发现外围有增援之敌，怎么一下就拥上这么多鬼子呢？他顾不得多想，命令士兵："狠狠地打，务必坚守到天黑。"

他们接连打退了敌人的数次轮番进攻，9挺机枪打坏了6挺，只剩下3挺了。王玉福夺过一挺机枪，哪里危急就打到哪里。激战三个多小时，天渐渐黑下来了，周围几个小山头的战斗也渐渐平息下来了，但鬼子还在从三面向主峰围攻，王玉福当机立断下令："连队撤离。"

他自己在最后担任掩护。

鬼子突破阵地上来了，可王玉福还在发疯地打，赵振卿和两个勤务兵死拖硬拖，才将他拉下了阵地。当他们摸黑退到山脚时，天已是半夜了，师里的大部队连踪影也不见了。王玉福清理队伍，发现加上不参战的炊事员和伤病员在内，全连只剩下不过二十几人。当他听到士兵报告说某某阵亡了，某某负伤了没救下来，心就像刀搅一样地痛。直到天亮，他们才在茅塘山附近找到大部队。

营长见他们疲惫不堪地归来，既惊讶又高兴："我们还以为第4连在恶战中全体殉国了呢！"

王玉福找到团长，将一肚子怒火朝他喷去："你们当官的是怎么指挥打仗的！这么多部队都摆布到哪里去了？叫我们连孤军奋战，由胜变败！我们攻占了山头，盟军飞机不分黑白，把我们瞎炸一通；鬼子逆袭，你们连一个兵也不增援，打的什么窝囊仗？要不是天黑得快，我的连队早就完了！"

团长说："我们增援了，上不去！"

小连长一听怒气更大了："上不去，我们人数比敌人多，装备也不差，怎么上不去？这一仗本来可以打得很漂亮的，却打成这个熊样，你们自己说吧！是谁的过？"

团长哑口了，也不与他争辩，只是说："你先去休息一下，再写个战斗要报来。"

后来，王玉福听当地老乡说，才知道雨母山背后有个雨母庙和几个大小山洞，这些地方林茂荫浓，很好隐蔽。鬼子的预备队就事先藏在那里，趁第

4连孤军深入，援军没到时，进行反攻。而中国军队在战前却没做过任何的侦察，作战时又遭调失算，以致贻误了战机。

雨母山之战后，新编第19师在三塘休整了两天，师、团专门召开了一个军人大会，着重总结雨母山战斗经验和表彰第4连英勇奋战的功绩。蒋师长说："这一仗，第2营伤亡很大，现将原来4个连整编为3个连，任命王玉福为第2营营长！"

王玉福当场推脱不就，嚷着说："不是不想当，是不能当。原因有三：一、我是戴罪立功的，不可以功受禄；二、2营老连长和黄埔生多，我一个大老粗难以胜任；三、我对上级的作战方案有意见，本来应先攻打（茅）塘山，然后再集中兵力围攻雨母山。因为茅塘山靠衡阳，而且山小易攻，它是附属于雨母山的一个山头阵地，打它时，雨母山之敌不会轻易增援，而你们先攻雨母山，我们要付出很大力量来牵制茅塘山之敌，以致前功尽弃。"

这话说得蒋师长很不好意思，劝王玉福说："危难之任，义不容辞。你好好干吧！干好了还可继续荣升！"

"我当不了！"王玉福嚷着。

"谁敢不服从指挥，就地正法。"蒋师长说完，又下命令，"至于你说的茅塘山，明天就打，你马上整编好部队，原地待命。"

王玉福这回没做声了，只是心里骂道：你还嫌我不死呀！打这种仗白送命。骂归骂，他还是奉命马上整编了第2营。

但是，整编也不是容易的事，一个排长被裁编为班长，很不服气，结果用钢盔砸伤了连长，并且他还当众煽动士兵抗拒命令。王玉福把情况上报师部，蒋师长大笔一挥，批示："临战动摇军心，就地正法！"

结果，军法处当夜就枪毙了这个排长。

茅塘山战斗打响后，第2营奉命正面攻击，王玉福命令各连利用地形，机动跃进。但这次战斗还是跟打雨母山一样，敌情不明，指挥失调。加上日军的炮火猛烈，新编第19师屡攻不利，伤亡惨重。

雨母山之战后，全师士气一落千丈。

一日，在对峙阵地上，副官赵振卿忍不住对王玉福说："我们本来解衡阳之围并不难，你看内部钩心斗角，中央欺凌地方，地方不满中央，置民族大义而不顾。营长，你看这样打下去，有什么意思？"

"我也是越想越气……"话没说完，一颗子弹飞来正好擦伤了王玉福的左前额，他心里一惊：如果再偏一点我就完了！马上对赵振卿说："这种玩命仗不能再打了,你跟我走吧!"

赵振卿说:"我也认为得走了。"

于是,王玉福叫团部医官开了一张伤票,叫赵振卿陪着自己当即就从阵地上撤了下来。

新编第19师这样乱打,自然不可能起到救援的作用,更谈不上什么解围了。第62军和新编第19师都没有如蒋介石之所愿"战胜魔力",更没"打破危险",完全落入如同黑夜般"战争大熊市"之中,被鬼子死死套住了。这样,蒋介石希望他们"完成最后胜利之大业"的鼓励反成了"非常之魔力"的鬼咒,衡阳城的围,照样是方先觉等人在里面越打越紧,越打越被套牢、套死了。

日军发起更疯狂的第三次总攻,第10军弹尽粮绝

8月4日晨,日军5个师团带着轻重炮100余门、炮弹4万发,在横山勇亲自指挥下,发起了对衡阳城的第三次总攻击。

在战前的动员会上,横山勇叫嚣着:"一天之内攻下衡阳。"

其实,日军空军自8月2日起就已对城内不分昼夜地进行狂炸,炮兵也于3日午后起夜以继日做地毯式的猛轰,一部分野炮和山炮更是推进到了守军阵地前100米以内,直接射击中国军队阵地。

4日拂晓,日军步兵出动,发动了正面猛攻。方先觉守军方面,除江防及蒸水方面外,每个地区都遭受到鬼子自杀式的冲锋,攻势之猛,兵力之大,火力之强,持续时间之长,为开战以来所没有,衡阳西南全为硝烟弹雨笼罩,莫辨东西。

面对鬼子发狂了的猛攻,守军以手榴弹与刺刀对付他们波浪式冲锋,浴血死战。碉堡垮了,武器毁了,人被埋了,但只要有一个未死的从灰烬中爬起来,又

战士们用手榴弹、刺刀打退日军数次进攻

拿起枪和鬼子拼命。所有的官兵都以一敌十、以百敌千,与鬼子拼杀到底,和阵地共存亡。

第3师第8团防守的五桂岭北半部阵地,整日在日军猛攻之下。第3营伤亡极大,下午4时,阵地大部分陷入了敌手,蒋国柱营长负伤不退。黄昏,张金祥团长命第2营营长苏琢率领仅有的60名官兵发起逆袭,与敌反复冲杀,到午夜时分,他们将侵入阵内的鬼子全部肃清,但苏营长不幸阵亡,周庆祥随即调师特务连连长赵培孚继任。

预10师第28团防守的接龙山、岳屏山阵地,连日在敌空、炮轰击之下,阵地全毁。战至黄昏时分,驻守接龙山的这个连因伤亡过大而不支,形势极为危殆。这里一失,将危及第3师师部指挥。周师长立即派出师工兵连前去逆袭,赶走了鬼子,保住了接龙山。岳屏山工事极为坚固,因为有多层障碍物,鬼子屡攻屡次受阻,还是不愿意退走。曾京团长指挥3个营长对突入阵内之敌进行反击,用手榴弹与刺刀把他们打下去,但自己也伤亡累累,战力消耗三分之一。第3营营长翟玉冈右足负重伤,第2营营长余龙右股被子弹贯穿,但都没有下火线。

由军工兵营、炮兵营及第29团第2营残存官兵混合编成的守军据守五显庙、苏仙井中间高地阵地,地面工事及外壕都被野兽般的鬼子损毁了,但壕沟的木栅还能阻拦鬼子。鬼子一波一波地冲杀过来,在木栅前稍微一停顿,手榴弹就如暴雨般扔过来,随着手榴弹爆炸,鬼子一群一群地倒下,尸满外壕,血流遍地,最后还是折戟而归。

天马山、西禅寺及杏花村北的141高地,遭飞机轰炸次数最多,炮击时间最长。鬼子把30门火炮拉到守军阵地前,直接瞄准射击,进行地毯式的轰炸,守军外壕、木栅、铁丝网、碉堡全被炮弹摧毁。第3师第9团本来也有大炮,但没有一发炮弹,只有被动地挨打,官兵大多成了屈死的冤魂。随着最后一群弹幕,鬼子冲上了满目疮痍的阵地。他们满以为可以大踏步占领了,不料藏在工事内幸存的官兵突然如冲天炮一般,从尘火灰烬中冲出,扔出一捆一捆的手榴弹,炸得鬼子呱呱惨叫,尸体横陈。但苦战一日,第6连官兵全部与141高地阵地同归于尽。西禅寺、天马山两阵地,虽积尸好几层,但仍在中国军队的控制之下。

黄昏时分,周师长派师搜索连残兵30多人,秘密加强了西禅寺防守。在天马山这边,萧圭田团长不得不将控制为预备队的军辎重团一个营补充到了第一线。

第3师第7团据守杨林庙至易赖庙前街阵地,这里是半泛滥地区,只有形同隘路的几条交通线可供日军接近。在过去一个多月里,鬼子为了减少伤亡,大多在夜间攻击。这一日一反常态,在炮火掩护下,大白天发起了进攻。午后,杨林庙、杜仙庙先后侵入40多个敌兵。侯树德营长见他们立足未稳,率兵立即冲上去,用白刃战消灭了这些鬼子。易赖庙前街方面,鬼子整日猛冲猛打,人如潮涌,守军堵得东来,西又溃。在黄昏时,100多鬼子嗷叫着冲进了前街,第1营官兵与他们短兵相接,逐屋逐堡争夺。鞠震寰团长见情势危急,命令第3营营长王金鼎:"你率部附师战车防御炮连支援!"

师战车防御炮连是最后的机动部队,他此举完全是与敌背水一战了。王营长率领残部100人和师战车防御炮连40人,冲上去后,一直激战到午夜,终于将这100多鬼子全部击毙,前街转危为安。

4日在炮声和喊杀声中结束,但横山勇"一天之内攻下衡阳"的豪言成了泡影。

8月5日,天才蒙蒙亮,日军继续以强大步兵,在优势炮火支援下,向守军阵地猛攻。战斗如狂风骤雨,继续激烈地进行着。第10军官兵不眠不休,不饮不食,抵死奋战。

天亮以后,在天马山阵地,第3师守军与鬼子仅仅相距不到50米,对峙起来。西禅寺阵地南部,已经陷入敌手,师搜索连只剩下十几个人守在西禅寺北端高地,与鬼子纠缠着不退。易赖庙前街及青山街遭到优势之敌猛攻,青山街有200多名日军冲上来了,王金鼎营长苦苦战斗,已呈现不支。鞠震寰团长左腿受伤,坐在担架上进行督战,周庆祥师长也亲率卫士排及司令部官兵共70余人驰援。葛先才师长率一个班的卫士和司令部勤杂官兵30多人赶往岳屏山、接龙山第28团阵地进行逆袭。

激战一日,多处阵地丢失。第9团团长萧圭田、第29团团长朱光基、第30团团长陈德坒,均在天马山后半部阵地督率所部与敌奋战。朱、陈两团长仅有团部官兵10~20人,坚守着宽100余米的正面,与第9团官兵一起站在第一线。

好在他们还是粉碎了日军的强大攻势。

8月6日凌晨3时,第190师第568团第5连在演武坪的阵地被日军突破,连长罗夫和官兵20多人全部殉国,日军终于从这里大举进城了,随即转而围攻左翼第3营阵地,鹿精忠营长指挥所部剩下的30余人奋力冲杀,但哪里抵得住如潮水般涌进来的鬼子们?副团长李适率军械官墨德修及团部官士20

多人前去增援,合力阻敌,李副团长不幸腹部中弹身亡,容有略师长急忙向方军长求援。

方先觉派特务营曹华亭营长率兵100余人前往增援。谁知他们跑到县政府转角处时,被躲藏在天主教堂内的鬼子发射掷弹筒袭击,炸死炸伤一大堆,其他官兵立即进行仰攻,第2连连长井启第不幸阵亡。好在日军后续部队被阻在外壕,遂形成相持状态。

入夜以后,西禅寺、外新街两阵地的守军全部战死,阵地陷落,其他地方阵地均是敌我犬牙交错,守军抵死缠斗,与鬼子寸土必争。

8月7日拂晓,500多鬼子突破青山街,第7团第3营王金鼎营长力战阵亡。鞠震寰团长带伤指挥,司前街暂编第54师的步兵连向日军进行逆袭,战至9时,鞠团长也不幸中弹身亡,步兵连出现混乱。演武坪方面,日军又冲进了100多人,各个阵地都遭到日军的猛烈围攻,守军的手榴弹也渐渐不够了。

中午时分,3个师的师长从各处历尽艰险后,一起跑到了设在中央银行的军指挥所。军指挥所也没几个人了,只有副官处长张广宽、辎重团长李绶光、副官王洪泽和几名卫士。方先觉军长与各师长检讨了战况,然后,悲痛欲绝地命参谋长孙鸣玉草拟呈蒋委员长电稿。

孙参谋长拟好稿,经大家研阅后,交参谋处长饶亚伯送电台拍发,方军长吩咐他:"拍完后,准备炸毁电台。"

这震惊中外的衡阳守军"最后一电"为:

委座钧鉴:

我军现已弹尽援绝,敌今晨自北门突入,我已无可堵之兵。生等决心以死报党国,不负钧座作育之至意,此电恐为最后之一电,来生再见。

学生方先觉、孙鸣玉、周庆祥、容有略、葛先才、饶少伟等敬叩。

傍晚,日军对五桂岭北半部、岳屏山、五显庙、天马山各阵地发起全面总攻。官兵与鬼子进行惨烈无比的拉锯战,后面的人踩着前面倒下的尸体,与同样踏着尸体而来的鬼子轮番进行肉搏,在两败俱伤的情况下,敌我双方谁也无力突破对方,只好保持着犬牙交错、短兵相接的对峙局面。

入夜以后,日军轻、重炮向城区连续不断地进行轰击,敌机也飞来狂炸,城内的通信线路早已中断,衡阳城内要完蛋了。

所有人寄托"带辱守城"的方先觉再次给第10军带来荣誉的梦想,终于完全成空了，守军战死4100余人，受伤8300余人，伤亡总数为1.3万人。衡阳城已是朝不保夕了，几个"学生"困在孤城里，已与蒋介石完全断绝了联系。衡阳城内，只剩下一个顶梁柱，那就是方先觉。

他还有什么救城高招吗？

方先觉没守住衡阳，面对全军被缴械的命运痛哭失声

在衡阳城内，两军继续在竭尽全力厮杀着，谁也无法在最后一刻击败对方，战斗进入了考验意志力和耐力的时候了。

在这时任何一方如果获得一支生力军，胜负的局面就将重写。

但是，谁也没有援军。

8月7日，方先觉在痛心疾首、五内如焚中度过了白天。夜幕降临后，在仍然激烈的枪声中，他召集团长以上指挥官在军部举行紧急会议。

会议主要讨论衡阳城内守军的三个选择：是突围、死守，还是投降"以待时机"？

面对这三项选择，诸将和方先觉会如何选择自己的答案呢？

在第10军将士在城内进行保卫战的时候，在外围指挥支援的是第10军前任军长、现任第27集团军副总司令李玉堂。开始的时期，这李长官尚能将武器弹药、军需和生活物资源源不断地输送进城。衡阳城陷入重围后，改用空投，物资就开始越来越少了。随着包围圈的日益缩小，敌我阵地犬牙交错，难分你我，空投的物资大多掉入了敌方阵地，老长官说："不能再去资敌了。"干脆断了空投，这样，城内补给越来越困难。

此时又值七八月酷暑天气，双方阵亡官兵的尸体发生腐烂，全城都笼罩在令人难以忍受的腐臭之中，守军的情况一天比一天艰苦。10天过去了，20天过去了，30天、40天过去了，守军天天期待着援军解围，曾有几次已听到外围援军的炮声，可只听楼梯响，不见人下来，希望全都一一落了空。战况越来越惨烈，城外郊区原来郁郁葱葱的树林都在炮火中消失了，成了一片焦土，几处池塘的鱼鸟都被捕食一空，官兵们不仅吃不到蔬菜，油盐也成了难题，浴血苦战到40天以后，已是度日如年了。上下对解围的希望，由失望而绝望，最后由绝望而变成了对重庆的怨恨。

这时横山勇抓住时机展开宣传攻势，空投诱降传单，挑拨官兵和重庆的

感情，说："你们第10军已尽到了守城责任，重庆没能力解围，他们不要你们了。"又说："是老蒋对不起你们，不是你们对不起老蒋，我们皇军欢迎你们过来，共存共荣，共建东亚和平。"渐渐，一些官兵在煽动中失去了斗志，对重庆抱怨，对老蒋抱怨，对李长官抱怨，他们抱怨，方先觉和师长、团长立即进行安抚，可是说的安慰话事后又一一兑不了现，安慰话成了大空话，长官成了骗子，官兵情绪更加恶化，发展到兵不信官，下级不听上级，用命令、用军法也不起作用了。

在这样的情况下，方先觉虽是顶梁柱，也无回天之力，说："师长、团长天天昧着良心说瞎话，也太难为他们了，这样的日子真不是人过的。"可下一步怎么办？他也不知道，只好把下一步命运的决策权交给众人，召集团长以上军官进行"集体决策"。

在会议上，众人各抒己见，但都认为伤员众多，弹药缺乏，已无能力突围了，自然最直接、最安全的方案成为了首选。第3师师长周庆祥干脆捅破这层纸说："除以死殉国外，只有投降以待时机。"

投降，当降将，这几个字眼，以前方先觉从没想过。此刻一旦明确提了出来，他脑袋里"嗡嗡"地作响，在众人议论纷纷之际，他没吱一声就离了席，走进了自己的内室，突然，"哇——"里面传出了他痛哭的声音。

军长哭起来了，主战派立即群情激昂，说："就是死，也要和鬼子血战到底，一个拼俩。"

但主降的立即反对："还是要保存实力，没了实力，如何抗日？完全一句空话！死？死了就能救国，就能打败鬼子？！"

这时谁都认为会宁死不屈的鲁莽师长葛先才站了出来，主张投降，说得去"拯救近万人生命之安全"。冠冕堂皇的理由之下，就是要去救城内的残兵、城内的百姓。其实，谁都知道他"救人即救己"的硬道理。于是，第10军一个军长在哭，三个师长两个主降，而第190师师长容有略一介书生，虽名字叫"有略"，实际上谋略不足，初来乍到的他在第10军是完全说不上话的，结果，他知趣地没有表态。这样，虽然有争执，但主降派占据着绝对上风。

一会儿，方先觉出来了，会议继续进行。他没有否定投降，于是众将经过稀里哗啦的一阵讨论，通过了7项停战条件，前6项为：

（1）要求保留第10军建制；

（2）要求日军进城不杀害俘虏；

（3）要求日军对受伤官兵给以人道待遇；

（4）要求日军立即停火；．

（5）要求日军派飞机送方先觉到南京去见汪精卫；

（6）眷属送安全地点。

还有一条不详。

然后，方先觉派副官处长张广宽与日军接洽提出7项要求，结果，7项条件全部被横山勇断然拒绝了。

这样会议又在胡乱议论之中散了，众将灰头灰脑地回到各自坚守的阵地。

夜半时分，突然传来了一个消息，第3师前线一个团已停止战斗，拿着"过来证"与日兵媾和了！所有得知这个消息的人更加恐慌起来了。

8月8日凌晨3时，城北演武坪和城西北青山街突入之敌获得了增援，利用夜暗，主力分路向市中心区突进，这时守军已没预备队可以"堵"了。4时，军指挥所中央银行附近也响起了零星的枪声，而且逐次逼近。方先觉下令炮兵轰击，炮兵指挥官张作祥含泪失声说："军长，仅有两发炮弹，怎能阻止敌人的突入？"

方先觉心知大势已去，一切绝望。指挥所里的众将如滚水沸腾，乱成一团，眼看走投无路，人人不知所措。在这紧要关头，主降的第3师师长周庆祥带着日军联络官突然奔进了军部，这鬼子联络官恭恭敬敬地向方先觉敬了一个军礼，然后十分有礼貌地说："我们司令官横山勇请方军长到司令部会谈。"

方先觉怒目而视，右手悄悄伸向腰间，准备拔取手枪，而手枪早已于昨晚被追随他多年的王副官防他自杀而取走了。这时有人哭喊着说："军长呀，不能去呀！"

但立即又有人喊着说："事已至此，军长你带着我们走一条活路吧！"

方先觉沉吟片刻，眉头一皱，心头一横，说声："走。"由日军联络官当向导，昂首阔步地向着日军第11军司令部走去。

但在路上，谁也没说出一句话。

到了日军第11军司令部后，司令官横山勇亲自出来接待，连说："欢迎！欢迎！"

方先觉等人在横山勇的"欢迎"声中进了屋内，坐定后，方先觉首先开言说："我们同是军人，同是指挥官，打败了仗，丧失了国土，在你们日本，要剖腹自杀，告罪天皇；在我们中国，是不成功便成仁。我已电告我的中央，决心以身殉国，我的生命，早已不属于我了。不过我的部下，为着要保全未死官兵的生命，免遭你们残酷的屠杀，要我和你们谈判。我唯一的要求，就

是要保证我现有官兵生命的安全不受侵害。不然,在我口中说出个'降'字是办不到的。我想我们是东方的军人,讲的是仁义之师,不是西方希特勒野蛮集团,用集中营和大屠杀的手段。请你考虑。如得不到同意,我愿意和你决斗,分个雌雄。"

方先觉的态度虽然万分倔强并且坚决,但横山勇岂是傻瓜?自然明白他既然踏进了这个门,最强最硬也是死鸭子嘴硬,假撑脸面了,连忙回答说:"方将军不要激动。胜败兵家常事。过去在长沙,我们也曾败在你手嘛。我们对第10军官兵作战的英勇是钦佩的,我们对方将军是敬重的。现在我们只要求你接受我国提出的中日亲善三原则:'共同防共,经济提携,共存共荣。'走到我们这方面来,共建东亚和平。我们保证你现有官兵的生命安全,不加侵害。我们天皇的臣民,说话是守信用哟。"

方先觉说:"好,但愿你言而有信。"

就这样,方先觉便带着一伙手下做了后来自称是"身在曹营心在汉"的降将,并且答应了横山勇要求全军缴械的命令。

这时,葛先才还在前线呢。10时左右,方先觉摇响了他的电话,说:"敌已经接受了我的停战条件,但也提出条件,要求本军解除武装,我也已经答应。双方协议于本日12时同时停止战斗,我停战缴械命令已经下达,你安排妥当后一起来军部,我们军师长齐聚一起,任凭他们处置!"

葛先才没答一句话,静静地听着方先觉的每一个字,待他说完这长长的一段话的最后一个字后,突然只"嗯"了一声,就身子一倒,要晕倒在地上了。就在他将要倒地之前的一刹那被副师长和参谋长扶住了,两人急忙问道:"师长,怎么样?"

"衡阳完了,我军也完了,一切都完了!"于是,他头脑清楚地将方先觉已下令停战缴械的命令说了一遍,然后吩咐说:"你们分别通知5位团长和3位独立营营长,停战,缴械。"

何参谋长小声地说:"这缴械,我看有些官兵肯定不会干。"

"对,对!"葛先才马上转口说,"敌人要我缴械,这'缴械'二字完全不合适,把命令改为'收回'。"

"收回?"何参谋长惊奇了。

"我主阵地上官兵所用的武器,大多数都是敌械嘛,咋是收缴?只能说'收回'。这些武器都是不祥凶器,让鬼子赶快收回去!"葛先才说。

这口气完全是蒋介石当初断定衡阳城有"非常魔力"的鬼怪论调,但据此事后有人说，别看这葛师长平时鲁莽得很，像个猛张飞，其实一点都不鲁莽，综观他在衡阳失守前后的表现，他比任何人都精明着呢。

这个方先觉的"缴械"命令也好，葛先才的"收回"命令也罢，下达之后，不少官兵气愤地说："投降？我们本来跟着他们去抗日，打鬼子立功，没想到要跟着把名字写在耻辱柱上，宁愿死去。"纷纷举枪自杀。也有不少的小兵小将既不愿听从方先觉的命令去投降，说："这降兵降将，我可当不得！"也不愿自杀，"呸"了一声，趁乱跑掉了。

日军进入衡阳城，日落时分，衡阳城内的枪声逐渐沉寂下来。经过轰轰烈烈47个昼夜血战，衡阳城终于在泣血锥心的痛苦中失守了。方先觉的部队和暂编第54师分批分地集中缴械，被日军派兵监守。

方先觉和几位师长先被安排在衡阳天主教堂内，作为降军军部。随后，日军送来了赌具麻将和妓女，让他们打牌玩乐，消磨痛苦的时光。

方先觉宣布投降后，李玉堂还带着他的兵团司令部在洪桥。老军长李玉堂早在多日前就已经停止了救援举动，停留在洪桥，也是无可奈何。8月9日，他突然听说有人从衡阳突围出来了，立即吩咐说："喊来召见，喊来召见。"

首先被"喊来召见"的是第10军第190师第570团机枪第3连连长符能，他就是属于既不愿投降也不愿自杀的那一类。他进了司令部，先给李司令敬礼，然后，再给李司令身边的美军顾问敬礼，接着报告说："卑职是第10军190师570团机枪第3连连长符能，昨天夜间从衡阳城内突围出来。"

"好。方军长、容师长是否突围出来了？"李玉堂问。

"哪里突围啦？全部投降了。我们全师接到了缴械之后就地休息的命令。鬼子已冲入了衡阳城中，我怕当降兵，逃出来了！"符能据实禀告。

这一听，李玉堂真怀疑自己的耳朵出了毛病，急忙问道："真的吗，真的吗？全都当上了狗熊啦？"

"大概错不了。"符连长说。

李司令顿时就跺脚起来："糊涂，糊涂啊！咋能失节降了小鬼子呢！"

随后，国民党空军竟破天荒地派来了6架重型轰炸机，在18架战斗机掩护下，在衡阳城疯狂投弹，正在城内进行集合缴械的官兵被炸死不少，不少官兵边躲边骂："我们打仗时，炸鬼子，你们说没有炸弹；我们当了降兵，你们就有了炸弹！炸吧炸吧，炸死我们吧！"

以后，每天都有飞机前来衡阳城进行扫射和轰炸，好像就是饶不了这些降兵降将。

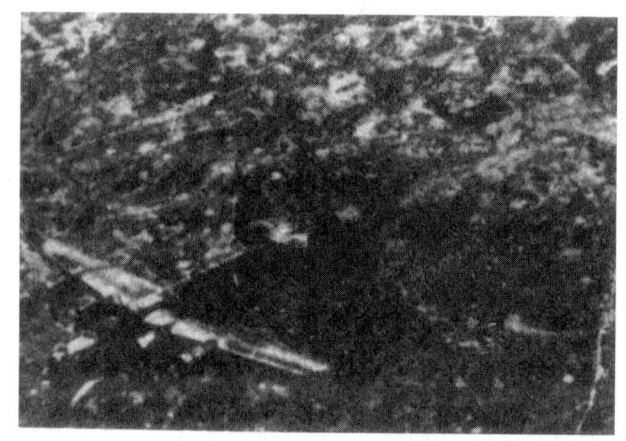

中国军队的飞机飞临衡阳上空对日寇进行扫射和轰炸

    重庆方面轰炸归轰炸,已毫不影响衡阳城内外的大局了。日军华中派遣军司令畑俊六特地从南京赶来衡阳,举行盛大的欢迎宴会。这畑俊六是日本军阀出身,袒露着大肚皮,在腹部绘一人面像,站在桌子上,向第10军的各级指挥官狂呼:"欢迎!欢迎!"一派得意忘形的形态。

    方先觉等一批黄埔将领,耷拉着脑袋,稀稀拉拉,有气无力地站在台下,听他狂呼"欢迎"之后,又聆听他大讲了一通"东亚共荣"的大道理。

    会后,方先觉他们还与汪精卫伪政府的派员握了手,见了面,洽谈了如何参加伪政府等事宜。

玉七亭坡地上,第79军军长身中数弹

    在方先觉下令缴械投降后的8月8日当晚,国民党军的另一支援军第79军军长王甲本率指挥所少数人员,在夜幕掩护下,悄悄潜在衡阳城外西北角的鸡窝山上,远远地彻夜观察城内的作战动静。

    这第79军是如何进到了衡阳城外的?

    原来,日军大举进犯长沙时,第79军奉调南下,参加了长沙外围激战。长沙失守后,他们奉命赶赴宝庆廉桥、东江,接受第24集团军总司令王耀武指挥,控制衡宝公路。7月初,衡阳告急了,蒋介石急令第79军直接归重庆

军委会指挥，去衡阳解围。王甲本军长亲率军指挥所进驻衡阳西北角的西渡，然后，从第98师和第194师中抽调部分精兵组成了一个加强营，指定第98师第293团团长马登瀛统率，作为突击部队，向衡阳西北角的日军突击。突击营好几次突入了西北城区，但守军已向市内收缩，无法会合，最后，只好无功而返。之后，全军就滞留在衡阳城附近，像个流浪儿似的在衡阳城外游荡了。

这一晚，王军长在鸡窝山上"窝"了一个通宵，也观察了一个通宵，只知道城内已无枪炮声，并不知方先觉已经投降。次日拂晓，他们从山上撤下时，被围城日军发现了，立即挥军追击。王甲本和随行人员险些遭到日兵截击，幸好腿脚跑得快捷，逃脱出来了。

他们一回到指挥部，就听到日军广播衡阳失陷、守军投降了的消息，王甲本等人惊讶万分，连声说："可惜，可惜。"

他为什么惊讶？自全面抗战爆发后，至今在战场上中国军队还没一支成建制的师以上部队向日军投降的纪录，何况这一伙降将还全部是蒋介石最为得意的黄埔学生！他可惜什么？可惜他们竟然将一世的英名栽在这人人痛恨的最坏的"汉奸"上了。

这时，在衡阳城外同样和王甲本一样惊愕不已的，还有两人，那就是在城外附近同样"窝"着的第62军军长黄涛和第46军军长黎行恕，他们是刚从衡阳城逃出的官兵嘴中获悉方先觉向日军投降消息的。叹息之余，他们的第一反应就是生怕在衡阳近郊的日军集中兵力西进，攻打马鞍山至尖峰山、古山寺之线，于是马上下令手下赶筑工事，准备迎击鬼子的进攻。

但当初救援不力，现在叹息有什么用？10日，日军分途来犯，向第62军和第46军发起了进攻。但他们不愿意去当汉奸降将，指挥手下奋起抗击，鬼子已是力尽的飞箭之末了，想大打却心有余力不足，只好与第62军和46军停停打打，形成了对峙状态。

在衡阳沦陷后，蒋介石没有对衡阳城外的中国军队进行及时的调整和部署，从衡阳三塘至湘桂边境黄沙河300里左右地带，也没派出一支得力部队。于是在第10军衡阳惨败后，日军继续进行增兵，衡阳近郊前线的中国军队悄悄地又陷入新的危机。

8月15日左右，蒋介石电令第62军："派第79军接防衡阳近郊任务，第46军调回广西归还第四战区建制，第62军俟交防后，集结洪桥附近待命……"第79军军长王甲本首先到达洪桥，军委会桂林干训团教育长罗卓英

由桂林来到洪桥,邀请黄涛和王甲本会面。王甲本是陈诚土木系出身的,与罗卓英有过隶属关系。黄涛与罗卓英都是广东同乡,这次见面,是军委会派罗卓英协调两军的交接防事宜。罗卓英说:"希望两军互相联系,互相支援。"

王甲本哈哈大笑:"我与黄军长是云南讲武堂毕业的同学,很早就相识。"

"你们是老相识,军委会还派我来协调什么!完全是脱了裤子放屁——多此一举啊!喝酒,喝酒!"罗卓英也打着哈哈说。

在罗卓英的"协调"下,21日,第79军两个师接防第46军三塘至雨母山阵地,另以一个师接防第62军铁关铺至马鞍山阵地长达50多华里的战线。第二日,两军阵地交接完毕,之后,第62军在夜间退出了战场。

谁知换防不到两天,日军的援兵已经全部到达,集中兵力沿湘桂铁路向西进犯了。罗卓英前来协调换防,只顾喝酒,却没发现中国军队守备阵地线太长、兵力单薄的弊端,结果鬼子一进攻,第79军阵地没到一日就被突破,全线溃退。第62军刚到达洪桥,各部队尚未集结完毕,第157师才掩护第46军新编19师向西通过,第79军就纷纷溃退下来了。第157师也受到追击第79军的日军袭击,只好仓促应战。

黄涛见势不妙,马上离开洪桥,深夜赶去王甲本所在的白地市,和王甲本商定:在必要时,第79军沿湘桂路退却,第62军在湘桂路以北退却,免致两军部队交错混乱。

25日,第157师在洪桥与日军争夺一个高地,不仅未得手,反而被日军迂回,截断了洪桥至祁阳退路。该师立即向洪桥以北山地退去,没走军部撤退的路线,与军部失去了联络。

26日,第62军军部和第151师退到文明铺西北地区时,第151师占领阵地,拒止敌人快速部队的尾随追击。第二日拂晓,与日军发生战斗,从早晨打到天黑,激战一日。第453团第8连连长李锡光受重伤,两名担架兵抬着他走,又被日军骑兵从右翼迂回包围追到,将其残忍地杀害。第62军军部和第151师继续向芦洪司撤退,28日夜间到达芦洪司,黄涛被眼前景象吓了一跳,这乡野山间竟然到处悬挂着许多画有"日本旗"的灯笼,贴着欢迎"日本皇军"的标语,他派人一查,才知这是原常德、桃源警备司令唐生明的家乡。

"这唐生明好歹也是个国军中将,咋也降了鬼子呢?"黄涛大惑不解。

"他是刚刚参加了敌伪组织的。"手下报告说。

"唐生明是当年南京守将唐生智的胞弟,咋哥哥抗日,老弟却降了鬼子呢?"黄涛还是极度地不解和疑惑。其实,他哪里知道这唐生明降日,是蒋介石亲自布置的"曲线救国"的一步棋子，表面去投降，暗中搞策反。谁知这唐生明假戏真做，在老家这山沟里都挂上了鬼子的"招魂旗"！黄涛自然不知这其中的秘密，但马上意识到了自己身处的危险，赶紧说："快，快，赶快离开！"

第62军不敢在圩内和附近村庄宿营，急急转向了附近的松山，当夜就在林子里露营，但警戒部队彻夜与敌发生战斗。

当晚，黄涛军长细细地研究了当前的情况和地形，认为如果向东安大道南行，左侧易受敌侧击威胁，右侧是崇山峻岭，只有小路通向云雾山、上界头而出武冈，于是决定兵分两路向西进入洞口，并派队占领洞口一带高地，在那里迎敌。谁知第62军这么一走，把第79军和第46军活生生地丢在了后面，使得他们成了日军攻击的第一线。

9月1日，第46军（欠一个师）在祁阳以北的湘桂铁路附近及铁路以北地区占领了阵地。第79军第194师以第580团、第581团在祁阳以北的湘桂铁路线（不含）以南的无名高地起至105、110、130高地及山麓一线占领阵地。军委会新拨归第79军的一个炮兵连，王甲本军长临时拨给了第194师师长龚传文指挥，布防在110高地后半山坡上；第194师师部及师预备队第582团配备在山后陈家大屋；第98师布防在冷水滩附近，军部在冷水滩南端。两军准备滞敌前进，边打边退。

谁知第79军和第46军的防御工事还没完成，第二日上午8时，从后面撵来的中路之敌沿着湘桂铁路已到达了冷水滩以东约25华里的地方，并且向第46军发起了试探性的攻击，午后就急不可耐地开始了总攻。与此同时，另一部日军向第79军第194师阵地也发起了猛攻。第194师阵地前是一片开阔平坦的稻田，日军进入火力网后，官兵猛烈射击，战斗到黄昏，日军始终无法进展，到次日拂晓，战况仍无变化。

9月3日8时许，日军一部突然迂回到了第46军的左侧后，黎行恕军长见势不妙，三十六计走为上，立即率领第46军急忙向黄沙河阵地转移。可是，他这么一溜，第194师左翼顿时失去了依托。眼看有被鬼子包围的危险，龚传文师长急派一个营掩护，主力马上向祁阳以西转移。当第一线部队撤退时，当面之敌发起了进攻，一部分鬼子绕到第194师背后，也向祁阳县城方向急进。第194师因为后面这个营被日军隔离了，在祁阳以西占领阵地进行阻击，直到午后，才悄悄撤走。结果，日军扑向祁阳县城，扑了个空。

天黑后，龚师长率部转移到了冷水滩以南一带，随即接到军部命令："该

师迅即开赴冷水滩以西地区占领阵地，和第98师相互交替，做逐次抵抗，迟滞敌军前进。"龚师长下令第581团开赴军指定地点，在湘桂铁路附近（含）及其右侧地区占顶阵地，第582团在湘桂铁路（不含）及其左侧地区占领阵地，并做纵深的兵力配备；第580团为师预备队，随师部在邵家冲附近。

第二日，日军主力与从祁阳窜来之敌会合后，向第98师阵地发起了攻击。第98师激战到天黑，逐次抵抗的任务完成了，于是留下一部兵力掩护，主力向西转移，进入下一个预定阵地。于是，日军的下一个对手又转为第194师了。

5日8时，日军逼近了第194师阵地，当即展开了攻阵大战，双方激战约4个小时，没有分出胜负。中午时分，第98师师长向敏思获知由衡阳向零陵方向前进的日军已越过了祁阳以南地区（湘水右岸），由宝庆边界向东安前进之敌的先头部队已到达了芦洪司，觉得情况紧急，马上报告王军长。

王甲本接到报告后，担心全军被日军包围，迅速做如下的处置：

（1）军部非战斗人员及军非战斗部队以及辎重行李等，由副军长甘登俊率领驰往凌家渡，利用船只渡过湘水，经零陵向桂林转移。

（2）军部指挥所即向东安转移。

（3）第194师留一团兵力做掩护，主力与第98师向东安方向转进。

这个处置可以说是恰当的，但随后全军行动起来，并不利索，磨磨蹭蹭，让日军有了可乘之机。

9月6日晚，部分日军乔装成中国军队，从铁路两侧前进，追上了第79军队伍，并且发起突然袭击，王甲本的军指挥所也遭到骚扰。王军长急忙用电话命令第98师第292团王卓如团长："赶快率该团连夜占据山口铺，以便军指挥所行动。"

谁知这王卓如一贯散漫惯了，虽然军长越级下达紧急命令，他还是不紧不慢，一步三看。由于他行动缓慢，山口铺反被日军侧翼的骑兵搜索部队抢先占领了，而这一切他也没有向上进行报告。

第二日早晨，天刚蒙蒙亮，第79军指挥所这一路队伍的先头部队——手枪连已通过玉七亭坡地，来到了山口铺东侧的平原地带。王甲本军长也骑着马，紧跟在队尾，指挥所人员及直属部队以一路行军纵队在后跟进。

在玉七亭下坡时，军务处长颜泽闿拿起望远镜进行瞭望，突然发现山口铺村庄东边有无数的高头大马，感到情况蹊跷："军长已令王卓如团占领山口铺，王团是步兵团，并没骑兵呀！"话犹未了，前面就响起了激烈的枪声。

霎时之间，手枪连迅速散开，进行抗击，而这一行骑马的军官们却全暴露在日军的机枪火力之前，尤以军长王甲本的目标最显著，他立即遭到日军骑兵的包围和攻击。在一派混乱之中，在吴副官的扶持下，王军长勉强撤退到玉七亭东侧时，已是身中数弹，行动艰难，还是被鬼子追上了。

这王军长也是行伍多年出身，就在这玉七亭坡地上，带伤和吴副官与鬼子进行生死肉搏，因为寡不敌众，两人均牺牲在玉七亭畔。

日军疯狂地追杀中国部队

王甲本时年45岁。

战后，副参谋长关裕祥率暂6师一个新兵团在唐家祠堂一带收容散兵。军指挥所部分人员突出敌围后，陆续撤到了山口铺东北侧的大山附近，但唯独不见军长、吴副官和手枪连官兵归来。怎么办？军长和手枪连哪里去了呢？关副参谋长不敢妄自行动，等到下午，还是不见他们到来。

随后，关副参谋长派李印西和潘茂两个参谋带着几名便衣谍报人员向山口铺、玉七亭附近的战地去搜索。

当李印西和潘茂等人来到这里时，已听不到枪炮声了，也看不到敌兵的踪迹，只有战死的官兵和各种器材、行李狼藉遍地。他们寻到玉七亭东侧坡地时，才见到王甲本军长与吴副官倒在血泊中，身上有多处弹痕。其中，王军长面部多处被刺伤，特别是两个手掌被刀锋绞得血肉模糊，显然是抓住敌兵的刀口拼死肉搏而致。两人立即找来两副担架，将他们的遗体抬到山口铺东北侧大山边的唐家祠堂。

当晚，在以副参谋长关裕祥为首和军务处长颜泽闿及暂编第6师新兵团某团长的主持下，就近征用了当地大财主廖铭煊一副上好棺材，将王甲本遗体草草装殓，连夜简单祭吊后，安葬在山口铺芭蕉村张家冲后山坡上。同时，还买了一副棺木将吴副官遗体殓葬在王甲本墓侧。

这时日军大部队已在大山附近的平原大道上"呼呼"前进，到处是人喊马嘶。下葬之后，指挥所人员不敢久留，连夜沿着大山山冈，向武冈方向逃去。

这时第62军退至芦洪司以西的云雾大山了，日军已接近洞口县。这里山高林密，南北100多里，东西宽三四十里，黄涛军长以为鬼子不敢进入山区，可做喘息一时之计，并且进行迎战。

不料鬼子由汉奸带路，在没有守军的山峰深夜爬上来了。而云雾山因为山高整日云雾遮蔽，瞭望仅及数十米。黄涛在上界头等候最后部队第451团到达，仓促之间，军部继续前行，黄军长却忘记了通知他们，结果竟然与军部失去了联络。晚上，黄军长就在当地住宿，可翌日拂晓前，他还没醒来，有人就大叫起来了："鬼子来啦！鬼子来啦！"

原来他的住处都被鬼子包围了！幸好有警戒部队在附近，仓促赶来应战，黄军长这才披衣脱险而出，但也因此受惊不小。

当他返回军部后，立即大喊："无线电站黄站长呢？无线电站黄站长呢？"

"无线电站黄站长"一来，他就下令："拖出去枪毙！"

为什么他要枪毙黄站长呢？原来该站长应随黄军长前线指挥所行动，黄军长把这一夜受惊归咎为自己与军部联系不上，于是说黄站长不听命令，擅自行动。可枪毙黄站长后，有关部门一查，该站长系跟随军部而退，并非擅自行动。人死不能复生，黄涛事后亦颇觉后悔。

黄军长才"军法处置"黄站长，手下又慌乱地跑进来报告：敌军千余人从东安经白牙市北进，企图包围云雾山的第62军。在这样紧急的情况下，黄涛决定再经二渡水、回龙寺，渡过夫夷水向武冈撤退。日军快速部队追到二渡水时，因水势大不能徒涉，船只已被中国军队破坏，没有渡河，转向武冈西进，南犯新宁县和湘桂边境而去了。

第62军脱离敌人追击，到达武冈县城，这时负责指挥湘桂路作战的第27集团军副总司令李玉堂早已脱离第79军、第46军、第62军退到了武冈县城。黄涛军长见着他时，他也是惊魂未定，说："王甲本死啦！手抓住鬼子的刺刀，都绞稀巴烂啦！"

黄涛获知老同学阵亡的消息也是惊讶不已，问道："第79军呢？"

"正在脱离战场，也是生死未定呀！"李玉堂叹息着说。

"黎行恕和第46军呢？"

"他们转回老家广西境内了。"

过了3日左右，他手下的第157师自洪桥和军部失去联络后，竟然躲开鬼子的正面追击，绕道回到了武冈归制。

9月中旬，第79军全部脱离了战场，也回到武冈集中整顿。事后，蒋介石仅抚恤王甲本家属20万元贬值的法币,任命方靖继任该军军长。

衡阳战役的一切战事就这样结束了。

蒋介石盛宴招待从敌营逃回的降将

衡阳城投降的将领,都是蒋介石的嫡系黄埔学生。这次七八位将级军官集体投降,开了中国军队从没有过的先例,这让校长蒋介石有苦说不出来。好在他当领袖这些年,经历了东北的"九一八"、华北汉奸政府的"自治"、淞沪抗战的失败、国都南京的丢失、武汉保卫战的失败等一连串大打击,面对任何不如意的事情都能挺住,做到宠辱不惊了。这次学生集体失节,确实让他大丢脸面,那些杂牌军将领就公开说:"黄埔短,黄埔长,黄埔学生当降将。"但蒋介石倒还是做到了像丢失南京、武汉时一样出奇地冷静,只是在黄埔学生前来晋见喊"校长"或者"校座"时,他的嘴角才忍不住要抽搐几下。"学生"不争气,国内哗然,蒋介石在全国人面前大丢了面子,可以无所谓,但在盟国前面却不好交代,情急之下,一边派飞机拼命轰炸衡阳城,企图把那些降兵降将们往死里炸,一边不得不思谋应对之策。

突然,军委会一道命令下来了:8月20日早晨6时,全国各地各军集合,集体为"衡阳殉国守军默哀三分钟"。

到了8月20日这一天,蒋介石在《中央日报》等媒体上发表了近千字的长电文。这是一篇超级混世电文,其中,先称赞方先觉8月7日发出的"最后电文""其慷慨就义,视死如归,可谓壮烈极矣",然后宣称降在衡阳城内正准备去南京晤见汪精卫的"方军长本人虽生死未卜,而其生平至死不屈之志,实为全国同胞所深信",接着要求全国人民"以第10军此次在衡阳壮烈牺牲为模范,共誓必死之决心",要求各军在默哀时"将此电全文朗诵"。蒋介石大张旗鼓地在全国搞"默哀三分钟",还要求人们全文朗诵他这篇歌颂方先觉之流降将的电文,让不少的知情人啼笑皆非。有的人干脆公开说:"要是真的各军都'以第10军此次在衡阳壮烈牺牲为模范'玩假牺牲,来真投降,那中国就真的要完蛋了,比鸦片战争还不如。你蒋中正也得被横山勇喊着'欢迎欢迎'到日本国去再'留学'!"

虽然蒋介石为方先觉等人大唱赞歌,可降将们在后方的亲属看到这电文却个个暗暗叫苦,悄悄说:"这老蒋不是逼着我们的亲人去自杀吗?"

蒋介石这一超级电文到底意在何为呢？一是混淆视听，为黄埔学生遮丑；二是逼着降将们去自杀"成仁"，为他这位校长挣回脸面。其实，他这一招又何尝不是低拙和弱智呢？首先，全国这么大，世界又这么小，就是国民政府死死压住不准中国人说，日本人也能忍住不说？更何况第10军好几万官兵、衡阳城内十几万民众，乃至他们的家属，这近百万的嘴巴又如何能封杀住？因此混淆视听，掩人耳目完全是不可能。其次，他明褒奖暗死逼的做法，又哪里"逼"得死那些降将呢？如果这把戏能逼得死他们，他们就不会冒天下之大不韪去投降求生了。

蒋介石的良苦用心，反让不少人说："老蒋也被那些学生逼到悬崖上了呀！"

然而，当了降将，方先觉和那些手下的日子也并不好过。

当初方先觉等人投降日军的一个堂而皇之的"目的"，就是保全自己手下那些官兵的性命，谁知受降前7项条件就没有被接受。他们投降之后，横山勇除了对几个军长、师长"善待"之外，对下面投降官兵并没有善待，鬼子们对投降官兵任意残杀，仅在仙姬巷侧一临时伤兵站内就"枪毙"了走不动的伤病官兵380余人，在街头巷尾及防空隐蔽室内，鬼子一遇到投降士兵就任意谩骂、鞭打，对官兵进行侮辱。横山勇和畑俊六尽管对降兵降将大喊"欢迎，欢迎"，实际上对投降官兵并不放心，经常转移他们的住地，今天从这里搬到那里，明天又从那里搬到这里，这更使得降兵降将们惶惶不安。经过一个多月颠沛流离式的转移，最后才被解到江中的一个孤岛——东洲上的俘虏收容所，以后一部分又被关到了西站过去的头塘小学。

在这两个降兵收容所里，没受伤的官兵，每天给3小碗谷子；伤病的，给一小碗谷子。可是，官兵们赤手投降后，除了一身穿的衣裤外，就全裸了，一无磨子，二无炊具，只好用红砖磨碎，轮流用面盆煮食；很多人吃不饱，偷偷出门外偷摘逃亡老百姓留下的蔬菜充饥，可一经被鬼子发觉，当即就被反缚双手，拖到江边，用枪棍打死，抛进江水里"喂鱼"。

在俘房收容所门上，日军写着："此地不准出，出即射杀。"一些人忍受不了这种艰苦和屈辱，可一反抗，鬼子不是枪毙，就是用刺刀刺死。

方先觉获知这些情况后，向横山勇提出抗议，之后，日军对收容所俘虏的任意杀害才稍稍收敛了一些。

不久，在日军的监视下，方先觉一行十几个人，穿着日本军官制服，佩带着日本指挥刀，来到了东洲，然后，召集被俘官兵进行训话。他的大意说：

"大家辛苦了，今后可以安心下来。现在我们已改编为'先和军'第1军了，今后的粮饷，都是由南京国民政府供给。南京国民政府是'和平阵营'的领袖，正在致力于新中国的建设，我们不久就可以开到南京去了，大家安心吧！"

就此，第10军改为了"先和军"。什么叫"先和军"呢，降兵们却不懂，后经过解释，才明白是"先行参加建设东亚的和平军"之意。有人一听，脑袋大了，原来谁都骂汪精卫和伪军，现在咋自己比他们还先行了一步呢？并且还是第1军啊！好在以后每天都有伙食钱发了，也正式发米了，每个连都拿着收容所发的采购证，在日军的监视下，上街买菜。但是，饭不是白吃的，所有官兵每天都由日军带着，修筑机场，清理街道上的残砖破瓦，掩埋发臭的死尸，到各地做苦工，当搬运夫。

方先觉、孙鸣玉、周庆祥、葛先才、容有略等人为了保命当了降将，其实心里都清楚，当汉奸是千夫所指，绝没有好下场的。因此，虽然天天有麻将打，有妓女陪，心理上的负担并不比当初在战场轻松。祸不单行的是，这时德国法西斯在欧洲战场上节节失利，太平洋上美国盟军也开始了反攻，这些消息一个接着一个传来，大小鬼子都感到前途暗淡了，在这样的境况之下，他们的压力更大了，可以说是活着比死了还难受。

开始，日军对他们监视很严，久而久之，见他们都穿上了日军制服，挎着东洋刀，也就渐渐松懈下来了，于是，降将们又开始了新的死里逃生之途。

结果，当初第一个当降将的周庆祥首先决定逃走，他和军参谋长孙鸣玉借口到衡阳城外的天主教堂做礼拜，午夜时分，以床架为楼梯，翻越围墙而去，两人又成了第一批逃将。

他们一逃，日军对方先觉等人的监视又严了。

方先觉却表现出完全没有逃走之意的样子，只是常常下基层，去看望各师的残部，并且还高调发表一些"先和"讲话，但他的骨子其实也早就想跑了。每次视察后临走时，他都在墙上画一些直线或曲线，箭头指向西方或南方，这些降官降兵哪里明白这是军长暗示他们向西或向南方向逃走呢？

11月，方先觉终于按捺不住了，再在这鬼子营待下去，这汉奸的帽子割掉脑袋都甩不掉，决定冒险而逃，以死求生，于是先暗示副官处长张广宽逃走，并嘱咐他："你出去后，在外面联络，救我脱险。"

张广宽寻机逃出后，找到潜伏在大山里的衡阳县政府，然后又由县政府派老百姓通风报信，与方先觉接上了联系。

11月下旬的一个黑夜，方先觉在向导护卫下，逃出了衡阳城，脱了虎口（他

到底怎么逃出"鬼子营"的，至今有关资料语焉不详）。然后，他辗转到了辰溪，再转去芷江，再由军委会派专机接往了大后方重庆。

方先觉终于回到了重庆，众人惊讶之余，无不感叹他毫发无损的逃生绝技。蒋介石闻讯"方学生"回来了，立即亲自召见。谁知见面时，蒋校长对一度给自己带来耻辱的黄埔学生不仅全无责备之意，还竟然宣布为他设盛宴洗尘，参谋总长何应钦、老长官钱大钧等大员近百人前来作陪。

蒋介石为何如此这般对待方先觉呢？当初，他声势浩大地要求全国为方先觉他们"默哀三分钟"，要求全国人民"以第10军此次在衡阳壮烈牺牲为模范"，现在他们却回来了，并且确确实实当了降将！这场大戏如何收场？聪明的他选择了假戏真做，决定把方先觉他们当作英雄来迎接。

这令方先觉受宠若惊，又十分不安，在盛宴上，他忍不住对蒋介石说："我很惭愧，学生未能完成任务，请求处分。"

蒋介石却回答说："我对得起你们，回去好好休息。"

失节当了降将，此刻还享受如何高规格的盛宴，被当成了英雄，蒋介石自然"对得起"方先觉。没等方先觉回答，蒋介石又吩咐说："重庆情形复杂，对外界和新闻记者们，不要发表谈话。"

"唉，还发表什么谈话呢！"方先觉回答。

方先觉出生于江苏萧县，方家寨不远就是孔子72弟子、12贤人之一颛孙师的老家。颛孙师一生追随孔子倡导礼义廉耻，牌位至今还在孔庙里供奉着。作为颛孙家乡人，方先觉何尝不知礼义廉耻呢？

之后，军委会专门从中国银行拨出一座楼房供方先觉居住，并且还给他派了临时秘书。方先觉住下后啥都不想说了，但在蒋介石等人大张旗鼓为方先觉正名、当成绝世大英雄迎接的盛举之下，重庆各界来访者和为之画像拍照的记者们却络绎不绝。方先觉不想说也没办法了，但他还是听从蒋介石的吩咐，自己在记者前不出面，概由秘书代其接待。

"反薛岳同盟"的赵子立也被废在重庆，作为长衡战役的当事人，也跑去看望方先觉，想了解一下衡阳的战斗和他脱险的情形。令他想不到的是，方先觉除了大骂薛岳外，就是吹嘘自己在衡阳如何打得好、如何打得狠，只是对自己投降的事讳莫如深。

他骂薛岳什么呢？说薛岳想拉他到湘东去，想造中央的反，是要让中央失败后，好去投效他的"广东主子"汪精卫、陈公博之流；因此，他打了47日，薛岳按兵不动，导致他在衡阳城望眼欲穿。

其实，这时薛岳在长沙会战失败后也已被老蒋废了，衡阳保卫战的大指挥，除了蒋介石本人外，就是在桂林的白崇禧，小指挥为方先觉的顶头上司李玉堂，几乎与薛岳无关了。赵子立对这自然是知情的，不愿被他当猴子耍，于是问道："你见着委员长时，他有说什么吗？"

"委员长说：'你们在衡阳激战时，我天天祷告上帝，保佑你们。'"

然后，方先觉又吹嘘蒋介石对他如何关怀、如何爱护，尽管说了很多，就是避而不谈衡阳怎样失陷、他是如何脱险的。而赵子立是参谋长出身的，有的是智谋，巧施话题，不住地借战况询问进行深挖，但精明的方先觉的回答和报纸上说的全都一样。而报纸上的东西呢，一直是真假难辨，癫佬才相信那些话，因此赵子立不想听了，漫不经心地把头抬向墙上看去，却见墙上贴了一张纸，纸上写着某日委员长召见，某日见何总长，某日见某院长，某日见某部长……这降将竟然成了重庆最高层的大红人了。

当赵子立走出方先觉的房门后，脑子里不禁大大地打了好几个问号：他抵抗了40多天，就有资格投降吗？蒋介石对作战失误的一定要杀，对屈膝投敌的，却宠爱备至，这是何道理？他又联想到自己的老对头薛岳，在长沙失陷后，处境就大为不佳，统辖的部队纷纷被调走，薛岳的权力也大打折扣，为什么呢？老蒋说要惩治长沙有关失职人员。但他对方先觉，咋就一反常态呢？回去之后，赵子立对这个问题思考了很长时间，但聪明一世的他却久久没有找到答案。

方先觉逃出了牢笼，可他撂在衡阳城的手下，光将级军官就有5大员，即葛先才、容有略、潘质等，其他手下，除陪同他一起逃走的两三随从外，也全扔在城内了。当初，他说投降是为了救部下，现在咋就不怕鬼子因他逃走而把气全撒在他们身上，甚至把这些降兵降将全处决了呢？他的想法无人知道。

就在方先觉在重庆享受蒋介石的盛宴时，葛先才等5大将的日子却越过越艰难了。他们不仅被鬼子看严了，而且被转移到了四面皆水、只有一条通道的联湖书院，一个武装排荷枪实弹日夜看守。日军对他们再也不送好酒好肉了，而且宣布："不供给囚粮，伙食必须自理。"好在葛先才他们随身还带有一些"银子"，才不至于饿死。葛先才当上了采购员，每天去菜市场买菜，但去时也没自由，两名武装日兵随行监视。

"这咋办呢？"葛先才等人着急了。

于是，几人决定抓住葛先才买菜这唯一与外界联络机会，策划逃走的方

案。好在方先觉脱身后并没忘记衡阳城内的几个难兄难弟，在他的报告下，衡阳城内的军统特务散布在降将们四周，有的化装成卖菜的，有的化装成修鞋匠，利用葛先才在菜市场买菜的时机，终于巧妙地接上了联系，并且还暗中塞给他两沓钞票。

这样，5大员在日本人看守严密的狱中却时常可以打牙祭了。然而，就是再多的好鱼好肉，餐餐吃不完、喝不尽，没了前途，没了自由，又有什么用呢？眼看盟军战场上的喜讯一个接一个传来，几人就是上了饭桌，还不是七两伤心酒，一杯愁满肠？个个吃着肉，喝着酒，人却越来越瘦，胡子也老长了。

一天，葛先才采买归来，突然发现大白菜心中藏一小纸条："一切安排妥当，今夜派胡汝福君，潜至联湖书院大门左侧树下来迎。"他终于暗笑开了。

胡汝福是葛先才熟悉的老部下，他立即通知军部军械科长罗生靖中校："在天黑后，开始打通预定出路，准备出逃。"出逃的路线，众人早已侦察好，只需挖一个墙洞，经鬼子寝室外的走廊，到厨房，再将排水沟土墙的洞孔扩大，就可以钻出到屋外空地，即大门的"左侧树下"。

深夜11时许，罗科长悄悄地说："路线已打通，现在就走。"

"慢点，我们分头叫醒诸将领同行。"

葛先才倒没忘记其他人，结果，他除了叫上其他4员将级军官外，还挑了几名随员，不多不少整整10个人，然后，轻手轻脚，鱼贯钻双重墙洞而出。葛先才第一个钻出了土墙洞外，躲藏起来的胡汝福马上从树下迎出，打了个手势，10人一声不响地跟在他后面急走。

路上谁也没有说话。

走了七八里，到了草河畔一独立农家，胡汝福用暗语叩了门，有人开门问道："都来了吗？"

"是。"

这人又领着葛先才他们到草河，登上一条事先准备好的小舟，急急向对岸划去，很快众人就靠近了河北岸，弃舟登陆，向西北山区行，急行十多里山路，又迎上了衡阳县政府派出的保安大队。在他们的护送下，众人终于到达了安全地带，然后，转去衡阳县政府。

在临时县政府里，众将终于大大松了一口气，有了话语，也有了间或的笑声。县长说："请将军们上坐。"

在县长的陪同下，他们大鱼大肉大碗酒，饱餐了一顿，然后，精神也完全上来了。放下碗筷后，又要上路了。他们才走出县政府的大门，县长说："敝县条件不好，招待不周，请诸位将军莫见怪。前路迢迢，我们也没有汽车，只好委屈各位将军了，请上滑竿。"

在县政府的安排下，5位将级大员全都坐上了滑竿，其他5人跟在后面走路。将军们由人抬着，由一县护送至另一县，最后大摇大摆地到达了湘西芷江机场，再乘上美国运输机，飞向蓝天，去了陪都重庆。

众人脱险回到了重庆，蒋介石也是设盛宴进行招待，接着召开盛大的表彰大会，给方先觉和周庆祥、容有略各颁发一枚青天白日勋章。葛先才因"赤膊大战张家山"已经早给了，因此这次没有。

本来这些降将一路上坐在滑竿里还提心吊胆地担心回到重庆可能要受到惩处，琢磨着应对之词，谁知到了重庆，不仅没受到任何处分，反倒还得奖了，乐得手舞足蹈，纷纷说："领袖毕竟是领袖，英明伟大。"

在表彰大会后，他们又休息了几天，军委会任命他们为不上班只领薪水的少将高级参谋。这些人乐得享清闲了，葛先才说："总算吃饭问题有了着落，不至成为饿殍。此外，一文钱一套服装都未发给，好在我无家无室、无拘无束。"

这些降将们"无拘无束"了，这与蒋介石法外留情，且还对他们授奖有着莫大的关系。蒋介石对其他降将都是定斩不饶，这次反其道而行之，原因只有一个：这次五六个"黄埔学生"集体投降日军，着实大出了黄埔系将领的丑，他这校长也是面上无光，丢丑丢到国际上去了，因此他只有宣扬他们的战功才能掩盖"黄埔学生投降"的丑行，因此不仅护犊子，而且高调把他们捧为"英雄"。

结果，重庆在中央日报社、中央社的吹弄下掀起了一股声势浩大的为投降唱颂歌的热潮。在这股不以失节为耻反以为荣的逆潮中，也出现了微弱的质疑声，还是有一些人没被这场"民族英雄"的闹剧折腾得昏了头，跟着四处喝彩。葛先才高调提出"投降"理论后，白崇禧在约见他的时候，以不以为然的口气问道："好像第10军军师长未有一人殉职？"

葛先才立即顶了回去："若军师长有人殉职，也打不了47天了。"

事后，他还为此大感不平，大鸣不平。白崇禧拿着他是老蒋的嫡系，尽管脑子清楚这投降不是好事，却也无可奈何。

但很快，老蒋的嫡系也有意见了。指挥常德会战的余程万在狱中愤愤不平地说："我好歹没有投降，却差点被枪毙了！"

前方不少将领也愤愤不平地说:"打不赢就投降,还可以得到青天白日勋章。我们手下的营长、连长们如果打不赢了,要去学他们的话,我们该怎么办?这还怎么带兵打仗,这抗日还要不要抗下去?"

蒋介石为降将们授勋,那些在国统区打着"曲线救国"幌子的汉奸们也开始活跃起来,纷纷找上门来,要求重庆授予官衔,有人甚至还不知羞耻地要求发给"汉奸经费"。

起先跟着四出喝彩的人终于明白,投降就是投降,这颂歌是唱不得的!随后,高调贩卖"关公因降操而享受世代香火"的方先觉又遇到嫡系中的嫡系——陈诚的问话,军令部部长徐永昌也开始不满了。老长官李玉堂见势不妙,悄悄地把方先觉、葛先才一伙人叫了去,劝告说:"衡阳保卫战可以分为两段论,前一段打得好,打得勇,是一码子事;后一段投降失节,是另一码子事。委员长先为你们全国默哀三分钟,后来又对你们高调授奖,那是大智慧。但是,如果你们还跟着继续瞎起哄,我看,那你们就是最愚蠢、最傻了。"

"有人说我们是降官、降兵、降鬼啊!"葛先才立即嚷起来了,粗鲁不羁的"本性"马上又显现出来了。

李玉堂正色地说:"葛先才你是精明人,再闹下去,我看你要吃不了兜着走,不掉脑袋,也得进牢房!"

"这……这……"

葛先才还想辩解什么,但一看众将都耷拉下了脑袋,惶惶不安,终究是个聪明人,也把脑袋耷拉下来,啥也不说了。老长官见状,忍不住"扑哧"一笑,说:"也不用那么悲观。有委员长在,你们不会有事的。只要不再闹下去惹得天怒人怨,我保证你们一不会进班房,二不会掉脑袋,还是见好就收吧!"

降将们终于听从老长官的智慧之言"见好就收"了,这场闹剧逐渐降温,慢慢收场了。之后,方先觉去了蒋介石亲自主办的中训团,当了大队长,第10军的番号则在无形之中永远消失了。

值得一提的是,事后,日军所有资料和横山勇对衡阳受降之事自始至终守口如瓶,就是日军的战史资料,也只是寥寥几笔,甚至还称赞第10军在衡阳保卫战中如何英勇,为这伙降将们打着掩护。狡猾的横山勇"投桃",最终也因为这"大智慧"获得了"报李"。——这位与中国军队先后进行鄂西会战、常德会战、第三、第四次长沙会战、衡阳会战、湘西会战,致使中国军队和平民在几次大战中伤亡上百万的日本第11军司令官横山勇在战后竟然没有被远东军事法庭判罪。

原因是国民政府高层一直有人暗中保他。

有人猜测说，这是因为他"善待"了衡阳降军，才获得了"善报"。

第十六章 衡阳保卫战：血染的47天

第十七章 桂柳会战：白崇禧又丢了桂林

**白崇禧信誓旦旦：
"死守"广西三个月没问题**

在衡阳战役中，黄涛率领第62军经过两个多月的作战，衡阳城没有打进去，官兵却伤亡6000余人。从衡阳转进到湘西武冈以后，他曾电请蒋介石补充兵员、弹药及服装，蒋介石虽强令全国为那些降将们"默哀三分钟"，但对活着的战斗部队却并不上心，对黄涛的补充请求竟然毫不理睬，不给一兵一弹一衣的补给。黄涛没办法了，去找集团军李玉堂副总司令。李副总司令也只是耸耸肩说："我也只空有指挥机构之名，对于补给事宜，毫无办法。"

这时第79军、第46军已溃退到了广西，仅第62军随他还留在武冈县城，这黄涛也不傻，见李玉堂对自己不感冒，因此也无心当他手下的"兵"，决定也跑，暗中致电广东同乡、第四战区司令长官张发奎请示今后任务，以便摆脱李的指挥关系。

随后，黄涛拿着第四战区的复电，下令全军迅速开赴柳州待命。于是，第62军由武冈经城步、龙胜、永福而去了柳州，从此，转入了桂柳会战。

桂柳会战与长衡会战是在同一个时期发生的，两次会战有着一定的关联和承接关系，因此后来被通称为湘桂战役。

桂柳会战，是白崇禧亲自指挥的。

早在1944年5月下旬，日军大举侵犯湖南，企图打通粤汉线时，一举两得，趁机打通湘桂线。因此，在日军南犯长沙时，与湖南紧邻的广西也马上吃紧了。

自1940年冬日军撤离邕龙后，广西整整3年没有敌情了。在桂南会战后，蒋介石和何应钦认为管辖粤桂两省的第四战区不便在两个不同正面指挥作战，于是将广东地区划出，新成立第七战区，任命余汉谋为第七战区司令长官,第四战区司令长官张发奎则专门负责广西方面的作战。留驻第四战区的部队,只有夏威第16集团军。夏威以越南日军为作战正面,将第31军第131、188师兵力配备在邕龙方面;其中,第188师在龙州,主要对越南边界警戒;第131师在南宁,为机动部队兼顾钦州、防城沿海的警戒。与湘粤接壤的桂东、桂北,一向有第九、第七两个战区为依靠,因此,张发奎和夏威没有配备任何兵力,也没搞过什么战斗设施,大有大树底下好乘凉的做派。

6月18日长沙失陷后,张发奎还以为第九战区今后的作战将因为主力转移到湘西南地区,以黔桂大后方为联络线,而第四战区仍可借它做掩护,不至于遽然遭受日军威胁。谁知日军继续南下进攻衡阳,薛岳率残部退走

白崇禧

湘东南,广西东北门户豁然洞开。这时他才感到大事不妙了,慌忙进行紧急处置,赶紧抽调第31军主力从南宁向桂林、柳州移动。

广西是白崇禧的老家,部队又是桂系军队,军政大权一向操在白崇禧的手里。张发奎虽然名义上主持广西军政大局,事实上一直是坐冷板凳,实权操在白崇禧手中。因为自己没本钱,张发奎只好竭力去与白崇禧周旋,互相利用,并且不得不以"张公百忍"为上策,无论大事小事儿,任凭蒋、白布置。凡蒋、白有所指示,他无不听命,照章办事。现在广西危急了,白崇禧于是不得不出面了,以军委会副参谋总长的身份带着一大班人马来到了桂林指挥衡阳战役,一方面,调集兵力对围攻衡阳的日军进行反包围,以解衡阳之围;另一方面,进行阻止日军向广西进犯的作战准备和部署。

因为蒋介石把中央军主力控置在贵州,在衡阳外围反攻日军的,只有粤军、桂军,军令不一,士无斗志,白崇禧眼看反攻毫无进展,广西危在旦夕,立即加紧桂林的城防,准备在桂林打一个大仗,把鬼子好好教训一顿,实现

自己在广西一贯倡导的"保国卫家"思想。

7月,桂系老将韦云淞被重庆军委会任命为桂林城防守备司令官。

这是白崇禧选拔并向蒋介石保荐的,本来在桂南战役和昆仑关战役中,这个韦云淞就表现不佳,年老昏庸,并且怕死。可是,这次白崇禧为什么还选他来守备至关重要的省会桂林城呢?难道白崇禧也糊涂了?

其实,白崇禧并不"糊涂",而是与韦云淞个人的特殊经历有关。

早在1930年各地军阀大混战时,滇军入桂围攻当时的省会南宁。桂军死守南宁,部队就是由韦云淞指挥的。结果,他率领孤军死死坚守了好几个月,硬是在四面围攻的烈火中挺着,等待白崇禧在柳州招兵买马、再训练,然后率部来进行反攻。结果,守军把南宁城的存粮全部吃光,不得不吃商人屯积的黑豆充饥。这时候,白崇禧指挥援军由邕宾路昆仑关和邕武路高峰隘之间钻隙出五塘,抄滇军围攻部队的后背,一举将滇军打败,恢复了桂系的广西地盘。这一次打败滇军,坚守南宁的韦云淞功莫大焉,从此他被白崇禧认为是桂系唯一"能守"的"爱将",视为"国宝",并且桂系把南宁守军开始吃黑豆的那一天称为"黑豆节"。这次面对即将入侵的强敌,白崇禧认为韦云淞可以把过去打内战的老经验作为新方法,在桂林对日军重演一次"死守待援"的大戏,因此再次把"死守城池"的光荣任务交给了他。

韦云淞却并不这么想,他虽然年老了,人并不傻,知道过去打内战时"死守待援"和现在抗日"死守待援"完全不一样,鬼子的实力要强大得多,本想开溜,可白崇禧大夸他"黑豆节"的"光荣",军委会的任命书也下达了,眼看无法摆脱这个艰险危难的任务,他不得不对白崇禧效忠,继续去"保持光荣"了。

白崇禧信心百倍要进行桂林大战,不少人一见韦云淞被任命为桂林防守司令,就知这桂林城是彻底没救了。张发奎也是这样"眼力尖锐"的人之一,在得知军委会的任命后,他忍不住对亲信随从高参李汉冲说:"我早知韦云淞没有与城共存亡的决心,不过白崇禧这次有意给他和一铺'北风北'的两番而已,桂林是失定了的!"

李汉冲说:"你是战区司令长官,负有整个会战胜败之责。桂林得失,关系重大,为何不坚持你的意见?将来桂林不保,你将为人所指,也难逃罪咎啊。"

"唉——"张司令长官长叹一声,"反正是广西的事。广西的人,我何必得罪他们?惹不起呀!即使桂林失守,究竟谁负责任,自有公论。"

张发奎虽然声称"谁负责任，自有公论"，其实却完全是一副不负责任的打工仔态度。

结果，这韦大司令领了巨额军费和安家费去组建桂林防守司令部时，竟然没人愿意去他那"送死司令部"为官。韦云淞拿着钱和官帽子，竟然找不到人，组不成阁，别说别的随从人员，就是司令部参谋长都没人愿当。在他急得团团转时，老部下戈鸣见老长官有新难处，于是跑去打算做他的参谋处长。见面之后，韦司令就说："你代我的参谋长吧。"

戈鸣因自己军衔太低正要推辞，韦云淞却说："已经报经白长官同意了。"

戈鸣没办法了，就这样硬被推上了参谋长位置，以代参谋长身份帮韦云淞组织桂林防守司令部。经过一段时间的努力，桂林防守司令部终于大致组建起来了，主要是两个单位：参谋处和总务处，一个管作战，一个管军费。其中，韦云淞的堂侄韦士鸿当总务处上校处长，管财务钱财；韦云淞的旧部、原第31军第188师参谋主任叶振文当参谋处上校处长，所有的人员都是韦云淞用重金招来的旧部。

桂林会战在即，白崇禧声称要动员广西全省力量与敌周旋，说广西民气刚强，一向有组织基础，可动员50万人参战，其中又可编组5万基干力量；为此，他向蒋介石提议由第31、第46两军各编一个补充师，另成立两个两团制的独立纵队，在电话里，他对老蒋说："只要中央拨给两师和两纵队的武器装备和饷项，我就可以在两星期内编成。将来即使后续兵团不能如期到达，这些部队也可以立即参战。"

蒋介石最怕桂军扩军扩张势力，眼看西南危急、衡阳难保，为形势所迫，不得不答应下来，说："所需装备粮饷如数交拨。"

后来，蒋介石的装备、粮饷拨来了，但白崇禧的扩军计划还没落实下去，桂林就已失陷了，这是后话。

桂林大战，自然要等日军来攻，才能打响，这来攻的鬼子就是进攻衡阳之敌。白崇禧磨刀霍霍，对外宣称："水来土掩，兵来将挡，死守广西三个月没任何问题！"

8月7日，中央社发出消息，说衡阳守将方先觉决心在衡阳"成仁"，并且还打电报给蒋介石说"来生再见"，桂林各报都以首要位置刊登出来了。谁知第二日，日军就广播方先觉等人已向日军投降，桂林防守司令部一下子就乱了套，马上根据军委会和第四战区司令长官部的电令强迫市民疏散。

衡阳失陷后，日军暂时没有行动。9月初，蒋介石令在衡阳外围的黎行

恕第 46 军由湘桂铁路撤退，粤系部队第 62 军由湘西武冈经龙胜向柳州撤退，两军改归张发奎第四战区指挥，并指定第 46 军归回老长官夏威第 16 集团军建制，与第 31 军协同固守桂林，第 62 军固守柳州。并且他还派出中央军陈牧农第 93 军入桂助战。

桂柳大战马上就要开始了。

仗还未打，长官部的"神机妙算"让人心都散了

衡阳失守后，白崇禧决心在桂林城下和日军进行一次类似薛岳"天炉战法"的大会战。在他的指导下，张发奎第四战区正式下达了兵力部署概要：

（1）第 93 军（中央军，军长陈牧农）"死守全县 3 个月"。

（2）在桂林成立防守司令部，由第 16 集团军中将副总司令韦云淞担任防守司令。守城部队为第 16 集团军的两个军的主力，即第 31 军军部及其第 131 师和 188 师，第 46 军军部及其第 175 师和第 170 师，任务是"死守桂林 3 个月"。

（3）第四战区司令长官部所在的柳州则以粤军第 62 军和第 35 集团军（总司令邓龙光，实际上只有第 64 军一个军）防守，任务是"死守柳州 3 个月"。

这个部署，虽是白崇禧下达给张发奎的，其实全是蒋介石的主意。其中，桂系部队"死守"桂林，粤系部队"死守"柳州，蒋介石的嫡系军第 93 军守全县，其他中央军主力则不参战，在贵州"整训"，以待胜利捷报。

第 16 集团军总司令夏威，时兼第四战区上将衔副司令长官。他除了指挥韦云淞桂林防守司令部外，还指挥下列部队：（1）自衡阳外围雨母山反攻失败后退回广西的第 46 军新编第 19 师，令该师为策应桂林的城外机动部队；（2）由第 16 集团军中将副总司令周祖晃指挥的第 135 师（即第 31 军后调师，少将师长颜僧武）及由两个保安团编成的唐纪纵队，在平南、江口、丹竹机场一带防御可能由广东方向进犯的日军，掩护柳州；（3）由两个保安团编成的姚槐纵队；（4）各广西专区的保安部队、民团；（5）临时编组起来的所谓游击支队，如桂林东乡的黄绍之支队、南乡的胡国秀支队——都是本地封建私人武装，在桂林疏散时，韦云淞将"桂绥"仓库里的旧枪、杂枪发给他们几百支就组编成军。即桂林城的防守，小司令是韦云淞，大司令为夏威。

大方针定下之后，为贯彻自己的作战指导，白崇禧与张发奎率领军长和幕僚们前去视察桂林城郊阵地和工事，并到荔浦平乐之间侦察预定攻击由湘桂公路前进之敌的地形。

一路上，白崇禧兴致很高，大有大战前的兴奋感，一会儿笑谈桂林将成为东方的凡尔登要塞，可以守上半年；一会儿戏说民国十九年，蒋介石的中央军朱绍良、毛秉文等部队，由广东侵犯广西，就在平乐的桂江右岸，被广西军队打得落花流水；最后，正色说："现在桂军又凑巧在这里打击日军，这是一个吉兆，当年的战史，可能重演一番。"

第46军已调桂林城内外，第175师驻在南门和五里街一带构筑防御工事。这一天，白崇禧和韦云淞来到了第46军视察，黎行恕军长率领团长以上的军官，随同他们前往桂林南端的将军桥一带侦察地形。众人登上一个大岩洞，白崇禧当即面示："城南防线由象鼻山沿漓江左岸一个石山而至将军桥一线，以将军桥至两路口，为第一道防线，利用天然岩洞，构筑掩体。"

接着，他又吩咐说："我们所站的岩洞，形势很好，必须派一个得力副师长驻在这个岩洞指挥，岩洞接近将军桥，可定名为'将军岩'。"

白崇禧诗兴大发，大有风流将军的味道，随即又问黎军长："派何人担任？"

黎军长指着随行一将领说："派这个黄副师长担任南方指挥。"

"这个黄副师长"就是第175师副师长黄炳钿，白崇禧转眼凝视黄炳钿说："他太瘦了。"

黎军长马上回答说："他刚刚病好，能够胜任的。"

将军们先后现场在桂林东区选择了屏风山、七星岩、猫儿山、月牙山一线，在南区选定了象鼻山、将军桥、将军山、两路口一线，在西区选定了猴子隘、德智中学背后石山和甲山一线，在北区选定了老人山、虞山一线，构筑桂林城的防御线，并在其中构筑机关枪和战车防御炮的掩体，设置外壕和交通壕、铁丝网和鹿砦等障碍物。

白崇禧现场布置好桂林防务后，感觉即将到来的大战还有一个致命的问题，就是他原来宣称广西可以组建50万大军的宏案因为种种原因几乎没有落实的可能，这直接导致广西拒敌兵力严重不足，于是立即从桂林飞重庆，向蒋介石"请兵"——请他出动中央军入桂。

谁知就在他到重庆"请兵"时，从衡阳外围撤退回来的新编第19师被日军撵到了临桂东乡大圩一带，夏威一边下令师长蒋雄率部在原地搜索警戒，

一边慌里慌张地命令在桂林城外"扫清射界"。

什么叫扫清射界呢？就是扫清影响守军射击的障碍物——城外的房屋、烟塔等可能影响作战的建筑；如何扫清呢？拆除，一来不及，二没这么多人力，白崇禧说过可以放火去烧。于是，夏威启动了"焦土抗战计划"。结果，城外到处点火烧房烧物，谁知火乘风势，风助火威，火势蔓延，在城郊阵地准备利用的街道房屋也被火苗吞噬了。更为意外的是，本来第一步放火是不许烧到城内的，可是城内居然也冒了多处火头，烧掉了不少的民房和公房，最后查获4名疑似汉奸的北方人。可桂林大火之后，日军并没有像夏威等人原先所判断的那样从道县进龙虎关攻桂林，而是沿湘桂路先向全县进犯了。并且，桂林大火后七八天，湘桂边境的日军还没到黄沙河，于是大后方对桂林大火议论纷纷，重庆方面有人声言要追究责任，甚至把这比作当年的长沙大火。

这弄得白崇禧十分狼狈。

同时，他的"请兵"计划也破了产。蒋介石死活不肯将他的嫡系大军调进广西参加白崇禧精心策划好的桂柳会战，结果，弄得白崇禧灰溜溜的。没重兵，如何去打大仗？白崇禧不得不放弃在广西进行大会战的打算，重新部署桂林的防守，于是又火急火燎地匆匆从重庆飞回桂林。

离开重庆时，他没忘记让人秘密买了一些烈性燃烧剂带到桂林，以便由桂林回重庆时当作"物证"，证明桂林大火是汉奸放火烧的，以使夏威逃避烧城的责任。

随同白崇禧到达桂林的，还有军令部主管作战的第三厅厅长张秉均、后勤总司令部参谋长汤崔、第16集团军中将参谋长兼第46军副军长韩练成和白崇禧的随从、少将级参谋孙国铨。白崇禧一下飞机，就说："马上通知开会。"

第二天，他会同张发奎召开了以策划战区整个作战指导为主题的高级军事会议，参加会议的除白、张外，还有张秉均、汤崔、广西省政府主席黄旭初、广西省保安副司令张任民、夏威、韩练成、第四战区长官部高参主任张励及李汉冲等人，会议进行了整整一天。

白崇禧等人先听取李汉冲代表第四战区所作的初步作战计划。李汉冲刚被张发奎提升为战区参谋处处长，他汇报话音才落，白崇禧就立即表态不同意这个采用持久守势确保桂柳的作战方针，说："我们不能挨打，应该采取内线作战各个击破敌人的攻势手段，确保桂柳。要乘鬼子沿湘桂铁路正面和沿湘桂公路侧面前进时分离的机会，在桂林以北和平乐附近，集中主力与敌决战而各个击破。决战方面的主力兵团，由夏威集团的贺、黎两军担任。"

夏威集团的贺、黎两军就是桂系子弟兵——第31军和第46军。

之后，对第四战区防守桂林的计划，白崇禧也表示反对，说："固守设堡阵地的持久战术行不通。桂林的防守，应该以依城野战为手段，把主力控置在城外进行决战防御。桂林城的防守部队，主要由第93军在黄沙河转进后担任。至于桂西方面，不得已时可以放弃南宁，坚守柳州。"

白长官突然改变作战方案，几乎将原计划全翻了盘，众人对他这一突然做法都感到蹊跷和不解，但谁也没发表自己的不同意见，生怕"小诸葛"另有破敌妙计，多说反而显出自己的愚蠢和笨拙。这时白崇禧的亲信夏威站出来了，一语惊人地说："桂林城内不能配备过多的兵力。"

既然要保城，咋就不能布置"过多兵力"呢？李汉冲对他的一席话很不理解，但对其中的漏洞却洞若观火，转头悄悄对张发奎说："白的计划表面上好像很妥当，实际上很危险，以战区现有的兵力和贺、黎两军的素质，对优势敌兵的攻势作战，我看难有胜算的把握。"

"哦。"张总司令听着。

"黎军刚才从衡阳归来，士气、兵员和装备都不行，怎能担任攻势决战的主力？陈军经过黄沙河作战后，由敌前转进担任桂林城防守备任务，既不熟悉地形，又没时间准备，哪里守得住桂林？"

"嗯，是不切实际的。"张发奎点头。

李汉冲继续说："依我的看法，还不如仍用战区的指导精神，集中贺、黎两军在桂林，依靠坚固的设堡阵地和优势制空权进行持久防御，以待后援，再去转移攻势，这才比较稳当哩。"

张总司令同意他的意见，但轻声地说："白长官是对最高统帅部负责的，自有他的智虑之处，我们何必另出主意？将来一旦作战不利，把责任归咎于我，我担当得起吗？由他一手布置就是了。"

张发奎不反对，还有谁反对呢？于是，白崇禧提出的新桂林防御计划全票获得通过了，会议并议决作为一致意见，由他本人用电话向蒋介石汇报。会后，蒋介石原则上同意白崇禧的这个方案，只是在兵力使用上仍要求依照他以前的命令，即以桂系第31军守桂林，不同意改由中央军第93军担任桂林城防。白崇禧胳膊拧不过大腿，不得已只好稍做修改，随即令张秉均、韩练成和李汉冲三人按照他的指示，起草书面计划，制成作战命令。

命令起草后，由张发奎签署下达。命令内容大致如下：

（1）湘西南之敌，现于衡阳以西集结，有沿湘桂铁路及湘桂公路向战区前进，分进合击桂柳之企图。

（2）战区以确保桂柳之目的，以一部固守桂柳两据点，主力乘敌前进之分离，于桂林以北和平乐附近地区，求敌决战而各个击破之。

（3）第93军占领黄沙河既设阵地，极力阻敌西进，尔后依情况逐次向桂林转进，协同第31军进行桂林作战。限令该军在9月10日以前不得令敌越过全县。

（4）夏威指挥该集团军担任桂林方面作战，以该集团军副总司令韦云淞为桂林城防守备司令，指挥第31军，另战区直属炮兵一个团、战车一个连固守桂林。如无命令，不得放弃。以该集团第46军控置阳朔、永福一带，依情况候用于桂林或平乐间的作战。

（5）第62军固守柳州。

（6）靖西指挥所仍照前执行任务。

（7）战区于荔浦设立前进指挥所，以张励为指挥所主任。

其中，桂林城的作战计划草案，仍按照两个军4个师的兵力，共3万多人进行配备。

接下来，桂林城防守备司令部召开团长以上军官会议，白崇禧、张发奎、韦云淞等高官都亲自参加。

谁知会议上先发生争论。

对第31军和第46军在桂林的作战地境线，防守司令部是以南北划分的，即东半部归第31军，西半部归第46军，两个军由主阵地到核心阵地都各有一定的作战地域。司令部代参谋长戈鸣把这个划分方案宣布后，第46军军长黎行恕就不同意，说："第31军两个师都是作战师，我第46军两个师中有一个师（第170师）是后调师。第46军只能管桂林城外西面阵地，城内则应全部归第31军。"

戈代参谋长说："据我们判断，日军围攻桂林的主攻方向，是城北面或东面，第31军挨打后，必然要退守城里。第46军方面，不是敌军的主攻方向，到时敌军进攻的力量，自然要弱些，因此你们不必担心。第31军被迫退守城内时，由于在城郊主阵地战斗损耗，兵力就不够。按你的划分，这样就无法守下去。"

"这样打下去，责任不明。白长官、韦司令今天都在这里，到时出了事，我负不起责。"黎行恕说。

这个问题没解决，又出现第二个争论。

防守司令部配备在江东岸阵地的兵力是一个步兵团，防守司令部总预备队则控置两个团，分置在铁佛寺和中正桥西端。第31军军长贺维珍提出："江东岸的普陀山、月牙山瞰制城内，地形重要，必须配备两个团的兵力。"

对此，众人争执不下，问题也没解决。坐在一旁的白崇禧没有插话发表意见，看样子倒好像一切都已胸有成竹，只是静静地听着众人的争执。

这时第16集团军参谋长兼第46军副军长韩练成突然咳嗽一声后发言了，谁知他又提出了另一个新问题："守城必须有城外机动部队策应，现在摆两个军守桂林城，我看是下策。"

有人说："那就说说你的上策吧！"

"如果只用一个团守核心阵地，把主力都调出城去，机动地攻击敌人的侧背，我看这才是上策。"

干脆到城外去打！这是从没人提出过也没研究过的新方案，他接着又说："可惜，这个上策为命令所限，不能这样做了。不过，可以采取中策，即把若干兵力调出去，机动地策应桂林城内的防守。"

戈鸣等人一听，却并没感到这个上策乃至中策有多么好，反而隐约觉得在城防工事早就修好了的情况下把主力调到毫无设防的城外去"机动"，这样的做法是个连下下策都不如的馊主意。

谁知韩练成说完这些话后，白崇禧就开始说话了，他十分肯定地说："守城必须有城外支援。本来两个军守城，吸引、消耗敌人的兵力，再以机动的主力军从外边来个反包围，在桂林打一个大会战，我看是完全可以的，大家也都有信心，很好。可惜了！中央在贵州的主力军不来了。因此，我们只能抽出若干兵力到外面去，这是很有必要的。"

白崇禧定调了，张发奎不做声，他的态度一直是反正是你们广西的事情，不听我的那就任由你们吧。因为白崇禧选取了先是夏威后是韩练成提出的到城外机动的"中策"打法，如何守备桂林城，就变得不如原来那般重要了，结果会上争论的前两个问题顿时就迎刃而解了。

白崇禧真比庖丁解牛还顺畅地抓住了问题的总症结，巧然一法，就豁然解决了一切难题，会议也就这样匆匆结束了。

但是，把谁调出去"机动"，又把谁留在城里固守呢？这个问题不好当着两个军4个师十几个团长在会议上讨论。白崇禧说："另外召集少数人开秘密会议决定。"

大会闹哄哄，小会定乾坤。这个秘密会议，就连韦云淞、贺维珍也没资格参加，因为两人已被白崇禧确定留在城内"死守"。最后，在秘密会议上，白崇禧宣布把第46军军部和该军第175师以及第31军第188师抽调出城去机动，桂林防守司令部、第31军军部及其第131师以及第46军第170师留在城内"死守"。

白崇禧这么破坏建制地抽调两个师之举，终于让所有的人都明白了"小诸葛"暗地里藏的是怎么一个计策了。这次他一回桂林，手下几个亲信提出"机动攻势作战"的论调，最终的一炮由韩练成在团长会议上打出，并立即获得白崇禧本人的支持，开始许多人都不明白"小诸葛"究竟在其中埋藏着什么"神机妙算"。直到这两个师被决定从桂林城中调出，所有的人都在一瞬间恍然大悟了：嗨，原来他以倚城野战机动为借口，为的是要将自己的外甥海竞强由即将成为"死亡绝谷"的桂林城中调出来啊！

海竞强是白崇禧寡妇姐姐的儿子，在白崇禧的安排下，在第31军第188师当师长。另一位调出桂林城的第46军第175师师长，叫甘成城，是第16集团军总司令夏威的外甥。

原来两位最高长官的"神机妙算"，就是要让自己的小外甥从死亡之城中抽身而逃！第46军军长黎行恕为什么竟然出面对战区长官部的军事部署找茬子，打响攻击白崇禧大计的第一炮呢？黎行恕与白崇禧等人的关系不是一般的关系。他在李宗仁、白崇禧身边当过多年的高级幕僚，与海竞强是拜把兄弟，与韩练成是老同学、同事。他打出头炮——较为隐晦的一炮，一为自己出城找了理由，二为白崇禧下面决定调兵（海竞强、甘成城和他们的部队）"出城机动"做出铺垫。韩练成接着打出第二炮——明炮，以下策、上策、中策为幌子，明确提出调兵"出城机动"，推进老长官（白崇禧、夏威）、老同学（黎行恕）的久谋之计；最后，白崇禧先在公开会议上肯定"民意"决定调兵出城，再在秘密会议上亮出最后的底牌，将两大外甥调出，一举达成最后目的。当最后的答案公布出来后，李汉冲不得不佩服白崇禧的超人智慧，说："遇上这样高智商的人，难怪张长官都不得不退让呢！"

在军界混迹多年的张发奎都斗不过白崇禧，留在城中守城的韦云淞和第31军军长贺维珍又能奈何？

韦云淞守城，是因为他有"黑豆守城"的经验；那另一留守大将贺维珍呢，为什么他也留下？原来他并不是广西人，而是江西人，在政治上虽属桂系，但历史渊源并不特别深，因此这次被白崇禧点着将了："贺军长你就辛苦了，

中国军队指挥官在前线视察

和韦老黄忠一起在桂林城打它一仗!"

另外,参加"死守"的,还有蒋介石中央军的一个炮兵团和一个高射炮营。蒋介石既然不派中央军主力入桂,白崇禧自然不会轻饶这些中央军。这个炮兵团完全是替死鬼,因为他们只有迫击炮和战车防御炮,其他重炮一门也没有,且炮弹极少,只有区区三个基数。

当所有的布置出笼后,谁都明白白崇禧不是真心要守桂林城了。白崇禧等人机关算尽,但这徇私的做法并没蒙住任何人,就连住在桂林城内的美国陆空联络组也看出了名堂,马上也要走人。临走前,他们嘟囔着对防守司令部代参谋长戈鸣说:"死守在城里等敌人围攻,我们美国没有这种战术。"他们一走,守军依靠盟军空军支援的希望也泡汤了。

尽管白崇禧此举没骗住任何人,但他还是硬装傻地要把戏份做足,指示广西省政府及各专区专员发起"劳军"运动,下令各级政府多送猪、牛、羊进城,并且说:"城围后,守军的生活不能落下。日军围城后,必须做到守城官兵仍有得肉吃。"

但实际上那些劳军的"进城猪牛羊"全成了官员们餐桌上的佳肴,普通士兵根本见不着。市民疏散之后,除了各级司令部有好的吃,甚至还有酒喝外,城内的士兵连蔬菜也吃不上了,这是后话。

劳军运动声势浩大,也轰轰烈烈。大战临近之时,美国副总统华莱士竟然亲临桂林城进行战前视察了。白崇禧亲自组织欢迎队伍出面进行接待,在

"华副总统"面前,白崇禧大夸桂林城地形之良好与桂系部队之战力,信誓旦旦保证桂林可以固守半年,并且告诉"华副总统"说:"在桂林准备了军需品,如粮秣弹药等储备了足供半年之用。在地形工事设备上来说,喻之为东方凡尔登实不为过。"

这乐得华莱士除了保证在柳州机场控制"充分之空军",取得"绝对之制空权",以协助城防部队战斗外,还答应供给一批美式武器装备,如火箭筒、无线电报话两用机等。最后,他也告诉白崇禧说:"只要守上3个月,就可以创造其他方面有利的情况,桂林之围,那时可以不救自解。"

韦云淞等人真的能坚守桂林3个月吗?如果他们守住了,桂林之围那时真的"可以不救自解"吗?桂林城的官兵都说他们是在说洋笑话儿。

桂林保卫战还未开始,城防司令首先考虑的是"突围"方案

白崇禧把第46军军部及第175、188师调去"机动"后,桂林城原来两个军4个师3万多人的防御阵地,改由两个师共17000人来守了,其中第170师是后调师,多半是新兵;第131师也有一部分新兵,两个师合计新兵约6000人,且这些新兵都是刚抓壮丁征集送来的。城防守备司令部不缩小防守阵地,兵力就无法配备上去。

按照桂林的地形,东、南、北三面原来阵地都不好割舍,代参谋长戈鸣只能把西面主阵地缩到甲山南北一线,即在桃花之江、阳江的左岸;再把德智中学、猴山脚、猴山隘等桂林西郊的主阵地改为前沿阵地,派出小股部队"卡"在山坳原筑的一些工事里,进行警戒。其他没兵可守的工事,怎么办?只好进行毁坏。这样,戈鸣好不容易缩小了约四分之一的阵地,但还是一个劲儿地对韦云淞说:"兵力还是太单薄啦!"

韦大司令不管这些"小事情"的,戈代参谋长说多了也不管用,兵力单薄也就只能单薄了。

然而,这样宽大的阵地,这样单薄的兵力,要"死守三个月",戈鸣自然没信心,天天唠叨。唠叨多了,韦云淞才问道:"警卫营就不行了吗?"

"警卫营就不行了吗",这没头没尾的话是啥意思?戈鸣咋听咋不明白,直到有一天喝着小酒与人聊天时,想起这话儿才恍然大悟,老司令终于向自

己交底了：他的意思不就是到时叫警卫营保护逃命吗？！他有了底儿，盘算了一下，又找到老司令说："防守司令部和第31军军部控制的担任警卫的预备队各一个营，两个师师部的预备队也不过各一个营。鬼子这么强大，4个营，顶个屁用！"

"那只能弃城而逃？"被"黑豆节"逼着守城的韦云淞马上脱口而出，彻底亮出了自己的底牌。戈代参谋长却考虑得比他更周全，说："如果不打而逃，不被上峰枪毙，也见不得人，并且白长官也不会答应。"

"那怎样办？"

"唯一的生路，是打到一定程度后'突围'。"戈鸣说，"打到一定程度，司令再向白长官和夏总司令请求准予'突围'，他们一定会向老蒋力争批准'突围'的。"

"老黄忠"也认为可行，于是两人细细商谈如何逃出的方案，戈代参谋长说："我考虑了三个'突围'方案，一是向西，'突围'后，转向西北方向，向龙胜、融县、三二江山区逃走。"

对这个方案，韦大司令没有异议，问道："第二个方案呢？"

"第二个方案是向南，突出去后，再转向西北方向逃走。"戈代参谋长说，"但如果由南面突出去，鬼子一定会很快调兵来堵截和追击。"

"为什么？"韦大司令不明其所以然，像大脑鸭子似的继续发问。

"你看，这个方向还是敌军南进的基本方向，"戈代参谋长指着地图说，"所以突出去后，必须转向西北方向逃走，采取与敌军南进相左的方向，这样，鬼子就不会远追了。"

这时韦大司令突然想起了什么似的，急忙说："城内还有一辆破战车，你一定要修理好，到时就用它从这个方向突出去。"

"没办法修啦，我早就看过了，这辆战车已破到没法修理啦。"

"第三个方案呢？"

"三是向东面溜出去，先到临桂、灌阳交界的山区，以后再想办法逃回大后方。如果南、北、西三面敌军兵力大，无法'突围'，我们就从东面溜出去。"

"老黄忠"又说："那我向美军要只橡皮艇，到时万一情况混乱，我们几个人就乘橡皮艇偷渡漓江，向临桂东乡逃。"

"我看行。"戈鸣还建议："为了防御战斗和'突围'，阳江和漓江上的桥梁必须尽快处理，破坏桥面，配备火力封锁，设置好障碍物，不能让鬼子冲过来。同时，还要准备材料堆积在我方桥头附近，到时，万一情况紧急，

国民党正面战场抗战纪实

陈济桓

我们可以临时迅速铺好桥面,突出去!"

韦云淞一一答应了,并且还记在自己随身带着的小本子上。

两人已暗中准备"突围"逃命了,谁知这时候韦云淞"黑豆守南宁"时的副手陈济桓却远远地从老家火急火燎地赶来了,见着韦云淞,就急切地说:"老司令,我坚决要求参加防守桂林城,打小鬼子,也算上我的一份!"

韦云淞说:"你不是在老家开金矿吗?咋来了呢!"

"老司令要守桂林,义薄云天呀!如果丢了桂林,我就是抱着那些金砖,也会觉得人生没什么意思!还不如现在来协助你做点啥事情呢!抗战不分东西南北,不分男女老少,应有钱出钱,有力出力,靠大家齐心合力,才能驱逐日寇。现在强敌已到家门,我能熟视无睹吗?国家有难,匹夫有责,我虽身在金矿,但仍属军人,就有保家卫国的职责。"

韦云淞正想找人代命,马上将陈济桓请战之事报告白崇禧。白崇禧听了也很高兴。可陈济桓只是桂系"自己的老中将",在重庆军委会的将军花名册上是没他的名字的,因此,他不能当防守副司令。因为,讲究等级的军委会不会批准,下面两个中将军长也不会接受。但他也不适合当参谋长,因为按编制,参谋长是少将级,必须有一定的学历,还要受过参谋的专门教育,而陈老中将只是一个在战场上拼拼杀杀打出来的土将,没受过任何参谋业务的教育。最后,白崇禧和韦云淞商量了老半天,对如何安排老部下没有结果。

白崇禧沉思了一下,突然决断地说:"那就只好由桂林防守司令部发表他为'中将参谋长'了,不向军委会汇报。"

"当黑官,他干吗?"韦云淞说。

"有什么不干,他不是说要来打小鬼子吗,会干的!"白崇禧肯定地说。

"那代参谋长戈鸣怎么办?"

"把戈鸣改派为副参谋长。"

结果，韦云淞去跟戈鸣说，戈鸣倒是很干脆，也很痛快："这有什么不可以的？完全可以！"

　　戈鸣代参谋长，军委会有备案，但司令部编制上并没副参谋长，于是他也和陈济桓一样，当起了"黑官"。

　　精通重庆军委会规则的戈鸣，为什么也愿去当这个"黑官"呢？原来他只是个上校军衔，而桂林防守司令部指挥两个军部——第31军和第46军的两个军长都是中将级，军参谋长至少也是少将级。因为韦云淞组阁找不到参谋长，才让戈鸣上。他军衔不够，只好以上校支少将薪，且带个"代"字，由此，韦云淞才解决了防守司令部参谋长之缺。但戈鸣代了参谋长，实际上还是个上校，比军参谋长还矮了半级，以后在实际工作中，不仅很难和两位军长打交道，就是那两个军参谋长也很难和他们进行交流，动不动就受到他们呵斥。上次团长以上军事会议上，黎行恕和贺维珍两军长之所以公开和他顶牛，就是欺负他级别不够高。眼看这代参谋长代不下去了，战局也不妙，挂个副职，对戈鸣这上校来说完全是个最佳选择：战斗胜了，战后可以往前进一步；败了，也可以脱身而逃，这"让位"何尝不是一种智慧呢！

　　除了陈济桓之外，防守司令部里谁都知道这所谓的"守城"只是摆摆样子，城池必失。因此，如何自救，成为每个人处心积虑的行动。参谋处长叶振文活动去当临桂县县长，以便逃出桂林城。这韦大司令守城策划不那么细致，对于"突围"逃命，却彻底搬出了当年三国老黄忠火烧赤壁时的那股拼劲，对出逃的行动步骤、路线，都考虑得周全。临桂是出逃的必经之地，他生怕到时乱中失手，见叶振文蠢蠢欲动，立即介绍他去临桂当县长，并暗中嘱咐他："一定要找熟悉桂林附近大路小道的本地人来联络，'突围'时好给带路，记住要找一条鬼子不注意的小路。"

　　叶振文本来就是韦云淞的亲信，马上答应。他一走，参谋处长的业务也由戈鸣来兼办了。但戈鸣不是傻瓜，也忙着准备退路。

　　为此，他暗中准备好了一件皮袍，打算"突围"后化装穿，夜间睡觉时也可当被子盖。韦大司令有本地人带路，戈鸣想得比他还远：到时万一和韦大司令走散了，怎么办？他又请假专门去了临桂东乡的岳父家一趟。他和老婆结婚十几年，从没去过岳家。这次去岳家即为"突围"做准备，到时万一与韦司令等人走散了，就逃到那里去，先去岳家认认路。结果，他敲开岳家之门后，岳家还没人认识这位女婿呢！攀上亲戚之后，戈鸣又急匆匆地返回了桂林城。

个个都在暗中安排"突围"逃跑事宜。参谋长陈济桓只有一条腿,另一条腿在南宁胜利后的阅兵仪式上由于战马受惊而摔断了,现在安了一只木制的假腿。为了"死守待援",他每天天不亮就拖着一条废腿,去各个阵地进行视察、督导,忙着检查构筑防御工事,并且指导守军在阵地前埋设地雷。

陈牧农怕死又糊涂

9月上旬,日军并没按照白崇禧、张发奎、韦云淞等人预测的经道县进龙虎关进犯桂林城,而是突然攻向了中央军第93军"固守"的全县。

全县位于湘桂铁路正面,与湖南交界,是桂北门户,也是进攻桂林的前进要点。但全县县城坐落在一个盆地里,受西北郊外高地群的瞰制,且无预设工事,不利于守,因此守全县必守黄沙河。第四战区命令陈牧农第93军以主力占领黄沙河既设阵地,以一个团进驻庙头,占领前进据点,进行持久防御,在时间上迟滞日军前进,以掩护桂林的防御准备。

8月下旬,张发奎带着李汉冲等随从前往全县视察,发现该军竟未按照战区命令部署,改以主力置于全县城内,黄沙河方向只派了一个团,作为全县的前沿阵地。张发奎当场就质问陈牧农:"为何只派一个团?这里丢了全县就一定保不住!"

陈军长回答说:"这是委座规定的,但与战区命令有矛盾,所以我才以一团推进于黄沙河。如果长官一定要贯彻战区的命令,请再补发一个命令,我当遵照执行。"

张发奎一听是蒋介石的意旨,马上就不坚持自己的意见了,悻悻地说:"既然有委座电令,那就按现在的部署就是了,加紧构筑城防工事吧!记住,只有确实控制两侧高地,才能掩护城内安全和确保后方交通线。"

稍有点军事常识的人都知要死守一地,定要筑上坚固的工事,布置大量的铁丝网、地雷,屯储足够用的粮弹。而陈牧农来到全县后,事实上,却一切都没去做。在从全县回去的途中,李汉冲不无担心地对张发奎说:"全县地形不好。委座远在重庆,不了解实际地形。陈军已归战区指挥,应执行战区命令才对,他这样搞,恐怕难持久啊。"

"全县战斗的性质,不过是争取时间,得失关系不大。委座指挥部队,向来掌握到师,有时到团,他的命令是不容轻易改变的。"

张发奎停顿了一下，又说道："你可替我补发一个命令给他，规定该军应在全县做坚强抵抗，不得已时，逐次向兴安大小溶江的预备阵地交互转进。但自大小溶江以北地区，自黄沙河战斗开始日起，最少必须滞敌半个月以上，并且各次撤退时机，应候命令。"

张发奎既不向下坚持原计划，又不向上申述自己意见，李汉冲受他的影响，回去后只是口头转达了张发奎对陈牧农的命令，告诉他到时可以向大小溶江预备阵地交互转进，但在全县与桂林之间逐次抵抗，要至少滞敌半个月，且要听候命令才可撤退。

事后，第93军有人提醒陈牧农说："第四战区没书面的命令或电报，你应该请张长官给一份书面命令。"

"嗨，有这必要吗？"陈牧农说，"长官当面的指示就是命令，怎能对长官的口头命令不相信呢？你们这些人呀，凡事都想得太复杂！"

9月初，日军先头第13师团开始向第93军据守的黄沙河阵地发起了攻击，警戒部队稍加抵抗后就自行后退，同时另一支敌军由全县东方湘桂边界的扁担坳迂回到第93军的右侧背。第93军与日军只打了一个夜晚，陈牧农就惊慌失措地向大溶江撤退。

这时张发奎仍在桂林听候战报，谁知黄沙河只经一日战斗即告失守了。第二日早晨，全县开始与敌军接火了。陈军长电话向张发奎报告："战况并不紧张，敌我主力均尚未展开战斗。"

孰料当夜12时许，长官部突然接到全县专员陈恩元从距全县仅10余公里的兴安打来的电话，说："全县城内火光烛天，爆破声甚巨，电话中断了，兴安已发现少数溃兵，情况似有变化。"

张发奎非常焦虑，马上令参谋处长李汉冲星夜驱车前往侦查，并手令由他临时处理一切。

拂晓时分，李汉冲在兴安与陈牧农相遇。陈牧农说："昨夜11时西侧高地被敌袭击，左侧背与后方联络线均已受威胁，为便于撤退安全和便于而后战斗起见，我已不得已放弃全县。又因情况紧迫，弹药粮秣已无法撤退，不能搬走的，已做了焚毁处置。"

李汉冲问他："为何不事先向长官部报告？"

"电话中断了，来不及请示。"陈牧农回答。

李汉冲于是要他立即去收容部队，占领兴安预备阵地。可是，陈牧农随后在兴安也只打了两日，就告不支，继续向后撤退。他这一退，桂柳会战的

一切部署都已成空，战机全失。张发奎在接到李汉冲发来的全县失守经过报告后，异常震怒，连声说："非严办陈牧农不可！"

然后，他马上电话向蒋介石报告，并告状说："陈牧农未奉命令，擅自放弃全县，焚烧大批军需物品，应予严厉处分，才能整肃军纪，否则将影响今后战场纪律与部队斗志。"

蒋介石治军有时松，有时紧，这次偏偏紧起来了，当场下令张发奎将陈牧农扣留法办。张发奎得了"圣旨"，立即派一个军官带着宪兵乘坐吉普车向大溶江附近第93军军部驶去。宪兵见着陈牧农，说："张总司令接军座到柳州去开会。"

这陈牧农丢了全县，还毫不在乎，部下有人提醒他说："不要去，可能做韩复榘第二！"

陈牧农反而说："我是按照长官的指示行动的，为什么怕去见长官呢？不去反而不好。"

其实，张发奎叫他退，没叫他一个晚上就退，并且是要求他"应候命令"而"退"。结果，他不仅没"候命令"，而且一夜之间就退了，丢了全县不说，之后又丢了兴安。此刻他还满是理由的，可见糊涂至极。

陈牧农坐上吉普车后，走在半途，吉普车并没把他带去柳州见张发奎，而是开往了桂林。到达桂林后，陈牧农立即被送到了桂林防守司令部，被韦云淞看押起来了。

张发奎扣留陈牧农后，令该军副军长符昭骞暂行代理第93军军长职务，并准许他探监与陈进行职务交接。在狱内，陈牧农与符昭骞进行交接时，一边请他电渝设法营救，一边将撤退详细经过写成一封密信，请他呈送张发奎，函中述说他奉命来桂林时老蒋就曾对他说："在桂作战，应相机行动，不可以主力投入决战，一切战斗行动，可直接报告我，以我的命令为依据。"又说他在全县撤退之前，已通过电话向老蒋报告，且征得了他的同意。

张发奎看信后，虽然更加愤怒，但还是认为他情有可原，没准备置他于死地，对李汉冲交代说："叫他可根据实情详细呈报，向老蒋要求宽大处理吧。"

谁知这符昭骞代了军长，就想干脆把军长当下去，因此决定乘机除掉陈牧农，结果又将陈牧农密函内容转呈蒋介石。这下蒋介石急了，担心暴露他对中央军的私心，让白崇禧等人抓住把柄，不利于广西的战局。他马上下令张发奎立即枪决陈牧农，进行灭口，并以此来向白崇禧等桂系显示自己的"大公无私，执法严明"。

结果，陈牧农被关押了两日，第三日就要枪决了。韦云淞叫总务处长韦士鸿去对陈牧农说明奉的是司令长官（张发奎）转委员长（蒋介石）的电令，因为他"擅自撤退"，由桂林防守司令枪毙他，"以昭炯戒"。韦处长见面后，问陈牧农："对部队有什么话要交代不？对家属有遗嘱不？"

陈牧农说："张长官害了我，没什么话可说！"

这次入桂后一不做工事防御，二遇战就退，这陈牧农身为大军长一直像个没睡醒的人，一切作为都几乎是在懵懵懂懂之中进行的。谁知此刻他倒清醒过来，不糊涂了，还能说什么呢？蒋介石不把他押解重庆去交军法审判，张发奎也不把他带去柳州，而将他交给桂林防守司令韦云淞枪决，因为一旦进行军法审判，他们玩弄的那些把戏就会被揭露出来；同时，杀他一个陈牧农还可以警告韦云淞及桂系部队，以后只能"死守"，不能逃跑了。蒋介石、张发奎他们是一举几得，何乐而不为呢，他陈牧农一条小命又何足怜惜呢？这些他早都想明白了，知道说啥都白搭，因此啥都不说了。

陈牧农既然没什么话可说的，韦处长就手一挥，一个宪兵上来，一枪就把他崩掉了。

就这样，在大战之始，陈牧农做了长官们杀一儆百的一个棋子。

陈牧农被枪毙后，耍黑心眼的副军长符昭骞也没能如愿以偿，"明察秋毫"的蒋介石派甘丽初前来接充第93军军长，归夏威指挥。之后，甘丽初率领该军主力在大溶江附近占领阵地，对沿湘桂路进犯的日军先头部队进行坚决抵抗。

因为陈牧农的不抵抗，日军一路凯歌行进，这下突然受到意外的坚决抵抗，终于被迟滞下来了，重新进行军事部署。

9月下旬，日军由兴安出高尚田，迂回第93军的右翼，第93军被迫向西南方向撤退，到桂林以南的苏桥并沿湘桂路逐次抵抗，再向永福、矮岭、黄冕撤退，这样，第93军退于大小溶江之线，担任了桂林外围守备。

桂林城的大戏怎么唱下去

日军就要打到桂林城下了。

这韦云淞对"逃兵"陈牧农执行枪决，现在轮到他自己上阵了。

在桂林防守司令部刚成立时，蒋介石就特别破例地给韦云淞颁发了一枚

青天白日勋章。这仗还没打,怎么就先发勋章呢?这在军委会来说几乎没有这样的先例。不仅如此,蒋介石还在幕僚的策划下出了一个高招,在授勋的文件上故意把韦云淞的"中将"级别写成"上将"级别,让人以为是个笔误。其实,这不可能是个"无意的错误"。因为,一则蒋介石以下的"上将"是有一定名额的,区区那么几个人,谁都清楚,不会记错;二则他手下充当文牍的笔杆子们写出的任何一道命令,都要经过好几道程序进行仔细检查核对,别字、错字、漏字根本不可能出现。蒋介石此举完全是学了当年刘备北攻汉中时激励老黄忠定军山立功之招——先是拉,随后又借杀陈牧农,萝卜加大棒,既威慑桂军和粤军"死守"桂林和柳州,又对韦云淞等人提出了严正的警告。

这一警告不仅白崇禧及其桂系将领意识到了,张发奎及粤系将领也意识到了。然而,这些久经内战"锤炼"的大小杂牌将领们会被蒋介石杀鸡儆猴的伎俩吓住吗?这桂林城能守3个月吗?

谁也没底儿,一切都是未知数。

日军打到桂林城的外围后,开始还以为桂林城内真如白崇禧对外宣称的那样,中国军队准备了"十几万大军"要"死守3个月",对桂林防御力量估计过高,不敢贸然进行攻击。直到10月中旬,横山勇集中了4个师团八九万兵力,兵分三路向桂林进犯:一路向大溶江第93军阵地,一路由兴安向高尚田圩,一路由灌阳向海洋坪、大圩。目标都指向桂林城。

桂北军事指挥是第四战区副长官兼第16集团军总司令夏威。当日军主力集结于兴、全、灌时,他立即下令第93军加强防御工事,守大溶江原阵地;第79军守高尚田圩之线,新编第19师守海洋坪之线,各军在大溶江、高尚田圩、海洋坪之线拒止敌人,未奉命令,不得擅自撤退。他的第16集团军总部则设在永福县城,并在桂林城内设指挥所。

10月15日,夏威又把第46军第170师少将副师长巢威调出了桂林城,令他率由各军抽调的6个步兵营组建的一个新纵队开赴高尚田圩,归第79军军长方靖指挥(方靖尚未到任,由副军长甘登俊代)。巢威率部到达高尚田圩后,甘副军长命令他为该军右翼,守高尚田圩观音顶、雷公顶阵地,向敏思第98师为该军左翼。

这时桂林城的守备兵力布置为:第31军第131师防守北面和东面以及核心阵地,其中,第393团(团长陈村)守中正桥以北沿河至北门一线,第392团(团长吴展)守北门至甲山口一线,第391团(团长覃泽文)两营守河东岸各个独立据点及水东街沿河一线，第391团抽调一营为师预备队，控置于师部附近。第46军第170师守西面和南面，其中，第510团（团长郭鉴淮）守中正桥以南沿河区定桂门、南门一线，第509团（团长冯丕临）守西门以西沿河至甲山口一线，第508团（团长高中学）两营守备象鼻山、将军桥、将军山各个独立据点，第508团抽调一营为师预备队，控置于南门附近。第79军也加入守城行列，其中，第294团守德智中学及以西山地各个据点，军直属炮兵营以炮兵一连（山炮4门）配置于象鼻山，以一连配置于北门附近，以一连配置于南门。炮6团4门十五加农炮配置于王城附近，炮兵统归炮兵指挥官——炮6团陈团长指挥。总预备队两个营，即第188师步兵一营、第175师步兵一营，控置于北门附近。

10月17日起，日军全线发起了总攻击。两日激战之后，又停止了攻击，以后每天都有小的战斗，日兵不断进行火力侦察和搜索，引诱守军或暴露阵地，或出来追击。防守司令部也派部队出城对鬼子进行驱逐，有时干脆用大炮轰，结果，反被鬼子侦察出了阵地的虚实。

因为桂林城外被陈参谋长督促着埋了不少的地雷，日军为搜索和触发那些雷阵，从桂林外围的乡村抢来了不少的耕牛，赶到桂林城东和南面守军阵地前"踏雷"。一天黄昏，日军赶来二三十头耕牛进了临桂大村，准备在夜间到江东岸"踏雷"，然后，趁机发起攻城战。

日军占领了桂林火车站

韦云淞接到报告后,立即下令炮兵团准备向临桂大村轰击,结果,鬼子赶着大黄牛来踏雷时,大炮一响,黄牛掉转头就向鬼子冲去。结果,日军蓄意的攻击准备,由于这些黄牛的"怕死",泡汤了。

过了两天之后,鬼子又赶来4头黄牛"踏雷",守军将赶牛的鬼子打跑后,把黄牛拉回来,杀了吃了。

但是,狡猾的日军经过反复侦察和搜索后,把守军埋设的雷区和没埋地雷的路线都摸清楚了,然后,开始对外围守军阵地逐点攻击,今天打这一点,明天打那一点,或者两天三天再打另一点,结果,守军精心布置的地雷一个也没被鬼子踏响。

10月30日下午6时,河东岸苗山附近、北门外车站以北地区发现日军先头部队。第二日上午,河东岸之敌向屏风山、猫儿山做试探性的攻击;下午将军山以南的李家村及西门外检查站和猴子隘以西地区均发现敌人,日军完成了对桂林城的包围。

"老黄忠"挖空心思"突围",阚师长悲壮以身殉城

11月1日,日军对桂林城东西和北面发起了猛攻。

城北正面的地形比较坚固,防守这里的是第131师第392团,团长吴展指挥官兵奋勇迎战,这一路日军使劲儿打了好几天,也没任何进展。

但东面守军的情况却越来越糟糕。开战后,阵前的铁丝网全被鬼子在夜晚破坏殆尽,桩子也被推倒了,可守军连鬼子是如何弄倒的都不知道。到11月5日,穿山、猫儿山终于相继失守,日军三面围攻屏风山。因石山死角太大,城内炮兵支援不上,守军抵抗不住,让鬼子攻上了山腰。

韦云淞急忙下令七星岩的第391团团长覃泽文派兵增援逆袭,也没有奏功,相反还让日军攻占了山顶。韦云淞再次命令覃泽文在炮火支援之下把屏风山夺回来,覃泽文又派出一个营去,并部署迫击炮和重机关枪支援,可是,这个营打了一天,也没打下来,不得不利用夜暗撤了回来。之后,日军就以屏风山为支撑,对普陀山、七星岩、月牙山进行包围攻击,重点指向普陀山。

开始一两天,普陀山的守军把鬼子拦住了,仅几个鬼子突进阵地内,攻占了一个石山小岩洞的火力点。岩洞里有守军屯储的几箱手榴弹,守军去围攻,鬼子拼命扔手榴弹,结果,他们折腾了一整天,也没把这几个鬼子

拿下。

随后，日军突入的后续部队越来越多，而守军在山腰以下，于是，岩洞的鬼子和增援上来的日军上下夹攻。在夜间，日军终于冲上了普陀山山腰，然后，绕到普陀山的西面，攻击七星岩的主要洞口。

7日上午，韦云淞和戈鸣等人从城内用望远镜看到普陀山还插有中国国旗，到下午一看，鬼子已经冲上了山顶，国旗也倒下了，普陀山已被日军占领了，覃泽文的团部与防守司令部、第31军军部、第131师师部的联络也被切断。他们是否还在七星岩抵抗？韦云淞等人无从得知，不可能也没打算去救。韦大司令说："赶紧布置，阻止鬼子渡江向城内攻击。"

其实，这时日军已到达漓江东面的江边了，炮兵开始向江东岸射击，阻止日军渡江。本来漓江上的大桥——中正桥桥面已被破坏，但钢筋水泥的桥墩还没破坏，守军在桥中段的桥墩向城内的一面筑了一个重机关枪掩体，担任对江面的侧防。谁知日军占领普陀山后，对中正桥一带的阵地一目了然，守军的行动都在鬼子监视之下，桥墩后面的"侧防机关"和他们与后方的联络通路都被敌军发现，这里的守备也已是岌岌可危了。

11月8日，日军全天攻击，飞机也来助战。第79军第294团守备的德智中学以西山地，除猴子隘及德智中学外全部被日军攻占。第294团伤亡很多，逃走的官兵也不少，只剩下一个营守在猴子隘及德智中学的几个据点里。

晚上，日军30余门加农炮和100多门山炮向城内各据点进行打击性的炮击，步兵也向守军阵地猛扑。尽管各路守军顽强抵抗，鬼子都被拦住了，谁知第131师防守的中正桥以北盐街沿河一线阵地，因为全在普陀山日军的监视之下，在炮击中全被日军摧毁，鬼子从河东岸划着木排强行渡河，终于占领了中正桥桥头堡及沿河各独立堡垒，300多鬼子像一群野兽般打进了盐街。

象鼻山的炮兵发现鬼子强行渡河，立即进行炮击，才将日军后续渡河部队拦住。

韦云淞获知一股鬼子蹿入了盐街，马上派师预备队在王城方面进行堵击，并命令桂系猛将巢威恢复中正桥桥头堡及沿河一线阵地，并悬赏说："夺回桥头堡，给500万元；夺回沿河一线阵地，给1000万元。"

第二日，巢威亲率一个营上阵，果然在下午3时将中正桥桥头堡及沿河阵地恢复。蹿入盐街之敌，在受到夹击后，躲藏在街道两边的房屋内。

尽管双方都尽力猛打猛攻，均无进展。

当夜，日军猛攻北门时，又从江东岸向中正桥西端猛烈炮击，强渡部队又利用剩存的桥墩从水面逐次跃进，沿着守军第131师设在桥中段的机关枪班与城内联络的通路，号叫着冲进城内来了。机关枪班呢？早已下落不明。韦云淞急忙下令："炮兵团对准中正桥，集中炮火狠狠打，一定要拦住鬼子渡江。"

当大炮响起后，他又命令第170师调一个团用主力从桥西端逆袭。

当夜，第170师的这个团夺回了桥头，炮兵团也用炮火把过江的鬼子阻止住了。但炮兵团由于拼命轰炸，炮弹已打得所剩无几了。

第二日早晨，日军在炮火支援下又开始继续渡江，然而，我炮兵弹药却快没了，既不能与鬼子进行炮战，也不能阻敌渡江，只能断断续续地打上一炮两炮地去"壮胆"。于是，鬼子从中正桥上开始大举过江了。韦云淞气得跺脚大骂："什么中正桥，害人桥啊！这该死的！"

11月10日，各路日军继续向守军各防御阵地攻击，以北门、甲山、西门攻击为最激烈。到午后，日军冲到了北门附近，炮弹打到了在鹦鹉山的岩洞里的防守司令部，破碎的石块乱七八糟地滚落下来，防守司令部的预备队，即由第131师派来的那个步兵营已在北门附近占领阵地，部分人员已与鬼子开始了战斗，而同时由江东岸冲进城内的鬼子也在逐渐增多。第170师及第131师各一部虽一再进行逆袭，但鬼子顽强得很，不仅打不退，而且越打越多。戈鸣眼看情况不妙，为了赶快逃命，马上向防守司令韦云淞建议说："是不是现在去向长官请求突围？"

"突围？"韦云淞此时已完全被打昏了头。

"我判断到晚上不仅东面和北面的日军将打到城中心和突入北门之内，而且明日拂晓后，西面和南面的鬼子也可能全线发起攻击。如果我们不在黄昏后开始'突围'，就可能被全部歼灭在城内。"

经这么一提醒，韦云淞立即醒悟过来了，但还是半带糊涂地说："四面都是鬼子，我们如何突围？谈何容易！"

"办法有。可以经德智桥和牯牛山之间，过阳江，向南和西南方向突出敌的包围圈，然后，转向西北方走，撤到湘、黔、桂三省交界的三江县附近地区。"戈鸣说完又补充说，"我认为'突围'主要是'钻隙'，不要经过主要的山隘，应该选择那些没有路、但能爬过去的地方通过。"

这下"老黄忠"终于想起了战前制定的"突围"计划，马上下令守城部队派工兵到德智桥和牯牛山附近架桥，准备走人，然后对戈鸣说："马上通知守城高级将领于下午4时在司令部召开紧急军事会议,商讨突围之事。"

在这次会议上,韦云淞首先责备第131师阚维雍师长作战不力,被鬼子突破了中正桥以北沿河阵地,致使鬼子蹿入城内,打都打不掉,造成了心腹之患,接着,他又说:"河东岸各据点,无线电话不通,战况不明;德智中学以西山地各据点,大部陷入敌手,与第294团通信也被敌截断。虽然各方面阵地尚能稳定下来,但官兵伤亡过大,阵地守军逐渐削弱,势必难久守了。处在

第131师师长阚维雍

现在的战况下,我征求各人意见,请大家发言。"

他把话说得这么含含糊糊、意思不清,就是把球踢给众将,希望有人提出突围。哪知谁也不敢发言,韦云淞只好继续说:"守是守不了,不如放弃桂林突围而出,免得大伙儿被鬼子全歼了。"

"好的,好的。"大伙儿都表示赞同。

随后,发言的人多了起来,经过一番热烈的讨论,众人决议黄昏后除象鼻山、将军山、河东岸各据点不通知外,其余各阵地,只留少数部队困守阵地,大部队在黄昏时撤离阵地,分路向西方突围,突围后以两江圩为第一集合点,以龙胜为总集合点。

最后,韦大司令说:"散会吧,各人回指挥所做突围准备。"

众将都走了,谁知受到批评的第131师师长阚维雍却没走人的意思,一直滞留在鹦鹉山岩洞里的防守司令部里。开始,司令部诸人谁也没在意他,也不知他为什么没有走,因为他们忙于突围逃命准备,已完全顾不上任何一人了。

可是司令部还有一项最重要的事情没办——突围必须获得第四战区长官部的批准,否则就是弃城当逃兵。戈鸣急忙叫通了长官部的无线电报话机,然后,请韦司令与张总司令通话。韦云淞把桂林城内的严重情况报告张发奎,

哀求他批准"突围"。

谁知张总司令却避而不答，只是不住地问："钻到城内的少数鬼子消灭了没有？"

这，韦云淞怎么回答？结巴了老半天，只好撂电话了。

随后，张发奎由报话机发来了一个指示："大军在行进中"，叫韦云淞等人"死守待援"。哪里来的大军，向哪里行进的？韦云淞等人却不是傻子，说："谁都知道这是张发奎骗人的假话，他还想骗谁啊？！"

"看来第四战区这条路走不通了！"戈鸣叹息一声，急忙又草拟电报准备向白崇禧和夏威请求准予"突围"。

这时"老黄忠"韦云淞顾不了这么多，终于拿出"气魄"来了，对戈鸣说："不管有没有命令，都决心突围！你草拟命令下达，黄昏后开始行动。"

戈鸣见外面枪声阵阵，长官部又不批准，已是心乱如麻，连撤退的命令都已写不下去了，好在他平时的机警还在，赶紧回答说："书面命令来不及了，用口头或电话指示吧！"

韦云淞于是用电话指示第31军军长贺维珍及第170师向南突围，正要摇电话给第131师时，参谋长陈济桓说："伯涵（阚维雍字）师长还在这里呢，当面指示吧。"

韦云淞当面向阚维雍下达了突围的命令，可这阚维雍还是没有走人的意思，一直挨到防守司令部长官们吃晚饭了，又和众人围坐一桌，准备吃饭。韦云淞说："今晚'突围'凶多吉少，我还有两瓶好酒，拿出来喝罢！"

阚维雍也和他们一边喝，一边谈话。席间，他突然斟满一大杯喝下去，并说："来生再见！"

陈济桓赶紧拉一拉他的手说："不要讲这种话！"

晚饭后，阚维雍态度仍和往常一样平静，回他的第131师师部去了。

当他回到设在自己家里的师指挥所时，师部人员已集合在会议厅等他开会，他对众人说："有好消息，你们等一会儿，我回房小便后再来告诉你们。"

谁知他回房后，房内就传出手枪声，参谋长郭炳棋进房看时，只见他已用手枪抵着脑门开枪自杀了。

原来，这阚维雍也是一位烈性汉子。在奉命守桂林时，他就已下定与城共存亡的决心，并且写下了绝命书信寄给柳州家属。现在韦云淞等人弃城而逃，他决心以身殉城。

郭炳棋当即电话报告韦云淞，并且说："师长写下一首绝笔诗：'千万头颅共一心，岂肯苟全惜此身；人死留名豹留皮，断头不做降将军。"

这时韦大司令哪里还有什么心情去听诗？立即说："死了，算了。"

"我们咋办？"郭参谋长急忙问道。

"仍饬各团按照计划准备突围。"说罢，韦司令就撂了电话。

随后，他又下令炮兵团、高射炮营将火炮破坏，指示担任防守司令部警卫的第131师营长和担任正面阵地防御的团长吴展在后面掩护，并且说："等到我们过阳江开始突围后，你们跟在后面担任后卫。"

结果，为了掩护他们"突围"，这个营长和吴团长都战死在城内。

守城官员纷纷逃出桂林，"独脚黑官"自杀殉国

天一黑，韦云淞就带着司令部的几个亲信从鹦鹉山移去骝马山，开始了"突围之旅"。

谁知城门却被堵塞了，这是参谋长陈济桓在战前下令部队封堵的，因为他说这个门在风水上对于守城不利，谁知此刻却成了他们出城逃命的大难题。戈鸣问道："怎么办？"

韦云淞果断地说："爬城墙下去。"

结果，他不顾年事已高，带头亲自爬上城墙，然后就纵身跳了下去。独脚的陈济桓也在卫兵的协助下，爬出了城。到了骝马山后，韦云淞才告诉众人说："阚师长已用手枪自杀在他的公馆里了！"

这时谁都忙着逃命，获知刚才还一起吃饭的阚维雍自杀了，竟然没有一人说一句话。韦云淞奇怪地看了众人一眼，一转话题说："马上摇电话与铁佛寺第31军贺维珍军长联络。"

电话摇通了，可是找不到贺军长本人，他早就已经走了。

韦云淞这时才对防守司令部的官兵下达命令："马上突围。"说罢，撂下电话，转身就矫健地向德智桥走去。

桂林城中心已发生战斗，而且不少地方已起火。他们到达老君洞附近时只见路上挤满了溃乱的官兵，有炮兵团的，有高射炮营的，有输送兵，还有杂兵以及许多刚入伍的毛头新兵。在快到德智桥的时候，有人报说："德智桥已被烧毁，无法修理通过了。"

"谁烧毁的，我要军法办他！"韦云淞勃然大怒，再次拿出了"老黄忠"

的气魄。

"据说是陈参谋长早些日子指示部队烧毁的。"手下回答。

韦云淞瞪眼看着陈济桓,陈济桓一笑:"早几日不是你下的命令吗?"

韦云淞不说话了。

这时手下又说:"工兵部队在附近架成一座浮桥。"

"老黄忠"大喝一声:"走!"

来到河边时,众人发现浮桥只能一路纵队通过,接着又获知第31军在牯牛山附近架设浮桥未成功,陈参谋长问道:"为什么没成功?"

"本来架了一座浮桥,因为千军万马要在天明以前过完并突围出去,完全是不可能的,因此众人争先恐后,结果又把桥给弄断了。"

眼前的几千人只能由一条浮桥过阳江了。在韦云淞身边的韦士鸿、梁仲光等人见已有约一个连步兵过了桥,马上建议防守司令部的人员立即过桥。

按照戈鸣的"突围计划"是在约一个步兵营过桥展开、占领好了防御阵地后,防守司令部才过桥,然后指挥他们向敌军包围线"突"出去。此刻的他并不糊涂,"突围计划"该如何实施一步一步都在脑子里,立即说:"我建议仍等一个营过桥展开后,司令部再过桥,然后突出去。"

韦云淞等人急于逃走,哪里等得了一个营?匆忙就过了桥,带着先过去的那一个连走了,准备利用夜暗从日军包围线的空隙钻出去。这个连走在最前面,谁知他们向猴山脚村方向搜索前进时,被鬼子发觉了,立即烧起篝火照明,并且进行射击,这个连不得不停下来了。戈鸣和陈济桓跑过去,督令部队冒死迅速冲上去,并且大喊:"停下来,只有死路一条!"这个连冒死冲了上去,村庄里的鬼子逃跑了。

这时后续部队也跟着上来了,戈鸣回身,转了几十步找韦司令,谁知已经不见他的人影儿了。

"韦司令呢?"

有人告诉他说:"他们已经在你们督战的时候走了。"

原来他们有当初安排好的本地人带路,一见情况不妙,立即抄小道走了,戈鸣只得和参谋长陈济桓带着部队一起走。

前面就是猴山隘,陈济桓又指挥部队冲了过去,但日军利用山隘进行顽抗。恰好后面的重机关枪排跑过来了,戈鸣说:"参谋长,我们带他们向山隘赶去。"

他们刚跑到半山腰,"轰!轰!"鬼子用掷弹筒打过来的手榴弹就在跟

桂林沦陷前几日，火车上挤满了逃难的民众

前斜坡上爆炸。戈鸣想，这样冲不是办法，赶紧与身边的几个参谋和士兵退了下来，准备绕过正面往旁边逃。他边走边说："参谋长只有一条腿，他不能爬过没有路的石山，才拼命向山隘冲，这怎么冲得过去？我们可以从没路的石山上爬过去，没路的地方才不会有鬼子卡守。这一带是石山，可以爬过去。"

他竟然丢下了陈济桓。

几人绕过猴山隘，从北边爬过去。因为没有路，只好各爬各的，结果，原来跟戈鸣走的二三十人全爬散了。散了就散了，单枪匹马，这样更安全。戈鸣满以为爬过猴山隘后西边的一带山，就可以溜出去了，于是扔掉手里的冲锋枪，脱下军衣，穿上背上背着的那件早已准备的长袍，准备再越过第二带石山。谁知他正在急急赶路时，遇上几个钻隙逃命出来的官兵，围住他，硬说他是当地老百姓，强迫他带路过山隘逃命。这司令部的参谋长怎么辩说也不行，硬是被手下几个士兵押着去带路。

好在他也是识时务的人，眼见秀才遇到兵了，只好乖乖从命。可他知道按照这几个兵油子的要求过山隘走，肯定逃不出鬼子的包围圈，然而，任凭他怎么说明必须由没路的地方才可以爬过去，这几个兵油子就是不信，没办法，他只得带着他们沿山隘的大路走去。

结果，一上山隘，鬼子就发现了他们，并且噼噼叭叭地开枪。枪声一响，士兵四处窜逃，戈副参谋长才与他们各自逃散。然后，他一个人从旁边没路的山上爬了过去。

刚爬到山腰时，天已亮了，他只得躲在乱山丛草中等到夜黑后再钻出去。

这时已是11日了，在山上，他仍然听得到城内还有零星的枪声，日军的重炮不时地轰叫。

这是日军对残存官兵继续攻击的枪炮声，第170师副师长巢威也是残留在城中继续战斗着的少数官兵之一。

昨日下午，第170师师长许高阳从司令部散会回指挥所后，就打电话给巢威，请他从一线回来商讨"突围"之事。巢威回来后，许高阳将防守司令部的突围决定转告他，并决定由善战的巢威带兵负责打掩护，巢威毫不含糊地答应了。

晚上9时，他到达通往德智中学的桥头时，负责担任掩护的师直属部队陆续到来了。军长贺维珍、师长许高阳也正好经过那里，对巢威说："希望你好自为之。"说罢，就仓皇向西而去了。

巢威望着他远去的身影，哈哈大笑："好什么为之，大不了一死罢了！"

晚上11时，第175师的梁营和第510团的黄营、第509团两个步兵连和一个机枪连也到来了。这时鬼子已占领了德智中学，并且还在向他们射击，巢威立即下令黄营："去击退德智中学之敌。"

这个营一去，果然把鬼子打跑了，然后，巢威率各部长官进入德智中学，围着地图说明下一步的军事部署和突围企图，最后下令："梁营向猴子隘攻击，黄营攻击夹峰坳。"

在梁营攻击猴子隘第二个坳口时，官兵伤亡很大，继续向隘顶攻击时，梁营长不幸阵亡，士兵溃退下来。巢威见状，虎劲一下上来了，喊道："特务连，跟我上！"他亲率特务连前去攻击猴子隘，谁知才到隘口，鬼子一发炮弹打来，"轰隆——"就在他身边爆炸。巢威面部两处受伤，牙齿被打掉一半，当场就昏倒在地上，不省人事了。

巢副师长受伤后，猴子隘这里，部队无人指挥，终于因为伤亡过大，自行溃散了。

而黄营在攻击尖峰坳时，营、连长全部阵亡，部队也无人掌握，溃散了。

巢威由几个卫兵抬着，没跑多远，就被鬼子们捉住，当了俘虏。

11日上午8时，桂林守备战斗结束，桂林遂告失守。下午，巢威等几十个人排成一路，服装凌乱，被鬼子押解到城外去。他们正好经过戈鸣躲藏的草丛，戈鸣见着了，但没敢动弹。

直到入夜天黑了，戈鸣才一个人在乱山中摸索着到了山脊，往外看，只见日军的探照灯在来回地照射，鬼子到处点火呼叫，追赶着逃出来的国军官兵。戈鸣悄悄地摸去，见山脚下村庄住有鬼子，村前有条宽约10米的小溪，就不敢下去了。等到天亮后，他凭着自己当参谋多年的经验，详细侦察逃出去的方向和小溪能够走过去的地方，等到晚上，再摸出去。

12日夜间，他终于摸过了日军封锁线，过了小溪，随后，他得到了附近老乡的帮助，两天之后，在桂林西北数十里的山村中，终于找到了防守司令韦云淞。

原来，"老黄忠"由一个连长带着100人左右官兵，从猴山隘南边的石山区钻隙出来后，也是分散潜伏在乱石山中，侦察敌情、地形后，于12日夜逃出日军的包围圈，然后逐渐聚集起来的。当戈鸣找到他们时，他们也刚刚惊魂未定地到达这里，接着，他们赶去集合地点——三江县。

在三江县的集合点，他们终于遇见了第31军军长贺维珍、第170师师长许高阳。原来，他们于10日夜带着一部分部队在韦云淞他们之后也过了阳江上的浮桥，远远见着韦云淞他们在西南方打不开，转身就向南面冲，结果顺利地冲出了包围圈，然后转向西北方，往原定的集合地点——三江县附近山区逃去。

众人汇聚一起后，各自庆幸逃出了桂林城的生死一劫。谁也没想到还丢了两个人，一个是"小参谋长"——第31军少将参谋长吕旃蒙，他在"突围"中被困在德智中学附近，久战无援，身中数弹，被鬼子打死，时年39岁。另一人就是"大参谋长"——防守司令部参谋长陈济桓。几天之后，陈济桓的卫士突然闯进了司令部，众人才想起陈济桓来，急忙问道："参谋长呢？"

卫兵哇的一声大哭起来："陈长官已经自杀殉国啦！"然后，双手捧上陈济桓自杀前在名片上写给韦云淞的遗书："因在猴山隘负伤……决以手枪自杀成仁。"并在他的名字下面盖上了一个血指印。

原来他被戈鸣等人撇下后，由于是跛子，无法突围，组织队伍几次往前冲，均被日军火力压制，死伤了二三十人，在冲锋中，陈济桓虽然独脚却带头冲在前头，结果手臂及面部中弹，一颗子弹横穿面颊，两边大牙被打掉，队伍又退回了隐蔽处。陈济桓自知身负重伤，走不动了，又不愿意当俘虏，于是自杀殉国。

戈鸣赶紧问道："他说了什么吗？"

卫士说:"参谋长说:'我是跛子不能逃跑,胜则生败则死。誓把我几十斤水(指身体)和鬼子拼,衰仔才做方先觉第二。'"

陈济桓牺牲后,日军根据领章和领章背面的番号及被俘人员供述,获知他是桂林防守战的参谋长,便用一条毛毡裹好他的遗体,就地埋葬,坟前竖一木牌上书:"桂林市防守司令部总参谋长、陆军中将陈济桓之墓,昭和十九年立"。

"独脚黑官"陈济桓以他的军人气概赢得了敌军的尊敬,但是,战后第16集团军为他向军委会报请抚恤时,因为他是"黑官",军委会不承认,说"本会无案",不予抚恤。幸好若有不平事,必有正义声,之后,不少桂籍议员纷纷上书国民政府为陈济桓鸣不平。直到抗战胜利之后,1946年6月28日,蒋介石才签署委任状,追认陈济桓为陆军上将,陈济桓才终于得到了应得的荣誉。这是后话。

张发奎也丢了柳州,援军陈素农被撤职

在围攻桂林的同时,日军分兵一股南下柳州,与桂平方向的日军一起南北夹攻柳州。

第四战区司令长官张发奎当初铁腕处置一夜放弃全县的逃跑将军陈牧农,此刻日兵压境,他本人却对柳州也没了固守决心,作为战区司令长官,不得不勉强支撑。

张发奎对守柳州毫无信心,因为认定柳州无法固守,因此他守柳州的作战方针与韦云淞守桂林的设想几乎没有二样,能多守一日是一日,不能守了就跑。为挽回自己战区司令长官的一点面子,他只是希望到时能依靠援军在宜山附近站稳脚跟,最好保有桂西北一隅,作为自己喘息的余地。

粤系部队第62军军长黄涛原被蒋介石亲自点将率部防守柳州,并且要"固守3个月"。这黄涛生怕担任柳州城防,身陷城中,到时不做佟麟阁,就得做方先觉,眉头一皱,主意来了,暗中向张发奎司令求援,要求改调"其他重任"。张发奎也是广东人,且已暗中决定跑去桂西北。可将来要去桂西北生存,就得非保留一部可靠实力不可,于是看中了粤系的张、黄两军。现在黄涛找上门来了,正是求之不得,马上答应对他相机进行照顾。

他答应照顾,却不像老蒋那样只开"空头支票",而是把这个任务交给

了李汉冲去落实。

恰好，西江日军进犯桂平，武宣告急，李处长巧妙地先将该军第157师由柳州抽出，前去增援武宣，第62军缺了一个主力师，哪还能担当柳州城的守备？随后，长官部逐次将第62军调出柳州外围，终于免除了该军的守城任务。可柳州城不能不守，这个任务于是历史性地落在了杨森统率的第27集团军的三个军身上了。

杨汉域是杨森的侄子，第20军是杨森的老本，当然不可能让他上。罗奇第37军虽然是中央军，却只有一个师，兵力不足以守城，且他与李汉冲是旧交，李汉冲也从旁代他说话，结果，守城这个任务就落在一无靠山、二无实力的丁治磐和第26军身上了。

在日军即将合围柳州之前，张发奎在柳州长官部匆忙召开了一个军长以上的军事会议，夏威、周祖晃、杨森、邓龙光、黎行恕、黄涛、张弛、罗奇、丁治磐及杨汉域等诸将均出席。经过讨论，会议决定：第27集团军总司令杨森指挥属下的丁治磐第26军、杨汉域第20军、罗奇第37军三个军担任柳州方面的作战，并指定丁治磐第26军担任柳州城防守备；第16集团军总司令夏威指挥第46军及第93军在宜山以东忻城至罗城之线，占领预备阵地，而后确保宜山；以海竞强为师长的第31军第188师应先出柳城，阻止柳州之敌西进；第16集团军副总司令周祖晃率领颜僧武为师长的第31军第135师及广西绥靖公署的姚槐、唐纪两纵队于迁江附近红水河左岸警戒，掩护柳州、宜山右侧；第35集团军总司令邓龙光指挥张弛第64军、黄涛第62军两个军，张弛第64军在来宾以西地区与敌保持接触，而后向那马、都安、红水河两岸地区活动，与夏威第16集团军联系，保护桂西北最后地区的安全，黄涛第62军协助韦云淞守备桂林城。

柳州会议后，张发奎向蒋介石汇报了柳州的部署情况，并说："现在鬼子以10万之众合击柳州，我军又是败残余兵，杨森集团号称3个军，实际上不足两万人，虽然勉强部署下去了，可是也难期望他们能守多久！因此我要求中央增援两个生力军来。"

蒋介石当初对白崇禧"请兵"曾明确表态不给，对张发奎倒是不一样，对他增援"两个生力军"的要求竟然一口就答应了。谁知还是空头支票，眼看局势越来越严重，张发奎望眼欲穿，援军却迟迟不见到来，他终于明白老蒋待自己如同待白崇禧没任何差别，既然大家没真心，那就都来虚与委蛇吧。于是，他对守城的第26军军长丁治磐说："我绝不要求你死守柳州，只希望你尽力支持,愈久愈好。"

他对丁治磐,如同当初对陈牧农的"关照"没有二样,但丁治磐却不是陈牧农,众人炒豆,炸锅是我一个人的事?丁治磐也非凡人之辈,其实狡猾厉害得很。对守城任务,他的部署极为巧妙,一方面在张发奎面前自告奋勇,表示愿与柳州共存亡;另一方面则准备在张、杨离开柳州城后,暗中将步兵主力移出城外,改以一部分炮兵配置城内。

丁治磐为自己准备了逃生之路。

罗奇也不是傻瓜,他以蒋介石的嫡系自大,不愿归川军杨森指挥,又怕在兵力使用上吃亏,在柳州转进时,就擅自不受命令,独向桂西而去了。

于是,经过张发奎总司令的一番"部署",柳州实际上已没有主力去战斗了。

谁知这时张发奎竟然找到杨森说:"我二人不到万不得已时,不要离开柳州。"

"好啊!"杨森也满口答应了。

随后,他果然没有走。

当日军逼近而来的时候,张发奎故作镇静,日夜与杨森纵酒谈兵,既不检查防御军备,也不组织撤退,整天两人喝得醉醺醺的,还嬉笑打骂。这一副"大将风度",急得参谋处长李汉冲直跺脚,却丝毫没一点办法。等到11月9日,柳州城四郊枪炮声大作,张总司令才放下酒杯,镇定自若地转去大塘指挥所了。

就在他纵酒谈兵之时,各部已是一盘散沙了。张发奎一到大塘指挥所,别的事情没干,又下了一个命令,将广东子弟兵第62军余部全部撤出城外,进行"机动作战",乐得在城中的第151师官兵高声唱着"广东劲,广东醒,广东有得顶"的粤语歌曲,高高兴兴走了。

11月10日,第26军仅隔河与敌先头搜索部队对战一天,丁治磐就以张发奎"不必死守柳州"为依据,

张发奎

不等鬼子主力展开，就下令弃城而走。原来与张发奎纵酒一起守城的总司令杨森也同时率第20军拔寨起营，远走黔桂，跑到两省边境宜山以西的荔波了。在逃走之时，丁治磐没忘指示配备在城内的几门大炮发炮射击，以示其还在城内战斗。

结果，他们一走，其他部队与敌稍一接触，就仓皇而逃。

柳州城只一日时间，就与桂林城于同一天陷落日军之手，张发奎守柳州还远不如"老黄忠"韦云淞呢！

柳州失守后，张发奎立即转移到了预定的宜山。因为柳州丢了，他想在宜山以东地区令第46军再做持久防御，对夏威说："第46军与第31军海竞强师是战区现在唯一的生力军，应该显一显身手。"

夏威是广西人，眼看桂林丢了，柳州也丢了，自己好歹是个上将军衔的集团军总司令，如果不去打一仗，肯定没法"向八邕人们交代"，于是下令黎行恕去抵挡鬼子。

不料这第46军不去还好，一上去，与日军一接触，便相继溃败，向西北一退再退。第四战区有组织、有计划的战斗完全宣告终止了，而且令日军东突西窜，整个桂北地区一夕四惊，吓得夏总司令仓皇从宜山出走，撂下副总司令周祖晃都没来得及通知。

周副总司令在宿营地遭到日军袭击，也撂下总部副参谋长孙宝刚而去，结果，孙副参谋长在鬼子夜袭中身受重伤。日军攻陷宜山后，马不停蹄地继续沿黔桂路疾进。

这时在黔桂路上的张发奎已成了"孤身将军"，手上没有任何部队，只有充当"护卫"的特务团与部分炮兵，于是下令他们在怀远阻击追兵，眼看阻拦不住了，又急忙下令："破坏怀远铁桥！"

"轰隆"一声，工兵将大桥炸为两段，然后，张总司令领头撒腿狂奔，其状极为狼狈。

大军崩溃了，原来送猪送牛慰劳大军的百姓一夜之间全成了难民，携儿挈女跟在张总司令的屁股后面奔逃。在怀远以北的黔桂公路上，到处是逃难的难民，风餐露宿，拥塞道途。为了逃命，不少人减轻行李负担，沿途尽是被抛弃的各种家财、物品，有的已是扔得倾家荡产，孑然一身。尤为凄惨的是，不少人与家人走失。在撤退途中，张发奎拾到一个两岁的女孩，取名"怀远"，派人带去交给妻子抚养，不久这个小女孩得病而卒。

张发奎这一退退到六寨后，才止住脚。贵阳震动。远在重庆的蒋介石也

惊动了,眼看再不发精兵,日军打进没有重兵设防的贵州,陪都重庆就岌岌可危,急忙下令将在南丹的第97军交给张发奎指挥,进行阻敌。

第97军为中央军,军长陈素农,本负陪都重庆卫戍之责。这次被蒋介石派上前方后,陈素农奋力阻敌,在南丹奋战7天7夜,死死拖住日军,不准他们进犯贵州从而威胁重庆。但陈素农孤军难敌日军主力,最后南丹还是失守了。幸好官兵用鲜血拖延了整整7天时间,当日军继续前进时,各路中央军援军赶到,重庆才转危为安。

但陈素农因南丹失守,所部被日军击溃,蒋介石大怒之下免去了他的军长之职。

桂林失守,蒋介石"问责"草草收场

白崇禧当初宣称全县、桂林和柳州要"固守三个月"待援,手下那些军官家里被他强迫劳军送来的猪肉都还没吃完,三城几乎就在一夜之间全丢了,桂北广大地区全部陷落日军铁蹄之下。

当蒋介石怒撤陈素农的消息传来后,那些逃了性命却"丢了广西"的败将们都知当初不派中央军入桂、"既要马儿跑又要马儿不吃草"的蒋介石现在要追究他们丢城失地的责任了。

按照希望越大失望越大的顺序,老蒋第一个要追究的败将,自然是"老黄忠"韦云淞了,但是副参谋长戈鸣于11月10日黄昏在慌乱中的行动救了他一命。

当初韦云淞向张发奎哀求"突围"不成后,决定不管有无命令都"突围"时,戈鸣灵机一动,悄悄以防守司令部名义分别向白崇禧、夏威打出了请求"突围"的无线电报。尽管"老黄忠"没等复电就开始了行动,但桂系高层却大力为他"突围"进行活动。夏威接到电报后,马上逼迫战区司令长官张发奎下命令"突围",张发奎死活不答应,结果两人拍桌打椅,在电话里吵了起来。

军情似火,吵闹自然不能解决问题。在重庆的白崇禧获讯后,立即跑去向蒋介石请求下令"突围"。蒋介石起先也不答应,两人争吵起来。结果,在唇枪舌剑中,还是"小诸葛"战胜了"领袖",蒋介石不得不答应复电"准予突围"。

他们这么折腾来去,韦云淞早已走人了。11日上午,白崇禧从重庆发出电报时,韦云淞他们正潜伏在前面就是鬼子大军的乱石冈上呢!无线电台早已扔掉了,哪里收得到白崇禧发来的急电?尽管没接到电报,但"老黄忠"弃城逃跑之举却与上峰指令不谋而合。这样,尽管他丢了桂林,少数人逃了性命,造成成千上万人伤亡和被俘的严重后果,蒋介石事后因为失望太大,要治他"老黄忠"的罪,但白崇禧等人立即拿出他准予"突围"的手令,老蒋最终拿"老黄忠"没办法了。

蒋介石只好再去治丢失柳州方面的"逃兵"之罪。

张发奎丢了柳州,自然知道罪责难逃,抢先要追究丁治磐不战而逃的责任,想拿他来当自己的替罪羊。丁治磐出生于以"人杰地灵"著称的江苏东海县,进修过江苏讲武堂、江苏军官教育团、陆军大学,在旧军阀混战时,他在江苏第67混成旅、直鲁联军里混过,参加国民党军后,当过京沪杭警备总司令部副总司令,1939年就晋升为陆军中将,且还会诗文书画,对联、刻印都很精通。对于这样老奸巨猾、文武双全的丁治磐,这张发奎如何能治得了他?当蒋介石听信张发奎之言要对他兴师问罪时,丁治磐当即拿出张发奎当初"不必死守柳州"的关切语为依据,向老蒋进行申辩:"我只不过是执行长官部的命令。"

结果,丁治磐就如崂山道士一样从老蒋森严的问责壁垒中穿墙而过了,这样柳州战败的责任又回到了张发奎身上。张发奎又是一副死鸭子嘴硬的架势,打电报给蒋介石说"桂林失守影响柳州失守",又企图把责任推给桂林防守司令部和桂系守军,并且还声称要枪毙韦云淞。

韦云淞立即反驳:"事实是,11月9日第62军就撤离了柳州,11月11日桂林沦陷,11月11日日军未经战斗进入柳州,而进入柳州的敌军是由广东方面来的,并不是由桂林坐火车来的,怎能把柳州弃守的责任推给桂林防守司令部及其守军呢?"

这个"事实",经过核实,确实不假。这样,蒋介有还是把账算到张总司令头上,处理张发奎了。结果,张发奎转到贵州独山、都匀后,终于被军委会解除了继续指挥作战之责,由汤恩伯以黔桂湘总司令身份接替其指挥。

汤恩伯是蒋介石的嫡系亲信,对"张发奎杂牌"——第四战区的入黔境部队,均予以缴械监视,连张发奎的卫士排的武器也不能例外。失权失势的张发奎狼狈不堪,害人害己的他在广西的打工生涯终于掉入了最低谷。

蒋介石对于桂北失守的责任者就这样草草处理了。

但是，还是遗留不少的问题。

首先是被俘官兵的问题。

韦云淞出逃，导致城内官兵四五千人被俘，第170师副师长巢威、第393团团长陈村、副团长蒋道宽、团长郭鉴淮、连长钟超禄、师参谋主任钟其富、军指挥所参谋陈绪祥等人都当了鬼子的俘虏。其中，只有郭鉴淮团长被俘后，没暴露身份，逃了出来。而那些没逃得了的，都是作战勇敢、打仗不逃的兵和将，可以说都是桂系精锐，也多系广西本地人。其他众将得以逃生，唯独自己的亲人被鬼子掳去，于是这些人的亲属纷纷上访告状。

另外，战前夏威火烧桂林之事一直搁着没处理，韦云淞不"死守三个月"，以致桂北广大地区迅速沦陷于敌军铁蹄之下，桂林、柳州之间以及黔桂路沿线的人民损失惨重。当初献牛羊捐猪肉的老百姓开始不满，也纷纷上访告状了。

"人民"控告，白崇禧、蒋介石置之不理，一些媒体记者与"人民"有着千丝万缕的联系，甚至自己家人就是受害者，也纷纷利用自己的阵地指责败将逃兵，白崇禧、蒋介石还是冷眼以对。结果，前度访问桂林的华莱士副总统看到了这些报道，说："如果民众不能避免战争的祸害，就是保住了所谓的政府，又有什么意义呢？那些官僚也不过是废物一堆。"

此言一出，韦云淞被蒋介石指令"撤职查办"。但白崇禧只是撤了他的职，并未查办，让他暂时赋闲去。"老黄忠"不干，说："吃苦不讨好，吃苦白担待，坏事就我的份儿，冤枉老实人！"

白崇禧赶紧说："重庆哪次不是这样，出了事免职，事过完，就回来了。停职也是为你好，度假旅游去吧，风头很快就会过去。"

"老黄忠"只好走了，但临出门前又回过头来说了句让白崇禧十分惊讶的话："I will back！"

以后韦云淞是否被再起用，却不得而知了。

韦云淞终于暂时走人了，巢威等被俘官兵还在日本人手里呢。巢威和一些将官被日军幽禁在桂林环湖路的黄旭初主席公馆里，由日兵严密看守着。但鬼子派了一名叫王泽民的翻译官陪同他们，并交代王翻译官一个任务：对他们施加压力，威胁利诱，逼他们出面在桂林组织维持会，为"皇军"效劳。巢威等人不是方先觉，不愿做汉奸当降将，宁死不肯答应王翻译的劝说，相反暗中以民族大义劝说他。王泽民系湖北汉阳人，20多岁，巢威等人与他相处日子久了，因为都是中国人，王泽民终于悔悟了，愿意与他们一起逃走，回到抗日阵营中去，于是由他出面哄骗日军军官，谎称说巢威等人已有转意。

日军的戒备较以前松懈了，好几次由翻译官王泽民领着他们去花桥一带购买食物。巢威等人趁机窥察敌兵的警戒位置，探寻出逃路线，然后准备在5月的一个月暗之夜逃走。

谁知这一日日军参谋部浅田中佐竟然要带着巢威、陈村等人去南京见汪精卫，然后再让他们回广西组织伪政府。他们急了，立即对王翻译官说要去上厕所。王泽民会意，带着他们一起去上厕所。结果，几人在厕所越墙而逃，逃出了黄公馆，然后从猴山背翻山出走，经三江终于逃回了大后方。

桂柳战役就此落下了帷幕。

第十八章 滇缅大反攻：南北大夹击

滇西：第20集团军迅速完成对腾冲城的战役包围

在桂柳大战期间，在中国南部另一场战役也正在如火如荼地展开。这是中国远征军和中国驻印军联手，一北（远征军）一南（驻印军）开始了对滇西和缅甸的日军的反攻作战。就这样，在南部中国，一东一西，广西和云南呈现出不同的战争景象。

这时的中国远征军与原来杜聿明、罗卓英时期的中国远征军有所不同。当初的远征军一部分逃亡印度后组建了中国驻印军，而逃回云南的这一部分又与其他国内部队于1943年4月成立了新的中国远征军，长官司令部设在云南楚雄，由陈诚任司令长官。谁知陈诚与手下大将关麟征等人大闹矛盾，最后不得不走人，蒋介石又起用了卫立煌，由他接任中国远征军司令长官，下辖宋希濂第11集团军和霍揆彰第20集团军，共6个军，约20万人，有蒋介石的嫡系军，也有地方杂牌，如云南地方军、东北军。

为策应驻印军的缅北攻势，迎接由印度经缅甸打过来的驻印军，1944年春，卫立煌下令第20集团军首先渡过怒江，目标为腾冲要镇。

腾冲旧称腾越，是云南边境很早就对外开放的商埠，也是滇西的战略重镇，位置十分重要，进，可以越过怒江窜扰昆明；退，可以直达缅北中心密支那。滇缅边境的日军把密支那作为后方基地，将滇缅战区总司令部设在腾冲，第15军的一个精锐师团驻守在此，并企图伺机东进。

因此，远征军能否攻克腾冲十分关键。卫立煌就把攻克腾冲的任务交给了第20集团军。

第20集团军总司令霍揆彰则令第71军预备第2师担任先遣任务。预备第2师，原属第11集团军第6军，后划归第71军，由陈明仁副军长兼任师长，

中国远征军司令长官卫立煌在前线视察战况

下辖步兵第4、第5、第6团三个团,每团约2000人,加上师直属队,全师足额约8000人,有在滇西保山与日军作战的经验。

要攻克腾冲首先须在敌前强渡怒江天险。

怒江发源于青藏高原,在高黎贡山和碧罗雪山间构成怒江峡谷,谷深流急,水势汹涌,流入缅境称萨尔温江,在毛淡棉附近流入印度洋。陈明仁把渡江地点选在漕涧的西边,距泸水县约50公里。这是保山经高黎贡山至古永或腾冲的石板骡马大道的中间渡口,水深约20米,江面宽三四百米。湍急的江水从怒江峡谷奔腾而下,在原始森林中盘旋回绕,流到这里的水颜色发绿,据说有毒,不能饮用。

高黎贡山属横断山脉,在腾冲境内海拔4000米左右,东侧属老林,西侧多悬崖绝壁,山中居民归当地土司管辖。

此时日军在渡口西岸和高黎贡山隘口,布置约一个大队的兵力。第20集团军渡江先锋队由预备第2师的步兵团配属渡江工兵团、山炮营及电台等组成,任务是强渡怒江,占领渡口阵地,然后越过高黎贡山,占领腾北桥头(界头),以便集团军主力包围并歼灭腾冲守敌。

5月11日凌晨,布置在怒江东岸的第20集团军炮兵群及所有重武器一齐开火,霎时间地动山摇,预备第2师先头营在炮火掩护下,分乘数十艘橡皮船向西岸进发。西岸守敌被炮火压得抬不起头,无法阻挡先头营的渡江进攻。首批渡江部队只有2人受伤,就顺利地攻占了敌人的渡口阵地。

鬼子弃尸30余具,向高黎贡山隘口撤退,继续顽抗。

先锋队全部渡江后,陈明仁和副师长顾葆裕等人立即分析敌情,研究下

一步作战行动。顾副师长说:"只有高黎贡山隘口一条路通往腾冲,隘口有强敌把守,如实行强攻,不仅伤亡重大,而且会被敌人拖住,贻误战机,使腾冲守敌有可能向隘口增援,而我军的反攻就会受到阻滞。"经过讨论,陈明仁决定,只派小部队追击渡口撤逃之敌,佯攻高黎贡山隘口,主力由步兵第6团团长方诚亲自做向导,凭指北针确定方位,翻越深山老林,绕过隘口,抄袭鬼子的后路。

主力部队很快到达隘口南面数里处,将部队化整为零,拆散重武器,分别背负前进。他们仿效三国时邓艾攻蜀的方法,在悬崖峭壁上攀藤附葛而行,辅之以铁桩粗绳。到达高黎贡山西麓要塞桥头(界头)附近后,他们迅速地在桥头与腾冲之间占领阵地,构筑工事,一举使腾北之敌无路可退,腾冲之敌无法援救。

桥头是日军在腾北的一个重要据点,对隘口和怒江西岸渡口负有支援任务,对腾冲则负有掩护任务。第6团切断桥头与腾冲的联系后,方团长立即命第3营包围桥头守敌,相机予以占领。该营营长叶南惠早就想好好教训鬼子,夺取战功,求胜心切,试图一鼓而下,但因敌据险顽抗,明碉暗堡,火力很猛,我军无法接近,营长本人当场阵亡,方团长急忙下令该营停止进攻。

这时第20集团军的第53、第54军和第71军第36师等大军分别在各个渡口出敌不意地横渡天堑——怒江。其中,第53军预先选定数十处渡河点,用100多只橡皮舟轮番抢渡。西岸敌人凭借怒江天险,在高黎贡山东侧马蹄山、大塘子、大坪子、唐习山等各高地筑有坚固工事,钳制怒江两岸。第53军开始渡江后,就被鬼子发现,密集的炮火向渡江官兵袭来。官兵一边抢渡,一边向对岸敌人还击,战况极其壮烈。

但是,战幕一经揭开,士气为之一振,大家同舟共济,义无反顾,终于渡过湍激的怒江,登上了对岸,并继续向前进军。

预备第2师后续部队到达后,对桥头发起总攻,经过激烈战斗,将敌人4个大堡和10余个小堡彻底摧毁,守敌一个大队全部被歼,桥头遂告攻克。

至此,第20集团军向高黎贡山各要隘——邦瓦寨、苦竹林、岩头、小横沟、灰坡、大寨、一把伞、唐习山、大巅山之敌阵地背水仰攻。

日军据险筑垒进行顽抗,鏖战旬余,鬼子不得不弃阵溃逃,退守腾冲,再依靠腾冲坚固的城墙,修筑堡垒、壕道,进行固守。

第20集团军完成了对腾冲城的战役包围。

缅北：驻印军出其不意，兵锋直指密支那城

远征军各部渡江成功后，在缅北的中国驻印军先头部队也开始攻击密支那。

密支那位于伊洛瓦底江西岸，是密曼（曼德勒）铁路的终点。伊洛瓦底江拱卫密支那城东侧，崎岖的山峦蜿蜒在它的西、南、北三面，成为密支那的天然屏障。密支那有铁路通往卡萨、孟拱，公路去八莫，还有小路东通腾冲，是中缅的前卫，也是中印公路的要冲。因此，它是驻印军反攻的一个重要目标。驻守密支那的日军，为第18师团和第56师团部队，其中，第18师团第114联队第2大队在密支那城外围孙布拉蚌布防，索渣铺一个中队，傍利一个中队，彭根英根一个中队。第56师团第148联队的一个大队据守密支那城和宛帽，另一个大队在瓦商及马未英一带；日军企图以这个加强混合联队保全密支那，机动孟拱，护卫密支那到孟拱的铁路和公路交通。

4月下旬，驻印军在孟拱河谷展开攻势的同时，驻印军总指挥史迪威决定悄悄派出一支先遣队向密支那迂回，以在缅北开辟第二战场。但先遣队要从印度开到缅甸去，必须通过野人山。野人山就是当年将杜聿明大军折腾得损兵折将的原始森林，没有人，也没有路，像胡康河谷和孟拱河谷的原始森林地带一样，日军满以为海拔6000米的野人山是一座攻不破的缅北钢铁堡垒。在战前，驻印军总指挥史迪威说："我料定日军犯个大错儿。"

"什么错误？"有人问。

"他们肯定会估计我军不会在雨季里做大规模的军事行动，更不认为我军会对密支那发动突袭战。因此，我就要去攻打密支那。"史迪威说。

经过缜密计划，史迪威决心不顾一切困难，把中美联军从地面和空中迅速调运到密支那地区去。

野人山大部队运动困难，补给不易。中美联军——新编第30师先遣队和美军支队，还是迎着万难启程上路了。官兵翻山越岭，在不见太阳的大森林中日夜兼程。尽管正逢雨季，天降倾盆大雨，他们经过20多天的时间，走完了这段崎岖泥泞的征途，5月中旬，终于走出了野人山，然后悄悄完成了对密支那守敌的大迂回。

5月17日清晨，伊洛瓦底江江水静静地流淌，日军还在梦乡里呻吟，美国第10航空队飞机突然飞临密支那城上空，炸弹像冰雹似的倾落在城郊，睡

中国远征军横渡天险怒江,向日军反攻

梦中的鬼子狼狈逃命,连鞋子裤子都来不及穿。一阵轰炸后,埋伏在城外的迫击炮、山炮、野战炮一齐向着距城两英里的日军机场怒吼起来,接着,国军和美军官兵端着冲锋枪、机关枪,蜂拥而上,守军乱作一团。

下午1点钟,驻印军和美军支队占领了整个机场。

这让日军大出意料之外,守军指挥官慌忙向上级报告:"盟军要断绝我们的空中逃路了。"

谁知史迪威的真意并非如此。

第二日,新编第30师第5团官兵全部乘坐美军运输机降落在飞机场上,紧接着,驻印军第50师第150团和美军第5307团、缅甸克钦族别动队等各兵种部队相继降落。

原来史迪威占领飞机场,是要派飞机飞越野人山向密支那运兵。

特遣队由美军梅利尔准将统辖,分为K、H、M三个战斗队,都由美军军官指挥。官兵们一下飞机,就开始向密支那城北的伊洛瓦底江之敌攻击前进,断敌交通,切断其退路。第三日早晨,他们就开始攻打密支那城池了。

日军抵挡不住,立即施放黑色烟幕弹,掩护城外围的守军撤回城区,联军冒着炮火冲向西车站。日军还是抵挡不住,急忙调重炮轰炸,这样才把中美联军的攻击阻住。但是,联军继续进行攻击,就像打不死似的,经过三四个回合的拉锯战,日军终于因为伤亡太重,又无援兵,不得不于20日放弃了西车站,联军由此打进了密支那城。

但随后国军因为与主力失去联络,遭到日军反攻,西车站得而复失。

以后,敌我双方主力展开了城市争夺战。联军用火焰喷射器对着市区进行猛烈的"火攻",鬼子抵抗不住烈火的焚烧,躲藏在民房中的那些坚固工事里进行顽抗,坚守每一条街巷。在激烈的巷战中,两军距离只有二三十码,联军不能大规模运动,战斗时间拉长了,于是城内的日军获得了苟延残喘的机会，曼德勒的日军抽兵前去进行增援。

这时，驻印军已经切断了曼德勒通往密支那的铁路交通，日军增援的路线只剩伊洛瓦底江。由于另外一部分驻印军已占领了孟拱，远征军在滇西也发动了猛烈攻势，曼德勒的日军顶多只能增援两个大队，连同原有的一个大队，加上从傍利等地撤退到此的一个大队，守敌只有约一个加强联队的兵力。但就这点援兵，对曼德勒的日军来说，也几乎是抽出了自己的老本。

鬼子为什么要不顾一切死守密支那呢？首先，在新编第38师攻占西同（色登）、加迈和孟拱后，密支那已成为日军在缅北的最后据点，密城不守，鬼子便在整个缅北无立足之地，滇缅战场上的残敌则会遭到灭顶之灾；其次，密支那俯瞰伊洛瓦底江下游，是八莫和腾冲的屏障。能守住密城，就可牵制滇西远征军对腾冲的攻势，挽救滇缅战场上的败局，守不住密城，八莫和腾冲也难以保住。

此时，缅北正值雨季，中美联军的地面部队和空军的活动受到阻碍，在攻击中不能充分发挥火力，因此双方对峙起来了。

密支那和腾冲城被攻克：缅北局面为之一新

鉴于驻印军先头部队已开始攻击密支那，重庆军委会判断日军无力再调大量部队增援滇西。为了迅速打通中印公路，蒋介石亲自下令远征军进攻腾冲与龙陵，以主力渡江，扩大滇西战果。

卫立煌于是变更部署，以第20集团军为右翼，率第53军、第54军、预备第2师及第36师攻占腾冲城；以第11集团军为左翼，率第2军、第6军、第8军、第71军（欠预备第2师）、新编第28师攻击龙陵、芒市。

于是，远征军主力开始向南推进。

6月10日，右翼的第53军开始攻打瓦甸、江苴街以东一线的日军阵地，经过10天激战，攻占江苴街，然后，尾追逃敌；月底，全军到达腾冲城以南，切断了腾冲城内敌人归路，并准备与友军会攻腾冲城。

这腾冲城还真是个难打的地方，它是明朝时建的一座石头城，四周筑有高大而坚固的石头城墙，且有来凤山为屏障，易守难攻。其中的来凤山是笔架形的五峰山，是高黎贡山余脉，山光秃秃的，没有树林，也很少有草木，只有一溜斜坡，山的鞍部有隧道直通腾冲城内。它的中峰比城墙高150米，

要攻入腾冲城,必先夺下来凤山。

第20集团军总司令霍揆彰是位抗战骁将。他下令陈明仁:"你带预备第2师拿下来凤山,为攻城创造条件。"

陈明仁也是黄埔嫡系,以敢打狠仗出名,被霍司令点将后,二话没说,就去了预备第2师,进行部署。几个团长一来,他用马鞭子点着他们的头:"吴心庄,你们第4团攻占西南面AB两峰;李颐,你们第5团攻占西北面CD两峰;方诚,你们第6团先作为师预备队,待第4、第5团进攻奏效后,一举夺占中间主峰。"

几个团长领令,转身回各部队了。陈明仁喊着说:"记住,不能让一个敌人逃进城内去。"

既然来凤山这么重要,日军自然要重兵防守。驻守来凤山的日军有山地战经验,预备第2师发起攻击后,中峰的鬼子操着各种火器,光着膀子,拼命向两翼进攻部队侧射,有的鬼子还跳出堑壕进行短促突击。第4、第5两团虽多次接近BC两峰,屡次被阻击,迟迟拿不下来。但东边不亮西边亮,第6团团长方诚本来是做预备队,眼看前锋打不开,临机应变,在空军和炮兵掩护下,亲率特务排,以迅雷不及掩耳之势,急速匍匐前进,进到鬼子地堡火力达不到的死角,首先将鬼子的入城通道阻住,然后用炸药包、爆破筒、火箭筒、手榴弹束塞进鬼子的堡垒。在一片轰炸声中,埋伏在后面的第6团官兵突然从四面八方向中峰一拥而上,结果,这支预备队机智地夺取了日军中锋阵地。

第4团团长吴心庄高兴之余,急忙打电话给第5团团长李颐说:"李团长,预备队打成前锋了咋办?"

"方诚一举解除了中峰的威胁,我们两团也没什么障碍了,赶快打!"

随即,第4、第5团顺利地打下了来凤山。

陈明仁和预备第2师在滇缅战役中首立大功,霍揆彰总司令高兴得手舞足蹈,卫立煌长官部也发电报表扬。

陈明仁拿下了来凤山,腾冲城就整个暴露在中国军队面前。霍揆彰又重新进行了作战部署,以第53军直接攻腾冲城;第54军与第53军攻城,分兵第130师向龙陵、梁河、神护关方向前进,担任阻援防逃的任务;预备第2师作为总预备队。他说:"第53军和第54军两军,由腾冲城东门至西门,连成一线,线上属第53军。城内北部多系果园和空地,地势平坦,属于第54军。"

腾冲的石城垣高达30多米，厚10余米，日军在上面布有重兵，又筑有半永久性工事。第53军担负东城一带的攻击任务，这里更是易守难攻。东南城一带的城隍庙、文庙，东郊的帮办衙门和税务司都是十分坚固的建筑物，鬼子都把它们筑成了守城据点。由于第130师还要在腾冲外围各高地担任警备，并负有截断交通线的任务，攻击腾冲东城，只能由第116师一个师担当。敌我兵力约为三与一之比，要向全城最坚固的据点实行强攻，任务是十分艰巨的。为什么霍总司令这么安排呢？关键的一个原因是第53军是东北军杂牌。

军长周福成虽然抱怨，但没有办法，只好对第116师师长赵镇藩说："迎难而上吧。"

7月27日，第116师逼近了腾冲城垣，面对石头城，赵镇藩师长早就有了主意，下令说："以步炮兵火力掩护工兵作业，向城垣挖坑道。"

坑道挖好后，他又下令："把那些美国佬送来的烈性炸药全填进去。"

官兵们边搬着炸药边说："嗨，这石头城墙抗得住这洋炸药的威力吗？"

"洋炸药老厉害啦！手榴弹这么大就炸一个坑。"有人回答说。

这些鬼子的小命保不住了。8月2日，第116师要进行爆破了。空军先飞临腾冲城上空进行轰炸，突然"轰隆"一声巨响，第116师在南门东侧当即把石头城垣炸开，石头落地后立即现出一个大缺口，步兵和工兵联合一拥而上，当即登城成功。

日军为了堵住这个缺口，全力猛扑过来，双方展开激烈的肉搏战，人打人，刺刀拼刺刀，彼此伤亡极重，第116师工兵营范甫红副营长在城垣缺口的拼杀中阵亡。

8月3日拂晓，中国军队再次攻入城内，与鬼子展开巷战，一墙一屋，都是寸土必争。特别是城隍庙、文庙、帮办衙门和税务司等各据点，日军筑有地上和地下相配合的堡垒工事，防守严密，火力炽盛，第116师久攻不克，伤亡极重。在这紧要关头，周福成军长调第130师赶来增援。两师协同作战，日军守不住了。第54军也从城北攻打过来，鬼子在城内的据点大部失守，打到最后，残兵被压缩在东门一隅，在石头堡垒里死扛着。

正在这时突然传来了缅北密支那城被攻克的消息，原来，远征军在滇西发起攻势时，7月7日，驻印军新编第30师、第50师和美军也开始攻打密支那城了。

与腾冲城内的巷战不同，密支那战役主要是丛林战。

在密支那，日军凭借伊洛瓦底江沿岸错综复杂的丛林为屏障，以市区为防御中心，城池四周布满几千个大大小小的网状堡垒群，主阵地正面和左右两翼都是星罗棋布的散兵坑壕。并且，阵地大多隐蔽在丛林和蒿草中。

这样，新编第30师攻打起来后，因为丛林和蒿草拦住，很难接近敌阵。因为双方即使相距咫尺，也常常难以发现目标；就是发现了，鬼子躲在工事里，任凭怎么猛攻，始终做瞎子当哑巴，既不还击，也不做声。等到我军攻到离工事只有10米甚至5米时，他们才突然噼里啪啦地开火，子弹从工事的枪眼里飞出来，躲藏在树上、芦苇里的狙击兵也操着机关枪打起来。丛林战正面狭小，兵力不易展开，而美军指挥官只是老办法，强令官兵去硬拼死打，但是久久难见成效。史迪威对密支那战况十分焦急，先后撤换4个美国联络官，但还是没有进展。

史迪威没办法了，迫于无奈，只能起用中国将领，将新编第30师师长胡素、第50师师长潘裕昆都调去前线指挥。

新编第30师参谋主任唐泊三随从师长到达前线后，认为这样以血肉之躯去硬拼不是办法，得想新的战术，琢磨来琢磨去，创造了一种"活动堑壕"战术，于是他找师长胡素说："我们是不是可以开凿地道，进行隧道战打到城下呢？"

"鬼子的地堡这么多，我们如何去挖？"

"你看是不是可以这样啊，"唐主任说，"我们沿着密城周围挖3条平行堑壕，以蛇形弯曲，向敌阵前延伸。要防止鬼子的火力，我们每条壕沟深5尺，在堑壕前三面堆放活动沙袋，一面向前堆放沙袋，一面挖出泥土，边挖边进。在堑壕里设一些轻机枪射击点，每个射击点布置射击手、弹药手和预备射手各一人。3条平行的堑壕火力互相支援，逐渐向前推进。"

"那遇着鬼子的地堡咋办？"胡师长又问。

"等到接近鬼子的地堡时，也有办法，叫战士们把手榴弹捆在长约两丈的竹竿前端，安装导火线。先点燃导火线，待到要爆炸时，再送进鬼子地堡的枪孔里去。"

"好哇！唐泊三你还真有办法！"

胡师长立即下令去办。

结果这个战术还真很管用，新编第30师的活动堑壕向前伸延，逐战逐进，由点的攻击进而达到面的占领，终于打到了城下。

密支那攻防战进入了最后阶段，驻印军和美军、缅甸别动队全部参战。在强大空军和炮兵协同下，地面部队发起更加猛烈的攻势，那些美械装备也很争气，卡宾枪一抡就是一梭子一梭子的，喷火器喷出的烈火是化学火，比普通的柴火温度要高上十倍百倍，鬼子不是被子弹炸开脑袋，就是被烈火烧成一堆焦炭，这样的攻势，鬼子就是吃了不死药，也得脱层皮，哪里阻止得住中国军队的猛打猛攻？很快就被突破了所有的主阵地和散兵线，我军长驱直入城内。

7月18日，中、美军队转入密支那街区巷战，日军被压缩到城北的最后阵地。第50师师长潘裕昆挑选了100多名战士组成决战敢死队，在当地华侨带领下，冒雨绕到日军背后，突然发起攻击，腹背受敌的鬼子终于意志崩溃，残兵惶恐地逃出战壕，用竹筏泅水渡过伊洛瓦底江，向八莫方向溃退，最高指挥官水上源藏被逼到江边的一棵大树下拔枪自杀。

8月3日，新编第30师完全占领了密支那。

密支那攻防战，既是丛林战又是蒿草战，然后又是坑道战、阵地战，连续激战了80天之久，中国军队牺牲了上万名官兵，但是一雪了两年前兵败缅甸的前耻。并且，密支那的攻克，为完成中印公路最后一段工程创造了条件，也为肃清滇缅之敌奠定了胜利的基础，这让史迪威大为高兴，说："这是整个亚洲战场具有战略转折性意义的胜利。"

此时缅北已进入了雨季，不便于战斗行动。驻印军在孟拱、密支那地区进行休整。重庆军委会指令驻印军重新编组部队，其中，新编第38师、新编第30师整编为新编第1军，孙立人升任军长，第114团团长李鸿升任新编第38师师长；胡素因进攻密支那时与指挥进攻的美总指挥部参谋长鲍德诺吵架，被史迪威撤职，新编第30师师长由原新编第38师副师长唐守治升调。另外，新编第22师、第14师、第50师，编为新编第6军，由新编第22师师长廖耀湘升任军长，新编22师由副师长李涛升任师长；第14师、第50师原是陈诚系部队，编入新编第6军后，仍由原任师长龙天武、潘裕昆分任师长。原新编第1军军长郑洞国，调升驻印军副总指挥。

谁知这史迪威辛辛苦苦忙了好几年，除了已经走了的罗卓英外，与手下那些隔心隔肚皮的中国将领怎么也拉不亲扯不近，而且和蒋介石的矛盾也越来越大，终于由于蒋介石在罗斯福面前多次告状，被罗斯福一怒之下调回了国。他的中国战区参谋长职务，由魏德迈接替，驻印军总指挥由三星将军索尔登接替。

史迪威的走人，被一些人认为是"中国人民的又一次胜利"。

密支那的胜利鼓舞着北面远征军在腾冲城这边的战斗。

8月下旬，困守城内的日军残兵粮弹已全没了，全靠飞机空投弹药和给养。23日午后，9架战斗机护卫着3架运输机到残兵阵地上空投掷弹药和粮食，谁知这个绝密计划不知怎的竟被中国军队预先查知，早早准备好了飞机。当日军飞机从机场一起飞，中国军队15架战斗机也从昆明出动，双方在腾冲城上空相遇。中国军队包围日军，双方在空中鏖战，日军先被击落一架，其余战机且战且逃，我军死追，撵到缅甸边境的芒市大河附近，15架中国军队战斗机突然像发疯似的对着日机冲去，一举击落7架日机。

这是围攻腾冲一役中最大的一次空战。

在空中激战的时候，攻城部队仍在加强攻势对着石头城进行猛攻，残敌在弹丸之地负隅顽抗，双方展开激烈的逐屋巷战。为了尽快解决战斗，预备第2师也投入了巷战。在巷战中，第5团团长李颐不幸中日兵冷枪阵亡，成为腾冲战役中牺牲级别较高的指挥官。这一下，陈明仁愤怒了，脱下军装要亲自上阵把这伙史上最拧皮的鬼子拿下，但他被手下死死拖住。第4、第6团两位团长说："这伙蟊贼岂要副军长出马，我们一定拿下！"

空军飞机出动了，第53军和预备第2师官兵对着在石头堡垒里死扛着的残敌猛攻，东门一隅的残敌终于不支，守备腾冲的日军指挥官藏重康美见大势已去，急得嗷嗷大叫，又不甘心做俘虏，遂剖腹自杀。

9月14日拂晓，残敌突围逃窜，石头城腾冲遂告完全克复。突围逃出去的日军一路狂奔，负责围截的第130师第390团跟踪追击，撵到腾冲以北坝湾附近，终于将他们追上，一阵乱枪乱炮一打，发现这些鬼子除了腿上神功

我军冲入腾冲城内与敌巷战

了得外，几乎没什么抵抗力，结果，全部被歼灭。官兵上前去一看，发现这些撒腿狂逃的竟然大多是些卫生兵及少数营妓。

至此，腾冲守敌全被歼灭，俘敌万余人。这次攻城战延续40多天，战斗至为惨烈。胜利结束时，将士们莫不欢欣若狂，共同高呼："抗战胜利万岁！""中华民族万岁！"中国军队拿下了石头筑就的腾冲城，使得随军的美军联络组对主攻的第53军作战非常佩服，纷纷说："周福成军自从强渡怒江至攻克腾冲，战无不胜，攻无不克，打得真好！"并且还给军长周福成、第116师师长赵镇藩、第346团团长张儒彬、第348团团长毛芝荃等4人颁发了美国勋章。

第53军在劣势的情况下主攻腾冲城，赢得了美国人的喝彩叫好，第20集团军总司令霍揆彰却大为不满，忌恨杂牌军的功绩，于是捏造情报准备解散第53军，他竟然在战后直接上报蒋介石，大意如下："查第53军军长周福成、第116师师长赵镇藩、副师长刘润川、第130师师长王理寰，均系东北军张学良的余孽，腾冲作战不力，应予撤职查办，组织军法会审。所遗各部队分拨各军补充空额，以充实力。"

蒋介石于1936年12月12日被张学良、杨虎城在西安擒住几乎是死里逃生，虽然事过七八年了，至今提起东北军就恼火。这次接到霍揆彰的电报后，他大怒："内战内行，外战外行，立即取消。"立即转令"远征军司令长官卫立煌遵照办理具报"。

卫立煌这些年被蒋介石冷落坐了冷板凳，同情杂牌军，又在西安事变时受到张学良的照顾，因此在接到蒋介石从重庆转来的急电后，见与事实完全不符，立即以电话向霍揆彰质问："收复腾冲城，打的是胜仗，第53军的战斗要报，每天前进若干米，歼灭敌人若干名，缴获敌战利品若干件，都是你第20集团军总部报告长官部的。现在你呈报第53军作战不力，如果属实的话，那是你战斗要报报错了，你这个总司令应受军法处理。"

"这……这……"一心打压杂牌军的霍大司令无言以对。

之后，卫立煌又打长途电话向蒋介石说明此事，蒋介石一听便说："没这回事，就算了吧！你不要告诉第53军。"

霍揆彰身为总司令带头告假状，终于再也无颜留在第20集团军，悄然溜到昆明养病去了。卫立煌一面将第53军调归第11集团军指挥，一面整理第54军，并向蒋介石呈请，说明抗战团结大义，现在滇西反攻尚未完全成功，霍揆彰这种做法，是破坏团结、有利于敌。随后，在卫立煌保荐下，军委会同意第53军副军长遗缺，由作战有功的第116师师长赵镇藩升任，赵所遗师长缺以该师副师长刘润川升任。

密支那和腾冲被攻克，缅北局面为之一新。

松山攻坚战：6吨炸药把山顶都炸掉了

在腾冲和密支那激战的时候，在滇西还有两场激战在展开，那就是左翼攻克松山和龙陵的战斗。

6月初，远征军兵分四路，分别进攻松山、腾冲和龙陵、芒市。其中，宋希濂总司令指挥左翼第11集团军（欠预备第2师）负责攻击龙陵、芒市。

进军后，宋希濂令第71军为集团军右翼攻打龙陵，第2军为集团军左翼攻克芒市。

第71军攻打龙陵，必先下松山。

松山位于怒江西岸，在腾冲和龙陵、芒市之间。松山在北面，腾冲和龙陵、芒市大致在一条线上，即在南面。松山是惠通桥至龙陵的咽喉，也是滇缅公路的一个战略要地。滇缅公路从惠通桥向西，依丘傍村，环绕着松山，然后经过宽不过三五十米的狭长起伏的冈岭——滚龙坡，大垭口向西，自腊猛街而出，再经阴登山陡坡而下，延伸到松山脚下，一路地形险要，山高林密，大树参天，浓荫蔽日。日军占据着松山，就完全截断了滇缅公路，并且控制了怒江上惠通桥附近的腊猛大渡。这样，不拿下松山，攻打龙陵、芒市的中国部队，一则可能像上次远征军出征缅甸一样后路随时被日军截断，二则龙陵部队的后援粮草、弹药不能通过滇缅公路运输，就只能靠人力肩挑着翻越险峻的高山运去。

6月4日，第71军新编第28师开始向松山攻击前进，先占领了腊猛街与竹子坡，接着又攻占了阴登山，一举打到了松山之下。驻守松山的是日军精锐第56师团第113联队，这是一个加强联队，配有战车、山炮、工兵、医院，甚至带上了不少的随营军妓，兵力约3400人，是一个能独立作战的劲旅。在松山上，日军修筑了十分坚固的阵地。而新编第28师是云南地方部队改编的，打到松山，拼死而战，死伤巨大，却久久没能拿下松山这个"卡子"。

这时第71军另两个师——第87、第88师已进抵龙陵东南郊，向日军阵地发起了攻击。10日，占领了城郊各高地，包围龙陵城，龙陵城外的日军慌忙退守城内各据点。随后，日军从腾冲、芒市调来2000多兵力进行反扑。因为松山没有攻下，进攻龙陵的第87、88师后路被截断，日军反扑，就使得他们面临当初远征军出战缅甸的严重局面，加上连日淫雨，道路泥泞，军需补给全靠民夫骡马驮运，补给远远跟不上，不少官兵挨饿。6月中旬，陈明仁只好下令放弃攻打龙陵县城，转而与日军在象达、平戛一带鏖战。

腾冲、芒市之敌开始反扑龙陵，宋希濂立即派第8军增援。6月19日，第8军副军长兼荣誉第1师师长李弥率领荣1团、荣2团（欠一营）及一个重炮营在增援的路途中设伏击退了反扑龙陵之敌，接着发起进攻，再度拿下了龙陵东南各据点，控制了龙陵至松山及腾冲的公路，并威胁芒市。这一举使得松山、腾冲之敌与龙陵隔绝，坚守两地的日军成了瓮中之鳖。

但因为后面的松山没有攻克，滇缅公路不通，不仅陈明仁率领的两个师补给困难，也使得打到前面的荣誉1师遇到了同样的难题。没饭吃空着肚子如何打仗？李弥也不得不暂停了攻击。

松山之战成了阻碍前方作战的关键，6月24日，卫立煌命令陈明仁把攻取松山的阵地交由何绍周第8军接替，新编第28师开至黄草坝归还第71军建制。

第8军是一支没有损耗的生力军，它原驻扎在滇南文山、古木一带，归第9集团军关麟征指挥。军长为何绍周，系陆军总司令何应钦的侄子，过继为儿子；副军长为李弥，参谋长为梁筱斋，下辖3个师，即第103师、荣誉第1师和第82师。其中，第103师是何绍周的基本队伍，官兵多是黔籍，同日军多次作战，有相当强的战斗力；荣誉第1师是由抗战中伤愈的官兵组成，原是第5军部队，在广西昆仑关战役中战功卓著，调来云南归何绍周第8军建制，李弥兼任师长，战斗力强，士气高，但有骄傲情绪；第82师，原系贵州地方武装，收编为第8军建制后，因第244团团长余××在古木叛乱，被何绍周以严厉的手段解决，派王伯勋为师长，王景渊为副师长。第8军可以说是"何氏父子兵"，已列入美械装备军，在军部派有美军联络组。4月中旬，全军才开赴滇西。

第8军接替新28师腊猛街、阴登山阵地后，军指挥所设在阴登山。攻击松山的兵力是：第103师、第82师、荣誉第3团、荣誉第2团第3营、工兵营、炮兵营、输送团等。这时松山之敌因为后路被攻击龙陵的中国军队截断，只有死守阵地，作困兽斗了。但他们筑有坚固的工事，堡垒群组成一个个能独立作战的据点，可以顽强死守。因此，第 8 军先要将这些堡垒一个一个攻陷，将里面的守兵歼灭，才能克复一个据点。

7 月 10 日，第 103 师受命从惠通桥渡过怒江，前去主攻松山的滚龙坡、大垭口。

第 307 团为先头团，团长叫程鹏。当第 307 团通过惠通桥时，副团长陈一匡报告："桥身已被炸毁，仅存铁索。"

"在铁索上铺一层木板。"程团长说。

当人马过桥时，木板震荡摇动，官兵只能缓步前进，入夜开始登山。山高路窄，偏逢大雨滂沱，山路崎岖，攀登十分困难，官兵一步一步往上爬，稍不小心，人仰马翻；从江边到腊猛街仅仅十几公里，官兵攀爬了整整一夜，拂晓时才到达腊猛街。

在晨曦中，怒江东岸的大炮已开始对滚龙坡日军阵地进行轰击了。程团长一声令下，第 1 营迅速进入攻击发起线，随着炮火延伸，向滚龙坡发起了冲锋。经过一小时的激战，他们顺利地攻占了日军前哨阵地，然后，全团向滚龙坡公路西侧的鬼子阵地进逼。夺取公路西侧小高地后，鬼子用炮火和轻重机枪火力拼命阻击。程团长于是下令："停止进攻，就地构筑工事。"

在全团准备对滚龙坡敌主阵地进行攻击时，程团长又派一个连分散向滚龙坡敌据点发动攻击，"哒哒哒"，鬼子开始了扫射。结果，恰好中了程团长的计：各堡垒火力点完全暴露了。

中国抗日部队通过浮桥

第二日，第1、第2两营对滚龙坡的堡垒发起了进攻。但因为下雨和大雾，攻击前进困难。这时，他们才发现鬼子还有许多隐蔽的侧射潜伏堡，全团攻击受挫，伤亡增大。

为了查明敌阵地情形，晚上，程团长又派侦察小组趁黑摸到滚龙坡后方，搜索敌阵地内部情况，发现掩蔽部、水管及照明设备。根据侦察结果，程团长连夜在团指挥所设置沙盘，模拟敌阵地配备，把滚龙坡划分为甲、乙、丙、丁、戊高地，集中全团连、营干部，说明侦察情况及滚龙坡敌阵地配备，研究了对滚龙坡攻击方案。

7月13日拂晓，第307团对滚龙坡的攻击又开始了。

当轻重炮火对滚龙坡乙、丙、丁高地集中火力射击两小时后，日军阵地掩盖的交通壕、散兵坑大都被击露，工事也倒塌不少。待炮火延伸射击后，第1、2营便发起攻击，官兵前仆后继越过外壕，通过障碍物，向滚龙坡的主阵地突入。但在接近丙、丁高地阵地50米左右时，鬼子突然发疯了似的猛烈用火力进行射击，对丁高地攻击的第2营受到丙高地反斜面山下侧防机枪斜射及乙高地敌火的集中射击。这时又逢大雾弥漫，急风骤雨，官兵无法前进，不得不停滞在敌阵地前，并且伤亡很大。

第1营一度占领丙高地棱线，激战到下午，日军进行反攻，多数官兵牺牲。程团长一看一时强攻难以歼灭敌兵，只好决定寸土必争，下令说："攻到哪里，占到哪里，就地挖坑。"

双方继续近距离战斗，日军用轻重机枪及枪榴弹筒射击，中国军队用六〇迫击炮及步机枪还击。第307团一度冲进了敌壕，与鬼子互投手榴弹，进行白刃战，但阵亡连长2人、排长4人，伤亡士兵150人。

这次攻击虽没能将滚龙坡全部攻占，但滚龙坡公路西南高地均被占据，并筑成了轻重机枪掩体，各个散兵坑用交通壕连接起来，在鬼子阵前形成简单的野战阵地。但日军的堡垒太坚固了，无法摧毁，这成为第307团攻击松山最大的难题。

7月23日，第307团对滚龙坡发起第二次攻击。在这次攻击中，他们用上了火焰喷射器。这是盟军提供的新式武器，结果，拿上去一试，一把把火龙喷入敌堡垒，马上引起堡垒内的物体燃烧、弹药爆炸，鬼子就是没有被炸死，也被窒息而亡。堡垒被喷射燃烧后，里面烧得温度很高，其他鬼子就是想去增援都不可能。就这样，第307团靠着火焰喷射器，一个一个地摧毁鬼子的堡垒，一批一批地消灭死守堡垒的敌兵。

但是，在即将夺取滚龙坡敌主阵地（甲高地）时，大垭口却意外攻击失利，鬼子顽强抵抗，进行反扑，高地得而复失。同时，他们趁着大雨和浓雾，猛扑丙、丁高地。双方在鏖战中，程团长被鬼子雨点般的枪榴弹击断左上臂，身负重伤，第1营营长刘家骥亦负轻伤。

7月25日，第8军对松山守敌发动了全面总攻，第三次攻打滚龙坡。

26日晨，第103师第307团肃清丙、丁高地反斜面之敌，第308团加入战斗，彭剑明营攻无名高地，协同攻击甲高地。第309团、荣誉第3团攻大垭口，第82师攻松山子高地（松山顶峰）。各部队同时发起进攻，然后，不分昼夜，步步逼进，将一个个堡垒摧毁，一股股日寇被歼灭。猛攻一个星期，8月2日，第8军终于攻占了滚龙坡。

经过两天的清剿，终于肃清残余之敌。滚龙坡被攻克，犹如斩了松山守敌之首，鬼子似惊弓之鸟，惶恐不已。

随后，第307团、第308团沿着岭脊进逼大垭口。这时，与鬼子对壕相峙的第309团、荣誉第3团及荣誉第2团第3营向驻守大垭口的日军发起了攻击，第309团、荣3团及荣2团第3营攻正面，第82师第245团从右夹击。又经过一周的激战，8月10日攻克大垭口，将大部分日军歼灭。

接下来，就要主攻松山顶峰——子高地了。

子高地是松山控制滇缅公路的最高点，也是松山日军的主阵地。这里地势险要，山高坡陡，不易攀登，鬼子的工事十分坚固，有母堡两个，子堡多个，深沟密垒，铁丝网就围了三道，据点里配有重迫击炮、火箭筒、枪榴弹筒、轻重机枪。第82师与它对攻，打了一个月，伤亡很大，始终都无法接近两个大堡垒。

因为松山没攻下，滇西公路不能打通，直接影响反攻龙陵、腾冲两城。卫立煌亲自来到松山前线，对第8军军长何绍周反复指示，并且说："鬼子已是山穷水尽，精疲力竭，你可以选用适当战术，出奇兵攻之。"

卫立煌回到长官部后，给何绍周下了一个详细的攻击命令，限该军于两周内攻下松山，以便整个远征军向缅甸边境前进。何绍周一看，立即拿起电话，向卫立煌表示攻击不下来，并且说："长官先把我枪毙，另找旁人来松山吧！"

卫立煌又怎会怕这公子哥呢？反而笑着说："不用急躁。"接着又补充一句："不服从命令，当然枪毙。"然后撂下这边电话，拿起那边的电话，向蒋介石告状，准备万一这何大公子战前要横就只有军法处治了。

长官部参谋长萧毅肃见状,知道何绍周这回硬下去,肯定性命难保,于是对何大公子哥多方进行劝说,并且关切地说:"在阵地前,依恃家庭势力,能不吃亏啊!你想想,卫长官是敢作敢为的。而何总司令呢,对你是长线投资,烧冷灶,期待的是20年以后的回报。如果这次你因小失大,如何背负得起家族的厚望?"

这话说得何绍周不得不低下了高昂的头,不得不表示按命令实行。

随后,卫立煌果然转来了蒋介石的紧急命令,严令第8军限期克复松山,如违限不克,军、师、团长,应以贻误戎机领罪。这表明蒋介石都要采取最严厉的军中连坐法了。这下何绍周终于慌了,连忙召集副军长李弥、参谋长梁筱斋、荣誉第1师师长汪波、第82师师长王伯勋、副师长王景渊、第103师师长熊绶春、副师长郭惠苍等将领,连夜商讨攻击子高地计划。

经过一番研究,第8军决定用坑道爆破,炸毁子高地。为此,军部指定第82师副师长王景渊为指挥官,统率第82师第246团和军工兵营,进行坑道作业,在子高地之下挖坑道,开设炸药室。何军长说:"用美国的TNT炸药炸,看它鬼子死不死!"

8月11日起,工兵营开始连夜挖坑道,在松山顶的日军堡垒下30米处掘进两条地道,接着挖了两个炸药室,何军长下令运来了两卡车的TNT烈性炸药,达6吨之多。

20日上午9时,何军长亲自下令:"起爆。"

"轰隆"一声巨响,浓烟突起,直冲云霄。这可以说是超级大爆炸,巨大的爆炸力把松山子高地的整个山顶都掀翻了,守军除4人被震得奄奄一息外,其余的全部被炸毙,子高地几乎被炸平了。

进攻部队从四面围攻而上,占据了松山顶峰。

之后,日军不甘心丢了它,两次发起夜袭,都被第309团击退。

25日起,第82师第245、246团,第103师第307团、第308团、第309团和荣誉第3团、荣誉第2团第3营全部投入战斗,围歼在松山子高地南侧大寨里的困守之敌。这些鬼子死战不投降,敌我短兵相接,进行白刃战,双方拼命厮杀,尸横遍野。但直至9月2日,中国军队才全部消灭残敌。

日军在松山除了松山顶峰、滚龙坡、大垭口三大据点外,在长岭冈周围的黄土坡、黄家水井、马鹿塘等地还利用一些村庄、山洞搞了个堡垒群。这里地险林密,攻击也很困难。中国军队拿下滚龙坡、大垭口、松山顶峰后,开始攻击这最后的群堡,扫歼残敌。第309团先攻黄土坡,接着荣誉第3团

包围松山的我军向敌军发起进攻

协同,经两昼夜争夺战,反复肉搏,最后占领了它。

在激战中,第309团团长陈永思手执冲锋枪,亲自督战,身负重伤,撤下火线后,暂代团长王光伟也负伤,最后打得全团仅剩几十个官兵,荣誉第3团团长赵发毕率兵上去,确保既得阵地。

9月5日,第245团附第244团一个营攻打黄土坡谷地的三个大堡垒,打不下来,最后还是用老办法,叫工兵来挖地道,然后用炸药爆破,终于把三个大堡垒炸掉了。

第103师负责猛攻黄家水井、马鹿塘。第307团占领黄家水井边缘一座家屋后,因伤亡太大,无力再攻,之后增加第246团的一个加强连,还是不行,又派来第103师工兵连、搜索连,再度猛攻,终于突入黄家水井,占领了两个堡垒,将黄家水井完全占领。第308团与第245团协同向马鹿塘攻击,连攻两日,终于突入马鹿塘阵地,与鬼子进行肉搏,顽敌不支,东窜西突,结果,被围了起来,像打疯犬一样围住死打,鬼子无一生还,指挥官急得"嚓啦"一声,切腹自杀了。

这次第8军围攻松山,费时两个月零四天。尤其是最后何绍周被蒋介石和卫立煌一逼,下令拼命死打,官兵经过无数次的攻击,伤亡很大,战斗员锐减,最后勤杂人员均被编为步枪兵,军、师直属队也直接参与火线战斗。第8军克复松山战役中,战死者3800余人,伤兵也大概是这个数字,共歼敌3000余人,以二比一多换取了阵地。好歹第8军终于把松山拿下来了,把滇缅公路上的大钉子硬是拔掉了，于是前方的龙陵战局也随之没有了后顾之忧，可以豁出去打了。

这样龙陵的战局会迎刃而解吗？

久攻不克，第 88 师智取龙陵

在第 8 军攻打松山时，第 71 军在龙陵也进行支援。

自 6 月 19 日起，第 8 军副军长李弥率领两个团控制龙陵至松山、腾冲公路，使得松山、腾冲之敌与龙陵隔绝后，第 71 军第 87、第 88 师配属新编第 28 师第 84 团和第 6 军的新 39 师主力，转而开始进攻龙陵县城。

第 88 师沿山岭插入敌后，逐步推进到龙陵附近的蚌绡，结果发现龙陵城北、滇缅公路东约 20 华里的高山上有日军的防御阵地，当即展开一个团，配属炮兵一排，以一个营向鬼子发起攻击，一举夺得了阵地。然后，全师沿着山脉向东折向南，经龙陵坝子以东，向龙陵城东的大山搜索前进，直抵县城东南，到达紧靠县城的一个叫老东坡的高山头。

日军在这里构筑了坚固阵地。副师长熊新民当即下令："展开攻击。"

这老东坡阵地三面都是悬崖峭壁，只是城东北有一小片稍微缓一点的山坡勉强可以展开攻击，鬼子偏偏把火力集中在这一地段，攻击很难奏效。熊师长连换了 3 个团，步炮协同攻了好几天，还是攻不下来。

因为上面催得特紧，一再限期攻克龙陵，第 11 集团军总司令宋希濂亲临前线指挥。

宋希濂原是第 71 军的老军长，他亲临督战，士气大振。尽管官兵浑身淋得透湿，个个饥肠辘辘，奋不顾身冲锋，打得守敌只有招架之功，但还是没有攻下来。随后，他们只好重新研究敌情，进行新的部署。按照宋希濂的部署，另组三个冲锋敢死队，在步炮协同下进行攻击。可是，这三个冲锋队由早晨直到黄昏，几次发起冲锋，还是攻不下，熊新民只好说："第二天再攻吧。"

正当他垂头丧气返回尖山寺师指挥所，还在半路上时，突然传来一个好消息："老东坡已被我军占领了！"

他立即赶去老东坡，登上山头一看，只见鬼子阵地已被打得七零八落，到处是血迹斑斑，罐头、饼干、纱布、绷带丢得满地都是。看到敌人惨败的

狼狈相，官兵们都很高兴，连电话兵都下坡去赶鬼子了。

这时已是黑夜沉沉，看不见任何人。熊新民一边催电话兵赶快接通电话，一边想搭个临时铺打个盹儿。忽然，从城内回来一个传令兵，手里拿着战利品，向熊副师长报告说："龙陵城已被我军占领了！"

"真的啊？"

"这还有假？看，牛肉罐头，战利品！"

过了一会儿，又来了一个传令兵，也拿着战利品，向熊副师长报告："龙陵占领了，看，饼干，战利品！"

熊新民与前方的电话还没接通，谁知后方已把胜利的消息传开了，长官部的电话直接打到尖山寺师指挥所，再转到老东坡阵地来了，宋总司令亲自问道："熊新民，龙陵占领了确不确实？"

熊新民回答说："天太黑，又下大雨，我现在就在老东坡阵地上。前线从城内回来的传令兵都说占领了，到处搜索，没遇到抵抗。他们还带回许多战利品，牛肉罐头、饼干，我都吃过了。和那里的电话还未接通，我看是占领了。"

"好！"宋希濂说，"那就委派你为龙陵城戒严司令，率领队伍进城吧。"

胜利的捷报传播得比什么都快，攻克龙陵县城的消息不仅连夜震动了国内，而且也传到了国外。日本天皇却在广播里一口否认，声称龙陵县城还在他们手中。

就在重庆和东京大打口水战时，熊新民正领着部队开进城去，谁知刚到城边，"轰——轰——"鬼子的大炮就响了，人马被炮弹炸得四散。

这时天已破晓，前方的电话也架通了，熊师长急忙和连营长联系，结果，他们回答说："敌人在城中心靠滇缅公路西侧，占领一座堡垒，还附有一门小炮，死命在抵抗。"

原来，龙陵城还在鬼子手中，这丑可出老大了。熊新民急忙下令猛攻龙陵城中心。很快，大炮将这座鬼子的堡垒炸为平地。谁知龙陵城西南的制高点回龙山还在日军手中，也就是说，龙陵城还是被日军控制着，滇缅公路在龙陵城内这一段确实还在日军手里。

之后，军委会指责宋希濂："这丑出到华盛顿去了。"真是好事不出门，丑事传千里，宋希濂是哑巴吃黄连有苦说不出来。

第88师久攻不克，只好撤下来了，前去休整。

8月底，宋希濂再次令新编第39师攻打龙陵城，希望这个新锐师能一雪前耻。谁知全师激战一天都没攻打到鬼子的主阵地，相反，日军由芒市增援，在次日夜间包围龙陵城，新编第39师被鬼子里外合击，几乎全部被歼灭，残部退回原阵地，鬼子乘胜追击。新编第39师连原阵地都守不住了，大有动摇之势，师长洪行见势不妙，单人突围，开着吉普车仓皇向昆明驶去。谁知一路狂奔，在途中一桥上翻车，车翻人被轧死。

宋希濂得知新编第39师阵地守不住了，急忙要求长官部派兵增援，卫立煌遂命第200师火速增援。第200师飞兵赶去，才保全了原阵地。

宋希濂二战龙陵，再次失败。

这时，远征军已经收复了腾冲，卫立煌将其他几个师调来攻击回龙山。9月14日，宋希濂指挥重兵猛攻回龙山，但鬼子就像获得了什么魔力似的，仍然是久攻不下。上峰急如星火，限期要收复。宋希濂正调整攻击计划时，突然接到军委会命令，调他去重庆陆军大学将官班受训。

他只好把总司令职务交给副总司令黄杰代理。

这样，攻克龙陵的重任落在上黄杰肩了。

这黄杰是位很有智谋的人，硬拼硬，上战场指挥打仗，能力不及宋希濂，但眼力毒，也很会用人，于是他去找不久前升任第71军军长的陈明仁和升任师长的熊新民，和他们商量说："回龙山久攻不下，上面限期收复。我看你们第88师，虽然伤亡大，士气还很旺盛，又有好的作战经验，调第88师再攻击回龙山，你们看怎样？"

陈军长望着熊新民，熊新民考虑了一下说："上面的命令，当然绝对服从。不过听说回龙山鬼子的工事，比松山还要坚固。任务重，我得先侦察之后，再订作战计划。不管怎样，步炮协同很重要，炮兵一定要全用上！"

"这个没问题！"黄杰说，"那你明天就去侦察，先把第88师调到回龙山前的地区，由陈军长负责统一指挥。"

熊新民将全师调到回龙山前后，亲率团长、营长、炮兵指挥官，各炮兵营长、参谋们在回龙山的前前后后，仔细侦察，结果发现在回龙山正面尚有一片可以攀登的狭窄地段勉强能够冲击，其他地段都是陡坡，无法立足，难以进行突击。熊新民决定炮兵集中轰击敌堡，掩护步兵就从这一小块地段打过去。

黄杰和陈军长都完全同意，并且陈军长说："在炮火掩护下，集中主力打。到时派一部分人马绕到敌后去佯攻，扰乱鬼子。"

对回龙山的攻击开始了。命令一下，炮兵瞄准回龙山的地堡和后方的两

个大据点万炮齐发，猛烈的炮火砸向敌阵前的铁丝网、拒马、鹿砦等障碍物，当炮火扫清冲锋路面时，打突击的步兵也到达了发起冲锋的预定地点，炮兵的火力一延伸，他们立即猛冲猛打，突入敌阵，只许前进，不准后退。

熊新民的指挥所就设在敌堡正前方的小高地上，黄代总司令也和他在一起。可是部队先后攻击了好几天，调换了两个步兵团，还是屡攻不下。一次，眼看已攻入了鬼子的大地堡，被他们一反扑，又垮了下来。尤其是最后一次冲锋，鬼子用战刀接连砍死好几个冲上去的官兵，冲锋队又垮下来了。黄杰看见了也不忍心，说："不要再攻了，明天再说。"

久攻不下，副师长对熊新民说："师座是不是该找找失败的原因？"

"是呀，我也这么想！"

两人一起研究，熊师长说："我们一发炮，鬼子就躲起来，炮一停，一延伸，他们又一拥而出，进行殊死的反扑。鬼子乘炮火延伸时进行反扑，这已成惯例，我们是不是应该改变攻击冲锋的老套儿？"

"我们和鬼子拼杀，总打不过他们，冲锋上来自然吃亏，看来是要变更一种攻击方式。"

他们把设想向军长、黄代总司令报告后，他们都深表同意。然后，熊新民叫前线炮兵观测所推进到步兵发起冲锋阵地的直后方，由前线担任冲锋的指挥官直接指挥；他叫发射就立即发射，叫延伸就立即延伸。又叫各炮兵阵地预备充足的炮弹，准备长时间发射；再叫观测所指挥炮兵时，有时照步兵的要求，集中大炮长时间大面积地发射，有时短速发射一阵即停，有时又阴一炮、阳一炮，前一炮、后一炮地发射；又令准备冲锋的士兵故意松松垮垮、满不在乎，表现出一种不打算冲锋、只让一个劲儿发炮射击的样子。开始时，一放炮，鬼子显得紧张，炮一停，却不见冲锋，久而久之，他们也视同寻常，渐渐地我军炮兵发射也罢，不发也罢，都不太注意了。

一次，我军炮兵一直打了两小时以上，敌人习以为常了，无任何动静。这时，准备冲锋的部队吃饱了饭，熊新民命令炮兵："集中火力迅速发射，并以三分之二火力猛击回龙山敌堡，以三分之一火力遮断敌堡直后方，阻止鬼子反扑。等步兵冲锋时，令三分之二炮火，立即延伸敌之直后方。"

大炮按照命令行事。日军因伤亡和躲闪大炮，累得不行了，加上疏忽大意，这一次，冲锋兵冲上去，竟没遭到日军的反扑，很顺利地占领了日军的阵地，然后猛打猛冲，清扫残敌了。

11月3日，第88师终于攻克了龙陵城，滇西的腾冲、龙陵全部攻克。

我军官兵向敌据点发起冲锋

这时宋希濂已到达了重庆,先去晋见校长蒋介石。蒋介石一见到他,第一句话就问:"前方正打得很紧,你为什么来了呢?"

"我是奉委员长命令来陆大受训的。"

蒋介石听了十分愕然,半晌不语,随后才说:"既然来了,就去受训再说。"宋希濂这才恍然大悟,自己调训并非委员长之意。

事后,他终于查悉是远征军长官部参谋长萧毅肃捣的鬼。两人曾为武器分配与反攻部署等问题发生过争执,另外,萧大参谋长喜欢手下们给他送礼,宋希濂仗着自己是老蒋的嫡系并不买他的账。萧大参谋长见宋希濂这刺头不好管,于是利用自己在军令部一些同学关系偷偷将宋希濂的名字列入陆大将官班受训名单。

宋希濂入学后,黄杰正式升任了第11集团军总司令之职。而宋希濂的手下亲信熊新民还以为是自己当初"谎报"龙陵捷报,使老长官出丑国外才被免职的,多年后还在为此事后悔不已呢,孰不知其中还有更大的隐情。

两支部队胜利大会师

1944年10月中旬,驻印军计划再向缅甸中部日军发动进攻。新编第1

军由密支那进攻八莫,新编第6军在新编第1军之西,由孟拱直向南切断八莫、南坎一带日军的后方。在新编第38师拿下密支那的第二天,国内广西省陈牧农就丢了全县,经过几个月,柳州、桂林全部丢失。结果,当驻印军开始向缅甸中部行动时,国内的日军已从广西进逼贵州,蒋介石见前面挡狼,后院又起火,匆忙把新编第6军军部及新编第22师、第14师空运云南沾益,以保卫陪都重庆,结果,几天之间,驻印军在缅部队只剩下新编第1军的新编第38师、新编第30师和第50师了。驻印军进攻中部的计划因此改由新编第1军主力新编第38师、新编第30师向南进攻八莫,另派第50师和英军由孟拱沿铁路向曼德勒南进。

新1军主力一路南下,从密支那南下80公里到大盈江,都没遇日军抵抗,直到八莫东北20余公里的苗昔特高地,才发现日军设有前沿阵地,军长孙立人于是下令:"新编第30师在正面渡江进攻,新编第38师由东迂回,再与新30师进行夹击。"

这时苗昔特东10余公里的大盈江上有一座桥梁,鬼子还没破坏,于是新编第38师从这里争先渡江,再向西与新编第30师夹击,一举夺取了日军的前沿阵地。

接下来就是攻击日军的警戒阵地了。

日军的警戒阵地设在八莫以西,北自飞机场,南到莫马克,绕着八莫城一大圈。新38师先攻占了莫马克,但飞机场却攻不下。这里的鬼子以三人为一组,每人一挺轻机枪、一个掷弹筒、一支步枪,据守一个点,各点组成面分别进行抵抗,并有八莫主阵地的炮兵支援。为此,新38师不得不用迫击炮去摧毁这些小据点,一个"兔子洞"一个"兔子洞"地去挖。鬼子拼命死守,每个据点都要进行肉搏,杀死最后一个鬼子,才能占领一个"兔子洞",因此,全师费了两三天的时间,才占领这个警戒阵地。

日军守八莫的主力为第2师团骑兵联队,名为骑兵,实际上并没有马,只是些地上跑的"十一号"步兵,还有炮兵一个大队,约3000人,西倚伊洛瓦底江,沿北、东、南三面在市郊构筑了纵深阵地企图进行固守。新38师还是用老办法,攻下一个据点,再攻下一个据点。每天从早晨开始,先以空军轰炸,再用炮兵射击,然后步兵在坦克配合下冲上去清扫残敌。但他们白天占领后,差不多每夜鬼子都要进行逆袭,因此又必须把他们击退,才算拿下,这样全师又花了约一个月的时间才攻入八莫城中心。

当新38师西向进攻八莫时,新编第30师经莫马克折向东,沿公路在重峦叠嶂中向南坎前进。

从莫马克以东至南坎的公路盘山而上，既狭窄又弯曲，只能单向行车。在新30师向东而来时，日军从缅甸和滇西的各师团中抽出8个步兵大队，附炮、工兵，由南坎向西北推进，企图西击新编第38师的侧背，解八莫之围，结果，双方在途中的卡得克相遇，发生激战。在激战中，新30师一个团在公路上被日军由南插入，切成了两段，一个炮兵连阵地丢掉了，空投粮弹的飞机也被日本空军击落两架。师长唐守治立即派一个团由公路北侧山地包围日军，孙立人也立即抽调新38师第112团从八莫用汽车紧急运往卡得克。第112团到达后，立即从北侧山地向东迂回到鬼子的右侧背，几个团同时发起战斗后，日军大败，溃退南坎。

八莫主阵地被新38师突破后，日军见解围无望，把所有重伤兵活生生地沉到西面的伊洛瓦底江中，残部连夜沿江滩向南突围。新编第38师师长李鸿立即下令追击，官兵将突围的鬼子击毙在江滩上，鬼子仅100余人散窜到八莫以南山地而得以逃生。

新1军继续向南坎进攻，正面以新30师扫荡日军满布在山地要隘的警戒线。新38师以第112团为左翼，越过云南边境垒允；师主力从八莫加入右翼，两翼向敌包围，全军对八莫以品字形攻击而来。

日军主力在南坎北侧正面江岸抵抗。

当新38师主力由西渡江，将形成包围时，日军慌神了，立即向南坎以南山地撤退。新30师当即渡江，呼啦啦地就占领了南坎城。

在战术上，占领南坎后，应该立即越过东南山地，截断正由云南沿中缅公路向腊戌退却的日军退路。谁知美总指挥部因为英国不愿中国军队再向缅甸中南部推进，沿南坎东南山脊横着画了一条战斗地境线，不准新编第1军南进，命令他们折向东北，去和由云南西进的中国远征军在畹町会师，只令由后方来的一个美军在密支那作战的步兵团扩编而成的步兵旅越过南坎东南山地到中缅公路边上去。谁知这个步兵旅不敢截断公路，只在公路西北侧占领阵地，坐看日军侵入云南的几个师团的残部从容从眼前撤退。

新编第38师第114团不顾总指挥部命令，派了一个营越过山地，到中缅公路上去追击，结果被日军前后夹击，阻止在公路西侧。

在驻印军北上的同时，远征军已经南下。日军经过腾冲、松山、龙陵惨败后，第56师团、第33师团、第18师团、第2师团因伤亡惨重，国内又无力增援，企图从缅甸东北部，退归越南固守。这个情报为远征军长官部所侦

知，遂命第 11 集团军总司令黄杰率第 53 军、第 71 军主力、第 2 军的一部，以及第 200 师主力展开总攻击。当第 2 军攻击芒市时，日军在芒市略微抵抗了一下就退守遮放。

11 月 14 日，中国军队攻击遮放。第 53 军为右侧背攻击，第 2 军为左侧攻击，第 71 军为正面攻击。三路大军以高昂士气，接近了遮放城。第 53 军插到日军背后，第 130 师立即向遮放守敌的北侧发动攻击，相机切断滇缅公路，第 116 师主力展开于第 130 师的右翼，协同作战。日军向第 130 师正面反扑，反复冲杀，战斗十分激烈。28 日，第 130 师指挥所一度遭到日军袭击，随后，双方空军都来助战。

29 日，正面日军据点三台山高地遭到中美空军猛烈轰炸，火光四起，烟柱冲天，这一次轰炸给鬼子以致命打击。激战至 12 月 1 日，第 53 军将来劳山、红球山、老城、蚌哈、蛮里等敌据点相继占领，并将滇缅公路完全截断，从正面进攻的第 71 军，随即攻克遮放城。

接着，第 71 军、第 2 军一部和第 200 师向畹町前进，第 53 军仍然担任包围敌之左侧背、切断敌后联络线的任务。

畹町是中缅边境的一个门户，城北有黑山门之险，又有瑞丽江卫护，敌军主力驻屯于此。12 月 25 日，各部相继进抵瑞丽江北岸，第 6 军、第 2 军一部向畹町正面黑山门发起攻击。第 53 军军长赵镇藩下令："以第 116 师主力攻击猛卯，留置一部掩护军主力渡江。"

1945 年 1 月 3 日，第 53 军掩护部队强渡瑞丽江，日军桥头堡阵地以猛烈炮火进行阻击，官兵伤亡甚重，但犹奋力还击，勇往直前，终于强渡成功，攻占了日军桥头堡阵地，随后，军主力安全渡过瑞丽江。渡江后，第 53 军即向龙卡、南托攻击前进，包围敌之左翼，并切断滇缅公路。

这时，黑山门正面的第 2 军和第 6 军已与敌激战 20 余日，美空军亦时来轰炸助战，战斗之激烈为滇西战场所罕见。1 月 20 日，第 53 军、第 2 军和第 6 军 3 个军主力在空军的协同下，从几面猛攻黑山门，这一次将日军的防守阵地全部彻底摧毁，黑山门遂为远征军占领。

攻克遮放后，第 71 军第 88 师受命沿公路搜索前进。熊新民师长率部在离遮放不远处，翻过公路垭口南端，结果，在芒市与遮放之间的一个山头两侧发现日军一个坚固阵地。

这是打通滇缅公路所遇到的一大障碍，不攻下来，大部队和补给运输车就无法通过。熊师长于是下令，由原先攻占回龙山的第 264 团发动攻击。这个团已有攻山经验,步炮协同得好,没费多大劲,用两天时间,就把它占领了。

于是,全师继续沿公路前进,在靠近畹町时,团长报告说:"在遮放和畹町之间高山顶上,日军筑有坚固工事,并且还有重兵把守。"

熊师长亲率团营长,由向导领着,爬上对面的一高山去观察,结果,发现日军在靠西一更高山头占领阵地,控制着这个山头和畹町坝子。两山之间隔着一条较低的山谷,谷西两山相连,滇缅公路就在此稍西的垭口上穿过。而这两山上的森林高耸入云,藤葛很长,地形隐蔽。熊师长说:"要拿下这些阵地还真不是容易事。"

但他也没有想出什么破敌妙计,只好先打了。

然而,第88师发动了好几次进攻,都没有奏效。熊新民于是跑去向美军顾问赫奇少将"请教"。这赫奇是参加过多次战斗的老军官,非常得意自己的战斗阅历,面对求教,他回答:"明天我跟你实地侦察一番后再说吧。"

第二天,他带着望远镜,与熊师长一同前去第一线,在交通散兵壕里穿来穿去,鬼子打冷枪,他就俯身躲一躲。侦察了一阵之后,赫奇说:"这只能用飞机轰炸,用步兵去硬冲,那是徒遭牺牲。除了用空军炸,没别的好办法。"

"我们没飞机呀!"熊师长故意把双手一摊,"这咋办呢?"

"等我回去与上级联络后再决定吧。"赫奇回答说。

其实,这就是熊新民挨打之后想出的破敌之计。

两军胜利会师

第十八章 滇缅大反攻:南北大夹击

回去后,赫奇随即与美方总部取得了联系。熊新民则告诉师部参谋处:"预先请赫奇准备图纸,我们架好飞机来取图纸联络用的天线。"

第二天,美军果然派来了一架小型飞机,飞到上空盘旋,发现了第88师的联络信号,低飞侦察一番,然后把横空高悬在天线上的美军顾问画的简要地形图,放下钩子钩了上去。

次日,赫奇携带无线电陆空联络报话机、剪形望远镜等器材,与熊师长一起来到昨天到过的火线上,熊师长把炮兵观测所也设在这里了。约定时间一到,果然一批3架轰炸机飞临上空盘旋,赫奇大喊:"赶快指挥炮兵发射烟幕弹。"

几发烟幕弹打出去,马上击中了敌堡。赫奇又大喊大叫,可熊师长听不懂他的洋话,翻译正要翻译时,赫奇一个劲地喊:"switch!switch!"飞机上则传来"OK!OK"的回声。随后,3架飞机拉开距离,一字儿摆开,一架一架地轮流俯冲轰炸。这批把弹投完飞走了,接着又飞来一批3架,照样在发射烟幕弹后,轮番轰炸,如此一共三次。

奇怪的是,经过这番密集大面积、长时间的猛烈轰炸之后,日军没有对空发射一弹,熊新民于是下令:"步兵前去搜索侦察。"

赫奇说:"只要发现有敌人,就不可硬冲,我们再来轰炸。"

搜索侦察部队小心翼翼地接近敌阵地,没有动静;钻到敌垒内,还是没有动静,再仔细一看,连一个日本兵都没了。于是,侦察兵举手大喊:"一个鬼子都没啦!一个鬼子都没啦!"

所有官兵连美军顾问都跳起来,互相拥抱,兴高采烈,很多人高兴得热泪盈眶。熊师长顿时命令部队迅速追击,一直追赶到畹町街上,越过畹町桥,也没追到一个日本兵。与此同时,第53军已进击到了龙卡和南托附近,日军不支,向腊戍方向溃败,两支部队同时进入了畹町城。

畹町城遂告克复。至此,滇西国土完全光复。

收复畹町,越过畹町桥后,各路大军仍马不停蹄地猛追穷寇,一直追击到缅境的芒友。1月22日,第53军第116师第346团沿中印公路西进,与新1军第38师在木遮会师,远征军与驻印军正式会师了。

远征军官兵乍见驻印军身穿美式服装,手里拿美式武器,又是坦克,又是装甲车,前有越野吉普车,后有载重十轮卡车,个个威风凛凛,精神抖擞,既新鲜又羡慕。但双方更是兴奋,亲切地握手,相互祝贺,好不开怀。

1月27日,远征军和驻印军的主力在畹町、芒友、木遮之间大会师。远征军的部队有第2军、第53军、第71军、第200师,驻印军的部队有新编第1军、新编第6军,还有各集团军总司令、军长、师长以及美英法联络军官、将领。卫立煌从云南保山乘飞机到木遮机场降落,亲莅会场阅兵。阅兵后向官兵训话,宣告滇西反攻胜利。

1月28日,中国和盟军在畹町举行盛大的会师典礼和通车典礼,国内外要员宋子文、魏德迈等人都赶来参加,并进行剪彩。

滇西缅北之反攻作战至此胜利结束,中印公路完全打通。

在近一年的大反攻中,日军第18师团、第56师团全部被远征军和驻印军歼灭,第2师团、第33师团也损失大半,残余逃往越南边境。

第十九章 湘西会战:"煮熟的鸭子飞跑了"

江口战役:小连长立大功

1945年春,日军为了确保从中国到越南大陆运输线的畅通,解除空中威胁,趁中国军队换用美械、武器使用尚不熟练之际,准备集中5个师团、一个旅团的兵力,以占领芷江机场,巩固湘桂、粤汉两铁路交通为目的,发动湘西会战。

芷江为国民党空军在东线最大的基地,也是中美混合飞行第5甲所在地,第4飞行大队在此集结,拥有最新式的野马式战斗机,B24、B25轰炸机,C43、C47运输机和通信联络用的225机。日本空军搞了几次袭击,但由于野马式飞机性能大大优于日军零式飞机,吃了几次败仗后,再也不敢"登门拜访"了。因此,华中派遣军决定摧毁中国军队这个空军基地。

3月下旬,日军开始修筑衡邵、潭邵公路,并在宝庆及其附近集积粮秣械弹和各种器材。第34师团主力在兴安、全县之间,第68师团58旅团在东安、零陵之间,第116师团在宝庆附近,第47师团在宝庆、永丰间,第64师团一部及"和平军"第2师在宁乡、益阳间。很快,日军集结的总兵力达到8万人之多,统归日军第20军司令官坂西一良中将驻宝庆指挥。

日军兵分左中右三路进犯,在宁乡的第64师团一部为右翼攻击队,任务是掩护在宝庆的主力——中央攻击队右侧背的安全,向益阳攻击前进;集结在零陵、全县的第68师团、第34师团为左翼攻击队,并分两路前进;集结在宝庆一带的第116师团、第47师团为中央攻击队,是会战主力,从湘黔公路上行进,即在左、右两翼掩护下,以优势兵力迅速击破第四方面军雪峰山主阵地,直取芷江机场。

其中,中央攻击队又兵分四路进攻:第一路由宝庆循湘黔公路线西犯;

我新编第 6 军空运回国，参加会战

第二路沿宝庆洞口公路线北侧向西进犯；第三路由宝庆向西北进犯，攻击石马江、巨口铺、顺水桥各既设阵地；第四路由宝庆北犯，攻击新化、洋溪桥的第 73 军守军。坂西一良的目的是分进合击，包围歼灭在该地的中国军队，一举进出安江、洪江，占领芷江。

面对日军的攻势，中国军队方面，由陆军总司令何应钦亲自指挥。王耀武第四方面军以一部守备新宁、宝庆、益阳至洞庭湖及西岸之线，利用既设阵地，对日军进行逐次抵抗，以主力在武冈、新化一带与日军决战。汤恩伯司令官第三方面军的李玉堂第 27 集团军以一部守备龙胜、城步各要点，坚决阻止住黔桂路及桂穗路的日军，以有力主力决战。另以牟庭芳第 94 军向武冈以东，王敬久第 10 集团军向新化以东各地区挺进，并将廖耀湘新编第 6 军空运芷江，作为总预备队，以在武冈、新化歼灭日军，确保芷江空军基地。

其中，第四方面军由第 18、第 73、第 74、第 100 军 4 个军组成，其中第 18、第 73、第 74 军 3 个军为美械装备，第 100 军为国械装备。这个方面军是国民党军队中战斗力最强的，拥有"五大主力军"中的两个军，即第 18、第 74 军。

前线枪声一响，第四方面军总司令王耀武立即召集高级幕僚会议，决定将司令部分为两部分，在安江设立精简的指挥所，由他本人率领副参谋长罗幸理（负责军事）、第一处处长吴鸢（负责总务、接待和新闻发布）进驻，由参谋长邱维达率领大部分人员建立辰溪指挥所（会战结束后，方面军司令部移驻辰溪）指挥左翼部队，并与第六战区及王敬久兵团联系，驻司令部的美军联络组指挥官金武德对所属人员亦做同样部署。

当日军企图突破雪峰山防线时，第 74 军第 58 师奉令在武冈、新宁间地

区阻敌西进，师主力以武冈城为据点，向新宁、宝庆方面构筑阵地。

当面之敌大举进犯，当到达北起江口、水口、洞口，南抵新宁一线时，受到第73军、第100军的顽强抵抗。第58师受命留下一个加强营固守武冈城，主力转移到雪峰山南。

4月下旬，日军主力沿桃花坪—安江公路，向洞口县进犯，一部由新宁、武冈、绥宁进犯。

第74军和敌人进行过无数次的较量，是第四方面军中战斗力较强、战功较大的王牌军，曾荣获国民政府统帅部第一号武功状。日军袭来的时候，第74军第58师守备武冈、新宁，在邵榆公路阻击西犯之敌，主力占领雪峰山东麓珠玉山、张家寨、花园市、洞口、山门一带阵地。

洞口县城是通往芷江公路的重要隘路，两壁险峻，不易攀登，一向号称天险。

第100军第19师派第57团钟雄飞部凭险构筑侧面阵地固守青岩，第74军第57师在后面做纵深配备。日军企图集中主力，一举突破洞口，直捣芷江空军基地，以一个旅团的兵力奔袭雪峰山，迂回中国军队侧后。

4月10日，日军开始全面攻击，主力先集中炮火，猛轰洞口，继以步兵密集冲锋，第74军第57师师长李琰率第57师据守洞口正面。战斗打响后，因为日军气势汹汹，第四方面军指示在此阻敌的第100军第57团归第57师指挥。为了避免过早地消耗兵力，第57团将部署在洞口外侧的警戒兵力逐次内撤，诱敌进入洞口。日军以密集的部队冲入洞口，一连十几天，猛攻青岩主阵地，虽逢大雨，攻势未减。第57团凭险固守，充分发扬火力，屡挫敌锋，日军在阵前遗尸累累。

日军指挥官见猛攻不下，组织敢死队，利用雨雾迷蒙，悄悄突入阵地前缘，突然肉搏冲锋。眼看阵地一角陷入了危险，团长钟雄飞立即集结两个连，进行反扑，在第57师的火力支援下，将这伙突入阵地的敢死队一举歼灭。

第57师第171团团长杜鼎则在杨柳溪一带的山头上构筑防御阵地。第三天，日军先遣部队到达了第171团警戒阵地，和前哨连发生激战，枪炮之声，清晰可闻。听见前哨连的枪声，第171团官兵摩拳擦掌，严阵以待，大有压倒敌人的气概。

在抵抗日军进攻锋芒的时候，杜鼎团长派第2营经猫儿峪，向江口前进。第2营机关枪2连连长萧峥率领3个枪排，配属第4连和第5连各一个排随营前进。第4连为尖兵连，按营部、第5连、机枪2连、第6连依次前进。

下午2时许，全团到达了江口。江口虽系弹丸之地，地势险要，宝庆—安江公路从中间通过。公路两侧，大山耸立，山前是月溪，这是一个敌我必争之地。从军事上说，如果江口失守，芷江飞机场就受到严重威胁。

为了争夺制高点，第57团已经和日军激战两个昼夜了。李琰师长命令第2营营长李中亮："立即行动，接替第57团的防地，限16时30分前，由空军掩护，完成接防任务。"

第2营从山麓到山顶展开在阵地后面隐蔽好了后，李营长率领4个连长前去防守团钟雄飞团长那里。钟团长见着他们，非常欢喜，马上介绍敌情；与此同时，官兵开始接防，4架战斗机轮流向敌阵俯冲、投弹、扫射。很快，第2营一个营接收了钟团全部阵地，第5连守制高点，第4连守右边小高地，第6连为预备队并负责第5连左侧警戒，机枪连配属第4、第5两连各一个排，位置由萧峥连长会同步兵连长共同选定，其余一个机枪排在第5连右翼，负责第5连阵地前侧射。在制高点后面，设置前进指挥所，由副营长石盛荣负责，萧峥连长副之，营部在第一线适中小高地。美国对空联络官设在营部，李营长巧妙地把自己置后了。

全营接防完毕，恰好是16时30分。李中亮询问各连阵地情况后，对连长们说："我们全营的任务是死守阵地，阻敌前进。第5连阵地是战术上的要点，要不惜牺牲，一定要死守。"

最后，他把目光转向第5连连长说："周连长，主要是看你的。"

第5连连长叫周北辰，和机枪连连长萧峥是黄埔军校第十七期同学，平时能说会道，这次因为深感责任重大，只回答了一个"是"便不吭气了。

李营长讲完之后，萧峥脱口而出："报告营长，可不可以先发制人？"

李营长也是喜功之人，听到这样的问话，马上坚定地说："好喔，出击，打他小鬼子一个下马威！"

然后，他就开始下命令了："立即通知美国对空联络官，要求空军掩护。周连长，叫向时晏排长出击。萧连长，从你连第3排的地方打，其余各人回岗哨去，准备应战！"

夕阳即将西下，4架飞机飞来了。它们在鬼子阵地上空盘旋、俯冲、轰炸、扫射，火力压得鬼子们不能抬头。向时晏排长率领全排士兵，从第5连右翼，疏开隐蔽前进，接近敌阵约200米了，鬼子还是毫无动静，他们继续跃进，距离敌阵约150米了，李营长在第5连阵地左侧，一声令下，轻重机关枪、迫击炮猛烈射向敌阵。在强大火力掩护下，向排长发起了冲锋，士兵们如狼似虎,猛插敌阵,一举占领鬼子的左翼阵地,双方进行肉搏战。

美国对空联络官见状,马上伸出大拇指,高呼:"OK!"杀声、炮声、枪声、飞机俯冲扫射声、手榴弹爆炸声,惊天动地,汇成一片。正在此时,日军也开始枪炮齐鸣,猛射第3排占领的阵地,企图阻止他们继续前进,并且向第5连阵地猛射,阻止后援,一时第5连阵地硝烟弥漫。

萧峥在机枪3排位置进行指挥,他一边命令第3排杨排长延伸射程,以火力压制敌人反扑;一边派人向营长报告向排被阻在突破口的情况。全营所有的八二迫击炮、六〇小迫击炮、轻重机枪齐向敌高地猛射,火力掩护向排撤退。黄昏时分,向排长率领全排士兵撤回了原阵地。

这次出击,战果辉煌,缴获敌轻机枪3挺,三八式步枪10余支,其他如手榴弹、枪榴弹等无以数计。向排长报告营长说:"这次出击,鬼子措手不及,我们冲入敌阵,多数鬼子还没有进入射击位置,死伤甚多。"

"你们伤亡如何?"

"阵亡副班长和上等兵各一名,重伤一人,轻伤4人。"

第3排初战收获不少,师长李琰闻讯后亲自打电话前来慰问。

当晚,萧峥和副营长石盛荣巡视第一线阵地,阵地不时响起稀疏的枪声,但并没有大事。

次日清晨,空军的飞机又来了,对着鬼子的机枪掩体进行俯冲、扫射、投弹,最后索性投下了燃烧弹,飞机的轰炸搅得鬼子手忙脚乱的。

但是,全营都认为晚上鬼子一定会进行反扑,吃了中饭后,连长们都来到了营部。有人说:"鬼子昨夜没动静,可能是调整部署,当晚肯定会倾巢而出,要孤注一掷了。"

"来就来吧,"又有人接着说,"我们昨日出击,缴获这么多胜利品,还怕他们小鬼子?"

李营长说:"给养和弹药源源

飞机在高空对日军进行轰炸

不断送上山来，后勤输送情况良好，尤其是我们掌握了制空权，鬼子白天都不敢抬头了。守住江口，我们完全可操胜券。但是，预计今晚的战斗一定十分激烈，谁胜谁负，将取决于此举。"

此时杜团长也打来了电话，要李营长转达两句话给连长们："必须有破釜沉舟之决心，才能夺取扫穴犁庭之战果。"

当连长们离开营部时，已是夕阳西下，晚霞满天。副营长石盛荣和萧峥立即前往第一线步兵连检查，回到前沿指挥部后，用电话向营长报告了检查阵地情况。突然，"轰——轰——"大炮响起来了，日军开始向第5连阵地猛轰，前沿指挥所附近也落下了不少的炮弹，鬼子的攻击开始了。

敌我阵地上一时枪声大作。

第2营官兵手榴弹、枪榴弹、小迫击炮一齐发射，用强大的火力将凶猛的鬼子压了下去。停留片刻，日军又发起了第二次冲锋，炮火不绝，日军的冲锋一次比一次凶猛。而第74军本来就是王牌军，第2营是团里有名的"好斗营"，枪声一响，士气一次比一次旺盛。当第三次冲锋被打退后，石盛荣和萧峥到第一线巡视时，周北辰连长说："不要紧，对付得了。"

但石副营长见第5连也已伤亡很重，说："将预备队增加到第一线。"

杜团长知道第5连的情况后，也从第1营第2连抽调了一个排前来增援。

敌人发起了第四次冲锋，来势更加凶猛。可是他们接二连三被击退，也胆战心惊，还在200米以外，就用机枪进行扫射，并"哇啦哇啦"地吆喝起来。他们乱叫，第2营的官兵们却很沉着，鬼子不进入火网，绝不轻易开枪，鬼子一发起冲锋，就以强大的火力压制。

随后，营部传令兵带领第1营第2连的第3排，赶到前沿指挥所，萧峥和石副营长商量说："这个排不打算增加到第一线去，由侧面出击，尽量迂回到敌之后方或侧翼。"

"我们把这个意见用电话请示营长吧。"

李营长躲在后方，听到请示，马上高声回答说："我完全同意！石副营长在前沿指挥所继续指挥。第1营第2连第3排，归萧连长指挥，从阵地左侧迂回敌后，相机而动，要尽全力击溃鬼子攻击，在拂晓前赶回阵地！"

接着，他又下令说："只许成功，不许失败！"

萧峥和石副营长约定了战斗信号，然后轻装出发了。

第3排到达高地一线后，萧峥说："各个跃进到前面约50米的射击位置，不许说话，不许乱放一枪。"

517

排长率第 7、第 8 两班先行跃进，第 9 班随萧连长跃进。全排到达了指定地点。

这时，敌我阵地鸦雀无声，一片沉寂。萧连长心想："难道敌人不再发起攻击了吗？"鬼子不动，他也不动。谁知不到 10 分钟，在月色朦胧之下，鬼子阵地上就隐隐约约有人向这边移动了。萧峥等人伏在地上，睁大眼睛注视着。鬼子越来越近，越来越多，等到距离阵地约 150 米，已过了伏击线时，"打啊！"萧峥一声令下，机枪、冲锋枪猛烈扫射，手榴弹在鬼子堆里"轰轰"地爆炸。

因为出其不意，所以攻其不备，鬼子被打得晕头转向，抱头鼠窜。萧峥立即按照约定，用手电光一长两短发出信号，要求主阵地炮火延伸射程，接着下令："轻机枪在原地掩护，全排所有冲锋枪出阵，步枪上刺刀，冲啊！"

战士们迅速向鬼子猛冲过去，杀得鬼子尸横遍野，溃不成军。他们一直冲到第 5 连阵地右前方，吓得残余的鬼子连爬带滚，撒腿逃回了敌阵。

但这次冲锋 8 班班长阵亡，排长指定副班长代理，并且把他的遗体背回了阵地。重伤 3 人，也被背回营绷带所。

萧峥和排长各率一部互掩互撤。当他们回到营部时，东方已见曙光。萧峥向李营长报告了战斗经过，并且说："这次出击，我们缴获敌人歪把子轻机枪 5 挺，三八式步枪 20 余支，指挥刀一把……"

李营长喜形于色："好啊好啊！不错呀！"

但萧峥还是十分遗憾地说："没有捉住一个活鬼子。"

"够啦！够啦！"李营长打着哈哈说。

正在这时机枪连第 3 排一个叫车登崇的士兵气喘吁吁跑来："报告连长，杨排长身负重伤！"

萧峥立即向第 3 排阵地位置奔去，机关枪排已经由上士排附姚兴鼓率领转移到预备阵地了。杨排长躺在战壕内，面色苍白，头部血流如注，已经为国捐躯了。大家守在他的遗体前，默默无言，心如刀刺。忽然，空中传来了嗡嗡之声，"我们的飞机来了"。空军一出动，日军便龟缩在阵地不敢冒头。

飞机在空中盘旋了几圈，向敌阵投了几颗弹后便离开了。

过了一阵子，营指导员手执喇叭筒，高声大喊起来："弟兄们，刚才飞机报告，苏联红军于昨天全部占领柏林了，希特勒自杀了，德国无条件投——降——了！"

顿时，全营官兵们欢腾了，欢呼之后，众人情不自禁地议论纷纷："意大利早垮了,德国无条件投降了,只剩下这个小日本,还能横行几时啊!"

"八年抗战,胜利在望了。"

官兵们个个喜笑颜开,毫无激战后的倦容。

9时,杜团长率领第1营前来接防,说:"第2营作为团预备队。"

第1营接收阵地后的第二天黄昏,日军大炮向阵地及后方漫无目标地进行扰乱性的轰击,这是敌人退却的信号。经过搜索,果然如此。第1营于是发起攻击,迅速击破其掩护部队,缴获甚多。杜团长又下令:"第1营改为追击队,继续追击残敌。"

敌人退却后的第二天下午,师部来了通知,说陆军总司令何应钦亲临江口战地视察,并由第2营派第5连连长周北辰汇报战斗经过。

第二天12时左右,何应钦、驻华美军司令魏德迈、王耀武、施中诚等人,由第57师师长李琰陪同,骑着骏马,沿山路而上。第2营各连派出部分优秀战士,由山脚至山顶,10米一个岗哨,担任警戒。何应钦等人在山头观察,仅在第5连阵地前,鬼子就横尸300余具,鬼子阵地的散兵壕内到处都有尸体,各种枪炮掩体已经被空军和炮兵摧毁殆尽。第74军军长施中诚对老长官王耀武说:"在一个连的战斗地域内取得如此大的胜利,确实是战果辉煌。"

看了阵地,还参观了缴获的战利品,周北辰连长绘声绘色进行战斗报告,在场的高级将领自始至终都忍不住点头、微笑。这时天空下起了雷阵雨,他们仍然不动,直至周北辰叙述完毕,才满意地离去。

新化:
老连长和老学兵联手作战

当日军在洞口江口正面被第74军重击受挫后,立即采取侧击的办法,以战斗力较强的第47师团向新化攻击,企图分散中国军队的力量,配合正面作战。

第47师团是日军的王牌军,训练有素,装备也较好,是华中派遣军不轻易动用的一支劲旅,据说各联队的旗帜是日本皇后率领妃子们亲手刺绣的。因此,这次向新化进攻,他们的来势十分凶猛。

驻守在新化的是第73军,军长就是当初长沙会战时被李玉堂冷落的韩浚。当日军刚从宝庆向西攻击时,他已预料鬼子可能向新化进犯。第73军原本3

个师，即第15师、第77师和第193师。军政部为了节省开支，裁减部队，把3个建制师的军调一个师为后调师，结果，第73军第193师的士兵补充第15师和第77师缺额后，成了后调师，专门在湖南本地负责征兵工作，在城乡抓壮丁，因此实际参战的只有两个师。而由于第四方面军司令部判断不准确，认为日军主力在正面，新化没多大问题，为加强正面，又把第15师调归第100军李天霞军长指挥，守新化的仅是一个师，即第77师。

韩浚一个师能抵挡住日军一个师团吗？

当日军第47师团向新化攻击前进时，第73军的美军联络组组长兰白德立即建议韩军长说："我们把第77师全部集结在新化附近的三溪河左岸，鬼子一来，迎头揍他！来个决战更妙。"

"这么打，你的理由呢？"韩军长问。

"鬼子只有一个师团，力量并不太大。你们在新化也是一个师，为什么要分守各个据点，而不集中全力以我们的攻击去打破敌人的攻击？"

日军一个师团实际上相当于中国军队一个军。洋老冒的主张，韩军长哪里会同意？拒绝说："这是冒险的主张。"

结果，两人争得面红耳赤。

兰白德及其他美军人员说："我们是为了帮助你们而来的，在物资方面和对敌作战方面，我们负有一定的责任，我们这些军事人员实际上就是你们的参谋，我兰白德等于你们的参谋长。我们有责任提出我们的意见，你们也有采纳我们建议的必要。"

尽管他仗着枪炮是他们给的，坚持要在三溪河"决战"，韩浚还是死不答应，回答说："人是我的，人必须听我的指挥。"

这让兰白德和手下的美国人很不满意，竟像小孩似的生气了，几个星期都不同韩军长见面。尽管战斗打响了，韩浚也不理睬他们。

韩军长不搞决战，并不是没击敌的信心。第73军官兵都是湖南人，都知道对第47师团的阻击战只能胜不能败。因此，上下都厉兵秣马，决心要打好这一仗。韩浚虽然只有一个师，但决心打出湘军的气魄来，令第231团守新化县城，第230团守新化外围高地，第229团固守新化附近的三溪河，以压制日军强渡。

日军先头部队很快进入了新化。在炮火掩护下，鬼子多次乘小汽艇强渡三溪河，但都被第229团在对岸击退。为了阻止日军渡河，他们一连打了整整5天，伤亡很大。但鬼子的加强联队始终被阻在三溪河左岸，也一蹶不振了。

在战斗间隙小憩的中国军队官兵

日军不断进行增援,第47师团全部到达,终于仗着人多势众,渡过了三溪河,接着向第230团驻守的高地猛攻。

尽管众寡悬殊,但守军越战越勇。这是第73军在抗战中一次最激烈、最艰苦的战斗,官兵们先是用枪射击,接着进行白刃搏杀,杀得刀光剑影,血肉横飞。鬼子也不相让,双方打得犬牙交错。第73军的团与营之间、营与连之间,都有鬼子夹杂在其中。同样,鬼子的联队与大队之间、大队与中队之间,也有中国军队官兵混杂在其中乱打乱杀。就是一个阵地,往往是鬼子夺过去,中国军队夺过来,鬼子又夺过去,中国军队又夺回来,反复争夺。团长柏柱臣身为长官,自始至终在阵地上指挥作战,官兵伤亡越来越大,有一个连只剩下排长和二十几个小兵,还有一个连只剩下一个政治指导员、一个排长和40多名小兵,结果都被鬼子打下了阵地,两股残兵一相遇,又自动合成一个连,共推政治指导员为连长,毫不犹豫地返回阵地,继续战斗。

当第230团情况万分紧急时,第18军突然到达了,派来一个团协同作战。第229团和第231团也同时增援上来,高地的情况不仅转危为安,反而对日军形成了一个反包围的态势。

鬼子眼看要被包围,立即来了个撒腿跑,再也不争抢阵地了,集中全师团的兵力冲击包围圈,向新化西南的洋溪方向攻击。恰巧第73军第15师奉命归还建制,正好撞上他们。韩军长立即下令第15师师长梁祗六:"对洋溪之敌迎头痛打。"

"好！我们一定要抢在鬼子到达洋溪前，占领有利的阵地。"梁师长说。

"必须通过一条小河，能过吗？"韩浚问道。

"只有两只小木船，一个营一个营渡吧。"

韩浚立即赶去河边，站在岸边，当一个营一个营过去时，向着他们大喊："快过去！好好打鬼子！"

然后，他把营长们叫过来，着重讲这次阻击战的意义，说芷江的安全是关系到战争胜利、能否掌握制空权的大问题，比守一般城镇要紧得多。营长们说："这个，我们知道！"

韩浚又说："如果我们战斗不力，大后方重庆就会受到最大的威胁。现在，盟国正在旧金山举行联合国会议，各国都对我们这次作战非常关注。我们一定要打好这一仗，一定要使我国参加会议的代表们昂首阔步地走进会场！"

这是重大内幕消息，营长奋拉着耳朵听。军长一讲完，一个营长忽地站了起来，大声说："军长，你放心吧！我们遵照你的训示，就是战死也要同鬼子拼一拼。"

又一个营长接着站起来，振臂大喊："打倒日本帝国主义！打败来犯的敌人！"

其他人也跟着扯开嗓子喊起来。韩浚当军长4年多，第一次听到这样有力的吼声。本来他讲这些大小道理是为了激励部下，结果反被部下激励得热血沸腾，大声地说："我希望第73军全体官兵们，横下一条心，同日本侵略者拼一个你死我活，绝不让敌人的企图得逞！"

就在他们喊着口号时，全师渡过了河，营长们立即赶回部队，率领官兵进入阵地，投入战斗。

战斗马上就要打响了，韩浚转而一想，这梁祗六师长是安化县人，还是保定军校生，年岁比自己稍长，可胆子比一般人都小，因此，对他的作战很不放心。开战之后，第15师打得很激烈，韩浚生怕他拿出以前的老作风——拔腿就跑，于是干脆就住在他的师部，守着他。这样一来，这梁师长倒也不好意思住师部了，又到前线另设一个师指挥部。前线的情况，瞬息万变，韩军长因为亲自住在前方，什么情况都能及时掌握，也较好地掌控住了整个战局。

因为不放心，韩浚有时又跑去梁祗六的指挥所，直接在电话中询问各团的具体情况。团长们听到军长的声音，都说："军长，你放心吧，我们全体官兵都决心同敌人拼，一定要守住阵地。请军长千万保重。"

"我对各团、营长的英勇气概感到很满意。"韩浚拿着话筒喊着,"你们的确打得很好,重要的问题,就是伤亡太大,要注意啊!"

他为什么这样说?因为有一个团的连长、排长伤亡了三分之二,刚提拔起来又牺牲了好几个。

当第15师堵击日军的时候,第77师和第18师的一个团在鬼子的右方猛烈地追击,第四方面军总司令王耀武得知第73军伤亡太大,又把第18军第18师全部增援上来了。

这第18师师长覃道善是湖南石门人,黄埔军校四期生,当年韩浚就是他在黄埔军校时的连长,并且还待这个老乡不薄。这次他接到任务后,立即打电话对韩浚喊着说:"老长官,我向你报到啦!一定服从。"

覃道善是王牌第18军的一员勇将,出道后还是第一次归老连长指挥打仗,因此特别卖力。正面之敌在大炮的掩护下对他攻得很猛,几乎逼近师指挥所。韩浚正在他的指挥所,敌人的步枪声都已听得很清楚。为了老连长的安全,他说:"军长,我们的指挥所过于暴露,可否另移一个地方?"

老连长自然明白他的用意,回答说:"用不着移,这地方不是很好吗?"

覃道善见鬼子愈逼愈近,而老连长又不肯离开。怎么办?只有一个办法:把鬼子打退,于是背着老连长给团长们一个一个打电话,说:"这场战斗极其重要,只能胜,不能败。我们第18军的部队第一次归韩军长指挥,他已亲临阵地,就住在我的指挥所。你们伤亡再大,打得再苦,绝不能再后退一步,必须很快把鬼子击退,不然,我这老脸就给你们丢光啦。"

他虽然把声音压得很低,但韩浚还是听得一清二楚,但没有做声,假装啥也不知道。覃道善一会儿给这个团长打电话,一会儿给那个团长打电话,就一个意思:赶快猛击,别让我在老连长面前丢脸!而第18师本来就是王牌军,将强兵悍,现在打仗还有师长的"这层意思",很快就挥兵把逼近师指挥所的鬼子击退了。

韩浚则对覃师的勇敢善战,感到由衷的满意。

他们正在洋溪前线打得激烈的时候,韩浚接到后方军部的电话说:"美军联络组长兰白德要来前方看一看。"

为什么这兰白德又软下来了呢?因为他终于意识到了韩军长的打法是正确的。韩浚说:"美军不是有4架交通飞机归我们使用吗?就让他乘飞机在空中巡视一下吧。"

谁知这兰白德执意要来前线,结果,刚一下飞机,"噗——"一颗子弹飞来,

他随身带着的翻译当场饮弹而亡,兰白德和随行的几个美国军官顿时神色紧张起来了。

兰白德对韩浚说:"我在第一次世界大战时就当营长,我们打得最厉害的时候,也不过如此,那时还没这么多的飞机大炮呀!"

"那都过去几十年了,还不变化,那什么叫发展呢?!"韩浚笑着说。

结果,兰白德在前线同韩军长吃了一顿野餐后,就返回了新化县城的军部。

第73军的两个师和第18军覃道善师联手给日军第47师团一个有力的打击,对洞口正面作战的第74军等友军,是一个很大的鼓舞。王耀武把第73军的胜利消息告诉在洞口作战的各军,同时又把洞口作战的胜利消息打电话告诉他们,乐呵呵地说:"你们使劲打,我就专门当你们的通信兵算啦!"

这次新化作战,第73军伤亡近3000人,第18军第18师的伤亡也近1000人,但日军第47师团的伤亡更大。

茶山坳歼灭战让美军联络官连跷大拇指

日军在新化受阻后,一部分人马转而逼近了武冈城郊,留下少数部队向城区监视,主力向雪峰山南端的武冈县以北进攻。

武冈为旧制州,城镇颇大,且地形复杂,第74军第58师师长蔡仁杰派第172团第1营固守武冈县城,由副团长和营长杨文彬指挥,蔡仁杰师长的命令是:"无命令不得擅自撤退。"派出工兵协助加强城区工事后,师主力撤至雪峰山区,并未占领阵地,只在隘路口派兵警戒,主力集结待命出击。

当这股日军向武冈进攻时,即与第74军第58师前卫第173团在武冈西北的茶山坳遭遇。

双方交火展开战斗后,第58师师长蔡仁杰判断当面之敌是一个步兵联队。

这时已近黄昏,不能使用强大兵力,蔡仁杰于是令第173团以部分兵力与敌保持接触,阻敌前进,决心以主力在翌日将该敌围歼,策应全面反攻。为此,他立即部署下令:"第173团为主攻部队,向窜踞茶山坳之敌强行攻击,占领敌主阵地后,即以主力突入扩张战果;第174团展开在第173团左边,对东北方向严密搜索警戒,保证第173团左侧背安全,并佯攻茶山坳敌右侧;第172团(欠第1营)为预备队,在第173团右后分区集结,并向第

173团架设电话联络，视战况变化随时投入战斗。师司令部在第173团后设指挥所，以副师长为首，率参谋主任及作战、后勤科长，美军对空联络军官司利普上尉，向第一线及预备队架设电话。"

我军战士用机枪对敌进行猛烈扫射

当晚，各团到达指定位置。蔡仁杰下令翌日拂晓开始攻击，并且务必在中午12时前完成歼敌任务。

次日拂晓，蒋立先团长指挥第173团发起了攻击，这时日军占领茶山坳高地，已连夜修筑了强固的野战工事。官兵猛烈攻击，反复冲锋，到午后尚未奏效。我飞机飞来助战，用20毫米口径重机枪轮番对着鬼子进行扫射和轰炸，鬼子也不断增援，并且顽抗。蒋立先团长打电话报告师长说："日军死守待援，肯定另有企图。如果在黄昏前不能将他们歼灭，就要影响友军全面反攻。"

蔡师长立即要求美军对空联络军官司利普上尉通知空军以一部掩护步兵推进，封锁日军后路，阻止日军的后援，并且告诉他说："对困守茶山坳之敌，可以使用凝固汽油弹。"接着，又下令师迫击炮营营长刘炳均指挥该营及3个团的迫击炮连对茶山坳施行弹幕射击，然后，他对蒋立先团长说："你们第173团集中全团六〇迫击炮配合迫击炮营轰击敌第一线散兵，挑选勇敢官兵组成冲锋队，在空军及步兵重火器掩护下，分拨向敌主阵地冲锋，突破其一点后，主力随之投入，务必全歼固守之敌。"

第173团马上调整部署，随后就发起了冲锋。但是，日军占据着高山，见退路被切断，更是做困兽之斗。每当冲锋队冲到离山头数十米甚至十几米处，突然豁出老命射击，冲锋队伤亡很大。

该团有一连长叫梁月波，是印度尼西亚华侨。抗战开始后，他回国考入中央军校第四分校第十六期，毕业后分配在第58师见习，后调任上尉参谋。他的英语很好，能与美联络官交谈，并且比从大学参军的翻译水平都高。他一再请求下连队，这次又争取参加了冲锋队。为了拿下高地，他手持国旗，

带头冲锋七八次。美军飞机驾驶员在空中发现了他,立即把这个情况报告第四方面军司令部,并且满口称赞说:"这个举旗的特别勇敢。"

国民党军各级官员都有一个传统,不管大事小事、好事坏事,只要一过外国人的嘴巴,就是天大的事情。现在洋飞行员报告好人好事,第四方面军司令部立即来电话查询,并且对第58师参谋处说:"一定要找到这位战斗英雄!"

"这样的战士,各个连都有,怎么找啊!"接电话的参谋为难地说。

司令部下命令:"一定要找到美机说的那位!"

于是全师经过查找,终于挖掘到了这位英雄,报告上去,会战结束后,梁月波被授予美国的罗斯福奖章。第58师不少官兵羡慕地说:"我们冲锋打死打伤的都没这荣誉,洋人的嘴巴真能点石成金啊!"

这次不在黄昏前拿下高地就可能前功尽弃,因此冲锋队冲不上也冲,反复地冲杀。由于鬼子的后续部队被空军阻断,激战到5时半时,第173团的冲锋队终于占领了茶山坳高地,俘虏日军负伤少尉军官一人、士兵30余人;日军大队长以下300人陈尸山地,许多日兵被汽油弹烧成黑炭,身体与四肢翘起如弓。

随后,第173团清扫战场,缴获轻重机枪、掷弹筒等70余件,步枪300余支,还有日军大队长的军刀、肩章、军帽、望远镜等一大堆。

在第173团激战的同时,第174团主力向敌侧翼发起了突击,也大有斩获,截获由武阳方面溃退的日军辎重伤兵,缴获驮马50余匹,俘虏10余人。

在师主力与敌激战时,固守武冈的第172团第1营也跃跃欲试,但只派出小部队向敌侧击,因为有守城任务,不敢离城袭击,因此,部分溃退之敌向新宁以及大山密林逃窜而去了。

第58师司令部立即通知各乡公所搜捕溃散日兵,说抓获鬼子后送来武冈,每抓一人奖法币一万元。结果,少数溃散日兵逃进深山老林后,各乡组织民兵和大刀队武力搜山,先后捉到10余鬼子送来,其中一个日兵,还穿着抢来的带花边的黑色女裤,被解到武冈城时,市民竞相观看。日军俘虏都是低头慢步,满面愁容。一个少尉是明治大学毕业生,受审时,索笔写下"通通完了"四个汉字,然后就闭口不言,完全悲观绝望了。

第173团派有以白朗生中校为首的美军联络组,这白朗生出身西点军校,虽然起了个中文名字,其实骨子里最瞧不起中国人,看不起中国的落后装备和官兵"素质",遇事不是刁难,就是添麻烦。师参谋处为了那点美军物资援助,不得不对他们低声下气,进行周旋。开战以前,白朗生在敌情、我军位置、美械枪弹补给等问题上，时常对师长、团长喋喋不休，不是提意见，就是红脸进行争论。

还有一名上尉，名叫门司非，不属白朗生领导，但他精通英、法、俄、德、日几种语言，负责收集中国军队装备情况以及敌情。据说，他可以直接向罗斯福总统发电报。这门司非也和白朗生一样，瞧不起中国军队。先年冬天，第58师曾派上校师附带步兵两连进入沦陷区，到南岳附近打游击并收集情报，他一再要求跟着去"考察"。他跟着去后，经常跑到日军据点附近进行侦察，侦察回来后，就建议师附去进行袭击，师附不同意说："我们才两个连，鬼子一围就没了。"两人因此经常争执，吵得不可开交。

谁知这次茶山坳歼灭战结束后，白朗生和门司非一反常态，心情特好，对中国军队上下都很友好。尤其是见到中国军队押解俘虏及战利品过来时，两人恭恭敬敬地肃立道旁，向骑着日本大洋马的中国军队士兵举手敬礼，还竖起大拇指连呼："顶好，顶好！"

事后，蒋立先团长才得知白朗生和门司非各有一个儿子在太平洋战争中被日军打死了，两人是带着替子报仇之心来中国战场的，因此求战心切。现在他们向士兵敬礼，是感谢中国人替他们的儿子报了仇。

第58师缴获的战利品除武器送军械处外，其余文件、日记、杂品均送参谋处研究。平日和参谋处长谈得来的几个美军官兵，纷纷跑来找他，要一些日军战利品，处长说："你们各取一件留作纪念吧。"

一个叫库兹的中尉得到了一面日本小国旗，上面留了几个弹孔，还有血斑，是日军小队长的指挥旗。这种旗战场上有很多，官兵见多不怪，没有收集上来，所以只有一面。他回去后，许多美军联络官都来找处长说："就要这样的小旗。"

"没有了。"参谋处长说。

他们懊丧得很，都羡慕地说："库兹中尉好运气，得了一件最有价值的宝贝。"

这次战斗改变了第58师美军联络官轻视中国军队的态度。

湘西会战，王牌师长保家卫国显神勇

5月初，陆军总司令部开始部署反攻，决心动用精锐兵团歼灭当面之敌，

命令在黔桂边区的汤恩伯第三方面军,以主力对湘桂铁路沿线之敌发起攻击,另以牟庭芳第94军自城步、绥宁疾进,向武冈西北第74军对阵之敌左侧背展开攻击。

日军受到攻击,不得不分兵抗拒,形成两面受敌态势。

第94军经过激战,逐步进展至武冈、瓦屋塘一线。日军只好改变策略,对雪峰山正面采取守势,第74军乘机转移攻势,协同第94军合力围歼当面之敌。

早在4月末,最高统帅部将守备常德、桃源地区的胡琏第18军拨归第四方面军指挥,向辰溪附近集结待命。胡琏命令全军克日启程,行军速度一日约80里,赶赴湘西会战前线。

何应钦与王耀武原定的作战计划是,乘日军攻势顿挫之际,将未参战的精锐部队第18军用于雪峰山正面阵地作战,居高临下,对敌出击,给日军以粉碎性打击,一举结束整个会战。但第四方面军参谋长邱维达却建议说:"日军以夺取芷江机场为目的,主力用在雪峰山正面,企图直捣芷江,其两翼是掩护和助攻部队,兵力较为薄弱。我军从正面出击,未避其锋,难操胜券,不如向敌侧面薄弱处出击,先消灭日军的有生力量较有把握。"

何应钦和王耀武采纳了他的建议,决定以第18军主力由溆浦南下,向日军右侧背新化、山门一线发动攻势,断其退路。这时第18军先头部队第11师已通过辰溪、花桥、怀化,到达了安江附近,奉命后立即掉头向溆浦前进攻击。第18军的第118师由溆浦向东从新化南下,第18师以一部向新化前进,协同第73军进击围攻新化之敌。第11师则向日军侧背猛进,截断其后方联络。

芷江就是第18军王牌师——第11师师长杨伯涛的老家。这次战斗,对杨师长来说,既是卫国,又是保家,他决心不避牺牲,奋勇杀敌。官兵也议论说:"这次一定要保住师长的家乡,只能打胜,不能打败!千万不能让师长在家乡人面前丢脸!"

过了溆浦县城后,第11师就以战备姿态向南搜索前进。杨伯涛说:"我们预定第一攻击目标,指向日军右翼兵团的交通要隘——山门镇,第二攻击目标指向日军中央兵团的主要交通动脉——宝庆至洞口的公路。"当第11师先头部队前进到山门正北30里的马颈骨附近时,遭遇日军迎面阻击。

杨伯涛正要捉鬼,鬼打上门了,立即下令:"部队展开猛攻。"于是,双方马上就是激战,打得天昏地暗。

谁知这时恰好日军一个步兵联队和一个辎重联队经山门向龙潭的雪峰山前线增援补给，步兵联队发现战况，立即转援马颈骨。杨伯涛正愁鬼子不多呢，接到报告后，乘该敌展开运动之际，组织突击队迅速肃清当面之敌，然后将锋芒指向前来增援的鬼子联队。结果，这个鬼子联队还没部署完毕，就遭到第11师突袭，伤亡颇众，一度陷于混乱，惊魂稍定之后，才占据附近高地和村庄，进行抵抗。第11师官兵立即又围了上去，准备来个全歼。

这伙日军以白刃战见长，突然，端着闪亮的刺刀向我军扑来。而第11师士兵已装备了最新式的美械武器，鬼子呐喊着冲过来，他们突然扣动冲锋枪，"哒哒哒"，迎头扫射，在几步之内，密集的鬼子就成片成片地倒在跟前了，没死的鬼子马上举手投降，这个联队就这样全没了。

第11师官兵抬着缴获的山炮，扛着缴获的机枪，押着60余名俘虏耀武扬威地前行了。

在第11师师部的美军官兵听说俘虏了60多名日兵，都好奇地跑去观看。一美军通信少尉曾经被鬼子追赶过，差点丧命，这次见着俘虏，分外眼红，操枪就将一名俘虏拉出来，要去枪毙。

恰好杨伯涛师长在旁边，立即把他劝住了。

战利品内有一堆日本钞票，美军立即拿来自己带的美钞进行兑换，说要作为纪念。他们的这些做法，让中国官兵们觉得可笑："这有什么好纪念的？还不如牛肉罐头能吃呢！"

第11师来不及仔细清扫战场，第二日就向山门镇发起了进攻。

山门镇地当东西要道，是日军后方补给点，有一部分日军防守。进攻山门镇，杨伯涛派副师长王元直指挥第32团先行，自己率主力随后。

王元直指挥第32团沿隘路向山门搜索前进。11时许，前卫营遭到横断隘路的一线小高地上的日军射击。王副师长当即以一个连抢占南侧高地，掩护团的侧翼，自己指挥前卫营向当面之敌展开进攻，经过约一小时的战斗，占领了小高地。日军沿着隘路向东撤退，第32团以轻重机枪和迫击炮封锁隘路转弯处，又毙伤鬼子百余人，其余的残敌见逃脱不了，窜入一家大而坚固的屋内，依托门窗射击，进行固守，阻止第32团前进。王元直说："这一钉子若不拔掉，我师主力无法前进，把他们围困起来。"

团长张涤瑕说："现在已近黄昏，要是鬼子乘夜遁去，那就可惜啊！"

王元直想了想说："那就采取火攻吧。"

结果，火一点起，鬼子就像发了疯似的拼命向外冲出，结果一部分被埋

伏在外面的士兵当场击毙，一小部分逃了出去，其余留在屋里的全部葬身火海，武器也全被烧毁。

当夜，官兵露营在隘路上。王元直与团长张涤瑕商量说："如果明日仍沿隘路前进，鬼子以一部兵力逐次阻击，战斗至晚上，我们也不一定能拿下山门镇。"

"我们分兵如何？"王副师长说。

"可以。"

两人经过研究，决定次日拂晓以一个连沿隘路前进，迷惑敌人，主力由山间砍柴的小路上山从隘路北侧翻越大山，出敌不意，袭取山门镇。

第二日开始行动后，由于先一天前卫营旗开得胜，其余各营都不甘落后，官兵都是新装备的美械武器，求战心切，士气非常旺盛。中午稍过，他们一到达山麓，乘敌不备，就向山门奔袭。

日军连受突然袭击，惊慌失措，慌忙向山门以南高地溃散。

第32团跟踪追击，用冲锋枪和六〇迫击炮射击，毙伤敌人不少。当日，全团生俘敌20余名，缴获轻武器20余件，战马300余匹。团指挥所设于山门西北一小高地上的庙宇内。这些东洋马也系在庙宇四周。

谁知这些大洋马却惹祸了。下午2时许，6架美机飞临上空，没认清地面上第32团布设的标志，见着大洋马就以为是日军，不分青红皂白就是一阵扫射轰炸，炸得团指挥部的官兵们撒腿四处逃窜。美机离去后，张团长清查人马，虽伤亡不大，但众人的情绪却大受影响，纷纷骂道："这美国佬的眼睛长到屁股上了啊！"

自昨日清晨开始行动后，因战斗发展迅速，通信兵一直没与师指挥所架通电话，而彼此都在行动，无线电报因为高山密林阻碍也不能经常联系，王元直只能根据自己掌握的情况，决定乘胜向竹篙塘前进，切断逃敌的退路，待师主力到达后，一起夹击，全歼敌人。第32团主力超越前进，追击逃敌，王副师长率工兵一个排跟随在后面。

走着走着，下午4时许，王元直和工兵排突然遭到路左侧的步、机枪射击。工兵排立即原地抵抗，战斗十来分钟，有人听出对方的枪声不像是日军的三八式，服装也不像日军，经过一阵喊话联系，才查明是第31团的一个分队。

当发生误会枪战时，团主力后尾的后勤分队赶紧向前方跑去，误传王副师长被鬼子包围了，团长张涤瑕赶紧从主力中抽出一部兵力回师应援。等到事情查清时，敌大部已向东逃走，仅约200人被第32团先头营压迫在道路左侧的一个村庄。主力到达后，从东、北、西三面包围，准备将这伙鬼子压到南侧山麓歼灭时，第32团与师指挥所的电话架通了，王元直问道："对这股敌人如何处置？"

杨伯涛说："天色已晚，又要翻山越岭，部队经过两天的战斗，已很疲劳，就不要夜战了。"

"第31团彭海秋营已沿山脊进到村庄南侧高地。"

杨伯涛当即说："那就将该营拨归你统一指挥。"

就这样，他们将日军四面包围后，部队在原地露宿，待拂晓时再进行围歼。午夜，王元直派兵搜索，听见断续的枪声，但拂晓进行火力侦察时，却发现这伙鬼子已乘夜黑钻隙逃走了。王副师长气得直拍大腿说："查清鬼子逃出包围圈的原因。"

一查，才知由于入夜合围时各营左右联系不紧密，而又没派人检查接合部的保障，加之官兵打了胜仗麻痹松懈，致使敌人得以脱逃。

竟让鬼子跑了，也令杨伯涛师长大为懊悔。

第11师克复山门镇后，鬼子的后方交通有被完全截断的危险，形势对日军非常不利。于是，在宝庆的日军第20军司令官坂西一良慌了，立即从雪峰山前线抽调兵力进行反扑。

杨伯涛也调整部署，在山门镇北面高地占领侧面阵地，控制东西隘口，严阵以待。结果，日军援军一来，就急匆匆地向山门镇进攻，谁知摸不清第11师的主阵地在哪儿，盲目地向山门镇乱轰一阵，就贸然进入了山门。这时，第11师各个阵地突然枪炮齐鸣，炮弹、子弹飞舞，鬼子毫无还手之力，先头部队几乎被全歼，后续部队见势不妙，慌忙觅路逃窜。

为彻底截断日军后方交通，协同友军全歼日军，第11师继续向南攻击前进，以达到第二个攻击目标。

这时日军向雪峰山进攻部队由于战局不利，已开始向东后撤，部队聚集在宝庆至洞口公路两侧，占据了所有的山头和村庄。第11师每前进一步，都遇到鬼子的抵抗。但第11师全是美械武器，火力比鬼子强多了，一打，鬼子就是拼了命，也打不过第11师的好枪好炮，有的钻进洞子里，也被火焰器的化学火烧死。

在战斗中，美军联络官司乐中校背着一台陆空联络电台，紧随着杨师长行动。战况一激烈，他就呼叫中美空军；飞机来了，他给驾驶员指示射击和轰炸目标。日军也有飞机，但已没了制空权，只能在拂晓时以单机低空飞行，

在中国军队阵地上空一掠而过，白天就不敢来了，这对中国军队根本没什么威胁。

第11师主宰了战场，拿出了王牌军的威风，一路猛进，席卷敌阵。杨伯涛以一个团兵力，在猛烈的炮火掩护下，攻占了湘黔公路要点——石下江镇，完全截断了日军后方的交通线，一下就形成了对日军四面包围的态势。

这时第18军左翼第118师也前进到了荷香桥附近，向宝庆迤西前进，日军顽强阻击，战斗甚烈。军长胡琏派第18师一部分从侧面增援，压住了日军的火力，鬼子也动弹不了。而南面战场上，第二方面军的第94军击溃了新宁、武冈之敌；左路日军向东溃退，第94军尾追，封锁了南部战场。据守雪峰山主阵地的第74军、第100军不失战机，全线发动了反攻。

各路人马不顾疲劳，奋勇直前，咬住敌人，毫不放松。包围圈越来越紧缩，日军喊爹喊娘都没有用了，完全陷入了绝境之中。

杨伯涛是一员老将，判断日军处在这样严峻的关头，一定会竭尽全力打开一条血路，因此，决定以全师之力准备应付日军即将而来的突围大战，师主力面对雪峰山方向拥来的日军，占领着有利地形，构筑工事；同时，加强封锁，迎击突围之敌；另派一个精锐团占领石下江镇一处坚固建筑，卡住公路，断绝日军的交通，构成阵地的锁钥。该团主力以此为依托，占领公路两侧有利地形，迎击东窜之敌。布置好了后，杨师长见四处都是悬崖峭壁，关键的卡子被第11师精锐部队占领着，握紧拳头说："鬼子就是有天大的本事，也撞不开我王牌第11师的铜墙铁壁了。"

谁知第11师正在秣马厉兵、严阵以待之际，第11师师部忽然接到军长胡琏转来的上级命令："将扼守在石下江镇的这个团全部撤离，集中全力向敌侧面攻击。"

杨伯涛看到这个命令简直惊呆了，立即摇通军长的电话，大声嚷着说："这样一来，包围网就开出一个大口子，被围日军见有路可逃，就会不顾一切地一拥而出！"

"没有办法，我也这样说过，上峰就是不听，执行命令吧。"胡琏军长说完，就撂话筒了。

这个团一撤离，口子放开了，被包围起来的日军果然呼啸而去了。杨伯涛虽督队追击，但已是瘸子追小偷，鬼子越跑越远了，全师虽然尽力猛追死撑，斩获还是不大。

随后，各军全线乘胜追击，恢复了所有失地，回到了会战前态势，湘西雪峰山会战就这样结束了。

雪峰山包围战，何应钦蹊跷开口子的真相

日军势穷力竭，陷于重围，中国军队完全可以全歼日军，第11师杨伯涛怎么突然放开了口子呢？战后，各路将领纷纷埋怨，甚至指斥杨伯涛。当得知杨伯涛是接到上峰的命令才放口子之后，众将更是奇怪了：上峰怎么突然命令放口子不打了呢？大胜之局，功亏一篑，杨伯涛等一大批将领都想不通。

事后，他们才从陈诚那里弄清楚原委。

事情的根子原来就出在这次会战的总指挥、陆军总司令何应钦身上。

这何应钦怎么啦？干吗放跑鬼子呢，难道和日军有勾结？其实不是。他放走被围日军完全是出自政治上的考虑。

1945年5月5日，国民党第六次全国代表大会正在重庆复兴关青年干部学校举行。

何应钦向大会作了湘西会战的军事报告，获得多次的掌声。全体与会人员对湘西战事十分关注，尤其当第11师攻克山门镇时，战场形势顿呈有利态势，在安江指挥所的总司令何应钦及王耀武等高级官员、美军顾问个个额手相庆。美军作战司令麦克鲁还打开从美国运来的大香槟酒，和何应钦等人举杯互庆胜利。重庆方面更为兴奋，发动各界组织慰劳团，携带慰劳品和现金，前来芷江犒军。举国兴奋，一派欢腾。

这样湘西战事成为了国民党"六大"最为关注的事情，这样的高昂情绪，让何应钦既兴奋又紧张。兴奋的是自己挂名会战总指挥，是作战的最高领导者，所有的功绩和光环全落在他身上；紧张的是，要彻底拿下鬼子，进行围歼，却不是

陆军总司令何应钦

一件容易的事。他生怕战事拖延，影响"六大"会议的气氛，决定再掀起一个胜利高潮，乘势将自己的选票拉上去。可仔细一想，一旦发起总攻，到时不能速战速决，代表们意见一起，或者万一哪个环节出错，前功尽弃，到手的胜利又飞了，自己马上就要受到代表们的指责，甚至选票掉落。踌躇再三，他想出了一个"取胜的捷径"：放开石下江锁匙，把围住的日军放出去。这样提早结束会战，给六大一个"满意的全胜的答复"，自己也可以获得高额选票。因此，他强令胡琏下令杨伯涛在前方开口子，放鬼子跑。

这何应钦的妙计妙是妙，他的老对头陈诚却骂："政治算盘真是打绝了。"当手下众将前来寻问"开口子"之事时，他全部倒豆子般倒了出来。

原来是这么一回事！众将气得破口大骂："不是我们不小心，而是何应钦太愚蠢！"

陈诚说："不是何某某愚蠢，而是权力的霸道！抗战八年，我们就是败在这些政治家们手上。"

"真是败家子！"杨伯涛气得眼睛圆睁。

本来他在家乡人面前挣脸了，结果，除了专员、县长等少数几人外，那些侗家乡亲都偷偷指着他的脊梁骨骂，说："你看，那杨家老六，平时威风凛凛的，这次鬼子就是从他的部队上跑掉的。"但是党国要员就是这样！他又有什么办法呢？只好率第11师回了桃源驻地。

围住的日军全跑了，在重庆的"六大"代表们却并不知是怎么回事，他们只知道雪峰山会战胜利了，把鬼子打跑了，仍然沉浸在胜利的喜悦之中，在选举增补新的中央委员时，王耀武成为新增中委中得票最多者，本来在这几年受指责颇多的何应钦也人气井喷，得票率飙升。

6月15日，何应钦带着"六大"会议的"东风"，偕同美军将领麦克鲁、索尔登、齐福士和总部高参冷欣等一行飞抵安江。王耀武陪同他们，一起来到了激战地点之一——江口东南的青岩视察。

这次作战有功的人员都被召集来，接受何总司令等人的接见，第19师第57团团长钟雄飞，第57师第171团团长杜鼎、营长李中亮、连长周北辰等全部在座。

麦克鲁将军代表盟军当场授予周北辰银质自由勋章，这是美军联络组授予中国军官的第一枚勋章。何应钦也授予钟雄飞、杜鼎、李中亮等人国民政府的勋章。

授勋仪式结束后，何应钦、王耀武、麦克鲁等走上青岩最高点，仰视群峰，只见云天相接，俯瞰脚下的地势，深邃曲折，小溪交错。突然，一阵山雨像排阵般从远而近，他们于是急忙下山。

刚走过小木桥，山溪水就将木桥冲倒，众人相顾愕然。

第二天，军委会在芷江举行军事会议。

到会的有军政部长陈诚、兵役部长鹿钟麟、联勤副总司令陈良、第三方面军司令官汤恩伯等人，还有许多客卿、美军将领都参加。

会议桌子是"Π"字形，何应钦坐在正中，左为陈诚、鹿钟麟、陈良，右为麦克鲁、索尔登、齐福士，两头由汤恩伯、王耀武对坐。两条长桌，一条坐着各军军长与驻各军美军联络官，一条坐着方面军正副参谋长和第1、第2、第3、第4处长，兵站司令，军职部、兵役部、联勤部的有关司、处长以及湖南省政府洪江行署主任戴岳（兼代表第九战区长官部）、洪江师管区司令王时等人坐在后面一排。

上午是王耀武报告作战经过，下午是军政部宣读整补措施。

何应钦作总结讲话，在讲话中，他对第四方面军全体将士英勇作战，彻底执行命令，非常嘉许，尤其称赞第四方面军总司令王耀武"指挥卓越"、"捕捉战机快"和"部署得当"。

这时各军已经将缴获的战利品陆续送来了，陈列在一幢大空房内，有步枪1100余支，轻重机枪81挺，大小炮24门，其他钢盔、弹药、战旗等甚多，俘虏日军尉官11人，士兵203人，墙壁的图片上写着此战打死打伤日军2.8万多人。

6月18日，从重庆来了一大批中外记者，其中，外籍记者有合众社的王六达、自由杂志社的白克、美国新闻记者协会的记者哈德曼、美空军新闻处的艾思乌；国内报社的记者更多，中央通讯社、《中央日报》《扫荡报》《大刚报》《西南日报》《新蜀报》来的都是名笔。他们除了采访、拍照外，还索取一些战利品，如照相机、手表、小手枪等，但对美军联络官感兴趣的那些太阳旗、军刀之类却兴趣索然。

7月4日，重庆军委会以委员长名义发来嘉奖电，电文如下：

> 王司令官并转各军长暨全体将士：
> 　　此次敌犯湘西，该部官兵，英勇奋战，迭挫敌锋，斩获甚众，应予传令嘉奖，尚希督率所部，速歼残敌，以竟全功。

军委会还授予了这次战功卓著的部队武功状和荣誉旗，授予各级军官各类勋章、奖章，晋级的军官达320余人。

这一仗让跟随在芷江的美军军官们也大沾其光，美军东线指挥官金武德准将因为此仗被美国政府晋升为少将，随后，他在芷江召开了一个隆重的鸡尾酒会，邀请中方师长以上军官参加。

鸡尾酒会之后，美军驻中国陆军总部联络官通知，美国政府授予第四方面军自王耀武司令官以下有功军官40人以金质、银质、铜质自由勋章。连洋人都奖励起来了，接着国民政府也打破抗战八年停办将级晋任的惯例，给予王耀武、杜聿明（时任第五集团军总司令）、萧毅肃（时任陆军总部参谋长）三人，由陆军少将晋任陆军中将。

第二十章　胜利大受降：何应钦竟然向降将鞠躬

芷江受降：日军不服气，国军相当客气

湘西会战三个月后，日本无条件投降。

1945年8月15日午后，日本投降的消息突然从国际电讯传到了昆明和湖南芷江等地。八年抗战终于胜利了！鬼子终于被打败了！这个消息一出，军民群情振奋，人心鼎沸，自发地狂欢起来。驻华美军官兵听到这个特大喜讯后，也情不自禁地掏出手枪，"啪、啪、啪"地向天空鸣放。各地的轮船、工厂、车辆不停地鸣放汽笛、喇叭，举国欢庆。

日本宣布接受无条件投降后，中、英、美、苏同盟国军最高统帅麦克阿瑟将军作出分配受降地区的规定：

（1）日本本土，朝鲜的北纬38度以南及菲律宾岛的日军向美国太平洋陆军总司令投降。

（2）太平洋诸岛的日军，向美国太平洋舰队司令投降。

（3）在中国东北三省、库页岛南部及朝鲜的北纬38度以北的日军向苏军司令投降。

（4）马来半岛、荷属东印度群岛，新几内亚、尼科巴、缅甸、泰国、越南的北纬16度以南等地区的日军，向英国蒙巴顿澳军司令投降。

（5）中国战场（除东北三省归苏军受降外）和台湾及越南的北纬16度以北的日军，向中国军队投降。

于是，重庆军委会决定由陆军总司令何应钦全权办理日军受降，受降地点初定在第四方面军驻地——湖南芷江。

8月11日晨，陆军总部的高级幕僚萧毅肃、冷欣、马崇六等与以麦克鲁准将为首的美军联络组立即举行会议，商讨日军受降事宜。

但是,日本投降这件事,对国民党来说,事出突然,陆军总部毫无准备。这次会上,也只决定由何应钦率领参谋长萧毅肃、副参谋长冷欣、第四处处长刘措宜、炮兵指挥官彭孟缉等到芷江与第四方面军参谋长邱维达协同进行筹备工作,并电日本中国派遣军总司令冈村宁次派代表到芷江接受指示。并且,美国军官主张立即空运一批美械装备的部队到南京、上海、北平、天津等各大城市进行接管,并答应如国民党军方需要运输此项军队的飞机,美方可竭力协助。

为什么要派飞机抢运国民党军部队呢?

原来他们是为了防止共产党领导的八路军、新四军进入各大城市,因为此时在广大的敌占区,只有坚持在敌后抗击敌军的八路军和新四军,而没有国军的部队,只有用飞机抢运,才能抢在八路军、新四军之先进城。

8月中旬,邱维达、刘措宜、马崇六、彭孟缉、贺衷寒、邓文仪和陆军总部一部分工作人员乘飞机到达了湖南芷江,开始筹划和布置受降工作,各战区司令长官及重庆党政军各院、部的接收大员也云集芷江。何应钦还邀集了军委会委员长侍从室秘书邵毓麟、军委会少将参议龚德柏和国民党宣传部副部长李维果以及云南的国民参政会参政员缪云台等参与受降事宜。

8月20日,小小芷江开始热闹起来了。

首先,新6军军长廖耀湘乘坐吉普车从广西前线赶到芷江,随后,第二方面军司令官张发奎以及华中、华南各战区负责人卢汉、余汉谋、王耀武、顾祝同、汤恩伯、孙蔚如等数十人先后乘飞机到达芷江;下午,从重庆飞来4架运输机,何应钦、萧毅肃、冷欣、钮先铭和随员及新闻记者50余人同时赶到芷江。

当日晚上,何应钦及各方面军司令官卢汉、汤恩伯、张发奎、王耀武与湖南省主席吴奇伟、新6军军长廖耀湘等一起会商受降事宜,一致认为接待日本侵略军投降专使人员的生活,应全部实行军事化,起居饮食,不但要规定时间,而且还应以号音为准,这样才显得严肃庄重,不失战胜国风度。同时,还决定所有标语、便条,乃至写字用的信笺纸,也应印上"V"字。

为什么要印"V"字呢?

因为"V"字代表英文"Victory",是胜利的意思。

在这之前,筹备工作的实际负责人以第四方面军与新6军的两个副官处长赵汝汉、敬远平为主干,已经忙碌3日3夜,才布置好这一宏伟的场面。会场原为空军第5、第6队俱乐部,是一西式平房,东西两头有出口处及休息室,正中部是会场。会场前有一旷地，左右都有马路可通。路口各扎松柏牌楼一座，左边入口处缀"公理"两字，中间为"V"字，上面扎有"和平之神"；右边亦然，缀以"正义"两字。会场前旷地上高竖中、美、英、苏四国国旗。东头墙上写有大红色"V"字，两旁各悬四国国旗。前面放一长桌，玻璃窗均糊上绿色纸。其间那些空隙之处，又悬挂小面的四国国旗，两边各摆有长桌。西墙上悬挂大钟一口，下面为新闻记者席。

这个独具匠心的布置可以说到处是"V"字，简直成了"V"字天下。有记者问："为什么只用'V'字而不用中国'胜利'的'胜'字呢？这洋文，别说我们不认识，老百姓更不知是什么意思了。"

答复是："老百姓不认识'V'字，也不认识'胜'字；相反，汉字和日文相似，到时鬼子见这'胜'字，可能受到刺激。万一他们的坏脾气一上来，把受降之事闹砸了怎么办？"

在日本投降专使所乘飞机到来之前，记者们特驱车去为日方准备的招待所参观。

招待所位于空军总站合作社后面，有小马路可达，为一灰色平房，食宿房屋各一栋。住宿的，是门形平房，共6间；每间房子里备有还没来得及油漆的新木椅、木桌、木床各一张，红色门帘、被单等都是新置的。进食处在其左右，还有休息室，朴素而整洁。廖耀湘说："这比我们当初在印度训练营的条件要好上一万倍！"后来，日方投降专使也觉得中国方面真是宽大优遇。

8月22日，日方代表冈村宁次的副参谋长今井武夫少将来芷江，接洽投降事宜。

上午，芷江空军机场周围，人山人海，除了记者们外，美国军人特别多，大家都想来围观这位太平洋上的敌酋代表。数千人伫立在机场，等候日机到来，谁知到了正午12时，还不见踪影。

本来机场广播台广播：日机已飞越常德。接着，又说已过辰溪。但12时过去了，却还没有到达芷江上空。有人着急了，后来才知道，日机中途迷失方向，错认洪江作芷江，因此耽误了一些时间。

12时11分，这位今井武夫乘坐的飞机远远出现在芷江上空时，机头、机尾都竖着白旗。飞机两翼下面各缀有日本国旗一面，两翼末端各系4米长的红色布条。飞机在机场上空先绕场3周，表示向中国军民群众致意。20分，飞机开始着陆。

飞机降落后，预先准备好的插上白旗的两辆敞篷吉普车，驶抵机旁。陆军总部派新6军政治部主任陈应庄前去接待。陈应庄本是少将军衔，在接机的前一刻换上了少校军衔。

25分，在严密保护下，今井武夫的随员打开机舱门，今井武夫出现在机舱口，立正，然后对中国译员和两名宪兵行了军礼后说，"我们可以下飞机吗？"

陈应庄回答说："你们将军刀缴给宪兵，可以下机。"

日方代表冈村宁次的副参谋长今井武夫在芷江洽降

今井武夫遵照办理，随同作战科科长，首先下机，面有戚色，缄默无语。

陈应庄检查前来联系人员的名单，宪兵草草检查行李后，12时30分，陈应庄引导今井及其随员等7人，分乘两辆吉普车准备入城。吉普车先绕机场一周，让围观的群众看看侵略者的面孔。此时，全场群情激愤，"打倒日本帝国主义"、"审判战犯"的口号声彼伏此起。然后，吉普车驶向日本投降专使住的招待所。

中外记者沿途拍照，今井横目挺胸，情绪颇为紧张。整个路程约两公里，周围设有数层宪兵岗哨，据说足足用了一个营的兵力，不让老百姓接近，也不许新闻记者进入采访。

当今井武夫等人进入招待室用完午餐休息时，有记者进去进行新闻采访，问今井："来到芷江有何感想？"

今井说："我是代表冈村宁次前来向中国军方递呈投降文件的，在抵达机场上空时看到人群中，美国人超过中国人。"

此话用意含蓄，日本虽然战败，但他仍有不服输之意。败军之将不言勇，他不服气，何应钦他们又会如何治他呢？

芷江受降现场，萧毅肃命令今井武夫呈出降书

8月23日午后2时，何应钦吃完中餐，午睡之后，又召集众人开会，参加会议的，有萧毅肃、王耀武、邱维达、张发奎、卢汉、邵毓麟及国民党各部院代表多人。何应钦说："根据上级指示，越南北部和香港都归我们受降。全国各地，除东北外，包括越南北部和香港在内，共分为16个受降区。这16个受降区的负责人员，蒋委员长业已指定，大家还有什么问题和意见没有？"

这个方案会前已经发给相关人员了，张发奎立即向何应钦说："报告总长，香港是规定由我主持受降的，如英国人不放手，要干涉或捣乱的话，我们怎么办？"

大家的视线都集中在何应钦身上，看他如何答复。谁知这何总长眨了几下眼睛，闭口不言。张发奎见他不语，又补上一句："只要总长有命令，英国人敢动，我就揍他。"

何应钦左顾右盼，巧妙地把话头调了方向，闲扯起来了，始终没有答复。后来这事怎么处理的呢？英国认为香港是它的殖民地，坚持要由英国接收。蒋介石不敢与之抗衡，终于把香港地区改划归英国接收了，张发奎也没"揍"他们。

这次何应钦等人拟定的16个受降区的负责人和地区划分，如下：

（1）第一方面军司令官卢汉（越南北纬16度以北地区）。
（2）第二方面军司令官张发奎（广州、雷州半岛、海南岛）。
（3）第三方面军司令官汤恩伯（南京、上海）。
（4）第四方面军司令官王耀武（长沙、衡阳、岳阳）。
（5）第七战区司令长官余汉谋（曲江、潮州、汕头）。
（6）第九战区司令长官薛岳（南昌、九江）。

（7）第三战区司令长官顾祝同（杭州、金华、宁波、厦门）。

（8）第六战区司令长官孙蔚如（武汉、宜昌、沙市）。

（9）第十战区司令长官李品仙（徐州、蚌埠、安庆、海州）。

（10）第十一战区司令长官孙连仲（北平、天津、石家庄、保定）。

（11）第十一战区副司令长官李延年（青岛、济南、德州）。

（12）第一战区司令长官胡宗南（洛阳）。

（13）第二战区司令长官阎锡山（山西）。

（14）第十二战区司令长官傅作义（热河、察哈尔、绥远）。

（15）第五战区司令长官刘峙（郑州、开封、新乡、南阳、襄樊）。

（16）台湾行政长官陈仪（台湾）。

何应钦开了简单的宣布会后，在下午3时左右，接见了日方代表今井武夫。

在接见中，他对他们"不辞辛苦远道来芷江，表示慰问"，并说中国决定8月26日至30日空运一部分部队至南京，希望日军加以协助。

3时20分，何应钦的参谋长萧毅肃、副参谋长冷欣等人在正式布置的会场上接见今井武夫等三人。

接见时，陆军总部大门口的卫兵临时换成宪兵守卫。

会场正中桌旁坐着萧毅肃，右方是副参谋长冷欣，左方是中国战区美军参谋长巴特勒准将和翻译官王武上校，其他翻译人员都立在王武左右，所有语言将均译成中、英、日三国语言，汤恩伯、张发奎、卢汉、王耀武、杜聿明、吴奇伟、廖耀湘、郑洞国、张雪中等高级将领及文职人员顾毓绣、刁作谦、刘英士、龚德柏等亦列席。中美新闻记者数十人从走廊一直挤到会场外面，"咔哒"、"咔哒"地不停拍照。

陈应庄等引导今井及其随员进入了会场，进屋后，今井和参谋两人向萧毅肃等人敬礼，萧、冷以战胜国的姿态并不搭理。

今井等人先在下首一排桌前站立，然后，被安排坐下。他们坐定后，萧毅肃冒失地命令今井武夫："呈出降书！"

今井犹豫了一下，回答说："我无法呈出降书，只有冈村宁次本人才能代表日本政府呈出降书。我是冈村宁次的代表，是前来送呈有关驻华日军情况的文件和接受指示的，所以没有降书可呈。"

萧毅肃第一句话就碰了一个软钉子，脸色上有些尴尬，随即转口说："把你带来的文件呈出来。"

于是，今井叫随员打开军用图囊，将文件取出，双手呈出两个文件，日军驻地分布地图一张，人员武器表各一份。萧毅肃接受文件后，将何应钦的一份备忘录交与今井，要他转致冈村宁次。备忘录中主要是日军投降及中国军队军事长官和受降地点，中间没有一处有共产党军事人员，也没有划给共产党军队一个接收地区。萧毅肃在递交备忘录时，特别强调要日军保管各地武器及财产，说不得交与没有接收权限的任何军队及团体，否则唯日军是问。

但日译员木村没将这一段话详细译成日语，中国译员当即提出抗议，木村只好重译一次。今井答复说："日军的精锐武器都在'满洲国'，在华南、华东、华中、华北的武器都是陈旧的了！"

这是挑拨，但也有几分真实，接着，他又说："中国军队想接收我们的武器及物资的很多，我们很难对付。"

萧毅肃说："那些都是些土匪或地方杂牌部队，一点也不能交给他们，如他们强行接收，日军可采取适当防卫手段！"

萧毅肃又说；"在冈村将军完成投降手续以前，中国方面决定派冷欣中将到南京设立前进指挥所，冷中将一行计划与贵方代表一同前往。何总司令决定在最短期间空运部队到南京、上海和北平去。为此，美国空军地勤部队将首先进驻，希望冈村将军配合我方，做好准备。"

今井说："本文件中有显然难以执行之处，希望在此陈述意见。"

萧毅肃答："有困难，留待以后再进行联系。"

说完之后，命令今井等3人退席。

今井行礼后，退回了住处。

在会谈中，冷欣时而站立，时而屈膝而坐，身体晃动不已，人又瘦小，简直有点像一只猴子。事后，新闻记者们都认为他有失国格，也有人对萧毅肃开始语言上的失体颇有责言。

会谈结束后，今井等全体人员一起赴机场，下午4点半时飞回南京，中国陆军总部先遣人员陈昭凯少校和空军地区司令孙桐岗上校及译员一名同行。

当天晚上，何应钦在空军驻地举行了一个鸡尾酒会，庆祝"胜利"，除了已赶回自己的司令部部署部队调遣的几位高级将领之外，其他的人，包括新闻记者都参加了。

何应钦捧着酒杯，到处找人交谈，喜笑颜开。

有记者问他："为什么接收人员中没一个共产党员？为什么没有给共产党一个接收地区？"

何应钦反问:"你认为中国应该有两个政府、两个领袖吗?"

记者再问:"日本投降以后,我们的政府对共产党如何处置呢?"

何应钦说:"只要他们不捣乱,服从指挥,政府中可以给他一个位置的……不过他们现在就不听指挥,在各战场上抢夺日军的武器了,这是不能允许的。"

湖南已经是初秋了,西瓜早已经没了,他们不知从什么地方弄来一汽车西瓜、半车梨子和一些高级糖果。众人喝完鸡尾酒,纷纷坐下来,带着七八分酒意,一边谈话,一边饱吃了一顿西瓜、梨子。

奇怪的受降协议:
国民党与日方联手对付共产党

8月24日,何应钦又召集了一个会议,商讨派陆军总部副总参谋长冷欣赴南京与日军接洽谈判的问题。何应钦总长说:"受降地点已改在南京,拟令融庵(冷欣字)率领必要的少数人员先到南京成立前进指挥部,把新6军和74军57师先空运南京,担任该地区的警备。"

为什么把受降地点由芷江改为南京呢?原来冈村宁次等人认为国统区不安全,因此不愿意来芷江。何应钦等人争执了一番,争不过对方,只好让步了。

这次会议决定由冷欣率领第二处处长钮先铭及参谋秘书卫士等20余人,并派邵毓麟为顾问,随冷欣前往南京组织前进指挥部。

8月26日,芷江方面接冈村宁次的电报说:"前进指挥部及新6军和74军57师的驻地已准备好了。"

8月27日,冷欣率领其随行人员径直飞往南京。谁知这冷欣一行人一去,与日军代表一谈,又出问题了。问题在哪儿呢?主要是出自当初今井武夫由芷江带去何应钦转冈村宁次的备忘录的答复上。

何应钦备忘录的具体内容是:

(1)所有日军的武器装备和军用物资,不得有一枪一弹落入共产党军队之手,所有日军占领地区,不得有一尺一寸土地让共产党占领;如果发现共军前来接收,应断然拒绝或击退之,坚决保持原有地域。

(2)日军当局应按照16个受降区的规定,在每一受降区的日军,须指定负责人员,向受降地区长官缴械并接受遣俘的一切指示和命令。如对共军有军事行动,亦须接受该地区受降长官的指挥和指示,共同击退进犯的共军。

（3）日军须负责扫清内河及沿海有关水运航道附近的水雷，以便中国军事当局的运输。

在备忘录中，何应钦秉承蒋介石的意志把重点放在防共上，不准日军向八路军和新四军缴械投降。但狡猾的冈村宁次对于蒋介石、何应钦并不认输，对他们的要求并不是无条件地俯首贴耳接受。相反，因为不服输、不服气，故意给这哥俩使几个绊子，出几个难题。冷欣兴冲冲地飞去南京，与日方人员用当年留学日本时学的那半拉子日语进行交谈。可是，怎么也想不到就这区区三条要求咋谈都谈不拢。最后，冈村宁次给中国陆军总部的答复形成书面文字，即对何应钦的备忘录提出以下答复性意见：

（1）共产党所领导的八路军和新四军在表面上与国民党军队同属中国军队，并无显著的区别，日军不易辨别。因此对于"不使尺寸土地和一枪一弹落入共军之手"的要求，无法完成任务。为了拒止共军前来接收，日军仍须保持战斗状态，因之，势必影响缴械的准备工作，可否缴械期限从缓。

（2）越南和香港地区的日军，不属于冈村宁次所指挥的战斗序列，冈村无权指挥。

（3）关于水运航道附近的水雷，如属日军所布者，当可负责扫除。但如宜昌、岳阳附近水面，有中国游击队和飞机所布的水雷，日军方面不知水雷位置，且由于流水的冲击，水雷漂泊无定，在这种情况下，日军难以完成清扫水雷的任务。

冈村宁次对陆军总部的三条受降要求，一一表示不同程度的异议和抗拒。鬼子还是一副死鸭子嘴硬的样子，冷欣脑子一晕，没办法了，只好派老蒋的侍从室大秘书邵毓麟乘飞机将冈村的此项复文送去芷江，何应钦一看也是大伤脑筋，在屋里打转、踱步，搔头抓耳地说："关于第二、第三项，冈村宁次无权指挥越南和香港地区日军及扫雷问题，只是手续和技术问题，自然容易解决。第一项问题系关键性问题，非慎重不可。"

何应钦立即召集会议讨论。

参加会议的有5个美国军官，其中美国军官麦克鲁首先发言说："冈村是变相抗拒缴械，我们不能迁就他。"

何应钦也顺着说："这种无理取闹的文件，冷欣为什么接受？真是糊涂！"

萧毅肃也迎合他们说："融庵（冷欣的别号）做事欠考虑，现在弥补的办法是：将文件封好原件退回。"

可是退回文件去，"封好原件"——还表示自己没"看"，这又能解决

什么问题？会后，两个月前晋升中将的萧大参谋长的妙招并没有被采用，原件虽然封好了但并没有把它退回去。

何应钦没办法了，只好用电话请示蒋介石。最后，决定由陆军总部再给冈村一个严厉备忘录，作为给冈村的答复，大意如下：

（1）凡正式奉命接收的中国军队，均有陆军总部的正式命令；无陆军总部正式命令者，日军应严行拒绝，必要时得使用武力，务必做到不使尺寸土地或一枪一弹落入共军之手，否则由日军当局负全部责任。

（2）中日军队在交接中发生共军扰乱或袭击时，该地区日军应受国民党指挥官的指挥，共同作战，击退共军。

（3）凡战略要点及交通干线，如在接收前被共军所控制时，应在交接前由日军部队协助国民党军夺回固守之。

蒋介石不仅利用日军武力拒止中共所领导的人民武装的接收，而且还要进一步地利用日军的力量夺取解放区，但对于冈村要求延期缴械一事，虽然表面上没有明文答复，但实际上已欣然地默许。蒋介石的受降演变成了重庆与日方如何联手对付另一支抗日军队——共产党领导的人民武装的讨价还价了。

受降仪式上：
胜利者的腰比战败者的腰弯得更厉害

9月2日，刘措宜与工兵指挥官马崇六飞抵南京，布置9月9日受降仪式的会场。

这时新6军先头部队新编第22师也已运抵南京，重庆的接收大员、投机商人也如潮水一般涌到南京。南京一度由于汪精卫一班子伪政府人员全部逃匿，汉奸也溜走了，市面一时显得冷清，现在又恢复了纸醉金迷、灯红酒绿的旧观，靡靡之音，红男绿女，到处都是。

9月3日，日本投降代表、日本外务大臣兼大东亚大臣重光葵拄着拐杖，在日本东京湾美国密苏里舰上签订投降书。何应钦将于9月5日去南京受降。同一日，萧毅肃先何应钦来到南京，并召集随员商议欢迎办法。冈村宁次闻讯，也提交了书面请求，说他本人也要到机场迎接何应钦。

当讨论这一问题时，美军方面的包特纳少将立即表示反对说："不能叫日本人参加欢迎行列，因为他们属于敌人阵容，让他们参加，有失格局。"

萧参谋长说："冈村宁次与何应钦早年在日本军校时有师生关系，可以去机场，于公不行，可以私人身份去。"

包特纳少将说："这不是私家聚会，是国家仪式，因此不能接受作恶多端的败军之将去迎接。"

美军将领反对，萧参谋长仍然说可以，双方争论很长时间，互不相让，问题难以解决，于是电何总长请示。这何应钦与冈村宁次在国事上处处犯难没有办法，在这事儿上却拿出了主意，复电准许冈村宁次率领5个日军将官，另站一个地点迎接。

9月5日，何应钦带着一大帮子人飞临南京机场，然后在众人的簇拥下前往南京城内，这是何应钦自1937月12月逃离南京后8年来第一次踏上南京故地。

他在芷江时，原定在长江路国民政府礼堂举行受降仪式，但这个决定最后被蒋介石否决了。蒋介石决定在南京黄埔路中央军校大礼堂举行受降仪式。

9月9日上午9时，中国战区日军投降签字仪式在南京中央军校大礼堂隆重举行。冷欣、萧毅肃、刘措宜等人匠心独具地选择了一个"三九"——9月9日9时，其意义何在，无人能知。

何应钦率领顾祝同、陈绍宽、张廷孟等三位陆、海、空军代表和萧毅肃参谋长共5人，穿着军服，在上首的第一排就坐。另外，还有219名国民党陆海空军将校、51名国民政府文职官员、47名盟国代表在座。

88名中外记者当场进行见证。

冈村宁次率领总参谋长小林浅三郎共3人，走进来行礼后，在下首一排相对席位入座。中国政府文武官员和各国外宾使节，则分坐在两旁的席位上。

然后，冈村宁次呈出投降证明书，何应钦看后，随即拿起准备好的毛笔，蘸了蘸墨水，签字写下"受降"二字。

这一历史性的仪式就在短短的12分钟内完成了，日本军人一向以降为耻，冈村宁次此时却感到"轻松"，回去后，他在当天日记中写道：

"8月10日以来，虽不断受不愉快心情折磨，但其后因'对华处理纲要'业已确定，并决心亲自掌握处理，加以所接触的中国方面要人态度颇为亲日，而又是向友人何应钦投降，从而产生一种轻松之感，在今天的签字仪式上也未特别紧张和担心。"

本来参加受降仪式就是一种令人尴尬的屈辱，为何冈村宁次反感到轻松

冈村宁次签字投降

呢？原来中国方面有非常之举，何应钦为照顾冈村宁次的"面子"，特将受降仪式做了几项修改：（1）日方不准佩带军刀入场改为冈村向其呈献军刀；（2）冈村在投降席前站定致礼，何欠身还礼；（3）日方呈上降书，何站起来双手接奉；（4）冈村退席时，何再次欠身致答。如此礼遇，就是平等的谈判都没有过，与当初何应钦在北平签订臭名昭著的《何梅协定》时的情景简直就是天壤之别。如今的受降仪式简直就是老友见面或者两方结交，哪是什么投降受降呢？这样的"友好礼遇"，谁又不会轻松呢？

在双方短暂的受降仪式中，一贯眼光犀利的老记们全沉浸在胜利的喜悦中，"咔哒、咔哒"地抢镜头，拍摄照片。谁知签降的照片洗出来后，众人一看，递降书的时候，冈村宁次这个投降败将的腰板儿直直的，而受降的胜利者何应钦的腰反倒弯了30度，咋打赢了的胜者腰弯得比投降的败将还多呢？！蒋介石怎么选了这么一位没水平的上将来受降呢？

原来何应钦一贯亲日，且早年在日本士官学校留学过，并且还是冈村宁次的学生呢。蒋介石选派这样的亲日派去与冈村宁次媾和，自然是大有深意。

受降仪式举行之后，日本中国派遣军总司令部改名为"日军官兵善后联络处"，仍驻中山北路外交部大楼。表面上是换了一块招牌，实际上在很长的一个时期内，冈村宁次仍然指挥着日军。9月9日，签字后，蒋介石对冈村所发布的第一号命令就赤裸裸地"令日军暂时保持军用物资候令再缴"。

尽管如此，日本侵略军蹂躏中国人的日子终于一去不复返了，中国人民经过八年的艰苦抗战终于迎来了久盼的一天，各地民众到处鞭炮齐鸣庆贺胜利。随后，中国为了迅速办理接受日军投降事宜，指定16个受降区，并指派当地最高军事长官分别接受日军投降。其区分如下：

（1）第一方面军司令卢汉为受降司令官。日军投降代表为第38军军长土桥勇逸，日军部队为第38军、第21师团、第22师团及第34独立旅团，集中地点在越南的北纬16度以北地区，办理投降地点在河内。

（2）第二方面军司令张发奎为受降司令官。日军投降代表为第23军的田中久一，日军部队为第23军、第129师团、第13师团、第130师团及第23独立旅团、第81独立旅团、第13独立旅团，集中地点在广州。另第22独立旅团和第23独立旅团一部，集中地点在雷州半岛。海南警备部队集中地点在海南岛，办理投降地点在广州。

（3）第七战区长官余汉谋为受降司令官。日军投降代表为第23军田中久一，日军部队为第104师团、第130师团炮兵大队及潮汕支队等，集中地点在汕头，办理投降地点在汕头。

（4）第四方面军司令王耀武为受降司令官。日军投降代表为第20军坂西一良，日军部队为第20军、第64师团、第81独立旅团、第82独立旅团、第2独立骑兵团，集中地点在长沙。另第68师团集中衡阳，第116师团、第17独立旅团集中岳阳，办理投降地点在长沙。

（5）第九战区长官薛岳为受降司令官。日军投降代表为第11军笠原幸雄，日军投降部队为第11军、第13师团、第58师团、第22独立旅团、第84独立旅团，集中地点在九江。另第7独立旅团集中地点在南昌，办理投降地点在南昌。

（6）第三战区长官顾祝同为受降司令官。日军投降代表为第13军松井太久郎，日军投降部队为第13军、第133师团、第62独立旅团、第91独立旅团，集中地点在杭州。另海军陆战队集中地点在厦门，办理投降地点在杭州。

（7）第三方面军司令汤恩伯为受降司令官。日军投降代表为第6军十川次郎，日军投降部队为第6军、第3师团、第34师团、第40师团、第161师团、第13飞行师团，集中地点在南京，办理投降地点在南京。

另在上海日军投降代表为第13军松井太久郎，日军投降部队为第13军、第27师团、第60师团、第61师团、第69师团、第89独立旅团、第90独立旅团，集中地点在上海，办理投降地点在上海。

（8）第六战区长官孙蔚如为受降司令官。日军投降代表为第六方面军，

日军投降部队为第 132 师团、第 85 独立旅团、第 11 独立旅团、第 5 独立旅团，集中地点在汉口。另第 12 独立旅团、第 86 独立旅团、第 88 独立旅团，集中地点在武昌，办理投降地点在汉口。

（9）第十战区长官李品仙为受降司令官。日军投降代表为第 6 军十川次郎，日军投降部队为第 65 师团，集中地点在徐州。另第 70 师团、第 1 独立骑兵旅团，集中地点在蚌埠。第 131 师团、第 6 独立旅团，集中地点在安庆，办理投降地点在徐州。

（10）第十一战区长官孙连仲为平、津地区受降司令官。日军投降代表为华北第一方面军根本博，日军投降部队为第 118 师团、第 9 独立旅团，集中地点在天津。另第 3 骑兵旅团、第 2 独立骑兵旅团、第 8 独立旅团、第 3 独立骑兵团，集中地点在北平；第 7 独立骑兵团，集中地点在保定；第 1 独立旅团、第 2 独立旅团，集中地点在石家庄，办理投降地点在北平。

（11）李延年为济南、青岛、德州地区受降司令官。日军投降代表为第 43 军细川忠康，日军投降部队为第 43 军、第 47 师团、第 9 独立骑兵团、第 11 独立骑兵团，集中地点在济南；第 5 独立旅团、第 12 独立骑兵旅团、第 1 独立旅团及海军陆战队，集中地点在青岛；办理投降地点在济南。

（12）第一战区长官胡宗南为受降司令官。日军投降代表为第 22 军膺森孝，日军投降部队为第 110 师团，集中地点在洛阳；另第 6 骑兵团、第 22 军，集中地点在新乡；第 10 独立骑兵团，集中地点在郑州，办理投降地点在洛阳。

（13）第五战区长官刘峙为受降司令官。日军投降代表为第 22 军膺森孝，日军投降部队为第 115 师团、第 14 独立骑兵团，集中地点在郾城；另第 92 独立旅团、第 13 独立骑兵团，集中地点在许昌；第 4 独立骑兵团，集中地点在商丘，办理投降地点在郾城。

（14）第二战区长官阎锡山为受降司令官。日军投降代表为第 1 军澄田徕四郎，日军投降部队为第 1 军、第 114 师团、第 3 独立旅团、第 10 独立旅团、第 14 独立旅团、第 5 独立骑兵团，集中地点在太原，办理投降地点在太原。

（15）第十二战区长官傅作义为受降司令官。日军投降代表为华北第一方面军根本博，日军投降部队为第 21 独立骑兵团、第 24 独立骑兵团及热河省内日军部队，集中地点由傅作义安排，办理投降地点在归绥。

（16）台湾省行政长官兼警备总司令陈仪为台湾、澎湖列岛受降司令官。日军投降代表为第十方面军安藤利吉，日军投降部队为第十方面军、第 9 师团、第 50 师团、第 66 师团、第 71 师团、第 12 师团、第 8 飞行师团、第 75 独立旅团、第 76 独立旅团、第 100 独立旅团、第 102 独立旅团、第 103 独立旅团、第 112 独立旅团及澎湖守备队，集中地点由陈仪决定，办理投降地点在台北。

各地开始进行受降，日军在华的投降人数分别为，华北地区，日军第一方面军有 32 万多人；华中地区，日军第六方面军有 29 万多人；京、沪地区，南京日军驻华派遣军总司令部和第 6 军，另加上海日军第 13 军共 33 万多人；广东地区，日军第 23 军和警备队等共 13.7 万人；台湾地区，日军第十方面军 16.9 万多人；越南地区，北纬 16 度以北日军第 38 军 3.9 万多人。以上各地区，总计日军投降的兵力为 128.5 万多人。其中，日军的指挥机关和部队，日军总司令部一个，方面军 3 个，军 10 个，师团 36 个，战车师团一个，飞行师团两个，独立旅团 42 个，骑兵师团一个，骑兵团 15 个，海军陆战队 6 个，独立警备队 19 个。

日军投降部队要在指定地点集中，自动解除一切武器，纳入库内，造册呈报，由中国受降司令官派员验收。各个受降区收缴日军主要武器、车辆、飞机、舰船不少，其中，主要步兵轻武器，步骑枪 68.5 万支，手枪 60 万支，轻重机枪 2.9 万多挺，主要火炮 1.2 万多门，步枪弹 1.8 亿多颗，手枪弹 203.5 万多颗，各种炮弹 207 万多枚，战车 380 多辆，装甲车 150 多辆，卡车 1.5 万多辆，马匹 7.4 万多匹。

还有各种飞机 1060 架，其中，可用的 290 架，待修的 620 架，不堪一用的 150 多架，飞机炸弹 6 万吨，飞机用汽油 1 万多吨。海军有舰艇船舶

南京受降现场

1400多艘,其中军舰19艘,仅有3艘可用;驱逐舰7艘,有6艘可用;鱼雷快艇6艘可用;小型潜艇3艘,有2艘可用;小炮艇200艘,大部分不堪用;其他多是小艇帆船,大多损坏,待修或不堪用。

各个地区受降接收的枪炮、舰艇、飞机、汽车、服装、粮食、军用器材物品及营房等,都入清册三份,经过双方交接小组人员查点,分别注明堪用、待修、不堪用者,中国取存两份,日军取回一份。但是,日军声言交接的武器、装备、军用器材等将作为赔偿战费的一部分。

缴了武器后,所有俘虏送入集中营,日俘和日侨共约200万人,其中有日俘128.5万人,日侨78.4万人。另有韩俘和韩侨约6.5万人,台湾同胞4万多人。由1945年10月开始,至1946年6月,全部遣送完毕。

战后,远东军事法庭对战犯进行审判,冈村宁次因为与蒋介石、何应钦等人关系好,得到了优待和宽容,这个杀人无数甚至端了蒋介石南京老窝的大战犯被宣判"无罪"。后来,他干脆就跟上了蒋介石、何应钦,长期担任蒋介石的总顾问,最后病死在台湾。

这场人类史上罕见的战争就这样结束了。

在长达八年之久的全国性抗战中,中国军队在正面战场上与日军共进行22次大型会战、1117次大型战斗、小型战斗28931次。其中陆军死亡、失踪3211914人,空军阵亡4321人,损失战机2468架,海军几乎全部毁灭。加上因病减员等非战场损失,总损失400多万人。平民损失则更大,约900万人直接死于战火,另约800万平民死于战争引发的失踪、饥饿等其他因素,约9500万人成为难民。全国因为战争直接人口损失累计约为2062万人,直接伤亡人数(即军民伤亡)最低限为3480万人。还有人估计,中国抗战直接伤亡人口合计应在4100万以上,加上战时失踪、被俘等项数字,战争直接给中国造成的死亡、伤残及失踪等人口损失,共超过4500万人。从人口损失的角度看,中国在这场罕见的战争中总计伤亡人数在5000万人以上。而中国在这场战争中所承受的损失,按1945年货币币值折算,约为6500亿美元。

而在战后,一些战争的罪魁祸首却逃之夭夭,有的甚至成为蒋介石之流的座上客,成为蒋介石挑起国共内战的帮凶。

中国的抗日战争,国之大殇也。